World Book 166

John Ernst Steinbeck

THE GRAPES OF WRATH
OF MICE AND MEN

분노의 포도/생쥐와 인간

스타인벡/노희엽 옮김

동서문화사

디자인 : 동서랑 미술팀

분노의 포도
차례

The Grapes of Wrath

분노의 포도

주요인물

톰 조드 집안의 둘째아들. 살인죄로 복역하다 임시로 석방되어 귀향한다. 캘리포니아의 새로운 대지를 향해 이동하는 조드 집안의 중심이 되지만 케이시 전도사를 살해한 자를 죽임으로써 두 번째 살인을 범한다.

로자샨(로즈 오브 샤론) 톰의 여동생이자 조드 집안의 맏딸. 코니와 결혼하지만 남편에게 버림받고 대홍수 때 사산한다.

짐 케이시 원래는 전도사였으나 신에 회의를 품고 직책을 버린다. 조드 집안과 동행하게 되고 톰과 친해진다. 그 뒤 캘리포니아에서 파업 지도자가 되지만 대지주의 사주를 받은 자의 손에 피살된다.

어머니 톰의 어머니. 무력한 가장을 대신해서 집안을 이끌어 나가며 모든 가족에게 한없는 애정을 쏟는 인물.

아버지 조드 집안의 가장으로서 매우 선량하고 평범한 농부.

그밖에도 할아버지와 할머니, 태어날 때부터 정신박약자인 맏아들 노아, 차 운전을 하는 셋째아들 앨, 둘째딸 루디, 열 살배기 막내아들 윈필드, 존 아저씨, 로자샨의 남편인 코니 리버스 등이 이야기를 엮어 나간다.

1

오클라호마 검붉은 지대 일대와 잿빛 지대 일부에 보슬비가 내렸다. 그러나 그것은 상처투성이의 대지를 더 파헤치지는 못했다. 빗물이 흐른 희미한 흔적 위로 쟁기가 몇 차례 거침없이 오갔다. 이 비는 옥수수에 빠른 속도로 생기를 불어넣고, 잡초덤불과 잔디를 길 양쪽에 묵묵히 흩뿌려 놓았다. 마침내 잿빛 지대도 검붉은 지대도 한 장의 푸른 막 아래 가려지기 시작했다. 5월도 막바지에 이르자 하늘은 희뿌옇게 변하고, 봄에는 그토록 오랫동안 하늘 높이 조각조각 걸려 있던 구름마저 어디론가 자취를 감추어 버렸다. 쑥쑥 커가는 옥수수 위로 태양이 날마다 사정없이 내리쬐어, 총검을 연상케 하는 녹색 잎마다 한줄기 갈색 줄이 번져나가기 시작했다. 구름이 나타났다가 사라지기를 반복하더니 어느 새부터인가 아예 얼굴도 내밀지 않았다. 스스로를 지키기 위해 암녹색으로 변한 잡초는 더는 세력을 넓히려고 하지 않았다. 지상에는 바싹 마른 얇고 단단한 껍질이 생겼고, 하늘이 푸른색을 잃어갈수록 대지 역시 색을 잃어 검붉은 땅은 분홍색으로, 잿빛 땅은 희뿌옇게 변해 갔다.

빗물이 휩쓸고 간 마른 골짜기에는 흙먼지 소용돌이를 몇 차례나 일으키며 흙덩이가 부스스 굴러 떨어졌다. 들쥐와 개미귀신이 작은 산사태를 연달아 일으켰다. 날이면 날마다 뜨거운 햇볕이 사정없이 내리쬐는 통에, 생기 넘치던 옥수수 잎은 점차 꼿꼿이 서 있지 못하게 되었다─처음에는 활처럼 휠뿐이었지만, 잎을 지탱해주던 중앙 잎맥이 약해지면서 이파리 전체가 하나 둘씩 고개를 꺾기 시작했다. 그러는 사이에 벌써 6월이 왔다. 태양은 점점 무섭게 내리쬐었다. 옥수수 잎의 갈색 줄은 점점 폭이 넓어지더니 중앙 잎맥 쪽으로 번져가기 시작했다. 잡초도 기운을 잃고 점차 뿌리 쪽으로 오그라들었다. 공기는 희박하고 하늘은 더더욱 옅푸르게 변해갔다. 대지도 날이 갈수록 희뿌옇게 변해갔다.

경작용 말이 몇 마리 오가고, 수레바퀴가 지면을 짓이기고, 말발굽이 지표를 때리는 길에서는 바싹 마른 흙 딱지가 부서져서 흙먼지가 일었다. 움직이는 것은 너나할 것 없이 흙먼지를 날렸다. 걸어가는 인간은 허리께까지 엷은 먼지 층을 일으켰고, 짐마차는 울타리 위까지 먼지를 날려 보냈다. 자동차 뒤에는 구름처럼 자욱한 흙먼지가 일었다. 흙먼지가 다시 가라앉으려면 오랜 시간이 걸렸다.

6월도 중순에 이르자, 큼직한 구름들이 텍사스 주와 멕시코 만 쪽에서 올라왔다. 하늘을 찌르는 무거운 구름, 비구름이었다. 들일을 하던 남자들은 구름을 올려다보며 계속 쿵쿵 냄새를 맡아 보고, 침을 바른 손가락을 허공에 치켜들어 풍향을 알아보았다. 말들도 구름이 머리 위에 서 있는 동안에는 도무지 가만히 있지를 못했다. 비구름은 비 몇 방울을 후드득 떨어트리더니 서둘러 다른 곳으로 사라져버렸다. 그 뒤 하늘은 변함없이 희뿌옇게 빛나고, 태양도 전과 마찬가지로 격렬하게 불타올랐다. 흙먼지를 뚫고 빗방울이 떨어졌던 곳에는 분화구 같은 자국이 드문드문 보이고, 옥수수에는 깨끗한 물방울이 몇 개 맺혀 있었다. 그러나, 그저 그뿐이었다.

비구름 뒤를 쫓듯 산들바람이 불어와 구름을 더 북쪽으로 몰아냈다. 말라가는 옥수수를 살며시 흔드는 바람이었다. 하루가 지나자 바람은 더 강해졌는데, 돌풍 한 번 섞이는 일 없이 착실하게 계속 불어댔다. 흙먼지가 길에서 솜털처럼 두둥실 떠올라 퍼져나가다가 밭가 풀숲에 내려앉으려다가 결국 조금 떨어진 밭에 떨어졌다. 이미 상당히 강해진 바람이 비를 머금은 옥수수밭의 흙 표면에 영향을 미치기 시작했다. 뒤섞여 드는 흙먼지 때문에 하늘은 조금씩 어두워졌고, 대지를 휩쓴 바람은 흙먼지를 일으켜 먼 곳까지 휘몰아갔다. 바람은 점점 강해졌다. 비를 머금었던 흙 표면이 부스러지고 밭에서는 흙먼지가 솟아올랐다. 수없이 많은 잿빛 깃털 모양의 흙덩이가, 느릿느릿 올라가는 연기처럼 허공에 피어올랐다. 옥수수가 도리깨처럼 바람을 때리면서 쏴아쏴아 하고 미친 듯이 소리를 질러댔다. 이제 아주 고운 흙먼지는 지면으로 돌아오는 일 없이, 시시각각 어두워져 가는 하늘로 사라져갔다.

바람은 점점 강해져 돌 아래까지 기세 좋게 할퀴었다. 지푸라기와 마른 잎, 가끔은 흙덩이까지도 휘몰아 올렸다. 덕분에 밭을 가로지르는 바람의 궤

적이 뚜렷이 드러났다. 하늘은 온통 어두워졌고, 그 사이로 시뻘겋게 빛나는 태양이 보였다. 공기는 소름이 돋아날만큼 쌀쌀했다. 밤이 되자 더더욱 맹위를 떨치며 지상을 내달리는 바람이 어린 옥수수 뿌리 사이를 빈틈없이 파헤쳤다. 옥수수는 약해진 잎사귀로 사력을 다해 바람에 맞섰지만, 결국 뿌리들은 억지로 비집고 들어오는 바람의 힘을 못 이기고 허공에 뜨고 말았다. 이렇게 되니 줄기도 모두 맥없이 기울며 지면을 향해 쓰러져 바람의 방향을 알렸다.

새벽이 다가왔다. 그러나 낮은 끝내 오지 않았다. 잿빛 하늘에는 붉은 태양이 떠 있었다. 황혼처럼 흐릿한 빛을 던지는 둔탁하고 붉은 원이었다. 해가 기울어감에 따라 그 황혼도 어느새 어둠으로 되돌아갔다. 쓰러진 옥수수 위를 바람이 오열하며 스쳐 지나갔다.

남녀 할 것 없이 집안에서 바짝 붙어 앉아 있었다. 밖으로 나갈 때는 코에 손수건을 대고, 눈을 보호하기 위해 먼지막이용 안경을 썼다.

다시 밤이 찾아왔을 때, 그것은 그야말로 암흑이었다. 별빛도 흙먼지를 뚫고 지상에 이르지 못했고, 창에서 새어나오는 불빛도 안뜰까지 닿는 것이 고작이었다. 이제 흙먼지는 공기에 골고루 섞여서, 이를테면 흙먼지와 공기로 만든 유제(乳劑)가 되었다. 집집마다 문을 단단히 걸어 잠그고 문과 창문 둘레에는 헝겊을 끼워 놓았지만, 공기 중에는 눈에 보이지 않을 만큼 미세한 먼지가 섞여 의자, 테이블 위, 아니 접시 위에마저 먼지가 마치 꽃가루처럼 쌓였다. 사람들은 그것을 어깨 주변에서 탁탁 털어냈다. 어느 문턱에고 먼지가 만들어 낸 작은 줄이 나 있었다.

한밤중에 바람이 지나가고 나자 주변이 다시 고요해졌다. 흙먼지를 잔뜩 머금은 공기는 안개보다 더 완전히 소리를 억눌러 버렸다. 침대에서 자고 있던 사람들은 바람이 딱 멈추는 소리를 들었다. 맹렬한 바람이 지나친 순간 눈이 떠진 것이다. 잠자코 누워서 정적의 깊숙한 곳까지 귀를 기울였다. 그러는 사이에 수탉이 연달아 울면서 시간을 알렸지만 그것도 어딘가 억눌린 소리였다. 사람들은 잠자리에서 몸을 뒤척이며, 아침이 오기를 기다리고 있었다. 공기 중의 흙먼지가 깨끗이 가라앉기까지는 오랜 시간이 걸린다는 사실을 잘 알고 있었기 때문이다. 이튿날 아침에도 흙먼지는 주변에 안개처럼 자욱이 긴 상태였고, 태양은 솟구치는 피를 연상케 하는 붉은 빛을 띠었다.

그날 종일 하늘에서는 흙먼지가 보슬비처럼 부슬부슬 내려왔다. 다음날도 마찬가지였다. 대지는 모포 한 장으로 덮인 것처럼 보였다. 먼지는 옥수수 위에도, 울타리 말뚝 위에도, 철조망 위에도 쌓였다. 지붕 위에도 쌓였고, 잡초와 나무들을 뒤덮었다.

집안에서 나온 사람들은 폐부를 뜨겁게 찌르는 공기를 들이마시곤 서둘러 코를 막았다. 이어서 아이들도 나왔지만, 소나기가 그친 다음처럼 깟까불며 뛰어 돌아다니지 않았다. 남자들은 각자 울타리 옆에 서서, 엉망이 된 옥수수를 바라보았다. 옥수수는 이미 빠르게 시들어가고 있었다. 얼마 안 되는 녹색만이 흙먼지 장막 너머로 드러났을 뿐이었다. 남자들은 잠자코 선 채 그다지 움직일 생각도 하지 않았다. 여자들도 나와서 자기 남편 옆에 섰다—이번에는 정말로 남편이 포기해 버리는 것이 아닐까 하고 살펴보러 나온 것이다. 그녀들은 남편의 얼굴을 살며시 관찰했다. 다른 것이 남아 있다면 옥수수 정도는 망쳐도 참을 수 있기 때문이었다. 아이들은 가까운 곳에 맨발로 서서 발가락으로 흙먼지 위에 그림을 그리며, 아빠와 엄마가 기운을 잃지는 않을까 가끔씩 눈치를 살피곤 했다. 그리고 아이들은 부모의 얼굴을 슬쩍 들여다보고는, 발가락으로 정성껏 선을 그렸다. 말들이 물통으로 다가와서 물 표면에 콧잔등을 대고 위에 뜬 먼지를 헤쳤다. 얼마가 지나자, 밭을 바라보던 남자들의 얼굴에서 점차 망연함과 당혹감이 사라지고 대신 분노에 찬 반항적인 표정이 되었다. 그제야 여자들은 우리가 살았구나 싶었고, 절망의 위험이 완전히 사라졌다는 것을 눈치 챘다. 그녀들은 물었다. "이제 어떻게 하면 좋죠?" 남자들이 대답했다. "모르겠어." 그래도 괜찮았다. 여자들은 괜찮다는 사실을 알았고, 곁에서 지켜보던 아이들도 그것을 눈치 챘다. 여자들도 아이들도, 남자들만 무사하다면 어떤 불행이 닥쳐도 견딜 수 있으리라는 강한 확신을 마음 깊이 품고 있었다. 여자들은 집안으로 돌아가서 집안일을 시작했고, 아이들도 처음에는 머뭇거리다가 뛰어놀기 시작했다. 시간이 지날수록 태양은 예전보다 붉은 색이 덜해졌고, 흙먼지로 뒤덮인 지상에 타오르는 빛을 쏟아 부었다. 남자들은 나무토막이나 돌멩이를 쉴 새 없이 만지작거리며 자기 집 문간에 앉아 있었다. 생각에 잠긴 채—계획을 세우면서—가만히 앉아 있었다.

2

빨간 대형 운송 트럭 한 대가 좁다란 길가 식당 앞에 바짝 붙어 서 있었다. 수직으로 튀어나온 배기관이 조그만 중얼거림 같은 소리를 내고 있었다. 그 주둥이에는 거의 눈에 보이지 않는 안개 같은 흑청색 연기가 떠돌고 있었다. 번쩍번쩍 광택 나는 빨간 새 트럭으로서 양쪽 옆구리에는 12인치나 되는 큰 글자로 '오클라호마시티 운송회사'라고 쓰여 있었다. 이중타이어도 새 것이었고, 커다란 뒷문에 붙어 있는 걸쇠에는 놋쇠 자물쇠가 툭 튀어나와 있었다. 망사문이 붙어 있는 식당에서는 라디오 소리가 흘러나오고 있었다―아무도 듣는 이가 없을 때 그러듯이 조용한 댄스 음악을 작은 소리로 틀어놓은 채였다. 작은 환풍기가 입구 위 둥근 구멍 속에서 소리 없이 회전하고 있었다. 파리들이 앵앵거리면서 입구와 창문 주변을 정신없이 날아다니다 망사문에 부딪치곤 했다. 안쪽에서는 한 남자가―트럭 운전사였다―받침대 위에 걸터앉아서 카운터에 양팔을 짚은 채, 자기 앞에 놓인 커피 너머로 무언가를 지켜보고 있었다. 거기에는 여위고 쓸쓸해 보이는 웨이트리스가 있었다. 남자가 길가 식당에서 흔히 들을 수 있는 건방지고 나른한 말투로 여자에게 말을 걸었다. "그 녀석하고 3개월 전에 만났거든. 수술을 했다나? 뭔가를 잘라냈다고 하던데, 그게 뭔지는 잊어버렸어." 여자가 말했다. "나도 만난 적이 있어요, 아직 일주일도 안 된 것 같네요. 좋아 보이던데요. 술에 취하지만 않으면 괜찮은 사람인데 말이에요." 이따금 파리가 망사문에서 앵앵거렸다. 커피포트가 김을 확 뿜자, 웨이트리스는 돌아보지도 않고 뒤로 손을 뻗어 스위치를 껐다.

밖에서는, 고속도로변을 따라 걸어오던 남자가 길을 가로질러 트럭으로 접근했다. 천천히 차 정면으로 돌아가더니 번쩍이는 바퀴 덮개에 한손을 짚고, 앞 유리에 '편승 사절'이라고 써 붙인 종이를 바라보았다. 순간 남자는 길을 계속 가려다가 생각을 고쳐먹었는지 식당 반대쪽 차 발판에 털썩 주저 앉았다. 아무리 봐도 아직 서른을 넘기지 않은 남자였다. 눈동자는 매우 짙은 암갈색이었고, 눈알에도 갈색이 섞여 보였다. 광대뼈가 높게 튀어나왔고, 굵고 깊게 진 주름살이 양쪽 뺨을 지나다가 입술 옆에서 곡선을 그리고 있었다. 윗입술은 길었지만 뻐드렁니여서, 이를 감추기 위해 양 입술이 늘어나 있었다. 늘 입을 다물고 있기 때문이었다. 손은 억세고, 손가락은 굵었다.

손톱은 작은 조개껍질처럼 두껍고 굴곡져 있었다. 엄지와 검지, 엄지 뿌리쪽 두둑한 부분—이 세 부분으로 감싸인 언저리는 굳은살이 박여서 번들거렸다.

몸에 걸친 것은 모조리 새 것이었지만 싸구려였다. 쥐색 사냥모자는 완전히 새것이어서 아직도 차양이 빳빳하게 서 있었고 단추도 떨어진 곳이 없었다. 사냥모자의 여러 가지 용도—휴대 주머니, 수건, 손수건 대용—로 사용한 지 얼마 안 된 것처럼 구겨지거나 부푼 구석도 전혀 없었다. 옷은 빳빳한 싸구려 쥐색 천으로 만든 것이었는데, 이것도 완전히 새것이었다. 바지는 깨끗하게 주름이 잡혀 있었다. 감색 목면 와이셔츠도 팽팽하니 모양이 나고 반질반질했다. 남자의 키가 컸기 때문에 상의는 너무 크고 바지는 너무 짧았다. 상의 어깨 부분이 팔 쪽으로 축 늘어져 있는데도 소매는 깡똥하고, 앞부분은 배 부근에서 허술하게 펄럭거렸다. 또한 빨간 새 구두를 신고 있었는데, 그것은 통칭 '군대 굽'이라는 것으로서 한 면에 징을 달고 발꿈치 주변이 닳지 않도록 말편자 같이 생긴 반원형 금속을 박은 것이었다. 남자는 차 발판에 앉자마자 모자를 벗더니 그것으로 얼굴을 훔쳤다. 그리고 그 모자를 다시 눌러쓰더니 차양을 몇 번 잡아당기고, 이제부터 시작할 파괴 작업을 준비했다. 다음에는 자신의 발치를 내려다보았다. 몸을 구부려 신발 끈을 풀더니 다시 묶으려 하지 않았다. 머리 위에서는 디젤 엔진의 배기관이 분주히 보라색 연기를 토해내면서 귀여운 소리를 내고 있었다.

식당에서는 음악 대신 남자 목소리가 스피커에서 흘러나오고 있었지만 웨이트리스는 전원을 끄지 않았다. 음악이 끝난 것을 눈치 채지 못한 것이다. 탐험을 좋아하는 그녀의 손가락이 귀 밑에서 부스럼을 하나 찾아낸 참이었다. 트럭 운전사 모르게 카운터 뒤의 거울로 어떻게든 그것을 찾아내려고, 헝클어진 머리를 다듬는 척하던 중이었다. 운전사가 말했다. "쇼니(오클라호마주 중부 도시)에서 커다란 댄스파티가 있었지. 어느 놈이 살해됐다고 하던데, 뭐 들은 거 없어?" "아뇨." 웨이트리스는 대답을 하면서도 귀 밑 부스럼을 조심스럽게 만지작거렸다.

밖에서는, 앉아 있던 남자가 일어서서 트럭 보닛 너머로 식당 쪽을 흘끗 살폈다. 그리고 다시 발판 위에 주저앉더니 옆주머니에서 담배 주머니와 종이 한 묶음을 꺼냈다. 천천히 조심스레 종이에 담배를 말고는 이리저리 살펴

보더니 마지막으로 구겨진 곳을 잘 폈다. 그 뒤에야 담배에 불을 붙이고, 불타는 성냥을 발밑 흙먼지 속에 쑤셔 박았다. 정오가 가까워짐에 따라 햇빛이 트럭 그림자를 파고들었다.

식당에서는 트럭 운전사가 계산을 마치고 거스름돈으로 받은 5센트 동전 두 닢을 슬롯머신에 집어넣었다. 원통이 맹렬히 돌았지만 결과는 꽝이었다. "처음부터 돈만 먹게 만들어 놓은 거지." 남자가 웨이트리스에게 말했다.

여자가 대답했다. "어떤 사람이 잔뜩 따간 지 아직 두 시간도 안됐는데요. 380달러나 땄다고요. 당신, 다음엔 언제 돌아와요?"

남자는 망사문을 조금 연 채 서 있었다. "일주일이나 열흘 정도 있다가. 털사(오클라호마주 북동부 도시)까지 돌아보고 와야 하니까. 예정대로 돌아온 적이 있어야 말이지."

여자가 불쾌한 듯이 말했다. "파리 들어오잖아요. 나가든지 들어오든지 하나만 해요."

"그럼 잘 있어." 남자는 그렇게 말하고 문을 밀고 밖으로 나갔다. 문이 뒤에서 탁 하고 닫혔다. 남자는 햇빛 속에 우뚝 서서 껌 포장지를 벗겼다. 어깨가 떡 벌어지고 배가 두둑한 것이 묵직한 인상을 주는 남자였다. 얼굴이 붉고, 푸른 눈은 늘 강한 햇빛 때문에 가늘게 뜨는 습관이 들어 길게 찢어져 있었으며, 군대 바지와 끈으로 매는 장화를 신고 있었다. 입으로 껌을 가져가면서 남자는 문 너머로 말을 걸었다. "이봐, 나한테 숨겨야 할 일은 하면 안 돼." 웨이트리스는 뒤쪽 벽거울만 쳐다볼 뿐이었다. 그녀가 입속으로 뭐라고 중얼거리는 소리가 들렸다. 트럭 운전사는 한 번 씹을 때마다 턱과 입술을 크게 벌리면서 천천히 껌을 질겅거렸다. 새빨간 대형 트럭까지 걸어오는 동안 입 속에서 껌을 뭉쳐서 혀 뒤쪽으로 굴려 넣었다.

편승 여행자가 일어나서 창을 통해 이쪽을 바라보았다. "아저씨, 저 좀 태워주지 않으시렵니까?"

운전사는 잠시 식당 쪽을 돌아보았다. "'편승 사절' 붙여놓은 게 안 보여?"

"봤고말고. 하지만 어떤 부자 놈이 그런 걸 붙이라고 억지로 들이밀어도, 가끔은 착한 사람도 있는 게 아니겠소?"

운전사는 천천히 트럭에 올라타면서 그 대답의 의미를 생각해보았다. 만약 거절한다면 자신은 못된 인간이 될 뿐만 아니라 저 종이쪽을 끝까지 붙이고 다녀야만 한다. 더군다나 말상대도 가질 수 없게 된다. 만약 이 편승 여행자를 태워준다면 자연적으로 착한 사람이 되는 데다, 어디서 굴러먹는 개뼈다귀인지 모를 부자놈에게 굽실대기나 하는 사람이 아니라는 것을 증명하는 셈도 된다. 그는 함정에 빠졌음을 스스로도 깨달았지만, 벗어날 길이 보이지 않았다. 게다가 좋은 사람이 되고 싶은 마음도 있었다. 그는 다시 한 번 식당쪽을 흘끔 보며 말했다. "모퉁이를 돌 때까지 발판 위에서 웅크리고 있어."

편승 여행자는 들키지 않도록 몸을 한껏 수그리고 문손잡이에 매달렸다. 모터가 한 번 으르렁거리더니, 기어가 걸리면서 대형 트럭이 움직이기 시작했다. 1단……2단……3단, 다음에는 울부짖는 듯한 급가속. 마지막으로 4단……. 매달려 있는 남자 밑에서 고속도로가 부옇게 변하며, 눈앞이 핑 돌 정도로 빠르게 지나갔다. 1마일쯤 달려 첫 번째 모퉁이가 나오자 트럭이 속도를 늦추었다. 편승 여행자는 일어나서 천천히 문을 열고 좌석으로 들어왔다. 운전사가 눈을 가늘게 뜨고 남자를 바라보다가 천천히 껌을 씹었다. 머릿속으로 그에 대해 어떤 결론을 내리기에 앞서 턱으로 사상이나 인상을 분류하고 정리하려는 행동처럼 보였다. 그의 시선이 손님의 새 사냥모자부터 시작해 옷을 훑고 구두까지 내려왔다. 편승 여행자는 등을 시트에 붙이고 꿈지럭대면서 편한 자세를 취하더니, 사냥 모자를 벗고 그것으로 땀에 젖은 이마와 턱을 훔쳤다. 그가 말했다. "고맙소, 형씨. 발이 너무 아팠거든."

"새 구두로군." 운전사가 말했다. 그 목소리에는 눈빛과 마찬가지로 비밀스러움과 은근한 비아냥이 담겨 있었다. "새 구두를 신고 오래 걸으면 안 되지. 특히 더운 날에는."

편승 여행자는 먼지를 뒤집어써서 누레진 구두를 내려다보았다. "다른 구두가 없었거든. 그러니 이거라도 신어야지."

운전사는 아주 잘 이해한다는 듯이 눈을 가늘게 뜨고 앞을 보면서 트럭 속도를 조금 올렸다. "멀리까지 가나?"

"으음! 발만 안 아팠어도 걸어갈 수 있을 텐데 말이야."

운전사의 질문에는 은근히 떠보는 구석이 있었다. 그물이라도 치듯, 다시 말해 질문을 통해 함정을 놓는 것처럼 보였다. 그가 물었다. "일자리를 구하나?"

"아니, 아버지가 농지를 가지고 있거든. 40에이커 정도. 소작농이지만,
우리 집은 꽤 오래 전부터 그 땅에서 살았어."

운전사는 도로변 밭을 의미심장하게 바라보았다. 옥수수들은 옆으로 쓰러
지고 흙먼지가 그 위에 쌓여 있었다. 작은 부싯돌 몇 개가 먼지투성이 땅을
뚫고 솟아올라 있었다. 운전사가 혼잣말처럼 말했다. "40에이커 소작농인데
아직 모래폭풍을 피해 달아나거나 트랙터에 밀려 쫓겨나지 않은 건가?"

"물론 편지를 받은 지는 꽤 오래됐지만 말이야." 편승 여행자가 말했다.

"그렇군!" 운전사가 말했다. 꿀벌 한 마리가 운전석으로 날아 들어와 앞
유리 쪽에서 붕붕거렸다. 운전사가 손을 뻗어 조심스레 그놈을 바람에 날려
보냈다. 그가 말했다. "지금은 소작농이 점점 없어지는 추세거든. 트랙터 한
대 때문에 열 가족이 쫓겨난다고. 지금은 어디를 가도 트랙터 천지야. 몰려
들어서 소작농을 쫓아버리지. 자네 아버지는 어떻게 버티고 있지?" 혀와 턱
이 다시 분주하게 움직이며, 잊고 있던 껌을 뒤집고 씹고 했다. 입이 열릴
때마다 혀가 껌을 뒤집는 것이 보였다.

"글쎄, 요즘에는 소식을 못 들어서. 나야 옛날부터 글 쓰는 데 소질이 없
고, 아버지도 마찬가지거든." 그는 바로 이렇게 덧붙였다. "하지만 아버지나
나나 마음만 먹으면 쓸 수 있어."

"일하다 돌아가는 건가?" 또다시 몰래 탐색하는 말투였다. 멀리 밭 건너
편에서 아득히 빛나는 대지에 눈길을 준 채, 껌을 방해되지 않게 볼 안쪽에
집어넣고 창문으로 침을 퉤 뱉었다.

"그래."

"그럴 줄 알았지. 자네 손을 보면 알아. 곡괭이나 도끼, 큰 망치 같은 걸
휘둘렀겠지? 그런 일을 하면 손이 번들거리게 되거든. 나는 그런 건 금방
알아챌 수 있어. 자랑 삼아도 될 정도지."

편승 여행자는 상대를 똑바로 노려보았다. 트럭 바퀴가 발밑에서 부웅 마
찰음을 냈다. "그것 말고도 물어보고 싶은 게 또 있나? 얼마든지 대답해 주
지. 지레짐작할 것 없어."

"이봐, 화내지 말라고. 참견하려던 건 아니었어."

"뭐든지 가르쳐 주지. 숨기는 건 아무것도 없어."

"이봐, 화내지 말라니까. 나는 그저 이것저것 뜯어보는 걸 좋아하는 것뿐

이야. 심심풀이 삼아서 말이야."

"뭐든지 가르쳐 줄 수 있어. 이름은 조드다, 톰 조드. 아버지는 톰 조드 영감." 그는 생각에 잠긴 듯 상대방을 응시했다.

"화내지 말라니까. 악의는 없었어."

"나도 악의 따위는 없어. 다른 사람한테 민폐 안 끼치고 살려는 것뿐이야." 편승 여행자는 여기서 말을 뚝 끊더니, 말라붙은 밭과 열기로 피어오른 아지랑이 너머 저편에서 불안한 듯 고개 숙인 메마른 나무들을 바라보았다. 옆 주머니에서 담배와 종이를 꺼내, 바람에 날아가지 않도록 무릎 사이에 놓고 담배를 말기 시작했다.

운전사는 황소처럼 박자를 맞추어 생각을 거듭하면서 껌을 씹었다. 그리고 방금 주고받은 대화의 살벌한 분위기가 완전히 사라져 잊히기를 기다렸다. 마침내 분위기가 가라앉는 것을 느끼자 다시 입을 열었다. "트럭 운전을 해본 적 없는 녀석들은 이게 어떤 일인지 짐작도 못 할 걸. 주인은 우리가 누굴 태워주는 걸 싫어하거든. 그래서 우리는 그냥 여기 앉아서 운전만 하는 거야. 방금 자네한테 해준 것처럼, 모가지가 될 모험이라도 감수할 생각이 없다면 말이야."

"거 고맙군."

"운전하면서 별난 짓을 하는 녀석도 몇 명 본 적이 있지. 시를 짓겠다고 끙끙거리던 녀석도 있었는데, 뭐 심심풀이야 됐을 테지." 이렇게 말하면서, 상대방이 흥미를 보이는지 어이없어 하는지 보려고 슬쩍 고개를 돌렸다. 조드는 입을 다문 채 길 앞 아득한 저편을, 거대한 파도처럼 온화하게 굽이치는 새하얀 길 저편을 뚫어져라 쳐다보고 있었다. 운전사는 안심하고 말을 이었다. "그녀석이 종이에 갈겨쓴 시가 있었지. 그녀석이 두세 명하고 세상을 집어삼키거나 치정싸움을 일으키면서 방황하는 이야기인데, 무슨 소리를 적어놨더라? 생각 좀 해보자. 그중에는 제아무리 그리스도라도 머리를 쥐어짜야 할 구절이 있었거든. 그래, 이런 말이었지—'우리는 깜둥이를 찾아냈다. 코끼리 입술보다도 훨씬, 고래 거시기보다도 커다란 물건을 가지고 있었도다'. '입술'이란 건 이제 보니 코를 말하는 거군. 코끼리 하면 긴 코 아닌가. 그 녀석이 사전을 갖다 보여줬었지. 어디에 가든 사전을 떼어놓지 않았어. 차를 멈추고 파이와 커피를 들 때도 그걸 들여다보고 있더라니까." 그는 여기서 말을 끊었다. 혼자서 길게 떠들어봤자 상대방이 맞장구 쳐주지 않으니 무안해졌다. 그는 은밀한 눈길을 옆자리로 돌렸지만, 조드는 여전히 입을 다물고 있었다. 운전사는 안절부절 못하고 조드를 이야기로 끌어 들이려고 온갖 노력을 기울였다. "그렇게나 난해한 말만 골라 쓰는 인간을 본 적 있나?"

"전도사."

"아무튼 나는 남이 난해한 말을 쓰면 울컥한단 말이지. 물론 전도사라면 별 불만 없어. 전도사를 이야기 상대로 삼으려는 사람은 없을 테니 말이야. 하지만 방금 말한 그 녀석은 정말 별나서, 그 녀석이 알아듣지 못할 소리를 해도 듣는 사람은 그리 화가 나지 않는다니까. 그놈은 자기 혼자 즐기려고 그러고 다니는 거지, 딱히 잘난 체 하려고 그러는 게 아니니까." 운전사는 안심했다. 적어도 조드가 자기 말을 듣고 있다는 것을 알았기 때문이다. 그가 난폭하게 굽이를 돌자 타이어가 날카로운 비명을 질렀다. 그가 말했다. "아까 하던 이야기 말인데, 트럭 운전사로 일하는 녀석들은 꽤 별난 짓도 많이 하지. 안 하고는 못 배기거든. 그냥 이렇게 앉아서 차 밑으로 도로가 술술 빠져나가는 것만 보다가는 머리가 이상해질 테니 말이야. 트럭 운전사는 일 년 내내 먹기만 한다고 누가 그러더군. 길가 햄버거 가게에서 늘 뭔가를 먹고 있다나."

"하긴, 식당에 붙어사는 것 같더군." 조드가 맞장구를 쳤다.

"차를 세우긴 하지만 먹으려고 그러는 게 아니야. 배고프다고 느낄 때는 거의 없어. 계속 달리기만 하는 것에 진력이 난 거지. 이제 더는 못 견디겠다 싶을 때가 있어. 차를 세울 곳이라고는 식당 말고는 없는 데다 거기 서서 카운터 아가씨하고 실없는 소리라도 하려면 뭐라도 주문해야 되잖아. 그래서 커피 한 잔에 파이 한 접시를 주문하게 되는 거지. 그걸로 머리 좀 식히는 거야." 그는 이쯤에서 여전히 껌을 천천히 씹으며 혀로 굴렸다.

"그거 괴롭겠군." 조드는 별다른 반응을 보이지 않았다.

운전사는 비꼬는가 싶어서 재빨리 상대방 얼굴을 훔쳐보았다.

"뭐, 편한 직업은 아니지." 그는 기분 나쁘다는 듯 말했다. "얼핏 보면 재미있어 보일 테지. 그냥 이렇게 앉아서 규정된 8시간이나 10시간, 14시간만 보내면 되니까. 하지만 길이란 녀석은 사람 머리꼭대기로 기어오르지. 뭐라도 하지 않으면 버티질 못해. 노래를 부르는 녀석도 있고 휘파람을 부는 녀석도 있지. 회사에서는 라디오를 듣지 못하게 하거든. 위스키 병을 들고 타는 녀석도 가끔 있는데, 그런 놈들은 오래 못가지." 그는 마지막 말을 하면서 의기양양한 표정을 지었다. "나는 일이 끝날 때까지는 한 방울도 안 마셔."

"그래?"

"그렇다니까. 꼭 출세해야 되거든. 난 말이지, 통신 강좌를 수료할 생각이야. 기계공학으로. 간단하지. 집에서 쉬운 과목을 조금 공부하면 되니까. 그래서 그 길로 나가볼까 해. 그렇게 되면 트럭 운전 같은 건 안 할 거야. 다른 녀석들한테 하라고 해야지."

조드가 웃옷 옆 주머니에서 1파인트짜리 위스키 병을 끄집어냈다. "정말 한 잔 할 생각 없어?" 목소리에는 장난기가 담겨 있었다. "아니, 절대로. 건드리지도 않을 거야. 계속 술만 마시다간 내가 하려는 공부는 절대로 못할 테니까."

조드는 병마개를 열고 두 모금 정도를 꿀꺽 들이켰다. 그리고 다시 마개를 잠그고 주머니에 집어넣었다. 자극적인 위스키 향기가 운전석을 채웠다. 조드가 말했다. "굉장한 각오인데? 뭔가? 여자라도 있나?"

"물론 있고말고. 아무튼 나는 출세하고 싶어. 아주 오래전부터 정신수양을 쌓아왔다고."

위스키가 조드의 긴장감을 풀어준 모양이었다. 또 담배를 한 대 말아서 불을 붙였다. "내가 앞으로 갈 길은 그리 멀지 않은데." 그가 말했다.

운전사는 빠르게 말을 이었다. "고작 한 잔 따위, 난 필요 없어. 계속 정신수양을 쌓아왔으니까. 2년 전에 그쪽 계통 통신 강좌를 들었지." 그는 오른손으로 운전대를 가볍게 두드렸다. "예를 들어 길에서 한 남자하고 마주쳤다고 쳐. 나는 그 작자의 얼굴을 보고, 그자가 지나간 뒤에 그에 대한 모든 것을 떠올려보는 거야. 어떤 옷을 입었는지, 구두와 모자는 어땠는지, 걸음걸이는 어땠는지, 키는 어느 정도고 체중은 얼마나 나가는지, 흉터 같은 게 있었나 없었나, 뭐 그런 것들 말이야. 이래뵈도 꽤 소질이 있다고. 전부 다 생각해낼 수 있거든. 이따금 지문감정 코스를 밟는 편이 이득일 것 같다는 생각도 해. 인간의 기억력의 한계는 정말 놀라울 정도야."

조드는 위스키 병을 열고 또 한 모금 꿀꺽 마셨다. 거의 다 피운 담배의 마지막 한 모금을 깊게 들이마시고, 굳은살 박인 엄지와 검지로 담뱃불을 비벼 껐다. 이어서 담배꽁초를 아무렇게나 구겨서 창밖으로 내밀고, 그것을 바람이 채어가도록 놔두었다. 커다란 타이어가 포장도로 위에서 날카로운 소리를 내고 있었다. 부드러운 암갈색 눈으로 도로변을 바라보던 조드의 눈에 이상한 빛이 번득이기 시작했다. 운전사가 그의 반응을 기다리면서 초조하게 조드를 쳐다보았다. 조드가 긴 윗입술을 이가 보이도록 말아 올리며 씨익 웃었다. 그는 가슴을 두근거리며 소리도 없이 큭큭 웃었다. "여기까지 오는 데 너무 오래 걸렸잖아, 형씨."

운전사는 눈을 들 수가 없었다. "오다니, 어디로? 무슨 소리야?"

순간 조드의 입술이 긴 이 위에 착 달라붙었다. 조드는 그 입술을 개처럼 가운데서 좌우로 한 번씩 두 번을 핥았다. 목소리에는 가시가 돋쳐 있었다. "무슨 뜻인지는 당신도 잘 알 것 아냐! 내가 타니까 얼굴에 구멍 날 정도로 쳐다봤으면서. 모를 줄 알았어?" 운전사는 똑바로 앞을 보고 있었다. 운전대를 어찌나 꽉 움켜쥐었는지 손바닥 살이 불거져 나오고, 손등은 핏기가 가셔 있었다. 조드는 계속 말을 이었다. "당신은 내가 어디서 왔는지 알 거 아냐?" 운전사는 입을 다물고 있었다. "이봐, 안 그래?" 조드는 계속 추궁했다.

"응, 뭐……, 그렇지. 아니……알았을지도 모르지. 하지만 난 그런 건 상관 안 해. 남의 일에 괜히 참견할 생각은 없어. 나하고는 아무 상관없는 일이야." 간신히 말이 계속 튀어나왔다. "난 누가 뭘 하든지 참견하지 않는다고." 갑자기 말을 뚝 끊고는 상대방이 어떻게 나오나 기다렸다. 운전대를 쥔 손은 아직도 핏기가 가신 채였다. 메뚜기 한 마리가 창문으로 뛰어들어 와서 계기판 위에 앉더니 가만히 서서, 휘어진 뒷다리로 날개를 비비기 시작했다. 조드가 손을 뻗어 사람의 두개골을 닮은 메뚜기의 딱딱한 머리를 손가락으로 짓누르고 창밖으로 휙 던져 바람에 날려 보냈다. 짓이겨진 곤충 조각을 손가락에서 툭툭 털어내고 다시 쿡쿡 웃으며 그가 말했다. "헛다리짚으셨군, 어르신. 나는 아무것도 숨기지 않았어. 분명히 나는 매칼리스터 (오클라호마주 동부 도시. 교도소가 있다)에 있었어. 4년 동안 거기 있었지. 그래, 이 옷들도 내가 나갈 때 거기서 준 거야. 그걸 누가 알더라도 난 아무렇지도 않단 말이야. 게다가 이제 아버지 집으로 갈 거니까, 일자리 찾겠다고 거짓말할 필요도 없고 말이지.”

“음……그건 내가 알 바가 아니야. 난 쓸데없이 참견하는 걸 싫어해.”

“거짓말 마. 댁 얼굴에 달린 커다란 코가 얼굴에서 8마일이나 튀어나왔잖아. 길을 잃고 채소밭에 들어간 양처럼 그걸 내 몸에 갖다 대고 쿵쿵거리고 있으면서.”

운전사 얼굴이 굳어졌다. “그건 오해야…….” 그가 조그마한 목소리로 말했다.

조드는 비웃음을 흘렸다. “댁은 친절했어. 나를 태워줬잖아. 흥, 빌어먹을! 그래, 나는 징역살이를 한 남자다. 그게 어쨌는데? 댁 말이야, 내가 왜 감옥에 갔는지 알고 싶지?”

“그런 거 관심 없어.”

“그래, 이 무식한 차를 모는 것 말고는 뭐가 어찌되든 상관없겠지. 하지만 이건 댁의 부업 같은 거라며. 이봐, 저기 좀 봐. 앞에 길이 하나 보이지?”

“그렇군.”

“난 저기서 내리지. 난 잘 알아, 댁은 지금 내가 무슨 짓을 저질렀는지 알고 싶어서 안달 날 지경이겠지? 난 댁을 실망시킬 사람이 아니야.” 시끄럽던 모터 소리가 잦아들고 타이어 마찰음도 한결 누그러졌다. 조드는 술병을 꺼내어 다시 한 모금 꿀꺽 마셨다. 트럭은 도로에서 직각으로 갈라지는 흙먼지 길에 천천히 멈췄다. 조드는 차에서 내려 운전대 창 옆에 섰다. 수직으로 솟은 배기관이 보라색 연기를 보일락 말락 토해냈다. 조드는 운전대 쪽으로 몸을 숙이고 빠른 말투로 말했다. “살인죄야. 쓸데없이 거창한 소리 같군. 사람을 죽였단 말이야. 7년 형을 받았지. 바른생활에 충실한 덕에 4년 만에 석방된 거야.”

운전사는 기억에 새겨놓으려는 듯 조드의 얼굴을 죽 훑었다. “나는 아무것도 안 물어봤어. 남의 일에 참견하지 않는 주의거든.”

“여기서 텍솔라(오클라호마주 서쪽 끝에 위치한 도시)까지 가는 동안 나오는 식당마다 떠벌리고 다니시라고.” 그는 미소를 지었다. “잘 가시게, 형씨. 댁은 친절한 사람이었어. 하지만 잠시라도 감옥에 들어갔다 나오면 누가 나를 탐색하려 드는지 금방 눈치 채게 되거든. 댁은 입을 열 때마다 그야말로 신호를 보냈어.” 그는 금속 문을 손바닥으로 탁 쳤다. “태워줘서 고마웠어.” 그가 작별인사를 했다. "잘 가게." 그런 뒤 그는 몸을 빙글 돌려 작은 길로 들어갔다.

운전사는 잠시 멍하니 그 뒷모습을 쳐다보다가 이윽고 큰소리로 말했다. "행운을 비네!" 조드는 돌아보지도 않고 손만 흔들었다. 이어서 모터가 굉음을 내고 기어 걸리는 소리가 나더니, 새빨간 대형 트럭은 그 묵직한 덩치를 달리기 시작했다.

3

콘크리트 고속도로 주변에는 뒤엉키고 찢긴 마른 풀이 돗자리처럼 깔려 있었다. 풀끝에는 개털에 잘 붙는 보리까락, 말 발가락 털에 휘감기는 강아지풀, 양털에 들러붙는 클로버 씨앗 등 잔뜩 달라붙어 있었다. 잠든 생명이 세상으로 퍼져나갈 날을 기다리는 것이다. 이를 위해 모든 씨앗은 구부러진 투창과 낙하산, 작고 귀여운 창과 가시 돋친 공 등으로 무장하고 동물, 바람, 남자 바지의 접힌 부분, 여자의 치맛자락 등이 나타나길 목 빼고 기다렸다. 수동적이면서도 능동적인 도구를 갖추고, 가만히 있으면서도 저마다 운동성을 지니고 있는 것이다.

태양이 풀 위로 따스하게 내리쬐고, 풀 그늘에서는 곤충들이 돌아다녔다. 개미와 그들을 잡기 위해 함정을 파는 개미귀신, 공중으로 뛰어올라 한 순간 노란 날개를 떠는 메뚜기, 무수히 달린 연약한 다리로 비틀비틀하면서도 바쁘게 걸어 다니는 작은 아르마딜로 같은 쥐며느리. 길가에서는 땅거북이 한 마리가 앞에 무엇이 나타나도 방향을 바꾸지 않고 높은 돔같이 생긴 등딱지를 끌면서 기어갔다. 단단한 다리와 노란 발톱이 달린 발끝을 열심히 휘저어서 천천히 풀 사이를 지나가는데, 사실은 걷는 게 아니라 등딱지를 질질 끌고 가는 것이었다. 보리까락이 등딱지에서 미끄러져 떨어지고, 클로버 씨앗이 떨어져서 땅위를 굴렀다. 각질 덮인 주둥이를 반쯤 벌리고, 손톱 같이 생긴 미간 아래의 사나우면서도 우스꽝스러운 눈으로 똑바로 앞을 응시하고 있었다. 밟아 다진 길을 뒤로 하며 풀밭을 다 지나자 언덕이, 즉 길가에 쌓인 둑이 앞에 버티고 있었다. 잠시 고개를 쭉 빼고 그 자리에 멈췄다. 몇 번인가 눈을 깜빡이면서 올려다보다 내려다보다 했다. 그러다가 마침내 둑을 넘기 시작했다. 발톱 달린 앞발을 앞으로 쭉 뻗지만 끝이 닿지 않는다. 뒷발로 마구 차면서 등딱지를 앞으로 밀어내려다 보니 등딱지가 풀과 자갈에 마구 할퀴어진다. 둑이 험해질수록 땅거북의 힘겨움은 점점 더 심해진다. 뒷다리에 죽어라 힘을 주어 등딱지를 밀어 올리려다 미끄러지기를 몇 번, 각질로 덮인 머리가 목 길이만큼 앞으로 튀어나왔다. 조금씩 등딱지가 둑 위로 올라가고, 마침내 흙벽이 길을 절단한 곳까지 이르렀다. 이 길의 가장자리, 즉 높이가 4인치나 되는 콘크리트 벽이다. 뒷다리가 다른 생물처럼 움직여 등딱지를 벽에 밀어붙였다. 머리를 들어 올려 벽 너머로 넓고 미끈한 시멘트 평원을 바라보았다. 벽 위에 걸친 앞발을 순간 힘을 주어 당기자 등딱지가 천천히 따라 올라와 그 앞쪽 끝이 벽 위에 올라앉았다. 잠시 땅거북은 휴식을 취했다. 불개미 한마리가 껍질의 안쪽 부드러운 살갗으로 뛰어들었다. 순간 머리와 다리가 안쪽으로 쑥 들어가고, 갑옷처럼 딱딱한 꼬리도 옆으로 착 말려 들어갔다. 불개미는 몸뚱이와 다리 사이에 끼어 짜부라졌다. 야생 메귀리 이삭 하나가 앞발에 끼어 등껍질 속에 갇혔다. 한동안 땅거북은 그렇게 가만히 있었다. 얼마 뒤 목이 슬쩍 빠져나오더니 늙고 우스꽝스럽고 언짢아 보이는 얼굴에 달린 눈이 주변을 두리번두리번 살피고, 이어서 다리와 꼬리가 나왔다. 코끼리의 다리처럼 힘을 주고 뒷발을 움직이기 시작했다. 등딱지는 앞발이 평평한 시멘트 평원에 닿지 못하는 각도로 기울어졌으나 뒷발은 점점 높이 등딱지를 밀어 올렸다. 마침내 무게중심에 달해 등껍질이 앞으로 기울고 앞발이 포장도로를 긁었다 싶은 순간, 모든 것이 끝났다. 그러나 야생 메귀리 이삭은 줄기가 앞발에 얽힌 채 남아 있었다.

여기까지 오니 길 가기도 한결 수월해졌다. 네 다리를 모두 움직이고 등껍질을 좌우로 흔들면서 계속 나아갔다. 그때 마흔 살 정도로 보이는 여자가 운전하는 세단이 가까이 다가왔다. 여자는 거북을 보고 오른쪽으로 핸들을 꺾어 도로를 벗어났다. 바퀴가 비명을 지르고 흙먼지가 자욱이 피어올랐다. 바퀴 두 개가 한 순간 붕 떴다가 제자리로 돌아왔다. 차는 옆으로 미끄러지듯이 도로로 되돌아와 달리기 시작했으나 속도는 다소 줄었다. 놀라서 껍질 속에 움츠리고 있던 거북은 다시 앞길을 서둘렀다. 도로가 타는 듯이 뜨거웠기 때문이었다.

그때 마침 소형 트럭 한 대가 달려왔다. 거리가 가까워지자 운전사는 거북을 발견하고, 치고 지나가려고 핸들을 확 꺾었다. 앞바퀴가 등딱지 끝에 부딪쳐 거북을 원반처럼 날려버렸다. 거북은 동전처럼 빙빙 돌면서 도로 밖으로 떨어져 굴렀다. 트럭은 오른쪽 차선으로 되돌아갔다. 뒤집힌 채 위를 보고 있던 거북은 오랫동안 등딱지 속에서 움츠리고 있었다. 그러다 마침내 몸을 일으킬 만한 것을 붙잡기 위해 허공에서 발버둥치기 시작했다. 앞발 하나가 석영 한 개를 붙잡는 데 성공했다. 등딱지가 조금씩 일어나다가 마침내턱 하고 뒤집어졌다. 등딱지 속에서 야생 메귀리 이삭이 떨어져서 창끝같이생긴 씨앗 세 개가 바닥에 꽂혔다. 거북이 둑 위에서 기어 내려가면서 등껍질이 씨앗 위에 흙을 덮어 씌웠다. 거북은 흙먼지 이는 길가로 들어서서 느릿느릿 나아갔다. 등껍질 때문에 흙먼지에 파도 모양 자국이 희미하게 남았다. 늙고 우스꽝스러운 눈은 앞을 바라보고 있었고, 각질 입술이 살짝 벌어져 있었다. 노란 발톱이 먼짓길을 아주 조금씩 미끄러져갔다.

4

기어를 변속하며 트럭이 본격적으로 속력을 올리고 타이어 마찰로 지면이고동치는 소리가 들렸을 때 조드는 그 자리에 서서 몸을 돌리고, 트럭이 시야에서 벗어날 때까지 지켜보았다. 완전히 보이지 않게 된 뒤에도 조드는 저멀리 푸르게 빛나는 대기를 응시했다. 그러다 생각에 잠긴 얼굴로 주머니에서 위스키 병을 꺼내 금속 마개를 돌려 열고 맛있게 들이켰다. 혀를 병 주둥이에 찔러 넣었다 빼내어 입술 주변을 핥아서, 자칫 놓칠 뻔했던 풍미를 남김없이 맛보려 했다. 그는 시험 삼아 "거기서 깜둥이를 찾아냈다……"라고말해보았지만, 기억나는 것은 그것뿐이었다. 그는 직각으로 꺾여 밭 가운데를 가로지르는 먼지투성이 샛길로 다시 몸을 돌렸다. 햇볕은 매우 뜨거웠고,체로 친 듯 고운 먼지를 흐트러뜨리는 미풍조차 없었다. 길에는 바퀴 자국이울퉁불퉁 패여 그 속에 흙먼지가 들어가 쌓여 있었다. 시험 삼아 대여섯 걸음 걸어보니 밀가루 같은 흙먼지가 노란 새 구두 앞에서 풀풀 일어나, 본디색깔을 잿빛 먼지 아래로 감추어 버렸다.

조드는 쭈그려 앉아 신발 끈을 풀었다. 먼저 한 쪽, 이어서 다른 한 쪽 구두도 벗었다. 젖은 발을, 마르고 뜨거운 흙먼지 위에서 기분 좋게 움직였다. 그러는 동안에 발가락 사이로 흙먼지가 풀풀 피어올랐다. 발이 말라서 살갗이 땅겨왔다. 웃옷을 벗고 그걸로 구두를 싸서 옆구리에 꼈다. 그러고 나서야 그는 길을 가기 시작했다. 앞을 차듯이 걸으면 흙먼지가 확 피어올랐다가 뒤쪽 땅에 낮게 깔리곤 했다.

도로변을 따라 울타리가 쳐 있었다. 버드나무 기둥에 철조망 두 줄을 얽어 놓은 어설픈 것이었다. 기둥은 흰 데다 가지도 치다 말았는지 삐죽삐죽 나와 있었다. 적당한 높이에서 가지가 갈라진 기둥이 있으면 어김없이 그 부분에 철사가 얹혀 있었다. 갈라진 부분이 없는 기둥에는 철조망이 녹슨 철사로 붙들어 매여 있었다. 울타리 저편에는 옥수수가 강풍과 폭염과 가뭄에 신음하며 쓰러져 있었다. 잎과 줄기가 맞닿는 움푹 팬 곳에는 흙먼지가 빽빽했다.

조드는 자신이 만든 흙먼지를 길게 드리우며 터벅터벅 걸어갔다. 조금 떨어진 앞에서, 높은 돔 모양 등딱지를 진 땅거북이 흙속에서 어설프게 다리를 내저으며 느릿느릿 기어가는 것이 보였다. 조드는 멈춰서서 그것을 바라보았다. 그의 그림자가 거북 위에 드리웠다. 땅거북의 머리와 다리가 순식간에 사라졌다. 짤막한 꼬리도 옆으로 뉘며 등딱지 속으로 싹 숨었다. 조드는 땅거북을 들어서 뒤집어 보았다. 등은 흙먼지와 같은 회갈색이었지만 껍질 뒤는 연노란색으로 반질반질하니 고왔다. 조드는 꾸러미를 옆구리 높이 고쳐 끼고, 반질반질한 뒷면을 검지로 쓰다듬은 다음 꾹 눌러보았다. 등보다 부드러웠다. 늙고 딱딱한 머리가 툭 튀어나와서, 누르는 손가락을 보려고 죽어라고 발버둥 쳤다. 거북은 조드의 손에 오줌을 갈기며 공중에서 헛된 몸부림을 쳤다. 조드는 거북을 다시 뒤집어주고 구두와 함께 옷으로 쌌다. 거북이 밀고 몸부림치며 버둥거리는 것이 옆구리를 타고 전해졌다. 그는 이번에는 기운차게 발꿈치로 고운 먼지를 끌듯이 걸어갔다.

앞쪽 도로변에 삐쩍 마르고 먼지로 뒤덮인 버드나무 한 그루가 점점이 그늘을 드리우고 있었다. 길 위로 늘어진 빈약한 가지에 남은 잎사귀가 털 빠진 닭처럼 듬성듬성 부스스했다. 슬슬 땀이 났다. 푸른 와이셔츠의 등과 옆구리 부분이 얼룩졌다. 사냥 모자 차양은 계속 잡아당겨진 탓에 가운데에 주름이 생겼고, 안에 댄 종이도 완전히 망가져서 이제 새것으로 보일 염려는 없어졌다. 그는 멀리 보이는 버드나무 그늘을 향해 걸음의 속도와 방향을 다시 조절했다. 버드나무까지 가면 그늘에서 쉴 심산이었다. 태양이 이미 중천을 지났으니, 적어도 나무줄기가 던지는 진한 그늘이 한 가닥쯤은 있을 터였다. 태양은 이제 목덜미를 세차게 내리쬤다. 머릿속에서 무언가가 작게 신음하는 것만 같았다. 나무 밑동은 보이지 않았는데, 그것은 나무가 평지 이상으로 물을 오래 머금는 움푹 파인 좁은 땅에 나 있기 때문이었다. 조드는 태양을 피하고자 걸음을 빨리해서 내리막을 내려가기 시작했다. 그러나 곧 신중히 발걸음을 늦추었다. 이미 누군가가 그 나무그늘을 점령한 상태였던 것이다. 한 사나이가 나무기둥에 몸을 기대고 땅바닥에 앉아 있었다. 다리를 꼬고 있었는데, 한쪽 맨발을 거의 머리 높이까지 쳐들고 있었다. 조드가 가까이 다가가도 눈치를 못 챘는지 〈주님은 나의 사랑〉의 곡조를 엄숙하게 휘파람으로 불고 있었다. 쭉 내민 발이 장단에 맞추어 천천히 위아래로 움직였다. 빠른 장단은 아니었다. 남자는 휘파람을 멈추고, 가느다란 테너로 느긋하게 노래를 부르기 시작했다.

주님은 내 구주이시니
예수는 나의 구주
지금 이 순간 예수는 나의 구주
악한 자는 악마일지니
지금 이 순간 예수는 나의 구주

조드가 털갈이하는 새의 깃털처럼 빈약한 나무그늘 밑으로 들어갔을 때 비로소 그 남자는 발소리를 눈치 채고 노래를 멈추더니, 얼굴을 조드 쪽으로 돌렸다. 그는 깡마르고 피부가 팽팽했다. 셀러리 줄기 같은 근육이 불거진 목 위로 길쭉한 얼굴이 자리 잡고 있었다. 눈알이 무겁게 튀어나와 있었고 그것을 덮기 위해 늘어진 눈꺼풀은 벌겋게 짓무른 것처럼 보였다. 그을린 뺨은 수염도 없이 맨들맨들했고, 입술이 두꺼웠다—우스꽝스러운 건지 관능적인 건지 구분이 되지 않았다. 코는 뾰족하고 다부졌는데, 그 위의 피부가 너무 팽팽하게 당겨져 있어서 콧등이 희게 보일 정도였다. 얼굴에는 땀 한 방울 없었다. 창백하고 높은 이마에도 땀이 맺혀 있지 않았다. 이마는 이상하리만치 높았고, 관자놀이에 가느다란 정맥들이 얼기설기 뻗어 있었다. 에누리없이 얼굴 절반이 눈 위에 있었다. 잿빛 도는 뻣뻣한 머리털은 손가락을 넣어 휘저은 것처럼 이마 뒤로 아무렇게나 뻗쳐 있었다. 몸 위에 걸친 거라곤 멜빵바지와 청색 와이셔츠뿐이었다. 놋쇠 단추가 달린 청재킷과 정수리가 움푹 꺼진 쭈글쭈글한 갈색 모자가 땅바닥에 놓여 있었다. 흙먼지 때문에 잿빛으로 변한 스니커즈의 고무 밑창이 옆에 떨어져 있었는데, 아무래도 벗어던진 모양 그대로인 것 같았다.

사나이는 조드를 한참 바라보았다. 햇빛이 그 갈색 눈동자 깊숙한 곳까지 스며들어, 홍채에 작은 금빛 반점을 듬성듬성 박아 넣었다. 옆으로 비틀린 목에 근육이 도드라져 보였다.

조드는 엉성한 나무그늘 속에 가만히 서 있었다. 모자를 벗고 그걸로 땀투성이 얼굴을 훔친 뒤, 둘둘 만 상의와 함께 땅바닥에 툭 던졌다.

짙은 그늘 속에 있던 남자는 꼬았던 다리를 풀고 발끝으로 땅바닥을 파헤쳤다.

조드가 말했다. "거참, 길이 어째 이리 더운가 모르겠네."

앉아 있던 남자가 무언가 묻고 싶은 것처럼 그의 얼굴을 쳐다보았다. "이봐, 자네, 젊은 쪽 톰 조드 아닌가? 톰 아저씨 아들."

"네, 맞아요. 집에 돌아가는 중이에요."

"나를 기억하는지 모르겠군." 남자가 말했다. 그가 씩 웃자 두꺼운 입술 사이로 말 이빨처럼 커다란 이가 드러났다. "아니, 기억 못 하는 게 당연하지. 내가 세례를 줬을 때 자네는 조그만 계집애의 땋은 머리를 뽑아버리겠다고 정신이 없었어. 자네는 기억하는지 모르겠지만 난 아직도 눈에 선하다네. 둘이서 그 땋은 머리를 놓고 옥신각신하면서 예수님 곁으로 왔지. 나는 자네들한테 관개용 수로에서 세례를 줬고, 꼭 도둑고양이처럼 날뛰고 소리를 마구 질러댔었지."

조드는 눈을 내리깔고 상대를 바라보더니 피식 웃었다. "맞아, 전도사님이군요. 맞아, 전도사였어. 어떤 남자한테 당신 이야기를 한 지 한 시간도 안 지났는데."

"옛날에는 전도사였지." 남자가 진지한 얼굴로 말했다. "짐 케이시 목사—'딸기나무 불꽃 선교회' 신자였어. 예수 이름은 영원하리라고 큰 소리로 찬양하고 다녔지. 회개하는 죄인들로 관개용 수로가 들끓고, 그중 절반은 빠져 죽을 뻔도 했지. 하지만 지금은 그것도 다 지나간 일이야." 그는 그렇게 말하며 한숨을 쉬었다. "지금은 그냥 짐 케이시일 뿐이지. 이제 주님의 부르심을 느낄 수가 없어. 지금은 벌 받을 생각만 하고 다니지……그쪽이 더 도리에 맞는 것 같아서 말이야."

조드가 말했다. "생각이 많으면 쓸데없는 걱정도 느는 법이죠. 전도사님 모습은 똑똑히 기억나요. 꽤 그럴 듯한 집회를 열곤 했었죠. 언제였던가, 물구나무로 서서 큰소리로 설교하며 돌아다닌 것도 기억해요. 엄마는 누구보다 전도사님 편이었죠. 할머니는 당신이야말로 성령으로 충만한 사람이라고 그러셨고." 조드는 둘둘 만 웃옷에 손을 집어넣고 주머니를 뒤져 위스키 병을 끄집어냈다. 거북이 다리 한 짝을 움직였지만, 그것을 도로 단단히 싸 버렸다. 그리고 마개를 비틀어 열고 병을 내밀었다. "한 모금 마실래요?"

케이시는 병을 받아들고는 생각에 잠긴 얼굴로 그것을 바라보았다. "나는 이제 설교를 별로 안 해. 요즘에는 성령 같은 것을 가지고 있는 사람이 드물고, 더군다나 나 역시 성령을 거의 잃어버렸단 말이야. 물론 이따금 성령이 움직여서 집회를 한 번씩 열기도 하고, 남들한테 식사를 대접받을 때 기도를 올리는 정도야 하지. 하지만 진심이 들어 있지는 않아. 다들 내가 할 거라고 생각하니까 그러는 것뿐이지."

조드는 다시 사냥모자로 얼굴을 닦았다. "신앙심 때문에 술을 못 마신다는 소린 안 하겠죠?"

케이시는 그제야 술병을 인식한 얼굴이었다. 병을 기울이고 꿀꺽꿀꺽 세 모금 들이켰다. "술맛이 꽤 괜찮군."

"당연하죠. 공장에서 만든 거니까. 1달러나 줬다고요."

케이시는 병을 돌려주기 전에 한 모금 더 마셨다. "과연! 그렇군!"

조드는 병을 받아서는, 예의상 병 주둥이를 소매로 닦지 않고 그대로 마셨다. 그 자리에 웅크리고 앉아서, 돌돌 만 웃옷에 병을 기대어 세웠다. 땅 위에 낙서하기 알맞아 보이는 나뭇가지 하나가 눈에 띄었다. 땅바닥에 정사각형을 그리고 그 안에 있던 낙엽을 치운 다음 흙먼지를 말끔하게 다졌다. 그러고는 몇 개의 각을 그리다 작은 원을 그리다 했다. "그러고 보니 오랫동안 안 보이는 것 같던데."

"아무하고도 만나지 않았어. 나는 혼자 떠나서 주저앉아 생각에 잠겨봤지. 성령은 내 몸 속에 살아계시지만 옛날과 똑같지는 않아. 나는 옛날에 비해 여러 모로 확신을 잃었어." 그는 나무에 기댄 자세를 다시 고쳐 앉았다. 뼈마디가 불거진 손이 다람쥐처럼 바지 주머니로 기어들어가더니 이빨자국이 난 새까만 씹는담배를 꺼냈다. 주머니 속에서 묻은 지푸라기와 회색 먼지를 꼼꼼히 털어내고 한쪽 끝을 물어뜯더니 뺨 안쪽으로 능숙하게 밀어 넣었다. 그가 눈앞에 씹는담배를 내밀었다. 거절의 의미로 조드는 들고 있던 막대기를 휘휘 저어 보였다. 거북이 둘둘 말린 웃옷을 헤치기 시작했다. 케이시가 꿈틀대는 옷을 쳐다보았다. "거기 뭐가 들어있지? 닭인가? 저러다 숨막히겠는데."

조드는 웃옷을 다시 꼭 말았다. "늙은 거북이에요. 길 가다가 주웠어요. 등딱지가 있는 마을의 마스코트랄까. 동생한테 갖다 주려고요. 아이들은 거북을 좋아하니까."

전도사는 천천히 고개를 끄덕였다. "애들은 한 번쯤 거북을 키우게 되지. 하지만 계속 키울 수는 없어. 오랫동안 갖은 정성으로 키워 놓으면 어느 날 갑자기 도망쳐서 행방을 감추어 버리니까. 꼭 나처럼 말이야. 나는 바로 옆에서 늘 도움을 주는 고마운 복음서를 있는 그대로 받아들이지 않거든. 이리저리 쪼거나 쑤시거나 해서 결국에는 너덜너덜하게 만들어 버리고. 지금도 가끔은 성령을 품기도 하지만 설교할 만한 것은 하나도 없고, 사람들을 인도하라는 주님의 말씀을 느낄 때도 있지만 인도할 만한 장소는 한 곳도 없어."

"그냥 질질 끌고 다니면 되잖아요. 관개용 수로에 내던지면 그만이지. 내 말을 따르지 않으면 지옥에나 떨어질 거라고 해요. 대체 뭐가 좋다고 사람들을 인도하고 싶다는 건지 모르겠네. 그냥 끌고 다니면 되잖아요."

바닥에 드리운 곧은 나무줄기 그림자가 이제는 길어진 상태였다. 조드는 냉큼 그 안쪽으로 자리를 옮겼다. 그 자리에 주저앉아 다시 땅을 다져서, 나뭇가지로 낙서할 자리를 만들었다. 누런 털이 북슬북슬한 셰퍼드 한 마리가 머리를 숙이고 축 늘어진 혀에서 침을 질질 흘리며 내리막을 종종 달려왔다. 꼬리를 힘없이 늘어뜨리고 학학 숨을 내뱉고 있었다. 조드가 휘파람을 불었지만 머리만 살짝 수그리더니 정해진 목적지라도 있는지 그대로 내뺐다. "어딘가로 가고 있군." 조드는 조금 언짢아져서 말했다. "집으로 돌아가는 길인가."

전도사의 생각을 다른 방향으로 돌리는 것은 무리였다. "어딘가로 가고 있군." 그가 조드의 말을 되풀이했다. "그 말대로, 저 개는 어딘가로 가는 거야. 그런데 나는—대체 어디로 가고 있는지 모르겠어. 한 가지 말해두고 싶은 게 있네. 나는 전에는 여러 사람을 방방 뛰며 방언을 하게 만들기도 하고, 신의 영광을 부르짖다 기절해서 쓰러지게 만들기도 했었지. 그중 몇 사람한테는 세례를 주어 생명을 불어넣기도 했어. 그 뒤 내가 무슨 짓을 했는지 알아? 그런 신도들 중 여자애 한 명을 풀밭으로 데리고 가서 같이 잤어. 매번 그 짓을 했지. 그러는 사이에 죄책감이 심해져서 필사적으로 기도를 드려봤지만 아무 효과도 없더군. 다음 번이 되면 신도들도 나도 성령으로 충만해서 또 같은 잘못을 저지르는 거야. 이제 나는 가망이 없다, 지옥에 떨어져야 마땅한 위선자라고 생각했어. 처음부터 그럴 생각은 아니었는데."

조드는 피식 웃었다. 긴 이가 벌어지는가 싶더니 혀가 쑥 나와 입술을 핥았다. "여자애를 쓰러트리는 데 광란의 집회만큼 어울리는 무대도 없잖아요. 나도 경험이 있는걸."

케이시가 흥분한 듯이 몸을 내밀고 소리쳤다. "일이 그 지경에 이르고 나서 어떤 생각이 들더군." 그는 뼈마디가 불거진 오른손을 들어, 무언가를 가볍게 두드리듯이 위아래로 흔들었다. "이런 생각을 하게 됐지. '지금 나는 주님의 은총을 설교하고 있고, 저 사람들도 주님의 은총을 받아 열렬히 날뛰고 아우성치고 있어. 그런데 사람들은 여자하고 자는 건 악마나 할 짓이라고들 말하지. 하지만 여자는 온몸으로 은총을 받으면 받을수록 더욱 안달이 나서 풀밭으로 가고 싶어 하잖아.' 그러자 이런 생각도 들었지. 젠장! 아이고, 이거 실례. 대체 무슨 일이야, 여자 몸에 성령이 가득하고 그게 코에서도 귀에서도 뿜어져 나오는데 그 와중에 악마가 파고드는 게 대체 가능한 소리냐고. 그럴 때야말로 악마한테 결단코 승산이 없는 때라는 게 뻔히 보이잖아. 자네도 그렇게 생각하지? 그런데 실상은 방금 말한 대로란 말이야." 그의 눈이 흥분으로 번뜩였다. 그는 뺨을 한 번 실룩이더니, 흙바닥에 침을 퉤 뱉었다. 침 덩어리가 데굴데굴 구르면서 흙을 끌어당겨, 둥글고 바싹 마른 종이 뭉치 같이 변했다. 케이시는 이번에는 오른손을 펼치더니 책이라도 읽는 것마냥 손바닥을 응시하며 낮은 목소리로 말했다. "그런데 나란 인간은, 나란 놈은, 그런 사람들의 영혼을 자기 손으로 맡아 놓고서도—책임 있는 몸이고, 스스로 책임감을 느끼면서도 매번 여자들하고 잤단 말이야." 그는 조드를 바라보았다. 그 얼굴은 어찌할 바를 모르는 것처럼 보였다. 구원을 바라는 표정이었다.

조드는 흙먼지 위에 정성들여 여자의 몸을 그렸다. 가슴, 엉덩이, 골반.

"난 전도사 노릇은 해본 적 없지만, 뭐든 손에 넣을 기회가 생기면 놓쳐본 적이 없어요. 그리고 하나를 손에 넣으면 그저 좋아라 하지, 그 밖에 쓸데없는 걱정 따위는 전혀 하지 않았고요."

"하지만 자네는 전도사가 아니었잖나." 케이시가 우겼다. "자네한테 여자는 그냥 여자일 뿐이지 그리 큰 의미는 없었을 거야. 하지만 나에게는 성스런 그릇이었어. 나는 그들의 영혼을 구원하는 중이었단 말이야. 그런데 그런 어마어마한 책임을 짊어졌으면서도, 나는 성령의 이름으로 그들에게 거품을 채워주고 그것도 모자라 풀밭으로 끌고 간 거야."

"나도 전도사나 될 걸." 조드가 말했다. 그리고 담배와 종이를 꺼내서 담배를 한 대 말았다. 거기에 불을 붙이고, 연기 사이로 전도사를 바라보았다. "난 오랫동안 여자 없이 살았어요. 열심히 보충해야겠는 걸요."

케이시가 말을 이었다. "결국 걱정이 되어서 잠도 푹 못 자게 됐단 말이지. 설교하러 나갈 때 '주님께 맹세코 이번에는 하지 않겠다'고 되뇌곤 했는데, 그런 소리를 하면서도 또 할 거라는 게 뻔히 보였어."

"결혼을 하지 그랬어? 전에 한번 전도사 부부가 우리 집에 묵은 적이 있었죠. 여호와의 증인이었는데, 2층에서 자고 갔어요. 우리 집 안뜰에서 몇 번 집회를 열었는데, 우리 같은 어린애들은 종종 가서 듣곤 했어요. 그 전도사 부인은 야간 집회가 끝나면 늘 요란스런 방아 찧기에 시달리더라고요."

"그렇게 말해줘서 고맙군. 옛날에는 나만 그런다고 생각했었지. 결국 괴로운 나머지 전부 다 내던지고 혼자 떠나서 그 일에 대해 차분히 생각해보기로 했던 거야." 이렇게 말하면서 케이시는 양 무릎을 끌어안고 메마른 먼지 투성이 발가락 사이를 북북 긁었다. "나는 내 자신에게 물었지. '너는 어째서 고민하고 있느냐? 여자하고 잤기 때문인가?' 그러면 나는 이렇게 대답하지. '아니, 죄를 지었기 때문이야.' 그러면 좀전의 내가 또 물어봐. '어째서 인간은 죄를 짓지 않는다는 증거를 조금이나마 보여야 할 때, 그리고 마음이 당연히 그리스도로 가득 차 있어야 할 때일수록 바지 앞단추를 만지작거리고 싶어 할까?' 그는 단어 하나하나를 조용히 늘어놓기라도 하듯, 두 손가락으로 박자를 세면서 손바닥을 찰싹찰싹 내리쳤다. "그럼 나는 이렇게 대답해. '어쩌면 그건 죄가 아닐지도 몰라. 인간으로서 지극히 자연스러운 모습일지도 모르지. 우리는 대수롭지 않은 일 때문에 자신을 지나치게 괴롭히고 있는지도 몰라.' 그러다가 한 가지 떠올린 것이 있어. 여신도들 중에는 3 피트나 되는 철조망 다발로 자기가 제 몸을 때리는 사람이 있다는 이야기를 말이야. 또 이런 생각을 했어. 어쩌면 그런 사람들은 자기 몸을 학대하는 걸 좋아하는 지도 모른다, 나도 그런 부류일지 모른다—이런 생각을 말이야. 그래, 그 생각을 한 것은 어느 나무 밑에 누워 있다가 깜빡 잠이 들었을 때 였어. 이윽고 밤이 되었고, 눈을 떴을 때는 완전히 깜깜해져 있었지. 코요테 한 마리가 근처에서 울고 있더군. 나는 내가 무슨 말을 하는지도 모른 채 느 닷없이 이런 말을 지껄였어. '이런 제기랄! 이 세상에는 죄 같은 건 없어. 덕 같은 것도 없고. 그저 인간들의 행동이 있을 뿐이야. 모든 것은 한 부분 에 지나지 않아. 인간이 하는 일에는 좋은 것도 나쁜 것도 있어. 하지만 누 구든 거기까지 말할 권리는 없는 거야." 그는 입을 다물고, 하나하나 말을 늘어놓던 손바닥에서 눈을 들었다.

조드는 상대방을 보면서 피식피식 웃었다. 그러나 동시에 그 눈빛은 날카 롭게 관심을 드러내고 있었다. "정말이지 철저하게 파고들었군요. 보기 좋 게 결론을 지었어."

케이시는 다시 입을 열었지만, 그 목소리는 고뇌와 곤혹으로 울리고 있었 다. "나는 나 자신에게 물어본다네. '주님의 부르심이니 성령이니 하는 것은 무엇이지?' 그러면 나는 대답하지. '그것은 사랑이다. 나는 때때로 인간이 너무나도 사랑스러워 가슴이 찢어질 것 같을 때가 있다.' 그러면 종전의 내가 다시 물어보는 거야. '너는 그리스도를 사랑하지 않는가?' 나는 생각을 거듭 한 끝에 이렇게 대답하지. '아니, 나는 그리스도라는 이름을 가진 인간은 몰 라. 이야기라면 한가득 알고 있지만, 나는 그저 인간을 좋아할 뿐이야. 때때 로 가슴이 찢어지는 느낌이 들 정도로 좋아서, 어떻게든 행복하게 해주고 싶 어져. 그래서 사람들이 행복해질 수 있는 방법을 설교해온 거야.' 그러면— 아니, 내가 너무 말이 많았군. 자네, 내가 지저분한 말을 쓴다고 깜짝 놀랐 을지도 모르지만, 이제 나한테 이 정도야 지저분한 축에도 들지 않아. 사람 들이 아주 평범하게 사용하고 있는 말일뿐이지. 사람들한테는 특별한 악의 가 담긴 말도 아니야. 내가 생각한 것을 한 가지 더 말해주고 싶군. 이것이 전도사의 입에서 나왔다고 하면 이 이상 불경한 말도 없을 테지. 그런 생각 을 해낸 데다 지금도 그것을 믿고 있으니 이제 전도사 노릇은 못 할 거야."

"그게 뭔데요?"

케이시는 머뭇거리며 조드의 얼굴을 바라보았다. "혹시 기분 나쁘게 들리더라도 화를 내지 말아주게. 응?"

"난 누가 내 코에 주먹을 날리지 않는 한, 화 같은 거 안 내요. 무슨 생각을 했는데요?"

"나는 성령과 그리스도의 관계를 생각해 봤어. 이렇게 생각했지. '어째서 우리는 성령을 신이나 그리스도와 겹쳐 보는 걸까? 어쩌면 성령이란 우리가 좋아하는 남자와 여자를 통틀어 가리키는 말일지도 모른다. 즉, 성령—아니, 인간의 정신—세상 모든 것인지도 모른다. 인류 전체가 하나의 거대한 영혼이고, 한 사람 한 사람은 그 일부인지도 모른다.' 앉아서 그런 생각을 하다가 문득 깨달았지. 마음 속 깊은 곳에서, 그게 사실이라는 걸 깨달은 거야. 지금도 그것이 진실이라고 믿고 있네."

조드는 전도사의 눈에 드러난 성실함을 똑바로 쳐다볼 수 없다는 듯이 눈을 땅바닥으로 떨어뜨렸다. "그런 희한한 생각을 품고 있으면 예배 같은 건 못 볼 텐데요. 그런 생각을 품고 있다가는 마을에서 쫓겨날 지도 몰라요. 다들 방방 뛰고 소리 지르고 싶어 해요. 그런 즐거움이 있으니까 기운도 내고 그러는 거지. 할머니가 방언을 시작하면 당신도 못 막았잖아요. 할머니는 덩치 큰 집사도 두들겨 팰 수 있는 분이었으니까."

조드를 물끄러미 쳐다보던 케이시가 말했다. "자네한테 물어보고 싶은 게 하나 있네. 내가 굉장히 신경 쓰던 일인데."

"네, 사양 말고 말해 봐요. 내가 알아서 끼어들기도 할 테니까."

전도사가 천천히 말하기 시작했다. "자네한테 내가 세례를 준 건 내가 한창 은혜로 충만한 때였어. 그날은 그리스도의 한 조각 한 조각이 계속 입에서 튀어나왔었지. 자네는 땋은 머리카락을 잡아당기느라 바빠서 기억 못할 것 같지만."

"기억해요. 그 애는 수지 리틀이었죠. 그 1년 뒤에 내 손가락을 물어뜯던 여자애예요."

"그런데 자네, 그 세례를 받은 뒤 뭔가 좋은 일이 있었나? 행실이 좋아졌다거나 그런?"

조드는 잠시 생각해 보았다. "아니오, 별로 짚이는 구석이 없는데."

"그럼 혹시 나쁜 일이 있었나? 잘 생각해보게."

조드는 술병을 들고 한 모금 꿀꺽 마셨다. "좋은 일도 나쁜 일도 없었어요. 그냥 재미있을 뿐이었지." 그는 술병을 전도사에게 건넸다.

전도사는 한숨을 쉬고 술을 꿀꺽 마시더니, 위스키가 조금밖에 안 남은 것을 확인하고는 아주 조금 더 마셨다. "그거 다행이군. 쓸데없는 짓을 하고 다녀서 누군가를 불행하게 만든 건 아닐까 걱정했었어."

조드는 문득 웃옷으로 눈길을 주었다. 옷 속에서 빠져나온 거북이는 조드가 발견했을 때와 똑같은 방향으로 도망치고 있었다. 조드는 그대로 잠시 지켜보고 있다가 천천히 일어나서 거북을 다시 붙잡아 웃옷으로 감쌌다. "아이들 줄 선물이 하나도 없어서요. 이 늙은 거북이밖에는."

"참 묘하기도 하지! 아까 자네가 왔을 때 나는 마침 톰 조드 영감님을 생각하고 있었어. 영감님을 좀 찾아뵐까 싶었거든. 옛날에는 참 불량한 신자였는데 요즘은 어떻게 지내시나?"

"글쎄, 어떤지 모르겠네. 4년 동안 집에 돌아가지 않았거든요."

"편지도 안 주시던가?"

조드는 약간 낭패한 기색이었다. "네, 아버지는 잘 쓰는 거든 그냥 용무만 전하는 거든 상관없이 글 쓰는 거 자체가 서투르니까요. 자기 이름이야 연필에 침을 묻혀가며 기가 막히게 잘 쓰지만 말이에요. 하지만 편지는 한 번도 써본 적이 없어요. 남한테 소리 내서 말 못할 일이라면 무리해서 연필 신세를 질 것도 없다는 게 아버지 주장이죠."

"여기저기 여행 다녀오는 길인가?"

조드는 미심쩍은 얼굴로 상대방을 바라보았다. "나에 대해 아무것도 못 들었어요? 신문마다 다 나왔는데."

"아니, 전혀 몰라. 무슨 얘기?" 그는 갑자기 다리를 위아래로 나란히 포개고, 나무 기둥에 기댄 몸을 더욱 낮췄다. 오후가 서둘러 지나가고 있었고, 태양빛은 점점 더 짙어졌다.

조드가 유쾌하게 말했다. "지금 여기서 다 털어놓고 끝내는 게 좋을지도 모르겠네. 하지만 당신이 지금도 전도사 일을 하고 있었다면 아마 말 안했을걸요. 나를 위해 기도한답시고 나서기라도 하면 곤란하니까." 이렇게 말하면서 병에 남은 위스키를 한입에 털어 넣고는 빈병을 저 멀리 던져버렸다. 납작한 갈색 병이 흙먼지 위로 휙 나동그라졌다. "4년 동안 매칼리스터에 있었어요."

케이시가 그를 향해 몸을 홱 돌렸다. 눈썹을 찡그린 탓에 안 그래도 높은 이마가 더 높아 보였다. "그 이야기, 그리 하고 싶은 소리는 아닐 테지? 자네가 무슨 짓을 저질렀는지, 나는 절대로 아무것도 묻지 않겠네─"

"난 똑같은 짓을 한 번 더 해줄 수도 있다고요. 어떤 남자하고 싸우다 죽여 버렸거든. 둘 다 댄스파티에 갔다 술에 취했는데, 그녀석이 먼저 나이프를 들고 나를 찌르기에, 근처에 굴러다니던 삽으로 내리쳤어요. 녀석의 머리통을 아작 내줬죠."

케이시의 눈썹이 제자리로 돌아갔다. "그럼 자네는 부끄럽다는 생각은 안 한다는 건가?"

"그래요. 부끄러울 게 뭐가 있담. 그녀석이 나를 나이프로 찌른 덕분에 7년형에 그쳤죠. 4년을 살고 나왔어요. 임시 석방으로."

"그럼 자네는 4년 동안 가족들 소식은 전혀 못 들은 건가?"

"아, 꼭 그렇진 않아요. 어머니가 2년 전에 엽서를 보내줬고, 작년 크리스마스에는 할머니가 카드를 보내줬고. 그게 참, 독방동 녀석들이 그 카드를 보고 폭소를 했다니까. 나무가 한 그루 서있고 눈인지 뭔지 반짝거리는 게 붙어있는 그림이었는데, 거기에 시 같은 게 인쇄되어 있더라고요.

귀여운 아가, 메리 크리스마스
온화하신 예수님, 다정하신 예수님
크리스마스트리 밑에 놓인 것은
너에게 주는 나의 선물

장담하건데 할머니는 그거 읽어보지도 않고 보냈을걸. 아마 행상인한테서 샀을 텐데, 유독 반짝거리는 게 붙어있어서 그걸 골랐을 테죠. 나랑 독방동에 있던 놈들은 그걸 보고 배꼽을 잡고 웃었어요. 그 뒤로는 나를 부를 때 '다정하신 예수님'이라고 하더라고요. 할머니야 일부러 웃길 생각은 없었을 테고, 그냥 그 카드가 정말 예쁘다고 생각해서 글귀까진 읽어보지 않았던 거겠죠. 내가 수감되던 해에 할머니는 안경을 잃어버렸는데, 아마 끝내 못 찾았던 걸 거예요."

"매칼리스터에서 대우는 잘 해주던가?"

"뭐, 나쁘진 않았죠. 정해진 시간에 식사가 나오고, 옷도 깨끗한 걸로 받고, 목욕탕도 몇 개나 되고 말야. 어떤 의미로는 꽤 괜찮은 곳이었지. 여자가 없는 건 괴로웠지만요." 그는 느닷없이 웃음을 터뜨렸다. "임시 석방된 녀석이 하나 있었는데, 한 달도 안 돼서 규정을 어기고 도로 들어왔지 뭐예요. 누가 그 녀석한테 왜 규정을 어겼는지 물어보니까 이러더래요. '당연하잖아. 우리 아버지 집에는 여기 같은 문명의 이기(利器)가 하나도 없으니까. 전등은커녕 샤워실도 없고, 책도 없고, 밥도 맛없고.' 그래서 그나마 문명의 이기도 있고 제때 밥도 나오는 곳으로 돌아왔다나. 바깥 세상에 나가, 앞으로 뭘 해야 할까 하고 머리를 짜내고 있자니 어쩐지 쓸쓸해지더라는 군요. 그래서 자동차를 훔치고 다시 돌아왔대요." 조드는 담배를 꺼냈다. 그리고 종이뭉치에서 갈색 종이 한 장을 입으로 불어 떼어내서 그걸로 담배를 말았다. "사실 그놈 말이 맞아요. 어젯밤에 나도, 이제부터 어디서 자야 되나 생각하니 갑자기 무서워지더라고요. 내 잠자리도 생각나고, 한방을 쓰던 맛간 남자는 지금 뭐하고 있을까 싶기도 하고. 난 서너 명이랑 현악 밴드도 만들었었죠. 실력도 꽤 괜찮았어요. 라디오에 나가도 되겠다고 하던 녀석도 있었을 정도로 말이죠. 그런데 오늘 아침에는 몇 시에 일어나면 좋을지 알 수가 없더군요. 벨이 울리기를 기다리면서 계속 누워만 있었죠."

케이시가 쿡쿡 웃었다. "인간이란 한 번 익숙해지면 제재공장의 소음까지도 그리워진다고 하니까."

노랗게 변해가는 먼지 섞인 오후의 햇살이 주변을 금빛으로 덧칠했다. 옥수수 줄기도 금색으로 빛났다. 제비 한 무리가 어딘가에 있는 물웅덩이를 향해 머리 위를 스쳐 지나갔다. 조드의 옷에 싸인 거북은 새로운 탈출 작전을 개시했다. 조드는 사냥모자 차양을 또 한 번 꺾었다. 이제 모자에 까마귀 부리 같이 길고 돌출된 곡선이 생기기 시작했다. 조드가 말했다. "슬슬 무거운 엉덩이 좀 들어보실까. 햇볕에 타는 건 싫지만, 아까만큼 심하지는 않을 테니까."

케이시도 기운을 냈다. "톰하고는 오랫동안 만나질 못했어. 애초에 나도 톰 얼굴을 보러 갈 생각이었네. 오랫동안 자네 집안에 예수님 말씀을 전하러

다녔는데, 생색내기 위한 식사대접 외에는 기부 비슷한 걸 받아본 적이 없단 말이지."

"같이 가요. 아버지도 무척 반가워하실 거예요. 아버지는 늘 당신을 두고, 전도사치고 참 굉장한 물건을 가졌다고 말하곤 했죠." 그는 둥글게 뭉쳐놓은 웃옷을 집어올리고, 들고 다니기 편하도록 구두와 거북을 살짝 조였다.

케이시는 고무창 달린 스니커즈를 주워서 맨발을 쑤셔 넣었다. "자네처럼 맨발로 다닐 자신은 없구먼. 난 흙먼지 아래에 철사나 유리조각이 있는 게 아닐까 언제나 벌벌 떠는 사람이거든. 발가락을 베이는 것만큼 싫은 일도 없어."

두 사람은 잠시 나무그늘 끝에 서서 망설이다가 해안에서 헤엄치려고 서두르는 수영선수처럼, 노란 햇빛 한 가운데로 뛰어들었다. 처음 몇 걸음은 종종 뛰다시피 하다가 이내 명상이라도 하는 듯 느릿한 걸음으로 바뀌었다. 옥수수 줄기가 비스듬하게 잿빛 그늘을 던지고, 후끈 코를 찌르는 흙먼지 냄새가 주변을 떠돌았다. 어느새 옥수수 밭이 끝나고 대신 검푸른 목화밭이 나타났다. 사방을 뒤덮은 희뿌연 흙먼지 장막 너머로, 어두운 녹색 목화 잎과 막 생겨난 꼬투리가 보였다. 목화밭은 매우 듬성듬성했는데, 원래는 물이 고여 있을 저지대 쪽에는 무성하고 고지대쪽은 땅이 드러나 있었다. 목화나무가 태양에 맞서 죽을힘을 다해 싸우는 것처럼 보였다. 아득한 지평선 부근은 잘 보이지 않을 만큼 연한 갈색으로 부옇게 흐렸다. 앞에는 흙먼지 길이 굽이굽이 오르락내리락하며 한없이 이어져 있었다. 서쪽을 가로지르는 시냇가에는 버드나무가 한 줄로 내달리고, 북서쪽 공터는 듬성듬성한 잡목림으로 돌아가고 있었다. 그러나 달아오른 흙먼지 냄새가 그 일대를 떠돌고 공기가 건조한 탓에 콧물은 바짝 마르고, 안구가 마르는 것을 막으려고 눈물은 쉴 새 없이 고였다.

케이시가 입을 열었다. "모래폭풍이 오기 전까지는 옥수수가 얼마나 잘 됐는지 몰라. 대풍작이 될 거라고 했었는데."

"내가 기억하는 한, 쭉 우리 집은 풍작이 될 거라고 해마다 예상했지만 한 번도 그리된 적이 없었어요. 할아버지 말로는 처음 다섯 번 정도 땅을 새로 갈면서 아직 잡초가 무성했을 때는 좋은 땅이었다던데." 길은 작은 언덕을 내려가 구불구불 기복이 있는 맞은편 언덕으로 뻗어 있었다.

케이시가 말했다. "자네 집은 여기서 1마일이면 가지? 저 세 번째 언덕을 넘은 곳에 있지 않나?"

"맞아요. 누가 훔쳐가지 않았다면 말이에요. 아버지가 그 집을 훔쳐왔던 것처럼."

"아버지가 그 집을 훔쳐왔다고?"

"네. 여기서 동쪽으로 1마일 반 떨어진 곳에서 발견하고 끌고 왔죠. 예전에는 어떤 식구가 살았다는데, 어딘가로 이사가 버렸대요. 할아버지하고 아버지하고 노아 형이 그 집을 통째로 들고 오려는데, 막상 시도하고 보니 도무지 움직이지를 않더라나요. 그래서 반만 들고 왔대요. 덕분에 한쪽 끝이 그렇게 괴상한 모양을 하게 된 거고. 집을 둘로 갈라서 말 열두 마리랑 노새 두 마리로 낑낑대며 끌고 온 거예요. 셋이서 다시 가서 나머지 절반을 들고 와서 붙일 생각이었는데, 그 전에 윙크 맨리가 아들들을 데리고 와서 그걸 들고튀었죠. 아버지랑 할아버지는 그 일로 엄청 화를 냈지만, 좀 지나고 나니 윙크 영감이랑 사이좋게 술을 마시면서 그 이야길 하며 껄껄 웃더라고요. 윙크 영감이 그러더라고요. 자기 쪽 집이 발정이 났으니까 우리 쪽 집을 이리 데려와서 붙여보자고, 그럼 틀림없이 뒷간 하나쯤은 태어날 거라고. 술 한 잔만 들어가면 꽤 괜찮은 영감이었어요. 그 뒤로 윙크는 아버지, 할아버지하고 친한 친구가 돼서, 무슨 일만 생기면 꼭 같이 곤드레만드레가 되곤 했어요."

"톰도 참 대단한 사람이야." 케이시가 맞장구를 쳤다. 메마른 골짜기까지 먼지를 뒤집어쓰면서 부지런히 내려간 두 사람은 오르막길에 접어들어서 걸음을 늦추었다. 케이시가 이마를 소매로 훔치고 그 평평한 모자를 다시 뒤집어쓰며 말했다. "그렇지. 톰은 대단한 사람이었지. 불량신도치고는 정말 장하다 싶을 정도야. 톰한테 아주 조금이나마 성령이 내렸다고 생각되는 순간을 어떤 집회에서 우연히 본 적이 있지. 그때 톰이 10피트인가 12피트나 뛰어오르는 장면을 똑똑히 봤어. 톰한테 성령이 한번 들어가면, 떠밀려 쓰러지거나 밟히기 전에 얼른 도망쳐야 한다니까. 마구간에 들어 있는 종마처럼 펄쩍펄쩍 뛰어다니니까 말야."

다음 언덕 꼭대기에 다다르자, 오래된 개울로 이어진 내리막길이 나왔다. 들쭉날쭉 보기 흉한 황폐한 개울이었는데, 양쪽 산허리에서 흘러내린 물로 여기저기 패여 있었다. 길을 건너기 위한 징검돌도 몇 개 굴러다니고 있었다. 맨발인 조드는 조심조심 잔걸음으로 건너갔다. "아버지에 대해 이런저런 말씀을 하시는데, 포크네 집에서 세례를 받았을 때의 존 아저씨는 못 본 모양이네요. 우리 큰아버지요. 큰아버지는 갑자기 뛰다 못해 날아다녔다고요. 피아노만 한 수풀을 훌쩍 뛰어넘기도 하고, 달밤의 늑대처럼 길게 울면서 저리 뛰었다 도로 뛰어오고 그랬죠. 그런데 큰아버지가 하는 꼴을 보던 아버지가, 성령에 씐 뜀뛰기 선수로는 자기가 이 지방 최고라면서 나섰어요. 일부러 두 배는 더 큰 수풀을 골라서, 꼭 깨진 병을 낳는 암퇘지처럼 꽥 소리를 지르더니, 그 수풀을 향해 뛰어서 넘었는데 오른쪽 다리가 부러졌어요. 덕분에 아버지의 성령도 떨어져나갔고 말이죠. 전도사가 기도로 골절을 낫게 해주겠다고 끈질기게 말했는데 아버지는 죽어도 의사한테 가겠다며 끝내 버텼어요. 헌데 근처에 의사라고는 한 명도 없었죠. 다행히 시골을 돌던 치과의사가 하나 있어서, 그 사람이 어찌어찌 붙여주긴 했어요. 전도사는 어쨌거나 자기도 기도는 했다고 우겼죠."

오래된 개울을 건너고 작은 언덕이 나오자 두 사람은 발을 질질 끌면서 올라갔다. 이제 해도 많이 기울어 더위도 어느 정도 가신 상태였다. 공기는 아직도 후덥지근했지만 찌르는 햇볕은 많이 약해졌다. 크게 휜 울타리에 쳐놓은 철조망이 여전히 길가를 장식하고 있었다. 오른편에는 철사 울타리가 목화밭을 가로질러 한 줄로 뻗어나가고 있었다. 길 양쪽으로 먼지투성이의 메마른 목화밭이 검푸르게 펼쳐져 있었다.

조드가 경계선 울타리를 가리키며 말했다. "저게 우리 집 경계선이에요. 우리야 저런 울타리 따위 전혀 필요 없지만, 마침 철사도 있던 데다 아버지가 저기다 울타리 하나 세우면 좋겠다고 생각하는 바람에. 아버지가 댄 이유가 뭐였는지 알아요? 글쎄, 저게 있어야 40에이커가 40에이커답게 보인다나 뭐라나. 어느 밤 큰아버지가 짐수레에 철사 여섯 꾸러미를 싣고 오지 않았더라면 저 울타리는 생기지 않았을지도 몰라요. 큰아버지는 아버지한테 그걸 새끼돼지 한 마리랑 바꾸자고 했어요. 큰아버지가 어디서 저 철사를 손에 넣었는지는 끝내 아무도 몰랐지만." 오르막길이 되자 두 사람은 깊고 부드러운 흙 속에 발을 푹 찔러 넣고 흙을 파헤치듯이 걸으며 속도를 늦추었다. 조드의 눈은 추억에 빠져 있었다. 속으로 웃고 있는 것처럼 보이기도 했다. "큰아버지는 별난 사람이었어요. 그 새끼돼지를 처리한 것도 일화 중 하나랄까." 그는 쿡쿡 웃으면서 계속 걸었다.

짐 케이시는 안달이 나서 기다렸다. 이야기가 바로 이어지지 않았기 때문이었다. 한참 동안이나 뒷이야기를 잠자코 기다렸다. "그래서, 그 새끼돼지를 어떻게 했다는 거야?" 마침내 그가 조금 짜증스런 기색으로 물었다.

"응? 아, 그렇지. 큰아버지는 그 새끼돼지를 그 자리에서 잡더니, 어머니한테 화덕에 불을 지피라고 했죠. 먼저 고기 몇 점을 두껍게 썰어서 프라이팬에 넣고, 갈비하고 다리 하나는 오븐에 넣고. 갈비가 다 구워질 때까지는 두껍게 썬 고기를 먹고, 다리가 다 익을 때까지는 갈비를 뜯었죠. 다음에는 다리에 아귀처럼 달려들고요. 큼직한 살덩이를 뜯어다가 입에 마구 쑤셔 넣었어요. 우리 같은 꼬마들이 군침을 흘리면서 들러붙으면 조금 나눠주기도 했는데, 아버지한테는 한 점도 안 줬어요. 그러다 결국 과식을 해서 토하고 잠들어버렸더랬지. 큰아버지가 자는 동안 우리랑 아버지가 다리를 다 해치웠어요. 그런데 큰아버지는 이튿날 일어나자마자 다리 하나를 또 오븐 속에 집어넣었지요. 아버지가 '형, 그 돼지 한 마리를 다 먹을 셈이요?' 하고 물었더니, 큰아버지는 이렇게 대답했죠. '그럴 셈이다, 톰. 다 먹기 전에 상하기라도 할까봐 걱정이구나. 난 돼지고기가 먹고 싶어 못 견디겠어. 너도 한 접시 먹고, 대신 철사 두세 꾸러미를 나한테 돌려주는 게 어떠냐?' 하지만 아버지도 그렇게 바보는 아니니까, 시치미 떼고 큰아버지가 속이 안 좋아질 때까지 계속 먹게 놔뒀죠. 결국 큰아버지가 차를 타고 돌아갈 무렵에는 고기가 절반이나 남았고요. 아버지가 '소금에 절여놓지 그래?' 하고 물어봤는데, 큰아버지는 그런 소리에 귀를 기울일 위인이 아니었죠. 돼지고기를 먹고 싶으면 한 마리를 통째로 먹으려 들고, 먹고 나면 이제 돼지는 거들떠보기도 싫다는 식이었으니까요. 그렇게 큰아버지는 돌아가셨고, 아버지는 남은 고기를 소금에 절였다는 말씀."

케이시가 말했다. "나한테 아직도 설교할 마음이 남아 있었다면 그 이야기에서 교훈을 찾아 자네한테 들려줬을 텐데, 이제 그런 건 그만뒀으니 말야. 하지만 그 분은 무슨 생각으로 그런 행동을 하신 거지?"

"낸들 아나요? 그냥 무턱대고 돼지고기가 먹고 싶어진 거겠죠. 생각만 해도 군침이 나오네. 4년 동안 돼지고기 구이를 네 점밖에 먹지 못했으니까요.

크리스마스 때마다 한 점씩."

케이시가 교묘하게 돌려 말했다. "혹시 톰 영감님은 성서에서 방탕한 아들에게 그런 것처럼 '살찐 송아지를 잡아서' 대접할지도 모르겠군."

조드가 코웃음을 쳤다. "우리 아버지가 어떤 사람인데. 아버지가 닭을 잡는다면, 꽥꽥 소리 지르는 쪽은 닭이 아니라 아버지일 걸요. 아버지는 질리지도 않는 성격이에요. 해마다 돼지 한 마리를 크리스마스용으로 빼놓는데, 9월이면 꼭 그놈한테 고창증인지 뭔지가 생겨서 죽어버리는 거야. 그래서 결국 먹지도 못하고. 큰아버지는 돼지고기가 먹고 싶다고 생각하면 반드시 먹고야 마는데. 절대적으로 말이에요."

두 사람은 굽이굽이 언덕 꼭대기까지 올라가서, 이윽고 조드의 집이 내려다보이는 곳에 이르렀다. 조드가 갑자기 걸음을 멈췄다. "아무래도 상태가 이상한데? 저 집 좀 봐요. 무슨 일이 생겼나봐. 개미새끼 한 마리 안 보이잖아." 두 사람은 멈춰 서서, 잡다하게 몰려있는 작은 건물을 바라보았다.

5

지주들이 토지에 찾아들었다. 아니, 그보다도 지주들의 대리인이 더 빈번히 찾아들었다. 그들은 네모난 자동차를 타고 와서, 메마른 땅을 손가락으로 쓸어 보기도 하고, 때로는 지질검사를 한답시고 땅에 커다란 토양용 송곳을 박아 넣었다. 소작인들은 저마다 태양이 이글거리는 앞마당에 서서, 네모난 자동차가 밭가를 달려가는 모습을 불안한 눈으로 쳐다보았다. 마침내 지주 대리인들이 차를 앞마당으로 몰고 와서, 차에 탄 채로 창문을 열고 이야기하기 시작했다. 소작인 대표들은 차 옆에 잠시 서 있다가 이내 웅크리고 앉아 막대기를 하나 찾아내어 흙 위에 무언가를 끼적였다.

여자들은 열린 문간에 서서 바깥을 내다보고 있었고, 아이들은 그들 뒤에 있었다—옥수수처럼 길쭉한 머리를 하고 눈이 쭉 찢어진 어린애들이 맨발을 포갠 채 발가락만 움직이고 있었다. 여자들과 아이들은 그들의 남편과 아버지가 지주 대리인들과 이야기 나누는 모습을 지켜보았다. 모두 아무 말도 하지 않았다.

지주 대리인들 가운데 몇 명은 자신들이 해야 하는 일이 달갑지 않았으므로 부드러운 태도를 취했고, 어떤 자들은 잔혹한 처사라며 증오와 분노를 터트렸다. 그러나 냉정하지 않으면 지주가 될 수 없다는 사실을 진작 깨닫고 냉혹한 태도를 취하는 이들도 있었다. 그들 모두는 자신보다 더 거대한 무언가에 얽매여 있었다. 어떤 이는 자신들을 몰아붙이는 수학을 미워했고, 어떤 이는 두려움을 느꼈으며, 또 어떤 이는 사고와 감정에서 도피할 곳을 제공해준다는 이유로 수학을 숭배했다. 토지 소유자가 은행이나 금융회사일 경우 지주 대리인은 이 모든 것이 다 그 쪽에서 필요로 하는 것으로서, 그들이 그렇게 요구하고 그렇게 주장하며, 기다려 줄 수 없다고 하더라고 전했다. 은행이나 회사가 사고력과 감정을 지니고 그들을 교묘하게 함정에 빠뜨린 괴물이라도 되는 것처럼 말이다. 이들 가운데 마지막 유형은 은행이나 회사가 하는 일에 대해 책임을 지려 하지 않았다. 그들은 인간인 동시에 노예이고, 은행은 기계인 동시에 주인이기 때문이다. 지주 대리인들 가운데 몇 명은 이처럼 냉혹하고 강력한 주인의 노예라는 사실을 얼마간 자랑스럽게 여겼다. 지주 대리인들은 차에서 나오지도 않고 설명했다. 자네들도 알다시피 토지가 많이 황폐해졌어. 자네들이 필요 이상으로 오랫동안 파헤치고 다녀서 그래. 하느님도 아시는 일이지.

쭈그리고 앉은 소작인 대표들은 고개를 끄덕이면서도 의심쩍은 얼굴로 땅위에 낙서를 계속했다. 그리고 대답했다. 그 말대로, 하느님도 아실만큼 당연한 일이라는 건 우리도 잘 압니다. 흙먼지만 날리지 않으면 괜찮을 텐데. 땅표면이 바람에 쓸려가지만 않았더라면 이만큼 심각해지지는 않았을 텐데요.

지주 대리인들은 거두절미하고 본론으로 들어갔다. 자네들도 알다시피 토지가 점점 더 황폐해지고 있어. 목화가 토지에 얼마나 큰 해를 입히는지 자네들도 잘 알 거야. 목화는 땅에서 양분을 빼앗고, 피를 있는 대로 다 빨아먹는 놈들이니까.

쭈그려 앉은 사내들이 고개를 주억거렸다. 그건 잘 압니다. 하느님도 아시죠. 작물을 윤작할 수 있다면 토지에 피를 좀 넣어줄 수 있을 것 같은데요.

아니, 그건 이미 늦었네. 지주 대리인은 이렇게 말하며, 그들보다 강대한 괴물의 행동방식과 사고방식을 설명했다. 만약 인간이라면 그냥 먹고 살면서 세금만 낼 수 있다면 계속 토지를 가지고 있어도 될 거야. 가능한 일이지.

그래요, 가능하고말고요. 흉작이 돼서 은행에서 돈을 빌리는 처지가 될 때까지는 괜찮고말고요.

잠깐, 하지만 은행이나 회사는 그렇지가 않아. 그것들은 공기로 숨을 쉬지도 않고 베이컨도 먹지 않으니까. 그것들은 이윤으로 호흡을 하지. 금리를 먹고 말이야. 인간이 공기나 베이컨이 없으면 죽는 것처럼 은행도 이윤을 얻지 못하면 죽어버리지. 슬프긴 하지만 사실이 그래. 그게 현실이라고.

쭈그려 앉은 사내들은 서서히 이해가 되는지 고개를 들었다. 이대로 있으면 안 되나요? 내년이면 풍년이 들지 모르잖아요. 내년에 목화가 얼마나 잘될지는 오직 하느님만 아십니다. 게다가 사방팔방에서 전쟁이 일어나고 있으니 목화 값이 얼마나 많이 오를지는 하느님이 아시겠죠. 화약은 목화로 만들잖아요? 군복은 또 어떻고? 전쟁이 계속되기만 한다면 목화 값은 하늘 높은 줄 모르고 치솟을 겁니다. 내년에는 그럴 수도 있잖습니까. 이렇게 말하며 그들은 대답을 기다린다는 듯이 고개를 들었다.

이쪽은 그것만 기대하고 있을 수는 없어. 은행은—그 괴물은 이윤을 얻으려고 24시간 안달이거든. 그놈은 기다리지를 못해. 죽어버릴 테니까. 아니, 세금은 쉬는 일이 없으니까. 괴물은 성장을 멈추는 순간 죽는 거야. 그놈은 자나깨나 제 덩치를 부풀릴 생각만 하거든.

부드러운 손끝은 차 창턱을 두드렸고, 단단한 손가락은 쉴 새 없이 낙서해대는 막대기를 꼭 쥐었다. 이글거리는 햇볕이 내리쬐는 소작인들의 집 문간에서는 여자들이 한숨을 쉬며 다리를 위아래로 바꾸어 포개고 발가락을 꼼지락거렸다. 개 몇 마리가 코를 킁킁대며 자동차 가까이 다가오더니 주위를 빙빙 돌며 바퀴마다 오줌을 갈겼다. 해가 잘 드는 모래 속에서는 닭들이 뒹굴 대고 날개를 부풀리며 모래목욕에 열중이었다. 작은 돼지우리에서는 돼지들이 질퍽한 먹이통 주변을 서성거리며, 뭐가 마음에 안 드는지 연방 꿀꿀 울어댔다.

쭈그려 앉은 사내들은 다시 고개를 숙였다. 우리더러 대체 어쩌라는 겁니까? 작물 헌상을 더 늘릴 수는 없어요. 지금도 거의 굶어죽기 직전이라고요. 아이들은 종일 배고파하고, 옷들도 다 찢어져서 이제 입을 것도 없습니다. 이웃들도 다 같은 꼴이 아니었다면 창피해서 기도하러 갈 수도 없었을 겁니다.

이렇게 되자 지주 대리인들은 바로 핵심으로 들어갔다. 소작인 제도는 이제 한계에 이르렀어. 트랙터를 탄 한 사람이 열두 가족 혹은 열네 가족이 할 일을 대신할 수 있으니 말이다. 이제부터 그 남자한테 임금을 주고 작물은 전부 이쪽이 받아가게 될 거야. 우리도 어쩔 수 없어. 우리도 그러고 싶지 않지만, 괴물이 병에 걸렸거든. 괴물한테 무슨 일이 생긴 것 같아.

하지만 그러면 결국 목화 때문에 땅을 죽이고 말 걸요.

우리도 알아. 토지가 죽기 전에 서둘러 목화를 손에 넣어야지. 그 다음에는 토지를 팔 거야. 많은 동부 사람들은 땅 한 뼘이라도 더 갖길 원하니까.

소작인 대표들이 깜짝 놀라 고개를 들었다. 그럼 우리는 어쩌라는 말이죠? 우리는 어떻게 먹고 살라고?

자네들은 이 땅에서 나가야 할 거야. 트랙터 쟁기가 집을 가로지르게 될 테니.

이제까지 쭈그리고 있던 남자들은 성이 나서 벌떡 일어났다. 우리 할아버지가 이 땅을 손에 넣었어. 그러기 위해 인디언들을 죽이거나 쫓아낼 수밖에 없었고. 그 다음엔 아버지가 이 땅에서 태어나 잡초랑 뱀들을 다 없애버렸어. 그러다 흉년이 들어서 아버지는 돈을 얼마 정도 빌려야 했어. 그리고 우리가 여기서 태어났고, 저 문간에 있는 우리 아이들도 태어났어. 아버지는 은행에서 돈을 빌려야 했지. 그 뒤론 은행이 지주가 되었지만 우리는 변함없이 그대로 살았고, 작물을 가꿔서 그 일부를 먹고 살아왔어.

그건 우리도 알지. 전부 다 알아. 하지만 이건 우리가 하는 일이 아니야. 은행이 하는 거지. 은행이란 놈은 인간하고는 달라. 5만 에이커나 되는 땅을 소유한 사람도 인간이라기에는 무리가 있어. 그건 괴물이야.

소작인 대표들이 소리쳤다. 그야 그렇지. 하지만 이건 우리 땅이야. 우리가 측량하고 나눠 가진 땅이야. 우리는 여기서 태어나서 여기서 죽고 눈을 감았어. 이제 황폐해졌다고 해도 역시 여긴 우리 땅이라고. 여기서 태어나서 여기서 농사를 지으며 살다 여기서 죽어간다는 사실이야말로 이 땅이 우리 거라는 증거란 말야. 그거야말로 진짜 소유권이지. 번호가 적힌 종이쪼가리 한 장이 전부가 아니라고.

우리도 안됐다고 생각해. 하지만 이건 우리가 하는 일이 아니야. 괴물 짓이라고. 은행이란 놈은 인간하고는 달라.

그래, 하지만 은행도 인간으로 구성된 거잖아?

아니, 자네들은 오해를 하고 있어. 완전히 틀렸어. 은행은 단순한 인간들의 모임하고는 달라. 은행에 속한 사람 하나하나가 은행이 하는 일을 증오하는 경우도 무궁무진하지만, 은행은 그것과 상관없이 해치워버린단 말이야. 아까 말한 것처럼 은행은 인간들의 모임 이상의 존재니까. 괴물이라고. 그걸 만든 건 인간이지만, 인간의 힘으로는 지배할 수가 없어.

소작인들은 외쳤다. 할아버지가 인디언을 죽이고, 아버지가 뱀들의 씨앗을 말렸어! 우리는 은행을 죽여 버릴 지도 몰라—그놈은 인디언이나 뱀보다 더 악질이야. 우리는 아버지와 할아버지가 그랬던 것처럼 우리 땅을 지키기 위해 싸울 수도 있어.

이번에는 지주 대리인들이 화를 냈다. 당신들, 어서 여기서 떠나.

하지만 이 땅은 우리 거야. 소작인 대표들이 외쳤다. 우리는—

아니, 틀렸어. 은행이, 그 괴물이 이곳의 지주다. 당신들은 여기서 떠나야 돼.

인디언들이 몰려왔을 때 할아버지들이 그랬던 것처럼 우리는 총을 들고 싸울 거야. 그러면 어떻게 할 거지?

흠—처음에는 보안관, 다음에는 군대겠지. 계속 눌러앉아 있으면 댁들은 절도범이 될 테고, 계속 여기서 살겠답시고 살인이라도 저질렀다가는 살인범이 되는 거야. 괴물은 인간이 아니지만, 인간을 이용해서 멋지게 목적을 달성할 수 있어.

하지만 떠난다 해도, 어디로 가면 좋단 말이야? 어떻게 가면 되는데? 우리는 돈 한 푼도 없는데.

지주 대리인들이 말했다. 안됐지만, 은행이나 5만 에이커의 땅을 가진 지주가 책임을 질 수는 없어. 당신들이 남의 땅에 살고 있는 거니까. 다른 주로 넘어가면 가을에 목화를 딸 수 있을 거야. 나라에서 나오는 구호금을 받을 수 있을지도 모르고. 서쪽 캘리포니아에 가보면 어때? 그쪽에는 일자리가 많다고 그러고, 1년 내내 날씨가 따뜻하니까. 어디로 손을 뻗어도 오렌지를 딸 수 있다더군. 사시사철 작물이 나니까 일하면서 먹고 살 수 있을 거야. 거기로 가보면 어때? 이렇게 말한 뒤 지주 대리인들은 자동차에 시동을 걸고 가버렸다.

소작인 대표들은 다시 주저앉아 막대기로 흙 위에 낙서를 끼적이며 생각에 잠겼다. 볕에 그을린 까만 얼굴에, 태양에 들볶인 눈동자만 형형했다. 문간에 있던 여자들이 머뭇거리며 저마다 자기 남편을 찾아갔다. 아이들도 여자 뒤를 따라 쭈뼛쭈뼛, 여차하면 도망칠 수 있도록 조심스럽게 자세를 낮추고 다가왔다. 좀 자란 사내아이들은 저마다 자기 아버지 옆에 쭈그리고 앉았다. 그러고 있으면 어른들 사이에 낄 수 있기 때문이었다. 한동안 뜸을 들이다 여자들이 물었다. 그 사람, 뭣 때문에 왔던 거예요?

남자들이 얼굴을 들었다. 그 눈은 고뇌로 찌들어 있었다. 우리는 여길 떠나야 해. 트랙터와 감독이 들어온대. 공장처럼 말야.

다들 어디로 가죠?

몰라. 모르겠어.

여자들은 재빨리 아이들을 내몰듯이 앞세우고 조용히 집으로 돌아갔다. 이처럼 상처입고 곤혹스러워할 때면 남자들은 분노에 눈이 멀어 자칫 사랑하는 사람한테까지 손을 올릴 수도 있다는 사실을 알기 때문이었다. 그녀들은 남편들이 홀로 흙먼지 위에 낙서를 하면서 고민을 거듭하게 놓아두었다.

얼마 뒤, 소작인 대표는 주변을 유심히 둘러보았다. 기러기 머리처럼 생긴 손잡이와 꼭지에 꽃 모양 쇠장식이 달린 10년 전에 설치한 펌프, 닭을 천 마리는 족히 잡았을 도마, 헛간에서 뒹구는 쟁기, 그 위 서까래에 걸려 있는 특허 옥수수 상자 등.

집안에서는 아이들이 여자들 주변에 모였다. "엄마, 우리 어떻게 해? 어디로 가면 되지?"

여자들이 말했다. 아직 잘 모른단다. 밖에 나가서 놀렴. 하지만 아빠 옆에는 가지 마. 지금 가까이 가면 얻어맞을지도 몰라. 그리고 여자들은 다시 집안일을 시작했지만, 그러면서도 자기 남편이 곤혹스런 얼굴로 흙에 애꿎은 낙서만 해대며 쭈그리고 앉아 있는 모습을 바라보았다.

트랙터가 몇 대나 몰려와서 밭으로 들어갔다. 곤충 같은 움직임으로 기어다니는 생물로, 곤충들이 지닌 놀라운 힘도 겸비하고 있었다. 땅 일대를 전진하며 궤도를 그리고, 그 위를 굴러가 모든 것을 거둬들였다. 디젤 엔진을 사용하는 트랙터라 멈췄을 때는 탈탈탈 소리를 낼 뿐이었지만, 한번 움직이기 시작하면 귀가 아프리만치 굉음을 떨치다가 부웅 하는 신음소리로 바뀌면서 진정되었다. 사자코를 한 괴물은 콧등을 땅에 처박고 모래먼지를 일으키면서, 울타리이든 앞마당이든 가리지 않고 똑바로 마을을 가로지르며 골짜기를 들락날락했다. 평범한 지면이 아니라 자신이 만든 노반(路盤) 위를 달렸다. 언덕, 계곡, 개울, 울타리, 집, 그 모든 것을 무시했다.

철제 의자에 앉아 운전을 하는 남자는 인간의 모습처럼 보이지 않았다. 장갑을 끼고 먼지를 막기 위한 안경을 꼈으며, 코와 입은 고무 마스크로 감싸고 있었다. 그는 이미 괴물의 부품에 불과했다. 운전석에 앉은 로봇이나 다름없었다. 실린더의 굉음이 사방으로 퍼져나가고 대기와 대지가 하나가 되어 모든 것이 진동하며 웅웅 울기 시작했다. 트랙터 운전사도 그것을 제어할 수는 없었다―막무가내로 땅을 가로지르며 열 군데가 넘는 농장을 뚫고 지나갔다가 바로 되돌아왔다. 조종 장치를 살짝 비틀기만 하면 방향을 바꿀 수도 있을 터인데, 운전사의 손은 그럴 수가 없었다. 이 트랙터를 만든 괴물이, 이 트랙터를 내준 괴물이, 어찌된 영문인지 운전사의 손, 두뇌, 근육 속에 파고들어 그의 마음을 가리고 그의 말에 재갈을 물린 것이다. 그렇게 해서 그의 지각력을 흐리게 만들고 어떠한 항의도 하지 못하게 만들었다. 그는 그 땅의 본디 모습을 보지 못했고, 본디 냄새를 맡지 못했다. 그의 발은 흙덩이를 밟지 못했고, 대지의 온기와 힘을 몸으로 느끼는 일도 없었다. 그저 철제 좌석에 앉아 철제 페달을 밟을 뿐이었다. 자신의 이 거대한 힘에 갈채를 보낼 수도, 채찍질을 할 수도, 비난이나 격려를 할 수도 없었다. 이 땅에 대해 아무것도 모르고, 이 땅을 소유한 것도 아니고, 신뢰하지도 않고, 애원할 일도 없었다. 떨어진 씨앗 한 톨에서 싹이 나지 않는다 하더라도 그와는 아무 상관없었다. 막 싹트기 시작하던 어린 나무가 가뭄으로 시들어버리거나, 호우로 잠겨버려도 트랙터와 아무 상관없는 것처럼 운전사와도 아무 상관없었다.

그가 땅을 사랑하지 않는 것은 은행이 땅을 사랑하지 않는 것과 같은 이치였다. 트랙터를 찬미할 수는 있었다―돌아가는 선반(旋盤)의 그 눈부신 표면, 폭발적인 힘, 실린더가 내지르는 신음소리. 그러나 그 트랙터는 그의 것이 아니다. 트랙터 뒤에는 반짝이는 원반이 빙글빙글 돌아가고, 거기 달린 칼날 몇 개가 지면을 삭삭 베어내는데―경작이 아니라 흡사 외과수술이다―그렇게 잘려나간 지면이 오른쪽으로 밀려나면 두 줄째 원반이 그것을 다시 잘라 왼쪽으로 다시 밀어놓는다. 삭삭 자르는 사이에 그 칼날들은 잘려나가는 지면에 더 연마되어 반짝반짝 빛난다. 원반 뒤에서 끌려가는 것은 쇠갈퀴로 빗질하는 써레다. 작은 흙덩이가 산산조각으로 부서져 지표면에 매끈하게 안착한다. 써레 뒤에는 긴 파종기—주물공장에 세워진 열두 개의 구부정한 철제 남근, 톱니바퀴 장치로 조절하는 오르가슴이 규칙적으로 땅을 능욕하며 욕정 없는 강간을 이어 나간다. 운전사는 그 쇠 의자에 앉아, 자기 의지로 만든 것도 아닌 몇 줄기 똑바른 선과 자기 소유도 아니고 사랑하지도 않는 트랙터와, 자기가 지배하지 못하는 힘을 자랑스러워했다. 그 작물이 자라고 수확이 끝나자 이제 뜨거운 흙덩이를 손가락으로 잘게 부수고 그 부드러워진 흙을 손가락 끝으로 땅에 흩뿌려보는 이는 없었다. 씨앗에 손을 대는 이도, 작물이 자라기를 애타게 기다리는 이도 없었다. 사람들은 자신들이 키우지 않은 작물을 먹었고, 빵과는 아무 관계도 맺지 않게 되었다. 토지는 숨죽이고 참다가 쇠 밑에서 천천히 죽어갔다. 사랑도 미움도, 기도도 저주도 받지 않았기 때문이다.

정오가 되면 트랙터 운전사는 어느 소작인의 집 근처에 차를 세우고 도시락을 열었다. 기름종이에 싼 샌드위치와 흰 빵, 피클, 치즈, 스팸, 엔진의 부품처럼 상표가 찍힌 파이 한 조각 등이었다. 노골적으로 억지로 넘기는 티를 냈다. 아직 떠나지 않은 소작인들은 그를 구경하러 나와서, 안경에 이어 고무마스크가 벗겨지면 눈 주변 위로 하얀 원이 둘, 입과 코 주위로 커다란 원이 하나 뚜렷이 남는 모양을 신기하다는 듯 쳐다보았다. 그동안에도 트랙터 배기관은 계속 털털거렸다. 연료가 아주 싼 편이라, 새로 시동을 걸기 위해 디젤 코끝을 가열하는 것보다 그대로 엔진을 걸어두는 편이 더 능률을 높이기 때문이다. 호기심 많은 아이들이 둘레를 에워쌌다. 모두 남루한 차림으로, 튀긴 빵을 우적우적 씹으며 그를 지켜보았다. 그들은 군침을 삼키며, 샌드위치 꾸러미가 펼쳐지는 모습에서 눈을 떼지 못했다. 시장기로 예민해진 그들의 코는 즉각 피클이랑 치즈랑 스팸의 냄새를 맡았다. 운전사에게 말을 걸지는 않았다. 음식물을 입으로 가져가는 운전사의 손만 뚫어져라 쳐다보았다. 씹는 입 주변은 보지 않고 샌드위치를 쥔 손만 좋았다. 잠시 뒤, 갈 데가 없어 못 떠난 소작인이 나와서 트랙터 옆 나무 그늘에 쪼그리고 앉았다.

"아니, 자넨 조 데이비스네 아들이 아닌가!"

"그래요."

"흐음, 자네 뭣 때문에 이런 일을 하나? 제 고장 사람들과 맞서는 일을?"

"하루 3달러 때문이죠. 먹고 살겠다고 굽실대는 짓은 이제 진절머리가 나요. 그나마 일거리도 얼마 없죠. 내겐 마누라도 있고 애새끼도 있어요. 다 먹고 살아야지요. 하루에 3달러, 그것도 날마다 들어온단 말입니다."

"그야 그렇지만 자네가 받는 하루 3달러 때문에 열다섯, 아니 스무 가구가 아예 입에 풀칠을 못하게 된단 말야. 1백 명 가까운 사람들이 자네가 버는 하루 3달러 때문에 여길 떠나 길거리에서 헤매야 해. 내 말을 알아듣겠는가?"

"그런 생각을 할 겨를이 어디 있어요? 당장 내 새끼가 굶어죽게 생겼는데. 하루 3달러, 그게 날마다 들어온다니까요. 세상은 바뀌고 있단 말입니다. 땅에 붙어서 먹고 살려면 2천, 아니 5천, 그래, 1만 에이커쯤 되는 땅에 트랙터 한 대는 갖고 있어야 해요. 우리 같은 농사꾼들한테 이제 농지는 과분하다고요. 직접 포드를 만들지 못한다거나 자기네가 전화회사가 아니라고 해서 푸념을 늘어놓는 사람 봤습니까? 이제 농작물도 그런 게 됐다고요. 어쩔 수 없는 일이죠. 아저씨도 어디서 하루 3달러짜리 벌이나 찾도록 하세요. 그 길밖에 도리가 없다고요."

소작인은 생각에 잠겼다. "참 우스운 일이야. 사람이 자그마한 땅을 갖고 있으면 그 땅은 그 사람 것이 당연한데 말이야. 그 사람의 일부분이 되어 그를 닮아가는 거야. 어떤 사람이 그 땅을 갖고 있으면 그 위를 걸어다니기도 하고 실제로 경작도 하고, 농사가 잘 안 되면 슬퍼하기도 하고, 비가 내리면 흐뭇해하지. 그 땅은 그 사람의 것이고, 그걸 가졌기 때문에 그 사람은 전보다 커지는 거야. 농사가 잘 안 됐다 하더라도 그 사람은 그 토지만큼 더 성장할 수 있지. 이치가 그런 거야."

소작인은 더욱 생각에 잠겼다. "하지만 땅을 보려고도 하지 않고, 손가락을 찔러볼 겨를도 없고, 그곳에 가서 걸어다닐 생각도 않는 인간에게 그 땅을 쥐보라고. 그러면 그 땅이 주인이 돼 버리지. 그 사람은 자기 뜻대로 일을 할 수도, 자기 뜻대로 생각할 수도 없게 될 거야. 땅이 주인이 되고 인간보다 커지겠지. 인간이 더 작은 거야. 결코 크지 않지. 그 사람은 재산만 점점 불어나고, 결국 그 사람은 자기 땅의 머슴이 되고 마는 거야. 이것도 같은 이치지."

　운전사는 상표가 찍힌 파이를 우걱우걱 씹어먹고 딱딱한 겉껍질을 내던졌다.

　"시대가 변한 걸 모르세요? 그런 시답잖은 생각을 하다간 자식새끼를 먹여 살리지 못해요. 빨리 하루 3달러짜리 일을 찾아서 아이들을 먹여 살리라고요. 남의 자식들까지 걱정할 것 없어요. 그런 식으로 떠들고 다닌다는 소문이라도 나면 하루 3달러짜리 벌이는 절대로 못 얻게 될 걸요. 하루 3달러짜리 일 말고 다른 생각을 하는 사람한테 높은 양반들이 그 돈을 줄 리가 없으니까요."

　"자네가 버는 그 3달러 때문에 1백 명 가까이가 길거리에 나 앉았어. 우리는 어디로 가야 한단 말인가?"

　"그 말을 들으니 생각났는데, 당장 떠나는 편이 좋아요. 점심을 먹고 나면 이 앞마당을 갈아엎어야 하니까."

　"자네 오늘 아침엔 우물을 메워버렸지?"

　"그래요. 이랑을 곧게 내야 했거든요. 그리고, 아저씬 우리 아버지랑 아는 사이죠? 그래서 하는 얘긴데, 나는 이런 명령도 받았어요. 아직 떠나지 않은 집이 있는데, 내가 무슨 사고를 일으킨다면, 다시 말해 집 옆으로 트랙터를 바싹 몰아붙여서 집을 약간 우그려 놓으면 2, 3달러는 더 받게 될지도 모른다더군요. 그런데 난 우리 막내한테 아직 구두 한 켤레 사 준 적이 없거든요."

　"나는 내 손으로 이 집을 지었어. 헌 못을 두들겨 펴서 지붕널을 이었어. 서까래는 포장용 철사로 도리에 비끄러맸고. 이 집은 내 집이야. 내가 지었단 말이야. 어디 건드려만 봐. 소총을 들고 창가에 서 있다가, 네가 다가오기만 하면 토끼처럼 쏴주고 말겠어."

　"내 탓이 아니에요. 내가 어떻게 할 수 있는 일이 아니라고요. 그렇게 하지 않음 내 모가지가 달아나요. 이봐요, 아저씨가 나를 죽인다고 합시다. 아저씨는 당장에 사형이죠. 그리고 아저씨 목에 올가미가 걸리기도 전에 다른 놈이 이 트랙터를 몰고 와서 집을 짓뭉개 버리고 말걸요. 아저씨는 애먼 사람을 죽이는 거라고요."

　"그럼 자네에게 명령한 놈이 누구야? 그놈을 붙잡아야겠다. 그놈을 죽여 버려야겠어."

"그것도 안 돼요. 그 사람은 은행의 명령을 받았을 뿐이니까요. 다 은행이 시킨 일이에요. '그 작자들을 모조리 쫓아내라, 아니면 네가 해고될 거다' 하고 말입니다."

"그렇지, 은행엔 은행장이 있겠지. 이사회라는 게 있을 거야. 탄창에 총알을 잔뜩 채워서 은행에 쳐들어갈 테다."

"누가 그러는데, 은행은 동부에서 명령을 받는대요. '그 토지에서 이익을 올리지 못하면 은행을 폐쇄시키겠다'고요."

"아니, 그러면 어디까지 가야 되는 거야? 누굴 쏴 죽여야 한단 말야. 나를 굶어 죽게 만든 놈을 죽여 버리지 않고서는 나는 눈도 못 감을 거야."

"나도 몰라요. 어쩌면 쏘아죽일 상대는 아무도 없는 게 아닐까요. 어쩌면 인간이 아닐지도 모르니까요. 아니면 아저씨 말대로 이건 땅이 하는 짓인지도 모르죠. 하여튼 나는 무슨 명령을 받았는지 아저씨한테 알려드렸어요."

"잘 생각해야 한다. 모두가 잘 생각해야 해. 이런 짓을 그만두게 할 방법이 어딘가에 분명히 있을 게다. 이건 벼락이나 지진 같은 게 아냐. 인간이 만든 악행이란 말이다. 그렇다면 우리 손으로 막을 수가 있을 게다. 암, 있고말고." 소작인은 문간에 주저앉았다. 운전사는 굉음을 울리며 시동을 걸고 트랙터를 움직이기 시작했다. 굉음이 차차 잦아들며 트랙터가 커브를 그렸다. 써레가 빗질을 시작하고, 파종기에 수두룩하게 달린 남근이 땅 속을 파고들었다. 앞마당을 가로질러 트랙터가 땅을 파헤치고 지나가자, 발로 단단하게 다졌던 지면은 순식간에 씨뿌리기가 끝난 밭으로 변했다. 트랙터가 다시 한 번 지나가자, 파헤쳐지지 않은 땅은 이제 10피트 정도밖에 안 되었다. 트랙터가 다시 돌아왔다. 철로 된 흙받기가 집 한 귀퉁이를 파고들어 벽을 부수고, 그 작은 집을 토대에서 잡아 뜯었다. 집이 벌레처럼 짜부라져서 옆으로 쿵 쓰러졌다. 운전사는 먼지막이 안경을 쓰고, 고무 마스크로 코와 입을 가린 모습이었다. 트랙터는 멈출 줄 모르고 땅을 파헤치며 똑바로 나갔다. 공기와 대지가 굉음으로 진동했다. 소작인은 소총을 손에 쥔 채, 그 뒤를 멍한 눈으로 좇았다. 그 옆에는 그의 아내가, 뒤에는 아이들이 쥐죽은 듯 서 있었다. 모두 트랙터를 멍하니 눈으로 좇고 있었다.

6

케이시 전도사와 톰 조드는 언덕 위에 서서 조드네 집을 내려다보았다. 페인트칠도 안 한 조그만 집은 한쪽 귀퉁이가 찌부러져 있었다. 토대에서 밀려난 몸채가 한쪽으로 아슬아슬 기울어 정면 덧창은 지평선보다 훨씬 높은 하늘의 한 점을 가리키고 있었다. 울타리는 흔적도 없이 사라지고, 안뜰, 집 부근, 달개지붕을 인 헛간 주변을 가리지 않고 온통 목화가 자라 있었다. 변소도 쓰러져 있었는데, 그 옆에도 목화가 딱 붙어 자라고 있었다. 아이들의 맨발과 말발굽과 넓적한 짐마차 바퀴로 단단하게 다져졌던 앞마당이 지금은 완전히 개간되어, 먼지를 뒤집어쓴 짙은 녹색 목화가 길게 자라 있었다. 톰 조드는 바짝 마른 말구유통 옆에 서 있는 너덜너덜한 수양버들과, 전에는 펌프가 박혀 있던 콘크리트 토대를 오랫동안 바라보고 있었다. 그가 겨우 입을 뗐다. "이게 뭐야! 지옥이 불쑥 뛰쳐나오기라도 했나보군. 여긴 아무도 안 살아." 그러더니 갑자기 언덕 밑으로 내달렸다. 케이시도 뒤를 따랐다. 조드는 고요한 헛간을 들여다보았다. 바닥에 짚이 약간 흩어져 있었다. 한쪽 구석에 노새 우리가 보였다. 안을 들여다보자, 바닥에서 부스럭대는 소리가 나더니 생쥐 무리가 지푸라기 밑으로 숨어들었다. 조드는 연장창고로 쓰던 헛간 입구에서 발을 멈췄다. 농기구는 하나도 없었다. 대에서 부러진 괭이 끝, 한쪽 구석에 아무렇게나 쌓여 있는 건초묶기용 철사, 건초 긁는 갈퀴에서 떨어져 나온 쇠고리 한 개, 쥐 이빨 자국이 있는 당나귀 목걸이, 먼지와 기름이 더덕더덕 말라붙은 납작 찌그러진 1갤런들이 석유통, 못에 걸려 있는 다 떨어진 작업복뿐이었다. 조드가 말했다. "아무것도 안 남았군. 우리 집에는 쓸 만한 연장들이 꽤 있었는데 아무것도 안 남았어."

"내가 아직도 전도사라면, 주께서 손을 쓰셨다고 말할 판이군. 하지만 지금은 도통 무슨 일이 일어났는지 모르겠는걸. 여행을 간 통에 아무 얘기도 못 들었어." 두 사람은 콘크리트 우물 쪽으로 걸음을 옮겼다. 그리로 가려면 목화 사이를 빠져나가야만 했다. 이미 목화송이가 열리기 시작했고 이 일대 땅은 모조리 경작되어 있었다.

조드가 말했다. "우린 한 번도 여기다 심은 적이 없는데. 언제나 이곳만큼은 비워 놓았죠. 이렇게 되면 말을 넣을 때 목화가 밟히거든요." 그들은 바짝 마른 말구유통 앞에서 발길을 멈췄다. 통 밑에 으레 돋아나는 잡초도 보이지 않았고, 낡고 두꺼운 통의 널빤지는 말라서 금이 가 있었다. 우물 뚜껑 위에는 펌프를 죄는 데 썼던 볼트가 전부 튀어 나와 있고, 나선형 홈은 녹이 슬고 나사도 죄다 없어진 상태였다. 조드는 우물 속을 들여다보았다. 침을 뱉고 귀를 기울였다. 이번에는 흙덩어리를 우물에 떨어뜨리고 귀를 기울였다. "참 좋은 우물이었는데. 물소리가 들리지 않는군." 그는 집 쪽으로 갈 마음이 나지 않는 모양이었다. 우물 속에 자꾸만 흙덩이를 떨어뜨렸다. "어쩌면 모두 죽어버린 걸지도 몰라. 하지만 그럼 누가 나한테 연락을 해줬을 텐데. 어떤 식으로든 소식을 전해 들었을 텐데."

"집안에 무슨 편지 같은 거라도 써놓았을지도 모르지. 식구들은 자네가 나온다는 걸 알고 있었나?"

"글쎄요. 아니, 몰랐을 거예요. 나도 일주일 전까지는 몰랐으니까."

"집 안에 들어가 보세. 이거 완전히 짜부라져 버렸잖아. 뭔가가 엄청 밀어붙였던 모양이군." 두 사람은 다 쓰러져가는 집 쪽으로 천천히 걸어갔다. 베란다 지붕을 받친 기둥 가운데 두 개가 삐져나와서 지붕이 한쪽으로 크게 기울어 있었다. 집 한쪽 모서리가 짜부라져 있었다. 부러지고 꺾인 재목이 어수선하게 널려 있는 틈새로 구석방이 보였다. 앞문이 안쪽으로 열려 있고, 그 앞에 달린 야트막하고 튼튼한 문짝이 가죽 돌쩌귀에 매달린 채 바깥쪽으로 활짝 대롱대롱 매달려 있었다.

조드는 층계 앞에서 발을 멈췄다. 가로 세로 12인치짜리 나무 층계였다.

"현관 층계는 여기였어요. 그런데 아무도 없다니—혹시 어머니가 돌아가신 건가?" 그는 앞문에 매달린 낮은 나무 문짝을 가리켰다. "어머니가 어딘가에 살아 있다면 저 문짝은 쇠고리가 걸린 채 닫혀 있을 거예요. 어머니는 그것만은 한 번도 잊은 적이 없었어요. 저 문이 열리지 않게 늘 신경을 썼죠." 그의 눈가가 촉촉해졌다. "제이콥스네 돼지가 그 집에 몰래 들어가서 아기를 먹어치운 다음부터는 말이죠. 밀리 제이콥스는 그때 마침 창고에 있었대요. 밀리가 집에 돌아왔을 때 돼지가 한창 아기를 먹는 중이었대요. 밀리 제이콥스는 임신 중이었는데, 그 장면을 보고 그만 머리가 돌아버렸죠. 그 길로 제정신으로 돌아오지 못했어요. 완전히 미쳐버린 거죠. 우리 어머닌 그걸 교훈으로 삼았어요. 어머니는 당신이 집에 없을 때는 절대로 저 문짝을 열어두지 않았어요. 절대로 잊어버린 적이 없죠. 그래, 역시 다들 사라져버렸어. 그게 아니면 다 죽어 버린 거야." 그는 두 동강 난 베란다로 올라가서 부엌을 들여다보았다. 창문이란 창문은 다 깨지고 돌멩이가 마룻바닥에 뒹굴고 있었다. 마루와 사방의 벽이 문에 위태롭게 매달린 상태였고, 고운 흙먼지가 마룻바닥에 수북이 쌓여 있었다. 조드가 깨진 유리와 돌멩이를 가리키며 말했다. "애들 짓이야. 애들은 창문 한 장을 깨뜨리기 위해 20마일쯤은 기꺼이 달려가거든요. 나도 해본 적이 있어요. 집이 비면 금방 눈치채죠. 절대로 그 기회를 놓치지 않아요. 누가 이사를 가면 아이들이 제일 먼저 하는 게 바로 이 짓이죠." 부엌은 세간이 하나도 안 남아서 휑했다. 화덕도 없어져, 벽에 뚫린 동그란 연통 구멍이 훤히 보였다. 개수대 위에는 녹슨 병따개와 나무 손잡이가 떨어진 포크가 굴러다니고 있었다. 조드는 조심스레 집 안으로 들어갔다. 마룻바닥이 그의 무게에 눌려 삐걱거렸다. 오래되어 변색한 필라델피아의 〈레저〉지 한 부가 둘둘 말린 채로 벽에 처박혀 있었다. 침실을 들여다보았다. 침대고 의자고 아무것도 없었다. 벽에는 '붉은 날개'라는 제목이 붙은 인디언 아가씨의 컬러 사진이 붙어 있었다. 침대 널이 벽에 세워져 있고, 한쪽 구석에는 단추가 달린 여자 구두 한 짝이 뒹굴고 있었다. 끝이 휘고 발등은 찢어져 있었다. 조드는 그것을 주워들고 유심히 바라보았다. "이거 기억나. 어머니 구두야. 다 닳아빠졌군. 어머닌 이 구두를 좋아했지. 몇 년이나 신었으니까. 그래, 모두 떠나버렸어. 죄 가지고 가버린 거야."

해는 이미 기울었다. 비뚤어진 창문으로도 햇빛이 비쳐들어, 깨진 유리창가에 반사되기 시작했다. 이윽고 조드는 몸을 돌려 베란다로 나왔다. 그 끝에 걸터앉아 층계 디딤판 위에 맨발을 올려놓았다. 석양이 주위를 물들이고 목화나무가 땅에 긴 그림자를 던졌다. 털갈이하는 것처럼 듬성듬성 잎이 빠진 수양버들이 긴 그림자를 늘어뜨리고 있었다.

케이시가 조드 옆에 앉았다. "식구들이 편지를 보낸 적이 없었나?"

"네. 아까도 말했지만 우리 집 식구들은 편지를 쓸 만한 인간들이 아니라고요. 아버지는 쓸 수는 있지만 안 쓰죠. 쓰기를 싫어해요. 펜을 들면 몸서리가 쳐진다나요. 카탈로그 주문서라면 누구 못지않게 잘 쓰지만 편지라면 장난으로라도 통 쓰질 않아요." 두 사람은 나란히 앉아 먼 산만 바라보았다. 조드는 둘둘 뭉친 웃옷을 옆에 내려놓았다. 자유로워진 두 손으로 담배를 한

대 말아 구김을 펴고 불을 붙여 깊숙이 한 모금 들이켠 뒤 코로 연기를 토했다. "아무래도 예삿일이 아니야. 확실히는 모르겠지만, 뭔가 아주 터무니없이 일이 생긴 것 같아요. 집은 엉망이고 식구들은 없어져 버렸으니……."

"바로 저 너머에 관개용 개울이 있었지. 내가 세례를 주던 곳 말이야. 자넨 못되진 않았지만 꽤 고집이 센 아이였지. 꼭 불도그처럼 그 조그만 여자애 머리꼬랑지를 잡고 늘어졌으니 말이야. 우리는 자네 둘한테 동시에 성령의 이름으로 세례를 주었는데, 그러는 와중에도 자네는 머리꼬랑지를 놓지 않더라니까. 자네 아버지가 '그놈을 물속에 처박아 버려' 하기에 자네 머리를 물속에 처박았지. 물거품을 보글보글 뿜어내고 머리꼬랑지를 놓을 때까지 말야. 자네는 못되진 않았지만 고집쟁이였어. 그런 아이들이 커서는 성령을 품은 어른이 되곤 하지."

비쩍 마른 잿빛 고양이 한 마리가 창고에서 기어 나와 목화밭을 지나서 베란다 끝으로 걸어왔다. 그러더니 소리 없이 뛰어올라 배를 바닥에 납작 깔고 사나이들 쪽으로 기어와 두 사람 등 뒤에 유유히 주저앉았다. 꼬리를 바닥에 찰싹 붙인 채 똑바로 뻗더니 그 끄트머리를 씰룩 했다. 고양이는 앉아서, 두 사나이가 바라보는 먼 곳을 똑같이 바라보았다.

조드가 흘끔 고양이를 돌아보았다. "와! 이것 좀 봐요. 남은 놈이 있었네!" 그는 오른손을 뻗었다. 그러나 고양이는 손이 닿지 않는 데로 도망가더니 앞발을 들고 발바닥을 핥았다. 얼떨떨한 표정으로 고양이를 바라보던 조드가 소리쳤다. "뭐가 어떻게 된 건지 알겠어! 저 고양이를 보니 뭐가 잘못된 건지 알겠는데요."

"잘못된 게 한두 가지가 아닌 것 같은데."

"아니, 이 집만이 아니라고요. 어째서 저 고양이는 이웃사람들과, 이를테면 랜스네와 함께 떠나지 않았을까? 왜 누구도 이 집에서 목재를 뜯어가지 않았을까? 서너 달 동안 이 집에는 아무도 살지 않았어요. 그런데 마룻장 한 장 훔쳐간 놈이 없단 말입니다. 창고 안에는 튼튼한 널빤지가 몇 장이나 있고, 집 안에도 질 좋은 판자가 잔뜩 있어요. 창틀도 있고. 그런데 아무도 훔쳐가지 않았어요. 아무리 봐도 이상해요. 그게 계속 마음에 걸렸는데, 지금까지는 확실히 몰랐어요."

"그래, 지금은 뭘 알아냈나?" 케이시는 밑으로 손을 뻗어 스니커즈를 벗은 다음 기다란 발가락을 계단 위에서 옴지락거렸다.

"모르겠어요. 아무래도 이웃집도 다 텅 빈 것 같군요. 사람이 있다면 이렇게 쓸 만한 널빤지가 그냥 남아 있을 리가 없어요. 생각해봐요. 앨버트 랜스가 어느 해 크리스마스에 아이들이랑 개까지 온 식구를 데리고 오클라호마 시티에 간 일이 있어요. 앨버트네 사촌을 방문하러 말이죠. 그런데 이웃사람들은 앨버트가 아무 말 없이 이사 간 줄로만 알았지 뭡니까. 빚에 쪼들렸거나 어떤 여자가 덤벼들어서 그렇다고 말이죠. 일주일 정도 지나 앨버트가 돌아왔을 때, 그의 집에는 뭐 하나 남은 게 없었어요. 화덕도 없어지고, 침대도 없어졌어요. 창틀도 없어지고, 남쪽 벽에서는 널빤지를 8피트나 빼갔고. 집안이 휑하니 다 들여다보일 정도로 말이죠. 마차를 타고 집에 돌아와 보니, 뮬리 그레이브스가 문짝과 우물 펌프를 가져가는 참이었대요. 그래서 앨버트는 온 동네를 뒤지고 다니면서 세간을 되찾는데 이주일이나 걸렸죠."

케이시는 나른하게 발가락을 긁었다. "그래, 불평한 사람은 없었고? 모두 두말없이 세간을 내놓았나?"

"그럼요. 그자들은 훔쳐간 게 아니었으니까요. 앨버트가 내버리고 간 줄 알고 가져갔던 것뿐이죠. 거의 다 돌려받았어요. 다만 딱 하나, 인디언 그림이 있는 벨벳 쿠션은 못 찾았어요. 앨버트는 우리 할아버지가 가졌다고 그러더군요. 우리 할아버지는 인디언 피가 섞였으니까 그 그림을 탐냈을 거라고 우겼어요. 사실 할아버지가 훔친 게 맞긴 했어요. 하지만 할아버진 그림이야 어찌됐건 그 베개가 탐났던 거죠. 할아버진 그걸 들고 다니다가 앉을 때는 꼭 그걸 깔고 앉았죠. 끝내 앨버트에게 돌려주지 않았죠. 할아버지는 이렇게 말하곤 했어요. '앨버트 놈, 그렇게 이 쿠션이 탐나거든 직접 와서 가져가라고 해. 하지만 그땐 총을 가지고 오는 게 좋을걸. 이 쿠션에 손만 댔단 봐라, 당장에 그 대가리를 날려 버릴 테니까.' 앨버트는 결국 단념하고 그 쿠션을 할아버지에게 주었어요. 하지만 그 덕분에 할아버지는 엉뚱한 일들을 생각해 냈죠. 갑자기 닭털을 모으기 시작한 거예요. 깃털 침대를 만든다고 말이죠. 하지만 결국 실패로 끝났어요. 어느 날 아버지가 마루 밑에 들어간 스컹크를 통나무로 때려잡는 바람에 어머니가 할아버지의 닭털을 몽땅 태워 버렸거든요. 식구들 모두가 냄새 때문에 달아나지 않고 계속 집 안에서 살 수 있도록 말이죠." 그는 재미있다는 듯 웃었다. "할아버지는 옹고집 늙은이였죠. 그 인디언 쿠션에 턱 올라앉아 말하는 거예요. '앨버트 놈더러 뺏으러 오라고 해. 모가지를 낚아채서 속바지처럼 바싹 비틀어줄 테니까.'"

고양이가 다시 두 사람 사이로 기어들어 왔다. 꼬리를 바닥에 딱 붙이고 가끔 수염을 크게 움찔거렸다. 태양은 지평선으로 나직이 기울고, 먼지를 머금은 대기는 금빛으로 물들었다. 고양이가 수상쩍다는 듯이 갑자기 잿빛 발을 뻗어 조드의 웃옷을 건드렸다. 조드는 그쪽으로 고개를 휙 돌렸다. "아참, 땅거북을 잊고 있었군. 이렇게 내내 들고 다닐 작정은 아니었는데." 그는 땅거북을 꺼내어 마루 밑으로 밀어 넣었다. 그러나 땅거북은 바로 기어나와, 처음에 그랬던 것처럼 남서쪽으로 움직였다. 고양이가 땅거북한테 덤벼들어서, 그 구부정하게 쳐든 머리를 후려치고, 꾸물꾸물 움직이는 발을 할퀴었다. 그러자 늙고 우스꽝스럽게 생긴 단단한 머리가 쏙 옴츠러들고, 굵다란 꼬리가 등껍데기 밑으로 탁 말려들어갔다. 고양이가 기다리다 지쳐 자리를 뜨자 땅거북은 다시 남서쪽으로 기어가기 시작했다.

톰 조드와 전도사는 기어가는 땅거북을 지켜보았다—발을 어기적어기적 움직이면서 둥근 지붕 같은 묵직한 등껍데기를 이고 남서쪽으로 밀고 나갔다. 고양이는 잠시 그 뒤를 따라가다가 10야드도 못 가 등을 활처럼 휘면서 늘어지게 하품을 하더니, 앉아 있는 사나이들 쪽으로 살그머니 돌아왔다.

조드가 말했다. "대체 저 거북이란 놈은 어딜 가는 걸까?" "어렸을 때부터 숱하게 거북을 보아왔는데, 언제나 어디론가 가는 길이란 말입니다. 늘 어떤 목적지로 가고 싶어하는 것 같아요." 잿빛 고양이는 다시 두 사람 사이 뒤쪽에 쪼그리고 앉았다. 그리고 천천히 눈을 껌벅거렸다. 어깨에 벼룩이 붙었는지 꿈틀 들어 올렸다가 천천히 제자세로 돌아갔다. 앞발을 쳐들고 조심스레 살핀 뒤 시험하듯 발톱을 세웠다 오므렸다 하더니 분홍 헛바닥으로 발바닥을 날름 핥았다. 붉은 태양이 마침내 지평선에 닿아 해파리처럼 확 퍼지자 그 위의 하늘은 먼저보다 밝고 생생해 보였다. 조드는 웃옷을 펼쳐 새 구두를 꺼내고 손으로 먼지투성이 발을 턴 다음 구두를 신었다.

전도사가 밭 너머 먼 곳을 바라보며 말했다. "누가 오는군. 저기 봐! 저 목화밭을 똑바로 넘어오는 사람 말야."

조드는 케이시가 가리키는 쪽을 바라보았다. "누가 걸어오네요" 그는 말했다. "먼지 때문에 누군지 알 수 없는데요. 대체 누굴까?" 두 사람은, 석양을 받으며 다가오는 그림자를 지켜보았다. 그가 일으키는 흙먼지가 노을을 받아 붉게 물들었다. 조드가 말했다. "남자다." 그 사나이가 점점 다가와 헛간 앞을 지났을 때 조드가 다시 말했다. "어어, 아는 사람이다. 전도사님도 알 텐데요. 뮬리 그레이브스예요." 그러고는 소리쳤다. "이봐, 뮬리! 오래간만이야."

이쪽으로 오던 사나이는 자신을 부르는 소리에 깜짝 놀라 걸음을 멈추더니 이내 빠른 걸음으로 다가왔다. 그는 마르고 몸집이 자그마한 편이었다. 움직임이 절도 있고 민첩했다. 손에는 마대를 들고 있었다. 감색 청바지는 무릎과 궁둥이께가 허옇게 바랬고, 낡아빠진 신사복 재킷은 꾀죄죄했다. 소매는 어깨가 찢어져 있었으며, 팔꿈치는 닳아서 너덜너덜 구멍이 뚫려 있었다. 검은 모자도 웃옷 못지않게 땟국이 흐르고, 절반쯤 뜯겨진 리본은 걸을 때마다 덜렁덜렁 아래위로 흔들렸다. 얼굴은 매끈하니 주름 하나 없었지만 악동이나 가질 법한 포악한 분위기를 풍겼다. 작은 입은 꼭 다물어져 있고, 조그만 눈은 흘겨보는 듯도 하고 원망스러워 보이기도 했다.

"뮬리 아시죠?" 조드가 작은 소리로 전도사에게 말했다.

"거기 누구야?" 다가온 사나이가 외쳤다. 조드는 대답하지 않았다. 뮬리는 바싹 다가와서야 겨우 얼굴들을 알아본 모양이었다. "아이구, 놀래라! 토미 조드 아냐? 언제 나왔나, 토미?"

"이틀 전." 조드는 말했다. "지나가는 차를 얻어 타고서 집까지 오다 보니 좀 시간이 걸렸어. 그런데 돌아와 보니 이 지경이지 뭔가! 우리 식구는 어디 간 거지, 뮬리? 어째서 집이 망가지고 앞마당까지 목화가 심어져 있는 거야?"

"이거 참, 내가 마침 지나가길 잘했네. 톰 아저씨가 얼마나 걱정했다고. 너희 집 식구가 떠날 채비를 할 때 나는 저기 부엌에 앉아서 톰 아저씨한테 말했지. 나는 무슨 일이 있어도 여길 떠나지 않겠다고 말이야. 그랬더니 톰 아저씨가 이러시더군. '나는 토미가 걱정이구나. 걔가 돌아와서 여기 아무도 없어 봐. 걔가 어떻게 생각하겠나?' '편지라도 써 보내지 그래요?' 내가 이렇게 물었더니 톰 아저씨가 말하더군. '쓸지도 모르지. 생각해 보마. 만약 내가 편지를 안 쓰면, 그리고 네가 그때까지 여길 떠나지 않고 남아 있으면 토미가 돌아왔는지 잘 살펴봐 다오.' 나는 이렇게 대답했지. '남아 있을 겁니다. 저는 지옥이 얼어붙을 때까지 여기 있겠어요. 어떤 놈이든 이 땅에서 이 그레이브스라는 이름의 남자를 몰아낼 수는 없어요.' 보다시피 여태껏 이렇게 남아 있잖아."

조드가 초조하게 말했다. "우리 식구는 어디 있나? 네 무용담은 나중에 듣기로 하고, 우리 식구는 어디 있지?"

"글쎄, 은행이 이 집을 트랙터로 밀어버리려고 왔을 때 너희 식구들은 마지막까지 버틸 작정이었지. 네 아버지는 총을 들고 여기 서서 트랙터 전조등을 날려 버렸어. 그래도 트랙터 놈은 태연자약하게 계속 밀고 오잖아. 아저씨도 트랙터 운전사를 죽일 생각은 없었어. 그 운전사는 윌리 필리였거든. 윌리도 총에 안 맞으리라는 걸 알고 마구 밀고 와서 냅다 부딪치고 만 거야. 개가 쥐를 물고 흔들어대듯이 이 집을 마구 뒤흔들어 놨지 뭐야. 아무래도 그 뒤로 톰 아저씨 몸뚱이에서 뭔가 쑥 빠져 버린 것 같아. 머리가 어떻게 된 건지 그 뒤로는 영 그전 같지가 않아."

"우리 식구 어디 있느냐고?" 조드는 화가 나서 말했다.

"지금 말하려던 참이야. 너희 존 아저씨 마차로 세 번쯤 왕복했지. 화덕이랑 펌프랑 침대까지 죄다 실어갔어. 침대가 몇 대나 실려 나가는 장면을 너도 봤어야 하는데. 아이들하고 할아버지, 할머니가 침대 머리맡 널빤지에 기대앉고, 네 형 노아는 담배를 빨고 앉아서 이따금 생각났다는 듯이 으스대며 마차 옆으로 침을 탁탁 뱉고 말이야." 조드가 입을 열려고 하자 뮬리가 얼른 덧붙였다. "모두 존 아저씨네 있어."

"아! 모두 큰아버지네 있군. 그래 거기서 뭘 하고 있지? 이봐 뮬리, 그 얘기 좀 더 해줘. 조금만 더 하고 네가 하고픈 얘길 하라고. 다들 거기서 뭘 하나?"

"모두 목화 따기 일을 하지. 애들서부터 할아버지까지 모두 말이야. 서부로 갈 돈을 모으기 위해서 말야. 차를 한 대 사가지고 살기 편한 서부로 갈 참이라고. 여긴 이제 아무것도 없거든. 목화 따기도 그래. 1에이커 다 따봐야 고작 50센트야. 그래도 모두 서로들 하겠다고 야단이지."

"아직 떠나진 않았군?"

"그래. 내가 아는 한 아직 안 떠났어. 마지막으로 소식을 들은 건 나흘 전네 형 노아가 산토끼를 잡으러 가는 걸 만났을 때인데, 두 주일쯤 있으면 떠날 예정이라고 그랬어. 존 아저씨도 떠나라는 통지를 받았거든. 8마일쯤만 걸으면 존 아저씨네 집이야. 한번 가 봐. 너희 식구들이 겨울잠 자러 구멍에 들어간 동면하는 들쥐처럼 아저씨 집에 들어차 있는 걸 보게 될 테니까."

"알았어. 자, 이제 네 마음대로 지껄여도 좋아. 옛날이랑 조금도 달라지지 않았군, 뮬리. 그 동문서답하는 버릇 말야."

뮬리가 거친 어조로 말했다. "너도 안 변했는데, 뭘. 주둥이만 까는 건방진 꼬마였는데 지금도 여전히 건방진 어른이란 말야. 설마 내가 살아가는 방식까지 참견하려는 건 아닐 테지?"

조드는 빙그레 웃었다. "그럴 생각 없어. 네가 깨진 유리조각 더미에 대가리를 처박더라도 말릴 수 있는 사람은 아무도 없을 테니까. 뮬리, 여기 이 전도사님 알지? 케이시 전도사님이야."

"그럼, 알고말고. 미처 못 봤군. 잊을 리가 있겠어?" 케이시가 일어나서 악수를 청했다.

뮬리가 말했다. "이렇게 다시 만나 반갑네요. 이 근방에는 퍽 오랫동안 오시지 않았죠?"

"여러 가지 의문을 캐보느라고 여길 떠나 있었지. 그런데 대체 여기서 무슨 일이 일어났었나? 무슨 까닭으로 사람들을 쫓아낸 거지?"

뮬리의 입이 너무 꽉 다물어지는 바람에, 윗입술 한가운데에 있는 작은 앵무새 부리 같은 돌기가 아랫입술에 딱 맞물렸다. 그가 찌푸린 얼굴로 케이시를 바라보며 말했다. "개새끼들! 더러운 놈들! 말해두지만, 난 절대로 여기서 움직이지 않을 거야. 날 절대로 쫓아내지 못할걸. 몰아내라지, 다시 돌아올 테니까. 나를 저세상에 보내면 얌전해질 거라 생각한다면, 흥, 그 개새끼들 두셋은 함께 끌고 갈 테다." 그러면서 웃옷 옆 호주머니에 들어 있는 묵직한 물건을 두드렸다. "난 떠나지 않아. 우리 아버진 50년 전에 여기 왔다고. 그러니까 난 떠나지 않아."

조드가 말했다. "사람들을 다 쫓아내서 어쩔 작정이지?"

"아! 놈들이 그럴듯한 소리를 지껄여 대더군. 너도 알지? 지난 몇 해 농사가 어땠는지. 모래먼지가 덮쳐서 모든 걸 엉망으로 만드는 바람에 개미똥구멍을 틀어막을 만한 수확도 없었어. 그래서 누구 할 것 없이 식료품 가게에 빚이 쌓였지. 그 사정은 너도 짐작하겠지? 그런데 지주들은 이렇게 나오잖겠어? '소작인을 계속 고용할 여유가 없다. 소작인들 몫이야말로 우리가 확보해야 하는 이윤이다.' 또 이런 말도 하더군. '우리 땅을 모두 뭉쳐야 간신히 수지가 맞는다.' 그러면서 트랙터로 소작인들을 이 땅에서 모조리 몰아낸 거라고. 나만 빼놓고 말야. 난 절대로 안 나가. 토미, 넌 날 알지? 어렸을 때부터 알고 지냈잖아."

"그럼. 어렸을 때부터 잘 알지."

"그럼, 내가 바보는 아니라는 정도는 너도 알 테지? 나도 알아. 이 땅이 그리 좋지 않다는 것쯤은. 목장으로나 쓰면 모르지만 그밖에는 별로야. 사실 개간하지 않는 편이 나았을 거야. 그런 땅에 목화를 심었으니 남아날 리가 있나. 놈들이 나가라는 명령만 하지 않았더라도 지금쯤 난 캘리포니아에 가서 포도를 배터지게 먹거나 오렌지를 따고 있을 거야. 그런데 그 개새끼들이 날더러 나가라고 하잖아. 참 기가 차서. 그딴 명령을 받고 누가 나갈 수 있겠냐고!"

"그렇고말고. 아버지가 왜 그렇게 쉽사리 떠나버렸는지 이상하단 말이야. 할아버지가 아무도 죽이지 않은 것도 이상하고. 이제까지 우리 할아버지더러 이래라 저래라 지시한 놈은 하나도 없었는데. 어머니도 그래. 누구 지시를 받고 잠자코 있을 성격이 아니거든. 전에 철물 행상인이 뭔가 못마땅한 말을 했다며 어머니가 그 사람을 산 닭으로 마구 두들겨 패는 걸 본 적이 있지. 어머니는 한쪽 손에는 닭을, 다른 한 손에는 도끼를 들고 닭 목을 치려던 참이었어. 도끼로 행상인을 친다는 게 어느 쪽 손에 뭘 잡았는지 잊어버리고 산 닭을 들고 달려들었던 거야. 일이 진정되고 보니 닭은 먹지 못할 상태가 되었더군. 어머니 손에 남은 것은 닭다리 두 개뿐이었으니까. 할아버지는 배꼽을 잡고 웃다가 허리를 삐끗했고 말야. 우리 집 식구가 그리 호락호락 떠날 리가 없는데?"

"그게, 그 회사에서 나온 작자가 여간 미꾸라지 같지 않더란 말이야. '당신네는 여기서 떠나야 해. 이건 내 탓이 아니야.' 내가 따졌지. '그럼 누구 탓이야? 내가 가서 본때를 보여주지.' '쇼니 토지 가축 회사야. 나는 그저 명령을 받고 왔을 뿐이야.' '그 쇼니 토지 가축 회사란 대체 어떤 작자야?' '사람이 아니라 회사야.' 정말이지 미칠 것 같더라니까. 해치울 상대가 아무도 없더란 말이야. 다들 화풀이할 상대를 찾다가 지쳐 버렸어. 하지만 나는 달

라. 나는 모든 게 화가 난단 말이야. 나는 떠나지 않아."

붉고 커다란 물방울 같은 태양이 지평선에 걸려 흔들대나 싶더니 뚝 흘러 떨어져 보이지 않게 되었다. 그것이 사라진 언저리 위 하늘이 훤하게 밝아지고, 피로 물든 누더기 같은 구름 한 조각이 태양이 사라진 자리 위에 떠돌고 있었다. 동녘 지평선에서 하늘 위로 땅거미가 퍼지고, 어둠이 동쪽에서 땅 구석구석으로 스멀스멀 기어가기 시작했다. 초저녁별이 어스름 속에서 반짝 빛났다. 잿빛 고양이가 열려 있는 헛간을 향해 살금살금 걸어가더니 그림자처럼 안으로 사라졌다.

조드가 말했다. "오늘 밤 당장 큰아버지 집까지 8마일이나 걷기는 싫은데. 발이 아파 죽겠거든. 너희 집으로 가면 안 되나, 뮬리? 거긴 기껏해야 1마일이니까."

뮬리는 난처한 기색이었다. "와 봐야 소용없어. 마누라도 애들도 처남도 모두 캘리포니아로 가버렸거든. 먹을 것이 다 떨어져서 말이지. 식구들은 나만큼 화가 나지는 않았으니까, 가버린 거야. 여긴 먹을 게 전혀 없어."

전도사가 신경질적으로 다리를 떨었다. "자네도 함께 가는 편이 좋았을 텐데. 일부러 가족들과 뿔뿔이 헤어질 필요는 없지 않나."

"난 갈 수 없었어요. 뭔가가 나를 떠나지 못하게 만든단 말입니다."

조드가 말했다. "제기랄, 배고파 죽을 지경인데. 꼭 4년 동안 어김없이 제시간에 밥을 먹어왔더니 위장이 꼬르륵거리고 야단났잖아. 그래 넌 뭘 먹을 참이야, 뮬리? 그간 어떻게 먹고 살았어?" 뮬리는 쑥스러운 듯이 말했다. "한동안 개구리랑 다람쥐를 잡아먹고, 가끔은 초원의 쥐도 잡아먹었지. 다른 수가 있어야지. 하지만 요즘은 마른 개울가 덤불 속에서 짐승이 다니는 길을 찾아 철사로 덫을 놓고 있어. 토끼가 주로 걸리고 더러는 뇌조도 걸려. 스컹크도 잡히고 너구리가 잡히기도 하고." 그러면서 그는 손을 아래로 뻗어 자루를 집어 들고 안에 든 것을 베란다 바닥에 쏟았다. 솜꼬리토끼 두 마리와 산토끼 한 마리가 떨어졌다. 복슬복슬하고 부드러운 몸뚱이가 축 늘어져 뒹굴었다.

"야아, 대단한데! 방금 잡은 고기를 먹어본 지가 4년이 넘었거든."

케이시가 솜꼬리토끼 한 마리를 오른손으로 집어 올리며 물었다. "우리에게도 나눠주겠지, 뮬리 그레이브스?"

뮬리는 곤란한지 머뭇거렸다. "어쩔 수 없죠, 뭐." 그러고는 제 생각에도 인정머리 없게 들렸는지 흠칫 놀라며 입을 다물더니 곧 더듬대며 변명했다. "아, 그런 뜻으로 말한 게 아니라, 그러니까 내 말은……. 그러니까, 누가 먹을 것을 가지고 있는데 다른 사람이 굶주리고 있으면, 먹을 것을 가진 사람은 선택의 여지가 없다는 얘기죠. 가령 내가 토끼를 가지고 어디 몰래 가서 먹는다면 어떻게 되겠는가 이 말이죠. 알겠어요?"

케이시가 말했다. "잘 알겠네. 잘 알았어. 톰, 뮬리는 말이 잘 통하는구먼. 뮬리는 무언가를 쥐고 있는데, 그게 너무 커서 감당하기 힘든 거야. 뭐, 나한테도 마찬가지지만."

톰이 두 손을 비비며 말했다. "칼 가진 사람 없나? 자아, 이 불쌍한 토끼들을 어서 해치우자고. 자, 빨리 하자."

뮬리는 바지 호주머니를 뒤져, 뿔 손잡이가 달린 큼직한 주머니칼을 꺼냈다. 톰이 그것을 받아 칼날을 펴고 냄새를 맡았다. 그러고는 칼날을 여러 번 흙에 찔렀다가 바짓가랑이에 쓱쓱 문지른 다음 엄지손가락으로 날을 만져 보았다.

뮬리가 뒷주머니에서 1쿼트들이 물병을 꺼내어 베란다 바닥에 놓았다. "이 물은 아껴 써야 돼. 이게 전부거든. 놈들이 우물을 메워버렸으니까."

톰이 한손으로 토끼 한 마리를 집어 들었다. "누가 가서 헛간에 있는 포장용 철사 좀 갖다 줘. 집 안에 있는 널빤지로 불을 피울 거니까." 그는 죽은 토끼를 바라보며 말했다. "토끼만큼 요리하기 쉬운 것도 없지." 그러고는 등가죽을 조금 들어올려 칼로 째고 그 구멍에 손가락을 넣더니 순식간에 가죽을 쭉 벗겼다. 가죽은 꼭 스타킹 벗듯이 몸뚱이는 목덜미까지, 다리는 발톱 달린 데까지 한 번에 훌렁 벗겨졌다. 조드는 다시 칼을 집어 머리와 다리를 잘라냈다. 이어서 가죽을 밑에 놓고 갈비뼈를 따라 슥슥 살을 가른 다음 내장을 가죽위에 털고 마지막으로 그 너절한 것들을 목화밭에 던졌다. 그리하여 아담한 근육이 붙은 조그만 몸뚱이는 준비가 끝났다. 조드는 네 다리를 잘라내고 살찐 등을 둘로 갈랐다. 조드가 두 마리째 토끼를 집어들려는데 케이시가 엉클어진 포장용 철사를 들고 돌아왔다. 조드가 말했다. "이제 불을 피우고 말뚝을 두세 개 정도 박아줘요. 하핫, 짐승들을 주무르고 있으니 배속에서 야단들을 하는군!" 그는 나머지 토끼의 내장을 제거하고 살을 잘라 철사에 꿰었다. 뮬리와 케이시가 엉망이 된 집 귀퉁이에서 널빤지를 뜯어다가 불을 피우고, 철사를 걸 말뚝을 모닥불 양쪽에 하나씩 박았다.

뮬리가 조드 쪽으로 돌아왔다. "그 산토끼, 종기 같은 게 없나 잘 살펴봐. 종기 난 토끼고기는 먹고 싶지 않으니까." 그러고는 호주머니에서 조그마한 헝겊 주머니를 꺼내어 베란다에 놓았다.

조드가 말했다. "이 산토끼는 아주 깨끗했어. 어, 너 소금까지 갖고 있었어? 혹시 호주머니에 접시나 텐트 같은 건 안 들었냐?" 그렇게 말하며 소금을 오른손에 덜어, 철사에 꿴 토끼고기에 뿌렸다.

모닥불이 타오르며 기울어진 집에 그림자를 던졌다. 마른 나무가 탁탁 소리를 내며 튀어 올랐다. 하늘은 이제 어두컴컴해지고, 별이 반짝반짝 빛나고 있었다. 잿빛 고양이가 헛간에서 나와 냐옹냐옹 울며 종종걸음으로 불쪽으로 다가오다가, 거의 다 왔나 싶은 순간 몸을 홱 돌리더니 땅바닥에 쌓인 토끼 내장 쪽으로 곧장 달려갔다. 고양이는 내장을 대롱대롱 입에 물고 차례로 허겁지겁 씹어 삼켰다.

케이시는 모닥불 옆 땅바닥에 주저앉아 판자 조각들을 태웠다. 불꽃이 긴 널빤지 끝을 먹어치울 때마다 불 속으로 쑥 밀어 넣었다. 저녁박쥐 몇 마리가 불빛 속으로 날아들었다가 다시 날아갔다. 고양이는 다시 웅크리고 앉아 입술을 핥고 얼굴과 수염을 씻었다.

조드가 토끼고기를 가득 꿴 철사를 두 손에 들고 불 앞으로 다가갔다. "자, 한 쪽을 잡아, 뮬리. 그쪽 끝을 말뚝에 비끄러매라고. 됐어! 같이 힘껏 잡아당기는 거야. 불이 벌건 숯으로 변할 때까지 기다리는 게 정석이지만, 도무지 기다릴 수가 없단 말야." 철사가 팽팽해지자 막대기 하나를 찾아들고는 고기가 불 위로 오도록 철사를 따라서 슥 밀었다. 불꽃이 고기 주위에서 날름거리자 표면이 오그라들고 번들번들 윤기가 돌았다. 조드는 불 옆에 주저앉아, 고기가 철사에 들러붙지 않도록 막대기로 토끼고기를 움직이고 뒤집고 했다. 조드가 말했다. "멋진 연회가 되겠는걸. 뮬리가 소금도 갖고 있고, 물하고 토끼도 있고 말야. 그 호주머니에 옥수수가루 한 단지만 들어 있었으면 더 바랄 게 없겠는데."

뮬리가 불 건너에서 말했다. "내가 이런 생활을 하는 걸 보고 미쳤다고 생각했을 테지?"

조드가 말했다. "미치긴 누가? 천만에. 네가 미친 거라면, 모두 미쳐버렸으면 좋겠다."

뮬리가 말을 이었다. "참 웃기는 일이지 뭔가. 놈들이 나더러 여기서 나가라고 했을 때 내 몸속에서 무슨 일이 벌어지는 느낌을 받았어. 처음에는 당장 시내로 달려가서 아무 놈이나 닥치는 대로 죽여 버리고 싶더군. 그 사이에 식구들은 모두 서부로 떠나버렸고. 그 뒤로 나는 여기저기 어슬렁거리기 시작했어. 그냥 돌아다니기만 했지 멀리 간 적은 없어. 그러다가 아무데서나 쓰러져 자는 거야. 오늘 밤에는 여기서 잘 참이었지. 그래서 온 거야. 혼자서 이런 소리를 중얼거리지. '모두가 돌아왔을 때 모든 것이 잘 갖춰져 있도록 신경 쓰며 돌아다녀야 해.' 하지만 그게 거짓이라는 건 나도 알아. 신경 쓰려고 해도 쓸 게 없거든. 식구들도 다신 돌아오지 않을 거고. 나는 묘지의 늙다리 유령처럼 그저 헤맬 뿐이야."

케이시가 말했다. "인간이란 한 장소에 길이 들면 여간해서는 떠나지 못하는 법이지. 또, 한 가지 생각에 젖어버리면 여간해서는 그걸 버릴 수가 없는 법이고 말이야. 나는 이제 전도사가 아니지만, 그래도 늘 나도 모르게 기도를 드리는 나 자신을 깨닫곤 한다네."

조드는 철사에 꿴 고기를 뒤집었다. 이미 기름이 뚝뚝 떨어지고 있었다. 한 방울씩 불 속에 떨어질 때마다 불꽃이 확 일었다. 매끄럽던 고기 표면이 오그라들고 엷은 갈색으로 변하기 시작했다. "이 냄새 좀 맡아 보라고. 정말 굉장해. 코를 좀 대고 냄새 좀 맡아 봐!"

뮬리가 말을 이었다. "묘지의 늙다리 유령처럼, 옛날에 이런저런 사건이 있었던 자리를 돌아다녀. 우리 밭 근처도 그중 하나지. 마른 골짜기에 수북한 덤불이 있는데, 내가 난생처음 여자랑 자본 데가 거기였어. 열네 살 때인데, 나는 수사슴처럼 밭에서 구르고 튀어 오르고 씩씩거렸지. 꼭 발정 난 숫염소 같이 말이야. 요전에 거길 가서 땅바닥에 누워보았어. 그랬더니 옛날 일이 눈에 선히 떠오르는 거야. 아래 헛간 옆에는 옛날에 아버지가 황소에 받혀 죽은 자리가 있어. 그 흙 속에는 지금도 아버지의 피가 남아 있지. 틀림없이 그럴 거야. 아무도 씻어 버리지 않았으니까. 그래서 나는 아버지의 피가 스민 그 땅에 손을 대 봤어." 그는 불안한 얼굴로 문득 입을 다물었다. "내가 미쳤다고 생각해?"

조드는 고기를 계속 뒤집느라 눈을 고기에만 고정시키고 있었다. 케이시는 무릎을 안고 불을 가만히 들여다보고 있었다. 그들이 앉은 자리에서 15피트쯤 떨어진 뒤쪽에는 실컷 배를 불린 고양이가 긴 회색 꼬리를 앞발에 말아놓은 채로 웅크리고 있었다. 커다란 올빼미가 날카롭게 울며 머리 위를 날아갔다. 모닥불 빛을 받아, 그 흰 배와 활짝 펼친 날개가 선명하게 드러났다.

케이시가 말했다. "아니야. 자네는 미친 게 아니라 외로운 거야."

뮬리의 조그만 얼굴이 굳어졌다. "나는 아직도 아버지의 피가 스며 있는 그 땅바닥에 손을 갖다 댔지. 그랬더니 가슴에 구멍이 뚫린 아버지의 모습이 선명하게 보이더군. 그때처럼 몸을 부들부들 떨며 내 몸에 기대는 것도 느낄 수 있었어. 그러고는 뒤로 벌렁 쓰러지며 팔다리를 쭉 뻗는 모양이 보이더군. 아버지 눈이 고통으로 흐려지더니, 곧 움직이지 않게 됐어. 눈은 위를 보고 있었는데, 투명하리만치 맑아져 있었어. 나는 아직 어린애라 그 자리에 가만히 앉아 있었지. 울지도 않고 아무것도 하지 않고 그냥 앉아 있었어." 그는 머리를 세차게 저었다. 조드는 고기만 뒤적거렸다. "그리고 나는 조가 태어난 방에도 들어가 봤어. 침대는 없지만 분명히 그 방이었어. 옛날 그 장면이 똑같이 되살아나더군. 조는 바로 거기서 태어났어. 그 녀석은 한 번 헐떡이고 나더니 1마일 밖에서도 들릴 만큼 큰 소리로 요란스레 울어댔지. 할머니가 옆에서 '장사 났다, 장사 났어' 하면서 몇 번이나 야단을 떨었어. 어찌나 자랑스러워하던지, 할머니는 그날 밤에 찻잔을 세 개나 깨뜨렸다고."

조드가 헛기침을 했다. "슬슬 먹어도 좋을 것 같은데."

뮬리가 짜증스럽게 말했다. "바싹 구우라고, 갈색이 나게. 거의 새까매지도록 말야. 나는 말을 좀 하고 싶어. 누구하고도 말을 하지 못했거든. 내가 미친 거면 미친 걸로 됐어. 그저 그뿐이잖아? 꼭 묘지의 늙다리 유령처럼 밤이면 밤마다 이웃집을 기웃거리고 다녔어. 피터스네도 제이콥스네도 랜스네도 조드네도 다 가봤어. 집집마다 깜깜하니, 성냥갑을 늘어놓은 것 같이 비참한 모습이더군. 예전에는 근사한 파티나 댄스도 벌어지던 곳인데 말이야. 기도회도 열렸고, '영생'을 외치는 녀석들도 있었지. 결혼식도 올렸었고. 이렇게 지내는 사이에 나는 시내로 나가 놈들을 다 죽여 버리고 싶은 생각이 들기 시작했어. 놈들이 트랙터로 이 고장 사람들을 몰아내고 손에 넣은 게 뭐냔 말이야. 자기들 '차익금'이란 걸 지키기 위해 놈들이 한 게 무어냐고. 고작 아버지는 땅바닥에서 죽게 하고, 조가 우렁차게 첫울음 소리를 내도록 하고, 나를 한밤에 덤불 속에서 숫염소처럼 날뛰게 한 게 다잖아. 대체 놈들이 한 게 뭐야? 이 땅이 처음부터 질이 안 좋았다는 건 누구나 아는 사실이야. 지난 몇 해 동안 변변히 수확한 사람이 아무도 없잖아. 그런데 저 책상에 거만하게 앉아 있는 놈들은 자기네 매매 차익금을 위해서 우리를 두 동강 내버렸어. 사람이 사는 곳은 바로 그 사람 자신이나 마찬가지야. 이삿짐을 산더미처럼 실은 차를 타고 길을 떠나는 그날부터 온전치 못한 인간이 되는 거야. 이제 산 목숨들이 아니라고. 그놈들이 우릴 죽인 거야." 그리고 그는 입을 꾹 다물었으나 그 얇은 입술은 계속 움찔거리고, 가슴 역시 들썩거렸다. 그러다 자리에 주저앉아 모닥불에 비친 자기 손을 내려다보았다. 그러고는 조용히 사과하듯 말했다. "나는…… 나는 오랫동안 누구하고도 이야기를 나누지 못했어. 묘지의 늙다리 유령처럼 그저 헤매기만 했었지."

케이시가 긴 널빤지 몇 개를 불 속에 밀어넣었다. 불꽃이 그 둘레를 날름대다가 다시 고기 쪽으로 너울거렸다. 차가운 밤공기가 목조 부분을 조이는 통에 집채가 크게 삐거덕거렸다. 케이시가 조용히 말했다. "나는 길 떠난 사람들을 만나야겠어. 꼭 만나야 할 것 같은 느낌이 드는 걸. 그 사람들한테는 설교 따위로는 얻을 수 없는 구원이 필요해. 진정한 구원도 없이 천국의 희망이 무슨 소용이야. 영혼이 좌절과 슬픔에 잠겼는데 성령이 다 무슨 소용이냔 말이야. 그들에게는 구원이 필요해. 죽을 수 있는 여유가 생길 때까지는 살아야 한단 말이야."

조드가 조바심을 내며 외쳤다. "원 참, 이 고기가 생쥐구이처럼 쬐끄매지기 전에 빨리 먹자고. 이것 좀 봐, 냄새 좀 맡아 보라고." 그는 벌떡 일어나서, 철사에 꿴 고깃덩어리를 불길이 닿지 않는 곳까지 밀어냈다. 그리고 뮬리의 나이프를 집어 고기 한 조각을 철사에서 슥슥 잘라 철사에서 빼냈다. "자, 이건 전도사님 몫이에요."

"나는 이제 전도사가 아니라고 했잖아."

"그럼, 이 '사람' 몫이라고 하지 뭐." 그는 한 조각을 더 빼냈다. "자, 뮬리. 너무 흥분해서 못 먹겠다면 어쩔 수 없지만 말야. 이건 산토끼야. 어떤 왈가닥보다 드세다는 놈이지." 그는 털썩 주저앉아 긴 이로 고기를 덥석 물고 큼직하게 한 점을 뜯어서는 천천히 씹었다. "정말 대단한데! 이 으적으적하는 소리!" 그러면서 게걸스럽게 다시 한 점을 크게 물어뜯었다.

뮬리는 자기 몫의 고기를 내려다보면서 앉아만 있었다. "방금 말은 하지 말걸. 그냥 가슴속에 묻어두고 말걸."

케이시가 눈을 들어 그를 보았다. 토끼고기로 볼이 불룩했다. 천천히 씹어 삼킬 때마다 힘줄이 드러난 목 줄기가 꿈틀거렸다. "아냐, 털어놔야지. 우울한 사람은 그걸 털어놓음으로써 슬픔을 토해버릴 수 있는 법이지. 살인을 생각하던 사람이 그걸 털어놓음으로써 결국 살인을 저지르지 않게 되는 것처럼 말이야. 말한 건 잘한 일이네. 가능하면 아무도 죽이지 말아야지." 그러고는 다시 한 입 크게 토끼고기를 물어뜯었다. 조드가 뼈를 불 속에 던져 넣고 벌떡 일어나서 철사를 잘라냈다. 뮬리는 그제야 천천히 먹기 시작했다. 그러면서 눈알을 이리저리 굴리며 작은 눈으로 두 사람을 번갈아 바라보았다. 야수 같은 눈을 부릅뜨고 고기를 씹는 조드의 입 둘레는 고기 기름으로 번들번들했다.

겁먹은 눈으로 조드를 물끄러미 쳐다보던 뮬리가 고기 든 손을 내리고 말했다. "토미."

조드는 얼굴을 들기는 했으나 고기 씹는 것을 멈추지는 않았다. "응?" 볼이 미어져라 고기를 문 채 대답했다.

"토미, 내가 사람을 죽이느니 하는 소릴 했다고 화난 건 아니겠지? 기분 상한 거 아니지, 토미?"

"아니, 상할 것도 없어. 그건 어쩌다 보니 그렇게 된 거니까."

"다들 네 잘못이 아니란 걸 알아. 턴불 영감은 네가 나오면 죽여 버리겠다고 벼르고 있었어. 자기 아들을 죽인 놈은 내버려둘 수 없다고. 하지만 이웃 사람들이 모두 몰려와서 결국 포기시켰지."

조드가 조용히 말했다. "우린 취했었어. 댄스파티에서 술에 취했어. 어쩌다 그런 일이 벌어졌는지 기억도 안 나. 그러다 칼이 꽂히는 느낌을 받고 술이 깼지. 정신을 차리고 보니 제일 먼저 눈에 들어온 것은 칼을 쳐들고 다가오는 허브 녀석이었어. 마침 학교 벽에 삽이 세워져 있더군. 나는 그걸 움켜쥐고 그 녀석 머리통을 후려갈겼지. 허브한테 원한을 품은 적은 한 번도 없었어. 좋은 놈이었지. 어렸을 때는 내 누이동생 로자샨의 꽁무니를 따라다니곤 했어. 난 정말 허브를 좋아했다고."

"음, 모두 영감에게 그렇게 말해서 결국 진정시켰어. 누가 그러는데 턴불 영감은 어머니 쪽으로 해트필드 집안의 피를 물려받았대. 그래서 체면 생각도 했을 거라네. 상세한 건 모르겠지만 말이야. 그 영감도 식구들을 데리고 반년 전에 캘리포니아로 떠났지."

조드는 마지막 토끼고기를 철사에서 빼내 두 사람에게 나눠 주었다. 그런 다음 자기도 차분하게 물러앉아 아까보다 천천히 골고루 씹은 뒤, 입언저리에 묻은 기름을 한쪽 소매로 슥 닦았다. 꺼져가는 불을 바라보는 그의 어둡고 반쯤 감긴 눈은 깊은 생각에 잠긴 듯 보였다. "모두 서부로 가는군. 나는 임시 석방 선서란 걸 지켜야 해. 이 주에서 나갈 수가 없단 말이야."

뮬리가 물었다. "임시 석방? 들어본 적은 있는데. 어떤 거야, 그건?"

"한 마디로 일찍 나오는 거야. 나도 3년 빨리 나왔지. 하지만 여러 가지 지켜야 할 규칙이 있어. 그걸 안 지키면 다시 감옥으로 들어가야 하지. 신고도 자주 해야 하고."

"매칼리스터에서는 대우가 어땠나? 아내의 사촌도 매칼리스터에 들어갔다 나왔는데, 아주 지독하다던데."

"그리 나쁘진 않았어. 다른 데하고 마찬가지야. 이쪽에서 시끄럽게 굴면 저쪽도 심하게 나오지. 교도관의 미움만 사지 않으면 잘 해나갈 수 있어. 밉게 보였다간 죽어나지. 나는 그런 대로 잘 지냈어. 다른 사람들도 대개 그렇지만, 남들한테 참견 안 하고 살았거든. 나는 글씨 쓰기를 배웠는데 굉장히 능숙해졌어. 글씨만이 아니라, 새 그리는 법도 배웠지. 내가 새를 단번에 쓱 그려내는 걸 보면 아마 우리 아버진 화낼걸. 내가 그런 짓을 하는 걸 보면 질색할 거야. 그런 멋부리는 짓을 싫어하거든. 글씨 쓰는 것도 싫어한다고. 그런 걸 보면 겁이 나는 모양이야. 그런 걸 볼 때마다 기를 빼앗기는 느낌이라도 드나보지."

"거기서 얻어맞거나 하진 않았고?"

"아니, 나는 남들 일에 참견하지 않았으니까. 그야 물론 4년 동안 날마다 같은 일만 되풀이하고 있으면 어지간히 진저리가 쳐져. 부끄러운 짓을 저지르고 들어간 거라면 그에 대해 이리저리 고민도 했겠지만. 하지만, 빌어먹을, 지금 이 자리에서도 허브 턴불이 칼을 들고 덤벼드는 걸 본다면, 나는 이번에도 삽으로 녀석을 박살내줄 거야.”

“누구나 그럴 거야.” 뮬리가 말했다. 전도사는 가만히 불을 들여다보고 있었다. 짙어가는 어둠 속에서 높은 이마가 희끄무레하게 드러났다. 작은 불꽃들이 깜빡이며 그의 목 힘줄을 비췄다. 그는 무릎을 끌어안은 손으로 연방 손가락 관절을 잡아당기고 있었다.

조드는 마지막 뼈를 불 속에 던져 넣었다. 손가락을 쪽쪽 빤 다음 바지에 문질렀다. 그리고 일어나서 베란다에서 물병을 들고 와 두어 모금 마시고 다음 사람에게 돌리고는 다시 바닥에 앉았다. 그는 말을 이었다. “가장 괴로웠던 건 아무런 의미도 없었다는 거야. 벼락이 쳐서 소가 죽거나 홍수가 났을 때는 우리도 의미를 따지지 않잖아. 세상일이란 그런 거니까 말이야. 하지만 몇 사람에서 나를 4년이나 가둬놓는다면 당연히 무슨 의미가 있어야 할 게 아냐? 인간이란 무언가를 열심히 생각하게 마련이니까. 그런데 녀석들은 나를 감옥에 처넣고 4년이나 먹여주고 재워줬어. 그 이유는 당연히 내가 다시는 그런 짓을 못하게 만들거나, 아니면 다시 그 짓을 저지르는 게 무서워질 만큼 심한 벌을 주기 위해서라야 해.” 그는 잠시 입을 다물었다. “하지만 허브든 누구든 또 내게 덤벼들면 나는 또 같은 짓을 할 거란 말이야. 생각도 하기 전에 저지르고 말 테지. 취했을 땐 더 할 테고. 그런 무의미함이 가장 괴로웠어.”

뮬리가 말했다. “판사가 너만 잘못한 게 아니기 때문에 가벼운 형을 내렸다고 그랬어.”

조드가 말했다. “매칼리스터에 이런 사나이가 있었지. 종신형을 받은 놈이었는데, 만날 공부만 하는 거야. 교도소장의 비서나 다름없었어. 소장의 편지를 대필하거나 그 밖에 잡심부름을 도맡아 했으니까. 아주 머리가 좋은 인간이라서 법률인가 뭔가 그런 걸 공부했지. 어느 날, 녀석이 이것저것 읽는 것을 보고 그 일에 대해 물어본 적이 있어. 그런데 뭐라고 했는지 알아? 책을 읽어봤자 아무 소용도 없다는 거야. 자기는 현재와 과거의 감옥에 대한 책을 닥치는 대로 읽었지만, 공부하기 전보다 지금이 더 무의미해졌다고 그러더군. 감옥은 옛날 옛적부터 있었던 모양인데, 누구도 그걸 없애지 못했나봐. 게다가 감옥을 개혁할 머리를 가진 사람이 한 명도 없었다나. 녀석은 이런 말도 했어. 그런 책은 절대로 읽을 게 못된다. 머리만 더 복잡해지고,

또 정부란 걸 움직이는 놈들을 존경할 수 없게 되니까—하고 말이지.”

뮬리가 말했다. “나도 이제 놈들에게 존경심 따윈 없어. 우리한테 압력을 가하는 정부란 놈은, 여기서는 이른바 ‘안전한 매매 차익금’이라는 놈뿐이야. 아무래도 모를 일이 하나 있어. 윌리 필리말이야. 트랙터를 몰고, 제 고장 사람들이 농사지어 먹던 땅에서 허수아비 두목 노릇을 하려고 하는 그자 말이야. 그게 가장 신경 쓰여. 어디 다른 고장에 와서 어쩔 수 없이 그러는 거라면 모르겠지만 윌리는 이 고장 인간이잖아. 도저히 알 수가 없어서 놈을 찾아가 물어봤지. 그랬더니 화를 버럭 내면서 이렇게 말했어. ‘내겐 어린 자식이 둘이나 있다고. 마누라도 있고 장모도 있어. 모두 먹여 살려야 한단 말이야.’ 그러면서 머리에서 김이 날 정도로 화를 냈어. ‘내가 가장 먼저 생각해야 할 사람은 내 가족이야. 오직 그뿐이라고. 다른 놈들한테 무슨 일이 생기건 그건 내가 알 바 아니야.’ 이러잖아. 놈도 속으로 창피해하는 것 같았어. 그래서 더 화를 낸 거야.”

꺼져가는 불만 바라보던 짐 케이시의 눈이 더 커지고 목의 힘줄은 더 두드러졌다. 느닷없이 그가 외쳤다. “알았어! 인간에게 조금이라도 성령이 깃들어 있다면, 나는 확실히 깨달았어! 전광석화처럼 깨달음을 얻었다고!” 그는 벌떡 일어서서 머리를 흔들며 왔다 갔다 하기 시작했다. “옛날에 나는 천막을 치고 예배를 연 적이 있었어. 밤마다 오백 명이나 되는 사람들이 모여들었지. 자네들은 아직 태어나지도 않았을 때야.” 그러더니 그는 입을 다물고 두 사람 쪽으로 돌아섰다. “내가 여기서 사람들한테 설교했을 때는—그게 창고였든 야외였든 간에 기부금을 한 푼도 받지 않았다는 사실을 아나?”

뮬리가 말했다. “맞아요. 한 번도 없었죠. 그래서 이 동네 사람들은 돈을 내지 않는 버릇이 붙어 가지고, 다른 전도사가 와서 모자를 돌리면 화를 냈었죠. 기억나요!”

케이시가 말했다. “먹을 것은 받았지. 바지가 떨어졌을 때는 바지도 얻어 입고, 구두 밑창이 떨어지면 헌 구두도 얻어 신었지. 하지만 천막 교회를 운영했을 때는 그렇지 않았어. 날에 따라 10달러, 20달러씩 받았지. 그런데 조금도 즐겁지 않기에 금방 그만뒀지. 그랬더니 다시 즐거워졌어. 이제 겨우 깨달은 것 같아. 말로 확실히 표현할 수 없을지도 몰라. 꼭 말로 설명할 생각은 없지만 말야. 어쩌면, 전도사한테도 어떤 역할이 있을지 모르겠군. 나는 다시 설교를 시작할지도 몰라. 외롭게 길을 떠난 사람들, 땅도 잃고 돌아갈 집도 없는 사람들. 어쩌면……." 그는 불을 굽어보듯 섰다. 목 둘레에 힘줄이 불룩불룩 튀어 올랐다. 눈 속 깊숙이 비쳐든 불꽃이 그 속에서 새빨간 불길을 일으켰다. 못 박힌 듯 서서 불을 바라보는 얼굴이 무언가에 귀를 기울이듯 긴장되어 있었다. 방금 전까지는 어렴풋한 생각을 골라내고 정리하고 내버리느라고 분주하던 손이 조용해지더니 다음 순간 호주머니 속으로 기어들어갔다. 박쥐가, 사그라져가는 불속을 펄럭펄럭 드나들었다. 물거품처럼 부드러운 쪽독새의 울음소리가 밭 너머에서 들려왔다.

톰은 호주머니에 조용히 손을 넣어 담배를 꺼냈다. 천천히 담배를 마는 손길 너머로, 남은 불씨를 바라보았다. 어떤 비밀스러운 일이라 이런저런 억측을 해서는 안 된다는 생각이 들었는지, 전도사의 말을 깡그리 못 들은 척하고 입을 열었다. "밤마다 침대 속에서 생각했지. 이번에 집에 돌아가 보면 어떻게 되어 있을까 하고 말이야. 할아버지나 할머니는 죽었을지 모른다는 생각도 했고, 애들이 몇 명 더 태어났을지 모른다는 생각도 했어. 아버지는 전만큼 건강하지 않을지도 모르고, 어머니는 좀 뒤로 물러앉아 로자샨에게 집안일을 맡기고 있겠지. 아무튼 그전 그대로는 아닐 거라는 사실만은 잘 알고 있었어. 뭐 아무튼 오늘 밤엔 여기서 자야겠지. 날이 새면 큰아버지네로 가는 거야. 나는 그렇게 할 건데, 전도사님도 같이 갈래요?"

아직도 전도사는 타다 남은 불을 들여다보며 서 있었다. 그가 천천히 입을 열었다. "음, 나도 같이 가겠네. 그리고 자네 가족이 길을 떠날 때는 나도 같이 가겠네. 어디로 가더라도 함께 가보고 싶군."

"다들 좋아할걸요. 우리 어머닌 항상 당신 편이셨죠. 믿을 만한 전도사님이라 늘 그랬어요. 로자샨은 그땐 아직 어린애였죠." 그는 고개를 돌렸다. "뮬리, 너도 우리하고 같이 가지 않을래?" 뮬리는 그들이 걸어온 방향을 바라보고 있었다. "같이 갈래, 뮬리?" 조드가 다시 한 번 물었다.

"응? 아니. 나는 아무 데도 안 가. 여기서 떠날 생각은 없어. 저기 올라갔다 내려갔다 하는 불빛 보이지? 이 일대 목화밭을 관리하는 자일 거야. 누가 우리 모닥불을 본 모양이지."

톰은 그쪽을 응시했다. 불빛이 언덕을 넘어 가까이 오고 있었다. "우린 아무 잘못도 하지 않았어. 이대로 여기 앉아 있자고. 아무 짓도 안 했으니까."

뮬리가 껄껄 웃었다. "여기 그냥 앉아 있는 것만으로도 일을 저지른 셈이야. 불법침입을 한 거라고. 여기 있으면 안 되는 거야. 놈들은 지난 두 달 동안 나를 붙잡으려고 눈을 벌겋게 뜨고 다녔지. 잘 보고 있어! 자동차가 이쪽으로 다가오면 우리는 목화밭에 기어들어가서 납작 엎드리는 거야. 멀리 갈 필요는 없어. 어디 실컷 찾아보라지. 이랑을 한 줄씩 구석구석 찾아야 할 걸. 하지만 이쪽은 그냥 납작 엎드리고 있으면 괜찮아."

조드가 따지듯이 말했다. "대체 어떻게 된 거야. 뮬리? 옛날에는 슬금슬금 꽁무니를 빼는 인간이 아니었잖아. 성질 고약한 녀석이었는데."

뮬리가 다가오는 불빛을 바라보며 말했다. "그렇고말고! 옛날에는 늑대처럼 성미가 고약했지. 그러나 지금은 족제비야. 네가 무언가를 쫓아다닌다면, 네가 사냥꾼이니까 더 강한 쪽은 네가 되는 거지. 누구도 사냥꾼을 이길 수는 없으니까. 하지만 쫓기는 처지가 되고 보면 이야기가 달라져. 상황이 변하는 거야. 너는 이제 강자가 아니야. 사나울지는 모르지만 강하지는 않아. 나는 꽤 오래전부터 쫓기는 몸이었어. 이젠 사냥꾼이 아니야. 이따금 어둠 속에서 사람을 쏘는 일은 있을지 몰라도, 울타리 말뚝으로 사람을 두들겨 패는 건 절대로 못해. 너도 나도 이제 허세를 부려봐야 소용이 없어. 그게 사실이니까."

"그럼 너는 빨리 가서 숨어. 여기는 나하고 전도사님한테 맡겨 두라고. 저 놈들한테 한 마디 해줄 말이 있거든."

불빛이 아까보다 가까운 곳에서 하늘로 쑥 올라갔다가 사라지다가 다시 쑥 올라가곤 했다. 세 사나이는 그 모습을 지켜보았다.

뮬리가 말했다. "쫓길 때는 한 가지 명심할 것이 있어. 여러 가지 위험을 걱정해야 돼. 쫓는 쪽이라면 그런 생각을 하지도 않고 겁도 안 나지. 너도 아까 말했지만, 혹시 또 시끄러운 일에 휘말려들면 다시 매칼리스터로 끌려가서 형기를 마쳐야 하잖아?"

"맞아. 그런 소리를 듣긴 했지. 하지만 땅바닥에 앉거나 잠을 좀 잔다고 해서 무슨 문제를 일으키는 건 아니잖아. 나쁜 짓을 저지른 게 아니라고. 술주정이나 소란을 떠는 것도 아닌데."

뮬리가 웃었다. "곧 알게 돼. 한번 그대로 앉아 있어 보라고. 머지않아 저 차가 이리 올 테니까. 아마 윌리 필리일지도 모르겠군. 지금은 보안관 대리

이거든. '네놈, 여기 불법침입해서 뭐하는 짓이냐?' 그놈이 이렇게 물으면, 너는 전부터 윌리가 얼간이인 줄 아니까 한마디 하겠지. '그게 너하고 무슨 상관인데?' 그러면 윌리는 화가 나서 소리를 지를 거야. '썩 나가! 안 나가면 감옥에 처넣는다.' 그렇지만 너는 겁을 먹거나 놈이 화를 낸다고 해서 윌리가 하라는 대로 잠자코 따를 생각은 없단 말이지. 놈도 한 번 위협을 가한 이상 뒤로 물러서지는 않을 거고, 너도 큰소리를 친 이상 끝까지 밀고 나가야 하겠지. 그런 귀찮은 일이 또 어디 있나? 그보다는 밭이랑에 드러누워 놈들에게 찾게 하는 편이 훨씬 편해. 더 재미있고 말야. 놈들은 화가 나서 야단이겠지만 어쩔 수도 없을 테고, 이쪽은 저기 드러누워서 실컷 웃어줄 수 있지. 그런데 윌리가 됐든 누가 됐든, 관리인하고 정면으로 부딪치면 어떻게 되겠어? 놈들에게 주먹질이라도 해봐, 넌 도로 매칼리스터로 끌려가서 3년을 살아야 한단 말이야."

"네 말도 일리는 있어. 네 말이 다 옳아. 하지만, 젠장! 나는 이런 식으로 굴복하기는 싫어! 차라리 윌리 놈에게 한 방 먹여 주겠어."

"놈은 권총을 가지고 있다고. 놈은 보안관 대리이니까 분명히 쏴댈 거야. 그렇게 되면 놈이 너를 죽이든가, 네가 그 총을 뺏어서 놈을 죽일 수밖에 없잖아. 자, 가자고, 토미. 그런 식으로 밭에 숨어서 녀석들을 골탕 먹이겠다고 스스로를 타이르도록 해. 아무것도 아니잖아? 결국에는 정말로 그렇게 될 거고." 이제 강렬한 불빛은 공중을 가로질러 비췄다. 엔진 소리가 이제 끊임없이 들려 왔다. "가자, 토미. 멀리 갈 필요는 없어. 열네댓 이랑만 넘어가면 놈들이 하는 꼴을 구경할 수 있어."

톰이 자리에서 일어나며 말했다. "제기랄, 네 말이 옳아! 어느 모로 보나 나한테 득 될 일은 하나도 없으니까."

"그럼 가자, 이쪽이야." 뮬리는 집을 돌아 밭으로 50야드쯤 들어갔다. "여기면 돼. 자, 엎드려. 놈들이 탐조등을 비추기 시작하면 고개만 좀 숙이면 돼. 이 정도야 애교에 불과하지." 세 사나이는 길게 엎드려 팔꿈치를 세웠다. 갑자기 뮬리가 벌떡 일어나 집 쪽으로 달려가더니, 이내 돌아와서 웃옷과 구두 보통이를 내던졌다. "놈들이 앙갚음으로 집어갈지도 모르잖아." 불빛이 언덕 위로 올라오더니 집을 내리비쳤다.

조드가 물었다. "놈들이 손전등을 들고 이리 내려와서 우릴 찾지 않을까?

몽둥이라도 가지고 올걸 그랬지?"

뮬리가 킥킥댔다. "아니, 그럴 리 없을걸. 아까도 말했지. 난 족제비처럼 성질이 나쁘다고. 어느 밤 윌리 놈이 날 쫓아오기에 난 놈의 뒤통수를 울타리 말뚝으로 후려갈겨줬지. 죽기 직전까지 갔었다고. 놈이 나중에 그러더래. 다섯 놈이 덤벼들었다고."

차가 집 앞까지 와서 탐조등을 번쩍거렸다. "고개 숙여!" 뮬리가 말했다. 한 줄기 부옇고 차가운 빛이 그들 머리 위를 싸악 훑고 밭을 여러 차례 가로질렀다. 숨어 있는 사나이들에게는 사람 모습은 보이지 않았지만, 차 문 닫히는 소리와 말소리는 들렸다. 뮬리가 속삭였다. "빛에 노출될까봐 겁먹은 거야. 한두 번인가 내가 전조등에 총질을 한 적이 있지. 그래서 윌리 놈이 조심하고 있는 거야. 오늘 밤엔 누구를 데리고 왔나본데." 목재를 밟는 소리가 들리더니 이내 집 안에서 회중전등이 번쩍였다. 뮬리가 속삭였다. "집에다 대고 한 방 쏘아줄까? 놈들은 어디서 날아오는지도 모를걸. 조금은 생각할 여지를 만들어 주게 말이야."

"그래, 어서 해 봐." 조드가 말했다.

케이시가 속삭였다. "그만둬. 그래봤자 무슨 소용이 있나. 공연한 짓이지. 무엇이든 의미 있는 일을 할 생각을 하자고."

무언가를 긁는 소리가 집 가까이에서 들려왔다. 뮬리가 속삭였다. "모닥불을 끄고 있군. 발로 흙을 끼얹고 있어." 차 문이 탕 닫혔다. 헤드라이트가 빙 돌아 다시 도로를 비췄다. "고개 숙여!" 뮬리가 말했다. 그들은 고개를 숙였다. 머리 위를 스치고 지나간 탐조등이 목화밭을 두어 번 가로질렀다. 이윽고 차는 미끄러지듯이 달려 언덕 위로 올라가더니 마침내 보이지 않게 되었다.

뮬리가 몸을 일으켰다. "윌리는 언제나 마지막에 꼭 한 번 더 비춰 보거든. 하도 그러니까 이젠 언제 그럴지도 척척 알아맞히게 됐어. 그런데도 놈은 지금도 자기가 영리한 줄 알고 있단 말이야."

케이시가 말했다. "집 안에 누굴 남겨놓고 갔는지도 몰라. 섣불리 돌아갔다가 붙잡히지 않을까?"

"그럴지도 모르지. 내가 갔다 올게, 여기서 기다리라고. 그런 수법은 내가 잘 알고 있으니까." 뮬리는 살그머니 일어나서 걸어갔다. 그가 간 방향에서 자박자박 흙덩어리 밟는 소리만이 희미하게 들려왔다. 두 사람은 남아서 그 발소리에 열심히 귀를 기울였으나 이내 아무 소리도 들리지 않았다. 잠시 뒤 뮬리가 집에서 그들을 불렀다. "아무도 없어. 돌아와." 케이시와 조드는 그제야 일어나, 검은 덩어리처럼 보이는 집 쪽으로 돌아갔다. 뮬리는 아직도 연기가 피어오르는 모닥불 옆에서 기다리고 있었다. 뮬리가 으스대며 말했다. "그놈들, 남은 사람은 아무도 없으리라고 철석같이 믿었던 게지. 내가 윌리 놈을 후려갈기고 전조등에 두어 번 총알을 먹인 덕분에 놈들도 조심하고 있어. 놈들은 누구 짓인지 확실히는 모르고 있을 테고, 나도 그리 쉽게 잡히진 않을 거니까. 나는 집 가까이에선 절대로 자지 않아. 함께 갈 생각이라면 잘 만한 자릴 가르쳐 주지. 자다가 누구 발에 채일 염려가 없는 자리를 말이야."

조드가 말했다. "따라갈 테니 앞장서. 이거야 원, 아버지 땅에서 숨바꼭질을 할 줄은 꿈에도 생각 못했는데."

뮬리는 밭을 가로질러 걸어갔다. 조드와 케이시가 뒤를 따랐다. 그들은 목화나무를 걷어차면서 걸었다. 뮬리가 말했다. "너나 전도사님이나 이제 몸을 숨길 일이 많아질 거야" 그들은 한 줄로 밭을 가로질러갔다. 어느 개울 모랫둑에 이르자 그 바닥까지는 쉽게 미끄러져 내려갔다.

조드가 말했다. "아, 어딘지 알겠군. 제방에 있는 굴이지?"

"그래. 어떻게 알았어?"

"내가 판 거니까. 나하고 노아 형이 판 거야. 금을 찾는답시고 한 짓인데, 결국 아이들이 흔히 하듯 구덩이만 파고 말았지." 모랫둑 제방은 이제 그들의 키보다 높아졌다. 조드가 말했다. "다 왔을 텐데, 바로 근처였다고 기억하는데."

뮬리가 말했다. "내가 구멍을 풀로 덮어놨지. 아무도 찾아내지 못하게 말야." 편평한 모래바닥이 나왔다.

조드는 깨끗한 모래 위에 털썩 주저앉았다. "나는 굴속에서 자는 건 사양하겠어. 여기서 자겠어." 그러면서 웃옷을 둘둘 뭉쳐 머리 밑에 받쳤다.

뮬리는 덮어놓은 풀을 치우고 굴속으로 기어들어갔다. "나는 여기가 좋아. 아무도 나를 건드리지 못할 거란 생각이 들거든."

짐 케이시는 조드 옆 모래바닥에 앉았다.

조드가 말했다. "좀 주무세요. 날이 밝으면 큰아버지네로 갈 거니까."

케이시가 말했다. "나는 안 자. 생각할 것이 너무 많아." 그리고 다리를 세워 두 손으로 무릎을 끌어안고, 고개를 크게 뒤로 젖혀 반짝반짝 빛나는 별을 쳐다보았다. 조드는 늘어지게 하품을 하고 한쪽 팔로 머리를 괴었다. 아무도 입을 열지 않았다. 점차 부스럭거리며 돌아다니는 밑으로 혹은 옆으로 판 굴, 또는 풀숲에서 사는 지상의 생물들이 부스럭대며 다시 활동을 개시했다. 땅쥐가 돌아다니고 토끼는 싱싱한 풀을 찾아다니고 생쥐는 흙덩이를 넘어 다녔다. 날개 달린 사냥꾼들은 머리 위를 소리도 없이 날아다녔다.

7

시내, 변두리, 들판, 빈 터에 중고차 하치장, 견인차량 하치장, 커다란 간판이 늘어선 차고들의 행렬—〔중고차 있음〕〔중고차 상태양호〕〔여행길에 안성맞춤, 트레일러 세 대 있음〕〔27년형 포드, 새 차나 다름없음〕〔자동차 있음. 검사 완료, 보증서 첨부〕〔라디오 증정〕〔자동차, 휘발유 100갤런 제공〕〔구경 대환영〕〔중고차 있음〕〔필요경비 포함 가격〕.

주차장과 책상 하나, 의자 하나가 들어가면 꽉 차는 사무실. 책상 위에는 자동차 여행안내서 한 권, 한 귀퉁이가 접힌 채 클립으로 물린 계약서 다발, 차곡차곡 포개 놓은 새 계약서 용지. 그리고 만년필에는 한시도 잉크가 떨어지는 일이 없도록 늘 사용해야 해. 만년필이 고장 나서 차를 못 팔았던 경우도 있으니.

저쪽에 있는 저 작자들은 살 마음이 없군. 어느 가게에나 흔히 있는 축이야. 그냥 구경하러 다니는 게지. 구경으로 시간을 때울 뿐이야. 애초에 살 생각은 눈곱만큼도 없어. 상대하면 그만큼 손해지. 놈들은 우리 시간을 시답잖게 여긴단 말야. 저기 있는 저 두 사람을 보라고. 아니, 아이 딸린 쪽 말이야. 저 작자들은 차에 태워 줘. 처음엔 200달러를 불렀다가 조금씩 깎아주는 거야. 125달러면 넘어오겠는 걸? 실컷 밟아줘. 고물차에 태워서 막 밟아주라고. 그리고 잔뜩 바가지를 씌워버려! 우리 시간을 다 뺏었으니까.

소매를 걷어붙인 경영자들. 손님들의 약점을 날카로운 시선으로 노리는 말쑥하고 공손한 판매원들.

저 여자 얼굴 좀 봐. 저 여자 마음에만 들면 저 영감한테서는 쉽게 돈을 짜낼 수 있겠어. 거기 캐딜락부터 시작해. 그리고 차츰 저 26년형 뷰익까지 내려가는 거야. 처음부터 뷰익으로 갔다간 포드로 도망칠 테니까. 자, 소매를 걷어붙이고 일에 착수하라고. 이건 언제까지 계속할 수 있는 장사가 아니야. 저자들에게 내시를 보여 줘. 그동안 나는 25년형 닷지의 바람 빠진 타이어에 바람을 넣어둘 테니까. 준비가 다 되면 유대인을 그쪽으로 보내겠어.

잘 달리기만 하면 되지 않습니까, 손님? 저희는 빈말은 하지 않습니다. 그야 좌석 시트는 좀 상했죠. 하지만 좌석 쿠션이 좋다고 차가 잘 굴러가는 건 아니잖습니까.

줄줄이 늘어선 자동차 행렬, 녹슨 돌출부와 바람 빠진 타이어. 빽빽하게 늘어선 모습.

어떻습니까? 한번 타보지 않으시겠어요? 아, 괜찮고말고요. 수고랄 것 조금도 없습니다. 당장 저 줄에서 빼오겠습니다.

녀석들이 미안하다는 생각을 하게 만드는 거야. 시간을 듬뿍 들이라고. 이쪽의 시간을 많이 빼앗고 있다는 걸 잊게 해선 안 돼. 대개는 좋은 축들이야. 그들은 이쪽에 폐 끼치기를 꺼리지. 그러니까 폐를 끼치게 만들어서 바가지를 씌우면 돼.

꼬리를 물고 늘어선 차들. T형 포드, 그런대로 괜찮아 보이지만 핸들은 삐걱대고 밴드는 닳아 끊어졌다. 뷰익, 내시, 데 소토.

물론입죠, 손님. 22년형 닷지입니다. 닷지 중에서도 제일 좋은 차죠. 절대로 고장 날 일 없다는 그놈입니다. 저압축이거든요. 고압축은 잠깐이야 기세 좋게 나가지만, 금속이 얼마 안 가 맛이 가버리니까요. 플리머스, 로크니, 스타.

어, 저 애퍼슨은 어디서 나온 거야? 저 노아의 방주같이 생긴 거 말야. 차머스랑 챈들러도 있군. 벌써 몇 년째 손에 들어온 적 없는 물건들뿐이잖아. 우리는 차를 파는 게 아니야. 달리는 고철을 파는 거지. 젠장, 고물차나 잔뜩 사들이란 말이야. 25달러, 30달러를 넘어가는 놈은 한 대도 필요 없어. 그놈을 50, 75달러에 되파는 거야. 괜찮은 벌이잖아? 흥, 새 차를 팔아 봤자 얼마나 남는다고. 아무튼 너덜너덜한 놈을 손에 넣으란 말이야. 그리고 당장 팔아 치우는 거지. 25달러를 넘기는 놈은 거들떠보지도 마. 이봐 짐, 저쪽 도보에 있는 영감님 잘 붙들어 봐. 똥구멍인지 땅구멍인지도 구별 못할 것 같은 면상이잖아. 애퍼슨으로 밀어붙여. 어, 아까 그 애퍼슨 어디 갔지?

팔렸다고? 고물차를 좀 더 들여오지 않으면 이제 팔아먹을 것도 안 남겠군.

깃발, 깃발, 깃발. 홍백 깃발, 청백 깃발. 길가에 줄줄이 늘어선 깃발. 〔중고차 있음〕〔중고차 상태 양호〕.

오늘의 특매는 저 진열대 위에 있는 놈으로 하지. 절대로 팔면 안 돼. 하지만 그걸 보여줘서 사람들을 끌어들여야 해. 이 차를 그 값으로 특매했다간 한 푼도 안 남지. 방금 팔렸습니다 하고 말하는 거야. 그리고 판 차를 넘겨 주기 전엔 1야드짜리 충전지를 잊지 말고 빼놔야 해. 대신 싸구려로 하나 넣어 놔. 저치들 75센트로 뭘 사겠다고 저래? 소매를 걷어 올리고 똑바로 하라고! 이 장사는 영원히 할 수 있는 게 아니라니까. 썩은 차만 잔뜩 있으면 반년 뒤에는 이 짓하고도 안녕이라고.

잘 들어, 짐. 저 쉐보레 엉덩이에다 귀를 대봤더니 꼭 병 깨지는 소리 같은 게 나더군. 톱밥 두어 됫박 처넣어 둬. 기어에도 좀 넣어두고. 저 애물단지는 35달러에 팔아야 해. 그놈이 날 속이고 저걸 팔아먹었잖아. 나는 10달러 준다 했는데 그놈이 15달러까지 끌어올렸어. 덤으로 비품까지 빼돌리고. 개자식! 고물차가 한 500대쯤 있으면 좋을 텐데. 이런 장사는 한철이거든. 뭐? 타이어가 마음에 안 든다고? 앞으로 1만 마일은 더 달릴 수 있다고 말해. 그리고 인심 써서 1달러 50센트 깎아 줘라.

울타리 옆에 산더미처럼 쌓인 녹슨 폐품들. 그 뒤는 잔해들의 행렬―펜더, 기름때가 시커멓게 낀 부품, 땅바닥에 뒹굴고 있는 도르래들, 실린더 틈으로 얼굴을 내민 잡초 한 줄기. 뱀처럼 구불텅하게 쌓여 있는 브레이크 봉과 배기관. 윤활유, 휘발유.

금이 안 간 점화 플러그 좀 찾아 주겠나? 젠장, 트레일러를 100달러 이하로 50대쯤 들어온다면 당장 부자가 될 수 있을 텐데. 그런데 저기 저치는 아까부터 뭘 가지고 징징대는 거야? 차를 팔았다고 집에까지 밀어다 줄 수는 없잖아. 이거 괜찮은 말인데! 집에까지 밀어다 주지는 않음. 이건 조만간 〈먼슬리〉에도 실릴 만한 말이야. 뭐야, 살 마음이 없는 것 같아? 그럼 얼른 쫓아 버려. 우유부단한 놈들을 붙잡고 늘어질 겨를은 없어. 저 그레이엄에서 오른쪽 앞바퀴를 빼내서 땜질 자국이 아래로 가게 다시 끼워. 다른 데는 그런 대로 근사해 보이잖아. 발판도 뭣도 다 그대로 있으니까 말이야.

암요! 그 차는 아직도 5만 마일은 달리고도 남습니다요. 기름을 가득 채우세요. 조심해서 안녕히 가십시오.

차를 구하십니까? 어떤 것이 좋으실는지? 마음에 드는 것이 있습니까? 갈증이 나는군요. 한잔 어떻습니까? 자, 이리 오세요. 부인께서 저 라 살을 보시는 동안에 말입니다. 라 살은 손님께는 맞지 않을 것 같군요. 베어링이 덜컹거리고, 기름도 많이 잡아먹습니다요. 24년형 링컨으로 하십시오. 그야말로 꿈같은 자동차입니다. 끝없이 달릴 수 있을 걸요. 트럭으로 개조할 수도 있고요.

녹슨 금속을 달구는 뜨거운 태양. 땅바닥에 쏟아진 기름. 차를 사기 위해 망설이는 얼굴로 쭈뼛쭈뼛 찾아드는 사람들.

신발을 깨끗이 털어. 그 차에 기대면 안 돼. 먼지투성이잖아. 차를 사려면 어떻게 해야 되나? 값은 얼마나 나가지? 이봐, 애들 좀 잘 봐. 이 차는 얼만가 어디 물어볼까? 물어보는 건 거저니까. 물어보는 건 괜찮지? 응? 75달러 이상은 한 푼도 더 낼 수 없어. 더 내고 샀다간 캘리포니아까지 가지도 못하게.

제기랄, 고물 차 백 대만 더 들어오면 좋을 텐데. 굴러가건 말건 내가 상관할 바는 아니니까.

원통형으로 차곡차곡 쌓아올린 타이어, 다 닳은 중고 타이어들. 소시지처럼 매달린 빨간색과 회색 튜브들.

타이어 때우시게요? 라디에이터 세제요? 스파크 강화장치 말씀이십니까? 이 조그만 환약을 가솔린 탱크에 톡 떨어트려 보세요. 1갤런 당 10마일은 더 달릴 수 있다고 보장하죠. 그리고 이걸 좀 발라보세요. 50센트로 몰라볼 만큼 번쩍거리게 됩니다. 와이퍼는? 팬벨트는? 개스킷은? 혹시 밸브가 나쁜 걸지도 모르겠네요. 새 밸브로 가는 편이 좋겠습니다. 고작 5센트 정도인데 아까울 것도 없습죠.

좋았어, 조. 넌 그 녀석들 비위 좀 맞춰주고 이쪽으로 끌고 오도록 해. 내가 붙잡아서 죽이든 살리든 할 테니까. 거지같은 놈들은 들이지도 마. 난 물건을 팔고 싶단 말이야.

어서 옵쇼, 사양 말고 들어오십시오. 안에는 싸고 좋은 물건이 많이 있습니다. 그럼요! 80달러밖에 안 하는 정말 좋은 자동차랍니다.

50달러 이상은 못 내. 밖에서는 50달러라고 했단 말이야.

50달러, 50달러라고요? 저놈이 맛이 갔구먼. 저기 있는 조그만 놈도 70달러하고도 50센트라는 거금을 주고 사왔는데. 조, 이 바보 같은 놈, 우리가 파산했으면 좋겠냐? 저 녀석을 잘라 버려야지, 원. 60달러라면 못 드릴 것도 없습니다만. 그런데 손님, 우리도 종일 한가한 건 아닙니다. 저는 장사꾼이지만 손님한테 바가지 씌울 생각은 안 해요. 뭔가 물물교환할 거라도 없으신가요?

당나귀 두 마리면 교환해도 좋은데.

당나귀라고요! 조, 들었나? 이 손님이 당나귀하고 바꿔 달라신다! 이봐요, 영감님. 요즘은 기계의 시대라는 말 못 들어 봤나요? 당나귀 따윈 이제 가죽으로 아교 만드는 게 고작이지 아무짝에도 쓸모가 없다고요.

크고 훌륭한 당나귀라고. 다섯 살짜리와 일곱 살짜리야. 할 수 없지. 다른 델 가봐야겠구먼.

다른 델 가봐? 여봐요, 영감님. 한창 바쁠 때 들어와서 실컷 시간을 허비시키고선 팁도 안 주고 돌아가려고요? 조, 살 생각도 없는 구두쇠한테 말붙이고 있었다는 것도 모르고 있었냐?

난 구두쇠가 아니오. 진짜 자동차를 사려는 거요. 가족들하고 캘리포니아로 가야 하거든. 자동차가 꼭 한 대 필요해.

아, 난 사람이 너무 좋아서 탈이야. 조가 그러는데 나는 너무 사람이 좋아서 몸에 걸친 걸 몽땅 남한테 내주는 버릇을 못 고치면 굶어죽을 게 뻔하다더군요. 이렇게 합시다요. 그 당나귀를 한 마리 5달러에 사죠, 개밥이나 하게.

개밥으로 만들고 싶진 않아.

그럼 10달러, 아니, 적어도 7달러 정도는 쳐줄 수 있을지도. 그럼 이럽시다요. 당신 당나귀를 20달러에 삽시다. 물론 수레도 붙겠죠? 그리고 50달러는 지금 내고 나머지는 한 달에 10달러씩 송금하기로 계약서에 서명하면 그걸로 다 끝날 겁니다.

하지만 아까는 80달러라고 했는데.

이자라든가 보험료 얘기도 듣지 못했소? 그런 것 때문에 약간 더 붙는 거라고요. 너덧 달이면 다 치르고도 남을 걸요. 자, 여기 서명하면 되는 거요. 뒷일은 여기서 다 봐 드릴 테니까.

글쎄, 난 잘 모르겠는걸.

이보쇼. 나는 내 손해를 감수하고 이러는 거란 말이오. 게다가 시간도 엄청 잡아먹지 않았소. 영감님하고 얘기한 시간이면 세 대는 더 팔았을 거요. 내 참 지긋지긋해서. 그래, 거기다 사인해요. 이제 됐어요. 조, 이 손님에게 탱크 가득히 기름을 채워 드려. 휘발유는 서비스로 드리지.

이야, 조, 이번엔 꽤 수지가 좋았는걸! 그 고물 차 얼마에 사들였더라? 30달러? 아니, 35달러였나? 당나귀 두 마리도 손에 넣었지. 그걸로 75달러도 받아내지 못한다면 장사를 때려 치워야지. 게다가 현금 50달러에 후불로 40달러를 지급한다는 계약서도 있어. 물론 저자들도 다 정직한 인간이라는 보장은 없지. 하지만 잔금을 어김없이 갚는 사람이 의외로 상당히 많거든. 어떤 사람은 내가 장부를 아예 지워버리고 나서 2년이나 지난 뒤에 100달러를 보냈더라니까. 아까 그 영감도 틀림없이 갚을 거야. 아아, 썩은 차가 500대쯤 더 굴러 들어왔으면! 소매 좀 걷어붙여, 조. 나가서 저치들을 꾀어갖고 이리 몰아넣어. 아까 그 거래에 대한 보수로 너한테 20달러를 주지. 솜씨가 이제 제법이니까.

오후의 태양 아래 늘어진 깃발. 〔오늘의 특매품. 29년형 포드 배달용 트럭, 주행 양호〕.

50달러로 뭘 사시려고요? 제퍼인가요?

좌석 시트에서 비어져 나온 말의 털, 찌그러진 부분을 두들겨 편 펜더. 금방이라도 떨어질듯 대롱거리는 범퍼. 세련된 2인승 포드 자동차 — 색깔 전구가 펜더의 홈과 라디에이터 캡에 하나씩, 그리고 뒷부분에 세 개 붙어 있다. 훌륭한 흙받이, 변속 레버에 달린 커다란 주사위 모양 손잡이. 타이어 덮개에 물감으로 그려 있는 코라라는 이름의 아름다운 처녀. 먼지투성이 방풍창에 내리 쬐이는 오후의 햇살.

이게 무슨 일이야! 밖에 나가 밥을 챙겨먹을 시간도 없어! 조, 애들한테 햄버거 사오라고 심부름 좀 시켜.

곧 숨이 끊어질 듯 털털거리는 낡은 엔진 소리.

자, 얼간이 한 명이 저기서 크라이슬러를 보고 있어. 저 녀석의 바지에 현금이 들어있는지 가서 좀 보고 와. 저런 젊은 농부들 중에는 방심할 수 없는 놈들도 많아. 그런 놈들한테는 마구 아첨을 늘어놓고 내 쪽으로 보내는 거다, 조. 너도 꽤 제법이라니까.

네, 그야 분명히 팔았죠. 보증서? 자동차라는 보증은 했죠. 고장을 끝까지 책임지겠다는 보증은 안 했습니다. 아시겠습니까, 손님? 당신은 차를 사놓고 지금 와서 툴툴거리고 있단 말입니다. 당신이 지불하지 않아도 우리는 별 상관없어요. 당신하고 쓴 계약서는 여기에 없으니까. 그런 거야 진작 금융회사에 맡겨 놓았거든요. 당신한테 돈을 받아내는 건 금융 회사에서 하지 우리가 안 해요. 우린 계약서를 갖고 있지 않다고요. 뭐요? 협박할 작정이라면 경찰을 부를 거요. 아니, 우리가 타이어를 바꿔치기 했다니. 말도 안 되는 소리를 하는군. 조, 이 사람 내쫓아 버려. 차를 사놓고서 이제 와서 뭔 말이 이리 많아? 내가 스테이크를 사서 절반을 먹고 나서 도로 물러 달랜다면 어떻게 될 것 같아? 우린 장사치지 빈민 구호소가 아니라고. 저런 뻔뻔스런 놈 봤어, 조? 야, 저기 좀 봐! 엘크의 이빨 배지(엘크 자선보호 협회의 기장)를 달았잖아. 어서 가 봐. 36년형 폰티액을 보여줘.

네모난 코쭝배기, 둥그런 코쭝배기, 녹슨 코쭝배기, 너부데데한 코쭝배기, 그리고 유선형으로 길게 뻗은 곡선과 유선형으로 이어지기 전의 밋밋한 표면. 〔오늘의 특매품. 푹신한 천 시트가 달린 초대형 중고차—트럭으로 간단 변형〕. 오후의 강한 햇살을 받고 있는, 차축이 녹슨 이륜 트레일러. 〔중고차 있음〕〔성능 좋은 중고차 있음〕〔거의 새 차. 주행 양호〕〔주유 불필요〕.

굉장해, 저 차 좀 봐! 누군지는 모르겠지만 멋지게 손질해 놨는걸.

캐딜락, 라 살, 뷰익, 플리머스. 패커드, 쉐보레, 포드, 폰티액. 몇 줄로 늘어서서 오후의 햇빛에 반짝이는 전조등들. 〔우수 중고차 있음〕.

잘 좀 구슬려 봐, 조. 쳇, 고물 차 1천 대만 있으면 적당히 손질해서 좋은 값에 팔아넘길 수 있을 텐데!

캘리포니아로 간다고요? 그렇다면 이게 안성맞춤이죠. 많이 낡아 보이지만, 아직 몇 천 마일은 끄떡없어요.

즐비하게 늘어선 중고차들. 〔우수 중고차 있음〕〔특매품〕〔거의 새 차. 주행 양호〕.

8

하늘이 별들 사이로 뿌옇게 밝아오고, 창백한 하현달은 희미하고 홀쭉했다. 톰 조드와 전도사는 목화밭 사이로 난 수레바퀴와 트랙터 자국으로 간신히 분간할 수 있는 가능한 좁은 길을 따라 걸음을 서둘렀다. 경계가 모호해진 하늘만이 새벽이 가까웠다는 사실을 알려줄 뿐, 서쪽 지평선은 아예 보이지 않고, 동쪽으로는 한 줄기 선만 뚜렷이 눈에 들어왔다. 두 사나이는 잠자코 걸으면서 발길에 차이는 흙먼지 냄새를 맡았다.

케이시가 말했다. "길은 틀림없겠지? 날이 새고 보니 엉뚱한 데로 와 있다는 소리를 하면 곤란해." 목화밭은 친숙한 생명들이 움직이는 소리로 부산했다. 땅 위에서 먹이를 찾는 아침 새의 날랜 날갯짓 소리, 얼떨결에 잠이 깬 토끼들이 흙 위를 깡충대는 소리, 흙먼지를 밟는 사나이들의 조용한 발자국 소리, 흙덩이가 발에 밟혀 푸석하고 부서지는 소리가 새벽녘의 고요함과 대조를 이루며 선명하게 울려 퍼졌다.

톰이 말했다. "눈 감고도 거기까지 갈 수 있어요. 이런저런 생각이 많으면 꼭 길을 잘못 들게 되죠. 아무 생각도 안하면 별일 없이 도착할 수 있어요. 난 이 마을에서 태어났다고요. 어려서는 이 주변을 뛰어다니며 놀았어요. 저기 나무 한 그루가 서 있죠? 저기, 잘 보세요. 희미하게 보이잖아요. 옛날에 저 나무에 아버지가 죽은 코요테 한 마리를 달아맨 일이 있었죠. 다 썩어 문드러지도록 걸어놨어요. 몸뚱이가 바싹 말라 비틀어졌더군요. 아, 젠장. 어머니가 맛있는 걸 만들고 있으면 좋겠는데. 배가 등가죽에 붙어 버렸어요."

"나도 그래. 담배 씹을래? 시장기가 조금은 가실 거야. 이렇게 꼭두새벽에 떠나지 말걸 그랬나봐. 날이 밝은 뒤에 떠나는 편이 좋았을걸." 그는 여기서 말을 끊고 담배를 한 입 물어뜯었다. "기분 좋게 자고 있었는데."

"이게 다 한물 간 뮬리 때문이라고요. 사람 짜증나게 만들고 있어. 날 깨우더니 이러는 거예요. '잘 가, 톰. 나는 그만 가봐야겠어. 가 볼 데가 좀 많거든. 자네도 슬슬 떠나는 편이 좋아. 해가 뜰 무렵이면 여길 벗어나 있을 수 있도록.' 그런 생활을 하다 보니 땅 쥐처럼 이상해졌나 봐요. 꼭 인디언한테 쫓기는 모양새였다니까요. 그 녀석, 정신이 이상해진 걸까요?"

"글쎄……. 엊저녁에 우리가 모닥불을 피우자 자동차가 나타났었지. 자네도 봤잖아? 집이 다 찌부러진 것도 목격했고. 뭔가 아주 안 좋은 일이 있었던 게 분명해. 뮬리는 확실히 이상해지고 있어. 코요테처럼 기어 다니고 있으니, 머리가 이상해지는 것도 당연하지. 아마 머지않아 누군가를 죽이고 말 거야. 그러면 저쪽에서도 개를 동원해서 추적할 테고, 불 보듯 뻔한 일이야.

그 녀석, 점점 심해질 걸. 우리랑 함께 떠나지 않겠다고 했지?"

"그래요. 이젠 사람을 만나는 것도 두려운가 봐요. 처음에 우리한테 다가온 게 이상할 정도죠. 해뜨기 전에는 큰아버지네 도착할 수 있을 거예요."

둘은 한동안 말없이 걸었다. 귀가 시간에 늦은 올빼미들이 햇빛을 피해 몸을 감추려고 헛간이나 나무 구멍, 물탱크가 있는 쪽으로 날아갔다. 동녘 하늘이 차츰 밝아져 이젠 목화나무와 희뿌연 대지까지 선명하게 보이기 시작했다.

"큰아버지네서 온 식구가 어떻게 자는지 모르겠네. 거긴 방이 하나밖에 없거든요. 거기 말고는 부엌과 조그만 광이 있을 뿐인데. 온통 난리겠는데요."

"존한테 가족이 있던가? 가물가물한데. 외톨이 같은 양반 아니었던가? 그 양반 기억은 잘 안 나는구면."

"세상에서 가장 외로운 사람일걸요. 거기다 머리도 약간 이상해요. 뮬리와 비슷하지만, 어찌 보면 더 심하죠. 동에 번쩍, 서에 번쩍 안 가는 데가 없어요. 쇼니에서 취해 있는가 하면 어느새 20마일이나 떨어진 과붓집에 가 있고, 밤중에 등불을 켜 놓고 밭을 갈기도 하고 말이죠. 돌았어요. 옛날에는 모두 큰아버지가 오래 살지 못할 거라고 그랬죠. 그렇게 외로운 사람은 오래 살지 못한다나요. 그런데 실제로는 우리 아버지보다 더 늙었는데도 해마다 더 억세고 고약해져요. 할아버지보다 고약하죠."

"저 동이 트는 걸 봐! 은색으로 보이는군. 그래, 존은 가족이 전혀 없었나?"

"왜요, 있었죠. 음, 그 얘길 들으면 큰아버지가 어떤 사람인지 잘 알게 될 거예요. 얼마나 고집불통인지를 말이죠. 아버지가 자주 그 이야기를 하셨어요. 큰아버지에겐 젊은 부인이 있었대요. 결혼한 지 넉 달이 됐을 때, 거기다 아이까지 뱄을 때였죠. 어느 밤, 그 부인이 배가 아파 죽겠다며 이렇게 말했대요. '여보, 의사 좀 불러왔으면 좋겠어요.' 그런데 큰아버지는 그냥 그 자리에 앉아서 이렇게 대답했다잖아요. '단순한 배탈이야. 너무 많이 먹어서 그래. 진통제나 한 알 먹어 두라고. 미련하게 먹어대니까 배가 아프지.' 다음 날 점심때쯤 그 부인, 눈이 뒤집히더니 오후 4시쯤에 죽어버렸대요."

"왜 그런 거지? 식중독이었나?"

"아뇨, 뱃속에서 뭐가 터졌대요. 아마 맹…… 맹장이었을 걸요. 천하태평이던 큰아버지도 그 일 때문에 엄청 상심했다지 뭐에요. 다 자기 탓이라고 생각하고 오랫동안 아무하고도 말을 하지 않았어요. 아무것도 눈에 안 들어오는 사람처럼 그냥 막 돌아다녔죠. 그러다 가끔 생각났다는 듯이 기도를 드려요. 그런 상태에서 빠져나오는 데 꼭 2년이 걸렸죠. 하지만 원래대로 돌아오지는 않더군요. 좀 맛이 갔어요. 아주 성가신 인간이 돼버렸죠. 우리 같은 애들이 횟배를 앓거나 복통을 일으키면 큰아버진 꼭 의사를 불러와요. 아버지도 나중엔 제발 좀 그만둬 달라고 빌었을 정도죠. 아이들은 원래 배탈이 잘 나잖아요. 큰아버진 부인이 죽은 걸 자기 탓이라고 생각하는 거예요. 이상한 사람이죠. 그 뒤론 아무나 그 죗값을 치르는 거예요. 아이들에게 자꾸만 뭘 주고, 남의 집 현관에 밀가루 한 봉지를 놓아두고 말이죠. 그런 식으로 자꾸만 자기 걸 남한테 줘버리는데 그래도 마음이 편치 않은가 봐요. 공연히 밤중에 혼자 서성거리거든요. 하지만 농부로서는 괜찮은 사람이에요. 언제나 밭을 근사하게 손질해 놓죠."

"가엾은 사람이군. 가엾고 외로운 사람이야. 부인이 죽었을 때 교회에 자주 갔었나?"

"아뇨, 안 갔어요. 사람들이 모인 데는 절대로 얼굴을 내밀려고 하지 않았어요. 혼자 있고 싶어 했죠. 애들은 모두 큰아버지한테 푹 빠졌었어요. 가끔 밤에 우리 집에 올 때가 있었는데, 그럴 때면 아이들은 어김없이 눈치를 챘죠. 큰아버지는 오실 때마다 아이들 침대 곁에 껌을 한 통씩 꼭 놓아두었거든요. 우린 아저씰 전능하신 예수 그리스도라고 생각했었죠."

전도사는 고개를 숙인 채 걷고만 있었다. 대답이 없었다. 점점 비쳐드는 아침 해에 이마가 더욱 빛나 보였다. 양쪽 옆구리에서 흔들리는 두 팔이 그 빛 속에서 왔다 갔다 했다.

톰도 입을 다물었다. 은밀한 집안 사정을 털어놓은 것을 부끄러워하는 모양이었다. 그가 걸음을 빨리하자 전도사도 보조를 맞췄다. 어슴푸레 밝아오는 맞은편 먼 곳이 이제 희미하게나마 바라다 보였다. 뱀 한 마리가 목화밭 이랑에서 길로 천천히 구불구불 기어 나왔다. 톰이 그 앞에서 아슬아슬하게 걸음을 멈추고 뱀을 들여다보며 말했다. "땅쥐뱀이군. 그냥 내버려두어 주지." 두 사람은 뱀을 피해 빙 돌아 다시 걷기 시작했다. 아련한 붉은 빛이 동녘 하늘을 물들이기 시작하는가 싶더니 이내 외로운 새벽빛이 그 일대에 내려앉았다. 목화나무에 초록빛이 두드러졌다. 대지는 회갈색이었다. 두 남자의 얼굴에서 잿빛 도는 광채가 사라졌다. 날이 밝음에 따라 조드의 얼굴이 점점 더 검어 보였다. 조드가 조용히 말했다. "이때가 좋을 때죠. 어렸을 때는 이 시간에 일어나서 혼자 돌아다니곤 했어요. 저 앞에 있는 저게 뭐죠?"

수캐들이 암캐 한 마리를 여왕처럼 둘러싼 채 길바닥에서 위원회를 개최하고 있었다. 수캐는 다섯 마리였다—셰퍼드 잡종, 콜리 잡종, 그리고 자유로운 사교생활로 혈통이 모호해진 개들이 암캐에게 열심히 아첨을 떠는 중이었다. 한 마리씩 깐깐하게 냄새를 맡고 어색한 걸음걸이로 목화나무께로 가서는, 자못 위엄 있게 한쪽 뒷다리를 쳐들고 오줌을 싼 다음 다시 돌아와서 냄새를 맡곤 했다. 조드와 전도사는 걸음을 멈추고 그 광경을 지켜보았다. 별안간 조드가 유쾌한 듯이 웃었다.

"맙소사!" 그가 말했다. 이제 수캐들은 저희끼리 모여 목털을 세우고 일제히 으르렁거리며 온몸을 긴장시켰다. 서로 덤비기를 기다리는 것이다. 갑자기 한 마리가 암캐 위에 올라탔다. 일이 그렇게 되자 나머지 개들은 단념하고 흥미롭게 지켜보았다. 모두 혓바닥을 내밀고 혀끝에서 침을 질질 흘렸다. 두 사나이는 다시 걷기 시작했다. 조드가 말했다. "올라탄 그놈은 우리집 플래시가 분명해요. 죽은 줄 알았는데. 가자, 플래시!" 그는 다시 웃었다. "나도 참, 나도 저럴 땐 누가 불러도 귀에 들어오지 않을걸. 저걸 보니까 윌리 필리가 어렸을 때의 얘기가 생각나는군요. 윌리는 부끄럼을 잘 탔죠. 사춘기 여자애만큼 심했어요. 그런데 어느 날, 녀석이 암소를 그레이브스네 황소한테로 끌고 갔대요. 다 나가고 엘시 그레이브스 혼자 집에 있었는데, 엘시는 부끄럼이란 걸 모르는 애였어요. 윌리 놈은 얼굴이 벌게져가지고 멀거니 서서 아무 말도 못했대요. 그러니까 엘시가 먼저 말했다나요. '네가 무슨 볼일로 왔는지 난 알아. 황소는 헛간 뒤에 있어.' 둘은 암소를 그리로 데리고 가서 울타리에 걸터앉아 구경했대요. 그런데 윌리 놈이 점점 안절부절못하더래요. 엘시는 윌리 쪽을 보면서 시치미 떼고 말했다나요. '왜 그래, 윌리?' 윌리 놈은 잔뜩 흥분해가지고 제대로 앉아 있지도 못할 지경이었죠. '제기랄! 지금 저 짓을 하는 게 나라면 좋을걸!' 그랬더니 엘시가 이렇게 말했다나요. '그럼 하지 그래, 윌리? 저건 너희 암소잖아.'"

전도사는 조용히 웃었다. "거참, 전도사를 그만두길 정말 잘했군. 옛날에는 내가 있는 자리에서는 아무도 그런 얘길 하지 않았고, 설령 해주더라도 나는 웃을 수가 없었지. 욕도 못했고. 이젠 나 좋을 때 얼마든지 욕을 할 수 있어. 하고 싶을 때 욕을 한다는 건 건강에도 좋은 일이지."

동쪽 지평선에 붉은 기운이 퍼지고, 지상에서는 새들이 짹짹 지저귀기 시작했다. 조드가 말했다. "봐요! 바로 저 앞이에요. 저게 큰아버지네 물탱크예요. 풍차는 없지만 큰아버지네 물탱크가 틀림없어요. 하늘 높이 솟은 것이 보이죠?" 그는 걸음을 재촉했다. "아직도 식구들이 저기에 있을까?" 덩치 큰 탱크가 언덕 위에 우뚝 서 있었다. 어찌나 빨리 걷는지 흙먼지가 무릎께까지 뭉게뭉게 피어올랐다. "어머니는 건강하실까……?" 이제 물탱크 다리가 보이고, 이어서 칠도 하지 않고 아무런 장식도 없는 성냥갑 같은 집이 보였다. 낮은 지붕을 얹은 코딱지만 한 헛간도 보였다. 지붕 위 양철 굴뚝에서는 연기가 오르고 있었다. 앞마당에는 쌓아놓은 가구들, 풍차 날개와 모터, 침대 틀, 의자, 탁자 등이 어수선하게 흩어져 있었다. 조드가 말했다. "다들 떠날 채비를 하고 있구나!" 트럭 한 대가 앞마당에 서 있었다. 턱이 높은 트럭이었는데, 꽤나 이상한 녀석이었다. 앞쪽은 세단인데, 차체 중간을 잘라 트럭용 짐칸을 끼워 놓은 것이었다. 앞마당으로 다가가자 무언가를 쾅쾅 두드리는 소리가 들리기 시작했다. 눈부신 태양이 지평선 위로 솟아오르자 트럭도 선명하게 모습을 드러냈다. 그 위에 웬 사람 그림자가 보였다. 그가 망치를 위아래로 휘두를 때마다 햇빛이 반사되어 번쩍번쩍 했다. 집에 달린 창들도 햇빛이 반사되고 있었다. 비바람에 닳은 나무 벽이 환해졌다. 마당에 있는 빨간 닭 두 마리는 그 반사광선을 받아 불타는 듯이 보였다.

톰이 말했다. "소리 내지 말아요. 살금살금 다가가서 놀래 줘야지." 말은 그렇게 하면서도 성큼성큼 걷는 통에 흙먼지가 허리께까지 날아올랐다. 어느덧 그들은 목화밭 끄트머리를 지났다. 그러더니 순식간에 앞마당으로 들어섰다. 오랜 세월 발에 밟혀 단단하게 다져진 검고 윤기도는 땅에는 먼지를 살짝 뒤집어쓴 잡초가 드문드문 나 있었다. 여기까지 오자 조드는 더 나아가기가 두렵기라도 한 듯 발걸음을 늦추었다. 그 모습을 보고 전도사도 그에게 맞추어 천천히 걷기 시작했다. 톰은 쭈뼛대며 느릿느릿 트럭으로 다가갔다. 트럭은 허드슨에서 나온 슈퍼식스 세단이었는데, 지붕을 쇠톱으로 둘로 가른 모습이었다. 아버지 톰 조드가 짐칸에 올라가 옆쪽 난간에 열심히 못질을 하는 중이었다. 희끗희끗한 수염에 덮인 얼굴을 난간에 바싹 갖다 붙이고 일에 몰두하고 있었다. 입에는 2인치짜리 못 한 줌이 가로로 물려 있었다. 못을 한 개 찔러 넣고는 망치로 마구 내리쳤다. 집 안에서 화덕 뚜껑이 철컥 닫히는 소리와 어린아이 울음소리가 흘러나왔다. 조드는 트럭 짐칸 옆으로 가 기대섰다. 아버지는 조드가 있는 쪽을 쳐다보긴 했지만, 그가 서 있는 것은 눈치 채지 못했다. 아버지는 못 하나를 또 세우고 두들겼다. 비둘기 떼가 물탱크 지붕에서 날아올라 상공에서 몇 번인가 원을 그리더니 다시 내려앉아 지붕 끄트머리 쪽으로 유유히 걸어와서 주위를 둘러보았다. 흰 비둘기와 푸른 비둘기, 날개에 광택이 도는 회색 비둘기들이었다.

조드는 트럭 난간 제일 아래쪽 가로대에 손가락을 걸치고, 트럭 위에 있는 반백의 늙은 아버지를 올려다보았다. 혀로 두꺼운 입술을 핥고 나직이 외쳤다. "아버지!"

"왜?" 톰 영감이 못을 잔뜩 문 입을 우물거리며 대답했다. 차양이 달린 때 묻은 검은 모자를 쓰고, 감색 작업용 셔츠에 단추가 떨어진 조끼를 걸친 차림이었다. 청바지에 커다란 놋쇠 버클이 달린 폭 넓은 마구용 가죽 벨트를 졸라매고 있었는데, 가죽도 쇠붙이도 오랜 세월 닳고 닳아 반들반들 윤이 났다. 구두 역시 오랫동안 햇빛과 비와 흙먼지에 부대껴 여기저기 금이 갔고, 밑창도 뒤둥그러져 배 모양을 하고 있었다. 셔츠 소매가 팔을 꽉 죄어서 억센 근육이 튀어나와 있었다. 배와 엉덩이에는 전보다 살이 없었지만, 땅딸막한 다리는 굵고 튼튼했다. 희끗희끗하고 억센 턱수염 덕분에 광대뼈에서부터 다부진 아래턱으로 내려오는 선이 각이 져 보였다. 간간이 섞인 검은 수염이 턱의 돌출부에 무게와 힘을 실어주었다. 구레나룻이 없는 광대뼈 언저리는 해포석 같은 갈색이었다. 눈을 가늘게 뜨는 버릇 때문에 눈가에 몇 가닥이나 주름이 잡혔다. 눈은 블랙커피 같은 갈색으로, 무엇을 볼 때는 얼굴을 앞으로 쑥 내미는 버릇이 있었다. 시력이 약해졌기 때문이다. 굵은 못들이 삐죽 튀어 나와 있는 입술은 얇고 붉었다.

그는 망치를 허공으로 치켜들고, 찔러 넣은 못을 박으려고 하다가, 트럭 옆에 서 있는 톰을 발견했다. 일에 방해를 받아 짜증난 얼굴이었다. 그러다 턱을 앞으로 쑥 내밀고 톰의 얼굴을 자세히 들여다보더니 그제야 눈앞에 있는 사람을 차츰 알아채기 시작했다. 망치를 든 손이 옆구리로 천천히 떨어졌다. 왼손이 입에 문 못을 뺐다. 그리고 자기 자신에게 이 사실을 들려주는 것처럼, 실감 안 난다는 얼굴로 말했다. "토미가……." 그리고 다시 자기에게 확인시키듯이 말했다. "토미가 돌아왔구나." 눈에 두려움이 떠올랐다. 다시 입을 열고 나직이 말했다. "토미, 너 탈옥한 건 아니겠지? 몸을 숨겨야 하는 건 아니지?" 그는 긴장한 얼굴로 대답을 기다렸다.

"아아뇨, 임시 석방인걸요. 자유의 몸이에요. 증명서도 있어요." 그는 트럭 난간 아래쪽 가로대를 힘주어 잡으며 위를 올려다보았다.

톰 영감은 망치를 바닥에 가만히 내려놓고 못을 주머니에 넣었다. 한쪽 다리로 트럭 난간을 획 넘어 가볍게 땅에 내려섰다. 그러나 일단 아들 앞에 서고 보니 어색하고 초조한 기분이 드는 모양이었다. 그가 말했다. "토미, 우리는 캘리포니아로 떠나려는 참이다. 네게는 편지로 알릴 생각이었다만." 그리고 아직도 믿어지지 않는다는 듯 말을 이었다. "그런데 네가 돌아왔구나. 우리와 함께 갈 수 있겠구나. 너도 같이 갈 수 있어!" 커피포트 뚜껑 덮는 소리가 집 안에서 들려왔다. 톰 영감이 어깨 너머로 그쪽을 보았다. "다들 놀래주자꾸나." 그의 눈이 흥분으로 빛났다. "엄마는 이제 다시는 널 만나지 못하는 것 아닌가 노심초사했단다. 가족이 죽기라도 한 것처럼 수심에 차 있지. 다시는 널 만나지 못할까봐 캘리포니아에 가는 것도 썩 내켜하지 않아." 다시 집 안에서 화덕 뚜껑이 달그락 닫히는 소리가 들렸다. 톰 영감이 되풀이해서 말했다. "다들 깜짝 놀래주자. 자, 계속 우리랑 있었던 것처럼 시치미 떼고 들어가는 거다. 네 엄마가 뭐라고 할지 좀 보자." 그는 이제야 톰의 몸에 손을 댔지만 어깨에 조심스레 손을 얹었을 뿐 금방 그 손을 떼었다. 그가 문득 짐 케이시를 보았다.

톰이 말했다. "전도사님 기억하시죠, 아버지? 저랑 같이 왔어요."

"이 사람도 감옥에 있었냐?"

"아뇨, 길에서 만났어요. 다른 데 가 있었대요."

아버지는 점잔을 빼며 악수했다. "잘 오셨소."

케이시가 말했다. "오랜만입니다. 아들이 집으로 돌아오는 장면은 놓치기 아까운 장면이죠. 정말로 말입니다."

"집이라?" 아버지가 말했다.

전도사는 얼른 말을 고쳤다. "가족에게 말이지요. 우리는 어젯밤 저쪽 집에서 묵었답니다."

아버지의 턱이 앞으로 쑥 나왔다. 그는 잠시 길 너머를 돌아보다가 다시 톰을 쳐다보며 흥분해서 말하기 시작했다. "어떻게 해줄까? 내가 먼저 들어가서 '낯선 사람이 아침을 좀 먹여 달라는데' 할까? 아니면 네가 모른 체하고 들어가서, 엄마가 널 쳐다볼 때까지 잠자코 서 있는 건 어떻겠냐? 어떻게 생각하니?" 그의 얼굴은 흥분으로 빛났다.

"어머닐 너무 놀라게 하지 말아요. 지나친 장난은 그만두는 게 좋겠어요."

미끈한 셰퍼드 두 마리가 신나게 달려오다가, 문득 낯선 사람들의 냄새를 맡자 시험하듯 꼬리를 살살 흔들었다. 그러면서도 눈과 코는 악의나 위험에 대비하여 계속 주의를 기울이며 조심스레 뒷걸음질을 쳤다. 한 마리는 목을 길게 뽑고 도망칠 자세로 슬금슬금 톰의 다리에 다가와서는 킁킁대며 냄새를 맡았다. 그리고 뒤로 물러나, 어떤 신호를 주지 않을까 하고 아버지 눈치를 살폈다. 다른 한 마리는 그렇게 용감하지 못했다. 뭔가 부끄럽지 않을 만한 상대는 없을까 주위를 두리번거리다가 빨간 닭 한 마리가 으스대며 지나가는 것을 발견하자 곧장 그리로 덤벼들었다. 즉시, 분개한 암탉이 비명을 꽥 질렀다. 그 주위에 빨간 깃털이 흩날렸다. 암탉은 짤뚱한 날개를 죽을 둥 살 둥 퍼덕이며 쏜살같이 내뺐다. 개는 자랑스러운 듯이 사나이들을 돌아보더니 먼지 위에 털썩 앉아 자못 만족스럽다는 듯 꼬리로 땅바닥을 탁탁 쳤다.

아버지가 말했다. "가자. 자, 들어가. 엄마한테 얼굴을 보여 줘야지. 널 보고 네 엄마가 어떤 얼굴을 하는지도 보고 싶구나. 자, 어서 가자. 엄마가 곧 아침을 먹으라고 소리칠 거다. 소금에 절인 돼지고기를 프라이팬에 굽는 소리가 벌써 아까부터 들렸거든." 그는 고운 흙먼지로 뒤덮인 마당을 가로질러 앞장섰다. 이 집에는 베란다가 없고 층계를 올라가면 바로 문이었다. 문 옆에 모탕이 하나 있었는데, 오랫동안 사용한 탓에 온통 칼자국이 나서 표면이 보슬보슬 일어나 있었다. 벽에 붙인 널빤지는 부드러운 부분이 흙먼지에 쓸려 결이 또렷하게 부각되어 있었다. 버드나무 장작이 타는 냄새가 주위를 떠돌았다. 세 사람이 문으로 다가가자 베이컨 굽는 냄새며 빵 굽는 냄새, 포트에서 끓는 향긋한 커피 향기가 한꺼번에 확 끼쳐왔다. 아버지는 열려 있는 문 앞으로 성큼성큼 걸어가서 넓고 땅딸막한 몸으로 문간을 가로막고 서서 말했다. "여보, 나그네 둘이 와서 먹을 것을 조금 나눠달라고 그러는데."

어머니 목소리가 들렸다. 잊으려야 잊을 수 없는, 다정하고 조용하며 차분하고 침착한 목소리였다. "들어오라고 해요. 먹을 것은 잔뜩 있으니까요. 손을 씻고 오라고 하세요. 빵은 벌써 다 구워졌으니까. 돼지고기도 이제 꺼내려던 참이었어요." 동시에, 기름이 지글대는 소리가 화덕에서 들려왔다.

아버지가 안으로 들어서며 출입구에서 몸을 비켰기 때문에 톰은 어머니를 볼 수 있었다. 어머니는 바싹 오그라든 얇은 돼지고기 몇 점을 프라이팬에서 덜어내는 중이었다. 열린 화덕에서 봉긋한 갈색 빵을 쌓아놓은 커다란 팬이 나갈 때를 기다리는 모습이 보였다. 어머니는 문 밖을 흘끔 쳐다보았지만, 톰이 태양을 등지고 선 탓에, 테두리가 황금빛으로 빛나는 검은 그림자밖에 보이지 않았다. 어머니가 즐거운 듯이 고개를 끄덕이며 말했다. "들어와요. 오늘 아침에는 마침 빵을 많이 구워서 다행이네요."

톰은 우두커니 서서 어머니를 쳐다보았다. 어머니는 단단한 몸집이었으나 뚱뚱하지는 않았다. 출산과 고된 집안일로 살이 단단하게 붙었다. 길고 헐렁한 회색 원피스를 입고 있었다. 예전에는 알록달록한 꽃무늬가 있었으나 이제는 다 바래서 자잘한 꽃무늬는 바탕 빛깔보다 조금 밝은 잿빛이 되어 있었다. 치맛자락이 발목까지 치렁치렁 늘어졌다. 튼튼하고 넓적한 맨발이 마룻바닥을 미끄러지듯 움직였다. 숱이 적은 회색 머리칼은 뒤통수에서 아담하게 틀어 올려 있었다. 억센 주근깨투성이 팔은 팔꿈치게까지 드러났고, 두 손은 소녀의 손처럼 오동통하고 섬세했다. 어머니는 바깥에서 비쳐드는 햇살 속을 응시했다. 동글동글한 얼굴은 부드럽다기보다 감정을 절제할 줄 아는 생각 깊은 사람으로 보였다. 개암 빛깔 눈은 온갖 시련을 다 겪으며 고통과 고뇌를 한 계단 한 계단 딛고 올라가 고도의 냉정함과 초인적 깨달음의 경지에 들어간 것처럼 보였다. 그녀는 가족들의 요새이자 결코 침범할 수 없는 견고한 장소라는 자신의 지위를 잘 알고, 그것을 받아들이고 환영하는 듯이 보였다. 그녀가 상심과 공포를 인정하지 않는 한 아버지와 아이들도 상심이나 공포를 인정하지 않으므로, 그녀는 늘 그러한 것들을 부정하는 연습을 해 왔다. 그리고 무언가 기쁜 일이 생기면 식구들은 언제나 그녀가 즐거워하는지 눈치를 살폈으므로, 그녀는 별로 그럴듯하지 못한 일로도 식구들의 웃음을 이끌어내는 습관이 붙어 있었다. 그러나 기쁨보다 훌륭한 미덕은 냉정함이었다. 무슨 일에든 침착함을 잃지 않는 태도는 언제나 믿음직스러웠다. 이처럼 집안에서 위대하고 겸손한 위치에 있었으므로 그녀에게는 깨끗하고 조용한

아름다움과 위엄이 있었다. 치유하는 자의 위치에서 그녀의 손은 확실함과 침착함과 평온함을 띠게 되고, 판결을 내리는 자의 위치에서 여신처럼 초연하고 결점 없는 판단을 내렸다. 그녀가 조금이라도 흔들리면 온 가족이 동요하게 되고, 크게 흔들리고 절망하면 가족이 완전히 붕괴되어 가족의 기능을 유지하려는 의지가 사라져 버린다는 것을 스스로도 잘 알고 있는 듯했다.

그녀는 햇빛이 밝은 앞마당을 넘겨다보듯 먼눈을 하고 사나이의 검은 그림자를 바라보았다. 아버지는 흥분으로 몸을 떨면서 바로 옆에 서 있었다. 아버지가 외쳤다. "들어오시오. 자, 어서 이리 들어와요." 톰이 쑥스러워 하며 문지방을 넘었다.

어머니가 미소를 지으며 프라이팬에서 눈을 들었다. 다음 순간, 팔이 천천히 옆으로 늘어졌다. 포크가 마룻바닥에 쨍그랑 떨어졌다. 휘둥그레 뜬 두 눈에 동공이 크게 열렸다. 멍하니 벌린 입에서 가쁜 숨이 새어 나왔다. 이윽고 그녀는 눈을 감았다. "오, 하느님 감사합니다. 아, 하느님!" 갑자기 얼굴에 불안이 스쳤다. "토미, 너 수배된 건 아니지? 탈옥한 건 아니겠지?"

"아니에요, 어머니. 임시 석방으로 나왔어요. 여기 증명서도 있어요." 톰은 가슴팍에 살짝 손을 갖다 댔다.

어머니는 맨발로 소리도 없이 날렵하게 다가왔다. 얼굴에는 놀라움이 가득했다. 그녀의 작은 손이 그의 팔을 더듬고, 억센 근육을 어루만졌다. 이어서 손가락이 장님의 손가락처럼 그의 뺨으로 더듬어 올라갔다. 슬픔에 가까운 기쁨이었다. 톰은 아랫입술을 꽉 깨물었다. 어머니가 놀란 눈으로 아들의 악문 입술을 쳐다보았다. 가느다란 피 한 줄기가 이 사이를 흘러 입술을 타고 뚝 떨어졌다. 그녀는 그제야 정신을 차리고 자제심을 되찾았다. 손이 아래로 툭 떨어졌다. 거칠게 숨을 몰아쉬며 외쳤다. "아이고! 하마터면 널 내버려두고 갈 뻔했구나. 네가 어떻게 우리를 찾아올 수 있을지 걱정하던 중이었단다." 그녀는 포크를 집어 들고, 펄펄 끓는 기름을 휘저어 까맣게 타버린 돼지고기 한 점을 꺼냈다. 그리고 요란하게 끓고 있는 커피포트를 화덕 뒤로 옮겼다.

아버지가 못 참겠다는 듯이 키득키득 웃었다. "까맣게 속아 넘어갔지, 응, 여보? 당신을 놀래 주려고 했지. 고스란히 걸려들었어. 당신, 꼭 실컷 얻어맞은 양처럼 멍청하게 서 있던걸? 할아버지가 보셨더라면 재미있었을 텐데.

큰 쇠망치로 양미간을 쾅 얻어맞은 얼굴이었다고. 할아버지가 그 장면을 봤으면 벌떡 일어나다가 또 허리를 삐끗했겠지. 앨 녀석이 육군이 사들인 엄청나게 커다란 비행선을 총으로 쐈을 때처럼 말이야. 그놈이 어느 날 갑자기 나타났거든, 토미. 반마일은 될 것 같은 어마어마한 비행선이었는데, 앨 녀석이 30구경 연발총을 들고 와서 냅다 갈기더란 말이야. 그러니까 할아버지가 이렇게 소리를 질렀지. '애송이는 함부로 쏘지 마라, 앨. 어른이 갈 때까지 기다려!' 그렇게 말하면서 벌떡 일어나다가 그만 허리를 삐끗하고 말았지."

어머니가 쿡쿡 웃으며 찬장에서 양철접시를 한가득 꺼냈다.

톰이 물었다. "할아버진 어디 계세요? 그 벼락 영감님이 안 보이시네요."

어머니가 조리대에 접시를 차곡차곡 쌓고 그 옆에 컵을 포개놓으며 비밀 이야기라도 하듯 은근히 말했다. "할머니랑 같이 창고에서 주무신단다. 두 분이 워낙 밤중에 몇 번이나 깨시니까. 그런데 그때마다 아이들에게 걸려 넘어지셨거든."

아버지가 끼어들었다. "그래, 할아버진 밤마다 화를 내지. 윈필드에 걸려 넘어지면 윈필드가 아우성을 치고, 그러면 할아버지는 화가 나서 바지에 싸버리잖아. 그러면 더 화가 나서 난리를 치니까 끝내는 온 식구가 법석을 떨게 된다고." 그는 킥킥대느라 제대로 말을 잇지 못했다. "정말 요즘은 난리란다, 난리. 한번은 밤중에 저마다 떠들고 욕들을 하고 있는데 네 동생 앨이란 놈이 말이다, 고것도 이젠 주둥이만 까는 건방진 놈이 돼서 이러잖냐. '젠장, 할아버지는 이 집에서 나가서 해적이나 되지 그래?' 그 말을 듣고 할아버지도 화가 치밀어서 당장 총을 가지러 갔지 뭐냐. 그날 밤 앨 놈은 밭에서 자야 했지. 한데 지금은 할아버지와 할머니가 창고에서 주무신다."

어머니가 말했다. "두 분 모두 마음 내킬 때 일어나실 수도 있고. 여보, 당신이 뛰어가서 토미가 돌아왔다고 알려 드려요. 아버님이 토미를 얼마나 귀여워하신다고요."

"아암, 그래야지. 진작 그랬어야 하는 건데." 아버지는 문 밖으로 나가 두 팔을 붕붕 휘두르며 앞마당을 가로질렀다.

그 뒷모습을 지켜보던 톰은 자기를 부르는 어머니 목소리에 퍼뜩 정신이 들었다. 어머니는 커피를 따르며 아들은 쳐다보지도 않은 채 주저주저 조심스럽게 입을 열었다. "토미……."

"네?" 어머니의 그런 태도를 보고, 원체 조심성 많은 톰의 말투가 더욱 조심스러워졌다. 묘하게 어색한 분위기가 연출되었다. 서로 상대방이 쑥스러워한다는 것을 알고 있었으며, 그 사실이 두 사람을 더욱 수줍게 만드는 것이었다.

"토미, 물어보고 싶은 것이 있는데, 너 화난 건 아니지?"

"화가 나다뇨, 어머니?"

"몹시 화가 난 건 아니겠지? 아무도 미워하지 않지? 교도소 안에서 누가 너를 미칠 만큼 화나게 만든 적은 없었니?"

그는 곁눈질로 어머니를 물끄러미 바라보았다. 그 눈은 어머니가 그런 것을 어떻게 알았느냐고 묻는 것 같았다. "아뇨. 처음에는 그러기도 했지만, 나는 흔히 그러는 것처럼 건방지게 굴지 않았으니까요. 나는 만사에 무심하게 대했어요. 그런데 갑자기 그건 왜요, 어머니?"

이번에는 어머니가 그를 물끄러미 바라보았다. 그 입은 더 잘 들으려는 듯이 벌어져 있고 그 눈은, 더 많이 알아내기 위해 상대를 응시했다. 그 얼굴은 말 속에 숨어있기 마련인 대답을 찾고 있었다. 어머니가 더듬더듬 말을 이었다. "나는 떠돌이 플로이드를 잘 알아. 그 애 어머니도 알고. 좋은 사람들이었어. 그 아이는 상당한 장난꾸러기였지. 건강한 남자아이는 누구다 그렇지만 말이야." 이쯤에서 잠시 끊겼다가 곧 봇물 터진 듯 말을 쏟아내었다. "나는 다른 사정은 전혀 모르지만 이것만은 잘 알아. 처음에 그 아이가 실수로 어떤 잘못을 저지르게 됐지. 그러자 여럿이 몰려들어서 그 아이를 몰아세웠어. 붙잡아서 단단히 괴롭혀준 거야. 그 아이는 부아가 치밀어서 그 다음에는 거의 미친 짓에 가까운 나쁜 짓을 저질렀지. 이번에도 사람들은 떼로 그 아이를 괴롭혔어. 그 아이는 자포자기해서 아주 사납고 난폭한 사람이 되고 말았지. 그들은 그 아이를 꼭 벌레 보듯 총으로 쐈고, 그 애도 지지 않고 반격을 했지. 사람들은 그 아이를 코요테 사냥하듯 몰아붙였어. 그 애도 이리처럼 필사적으로 물고 늘어지고 으르렁거리게 됐지. 진짜로 미쳐버리고만 거야. 이제 남자도 인간도 아닌, 자포자기와 독기의 덩어리가 된 거지. 그래도 그 아이를 원래부터 알던 사람들은 괴롭히지 않았고, 그 애도 그런 사람들에게 행패 부리는 일은 없었어. 결국 사람들은 그 아이를 궁지로 몰아넣고 죽여 버렸지. 그 아이가 얼마나 대단한 악당이었는지 신문에서 아무리 떠들어대도, 진실은 방금 내가 말한 대로란다." 어머니는 말을 멈추고 입술을 빨았다. 온 얼굴로 고통스런 의문을 드러내고 있었다. "나는 알고 싶구나. 토미, 그놈들이 너를 그렇게 괴롭히지 않았니? 너를 그렇게 화나게 하지 않던?"

톰은 두꺼운 입술을 꼭 다물었다. 그리고 커다랗고 넙적한 제 손을 내려다보았다. "아니오. 나는 달랐어요." 말을 끊고, 게딱지처럼 불룩한 갈라진 손톱을 뚫어져라 들여다보았다. "교도소에 있는 동안 줄곧 그런 일에 휘말리지 않으려고 했어. 덕분에 그리 화나는 일은 없었어요."

어머니가 한숨 쉬듯 작게 내뱉었다. "하느님, 감사합니다."

톰이 번쩍 얼굴을 쳐들었다. "어머니, 놈들이 우리 집에 한 짓을 봤을 땐 난⋯⋯."

어머니가 톰 옆에 바짝 다가가 서서 간절히 말했다. "토미, 절대로 혼자 그들하고 맞서서는 안 된다. 결국 코요테처럼 몰리고 말 테니까. 토미, 나도 여러 모로 생각했단다. 꿈을 꾸는 게 아닌가 싶기도 했고, 감탄까지 나오더라니까. 듣자니까 우리처럼 쫓겨난 사람이 10만 명은 된다는구나. 그 10만 명이 다 같이 화를 낸다면 그놈들은 우리를 한 명도 몰아세울 수 없었을 거다, 토미." 그녀는 갑자기 말을 끊었다.

어머니를 쳐다보던 톰의 눈꺼풀이 차츰 내리깔렸다. 속눈썹 사이로 뭔가 작게 반짝 빛났다. "사람들이 다 그렇게 생각하나요?" 그가 추궁하듯이 물었다.

"글쎄다, 모두 어쩐지 멍해진 것 같더구나. 반쯤 조는 사람들처럼 쏘다니고 있잖니."

앞마당 너머에서 양 울음소리 같은 노인의 쇳소리가 들려왔다. "하아느님, 승리를 차안양하소서. 하아느님 승리를 차안야앙하옵소서."

톰이 고개를 돌리고 싱긋 웃었다. "할머니가 내가 돌아왔다는 말을 이제야 들으신 모양이네요. 어머니도 전엔 이러지 않았는데."

어머니는 얼굴이 굳어져서 싸늘한 눈빛으로 말했다. "지금까지 내 집이 부서진 일은 한 번도 없었으니까. 내 식구가 길거리로 쫓겨난 적도 없었다. 물건을 몽땅 팔아야 한 적도 없었고. 자, 모두들 오시는구나." 어머니는 화덕으로 가서, 커다란 팬 위에서 감자 같이 봉긋하게 부풀어 오른 빵을 양철

접시에 두 개에 우르르 쏟았다. 그리고 소스를 만들기 위해, 넉넉하게 따른 기름에 밀가루를 뿌렸다. 밀가루 때문에 손이 밀가루로 새하얘졌다. 톰은 잠시 지켜보다가 문간으로 걸어갔다.

마당을 가로질러 네 사람이 다가오고 있었다. 할아버지가 선두였다. 깡마른 몸에 다 헤진 옷을 걸친, 성급해 보이는 노인으로, 오른 다리를 보호하려고 그러는지 경중경중 뛰는 걸음걸이였다—관절이 어긋난 쪽이었다. 걸으면서 바지 앞단추를 끼우려 하는데, 늙은 손이 단추를 찾지 못해 쩔쩔매고 있었다. 제일 윗단추를 두 번째 구멍에 끼워 전부가 어긋난 탓이었다. 누더기가 다 된 검은 바지에 찢어진 감색 셔츠차림이었는데, 셔츠는 앞가슴이 다 벌어져, 그 밑으로 역시 단추를 끼우지 않은 잿빛 셔츠가 드러나 보였다. 흰 터럭이 수북한 앙상하고 창백한 가슴이 셔츠 사이로 들여다보였다. 할아버지는 바지 단추 끼우기를 단념하고 그것을 벌어지도록 내버려둔 채 이번에는 셔츠 단추를 더듬기 시작했으나, 결국 이도 저도 다 단념하고 갈색 멜빵을 꽉 잡아당겨 바지를 추켰다. 얼굴은 마르고 화를 잘 내게 생겼으며, 눈은 까불이 어린애처럼 못되고 작지만 반짝였다. 심통맞고, 불평 많고, 장난스럽고, 웃음이 끊이지 않는 얼굴이었다. 몸싸움뿐 아니라 말싸움은 물론이요 음담패설도 잘했다. 악동처럼 심술궂고 잔인하고, 흥분 잘 하고, 정신구조 전체가 장난기로 덮여 있었다. 그는 술만 보면 과음하고 먹을 것만 있으면 과식했다. 그리고 연중 쉴 새 없이 떠들었다.

그 뒤에서 할머니가 절뚝거리며 따라왔다. 남편 못지않게 심술궂은 성격 덕분에 오늘날까지 살아온 할머니다. 그녀는 할아버지와 어디를 놓고 비교해 봐도 육욕과 맹렬함으로는 뒤지지 않는 지독하고 광폭한 신앙심으로 그 특징을 유지해 왔다. 한번은 기도회가 끝난 뒤 신들린 사람처럼 방언을 쏟아내면서 남편을 향해 엽총을 두 방 쏘아 하마터면 할아버지의 한쪽 엉덩이를 날려버릴 뻔 했다. 그 뒤로 할아버지는 할머니를 존경하게 되어, 어린아이가 딱정벌레를 못살게 굴듯이 아내를 못살게 구는 일은 없어졌다. 할머니는 가운 자락을 무릎 위까지 차올리고 걸어오면서, 그 날카롭고 무시무시한 목소리로 고래고래 외치고 있었다. "하아느님, 승리를 차안야양하소서."

할아버지와 할머니는 앞 다투어 넓은 마당을 가로질러 왔다. 두 사람은 무슨 일에든 경쟁했다. 둘 다 경쟁을 좋아하기도 했고 원하기도 했다.

두 사람 뒤에서 아버지와 노아가 천천히 똑같은 속도로, 그러나 뒤처지지 않고 걸어왔다. 키가 훌쩍 크고 어딘가 별난 장남 노아는 언제나 그렇듯 조용하고 놀란 듯한 표정으로 걸어오고 있었다. 그는 지금까지 한 번도 화를 낸 적이 없었다. 화내는 사람을 보면 정상적인 인간이 미치광이를 보는 것처럼 놀라움과 불안이 담긴 시선으로 쳐다보았다. 노아는 동작이 굼뜨고 말도 거의 없었다. 어쩌다 말을 해도 너무 느릿느릿했기에, 그를 모르는 사람은 종종 그를 백치라고 생각했다. 그러나 그는 바보가 아니라 별난 것뿐이었다. 그는 자존심이 거의 없었다. 성충동도 전혀 없었다. 일종의 독특하고 기묘한 리듬으로 일하기와 잠자기를 되풀이했는데 자신은 그 리듬에 충분히 만족했다. 식구들을 좋아했으나 겉으로 드러내는 일은 결코 없었다. 왜인지 꼬집어 말하기는 힘드나, 노아는 보는 이에게 머리나 몸뚱이, 발 아니면 마음이 병신이라는 인상을 주었다. 그러나 어디가 장애인지 정확하게 집어낼 수는 없었다. 아버지만은 왜 노아가 이상한지 알고 있었지만, 그 일을 부끄럽게 여겨 아무에게도 말하려 하지 않았다. 그것은 노아가 태어난 밤의 일이었다. 집에 혼자 있던 아버지는 아내의 가랑이가 점점 벌어지고, 아내가 비명을 지르는 괴물로 변하자 기겁을 하여 어찌할 바를 몰랐다. 걱정으로 미칠 지경이었다. 그리하여 그는 그 억센 손가락을 핀셋 대신 써서 아기의 몸을 끌어당기고 비틀고 했다. 뒤늦게 조산사가 달려왔을 때, 아기의 머리는 잡아당겨져 목이 늘어나고 몸뚱이는 뒤틀려 있었다. 조산사는 아기의 머리를 밀어 넣고 두 손으로 몸뚱이를 어찌어찌 매만져 놓았다. 아버지는 잠시도 그 일을 잊지 않고 부끄럽게 생각했다. 그래서 노아에게는 다른 아이들보다 다정하게 대했다. 노아의 평평한 얼굴, 간격이 먼 눈, 길고 허약한 턱을 볼 때마다 아버지는 갓난아기의 비틀린 두개골을 보는 것 같았다. 노아는 시키는 일은 무엇이든 해냈다. 읽고 쓸 줄도 알고 일이나 계산도 할 줄 알았다. 그러나 무슨 일에나 무관심해 보였다. 사람들이 원하고 필요로 하는 일에는 대체로 그런 식으로 일관했다. 기묘한 침묵의 집에 살면서, 거기서 조용한 시선으로 바깥 세상을 바라보았다. 그는 어떤 세계에서나 이방인이었으나 고독하지는 않았다.

네 사람은 나란히 앞마당을 가로질러 왔다. 할아버지가 소리를 질렀다. "그 녀석 어디 있냐? 이놈 어디 있냐고!" 손가락으로 바지 앞단추를 더듬는

가 싶더니 이내 그것도 잊어버리고 두 손을 호주머니에 슬금슬금 넣었다. 그 때서야 톰이 문간에 서 있는 것을 발견했다. 할아버지는 우뚝 서서 다른 사람들까지 제지했다. 그 작은 눈이 장난스럽게 반짝였다. "저 녀석 좀 봐. 전과자 놈이다. 조드 집안에서 감옥에 끌려간 놈은 이제껏 아무도 없었다." 그의 생각이 여기서 갑자기 비약했다. "저놈을 감옥에 처넣을 권리는 아무한 테도 없어. 나도 그 상황이라면 똑같이 행동했을 거라고. 빌어먹을 놈들에게 그런 권리는 없어." 그의 생각은 다시 비약했다. "그런데도 그 스컹크처럼 구린내 나는 턴불 영감은 네가 나오면 쏘아죽인다고 큰소리를 쳤어. 저한테 는 해트필드의 피가 흐른다고 으스대면서 말야. 그래서 내가 말해 줬지. 조드 집안사람에게 함부로 손댔다간 무사하지 못할 줄 알아라. 내겐 맥코이의 피가 흐르고 있을지도 모른다. 토미한테 그 눈깔만 돌려봐라. 그 눈깔을 뽑아서 똥구멍에 처박아 놓을 테니까 했더니 그놈, 벌벌 떨더군."

할머니는 누가 뭐라건 아랑곳 않고 양 우는 소리로 말했다. "하아느님, 승리를 차안야앙하소서."

할아버지는 척척 다가와서 톰의 가슴을 손바닥으로 탁 쳤다. 그 눈은 애정과 자랑스러움으로 웃음 짓고 있었다. "잘 있었냐, 토미?"

"끄떡없어요. 할아버진 어떠세요?"

"기운이 솟는구나." 그의 생각은 여기서 또 비약했다. "방금도 말했지만, 놈들은 조드 집안 식구를 언제까지고 감옥에 가두어 둘 순 없다. 나는 이렇게 말하곤 했지. '두고 봐라. 황소가 우리를 부수고 뛰쳐나오듯이 토미 놈이 감옥을 부수고 나올 테니.' 결국 해냈구나. 자, 거기 좀 비켜라. 난 시장해서 못 살겠구나." 그리고 사람들을 밀치고 집 안으로 들어가더니 자리에 털썩 주저앉아 돼지고기와 커다란 빵 두 개를 자기 접시에 담고 진한 소스를 잔뜩 끼얹고는 다른 사람들이 채 들어오기도 전에 벌써 아귀아귀 먹기 시작했다.

톰이 할아버지를 쳐다보고 다정스레 씩 웃으며 말했다. "정말 대단한 어른이셔." 할아버지는 입에 음식이 꽉 들어차서 한 마디도 지껄일 수 없었으나 그 심술궂은 조그만 눈으로 미소를 지으며 고개를 힘차게 끄덕였다.

할머니가 자랑스레 말했다. "이렇게 심술궂고 입심 사나운 사람은 천하에 둘도 없다니까. 조만간 지옥에 떨어질 게 분명해, 아멘! 그런데 당신, 트럭을 운전하고 싶다면서요?" 그녀는 짓궂게 말을 덧붙였다. "누가 시켜준다나!"

할아버지는 사레가 들렸다. 입 안 가득히 들었던 씹다 만 음식물이 확 뿜어져 나와 무릎에 튀었다. 할아버지가 힘없이 기침을 했다.

할머니가 톰을 보고 빙그레 웃으며 사뭇 즐거운 듯이 말했다. "지저분한 영감이지?"

노아는 층계 위에서 톰과 마주보고 서 있었지만 사이가 넓은 두 눈은 주위를 두리번거리는 것처럼 보였다. 얼굴에는 표정이 거의 없었다. 톰이 말했다. "잘 있었어, 형?"

"넌 어때?" 그뿐이었다. 그러나 어쩐지 기분 좋은 대화였다.

어머니가 소스 그릇에 앉은 파리를 쫓으며 말했다. "앉을 데도 없구나. 각자 접시를 들고 아무데나 앉아요. 마당이든 어디든."

톰이 불현듯 말했다. "아니! 전도사님은 어디 갔을까? 좀 전까지 여기 있었는데."

아버지가 말했다. "나도 좀 전에 봤는데, 어디로 가버렸구먼."

할머니가 외마디 소리를 질렀다. "아니, 전도사님이라고? 전도사님이 계신단 말이야? 어서 찾아와. 식전 기도를 해 달래야지." 그리고 할아버지를 가리키며 말했다. "이 양반은 이미 늦었지만. 벌써 먹고 있으니 말야. 자, 그 전도사님 좀 빨리 찾아오렴."

톰은 베란다로 나갔다. "짐! 짐 케이시!" 톰은 전도사의 이름을 부르면서 마당으로 걸어 나갔다. "전도사님!" 전도사가 물탱크 밑에서 얼굴을 쓱 내밀더니 곧 일어서서 집 쪽으로 걸어왔다. 톰이 물었다. "뭐하고 있었어요? 숨어있던 거예요?"

"그럴 리가. 그저 가족들끼리 이야기하는 자리에 끼어들기도 뭣해서 말이야. 앉아서 생각을 좀 하고 있었지."

"안에 들어가서 식사해야죠. 할머니가 기도를 해 달래요."

"난 이제 전도사가 아닌걸." 케이시는 내키지 않는 모양이었다.

"그러지 말고 들어가요. 기도해 드려요. 닳는 것도 아니잖아요. 할머니가 굉장히 기뻐할 거예요." 두 사람은 함께 부엌으로 들어갔다.

어머니가 조용히 말했다. "참 잘 오셨어요."

이어서 아버지가 말했다. "정말 잘 오셨소. 어서 아침 좀 드시오."

할머니가 큰 소리로 주장했다. "기도가 먼저야. 기도가 먼저라고."

눈살을 잔뜩 찌푸리고 있던 할아버지가 겨우 케이시를 생각해 냈다. "오, 바로 그 전도사님이구먼. 음, 이 사람이라면 됐다. 처음 만났을 때부터 마음에 들었지." 그러고는 유혹하듯이 한쪽 눈을 찡긋해 보였으므로 할머니는 거기에 다른 의미가 있는 줄 알고 쏘아붙였다. "입 다물어요, 천벌을 받을 호색한 영감쟁이."

케이시는 머뭇거리며 손가락으로 머리를 긁어댔다. "말씀드릴 것이 있는데, 저는 더 이상 전도사가 아닙니다. 제가 이곳까지 올 수 있었던 것과, 친절하고 관대한 여러분에게 감사드리는 것, 그것만으로 족하다면 감사기도 정도는 올릴 수 있습니다. 하지만 저는 더 이상 전도사가 아닙니다."

할머니가 말했다. "기도해 주시구려. 우리가 캘리포니아로 가는 것에 대해서도 한마디 넣어서." 전도사가 고개를 숙이자 다른 사람들도 따라 숙였다. 어머니는 두 손을 맞잡아 배에 가져다대고 머리를 숙였다. 할머니는 머리를 어찌나 낮게 수그렸는지 하마터면 코가 빵과 소스 접시에 닿을 뻔했다. 톰은 벽에 기대어 손에 접시를 든 채 어색하게 고개를 떨어뜨렸다. 할아버지는 한쪽 눈으로 전도사를 살펴보기 위해 비스듬히 고개를 수그렸다. 전도사의 얼굴은 기도가 아니라 숫제 명상하는 표정이었다. 그 목소리에는 기원(祈願)이 아니라 진지함이 깃들어 있었다.

"저는 생각했습니다. 산 속에 틀어박혀서 생각했습니다. 예수께서 온갖 고뇌 속에서 자신의 길을 찾으려고 황야를 방황하셨던 것과 비슷할지도 모르겠군요."

"하나으님, 차안야앙하소서!" 할머니가 불쑥 소리쳤다. 전도사는 깜짝 놀라서 할머니를 흘끗 쳐다보았다.

"예수님도 온갖 고뇌에서 마음이 어지럽고 아무 생각도 떠오르지 않아, 대체 선(善)이란 무엇인가, 싸우거나 생각하는 것에 무슨 의미가 있는가 느끼기 시작하셨습니다. 지치신 것입니다. 완전히 지쳐서 기운이 다 빠져버린 것입니다. 그래서 마침내 될 대로 되라는 결론을 내리고 황야로 나가셨던 것입니다."

"아멘." 할머니가 양 우는 소리를 냈다. 그녀는 오랜 세월 동안 설교사의 기도 구절에 맞추어 아멘을 응창해 왔다. 그리고 설교사의 기도에 이토록 귀를 기울이고 그것을 음미하는 것은 실로 오랜만이었다.

전도사는 말을 이었다. "저는 제가 예수님과 같다고 말할 생각은 전혀 없습니다. 그러나 저도 예수님과 마찬가지로 지치고 방황한 끝에 야영 도구도 없이 황야로 나갔습니다. 밤이 되면 반듯이 드러누워 별을 바라보고 아침이 되면 일어나 태양이 떠오르는 것을 지켜보았습니다. 한낮에는 언덕 꼭대기에 서서 이 메마르고 구불구불 이어진 논밭을 둘러보았고, 저녁에는 해가 지는 것을 끝까지 바라보았습니다. 더러는 전에 했던 것처럼 기도를 드리기도 했지만, 저로서는 무엇을 향해 기도드리고 있는지, 무엇 때문에 기도드리고 있는지 알 수가 없었습니다. 거기 언덕이 있고 제가 있으며, 저와 언덕은 이미 둘이 아니라 하나라는 사실만이 거룩한 일이었습니다."

"할렐루야!" 할머니가 말했다. 그녀는 몸을 앞뒤로 흔들면서 신앙의 황홀경에 몰입하려고 했다.

"그리고 저는 생각했습니다. 아니, 단순한 생각이 아니라 그보다는 깊은 것이었습니다. 그것은 바로 우리가 하나가 될 때 우리는 거룩하고, 인류가 하나가 될 때 인류는 거룩하다는 것입니다. 그러나 한 불행한 사람이 순간적인 충동으로 말처럼 재갈을 물어뜯고 차고 끌고 싸우다가 멋대로 도망칠 때는 전혀 거룩하다 할 수 없는 존재가 되고 맙니다. 그런 사람은 자신의 거룩함을 부수는 자입니다. 그러나 모두가 힘을 합쳐 일할 때, 즉 한 사람이 다른 사람을 위해 일하는 것이 아니라 한 사람이 모든 멍에로 연결되었을 때, 그때는 그것으로 충분히 거룩한 것입니다. 그런데 그러는 사이에 거룩하다는 것은 무엇인가, 사실은 그 의미조차 모르는 게 아닌가 하는 생각이 들기 시작했습니다." 그는 말을 끊었다. 그러나 사람들은 머리를 수그린 채 그대로 있었다. '아멘' 신호가 떨어지기 전에는 머리를 쳐들지 않도록 개처럼 훈련되어 있기 때문이었다. "나는 이제 예전과 같은 식전 기도는 도저히 할 수가 없습니다. 나는 이 아침식사의 거룩함을 기뻐합니다. 이 집에 사랑이 있음을 기뻐합니다. 그것뿐입니다." 사람들은 여전히 머리를 수그린 채였다. 전도사는 주위를 둘러보았다. "나 때문에 여러분의 아침식사가 다 식어버렸군요." 그러고는 그제야 비로소 깨닫고는 "아멘" 했다. 사람들의 머리가 겨우 올라갔다.

"아멘." 할머니는 말을 마치기가 무섭게 아침식사에 달려들어, 소스에 젖은 빵을 이빨이 다 빠져버린 단단한 잇몸으로 뜯어 먹기 시작했다. 톰도 허겁지겁 먹었다. 아버지는 볼이 미어져라 쑤셔넣었다. 음식과 커피가 다 없어질 때까지 아무도 말하지 않았다. 그저 음식 씹는 소리와 커피 홀짝이는 소리만 들렸다. 어머니는 전도사가 먹는 모양을 지켜보았다. 그 눈은 무언가 묻고 싶어 하는 것처럼도 보이고 탐색하는 것처럼도 보였으며 다 이해한다는 것처럼도 보였다. 그가 갑자기 하나의 성령으로 변해서 더는 인간이 아닌 존재, 즉 땅에서 들려오는 목소리 자체가 되기라도 한 듯이 빤히 그를 바라보았다.

음식을 다 먹은 사내들은 각자 접시를 내려놓고 커피를 마저 마셨다. 그리고 다 같이 밖으로 나가, 가재도구와 나무로 만든 침대 틀, 풍차 부속들, 헌 가래 등이 널브러진 틈을 요리조리 비집고 트럭 있는 데로 갔다. 그들은 트럭 옆에 서서, 소나무로 만든 새 가로 널을 만져 보았다.

톰은 보닛을 열고 커다란 기름투성이 엔진을 들여다보았다. 아버지가 다가와서 말했다. "이걸 사기 전에 앨이 꼼꼼히 검사해 보았다. 괜찮다고 그러더라만."

"그녀석이 뭘 안다고요. 아직 어린애잖아요."

"회사에서 일했단다. 작년에는 트럭을 몰고 다녔지. 여러 가지로 아는 게 제법 많아. 건방진 꼬마답게 제대로 알고 있어. 엔진도 만질 줄 아니 괜찮을 게다."

"지금 어디 있어요?"

"글쎄, 발정 난 숫염소처럼 이 근처를 돌아다니고 있지. 마냥 계집애 꽁무니만 쫓아다닌단 말야. 열여섯 살이면 한창 건방을 떨 때지만, 불알이 근질거려 계집아이와 엔진 말고는 아무 생각도 않는 형편이다. 턱없이 건방진 애송이야. 벌써 일주일째 집에는 들어오지도 않는다."

할아버지는 가슴께를 더듬다가 감색 와이셔츠 단추를 안쪽 셔츠 단추 구멍에 끼워 버렸다. 손가락은 무언가 이상하다고 느꼈으나 구태여 그것을 찾아내려고 하지는 않았다. 이어서 그 손가락은 아래로 내려가서 바지 앞단추의 복잡한 구조를 파악하려 움직였다. 할아버지가 자못 유쾌한 어조로 말했다. "나는 더 했는걸. 보통 망나니가 아니었대도 할 말이 없지. 내가 앨보다 한두 살 더 먹은 젊은이였을 때 샐리소(오클라호마주 동부 도시)에서 야외 집회가 열렸었지.

앨이야 그저 콩알만 한 애송이지만 나는 그보다 어른이었어. 그래, 마을 사람 모두가 그 집회에 몰려갔었지. 사내들도 오백 명이나 몰려들었지만 처녀들도 여기저기 흩어져 있었어."

톰이 말했다. "할아버지는 아직도 망나니 같아 보여요."

"뭐 그럴지도 모르지. 하지만 젊었을 때랑은 비교도 안 돼. 아무튼 마음 내킬 때 오렌지를 딸 수 있는 캘리포니아로 어서 데려다 다오. 포도도 좋고, 이 나이 되도록 질릴 때까지 먹어본 적이 없거든. 엄청 큰 포도 한 송이를 송두리째 따가지고, 그걸 얼굴에다 대고 꾹 눌러서 포도즙이 턱을 타고 줄줄 흘러내리게 해봤으면 좋겠다."

톰이 물었다. "큰아버지는 어디 갔나요? 로자샨은 어디 있고요? 루디랑 윈필드는? 아직 아무도 걔네들 얘길 들려주지 않았어요."

아버지가 말했다. "누가 물어는 봤냐? 형님은 팔 물건을 산더미처럼 싣고 샐리소에 갔다. 펌프, 연장, 닭, 그리고 우리가 이리로 가지고 온 살림살이를 모조리 갖고 말이다. 루디와 윈필드를 데리고 갔지. 날이 밝기 전에 떠났다."

"이상한데? 왜 마주치지 않은 거지?"

"넌 고속도로에서 내려왔잖니. 큰아버지는 뒷길로 갔다. 콜링턴을 지나서 말이야. 그리고 로자샨은 코니네서 산다. 참, 그래! 너는 아직 로자샨이 코니 리버스와 결혼한 것도 모르지? 코니는 기억하냐? 제법 괜찮은 청년이야. 그리고 로자샨은 앞으로 너덧 달 지나면 아기를 낳는다. 점점 배가 불러오고 있어. 꽤 건강해 보이더구나."

"놀랍군요! 로자샨은 아주 어린애였는데 벌써 아기를 낳는다니. 4년이나 집에 없었더니 정말 별의별 일이 다 생기는군. 아버지, 서부로는 언제 출발할 건가요?"

"글쎄다, 먼저 잡동사니를 팔아치워야 한다. 앨이 돌아오면 트럭에 모두 싣고 가서 팔아치울 거야. 그러면 내일이나 모레에는 출발할 수 있을 거다. 우리는 가진 돈도 별로 없는데, 듣자니 캘리포니아까지는 2천 마일이나 된다잖냐. 일찍 떠나면 그만큼 빨리 거기에 도착할 수 있어. 그 사이에도 돈은 계속 줄어들 테지. 너는 얼마나 가지고 있냐?"

"2~3달러밖에 없어요. 돈은 어떻게 마련했나요?"

"집에 있던 물건들을 모두 팔았지. 그리고 온 식구가 목화밭에서 잡초를 뽑았단다. 할아버지까지도 말이다."

할아버지가 말했다. "암, 나도 했지. 다 합해서 200달러가 됐다. 이 트럭을 75달러 주고 사서, 나하고 앨이 반으로 잘라내고 이 뒷부분을 만들어 붙였지. 밸브는 앨이 만지기로 했는데 쏘다니느라 바빠서 돌아오지를 않으니, 원. 출발할 때쯤이면 아마 우리가 가진 돈은 150달러 정도 될 게다. 이 트럭에 달린 닳아빠진 타이어로는 얼마 못 갈 것 같아서 예비로 중고 타이어를 두 개 샀다. 가는 도중에 사야할 것도 한두 가지가 아닐 테고."

태양이 머리 꼭대기에 떠서 햇볕이 쨍쨍 내리쬐었다. 트럭 화물대의 그림자가 땅바닥에 몇 줄이나 되는 검은 줄무늬를 그려내고 있었다. 트럭에서 후끈 달아오른 휘발유와 기름걸레와 페인트 냄새가 났다. 몇 마리 안 남은 닭들은 햇볕을 피해 마당에서 연장 창고로 들어갔다. 돼지우리에서는 돼지들이 가늘게 그늘진 울타리에 바싹 붙어 드러누운 채 숨을 힐떡이다가, 가끔 생각난 듯이 시끄럽게 꿀꿀꿀거렸다. 개 두 마리는 트럭 밑 벌건 흙먼지에 길게 드러누워 헥헥댔다. 침이 뚝뚝 흐르는 혀도 흙먼지투성이였다. 아버지는 모자를 깊숙이 눌러쓰고 철퍼덕 주저앉았다. 이것이 생각이나 관찰을 할 때 취하는 자연스러운 자세라도 되는 것처럼 톰을 훑어보기 시작했다. 새것인데도 헌것처럼 돼버린 모자, 양복, 새 구두.

"너 그 옷을 사 입느라고 돈을 쓴 거냐? 그런 옷을 입고 있으면 오히려 거추장스러울 텐데."

"이건 받은 거예요. 나올 때 받았어요." 톰은 모자를 벗어 들고 다소 감개어린 표정으로 잠시 바라보았다. 그러다가 그것으로 이마를 닦고 다시 비딱하게 눌러쓴 다음 챙을 잡아당겼다.

"제법 괜찮은 구두를 줬구나."

"그래요." 조드는 맞장구를 쳤다. "맵시는 나지만 뜨거운 날에 신고 돌아다닐 만한 구두는 못 되죠." 그러고는 아버지 곁에 쪼그리고 앉았다.

노아가 천천히 입을 열었다. "저 가로널을 전부 못으로 박으면 이 짐을 다 실을 수 있어. 실어만 놓으면 앨이 돌아오는 대로……."

톰이 말했다. "나도 하라면 할 수 있어. 매칼리스터에서 트럭운전을 했거든."

"그거 잘 됐구나." 아버지가 이렇게 말하면서 도로 저편을 응시했다. "내 눈이 잘못된 게 아니라면 저기 건방진 애송이가 이제야 꼬리를 사리고 돌아오는 중이다. 아주 지친 꼴인데."

톰과 전도사는 도로를 바라보았다. 방탕자 앨이 시선을 의식하고 으쓱 어깨를 추켜올리더니, 수탉이 홰를 칠 때처럼 거드름을 피우며 마당으로 들어섰다. 한껏 잘난 척하면서 바로 가까이까지 와서야 톰을 알아보았다. 그 으스대던 표정이 홱 바뀌고, 눈에는 감탄과 존경의 빛이 떠올랐다. 방금 전의 그 거들먹거리던 걸음걸이도 순식간에 사라졌다. 굽 높은 장화를 과시하려고 일부러 단을 8인치나 접은 빳빳한 청바지도, 무늬가 새겨진 띠쇠가 달린 3인치 너비 벨트도, 푸른 와이셔츠 위에 찬 빨간 완장과 삐딱하게 눌러 쓴 카우보이모자도 형만큼 관록을 끌어올려 주지는 못했다. 형은 사람을 죽였으며 누구도 그 사실을 잊으려 하지 않았기 때문이다. 앨 자신도 형이 사람을 죽였다는 사실 덕분에 자기가 같은 또래 젊은이들 사이에서 부러움을 사고 있다는 것을 잘 알고 있었다. 샐리소에서는 자신을 가리키며 이렇게 말하는 것을 들은 적도 있었다. "저 녀석이 앨 조드야. 쟤 형이 삽으로 사람을 죽였대."

온순한 표정으로 다가오던 앨은 형이 자기가 예상했던 것만큼 으스대는 사람이 아님을 깨달았다. 형의 까맣고 차분한 눈, 수감자 특유의 침착성, 교도관에게 반항도 아첨도 드러내지 않도록 단련된 다부지고 매끄러운 얼굴을 본 것이다. 앨의 태도가 삽시간에 바뀌었다. 무의식중에 앨은 형과 비슷한 모습이 되었다. 잘생긴 얼굴은 근심스레 가라앉고, 어깨에서 힘이 빠졌다. 그는 예전 형의 모습을 전혀 기억하지 못했다.

톰이 말했다. "이거 놀라운걸, 앨. 너 꼭 콩나무처럼 자랐구나. 몰라보겠는데."

앨은 톰이 악수를 청하면 손을 얼른 내밀 준비를 하면서 쑥스럽다는 듯이 싱긋 웃었다. 톰이 손을 내밀었다. 앨의 손이 번개같이 튀어나왔다. 두 사람 사이에 흐뭇한 정이 흘렀다. "너, 트럭을 잘 만진다며?" 톰이 말했다.

앨은 형이 우쭐대는 것을 싫어할 거라 직감하고 대답했다. "그렇게 잘 아는 것도 아니야."

아버지가 말했다. "건방을 떨어대며 신나게 돌아다니다 왔나보군. 아주

기진맥진한 꼴이구나. 그렇지, 너 이 짐을 샐리소까지 갖고 가서 팔고 와라."

앨이 톰을 보며 되도록 자연스럽게 말했다. "같이 안 갈래?"

"아니, 안 돼. 난 여기서 일을 도와야겠다. 어차피 길을 떠나면 같이 가게 될 거야."

앨이 머뭇거리며 질문했다. "형…… 탈옥한 거야? 교도소에서?"

"아니, 임시 석방이야."

"그래?" 앨은 약간 실망했다.

9

조그만 집집마다 소작인들은 그들의 소지품과 아버지, 할아버지의 물건을 골라내는 중이다. 서부로 가져갈 물건들을 고르는 것이다. 사나이들은 지난날이 엉망이 된 덕분에 인정을 잃어버렸다. 그러나 여자들은 앞으로 지난날이 그들을 얼마나 외쳐 부를 것인지 잘 알고 있었다. 사나이들이 창고와 오두막으로 들어간다.

아, 저 가래, 저 써레로 전쟁 중에 겨자를 심었던 것 생각나나? 우리더러 과율이란 고무나무를 심으라고 하던 사나이가 있었지, 기억나? 그놈은 그걸로 부자되라고 말했었지. 그 연장들을 이리 가져와. 그걸 팔면 몇 달러는 되겠지. 그 가래는 시어스 로벅(미국의 유명한 통신 판매 백화점)에서 18달러 주고 산 거야. 배송료는 별도고 말이지. 마구(馬具), 짐수레, 파종기, 호미 다발. 전부 밖으로 끌어내. 산더미처럼 쌓아. 죄다 짐수레에 실으라고. 마을로 갖고 가서 적당한 값에 팔아치워. 짐마차랑 말 두 마리도 팔아 버려. 이젠 쓸모없으니까.

이 멀쩡한 가래가 고작 50센트라는 거야? 그 파종기는 38달러 주고 샀는데 2달러로는 어림도 없지. 하지만 도로 끌고 갈 수도 없고……. 제기랄, 가져가라고. 쓸쓸한 내 기분까지 함께 가져가. 우물 펌프랑 마구도 가져가 버려. 고삐, 목걸이, 멍에, 가죽 끈, 다 가져가라고. 작은 유리구슬이 달린 끈 장식도 가져가. 구슬 안에는 빨간 장미가 들어 있지. 이건 그 거세한 밤색 말하고 맞바꿨던 물건이야. 놈이 빨리 달릴 때 발을 어떻게 쳐들었는지 기억해?

마당에 무더기로 쌓아올린 잡동사니들.

요즘 호미 같은 건 하나도 안 팔릴 걸요. 고철로 팔면 50센트나 될까. 요즘은 기계톱이나 트랙터가 유행이지요.

젠장, 다 갖고 가. 이 잡동사니 죄다 갖고 가라고. 그리고 5달러만 줘. 당신은 잡동사니만을 사는 게 아냐. 잡동사니가 되어버린 목숨을 사는 거야. 그리고 조만간 알게 될 거야. 우리의 한까지 사들인 거란 사실을. 당신 자식들을 일구어 낼 호미를 사는 거야. 당신을 구원해주었을지 모르는 팔과 영혼을 사들인 거라고. 4달러가 아냐, 5달러야. 도로 끌고 갈 수도 없잖아……. 에라, 모르겠다. 4달러에 가져가. 하지만 말해 두겠는데, 당신은 언젠가 자기 아이들을 일굴 도구를 사들인 거라고. 그런데 그 사실을 통 알려고 하지를 않아. 아니, 알 리가 없지. 4달러에 가져가라고. 그런데 이 말 두 마리하고 짐마차는 얼마를 줄 거지? 이 근사한 밤색 말은 두 마리가 한 쌍이지. 빛깔도 꼭 같고, 걸음걸이도 한 걸음 한 걸음 꼭 같이 움직이거든. 고삐를 획 당기면 그 탄력 있는 뒷다리와 엉덩이로 버티고 서는 게 1초도 어긋남 없이 호흡이 들어맞는다고. 아침이면 햇빛을 받아 밤색으로 빛나지. 코를 벌름거리면서 울타리 너머로 이쪽을 바라보고, 쫑긋한 귀가 주인 발소리를 들으려고 요리조리 돌아가지. 거기다 이 새카만 앞머리를 보라고! 나는 딸아이가 하나 있는데, 그 아이는 갈기랑 앞머리 땋아서 조그맣고 빨간 리본을 달아 주곤 했지. 그렇게 해주는 걸 참 좋아했어. 이젠 못 해주게 됐지만. 딸아이와 저 오른쪽 말에 대한 재미있는 얘기가 있지. 들으면 당신도 웃음을 터트릴 거야. 오른쪽 말은 여덟 살, 왼쪽 말은 열 살인데 호흡을 딱 맞춰서 움직이는 걸 보면 꼭 쌍둥이 같지. 이빨? 상한 것 하나 없이 튼튼해. 폐도 강하고, 다리는 미끈하고 상처도 없지. 얼마? 10달러에 산다고? 두 마리 합쳐서? 그리고 마차까지……. 나 참, 어이가 없어서! 차라리 총으로 쏴서 개밥이나 하는 게 낫겠다. 에잇, 가져가! 얼른 가져가라고. 당신은 쪼끄만 계집아이도 함께 사고 있는 거야. 앞머리를 땋아서 자기 머리에서 떼 낸 리본을 달아주고, 고개를 갸우뚱하고 뒷걸음질쳐서 제 뺨을 부드러운 말의 콧등에 문지르는 계집아이를 말이야. 당신은 오랜 세월 땡볕을 받으며 해온 노동을 사는 거야. 말로 다할 수 없는 설움을 사는 거라고. 하지만 조심하는 게 좋아. 이 잡동사니더미와 이 아름다운 밤색 말에는 덤이 붙어 있어. 당신 집에서 자라 언젠가는 꽃을 피울 내 원망 한 보따리가 말야. 우리는 당신을 구할 수 있었어. 그런데 당신이 먼저 우릴 꺾어 버렸으니, 이제 당신이 꺾일 차례가 되면 우리 중 누구 한 사람도 당신을 구해주지 않을 거야.

그리하여 소작인들은 호주머니에 두 손을 찔러 넣고 모자를 깊숙이 눌러 쓴 채 걸어서 돌아갔다. 개중에는 울적한 심사를 달래려고 1파인트짜리 술을 사서 병째로 들이켜는 자도 있었다. 그러나 그들은 웃지도 않고 춤도 추지 않았다. 노래도 부르지 않고, 기타도 뜯지 않았다. 두 손을 호주머니에 찔러 넣고 고개를 떨어뜨린 채 구둣발로 빨간 흙먼지를 차올리면서 농장으로 돌아갔다.

어쩌면 다시 일어설 수 있을 지도 몰라. 저 새로운 기름진 땅, 캘리포니아에서. 과실이 여무는 그곳에서. 다시 시작하는 거야.

하지만 다시 시작한다는 건 불가능한 일이야. 그럴 수 있는 건 갓난아이뿐이지. 너나 나, 우리 모두는 과거의 인간이니까. 순간의 분노, 이제까지 겪어 온 숱한 광경, 그것이 우리야. 이 땅, 이 붉은 땅이 바로 우리야. 홍수가 난 해와 모래바람이 몰아친 해, 가뭄이 든 해가 바로 우리야. 다시 시작할 수는 없어. 우리의 한은 그 고물장수에게 팔아버렸어. 놈은 분명히 그것을 샀지만, 그걸 잊을 순 없지. 지주 대리인들이 떠나라고 한 것도 우리고, 트랙터가 집을 짓뭉갰던 것 또한 죽을 때까지 우리란 말이야. 캘리포니아로 가건 어디로 가건, 우리는 저마다 가슴에 한을 품고 행진하는 상심의 행렬 선두에 선 군악대장이야. 그러다 어느 날, 한을 품은 군대가 모두 함께 같은 길을 행진하게 되겠지. 모두 보조를 맞추어 행진하면 거기서 무시무시한 공포가 생겨날 거야.

소작인들은 붉은 흙먼지 길을 터벅터벅 걸어 저마다 집으로 돌아간다.

화석, 침대, 의자, 방구석에 놓는 조그마한 식기 선반, 나무통, 물통까지 팔 만한 물건은 모조리 팔아치웠지만 아직도 가재도구가 산더미처럼 남아 있었다. 여자들은 그 사이에 앉아 이것저것 뒤적이고 있었다. 사진이다. 네모 거울이네. 어머, 여기 꽃병이 하나 있어.

이제 잘 알았겠지? 뭘 갖고 갈 수 있고 뭘 갖고 갈 수 없는지. 우리는 밖에서 자게 될 거야. 요리나 세탁할 때 쓸 냄비 몇 개, 짚 이불하고 깃털이불, 석유등하고 양동이, 그리고 캔버스 한 장. 그걸 천막 대용으로 쓸 거야. 이 석유 깡통, 이걸 어디다 쓸 건지 알아? 바로 화덕이지. 그리고 옷가지…

…. 옷은 다 갖고 가야 해. 그리고…… 소총? 소총 없이는 못 가지. 신발, 옷, 식량, 아니 희망마저 사라졌대도 소총만은 두고 갈 수 없어. 할아버지가 이 고장에 왔을 때—언젠가 얘기했던가? —가진 거라곤 후추와 소금과 총 한 자루뿐이었지. 그밖에는 아무것도 없었어. 이건 꼭 가져가야 돼. 그리고 물병도. 이정도면 대충 되겠군. 트레일러 한쪽을 비워봐. 그러면 아이들은 트레일러에, 할머니는 짚이불 위에 앉을 수 있지. 연장은 삽하고 톱하고 드라이버하고 펜치면 돼. 참 도끼도. 그 도끼는 40년이나 써온 거야. 봐, 이렇게 낡았잖아. 그리고 물론 밧줄도. 나머지? 버리고 가거나 태워버리는 거지, 뭐.

이어서 아이들이 나타난다.

메리가 그 누더기 인형을 갖고 간다면, 나도 인디언 활을 갖고 갈 테야. 꼭 갖고 가야 해. 그리고 내 키만 한 이 둥근 막대기도. 이 막대기도 필요한 데가 있을 거야. 이건 아주 옛날부터 갖고 있었어. 한 달인가? 아니, 1년인가? 이것도 꼭 갖고 가야지. 그런데 캘리포니아란 데는 어떤 곳이지?

여자들은 이미 운명이 정해진 물건들 틈을 비집고 앉아 이것저것 뒤적이고 있다. 이 책은 우리 아버지가 읽으시던 책이야. 아버지는 책을 좋아하셨지. 《천로역정(天路歷程)》, 언제나 이걸 읽고 계셨지. 아버지 이름이 쓰여 있네. 그리고 아버지의 파이프—아직도 댓진 냄새가 나잖아. 그리고 이 그림—천사 그림이야. 위로 세 아이를 가졌을 때 이 그림을 자주 보았지. 별로 효험은 없었나봐. 이 사기로 만든 개는 갖고 갈 수 없을까? 새디 아주머니가 세인트루이스 박람회에서 사가지고 오신 건데. 봐, 여기 그렇게 씌어 있잖아. 역시 못 가져가나. 어머나, 동생이 죽기 전날 쓴 편지잖아. 세상에, 깃털 장식이 달린 이 고풍스런 모자. 한 번도 못 써봤는데. 이런, 이미 실을 자리가 없네.

자신의 생활을 잃고 어떻게 살아갈 수 있을까? 과거 없이 어떻게 현재의 우리를 확인할 수 있을까? 아니다, 버리자. 태워 버리자.

그들은 앉아서 그것을 바라보면서 자신의 기억 속에 새겨 넣었다. 문 밖에 어떤 땅이 있는지 전혀 모른다는 것은 어떤 기분일까? 밤중에 잠이 깨어 문득 알게 되면—거기에는 버드나무가 없다는 사실을 알게 되면 어떤 기분이 들까? 당신은 저 버드나무가 없이도 살아갈 수 있어? 아니, 당신은 못 해.

저 버드나무는 당신이야. 저 짚 이불 위에서 느꼈던 고통—그 무시무시한 고통이 바로 당신이야.

그리고 아이들—샘이 인디언 활과 둥근 막대기를 갖고 간다면 나도 두 가지를 가지고 가야지. 그래, 푹신푹신한 베개가 좋겠다. 그건 내 거니까.

갑자기 그들은 초조해졌다. 빨리 떠나야 한다. 계속 미룰 수만은 없어. 머뭇거리고 있을 수는 없단 말이다. 그들은 물건들을 마당에 쌓아놓고 불을 붙였다. 그리고 그 자리에 서서 불타는 모양을 지켜보다가 미친 듯이 차에 짐을 싣고 쏜살같이 떠나갔다. 흙먼지를 피워 올리며 달렸다. 짐을 가득 실은 차들이 줄줄이 지나간 뒤에는 흙먼지가 오래도록 떠돌았다.

10

트럭이 온갖 용구와 무거운 연장, 침대와 스프링, 그 밖에 팔릴 만한 가재도구를 깡그리 싣고 가버리자, 톰은 집 여기저기를 둘러보고 다녔다. 헛간에도 가보고, 텅 빈 마구간에도 설렁설렁 들어가 보고, 달개지붕을 얹은 농기구 창고에 들어가서 남아 있는 잡동사니를 발로 차기도 하고 망가진 잔디깎기 날을 발끝으로 뒤집어 보기도 했다. 그러고 나서 기억에 남아 있는 장소를 몇 군데 돌아다녀 보았다—제비집이 있는 붉은 흙 제방과 돼지우리 옆 버드나무 등이었다. 새끼돼지 두 마리가 울타리 너머에서 코를 불며 꼬물꼬물 다가왔다. 검은 돼지들은 기분 좋게 볕을 쬐고 있었다. 이쯤에서 톰은 순례를 마치고, 그늘이 지기 시작한 문간 층계에 가서 걸터앉았다. 뒤쪽 부엌에서는 어머니가 분주하게 돌아다니면서 양동이 물로 아이들의 옷을 빨고 있었다. 주근깨투성이인 튼튼한 팔의 팔꿈치에서 비눗물이 뚝뚝 떨어졌다. 톰이 앉는 것을 보자 어머니는 빨래를 북북 문지르던 손을 멈추고 오랫동안 그를 바라보았다. 그가 머리를 돌려 뜨거운 태양빛을 응시하고 나서도 여전히 그 뒤통수를 바라보았다. 그러다가 다시 빨래를 비비기 시작했다.

어머니가 말했다. "톰, 캘리포니아에 가서는 모든 일이 잘 풀렸으면 좋겠구나."

톰은 고개를 돌려 어머니를 보았다. "왜 잘 안 풀릴 거라 생각하세요?"

"글쎄, 딱히 없어. 하지만 어쩐지 너무 잘 돌아가는 것 같아서 그런다. 거기서 돌린 전단지를 보았는데, 일자리가 남아돌고, 품삯도 비싸고 뭐 그런 말이 쓰여 있더라. 신문에서도, 그쪽 농장에서는 사람들이 몰려들어서 포도랑 오렌지랑 복숭아를 따주기를 기다린다고 하더구나. 톰, 참 즐거운 일일 것 같지 않니? 복숭아 따기라니. 뭐, 먹게 해주진 않겠지만, 그래도 찌그러진 것 하나쯤은 가끔 먹을 수도 있을 테고. 게다가 나무그늘에서 일하는 건 정말 즐거울 것 같구나. 하지만 그렇게 좋은 일투성이라니, 나는 겁이 난다. 믿을 수가 없어. 나는 그렇게 좋은 일만 있는 건 아닐 것 같아서 겁이 나는구나."

"너의 믿음을 새처럼 높이 날게 하지 말라. 그러면 땅의 벌레와 더불어 기는 일 없으리라."

"옳은 말이야. 성경에 있는 말이지?"

"그럴 거예요. 난 《바바라 워스의 승리》^(H.B. 라이트가 지은 대중소설)라는 책을 읽은 뒤부터는 성경 말씀을 똑바로 기억할 수 없게 되어 버렸어요."

어머니는 풋 하고 웃은 다음 빨래를 양동이에 넣었다 뺐다 하며 비눗물을 헹궜다. 멜빵바지와 와이셔츠를 건져 짜자 팔 근육이 불룩 튀어나왔다. "네 할아버진 늘 성경 구절을 인용하곤 하셨단다. 그것도 다른 것과 뒤죽박죽 섞어서 말이다. 그중에서도 자주 혼동했던 게 《마일즈 박사의 달력》이었어. 그 속에 쓰여 있는 구절을 하나하나 큰 소리로 읽으셨지. 불면증이거나 등이 마비된 사람들이 보낸 편지를 말이다. 그런 다음 그 사람들의 이름을 들먹이며 식구들에게 설교를 하는 거야. 이건 성경에 있는 말씀이다, 하시면서. 아버지와 존 아저씨는 할아버지 덕분에 실컷 웃곤 하셨지." 그녀는 장작을 쌓듯이, 다 짠 빨래를 탁자 위에 고르게 쌓아올렸다. "우리가 가려는 데는 여기서 2천 마일이나 된다더라. 얼마나 먼지 짐작이 가니, 톰? 지도를 본 적이 있는데, 그림엽서에 나오는 것 같은 높은 산이 몇 개나 있어. 우리는 그 사이로 지나간다는구나. 거기까지 가는 데 며칠이나 걸릴까, 토미?"

"글쎄요. 두 주일이나, 운이 좋으면 한 열흘? 하지만 어머니, 너무 끙끙거리지 말아요. 교도소에서는 어떻게 하는지 알려 드릴까요? 거기서는 자기가 언제 나가게 되나 하는 생각을 하면 안 돼요. 그런 생각을 하다간 미쳐버릴 테니까. 그래서 그저 그날 일, 그 다음날 일, 토요일에 있을 야구 경기 따위만 생각하죠. 그렇게 하는 게 중요해요. 들어온 지 좀 되는 치들은 모두 그렇게 하지만, 새내기들은 감방 문에 머리를 처박곤 하죠. 얼마나 오래 기다려야 하나 생각하느라 말이에요. 어머니도 그렇게 하시면 어때요? 그냥 그날 일만 생각하는 거예요."

"그거 좋은 방법이구나." 어머니는 화덕에서 끓인 뜨거운 물을 양동이에 붓고 그 속에 때 묻은 옷을 집어 넣더니 그 위에 비눗물을 들이부었다. "좋은 생각이야. 하지만 나는 캘리포니아에 가면 얼마나 즐거울지 생각하는 게 좋구나. 일 년 내내 춥지 않고, 과일이 어디에나 널려 있고, 경치도 아름답고, 모두 깨끗한 집에서 살고, 오렌지 나무 사이로 조그맣고 하얀 집이 보이고……. 가끔 이런 생각을 한단다. 온 식구가 일자리를 얻어 다 같이 일하게 된다면 우리도 그런 조그맣고 하얀 집을 가질 수 있지 않을까? 어린애들은 밖에 나가 오렌지를 따오고 말이다. 애들은 한시도 가만 있지 못하고 큰소리로 떠들 테지."

톰은 미소를 띤 채, 어머니가 일하는 모습을 지켜보았다. "그런 생각을 하는 것만으로도 기운이 솟았겠는걸요, 어머니. 나는 캘리포니아에서 온 녀석을 알게 됐는데, 그런 소리는 한마디도 안 하던데요. 말투를 들어보면 먼 곳에서 온 건 확실한데. 그 녀석 말로는 요즘은 거기도 일자리를 찾아다니는 사람이 아주 많대요. 그리고 과일 따는 일을 하는 사람들은 낡아빠진 더러운 천막에 살며 제대로 먹지도 못한대요. 임금이 싸서 먹을 것도 제대로 못 산다나 봐요."

그녀의 얼굴에 어두운 그늘이 스쳤다. "그럴 리가 없어. 아버지가 노란 종이에 인쇄된 전단지를 들고 온 적이 있는데, 거기에는 일손이 모자란다고 쓰여 있던걸. 일자리가 모자라다면 뭣 땜에 수고를 들여서 그런 광고를 하겠니? 그런 광고를 내는 데도 돈이 여간 들지 않을 텐데, 무슨 필요가 있어서 그런 거짓말을 하려고 돈을 쓰겠니?"

톰은 머리를 가로저었다. "모르겠어요, 어머니. 왜 그러는지 생각해보려 해도 이해가 가지 않아요. 어쩌면……." 그는 붉은 대지에 내리쬐는 뜨거운 햇볕을 바라보았다.

"어쩌면?"

"어쩌면 어머니 말처럼 즐거운 곳일지도 모르죠. 할아버진 어디 갔을까? 전도사님은 또 어디 가고?"

어머니는 두 팔 가득 세탁물을 끌어안고 밖으로 나가는 참이었다. 톰은 방해가 되지 않게 길을 비켰다. "전도사님은 근처를 좀 둘러보고 오신다고 그랬다. 할아버지는 안에서 주무시고. 낮에는 여기 오셔서 가끔 드러누우신단다." 그러고는 철사로 만든 빨랫줄로 가서 빛바랜 청바지와 파란 셔츠, 긴 회색 셔츠 등을 널기 시작했다.

등 뒤에서 발을 질질 끄는 소리를 듣고 톰은 고개를 돌려 안을 들여다보았다. 할아버지가 침실에서 나오는 중이었다. 아침과 마찬가지로 바지 앞단추를 더듬고 있었다. "말소리가 들리더구나. 망할 것들, 늙은이를 잠도 못자게 하다니. 이 몹쓸 것들이 언제 철이 나서 늙은이를 조용히 자게 놔두려나." 앞뒤 안 가리고 밀어붙이던 그의 손가락이 끼워져 있던 두 개의 단추마저 풀러 버렸다. 그러는 동안에 손은 무엇을 하려던 참이었는지 잊어버리고 바지 속으로 들어가서 만족스러운 듯이 불알 밑을 긁적거렸다. 어머니가 손에 물기를 묻힌 채로 들어왔다. 더운물과 비누 때문에 손바닥이 불어 쭈글쭈글했다.

"곤히 주무시는 줄 알았죠. 자, 단추 채워 드릴게요." 할아버지는 몸부림을 쳤지만 어머니는 그를 붙들고 속옷과 와이셔츠, 바지 단추까지 전부 끼워 주었다. "이런 꼴로 돌아다니면 웃음거리가 될 거예요." 그녀는 이렇게 말하고 할아버지를 놓아주었다.

노인이 침을 퉤퉤 뱉으며 퉁명스럽게 말했다. "누가 단추를 채워 주는 건 퍽이나 기분 좋은 일이로군. 좋아 죽을 지경이야. 바지 단추쯤은 혼자 해결하고 싶은데 말야."

어머니가 놀리듯이 말했다. "캘리포니아에선 단추를 끼우지 않으면 못 돌아다니게 한다고요."

"웃기는 짓들을 하는군, 쳇! 좋아, 내가 본때를 보여주지. 나한테 예의범절이라도 가르칠 작정이라더냐? 두고 봐라. 마음이 내키면 불알을 내놓고 돌아다닐 테니까."

어머니가 말했다. "할아버진 점점 말이 상스러워지고 있어. 말로만 그러시는 거겠지만."

노인이 수염이 뻣뻣하게 난 턱을 쑥 내밀고 심술궂고 날카로운 눈으로 어머니를 보며 말했다. "글쎄다? 우린 곧 떠날 테지? 듣자 하니 저쪽엔 포도가 도로까지 비어져 나올 정도로 주렁주렁 열려 있다지? 내가 뭘 할 생각인지 아느냐? 빨래통 가득히 포도를 따놓고 그 속에 주저앉아 마구 으깨가지고서 포도즙이 바지 밑으로 뚝뚝 흐르게 할 참이다."

톰이 웃으며 말했다. "정말, 할아버지가 이백 살까지 장수하셔도 어머니 손에 길들여질 날은 절대로 오지 않을 것 같네. 할아버지는 떠나기로 확실히 결심하신 모양이네요?"

노인은 나무 상자를 꺼내놓고 그 위에 턱 걸터앉았다. "그렇고말고. 사실 진작 갔어야 했어. 우리 형님이 40년 전에 거기로 갔는데 그 뒤로 통 소식이 없다. 소심하고 형편없는 사나이였지. 형을 좋아한 사람은 한 명도 없었으니까. 내 단발식 자동권총을 몰래 가지고 집을 뛰쳐나갔어. 만에 하나 형이나 그 아들을 만나면, 물론 형이 캘리포니아에서 아이를 만들었다면 말이지만, 그 총을 돌려달라고 할 생각이다. 하지만 내 생각이 맞는다면, 형은 아이가 생기더라도 분명 서방질로 얻은 애라고 다른 사람한테 맡겨버렸을 게다. 나는 그쪽으로 가는 게 기쁘다. 다시 태어날 수 있으리라는 예감이 드는구나. 과일밭 한가운데로 들어가서 빠릿빠릿 일해야지."

어머니가 고개를 끄덕이며 말했다. "할아버지는 진심이란다. 석 달 전에 허리를 삐기 전까지는 계속 일하셨으니까."

"암, 그랬었지." 할아버지가 말했다.

톰은 문간 층계에 앉은 채 바깥쪽으로 눈을 돌렸다. "저기 창고 뒤쪽에서 전도사님이 오시네요."

어머니가 말했다. "오늘 아침 저 양반이 올린 기도 말이다. 그런 별난 기도는 처음 들었다. 기도라기보다 평범한 이야기 같았어. 말투는 기도 같더라만."

"좀 색다른 사람이죠. 언제나 이상한 소리만 하거든요. 그걸 꼭 혼잣말처럼 중얼거리고 다녀요. 남을 이해시키려고 굳이 애쓰지 않아요."

"저 사람의 눈빛을 보렴. 괴로움에서 벗어난 사람의 얼굴이야. 모든 것을 꿰뚫어 보는 눈빛이야. 정말로 맑은 얼굴이구나. 고개를 숙이고 딱히 볼 것도 없는데 땅을 뚫어져라 바라보며 걷고 있어. 저런 사람이야말로 정말 깨끗한 사람이다." 어머니는 입을 다물었다. 케이시가 문 근처까지 다가왔기 때문이다.

톰이 말했다. "그렇게 돌아다니면 일사병에 걸려요."

케이시가 말했다. "음 그래, 그럴지도 모르지." 그러더니 느닷없이 톰과 어머니와 할아버지에게 호소했다. "나는 서부에 가야 합니다. 꼭 가야 해요. 여러분과 함께 갈 수 있을까요?" 그러고는 자기가 한 말에 당황해서 그 자리에 멍하니 서 있었다.

어머니는 남자인 톰이 입을 열기를 기다리며 톰을 쳐다보았다. 그러나 톰은 입을 열지 않았다. 그녀는 톰의 권리를 생각해서 말할 기회를 준 뒤에 말했다. "전도사님이 함께 가신다면야 우리도 기쁘죠. 물론 이 자리에서 내 맘대로 결정할 일은 아니지만. 그이 말로는 오늘 밤에 남자들끼리 한 자리에 모여서 떠나는 날을 결정한대요. 남자들이 다 모일 때까진 아무 말도 않는 게 좋겠죠. 아주버니, 그이, 노아, 톰, 할아버지, 앨, 코니가 돌아오면 회의를 시작할 거예요. 여유만 있다면 모두 기꺼이 전도사님과 함께 가고 싶어 할 거예요."

전도사가 한숨을 쉬며 말했다. "아무튼 저는 꼭 갈 생각입니다. 지금 무슨 일이 벌어지려 하고 있어요. 높은 곳에 올라가서 주위를 둘러보았는데, 보이는 집마다 모조리 텅 비었더군요. 땅도 그렇고, 이 고장 전체가 텅 비어버린 상태였습니다. 이제 나는 이곳에 남아 있을 수 없게 됐어요. 사람들이 가는 곳으로 함께 가야 합니다. 나도 밭에서 일할 생각입니다. 그러면 마음이 편해질지도 모르니까요."

"그럼 설교는 그만둘 건가요?" 톰이 물었다.

"이제 설교할 생각은 없네."

"그러면 세례도 주지 않을 건가요?" 어머니가 물었다.

"그럴 생각입니다. 밭에서 일할 겁니다. 푸른 밭에서 일하면서 여러분과 어울리고 싶군요. 그렇다고 여러분을 가르칠 생각은 없습니다. 배우자는 거지요. 여러분이 왜 풀밭을 걷는지 배우고, 여러분이 나누는 이야기와 노랫소리에 귀를 기울일 겁니다. 아이들이 옥수수 죽을 먹는 소리, 부부가 한밤중에 짚 이불 위에서 야단하는 소리를 들을 겁니다. 여러분과 함께 먹으면서 배워갈 생각입니다." 그의 눈이 물기로 반짝였다. "풀 위에서 잠을 자고, 마음을 열고 나를 받아주는 사람들과 어울릴 겁니다. 욕설을 퍼붓고, 악담도 하고, 말에서 묻어나는 시를 들을 겁니다. 그런 모든 일들이 거룩한 것이죠. 이 모든 것들이야말로 전에는 제대로 이해하지 못한 선한 일들입니다."

"아멘." 어머니가 말했다.

전도사는 문간 옆에 놓인 모탕에 조심스럽게 앉았다. "나 같은 외톨이가 뭐겠습니까마는."

톰이 조용히 헛기침을 하고 말하기 시작했다. "이제 설교를 그만둔 사람 치고는……."

"물론 나는 말수가 많아! 그것만은 인정해야겠지. 하지만 이제 설교할 생각은 없어. 설교라는 것은 사람들에게 여러 가지를 가르치는 일이야. 나는 사람들에게 질문을 던질 생각이거든. 그건 설교가 아니지 않은가?"

"글쎄요. 설교란 일종의 어조나 관점이에요. 설교는 놈들이 우리를 죽이고 싶을 때 친절하게 구는 거죠. 작년 크리스마스 때에 구세군이 매칼리스터를 방문해서 우리한테 굉장히 친절하게 대해줬어요. 장장 3시간 동안 코넷 연주를 들려줬는데, 그동안 우리는 계속 의자에 엉덩이를 붙이고 있어야 했어요. 놈들이야 친절로 한 일이겠지만, 우리 중 하나라도 도중에 빠져나가려고 했다가는 죄다 독방에 처박혔을 거예요. 그런 게 설교죠. 쓰러져서 이제 반격도 할 수 없는 인간한테 다정하게 대해주는 것. 당신이 이제 전도사가 아니란 건 확실해요. 하지만 이쯤에서 코넷 연주는 그만했으면 좋겠군요."

어머니는 화덕에 장작을 두세 개 집어넣었다. "곧 간식이 다 될 거예요. 그리 많지는 않지만."

할아버지는 아까 그 나무상자를 밖으로 끌고 나가서 그 위에 걸터앉아 몸을 벽에 기대었다. 톰과 케이시도 집 벽에 몸을 기댔다. 오후의 그림자가 집에서 바깥을 향해 길게 뻗었다.

오후 늦게가 되어서야 트럭이 흙먼지 속을 털털거리며 돌아왔다. 짐칸에는 먼지가 잔뜩 들어앉았고, 보닛도 먼지를 뒤집어썼으며, 전조등은 적갈색 먼지로 부옇게 되어 있었다. 해는 뉘엿뉘엿 기울고 대지는 저녁놀에 물들어 빨갛게 보였다. 앨은 운전에는 자신이 있다는 듯 자랑스럽고 진지한 얼굴로 운전대에 앉아 있었다. 아버지와 존 아저씨는 한 집안의 우두머리답게 운전석 옆 명예석을 차지하고 있었다. 트럭 짐칸에 앉아 가로대를 붙잡고 있는 것은 열두 살배기 루디와 열 살배기 윈필드였다. 둘 다 얼굴은 진흙투성이에, 눈은 피곤해 보였지만 흥분되어 보였다. 손가락과 입 언저리는 시내에서 아버지를 졸라 사먹은 감초 엿으로 온통 거무스름하고 끈적끈적했다. 무릎 아래까지 내려오는 분홍 모슬린 원피스를 입은 루디는 제법 소녀티가 났다. 그러나 윈필드는 아직 코흘리개 개구쟁이였다. 그 애들은 토라져서 헛간 뒤에 숨기도 하고, 담배꽁초를 주워 피우는 상습범이기도 했다. 루디가 봉긋해지는 유방의 힘과 책임과 위엄을 느끼고 있는 반면, 윈필드는 말썽만 부리는 송아지 같았다. 그 옆에서 가로대를 가볍게 붙잡고 서 있는 것은 '샤론의 장미', 즉 로자산이었다. 그녀는 흔들거리며 발끝으로 균형을 잡고 서서, 도로에서 오는 충격을 무릎과 엉덩이로 부드럽게 받아넘기고 있었다. 임신 중이라 조심성이 많아졌기 때문이다. 잿빛 도는 금발머리를 땋아서 머리 위로 틀어올린 모양이 꼭 왕관처럼 보였다. 살이 붙은 동그란 얼굴은 몇 달 전까지는 육감적이고 매력적이었지만, 이제는 임신한 티가 나고 세상만사를 다 깨달은 사람처럼 여유로워 보였다. 그리고 풍만한 몸매—탄력 있고 부드러운 유방과 배, 전에는 도발적으로 천천히 움직여서 보는 이로 하여금 두드려 보거나 쓰다듬고 싶어지게 만들던 야무진 허리 주변과 엉덩이—그녀의 몸 전체가 침착하고 진지한 분위기를 띠고 있었다. 그녀의 마음과 행동은 오롯이 뱃속의 태아를 위해 움직였다. 지금 발끝으로 서서 균형을 잡는 것은 아기를 위한 일이었다. 그녀에게는 세상 전체가 임신한 것이나 마찬가지였다. 그녀는 오로지 생식작용과 모성을 통해서만 생각했다. 올해 19세인 남편 코니는 풍만하고 정열적인 말괄량이 아가씨인줄로만 알던 아내가 이렇게 변하자 놀라고 당황했다. 키득키득 웃음을 억누르면서 깨물거나 할퀴다가 마침내 눈물로 젖고 마는 침대 속의 시시한 싸움도 이제는 없어졌기 때문이었다. 지금 그 자리에 있는 것은, 그를 향해 부끄러운 기색을 보이면서도 야무진 웃음을 짓는 차분하고 신중하고 현명한 여자였다. 코니는 '샤론의 장미'가 자랑스러운 동시에 두렵기도 했다. 틈만 나면 그녀의 몸에 한 손을 올리거나 자신의 허리와 어깨가 그녀와 맞닿도록 몸을 밀착시키곤 했다. 그러고 있으면 점점 닿고 있는지도 모르는 그들의 관계를 비끄러맬 수 있다고 느꼈다. 그는 텍사스 계의 마르고 뾰족한 얼굴을 가진 청년으로, 연한 푸른색 눈은 때로는 험악하게, 때로는 친근하게, 때로는 두려움에 떠는 것처럼 보였다. 아주 부지런한 젊은이로, 좋은 남편이 될 것이 분명했다. 술도 남들만큼 마셨지만 고주망태로 취하는 일은 없었고, 부득이할 때는 싸움도 했지만 그걸 내세워 으스댄 적은 없었다. 모임에 나가면 가만히 앉아 있기만 했지만 그래도 존재감은 있었다.

존 아저씨는 나이가 벌써 쉰이 되어 집안의 정당한 우두머리 중 한 사람이 되어 있었다. 그렇지 않았다면 그는 운전석 옆 명예석에 앉기를 꺼렸을 것이다. 차라리 '샤론의 장미'를 앉히고 싶어 했을 것이다. 하지만 그럴 수는 없었다. 그녀는 젊은 데다 여자이기 때문이었다. 존 아저씨는 안절부절못하면서 앉아 있었다. 그 쓸쓸하고 무엇에 홀린 듯한 눈은 불안정하게 흔들렸고, 마르고 강인한 몸도 어딘가 불편해 보였다. 거의 언제나 고독의 울타리가 존 아저씨를 사람들에게서, 그리고 세속적인 욕망에서 격리시켰다. 그는 음식도 아주 조금밖에 먹지 않았고 술은 한 방울도 마시지 않았다. 그리고 아직 독신이었다. 그러나 밑바닥에는 욕망이 점점 부풀어 올라 마침내는 봇물 터진 듯 흘러넘치곤 했다. 그러면 그는 먹고 싶은 음식을 토할 만큼 먹어대고, 새빨갛게 충혈된 눈이 경련하는 중독증을 일으킬 만큼 자메이카 진저나 위스키를 마셨으며, 샐리소의 창녀를 상대로 무분별하게 정욕을 불태웠다. 한 번은 쇼니까지 가서 창녀 셋을 동시에 불러 놓고, 반응없는 육체를 상대로 한 시간이나 콧김을 뿜어대며 흥분했다는 소문도 있었다. 그러나 그 욕망 중 어느 하나가 채워지면 그는 다시 슬프고 수줍고 고독한 사나이로 돌아왔다. 남의 눈에 띄지 않게 숨어 다니며 여러 가지 선물을 하는 것으로 자신을 속죄하려 했다. 그럴 때는 남의 집에 몰래 들어가서 어린애들 머리맡에 껌을 놓아두거나 품삯도 안 받고 장작을 패주거나 했다. 그리고 자기가 가진 것을 무엇이든 남에게 주어 버렸다. 안장, 말, 새로 산 신발 등 가리지를 않았다. 그럴 때는 아무도 그에게 말을 걸지 못 했다. 도망쳐 버리기 때문이다. 우연히 딱 마주치면 자기 껍질 안에 틀어박혀, 겁먹은 눈으로 눈치를 살폈다. 아내의 죽음과 그 뒤에 찾아온 몇 달 동안의 고독한 생활이 그에게 죄와 오욕의 낙인을 찍고 마음속에 헤어날 수 없는 쓸쓸함을 남겨놓았다.

그러나 그로서도 피할 수 없는 일이 몇 가지 있었다. 한 집안의 어른인 이상 가족을 이끌 의무가 있었다. 그러기에 지금도 별 수 없이 운전석 옆 명예석에 앉아야 했다.

먼지투성이 길을 달려 집으로 가면서 운전석의 세 사나이는 아무 말도 없었다. 앨은 핸들 위로 상체를 굽히고, 도로와 계기판을 번갈아 보았다. 수상쩍게 올라가는 전류계의 바늘과, 유압계와 온도계를 끊임없이 확인했다. 이

차의 여러 가지 결점과 이상한 부분을 머릿속으로 정리하는 것이었다. 그는 끼익끼익 하는 소리에 귀를 기울이고 있었는데, 그것은 아마 뒤쪽에서 기름이 다 떨어진 때문일 것이다. 그리고 또 태핏이 올라갔다 내려갔다 하는 소리에 귀를 기울였다. 변속 레버에 손을 대고, 거기서 회전하는 기어의 움직임을 가늠했다. 클러치도 브레이크 쪽으로 밀어놓고, 페달이 잘 미끄러지는지도 시험해 보았다. 때로는 발정 난 숫염소처럼 행동하기도 했지만, 현재 이 트럭을 움직이고 관리하는 것은 그의 책임이었다. 어딘가가 고장 난다면 그것은 그의 실수가 될 것이고, 입 밖으로 내지는 않는다 해도 모든 사람이, 그중 특히 앨 자신이 그 사실을 가장 뼈저리게 느끼게 될 것이다. 그러므로 이렇게 자동차를 손으로 쓰다듬고 감시하고 귀를 기울이는 것이다. 그 얼굴에는 진지함과 책임감이 흘러넘쳤다. 모두가 그와 그의 책임감을 존경했다. 가장인 아버지조차도 스패너를 들고 앞장서서 앨의 지시에 따랐다.

트럭에 탄 사람들은 모두 지쳐 있었다. 루디와 윈필드는 너무 많은 사람의 얼굴과 움직임을 본 데다 감초 엿을 놓고 다투느라 지친 상태였다. 게다가 존 아저씨가 자기들 주머니에 껌을 슬쩍 떨어뜨려 줄 거라는 기대로 흥분한 탓도 있었다.

운전석에 앉은 사나이들도 지치고, 슬프고, 화가 나 있었다. 집에서 갖고 간 물건을 몽땅 판 값이 18달러밖에 되지 않았기 때문이다—경작용 말 두 마리, 짐마차, 농기구류, 가구 전부를 바꾼 값이 18달러. 그들은 고물상에게 대들었다. 그러나 상대방이 점점 관심을 잃고, 아무리 싸도 그런 잡동사니는 안사겠다고 말했을 때 그들은 항복하고 말았다. 그들은 싸움에서 패배하여 상대방이 하는 말만 믿고 그들이 처음에 부른 값보다 2달러나 싼값으로 팔아야 했다. 그들은 지금 침울하고 겁에 질려 있었다. 그들 힘으로는 어찌할 수 없는 조직의 힘에 부딪쳐 완전히 손을 들고 말았기 때문이다. 말 두 마리와 짐마차만 쳐도 그것보다는 비싸게 나간다는 사실을 그들은 잘 알고 있었다. 사간 사람이 그것을 훨씬 비싼 값에 되팔 거라는 것도 알고 있었다. 그렇지만 어떻게 해야 할지 알 수가 없었다. 그들에게 장사란 수수께끼였다.

앨이 도로에서 계기판으로 바쁘게 눈을 굴리면서 말했다. "그놈은 이 고장 사람이 아네요. 이 고장 말씨가 아니던걸요. 옷차림도 그렇고."

아버지가 설명했다. "아까 철물점에 갔을 때 친구들하고 잠깐 얘길 했는데, 요즘 다른 곳에서 들어온 인간들이 몇 있다더구나. 우리처럼 떠나기 전에 하는 수 없이 파는 물건을 사들이기 위해서 말이야. 그놈들은 확실히 한 몫 톡톡히 보고 있다더군. 하지만 우리야 어디 수완이 있어야지. 토미가 같이 왔더라면 좋았을 텐데. 토미라면 좀 더 받아냈을지도 몰라."

존이 말했다. "하지만 그놈은 도통 살 생각이 없던걸. 물건을 도로 싣고 돌아올 수도 없고 말이다."

아버지가 말했다. "친구들도 그렇게 말하더군. 상인 놈들은 언제나 그런 수법으로 나온다나. 그렇게 해서 우리를 겁주는 거지. 그런데 우린 그런 장삿속엔 어떻게 대응해야 하는지 분간도 서질 않으니. 집사람이 낙심할 텐데 ……. 아마 길길이 날뛰다 풀이 죽고 말 테지."

앨이 말했다. "아버지, 언제 떠나죠?"

"모르겠다. 오늘 저녁에 다 같이 의논해서 정할 참이다. 톰이 돌아와서 정말 기쁘구나. 기운이 부쩍 난다. 톰은 좋은 애야."

앨이 말했다. "아버지, 어떤 사람들이 형 얘길 하는 걸 들었는데, 형은 임시 석방으로 나왔으니까 이 주(州) 밖으로 나가서는 안 된대요. 나갔다가 경찰에 붙잡히면 다시 교도소로 보내지고, 형기 3년이 추가된대요."

아버지는 깜짝 놀란 얼굴이었다. "아니, 누가 그러냐? 뭘 좀 아는 사람들이냐? 공연한 소릴 지껄이는 게 아니고?"

"글쎄요. 그냥 그런 말을 하더라고요. 나도 톰이 우리 형이라고는 하지 않고 그냥 서서 엿듣기만 했어요."

"말도 안 돼! 거짓말이었으면 좋겠구나. 톰을 두고 갈 수는 없다. 내가 나중에 톰에게 물어봐야겠다. 경찰에 쫓겨 다니지 않아도 지금도 힘든 일이 한두 가지가 아닌데. 그게 거짓말이었으면 좋겠다만. 다함께 분명하게 의논해야 해."

존 아저씨가 말했다. "톰이라면 알겠지."

트럭이 흔들거리며 달리는 동안 그들은 입을 다물어 버렸다. 엔진이 끊임없이 덜컥덜컥 소음을 내고 브레이크 손잡이도 계속해서 달칵거렸다. 바퀴에서는 삐거덕거리는 소리가 들리고 라디에이터 뚜껑에 난 구멍에서는 가느다란 수증기가 피어올랐다. 트럭 꽁무니에서 시뻘건 흙먼지 소용돌이가 길게 이어졌다. 그들은 태양이 아직 지평선으로 얼굴을 반쯤 내밀고 있을 때

마지막 작은 오르막을 덜컹거리며 올랐다가, 태양이 완전히 사라진 순간 집을 향해 똑바로 내려왔다. 차가 멈출 때 브레이크가 끼익 소리를 냈다. 그 소리가 앨의 머리에 뚜렷이 새겨졌다. 라이닝이 다 닳았음을 알려주는 소리였다.

루디와 윈필드가 소리를 지르면서 가로 널을 넘어 땅바닥으로 뛰어내렸다. "톰 오빠 어딨어? 지금 어디 있어?" 그리고 문 옆에 서 있는 톰을 발견하자 쭈뼛거리며 멈춰 섰다가 이윽고 슬금슬금 다가가서 수줍어하며 그를 쳐다보았다.

톰이 "야, 너희들 잘 있었니?" 하자, 그들은 조그만 목소리로 대답했다. "응! 잘 있었어." 그들은 멀찍이 떨어져 서서, 사람을 죽이고 교도소에 들어가 있던 대단한 형의 얼굴을 훔쳐보았다. 닭장 속에서 교도소놀이를 하면서, 서로 죄수가 되겠다고 다퉜던 일을 생각하면서.

코니 리버스는 높다란 트럭 뒷문을 들어 올리고 밑으로 뛰어내린 다음 '샤론의 장미'를 부축해서 땅에 내려주었다. 그녀도 품위있게 부축을 받으며 평소처럼 현명하고 만족스러운 미소를 지었으나, 입술 양끝은 조금 얼이 빠진 것처럼 일그러져 있었다.

톰이 말했다. "아니, 로자샨 아냐? 이렇게 같이 올 줄은 몰랐지."

"우리는 걸어오던 참이었어. 마침 트럭이 지나가다가 태워준 거야. 이쪽은 남편 코니." 그렇게 말하는 그녀의 태도는 여간 의젓하지 않았다.

두 사람은 서로 상대방을 살피고 눈을 들여다보며 악수를 나누었다. 곧 그들은 서로 마음에 들었다. 톰이 말했다. "너도 여러모로 바빴나 보구나."

그녀는 눈을 내리깔았다. "오빠 아직 모를 거야."

"아버지가 말씀해 주셨어. 예정일은 언제쯤이니?"

"아직 멀었어. 이번 겨울이야."

톰이 웃었다. "오렌지 농장에서 낳는다, 이 말이지? 오렌지 나무로 둘러싸인 하얀 집에서 말이야."

'샤론의 장미'는 두 손으로 배를 쓰다듬었다. "오빠 아직 몰라." 그렇게 말하고는 그 흡족한 미소를 지으며 집 안으로 들어갔다. 매우 무더운 저녁이었다. 서쪽 지평선에서는 아직도 햇빛이 기세 좋게 하늘 위로 뻗어 있었다. 누가 신호를 보낸 것도 아닌데 식구들이 트럭 옆에 모여들었다. 마침내 가족회의가 시작되었다.

엷은 안개 같은 황혼이 적갈색 대지를 투명하게 만들어 사물이 도드라져 보였다. 돌, 말뚝, 건물 하나하나가 한낮의 햇빛을 받을 때보다 깊이 있고 입체적으로 보였다. 그리고 신비롭게도 더 개성 있어 보였다. 말뚝은 그것이 서 있는 대지와 배경으로 펼쳐진 옥수수 밭에서 확연히 도드라져 그야말로 말뚝다운 모습으로 변해 있었다. 모든 식물은 단순한 녹색 덩어리가 아니라 저마다 개성을 지닌 독립된 개체가 되었다. 너덜너덜 벌거숭이 수양버들도 다른 수양버들과는 독립된 그 자체로서 존재감을 과시했다. 대지 또한 황혼에 빛을 더하고 있었다. 서쪽을 보고 있는 칠이 벗겨진 연회색 집의 정면이 달처럼 밝게 빛났다. 문 앞 앞마당에 서 있는 잿빛 먼지투성이 트럭은 이런 빛을 받아, 입체환등기를 통해 볼 때처럼 과장된 원근법에 의해 신비롭게 돌출되어 보였다.

사람들도 어스름 속에서 조용히 있었다. 무의식 세계의 조직의 일부가 된 것 같았다. 그저 마음속에 아주 희미하게 기록된 어떤 충동에 따를 뿐이었다. 내향적이고 온화한 그들의 눈은 황혼 속에서, 또 먼지투성이 얼굴 안에서 밝게 빛났다.

가족들은 가장 중요한 장소, 즉 트럭 옆에 모였다. 집도 죽고 밭도 죽었으나 이 트럭만은 활동하는 것, 살아 있는 원리였다. 라디에이터 여과망은 찌그러져서 상처투성이에, 가동 부분의 마모된 모서리마다 먼지 낀 기름이 들러붙어 있으며, 휠 캡이 떨어져 나가고 대신 뻘건 먼지 덮개가 덮여 있는 이 낡은 허드슨—반은 승용차, 반은 트럭이고 옆에 널빤지를 높이 둘러친 이 꼴사나운 차야말로 집안의 새로운 거실이자 삶의 중심이었다.

아버지는 트럭을 살피며 한 바퀴 돌았다. 그리고 흙바닥에 쪼그리고 앉아, 땅바닥에 글씨를 쓸 막대기를 찾아들었다. 한쪽 발은 땅바닥에 딱 붙이고 다른 쪽 발은 반대쪽 엄지발가락 위에 얹고 뒤로 약간 뺐기 때문에 한쪽 무릎이 조금 높아졌다. 왼팔을 왼쪽 무릎에, 오른팔은 오른쪽 무릎에 세우고, 오른손으로 턱을 받치고 있었다. 아버지는 그렇게 웅크리고 앉아서 줄곧 트럭만 바라보았다. 존 아저씨가 와서 그 옆에 앉았다. 두 사람의 눈은 근심에 차 있었다. 집에서 나온 할아버지는 쪼그리고 앉은 두 사람을 발견하자 어정어정 걸어와서, 두 사람과 마주볼 수 있도록 트럭 발판에 걸터앉았다. 이것으로 중핵은 형성된 셈이다. 톰과 코니와 노아도 와서 앉았다. 할아버지를 단면으로 하는 반원이 완성되었다. 이어서 어머니와 할머니가 함께 나왔다. 그 뒤를 따라 '샤론의 장미'가 품위있게 걸어왔다. 여자들은 쪼그리고 앉은 남자들 뒤에 자리를 잡고 허리춤에 두 손을 대고 섰다. 루디와 윈필드는 여자들 옆에서 깡충깡충 뛰고 있었다. 아이들은 발가락으로 붉은 먼지를 휘저었으나 소리는 내지 않았다. 전도사만은 나오지 않았다. 가족들을 배려해서 집 뒤 땅바닥에 앉아 있었다. 그는 훌륭한 전도사였고 남의 마음을 헤아릴 줄 알았다.

저녁놀이 더욱 부드러워지는 가운데, 선 사람도 앉은 사람도 한동안 말이 없었다. 이윽고 아버지가 누구에게랄 것 없이 보고를 시작했다. "팔러 간 물건은 헐값에 넘겼다. 이쪽이 급하다는 걸 알고 마구 후려 깎더란 말이야. 단돈 18달러야."

어머니는 참을 수 없다는 듯이 몸을 꿈틀거렸으나 입을 열지 않았다.

장남 노아가 물었다. "우리가 가진 돈이 다 합쳐서 얼마죠?"

아버지가 흙먼지 위에 숫자를 쓰며 잠시 중얼중얼 혼잣말을 하더니 말했다. "154달러다. 게다가 앨 말로는 좀 더 좋은 타이어를 사야지, 이 타이어로는 오래 못 갈 거라고 하더구나."

앨이 회의에 참가한 건 이번이 처음이었다. 이제까지는 언제나 여자들과 함께 뒤쪽에 서 있었다. 그러나 이번에는 엄숙한 어조로 보고를 시작했다. "이 차는 낡은 데다 싸구려예요. 사기 전에 자세히 점검해 보았어요. 판매인은 이렇게 싸고 좋은 물건은 없다고 했지만 그 수에 넘어가지 않았죠. 차동장치 속에 손가락을 찔러보았는데 톱밥은 안 들어 있었어요. 기어 박스도 열어봤는데, 거기에도 톱밥은 없었어요. 클러치도 시험해 보았고, 바퀴도 돌려서 검사했죠. 차체 밑에 기어들어가 보았는데, 찌그러진 부분은 전혀 없었어요. 이제까지 한 번도 차를 굴려가며 조사해본 적은 없었을 거야. 배터리 속에 금 간 전지가 하나 들었기에 좋은 걸로 바꿔 달랬죠. 타이어는 쓸 만한 것은 못되지만 크기는 좋아요. 대체품 찾기가 수월하거든요. 이 차는 수송아지처럼 난폭하게 달리지만 기름을 뿜어대지도 않아요. 왜 이 차를 샀느냐 하면 인기 많은 차종이었기 때문이에요. 폐차장에 가면 이것과 같은 허드슨이 산더미처럼 쌓여 있기 때문에 부품을 싸게 살 수 있죠. 같은 돈으로 더 크고 더 잘 빠진 차를 살 수도 있었지만, 그런 건 부품을 얻기가 여간 어렵지 않아요. 비싸기도 하고요. 그래서 이것이 좋겠다고 생각한 거예요." 마지막 말은 가족에게 동의를 구하는 말이었다. 그는 말을 멈추고 일동의 의견을 기다렸다.

명목상으로는 아직도 할아버지가 가장이었으나 실제로 가족을 통솔하고 있지는 않았다. 이른바 관습적인 것이었다. 그러나 역시 먼저 의견을 말할 권리를 갖고 있었다. 그 노인의 생각이 아무리 케케묵은 것이라 해도 말이다. 쪼그리고 앉은 남자들과 서 있는 여자들은 노인이 입을 열기를 기다렸다.

할아버지가 말했다. "잘했다, 앨! 나도 옛날에는 늑대처럼 싸돌아다니는 꼭 너 같은 경박한 젊은이였다. 그렇지만 일단 일이 생기면 확실히 해냈지. 너도 아주 의젓한 어른이 됐구나." 그는 축복을 내리는 어조로 말을 마쳤다. 앨은 좋아서 얼굴이 살짝 빨개졌다.

아버지가 말했다. "내 눈에는 그리 제대로 된 차로는 보이지 않지만 말이다. 이게 말이라면 앨에게만 책임을 지우지 않았겠지만, 여기서 자동차를 다룰 줄 아는 사람은 앨 밖에 없으니까.

톰이 말했다. "나도 얼마쯤은 알아요. 매칼리스터에서 조금 움직여 봤거든요. 앨의 말은 틀림없어요. 아주 잘한 일이야." 형의 칭찬까지 받고 앨은 얼굴이 새빨개졌다. 톰이 말을 이었다. "할 말이 있는데요, 저어 그 전도사님 말인데…… 그분이 우리와 함께 가고 싶다는데요." 그는 입을 다물었다. 그 말이 사람들의 마음에 파고들어 모두 조용해졌다. 톰이 덧붙였다. "좋은 사람이에요. 오래전부터 알고 지낸 사이고요. 가끔 엉뚱한 말을 꺼내지만, 그래도 도리에 어긋나는 말은 하지 않아요." 이렇게 말하고 그는 자신의 제안을 가족들의 판단에 맡겼다.

저녁놀이 서서히 엷어져 갔다. 어머니는 사람들 곁에서 떠나 집 안으로 들어갔다. 이어서 화덕 덜커덩거리는 소리가 집 안에서 들려왔다. 얼마 뒤 그녀는 생각에 잠긴 회의석상으로 되돌아왔다.

할아버지가 말했다. "두 가지 사고방식이 있지. 전도사를 안 좋게 보는 인간도 있다."

톰이 말했다. "이제 전도사는 그만뒀대."

할아버지가 손을 앞뒤로 내저었다. "한 번 전도사가 되면 죽을 때까지 전도사야. 그것만은 도저히 고칠 수 없지. 전도사와 함께 있으면 행운이 찾아온다고 생각하는 사람도 있다. 누가 죽으면 전도사가 장례식도 치러주고, 결혼식을 할 때도, 그 뒤에도 전도사가 필요하지. 아기가 태어나면 한 지붕 밑에 세례를 내려줄 사람이 있다는 얘기야. 내가 늘 하는 말이지만 전도사에도 여러 사람이 있거든. 골라내지 않으면 안될 만큼 말이야. 나는 그자가 좋더라. 딱딱한 구석도 없고."

아버지가 막대기를 땅에 꽂고 손가락으로 빙글 돌려 조그만 구멍을 만들었다. "이 문제는 전도사가 있으면 재수가 좋거나 그 사람이 좋은 사람이라거나 하는 거랑은 차원이 달라. 다 같이 꼼꼼히 따져봐야 한다고. 이런 일로 계산을 하는 건 슬픈 일이지만. 어디 보자. 할아버지와 할머니 이렇게 둘이지, 나와 존 형님과 너희 엄마까지 하면 다섯, 그리고 노아와 토미와 앨까지 여덟, 로자샨과 코니까지 열, 거기다 루디랑 윈필드를 합치면 열둘이다. 개도 어쩔 수 없이 데리고 가야지. 그런 좋은 개를 쏴죽일 수도 없는 노릇이고, 누구한테 주어 버리려도 누구 하나 남은 사람이 없으니 말이야. 모두 합치면 열 넷이 된다."

"남은 닭은 세지 않았어요. 돼지도 두 마리 있고." 노아가 말했다.

아버지가 말했다. "돼지는 가면서 먹게 소금에 절일 생각이다. 고기도 먹어야 되니까. 소금통도 싣고 가야 해. 그러니 이 수를 다 태우고 거기다 전도사까지 태울 수 있을지 걱정이다. 게다가 한 사람 몫의 식량을 더 마련하는 것도 문제고." 그는 고개를 돌리지 않은 채 물었다. "할 수 있을까, 여보?"

어머니는 마른기침을 했다. "할 수 있을까가 아니라 할 생각이 있는지가 문제잖아요?" 그녀는 딱 잘라 말했다. '할 수 있을까?' 하고만 있다간 아무 것도 못 하고 말아요. 캘리포니아에도 못 가고 아무것도 못 해요. 하지만 할 생각이 있다면 틀림없이 해나갈 수 있어요. 우리가 여기 온 지는 꽤 됐지만, 여기서는 물론이고 그전에 살던 동부에서도 조드 집안사람이건 해즐렛 집안사람이건 식사나 잠자리나 길에서 태워 달라는 부탁을 거절했다는 말은 한 번도 듣지 못 했어요. 조드 집안사람들은 사납다고들 하지만, 그런 식으로 인색한 사람은 없었죠."

아버지가 끼어들었다. "하지만 태워줄 자리가 없으면 어떡하지?" 그는 고개를 비틀고 아내를 올려다보았다. 그는 부끄러워하고 있었다. 아내의 말투가 그를 부끄럽게 만든 것이다. "트럭에 다 타지 못하면?"

어머니가 말했다. "지금도 자리는 없어요. 여섯 사람 자리밖에 없는데 틀림없이 열두 명은 타고 가야 하니까요. 하나 정도 더 는다고 해서 대단할 것도 없어요. 그리고 남자는 억세고 튼튼하니까 조금도 짐이 되지 않을 거예요. 돼지 두 마리에 돈을 1백 달러도 넘게 갖고 있으면서 사람 하나 먹일 수 있을지 걱정할 바엔—." 어머니는 여기서 말을 끊었다. 아버지는 고개를 돌렸다. 그의 마음은 아내에게 크게 한대 얻어맞아서 무참한 상처를 드러내고 있었다.

할머니가 말했다. "전도사가 있어 주면 고맙지. 오늘 아침에도 고마운 기도를 해주지 않았느냐."

아버지는 반대 의견이 안 나오나 일동을 둘러본 뒤에 말했다. "토미, 그 사람을 오라고 그래라. 같이 가기로 했으면 마땅히 여기 함께 있어야지."

주저앉아 있던 톰이 벌떡 일어나 "전도사님! 전도사님!" 부르면서 집 쪽으로 걸어갔다.

집 뒤에서 불분명한 대답이 들렸다. 톰은 모퉁이를 돌아갔다. 전도사가 벽에 기대어 앉아 밝은 하늘에 빛나는 샛별을 황홀하게 바라보고 있었다. "불렀나?" 케이시가 물었다.

"네, 당신이 우리와 함께 갈 생각이라면 저기 같이 앉아서, 계획 세우는 걸 도와줬으면 한대요."

케이시가 일어섰다. 가족회의가 어떤 것인지 아는 그는 자신이 이 가족에게 받아들여졌음을 눈치 챘다. 사실 그의 위치는 높았다. 존 아저씨가 서둘러 옆으로 비켜나 자기와 아버지 사이에 자리를 마련해 주었을 정도였다. 케이시는 다른 사람들과 마찬가지로, 트럭 발판에 걸터앉은 할아버지와 마주 보고 앉았다.

어머니는 다시 집 안으로 들어갔다. 석유등 뚜껑이 삐걱거리는 소리가 들리더니, 캄캄하던 부엌에서 노란 불빛이 새어나왔다. 어머니가 큰 냄비의 뚜껑을 열자 돼지고기와 근대 익는 냄새가 문간에서 흘러나왔다. 식구들은 어머니가 어두워진 마당을 가로질러 돌아오기를 기다렸다. 어머니는 그들 사이의 유력자였기 때문이다.

아버지가 말했다. "자, 그럼 언제 출발할지 결정해야지. 빠르면 빠를수록 좋아. 떠나기 전에 할 일은 저 돼지를 잡아서 소금에 절이는 것과 짐을 꾸리는 일이야. 이렇게 된 바엔 빠를수록 좋다."

노아가 찬성했다. "다함께 거들면 내일 안에 준비를 마칠 수 있어요. 그러니까 모레 새벽에는 출발할 수 있겠죠."

존 아저씨가 반대했다. "한낮 뙤약볕에서 고기를 차게 식힐 수는 없다. 돼지를 잡기에는 좋지 않은 계절이야. 차게 식히지 않으면 고기가 흐물흐물해져."

"그럼 오늘밤에 합시다. 오늘밤은 꽤 서늘할 테니까. 원래 밤에는 그렇잖아. 저녁을 먹고 나서 다함께 해치우자고. 소금은 있겠지?"

어머니가 말했다. "있고말고요. 잔뜩 있어요. 썩 좋은 통도 두 개나 있고요."

"그럼 다 같이 어서 끝내요." 톰이 말했다.

할아버지가 잡고 일어설 만한 것을 찾느라고 주위를 더듬대기 시작했다. "어두워졌구먼. 배도 꺼졌어. 캘리포니아에 가면 큼직한 포도송이를 종일 손에 들고 마구 먹어 줄 테다, 제기랄!" 그가 일어서자 다른 사람들도 몸을 일으켰다.

루디와 윈필드가 흙먼지 속에서 미친 듯이 깡충거리며 뛰기 시작했다. 루디가 쉰 목소리로 윈필드에게 속삭였다. "돼지를 죽이고, 그리고 캘리포니아에 가는 거야. 돼지를 죽이고, 그런 다음 가는 거라고. 두 가지를 동시에 하는 거야."

윈필드는 완전히 흥분 상태에 빠져 있었다. 손가락 하나를 목에 대고 고통에 찬 표정을 지었다. 가냘프게 비명을 지르면서 비틀비틀 돌아다녔다. "난 늙은 돼지다. 이것 봐, 나는 늙은 돼지라고. 이 피를 봐, 누나!" 그러더니 비슬비슬 땅바닥에 쓰러져 팔다리를 힘없이 버둥거렸다.

그러나 루디는 누나답게 지금이 중대한 시기임을 알고 있었다. "그리고 캘리포니아로 가는 거야." 그녀는 다시 말했다. 그녀는 지금이야말로 태어나서 처음 맞는 중대 시기라는 것을 이해했다.

어른들은 짙은 어둠을 헤치고 밝은 부엌 쪽으로 걸어갔다. 어머니가 채소와 돼지고기 옆구리 살을 양철접시에 담아 식구들에게 나눠 주었다. 그러나 자신은 먹기 전에 커다란 빨래통을 화덕 위에 올려놓고 불을 활활 지폈다. 그녀는 양동이로 몇 번이나 물을 길어다가 통에 가득 채웠다. 그리고 물을 가득 담은 양동이를 통 주위에 늘어놓았다. 부엌은 열기로 가득한 늪처럼 되었다. 가족들은 서둘러 식사를 마치고 바깥 층계에 앉아 물이 끓기를 기다렸다. 그들은 부엌 등불이 문간을 통해 캄캄한 땅바닥에 던지는 네모난 빛을 바라보았다. 그 한복판에 할아버지의 구부정한 그림자가 드리워졌다. 노아는 빗자루의 짚 한 오라기를 뽑아 이를 쑤셨다. 어머니와 '샤론의 장미'는 접시를 씻어서 탁자 위에 쌓았다.

그러다가 갑자기 식구들은 활동을 개시했다. 아버지는 일어나서 등불을 하나 더 켰다. 노아는 부엌 궤짝에서 날이 구부러진 도축용 칼을 꺼내어, 닳아빠진 조그만 숫돌에 갈았다. 그런 다음 도마 위에 살을 긁어낼 칼을 올려놓고 그 옆에 식칼을 놓았다. 아버지는 길이 3피트 가량 되는 튼튼한 몽둥이를 두 개 가져와서 도끼로 끝을 뾰족하게 깎고, 두 겹으로 반 묶음한 튼튼한 밧줄로 몽둥이 중간을 비끄러맸다.

아버지가 투덜거렸다. "그 물추리막대를 파는 게 아니었는데."

냄비에서 물이 김을 내며 끓었다.

노아가 물었다. "끓는 물을 저리로 들고 가요? 아니면 돼지를 이리 끌어오나요?"

아버지가 말했다. "돼지를 끌고 와야지. 돼지라면 끓는 물처럼 엎질러서 화상 입을 걱정은 없을 테니까. 물은 끓었나?"

"딱 좋아요." 어머니가 말했다

"그럼 됐어. 노아, 너하고 톰하고 앨은 나를 따라와라. 등불은 내가 들고 가마. 저기서 잡아 가지고 이쪽으로 날라 오자."

노아는 자기 칼을 집어 들고, 앨은 도끼를 집었다. 각자 연장을 든 네 사나이는 등불에 의지하여 돼지우리 쪽으로 걸어갔다. 루디와 윈필드가 껑충껑충 뛰면서 쫓아갔다. 돼지우리에 이르자 아버지가 울타리 너머로 몸을 내밀고 등불을 쳐들었다. 자다 깬 새끼돼지 두 마리가 미심쩍다는 듯이 코를 울리며 꾸물꾸물 일어났다. 존 아저씨와 전도사가 도우러 왔다.

아버지가 말했다. "좋았어. 찔러. 그런 다음 다함께 메고 재빨리 집으로 가서 피를 뺀 다음 끓는 물을 끼얹는 거야." 노아와 톰이 우리 안으로 들어갔다. 두 사람은 재빠른 솜씨로 돼지를 잡았다. 톰은 도끼 등으로 돼지 머리를 두 번 내리쳤다. 노아는 쓰러진 돼지 위로 몸을 굽히고 구부러진 칼로 대동맥을 찾아내어 끊었다. 피가 콸콸 쏟아졌다. 그런 다음, 비명을 지르는 돼지를 질질 끌고 우리 밖으로 나왔다. 전도사와 존 아저씨가 한 마리의 뒷다리를 잡고 끌고 가고, 톰과 노아가 나머지 한 마리를 끌고 갔다. 아버지는 등불을 들고 따라갔다. 시커먼 피가 흙먼지 위에 두 가닥 자국을 남겼다.

집에 도착하자 노아는 뒷다리의 힘줄과 뼈 사이에 칼을 밀어 넣었다. 끝이 뾰족한 몽둥이를 발과 발 사이에 끼워 벌리고, 집에서 튀어나온 부실해 보이는 서까래에 몸뚱이를 매달았다. 이어서 사나이들이 펄펄 끓는 물을 들어다가 그 시커먼 몸뚱이에 끼얹었다. 노아가 그 몸뚱이를 끝에서 끝까지 쭉 째고 내장을 땅바닥에 털었다. 몸뚱이를 좀 더 벌려 밤공기에 식히기 위해 아버지가 막대기 두 개를 더 가져와 더 뾰족하게 깎았다. 톰은 수세미로, 어머니는 무딘 칼로 가죽을 벗기고 억센 털을 제거했다. 앨은 양동이를 갖고 와서 삽으로 내장을 퍼낸 다음 집에서 떨어진 곳으로 버리러 갔다. 고양이 두 마리가 야옹야옹 울면서 그 뒤를 따라갔다. 개들도 고양이를 향해 으르렁거리며 그 뒤를 따라갔다.

아버지는 문간 층계에 앉아, 등불 빛을 받으며 매달려 있는 돼지를 쳐다보았다. 이제 털 벗겨내는 작업도 끝나 시커먼 피 몇 방울이 몸뚱이에서 바닥으로 떨어질 뿐이었다. 스윽 일어나 그쪽으로 다가가 손으로 만져보고는 다시 돌아와 앉았다. 할아버지와 할머니는 창고로 자러 갔다. 할아버지는 양초를 꽂은 등불을 들고 있었다. 다른 식구들은 층계에 조용히 앉아 있었다. 코니와 앨과 톰은 집 벽에 등을 기대고 땅바닥에 조용히 앉아 있었다. 존 아저씨는 궤짝에, 아버지는 문턱에 걸터앉아 있었다. 어머니와 '샤론의 장미'만은 아직 돌아다니고 있었다. 루디와 윈필드는 벌써 눈이 감기기 시작했지만 열심히 졸음과 싸우고 있는 중이었다. 그들은 어둠 속에서 졸린 목소리로 이야기를 나누고 있었다. 노아와 전도사는 나란히 집을 향해 쪼그리고 앉았다. 아버지가 초조한 동작으로 몸을 긁더니 모자를 벗고 머리카락을 마구 헝클어뜨리며 자신없게 말했다. "내일 아침 일찍 저 돼지를 소금에 절이자. 그리고 트럭에 짐을 싣는 거야. 침대만 빼놓고 말이지. 그러면 모레 아침에는 출발할 수 있을 거다. 기껏해야 하루도 걸리지 않아." 그는 불안스레 말했다.

톰이 끼어들었다. "할 일이 없나 두리번거리면서 온종일을 보내게 될걸요." 일동은 초조하게 몸을 움직였다. "맘만 먹으면 날이 새기 전에 다 해치우고 떠날 수도 있는데." 아버지는 손으로 무릎을 문질렀다. 모두 덩달아 초조해졌다.

노아가 말했다. "지금 바로 고기를 절여도 상하지 않을걸요. 어쨌든 잘라 놓으면 그만큼 빨리 식을 거예요."

이때 갑자기 봇물 터진 듯 말을 쏟아낸 것은 존 아저씨였다. 억제했던 감정이 마침내 폭발한 것이다. "뭣 때문에 꾸물거리는 거야? 나는 이런 일 따위 후딱후딱 해치우고 싶다. 어차피 떠날 바엔 왜 빨리 갈 생각을 안 하는 거냐?"

이 급격한 감정의 변화가 다른 사람들에게도 퍼져갔다. '왜 당장 안 떠나는 거지? 잠은 도중에 자면 되잖아?' 이렇게 부추기는 소리가 마음속에 스며들기 시작했다.

아버지가 말했다. "사람들이 그러는데 2천 마일이나 된대. 보통 먼 길이 아냐. 이제 그만 떠나야 해. 노아, 너는 나랑 같이 고기를 자르자. 나머지는 트럭에 짐을 실어줘."

어머니가 문에서 얼굴을 내밀었다. "이렇게 어두운 데서 하다가 잊어버리는 물건이 생기면 어쩌려고요?"

"날이 밝은 뒤에 살펴보면 돼요." 노아가 말했다. 모두 조용히 앉아서, 당장 할 일을 생각했다. 갑자기 노아가 벌떡 일어나더니 날이 구부러진 칼을 닳아빠진 조그만 숫돌에 갈기 시작했다. "어머니, 그 탁자 위 좀 치워 주세요." 그리고 돼지 한 마리에게 다가가서 곧바로 등뼈 한쪽을 쭉 자르고 갈비뼈에서 고기를 발라내기 시작했다.

아버지가 흥분한 얼굴로 일어섰다. "짐을 챙겨야지. 자, 다들 어서 시작."

떠나기로 결정하니 조급함이 모두에게 전염되었다. 노아는 납작하게 자른 고깃덩이를 부엌으로 들고 들어가서 절이기 좋게 작게 썰었다. 어머니가 굵은 소금을 고기에 뿌리고 서로 붙지 않도록 조심하면서 한 조각씩 통 속에 집어넣었다. 고기를 벽돌처럼 쌓고 사이사이에 소금을 뿌렸다. 이어서 노아는 옆구리 살과 다리 살을 잘라냈다. 어머니는 불을 활활 지폈다. 노아가 갈비뼈와 등뼈, 다리뼈에서 고기를 다 발라내면 나중에 뼈를 뜯어먹기 위해 오븐에 넣고 구웠다.

마당과 창고에서도 동그란 불빛이 돌아다니고 있었다. 식구들은 가지고 갈 물건을 죄다 꺼내다 트럭 옆에 쌓았다. '샤론의 장미'는 식구들 옷을 전부 꺼내 왔다. 멜빵바지, 밑창이 두꺼운 구두, 고무장화, 낡은 나들이옷, 스웨터, 양털 외투……. 이것들을 나무상자에 우겨넣고는 아예 상자 속에 들어가서 발로 꾹꾹 밟았다. 이어서 사라사 드레스, 솔, 검은 무명 양말, 아이들 옷—조그만 멜빵바지와 싸구려 사라사 드레스—을 꺼내다가 같은 상자에 넣고 다시 발로 밟았다.

톰은 연장창고에 가서, 남은 연장들 중 가지고 갈 만한 것을 전부 꺼내왔다. 톱, 스패너, 쇠망치, 못 상자, 집게 한 쌍, 납작한 줄과 동그란 줄 등등.

'샤론의 장미'는 커다란 방수포를 꺼내다 트럭 뒤 땅바닥에 펼쳤다. 그리고 2인용 매트리스 세 장과 1인용 매트리스 한 장을 간신히 문 밖으로 끌어내 방수포 위에 포개놓고, 헌 담요를 잔뜩 가져와서 그 위에 올렸다.

어머니와 노아는 돼지고기를 처리하느라 분주했다. 돼지 뼈를 굽는 냄새가 화덕에서 흘러나왔다. 아이들은 밤이 깊자 쓰러져 잠들었다. 윈필드는 문 밖 흙먼지 위에 몸을 웅크리고 잠이 들었다. 루디는 고기 자르는 것을 지켜보려고 올라가 앉았던 부엌 궤짝 위에 걸터앉은 채 벽에 뒷머리를 기대고 고른 숨소리를 내며 잠들어 있었다. 입술이 조금 벌어져 치아가 엿보였다.

톰은 연장을 다 싣고 나자 등불을 들고 부엌으로 들어왔다. 전도사가 뒤따라 들어왔다. 톰이 말했다. "이거 근사한데! 고기 냄새 좀 맡아봐요! 기름이 탁탁 튀는 소리도!"

어머니는 벽돌 같은 고깃덩어리를 통 속에 넣고 그 주변과 위에 소금을 고루 뿌리고는 손바닥으로 탁탁 때렸다. 그녀는 톰을 쳐다보고 눈웃음을 지었다. 그 눈은 진지하면서도 지쳐 보였다. "내일 아침식사로 돼지 뼈를 먹을 수 있어. 맛있겠지?"

전도사가 어머니 곁으로 다가가서 말했다. "고기 절이는 일은 제가 하지요. 그 정도는 저도 할 수 있어요. 아주머니는 달리 할 일이 많으시니까."

그녀는 일손을 멈추고 묘한 얼굴로 그를 바라보았다. 그가 이상한 말을 꺼내기라도 했다는 듯한 표정이었다. 어머니의 손은 소금이 부스럼마냥 엉겨붙고, 날고기에서 나오는 핏물로 분홍빛이 돼 있었다. 이윽고 그녀가 말했다. "이런 건 여자가 할 일이에요."

"일은 다 똑같죠. 이 세상에는 남자일, 여자일로 구별하기에는 지나치게 많은 일들이 있습니다. 아주머니는 다른 할일도 많아요. 고기 절이는 일은 제게 맡기십시오."

그래도 그녀는 그를 한참이나 물끄러미 바라보았다. 그러다가 양동이의 물을 대야에 붓고 손을 씻었다. 그녀가 지켜보는 가운데 전도사는 고깃덩어리를 집어 소금으로 문질렀다. 그리고 그녀가 한 것처럼 통 속에 포개어 넣었다. 그가 한 켜 놓고 그 위에 정성스레 소금을 뿌리고 탁탁 때리자 비로소 그녀는 만족스러운 표정을 지었다. 그녀는 허옇게 불은 손을 닦았다.

톰이 말했다. "어머니, 여기선 뭘 꺼내 가죠?"

어머니가 재빨리 주위를 둘러보며 말했다. "양동이. 그리고 식기 전부. 접시와 컵, 스푼과 나이프와 포크 전부 그 서랍에 넣어서 서랍째로 들고 가. 큰 프라이팬과 커다란 스튜 냄비와 커피포트도. 그릴이 식으면 오븐에서 꺼내주렴. 불 위에 걸기 편하니까. 이 빨래통도 갖고 갔으면 좋겠다만 없을 자리가 없겠지. 빨래는 양동이에다 하지 뭐. 자질구레한 것들은 가지고 가야 별 쓸모도 없을 거야. 큰 냄비로 작은 것을 끓일 수는 있지만 조그만 주전자로 큰 것을 끓일 수는 없지. 빵 틀도 모두 가져가렴. 차곡차곡 포개면 돼." 그녀는 그 자리에 서서 부엌을 둘러보았다. "내가 지금 말한 것만 들고 가렴, 톰. 나머지는 내가 정리할 테니까. 큰 깡통에 든 후추와 소금, 육두구하고 강판은 내가 맨 마지막에 들고 나가마." 그녀는 등불을 들고 느릿느릿 침실로 들어갔다. 그녀의 맨발은 아무 소리도 내지 않았다.

전도사가 말했다. "어머닌 지치신 것 같군."

톰이 말했다. "여자들은 언제나 지쳐 있어요. 늘 그렇죠. 기도회 때 말고는."

"음. 하지만 그 이상으로 지쳐 있어. 병에 시달린 사람처럼 실제로 피로한 상태야."

문을 막 빠져나가던 어머니에게 그의 말이 들렸다. 그러자 탁 풀렸던 그녀의 얼굴이 서서히 긴장하더니 팽팽한 근육질 얼굴에서 주름이 사라졌다. 눈매가 날카로워지고 어깨가 반듯하게 펴졌다. 그녀는 아무것도 없는 침실을 흘끗 둘러보았다. 쓰레기 말고는 아무것도 없었다. 바닥에 깔았던 매트리스도 없어졌다. 옷장도 팔았다. 방바닥에 있는 거라곤 부러진 빗과 빈 땀띠약 깡통, 생쥐 몇 마리뿐이었다. 바닥에 등불을 놓아두었다. 그녀는 의자 대신 쓰던 상자 뒤를 뒤져, 모서리가 깨진 낡고 더러운 문갑을 꺼냈다. 앉아서 그 상자를 열었다. 편지, 스크랩, 사진, 귀걸이 한 쌍, 금으로 된 조그마한 도장 반지, 머리칼을 꼬아 만들고 끝에는 금고리가 달린 시곗줄 등이 들어 있었다. 손가락으로 편지들을 가만히 쓰다듬었다. 그리고 톰의 공판 기사가 실린 신문 스크랩의 주름을 곱게 폈다. 그녀는 상자를 든 채 오래오래 들여다보며 편지를 뒤적이다가 다시 가지런히 정리하기를 반복했다. 아랫입술을 깨문 채 생각에 잠기고 추억을 더듬었다. 그러다가 마침내 결심했다. 반지, 시곗줄, 귀걸이를 꺼내고 종이다발 밑을 더듬어, 금으로 된 커프스단추를 한 개 찾아냈다. 한 봉투에서 편지를 꺼내고는 그 속에 그 귀금속들을 넣었다. 그런 다음 봉투를 접어 호주머니에 넣었다. 정성스레 상자를 닫고 손가락으로 뚜껑을 어루만졌다. 입술은 벌어져 있었다. 그리고 일어서서 등불을 집어 들고 부엌으로 돌아갔다. 화덕 뚜껑을 열고, 아직 꺼지지 않은 석탄 위에 가만히 상자를 놓았다. 눈 깜짝할 사이에 열기가 종이를 갈색으로 그을렸다. 한 줄기 불꽃이 상자를 집어삼켰다. 그녀는 화덕 뚜껑을 도로 덮었다. 불꽃이 한숨 같은 소리를 내며 상자를 태우기 시작했다.

어두운 앞마당에서는 아버지와 앨이 등불에 의지해서 트럭에 짐을 싣고 있었다. 바닥에는 연장들을 실었다. 그러나 고장이 났을 때는 금방 꺼낼 수 있도록 배치했다. 다음에는 옷상자와 마대에 넣은 부엌세간, 상자에 넣은 나이프와 접시 등을 실었다. 뒤쪽에는 1갤런짜리 양동이를 붙들어 맸다. 짐 바닥을 되도록 평평하게 매만지고, 상자와 상자 사이에는 둥글게 뭉친 담요를 쑤셔 넣었다. 그런 다음, 트럭이 수평으로 보이도록 맨 위에 매트리스를 깔았다. 마지막으로 맨 위에 커다란 방수포를 덮어 짐 전체를 감쌌다. 앨이 그 끄트머리에 2피트 간격으로 구멍을 뚫고 가느다란 밧줄을 꿰어 트럭 옆 가로 널에 비끄러맸다.

앨이 말했다. "비가 오면 이것을 위쪽 가로대에 묶으면 돼요. 그리고 그 밑에 들어가면 젖지 않을 거야. 앞좌석은 처음부터 젖을 염려가 없고."

아버지가 칭찬했다. "그거 좋은 생각이구나."

"그뿐인 줄 아세요? 기회가 생기면 긴 널빤지를 구해다가 천막의 들보를 만드는 거예요. 그 위에 방수포를 걸치는 거죠. 그러면 지붕이 생겨서 햇빛을 피할 수도 있어요."

아버지가 동의했다. "그것도 좋은 생각이다. 왜 진작 그런 생각을 못했을까?"

"그럴 시간이 있었어야죠."

"시간이 없었다고? 어슬렁거리며 돌아다닐 시간은 있었고? 지난 두 주일 동안 어딜 그렇게 싸돌아다닌 거냐?"

"남자가 고향을 떠날 때는 여러 가지 할일이 있는 거예요" 그러고는 평소와 다른 자신 없는 목소리로 말했다. "아버지, 아버진 떠나는 게 좋아요?"

"응? 글쎄, 그야—그렇구나. 적어도 여기보단 나을 거라 생각한다. 여기서는 고생이 많았어. 저쪽에 가면 모든 것이 달라질 게다. 일자리도 많고, 모든 것이 파릇파릇하고, 조그만 하얀 집이 있고, 그 둘레에는 오렌지가 자라고 말이다."

"어딜 가나 오렌지 천지예요?"

"그렇게까지 오렌지 천지는 아닐 테지만, 대체로 그럴 거다."

새벽의 첫 어스름 빛이 하늘을 비추기 시작했다. 모든 준비는 끝났다. 돼지고기 통도 준비가 끝났고, 닭장도 꼭대기에 얹기만 하면 되었다. 어머니가 오븐을 열고 구운 돼지 뼈를 꺼냈다. 노릇노릇 구워진 고기가 뼈에 잔뜩 달라붙어 있었다. 루디는 반쯤 깼다가 궤짝에서 미끄러진 채로 다시 잠이 들었다. 어른들은 문간에 모여서, 몸을 으슬으슬 떨며 노릇노릇한 돼지고기를 뜯어먹었다.

톰이 말했다. "할머니, 할아버지를 깨워야죠. 곧 날이 밝을 테니까."

어머니가 말했다. "나는 아직 깨우고 싶지 않구나. 정말 출발할 때가 되기 전에는 말이야. 모두 수면부족이니까. 루디와 윈필드도 충분히 자지 못 했어."

아버지가 말했다. "뭘, 짐 위에서 자면 되지. 아주 아늑할 거야."

갑자기 개들이 흙먼지에서 벌떡 일어나 귀를 쫑긋 세웠다. 그리고 으르렁대더니 어둠 속으로 사납게 짖어대며 달려갔다. "왜 저러지?" 아버지가 의아한 듯 말했다. 곧 누군가가 이어서 짖어대는 개들을 달래는 소리가 들리더니, 짖는 소리가 다소 누그러졌다. 이어서 발소리와 함께 한 사나이가 다가왔다. 뮬리 그레이브스였다. 모자를 깊숙이 눌러 쓰고 있었다.

그가 조심스레 다가와서 말했다. "안녕들 하세요."

아버지가 손에 들고 있던 돼지 다리뼈를 흔들며 말했다. "아니, 뮬리구나. 이리 와서 고기 좀 먹어라."

"괜찮습니다. 전 배고프지 않아요."

"그러지 말고 먹으라고, 뮬리, 자!" 아버지는 집 안으로 들어가 갈비뼈를 한 움큼 들고 나왔다.

"전 뭘 얻어먹으러 온 게 아녜요. 이 근처를 지나다가 어떻게 떠나시려나, 혹시 작별인사라도 할 수 있을까 싶어서 온 거예요."

"이제 곧 출발이야. 한 시간만 더 늦게 왔으면 만날 수 없었을 거다. 벌써 짐도 다 실었으니 말이다."

"다 실었군요." 뮬리는 짐을 실은 트럭을 쳐다보았다. "가끔은 저도 가족을 만나러 가고 싶다는 생각을 해요."

어머니가 물었다. "캘리포니아에서 가족들한테 소식이 온 적이 있니?"

"아니오, 아무것도 없었어요. 하지만 우체국을 찾아가본 적이 없으니까요. 언젠가 한 번은 가봐야겠지만."

아버지가 말했다. "앨, 가서 할머니와 할아버지를 깨우고 와라. 이리 와서 식사하시라고 해. 곧 출발해야 하니까." 앨은 건들거리며 헛간 쪽으로 걸어갔다. "뮬리, 너도 우리와 함께 갈 생각은 없냐? 어떻게든 네 자리를 마련해줄 테니까 말이다."

뮬리가 갈비뼈에 붙은 고기를 물어 씹으며 말했다. "가끔 그러고 싶다는 생각도 해요. 하지만 그럴 수 없다는 걸 스스로도 알고 있어요. 막판에 이르면 묘지의 늙어빠진 유령처럼 숨고 도망쳐 다닐 거란 사실쯤은 충분히 알아요."

노아가 말했다. "뮬리, 너 그러다 언젠가 개죽음을 당하게 될 거야."

"알아, 그 생각도 해봤어. 이따금 굉장히 외롭다는 생각이 들 때도 있고, 간혹 이대로 괜찮다 싶기도 하고. 또 즐겁다고 느낄 때도 있어. 이제 어느 쪽이든 상관없어. 하지만 만약 우리 가족을 만나게 되면―사실은 이 말을 하고 싶어서 찾아 온 거야―만약 캘리포니아에서 우리 가족 중 한 사람이라도 만나면, 그냥 내가 건강히 잘 있다고 전해줘. 나는 무사히 잘 해나가고 있다고. 내가 이런 생활을 하고 있다는 건 절대로 말하지 말고. 돈이 생기는 대로 찾아가겠다는 말도."

어머니가 물었다. "정말 그렇게 할 생각이니?"

"아뇨." 뮬리가 작은 목소리로 말했다. "아뇨, 그럴 마음은 없어요. 저는 떠날 수 없어요. 이제는 무슨 짓을 해서라도 여기서 버티고 있어야 해요. 그전 같으면 떠났을지도 모르지만, 이제는 그럴 수가 없어요. 인간은 여러 모로 생각하면서 깨달아 가죠. 저는 절대로 떠날 수 없어요."

어스름이 밝아지기 시작했다. 등불이 흐려 보였다. 앨이 몸부림치며 발을 절뚝거리는 할아버지를 끌고 돌아왔다. "할아버지는 깨어 계셨어요. 헛간 뒤에 앉아 계셨어요. 아무래도 상태가 안 좋아 보여요."

할아버지의 눈은 흐릿했다. 평소의 심술궂은 빛은 깨끗이 자취를 감추고 없었다. "나는 아무렇지도 않다. 떠나지 않겠다고 결정한 것뿐이야."

아버지가 물었다. "안 가신다고요? 안 가시다뇨, 무슨 말씀이세요? 보세요, 이렇게 짐도 다 실었고 이제 떠나기만 하면 되는데. 꼭 가셔야 해요. 이제 우리가 머물 수 있는 곳은 없다고요."

"너보고 여기 있으라는 소리는 아니다. 얼마든지 가거라. 나 말이다, 나, 내가 안 간다는 거야. 간밤에 밤새도록 생각해 봤어. 여기는 내 고향이야. 나는 꼭 여기에 있어야 해. 그러니까 사람이 잠자리에 드러누울 자리도 없을 만큼 오렌지와 포도가 많다고 해도 나는 싫다. 안 간다. 여기는 별 볼 일 없는 고장이지만, 내 고향이야. 나는 싫어. 너희들은 사양 말고 어서 떠나거라. 나는 내가 있어야 할 곳에서 떠나지 않을 테다."

모두 할아버지 둘레로 모여들었다. 아버지가 말했다. "여기 계실 수는 없어요. 아버지, 이 땅은 곧 트랙터 밑에 깔려 버릴 거예요. 누가 아버지에게 음식을 만들어 드리죠? 어떻게 생활하겠다는 거예요? 여기 남을 수는 없어요. 시중드는 사람도 아무도 없으니 아버지는 굶어죽고 말 거예요."

할아버지가 외쳤다. "제기랄! 나는 늙은이지만 아직 내 몸 하나는 돌볼 수 있어. 뮬리는 어떻게 살고 있는데? 나도 뮬리에게 지지 않을 만큼 할 수 있단 말이다. 난 안 가기로 결정했으니 너희들이 포기해라. 데리고 가고 싶거든 할머니나 데리고 가. 하지만 나는 사절이다. 내가 말하고 싶은 건 그것뿐이다."

아버지는 어쩔 줄 몰라 하며 말했다. "아버지, 제 말씀 좀 들어보세요. 조금만, 1분만이라도 좋아요."

"안 듣는다. 내 할 말은 벌써 다 했어."

톰이 아버지 어깨에 손을 얹었다. "아버지, 집 안으로 들어가요. 잠깐 얘기할 게 있어요." 톰은 아버지와 함께 집 쪽으로 걸어가며 어머니도 불렀다. "어머니, 잠깐 이쪽으로 오세요."

부엌에는 등불이 하나 켜져 있고, 돼지 뼈가 접시에 수북하게 담겨 있었다. 톰이 말했다. "할아버지한테 떠나지 않겠다고 말할 권리가 있다는 건 알고 있어요. 그렇지만 여기 남을 순 없잖아요. 말할 필요도 없는 일이죠."

"암 그렇고말고. 남을 수는 없지." 아버지가 말했다.

"그래서 말인데요. 잘 들으세요. 우리가 할아버지를 붙잡아서 묶거나 한다면 어디 다치실지도 모르고, 할아버지는 할아버지대로 화가 나서 난동을 부리다가 또 다치실지도 몰라요. 지금은 말도 안 통할 테고. 그러니까 차라리 할아버지를 취하게 만들면 어때요? 위스키 있나요?"

아버지가 말했다. "없어. 지금 이 집 안에 위스키 같은 건 한 방울도 없다. 형님도 없을 거다. 안 마실 때는 완전히 술과는 담을 쌓는 사람이니까."

어머니가 말했다. "톰, 윈필드가 귀앓이를 했을 때 사온 진통제가 반병쯤 남았는데. 그런 건 안 되니? 윈필드가 통증이 심할 때 그걸 먹여서 잠들게 했는데."

"괜찮을 것 같네요. 어머니, 그걸 줘 보세요. 어쨌든 시험해 보죠."

"저 밖 쓰레기더미에 내버렸는데." 어머니가 등불을 들고 밖으로 나가더니, 금세 검은 약이 반쯤 들어 있는 병을 들고 돌아왔다.

톰이 그것을 받아 맛을 보았다. "맛은 그리 고약하지 않은데? 블랙으로 커피 한 잔, 진하게 타주세요. 어디 보자―티스푼으로 하나, 아니, 더 넣는 게 좋겠네. 두세 스푼 정도."

어머니는 화덕을 열고 뜨거운 재 위에 커피포트를 올려놓고는 물과 커피를 적당히 넣었다. "빈 깡통에 담아 드려야겠구나. 컵은 모두 짐에 넣었으니."

톰과 아버지는 밖으로 나갔다. 할아버지가 말했다. "사람은 앞으로 하고 싶은 일을 말할 권리가 있어. 아니, 누가 갈비를 다 뜯어먹었냐?"

톰이 말했다. "우리도 먹고 왔어요. 어머니가 지금 할아버지 드리려고 커피하고 돼지고기를 준비하고 있어요."

노인은 안으로 들어가서 커피를 마시고 돼지고기를 먹었다. 바깥에 있는 사람들은 점차 밝아지는 새벽빛 속에 잠자코 앉아, 문을 통해 그를 관찰했다. 할아버지가 하품을 하고 휘청거리는 것이 보였다. 그러더니 탁자에 두 팔을 올려놓고 팔에 머리를 얹은 채 잠이 들었다.

톰이 말했다. "할아버지는 원래부터 지쳐 계셨어. 푹 주무시게 놔둬요."

이제 준비는 완전히 끝났다. 할머니가 잔뜩 들뜬 어조로 말했다. "아니 이게 다 뭐냐? 이 꼭두새벽부터 뭘 하는 게야?" 말은 그렇게 하면서도 할머니는 옷을 갖추어 입었고, 기분도 좋아 보였다. 루디와 윈필드도 눈을 떴지만, 피곤한데다가 잠이 덜 깨어 얌전했다. 햇빛이 서둘러 체로 친 것처럼 지면에 쏟아져 내렸다. 식구들의 움직임이 멈췄다. 본격적인 첫걸음을 내딛기를 꺼려하며 모두 멀거니 서 있었다. 막상 때가 되자 두려워진 것이다—할아버지가 그랬던 것처럼 그들은 이 작은 집이 새벽빛을 받아 또렷하게 드러나는 것을 보았다. 등불 빛이 엷어져 노란빛의 동그라미가 거의 안 보이게 되었다. 별은 서쪽 하늘에서 하나 둘 자취를 감추었다. 가족들은 몽유병 환자처럼 우두커니 서 있었다. 눈은 아득히 먼 곳을 향해 초점을 맞추어 세세한 부분은 제쳐두고 넓은 새벽하늘을, 광활한 대지를, 이 고장의 모든 색채를 동시에 바라보았다.

뮬리 그레이브스 혼자만 공연히 돌아다니며, 옆에 두른 널빤지 사이로 트럭 안을 들여다보기도 하고, 트럭 뒤에 매달아 놓은 예비 타이어를 두드려보기도 했다. 그러다 톰에게 다가가서 말했다. "너 주를 넘어갈 생각이야? 임시 석방 선서를 어길 셈이야?"

톰이 정신을 차리려는 듯 몸을 크게 흔들었다. "이런, 해 뜰 시간이 다 됐잖아." 그리고 큰 소리로 외쳤다. "자, 다들 출발해야 해!" 그러자 다른 사람들도 정신을 차리고 트럭으로 다가왔다.

톰이 말했다. "자, 가자. 다함께 할아버지를 트럭에 태우자고." 아버지와 존 아저씨와 톰과 앨이 부엌으로 들어갔다. 할아버지는 팔에 머리를 파묻고 잠들어 있었다. 탁자 위에는 할아버지가 흘린 커피 한 줄기가 말라가고 있었다. 그들은 할아버지 겨드랑이 밑에 손을 넣어 일으켜 세웠다. 할아버지는 술 취한 사람처럼 탁한 목소리로 중얼중얼 욕지거리를 했다. 문을 겨우 빠져나와 트럭까지 갔다. 톰과 앨이 위로 기어 올라갔다. 몸을 구부리고 할아버지 무릎 아래에 손을 넣어 살그머니 끌어올린 다음 짐 위에 눕혔다. 앨이 방수포 끈을 풀자 다 같이 할아버지를 그 밑으로 굴려넣었다. 방수포가 내리누르지 않도록 할아버지 옆에 궤짝을 하나 놓은 다음 방수포를 씌웠다.

앨이 말했다. "천막을 칠 수 있게 기둥을 세워야지. 저녁에 차를 세우면 해야겠어." 할아버지가 무어라고 중얼대며 눈을 뜨려고 힘없이 버둥댔다. 그러다가 겨우 안정되자 다시 깊은 잠에 빠져 들었다.

아버지가 말했다. "여보, 당신과 어머니는 한동안 앨과 같이 앞에 타라고. 나중에 편하게 계속 돌아가며 자리를 바꾸겠지만, 둘이 먼저 거기 타." 두 사람은 운전석에 올라탔다. 이어 나머지 사람들—코니와 '샤론의 장미', 아버지와 존 아저씨, 루디와 윈필드, 톰과 전도사가 짐 위로 우르르 기어올랐다. 노아는 밑에 서서, 트럭 위에 앉은 인간이라는 큰 짐을 올려다보고 있었다.

앨이 트럭 주변을 돌며 아래쪽 스프링을 점검했다. "아이고! 스프링이 죄다 납작해졌잖아. 밑에 버팀을 해주길 잘 했지."

노아가 말했다. "아버지, 개들은 어떡하죠?"

"그렇구나, 개들을 잊어버렸었군." 아버지가 휘익 휘파람을 불었다. 한 마리가 쏜살같이 달려왔다. 그런데 그 한 마리밖에 보이지 않았다. 노아가 개를 붙잡아 트럭 위로 던져 올렸다. 개는 높이에 놀라 몸을 잔뜩 경직시킨 채 부들부들 떨며 앉아 있었다. "다른 두 마리는 남겨 두고 가야겠군. 뮬리, 그 녀석들 좀 보살펴 주지 않겠나? 굶어죽지나 않게 말야."

"그러죠. 개를 두 마리나 키우게 되다니 기쁜걸요. 좋아요! 내가 데려가 돌보죠."

"닭도 데리고 가." 아버지가 말했다.

앨은 운전석에 올라탔다. 시동이 부르릉 하고 걸리다가 한번 꺼질 뻔하더니 다시 부르릉거렸다. 이어 육기통이 천천히 돌아가는 소리와 함께 뒤에서 푸른 연기가 피어올랐다. 앨이 외쳤다. "잘 있어, 뮬리!"

가족들도 모두 큰 소리로 말했다. "잘 있어, 뮬리!"

앨이 기어를 저속에 놓고 클러치를 밟았다. 트럭이 부릉부릉 몸을 떨면서 몸부림치듯이 앞마당을 가로질렀다. 기어를 2단에 놓았다. 그들이 언덕을 기듯이 올라가자 그 주변으로 적갈색 흙먼지가 모락모락 피어올랐다.

앨이 말했다. "쳇! 짐이 너무 무거워. 이번 여행길은 그리 순탄하지 못할 것 같은데."

어머니는 뒤를 돌아보려고 했지만 잔뜩 쌓인 짐에 가려 보이지 않았다. 그녀는 고개를 원래대로 하고 정면에 펼쳐진 흙바닥 길을 물끄러미 내려다보았다. 눈이 몹시 피곤해 보였다.

짐 위에 앉은 사람들은 모두 뒤를 돌아보았다. 집을 보고, 창고를 보았으며, 아직도 굴뚝에서 희미한 연기가 피어오르는 것을 보았다. 창문이란 창문이 모두 첫 햇살을 받아 붉게 물들어 가는 것을 보았다. 뮬리가 그들을 배웅하면서 기운 없이 앞마당에 서 있는 것을 보았다. 어느새 언덕이 그 모든 것을 가려버렸다. 목화밭이 길가에서 끝도 없이 펼쳐져 있었다. 트럭은 흙먼지를 헤치고 고속도로를 향해 서쪽으로 천천히 달려갔다.

11

집들은 텅 빈 채 남겨졌다. 땅도 텅 비었다. 은빛으로 빛나는 골함석 지붕을 인 트랙터 창고만이 살아 있었다. 그것은 금속과 휘발유와 기름을 먹고 살며 원반형 가래를 반짝반짝 빛냈다. 트랙터는 형형하게 빛나는 라이트를 달고 있었으므로 밤낮을 구별할 필요가 없었다. 원반은 어둠 속에서도 땅을 파헤치고, 대낮의 햇빛에서도 번쩍거리기 때문이다. 말이 일을 마치고 외양간에 들어가면 거기에는 생명과 활력이 서린다. 콧김이 있고, 온기가 있다. 발굽은 줄기차게 짚을 밟아대고, 턱은 마른풀을 요란하게 씹으며, 귀와 눈도 살아 있다. 외양간 안에는 생명의 온기가 있고, 생명의 열과 냄새가 있다. 그러나 트랙터 모터가 꺼지면 그것은 생명을 잃고 본디 모습인 철광으로 돌아간다. 생명의 열기가 시체에서 떠나듯이 엔진의 열기가 사라진다. 함석 문이 닫힌다. 트랙터 운전사는 차를 몰고 20마일쯤 떨어진 시내에 있는 집으로 돌아간다. 앞으로 몇 주일, 아니 몇 달은 돌아올 일이 없다. 트랙터가 죽어버렸기 때문이다. 그것은 편하고 능률적인 방법이다. 너무 편해서 일에 대한 경이로움이 없어진다. 너무 능률적이어서 땅과 땅의 작용에 대한 경이로움이 사라진다. 그와 동시에 깊은 이해와 유대도 어디론가 가 버린다. 트랙터 운전사 마음에는 그와 같은 이해나 유대가 전혀 없는 이방인에게만 나타나는 경멸심이 생긴다. 질산염도, 인산염도, 목화 섬유의 길이도 토지가 아니기 때문이다. 탄소는 인간이 아니다. 염분도 수분도 칼슘도 마찬가지다. 인간은 그 모두를 갖추고 있으나, 그것을 아득히 넘어선 존재이다. 대지 역시 그 구성물을 훨씬 뛰어넘는 존재이다. 화학성분 이상의 존재인 인간, 대지를 걷고 돌을 파내기 위해 가래 끝을 돌리고, 가래 자루를 내려 흙 위로 드러난 바위 위를 미끄러지듯 지나가고, 대지에 무릎을 꿇고 점심을 먹는 인간—자신을 구성하는 여러 요소들을 뛰어넘은 인간은 구성물을 뛰어넘은 토지 본연의 모습을 알고 있다. 그러나 잘 알지도 못하고 사랑하지도 않는 토지 위에서 생명 없는 트랙터를 운전하는 기계인간은 그저 화학을 이해할 뿐이다. 그는 토지를, 그리고 자기 자신을 경멸한다. 함석 문이 닫히면 그는 집으로 돌아가지만, 그의 집은 토지가 아니다.

빈 집들의 문이 쾅 열리고 바람에 앞뒤로 흔들거렸다. 장난꾸러기 패거리가 시내에서 몰려와 유리창을 깨고, 쓰레기를 뒤적거리며 보물을 찾았다. 이야, 여기 이가 반쯤 나간 칼이 있다. 이거 근사한데? 여기서 쥐 죽은 냄새가 나잖아. 이것 좀 봐, 화이티가 벽에 이런 낙서를 갈겨 놓았네. 걔는 학교 변소에도 이런 낙서를 했다가 선생님한테 혼나고 닦아 냈지.

가족들이 이곳을 떠난 첫날 노을이 깔리자, 먹이를 찾아다니던 고양이들이 밭에서 어슬렁어슬렁 기어 나와 베란다에 서서 야옹야옹 울었다. 아무도 나오지 않자 고양이들은 열려 있는 문으로 살그머니 들어가 야옹거리며 빈 방들을 돌아다녔다. 그러다가 다시 밭으로 돌아간 뒤로는 도둑고양이가 되어 땅쥐나 밭쥐를 잡아먹고, 낮에는 고랑에서 잤다. 밤이 되자 낮 동안 햇빛을 피해 문간에서 꼼지락대던 박쥐들이 집 안으로 날아 들어와 빈 방을 미끄러지듯 돌아다녔다. 곧 낮에도 어두운 방구석 서까래에 날개를 접고 거꾸로 매달려 밤을 기다리게 되었다. 박쥐 똥 냄새가 빈 집 안을 가득 매웠다.

생쥐들도 옮겨와서 방구석이며 궤짝이며 부엌 서랍 속에 잡초 씨를 저장했다. 이번에는 족제비가 생쥐를 잡으러 들어오고, 갈색 올빼미들이 소리 높여 울며 날아들었다 날아가곤 했다.

소나기가 짧게 쏟아졌다. 전 같으면 어림없었을 현관 앞 층계 앞에 잡초가 돋아났다. 베란다 널빤지 틈으로 풀이 고개를 내밀었다. 집들은 텅 비었다. 텅 빈 집은 금방 허물어진다. 녹슨 못에서 시작된 균열이 나무 벽을 타고 올라갔다. 흙먼지가 바닥에 수북이 쌓였다. 생쥐와 족제비와 고양이 발자국만이 거기에 흔적을 남겼다.

어느 밤, 바람은 지붕 널 한 장을 들어내 땅바닥으로 날려버렸다. 이어서 불어온 바람이 그 자리를 파고들어 석 장을 벗겨내고, 그 다음 바람이 열두어 장을 날려 버렸다. 한낮의 타는 듯한 태양이 구멍으로 비쳐들어 마룻바닥 한 곳에 뜨거운 햇볕을 던졌다. 밤에는 도둑고양이들도 밭에서 기어 나왔으나, 이제 현관에서 우는 일은 없었다. 그들은 달을 스치는 구름의 그림자처럼 소리없이 방으로 기어들어와 생쥐를 잡았다. 바람 부는 밤에는 문짝이 덜컹덜컹 소리를 내고, 누더기가 된 커튼이 깨진 창문에서 펄럭였다.

12

66번 고속도로는 주요 이주 도로다. 66번 도로—내륙을 횡단하는 이 긴 콘크리트길은 지도에서 보면 상하로 완만하게 구불거리며 미시시피강에서 베이커스필드(캘리포니아주 남부 도시)로 이어진다—는 붉은 땅과 잿빛 땅을 넘어 산을 따라 구불구불 기어올라 로키산맥을 지나 햇볕이 내리쬐는 끔찍한 사막지대로 내려갔다가, 사막을 넘어 다시 산맥으로 들어가 이윽고 풍요로운 캘리포니아 계곡으로 내려간다.

66번 도로는 피난민들의 길이다. 모래먼지로 황폐해진 땅에서, 트랙터의 굉음과 사라져가는 소유권에서, 스멀스멀 북쪽으로 침입해 오는 사막에서, 텍사스 주에서 북쪽으로 휘몰아쳐 오는 폭풍우에서, 토지에 이익을 주기는커녕 한줌의 결실마저 앗아가는 홍수에서 피난가는 사람들의 길이다. 이 모든 것에서 사람들은 도망쳐 온다. 그들은 66번 도로에서 뻗은 샛길에서, 마차와 수레바퀴 자국으로 울퉁불퉁한 시골 길에서 몰려든다. 66번 도로는 모든 길들의 모체요, 피난의 길이다.

66번 도로를 따라 클라크스빌, 오자크, 밴 뷰런, 포트스미스를 지나면 거기가 아칸소주의 끝이다. 그리하여 모든 길이 오클라호마시티로 모여든다. 북으로는 털사에서 66번 도로가 내려오고, 남으로는 매칼리스터에서 270번 도로가 올라온다. 81번 도로가 남쪽 위치타 폴즈에서 북쪽 이니드로 뻗어 있다. 에드먼드, 맥라우드, 퍼셀. 66번 도로가 오클라호마시티를 빠져나간다. 66번 도로를 따라 서쪽으로 엘리노, 클린턴을 지나면 하이드로, 엘크시티, 텍솔라가 나오고, 여기가 오클라호마주 끝이다. 66번 도로는 텍사스 주 팬핸들 지대를 가로질러 셤락, 미클라인, 콘웨이를 지나 황색 도시 아마릴로로 이어진다. 그리고 윌도라도, 베가, 보이시. 여기서 텍사스 주가 끝난다. 투컴카리, 산타로사 그리고 뉴멕시코 주 산악 지대로 들어가 앨버커키까지 가면 산타페에서 내려오는 도로와 만난다. 거기서 대협곡으로 유명한 리오 그란데 강을 따라 라스루나스까지 남하했다가 다시 66번 도로를 따라 서쪽으로 갤럽까지 가면, 거기가 뉴멕시코주 경계다.

이제부터 고산지대이다. 애리조나 주 고산도시인 홀브룩, 윈슬로, 플래그스태프를 지나면 거대한 파도처럼 기복이 심한 대고원. 애시포크, 킹맨, 그리고 다시 바위산들. 여기서는 길어온 물을 사먹어야 한다. 애리조나의 강한 햇볕에 황폐해진 험준한 산들을 지나 절벽마다 푸른 갈대가 우거진 콜로라도강에 이르면, 애리조나주가 끝난다. 이 강 너머에 캘리포니아주가 있고, 그 들목에 아름다운 도시가 있다. 강변 도시 니들스이다. 그러나 강은 이곳에서는 이방인이다. 니들스에 북상하여 목초지를 넘으면 모하비 사막이 펼쳐진다. 66번 도로는 이 무서운 사막을 횡단한다. 사막 저 멀리까지 아지랑이가 피어오르고, 시커먼 중앙산맥이 아득하게 높이 솟아 있다. 이윽고 바스토가 나오지만 사막은 끝난 게 아니다. 계속해서 사막을 지나다 보면 마침내 다시 산들이 치솟기 시작한다. 멋진 산들이다. 66번 도로는 그 사이를 누비듯 지나간다. 별안간 고개와 맞닥뜨린다. 눈 아래로 아름다운 계곡과 과수원, 포도원, 조그만 집들이 내려다보이고 저 멀리 도시가 바라다 보인다. 그제야 여행은 끝이 난다.

피난민들은 때로는 차 한 대로, 때로는 조그만 상단을 꾸려 66번 도로로 흘러들어온다. 온종일 느릿느릿 도로를 달리다 밤이 되면 물가에 차를 세웠다. 낮에는 낡은 구멍투성이 라디에이터가 몇 줄기 김을 하늘로 뿜어 올렸다. 헐거워진 연접봉이 덜걱거리며 연방 시끄러운 소리를 냈다. 트럭이나 짐을 꾸역꾸역 실은 승용차를 몰고 가는 사나이들은 걱정스러운 듯 그 소리에 귀를 기울였다. 도시와 도시 사이는 얼마나 떨어져 있지? 그 중간이 걱정인데. 도중에 무슨 고장이라도—으음, 만약 어디 고장이라도 나면 그 자리에서 야영을 하는 수밖에 없지. 그동안에 짐이 마을까지 걸어가서 부품을 사 가지고 다시 걸어서 돌아와라. 그런데 식량은 얼마나 남았지?

저 모터 소리 좀 들어봐. 바퀴 소리도 잘 들어. 핸들을 잡고 잘 들어 봐. 변속 레버에 손바닥을 대고 잘 들으라고. 발바닥을 차 바닥에 대고 잘 들어. 모든 감각을 동원해서 골골거리는 이 고물 자동차의 맥을 짚어본다. 소리나 리듬이 조금이라도 이상하다면—여기서 일주일쯤 묶여 있어야 하나? 저 덜 컹대는 소리는 뭐지? —저건 태핏이야. 조금도 위험할 것 없어. 태핏이 우는 것쯤은 아무것도 아냐. 그런데 차가 굴러갈 때 나는 저 묵직한 소리는—귀 로는 안 들리는데. 그냥 몸으로 느끼는 건가? 어쩌면 기름이 어딘가로 들어 가지 못 하는 건지도 모르지. 아니면 베어링이 망가지기 시작했나? 제기랄, 베어링이면 어떻게 한다지? 돈이 자꾸만 줄어들잖아.

근데 오늘은 왜 이렇게 엔진이 과열됐담? 이 고갯길은 경사가 급한 곳도 아닌데. 어디 좀 보자. 이런 빌어먹을! 팬벨트가 나갔잖아! 자, 이 밧줄을 잘라서 벨트를 만들어 줘. 얼마나 길면 되지? —그 정도면 돼. 양 끝은 내가 묶지. 자, 이번엔 살살 달려—마을에 도착할 때까지는 천천히 달리라고. 밧 줄로 만든 벨트는 오래 가지 못 할 테니까.

이 헐어빠진 라디에이터가 과열되기 전에 어떻게든 오렌지가 주렁주렁 달 린 캘리포니아에 도착해야 할 텐데. 제발.

타이어도 걱정이야. 고무가 두 장이나 나갔어. 겨우 네 겹밖에 안 되는데. 돌에 부딪쳐 펑크만 나지 않으면 앞으로 1백 마일은 달릴 수 있겠지? 어떻 게 할까? 1백 마일을 달릴까, 튜브를 못 쓰게 만들까? 어떻게 한다? 좋아, 1백 마일이다. 응, 그것도 재밌겠어. 튜브 땜질할 고무는 있으니까. 펑크가 나더라도 공기가 조금 새는 정도에서 끝날지도 모르고. 타이어를 때우는 건 어때? 어쩌면 500마일은 더 갈는지 몰라. 펑크 날 때까지 신나게 달려보자.

타이어를 하나 사야겠군. 하지만 빌어먹을 놈들, 고물 타이어에 엄청나게 바가지를 씌운단 말야. 이쪽 눈치를 살살 살피면서 간을 보는 거야. 우리가 여행을 계속해야 하는 걸 알고 있단 말이지. 이쪽이 기다리지 못한다는 걸 알고 있어. 그러니까 값이 마냥 오르는 거야.

사든지 말든지 맘대로 하시오. 나도 재미로 장사하는 건 아니니까. 나는 여기서 타이어를 파는 거지 거저로 주는 게 아니란 말이오. 당신네들 사정이 어떻건 내가 알 바 아니오. 당장 내 코가 석자거든.

다음 도시까지 얼마나 되나요?

어제는 당신네 같은 차가 지나가는 걸 마흔 두 대나 봤지. 당신들은 어디서 오는 거요? 다들 어디로 가는 거요?

아, 캘리포니아란 큰 주지요.

그다지 크지도 않소. 합중국 전체가 그리 크지 않으니까. 그리 크지 않고말고. 땅덩이가 부족하다니까. 당신과 나, 당신네 같은 사람들과 나 같은 사람들, 가난뱅이와 부자가 몽땅 한 나라에서 살 만한 여유가 없는 거요. 도둑놈과 정직한 자, 굶주린 자와 뒤룩뒤룩 살찐 자, 이 모두가 함께 살만한 땅이 없단 말이지. 원 고장으로 도로 가는 게 어떻소?

여긴 자유의 나라요. 누구든 가고 싶은 곳으로 갈 수 있지.

그건 당신 혼자 생각이지! 캘리포니아주 경계에 감시대가 있다는 소리 못 들었소? 로스앤젤레스에서 온 경찰 말이오. 당신네 같은 사람들을 못 들어가게 내쫓는 거지. 땅 한 덩어리 사지도 못하는 자들에게는 일 없다는 거지. 운전면허증 있나? 어디 좀 보여줘, 하고선 찢어 버리는 거야. 그리고선 운전면허증이 없으면 못 들어간다고 으러댄다고.

여기는 자유의 나라요.

그럼 어디 무슨 일을 할 자유를 얻어 보구려. 듣자 하니 돈으로 살 수 있는 만큼만 자유라던데.

캘리포니아는 품삯이 좋다잖소. 그런 말이 쓰인 전단지를 갖고 왔다고.

바보 같은 소리! 되돌아오는 사람들을 이 두 눈으로 똑똑히 봤는걸. 당신네들 속고 있는 거야. 아니, 이 타이어 살 거요, 말 거요?

필요하다니까, 제길! 그런데 주인 양반, 그걸 사면 우리도 이제 거지야. 몇 푼 안 남게 된단 말이요.

글쎄, 나는 자선사업을 하는 게 아니라니까. 그래, 살 거요?

사야지. 잠깐 좀 보여 주시오. 좀 열어 봐요, 씌우개를 봐야겠어. 아니, 이 사기꾼! 씌우개는 괜찮다더니 구멍이 다 났잖아!

그럴 리가! 어디 보자, 정말이군. 이걸 왜 못 봤을까?

이 자식, 못 보긴 뭘 못 봐! 이 쓰레기 같은 씌우개를 갖고 4달러나 받아 먹을 속셈이었군! 이 개자식, 한 대 갈겨줬으면 속이 시원하겠네.

자자, 진정하시오. 아, 못 봤다니까 그러네. 그럼 이건 어떻소? 내, 3달러 50센트에 드리지.

허, 이런 뻔뻔스런 놈을 봤나. 무리해서라도 다음 마을까지 가자.

우리 그 타이어로 갈 수 있을까?

가야지 다른 수 있어? 저런 썩을 놈한테 단돈 10센트라도 주느니 차라리 타이어 없이 가겠다.

장사치들이 그런 줄 몰랐어? 아까 그자가 말한 것처럼 재미로 장사하는 게 아니라고. 장사란 그런 거야. 그걸 모르겠어? 어떤 사람이—저기 저 길가에 간판 보여? 서비스 클럽, 화요일에 오찬, 콜마도 호텔이라고 쓰인 것 말이야. 누구나 환영. 저게 서비스 클럽이라는 거야. 어떤 사람이 이런 얘길 했지. 어느 날 그자가 저런 모임에 가서 상인 회원들 앞에서 이런 말을 했대. 내가 어렸을 때 우리 아버지가 내게 고삐 맨 암송아지를 주면서 이렇게 말했죠. 이걸 끌고 가서 서비스 좀 시켜 줘라. 나는 시키는 대로 했습니다만, 그 뒤로는 장사꾼이 서비스 운운하는 소리를 들을 때마다 이번에는 누가 곤욕을 치르나 생각하게 되었지요. 장사치들은 거짓말을 늘어놓고 속여먹지 않으면 일이 되지 않아. 그걸 다른 말로 하고 있는 것뿐야. 그게 중요한 점이지. 가령 네가 타이어를 훔치면 도둑놈이 되지. 저쪽은 다 떨어진 타이어로 너의 4달러를 훔치려고 했지만, 그걸 놈들은 훌륭한 장사라고 부르는 거야.

뒷좌석의 대니가 물이 마시고 싶다는군.

기다려. 여긴 물이 없어.

들어 봐, 저건 뒤에서 나는 소린가?

모르겠는데.

소리가 차체를 타고 전기 신호처럼 전해져 온다.

개스킷이 하나 나갔구나. 빨리 가야겠어. 저 바람 새는 소리 좀 들어 봐. 어디 야영할 만한 자리를 찾아봐. 실린더헤드를 떼서 좀 봐야겠어. 제길, 식량은 다 떨어져 가고, 돈도 다 바닥나고. 휘발유를 더 못 사게 되면 어떻게 되지?

뒷좌석의 대니가 물을 달래. 애가 목이 말랐어.

저 개스킷 우는 소릴 들어 봐.

아이쿠! 기어코 맛이 갔군. 튜브랑 씌우개까지 맛이 갔어. 고쳐야지 별 수 있나. 그 씌우개는 땜질에 쓰게 보관해 두라고. 그걸 잘라서 약한 자리 안쪽에 대면 돼.

엔진 헤드를 벗기고, 타이어를 수리한다. 길가에 세워진 차량 행렬. 상처 입은 자들처럼 허덕허덕 안간힘을 쓰며 66번 도로를 비슬비슬 나아가는 자동차들. 과열되어 헐거워진 접속부분, 느슨해진 베어링, 덜컹거리는 차체.

대니가 물이 마시고 싶대.

66번 도로를 따라 피난 가는 사람들. 콘크리트 도로는 태양 아래 거울처럼 빛난다. 열기를 받아, 멀리 길 위에 물웅덩이가 생긴 것 같은 착각을 일으킨다.

대니가 물 한 컵만 달래.

기다리는 수밖에 없어, 가엾은 것. 더워서 그러는 게지. 다음 서비스 스테이션(주유소)까지 기다려. 그 남자가 말한 그 서비스로구먼.

도로에 깔린 25만 명이나 되는 사람들. 5만 대의 상처 입은 낡은 자동차가 증기를 뿜어 댄다. 길가에 버려진 폐차들. 저건 왜 저렇게 됐지? 저 차에 탄 사람들은 어떻게 됐나? 걸어갔나? 지금 어디에 있을까? 그런 용기는 어디서 났을까? 그런 무서운 신념은 어디서 왔을까?

여기 아주 믿기 어려운 이야기가 있다. 정말로 있었던 이야기다. 우스꽝스럽고도 아름다운 이야기다. 고향에서 쫓겨난 열 두 식구가 있었다. 그들은 차가 없었다. 고철로 트레일러를 하나 만들어 세간을 실었다. 그것을 66번 도로변에 끌어다 놓고 기다렸다. 곧 세단 한 대가 와서 그것을 끌어 주었다. 다섯 명은 세단에 타고 일곱 명은 트레일러에 탔다. 개 한 마리도 트레일러에 탔다. 이렇게 해서 그들은 한달음에 캘리포니아에 도착했다. 끌어다 준 사람이 먹여주기까지 했다. 이건 실화다. 어떻게 그와 같은 용기를, 동족에 대한 그와 같은 신념을 가질 수 있을까? 그런 신념을 가르쳐주는 사람은 보기 드문 것이다.

등 뒤의 공포에서 달아나는 사람들—그들에게는 신기한 일이 연달아 일어난다. 어떤 것은 가슴 아프도록 잔혹하고, 어떤 것은 놀랍도록 아름답다. 신념의 불은 영원한 것이다.

13

짐을 산더미처럼 실은 낡은 허드슨은 삐걱대고 부릉거리며 샐리소에서 도로로 나와 서쪽으로 방향을 틀었다. 태양이 눈부셨다. 콘크리트 도로로 나서자 앨이 속도를 냈다. 여기라면 납작해진 스프링도 끄떡없기 때문이다. 샐리소에서 고어까지는 21마일이다. 허드슨은 시속 35마일로 달렸다. 고어에서 워너까지는 13마일, 워너에서 체코타까지 14마일, 체코타에서 크게 뛰어 헨리에타까지는 34마일이지만 그 끝에는 진짜 도시가 있다. 헨리에타에서 캐슬까지는 19마일. 태양은 중천에 떠 있었다. 붉은 밭이 드높은 태양 빛에 달구어져 아지랑이를 피워 올렸다.

핸들을 잡은 앨은 긴장된 얼굴로 온 신경을 차에 쏟았다. 불안한 눈이 도로와 계기판 사이를 끊임없이 왔다 갔다 했다. 앨은 엔진과 일체가 되어 있었다. 신경 하나하나가, 고장을 일으킬지 모르는 이상 작동의 증표인 뭔가 부딪치는 소리, 삐걱거리는 소리, 낮은 신음소리, 덜컹대는 소리와 같은 엔진 결함 소리에 열심히 귀를 기울였다. 앨은 차와 혼연일체가 된 것이다.

할머니는 앨 옆자리에 앉아 반쯤 졸면서 흐느끼나 싶으면 눈을 뜨고 앞을 내다보고, 또 어느 샌가 다시 졸았다. 어머니는 할머니 옆에 앉아서 한쪽 팔꿈치를 창밖으로 내놓고 있었다. 살갗이 따가운 볕에 빨갛게 익기 시작했다. 어머니도 앞을 보고 있었으나 그 눈에는 초점이 없었다. 도로도 밭도 주유소도 작은 식당도 보고 있지 않았다. 허드슨이 그런 것들 옆을 지날 때도 눈길 한 번 주지 않았다.

앨은 삐거덕거리는 좌석 위에서 자세를 바로 하며 핸들을 고쳐 잡았다. 그리고 한숨 섞인 말투로 말했다. "소리는 엄청 시끄럽지만 문제없을 거예요. 짐을 너무 많이 실어서 언덕을 오를 때는 어떻게 될지 모르겠지만. 엄마, 캘리포니아까지 가는 동안에 언덕이 있어요?"

어머니가 천천히 고개를 돌렸다. 눈에 생기가 돌아왔다. "언덕이 있는가 보더라. 나도 잘은 모르지만 있다고 들은 것 같다. 산도 있다지 아마. 큰 산이 말이다."

할머니가 졸면서 구슬픈 한숨을 길게 내쉬었다.

앨이 말했다. "오르막길을 오르면 엔진이 과열돼서 터져버릴 거야. 짐을 좀 버려야겠어요. 전도사님을 데려오지 말 걸 그랬나봐."

"도착하기 전에, 전도사를 데리고 오길 잘 했다고 생각하게 될 거다. 그 사람은 분명히 많은 도움이 될 거야." 그녀는 다시 햇볕이 쨍쨍한 도로를 바라보았다.

앨은 한 손으로 핸들을 잡고 한 손은 덜덜 떠는 변속 레버에 얹었다. 무언가 말하기를 주저하고 있었다. 입 밖으로 내기 전에 속으로 그 말을 가만히 되뇌어 보았다. "엄마……." 어머니가 천천히 고개를 돌렸다. 차가 덜컹거릴 때마다 머리가 좌우로 흔들렸다. "엄마, 가는 게 무서워요? 낯선 고장으로 가는 게 무서워?"

어머니의 눈이 신중하고 부드럽게 변했다. "조금. 그렇지만 그렇게 무섭진 않아. 여기 이렇게 앉아서 그저 기다리면 되는걸. 뭔가 해야 할 일이 생기면 하면 되는 거고."

"거기 도착하면 다들 어떻게 될지 생각 안 해요? 거기서 우리 생각만큼 잘 풀리지 않으면 어쩌나 걱정은 안 되고?"

어머니가 재빨리 말했다. "아니, 안한다. 너, 그런 생각 마라. 엄마도 안 해. 생각하기엔 너무 벅차잖니. 앞으로 살아갈 모습을 천 가지도 넘게 상상할 수 있겠지만, 막상 닥치고 보면 딱 한 가지 생활밖에 없어. 앞질러서 이것저것 다 하려다 보면 감당하기 힘들어지는 거야. 넌 아직 젊으니까 미래를 바라보고 살아야겠지만, 내게 삶이란 뒤로 계속 지나가는 이 도로와 같아. 내가 생각할 건 식구들이 언제쯤 돼지 뼈를 더 먹고 싶어 할까 하는 거다." 어머니의 얼굴이 굳어졌다. "내가 할 수 있는 일은 그것뿐이다. 그 이상은 못 해. 내가 그 이상을 하면 다른 식구들이 모두 동요할 거다. 모두가 바라는 건 내가 그 일에만 신경 쓰는 거란다."

할머니가 하품을 늘어지게 하며 눈을 떴다. 그리고 다급하게 주위를 휘둘러보며 말했다. "난 내려야겠다, 오, 주여."

앨이 말했다. "다음 덤불에서요. 저 앞에 덤불이 있어요."

"덤불이 있거나 없거나 내려야 해." 그러더니 우는 소리를 내기 시작했다. "내려야 해. 내려야 해."

앨이 속도를 올려 야트막한 덤불에 와서 급정거했다. 어머니가 재빨리 문을 열고, 몸을 배배 꼬는 할머니를 길가로 끌어내린 뒤 덤불속으로 데리고 들어갔다. 그리고 쪼그리고 앉을 때 넘어지지 않도록 할머니의 몸을 부축해

주었다.

짐 위에 탄 다른 사람들도 부스럭부스럭 움직이기 시작했다. 얼굴이 햇볕에 그대로 타서 하나같이 번들거렸다. 톰과 케이시와 노아와 존 아저씨가 귀찮아하며 내려왔다. 루디와 윈필드가 옆 널빤지에 매달리듯 내려와 숲으로 달려갔다. 코니는 '샤론의 장미'를 다정하게 부축해 내려주었다. 방수포 밑에서 할아버지가 눈을 뜨고 고개를 밖으로 쑥 내밀었다. 눈이 흐릿하게 젖어 있는 것이 완전히 깨어난 것처럼 보이지는 않았다. 다른 사람들을 멀거니 쳐다보았으나 누가 누군지 구분하지 못하는 것 같았다.

톰이 할아버지를 불렀다. "할아버지, 안 내려도 돼요?"

늙은 눈이 멍하니 그를 쳐다보았다. "아니다." 순간 노인의 눈에 사나운 빛이 되살아났다. "안 간다고 했지 않느냐! 뮬리처럼 여기 남겠다." 그러더니 다시 멍청한 상태로 돌아갔다. 어머니가 길가 비탈에서 도로로 할머니를 부축하며 돌아왔다.

어머니가 말했다. "톰, 뼈를 담은 냄비 좀 꺼내 다오. 트럭 뒤 방수포 밑에 있다. 뭣 좀 먹어야지." 톰이 냄비를 꺼내 일동에게 돌렸다. 식구들은 길가에 서서, 딱딱해진 고기를 뼈에서 뜯어먹었다.

아버지가 말했다. "이걸 갖고 오길 정말 잘했군. 저 위에 있으니 몸이 굳어 통 말을 듣질 않아. 물은 어딨지?"

어머니가 되물었다. "위에 없어요? 내가 직접 1갤런들이 병을 실었는데."

아버지가 가로널을 기어올라 방수포 밑을 뒤졌다. "여긴 없는데. 잊어버리고 놓고 왔나 봐."

갈증은 순식간에 찾아왔다. 윈필드가 죽는 소리를 했다. "무울. 나 물 먹고 싶어." 사나이들도 갑자기 갈증을 느끼고 입술을 빨았다. 작은 공황이 일었다.

앨은 두려움이 커가는 것을 느꼈다. "다음 주유소에서 물을 사기로 해요. 휘발유도 좀 넣어야 하니까." 식구들이 트럭 양옆으로 허둥지둥 올라탔다. 어머니는 할머니를 부축해서 앉히고 자기도 그 옆에 앉았다. 앨이 시동을 걸었다. 그들은 다시 앞으로 나아갔다.

캐슬에서 페이든까지는 25마일이었다. 태양이 중천을 지나 기울기 시작했다. 라디에이터 마개가 상하로 춤추기 시작하면서 수증기가 쉭쉭 뿜어 나오기 시작했다. 페이든으로 들어가는 근처 길가에 오두막이 하나 있고 그 앞에 주유 펌프 두 개가 서 있었다. 그리고 울타리 옆에는 수도꼭지와 호스가 있었다. 앨이 그리로 들어가 허드슨을 호스 바로 옆에 갖다 댔다. 차가 들어오자, 얼굴도 팔도 불그레한 뚱뚱한 사나이가 주유 펌프 뒤에 놓인 의자에서 일어나 이쪽으로 걸어왔다. 갈색 코듀로이 바지에 멜빵, 폴로셔츠 차림이었다. 머리에는 은색 판지로 만든 햇빛막이용 모자를 쓰고 있었다. 땀이 콧등과 눈 밑에 방울져 있고 주름진 목으로도 줄줄 흘러내렸다. 그는 사납고 깐깐한 얼굴을 하고 트럭으로 천천히 다가왔다.

"뭘 살 셈인가? 휘발유야, 뭐 다른 물건이야?"

앨은 이미 차에서 내려, 수증기를 뿜고 있는 라디에이터 마개를 돌리던 참이었다. 마개가 벗겨지는 순간 뿜어 나올 수증기를 맞지 않도록 손을 뻗었다 움츠렸다 하며 움찔거렸다. "휘발유가 좀 필요해요, 아저씨."

"돈은 있나?"

"물론이죠. 우리가 거진 줄 아세요?"

뚱뚱한 사나이의 얼굴에서 사나운 기운이 사라졌다. "그럼, 좋아. 여러분 맘대로 물을 쓰시오." 그리고 변명하게 시작했다. "길이 온통 사람으로 꽉 찼단 말이야. 그런 놈들이 몰려와서 물을 쓰고 변소를 더럽히고, 게다가 뭘 훔치기까지 하고선 아무것도 안사고 그냥 나가 버리잖아. 애초에 돈이란 건 갖고 있지도 않지만. 차를 움직여야 할 텐데 1갤런만 달라고 구걸이나 하고 말야."

톰이 화가 나서 바닥으로 뛰어내리더니 뚱보에게 다가가 맹렬한 기세로 말했다. "우리는 제대로 돈을 주고 물건을 사면서 다니고 있어. 당신이 무슨 권리로 우릴 판단하지? 우리가 언제 그냥 달래?"

"물론 그럴 권리가 없지." 뚱보가 얼른 대꾸했다. 그의 반팔 폴로셔츠에 땀이 배기 시작했다. "사양 말고 어서 물을 쓰라고. 필요하면 변소도 써도 좋아."

윈필드는 이미 호스를 붙잡고 있었다. 호스에 입을 대고 물을 꿀꺽꿀꺽 마신 뒤 이번에는 그 물을 머리와 얼굴에 끼얹었다. 얼굴을 들자 물줄기가 줄줄 흘러 내렸다. "하나도 안 차가워."

"나라꼴이 어떻게 돌아가는 건지, 원." 뚱뚱한 사나이가 말을 이었다. 불만의 화살은 다른 데로 향해 있었다. 이제 조드 집안에게 하는 말도 아닐뿐더러 그들의 일을 문제 삼지도 않았다. "사람들을 잔뜩 태운 차가 날마다 오륙십 대는 여길 지나가지. 아이들과 세간을 싣고 서쪽으로 간단 말이야. 그런데 모두 대체 어딜 간다는 거야? 모두 뭘 하러 가는 거지?"

톰이 말했다. "우리와 다 같은 처지의 사람들일 거예요. 살기 위해 어딘가로 가는 거죠. 어떻게든 살아보려고 말이에요. 그뿐입니다."

"이 나라가 어떻게 되어 가는지 도무지 알 수가 없군. 도통 모르겠어. 나도 여기서 어떻게든 살아보려 아등바등한다고. 저 커다란 새 차가 여기 설 줄 아오? 천만에. 저런 것들은 시내에 새로 생긴, 노란 페인트칠을 한 회사 주유소로 간단 말야. 이런 데는 절대로 서지 않지. 여기 서는 차들은 대부분 빈털터리야."

앨은 라디에이터 마개를 살짝 비틀자 마개가 증기 압력에 밀려 공중으로 퐁 날아갔다. 라디에이터 속에서 부글부글 하는 소리가 희미하게 들려왔다. 트럭 위에서, 더위에 지친 사냥개가 바들바들 떨며 짐짝 끝까지 기어 나와 끙끙대며 물 쪽을 바라보았다. 존 아저씨가 올라가 목덜미를 붙잡고 밑으로 내려 주었다. 개는 잠시 뻣뻣한 다리로 비틀거렸으나 이내 수도꼭지 밑에 생긴 물웅덩이를 할짝할짝 핥았다. 고속도로에서는 차들이 폭염 아래서 차체를 번쩍거리며 쏜살같이 지나갔다. 차들이 질주하며 일으키는 더운 바람이 주유소 마당으로 훅 끼쳐왔다. 앨이 호스를 들고 라디에이터에 물을 채웠다.

뚱보가 말했다. "뭐 부자 놈들만 상대로 장사하려는 건 아니야. 그냥 장사하고 싶은 것뿐이지. 그런데 여기 차를 세우는 놈들을 좀 보라고. 휘발유를 공짜로 달라고 하질 않나, 다른 물건하고 바꾸자고 하질 않나. 안쪽 방에 가면 그네들이 휘발유나 기름 값 대신이라면서 놓고 간 잡동사니가 잔뜩 있는데, 뭣하면 구경시켜 줄까? 침대에 유모차에 냄비에 가마솥에, 어떤 사람은 어린애 인형을 뺏어서 휘발유 1갤런하고 바꿔 갔지. 나더러 그런 잡동사니를 어떻게 하라는 거야? 고물상에나 줘 버릴까? 아 글쎄, 어떤 남자는 신던 구두를 줄 테니 휘발유 1갤런을 달라지 않겠어? 내가 그 남자였다면 더 잘 ……." 그는 어머니를 흘끗 쳐다보고는 입을 다물었다.

머리에 물을 뒤집어썼던 짐 케이시의 높은 이마에서는 물방울이 아직도 흘러 떨어지고 있었다. 힘줄이 불거져 나온 목덜미도 젖고, 와이셔츠도 젖었다. 그가 톰 옆으로 다가와 말했다. "그네들 잘못이 아니오. 자기가 드러누워 자던 침대를 팔아 가솔린 한 탱크랑 바꾸고 좋아할 사람이 세상에 어디 있겠소?"

"나도 그 사람들 잘못이 아니라는 거야 알지요. 얘기해 보면 누구나 나름대로 사정이 있어서 옮겨 가는 거더라고요. 대체 나라가 어찌되려고 이 지경인지, 그게 신경이 쓰인단 말이오. 정말이지 어떻게 돌아가는 건지, 원. 이제 여기서는 먹고 살기 힘들어졌어요. 밭을 갈아서 먹고 살 수 없어졌단 말이오. 내가 묻고 싶은 건, 이 나라가 어떻게 되고 있는가 하는 거요. 나로선 도저히 알 수가 없어요. 누구한테 물어보아도 한결같이 모른다고만 하지. 자기가 신던 구두까지 팔아서라도 1백 마일을 더 가야 한다잖소. 나는 도무지 어떻게 되는 건지 알 수가 없어요." 그는 은색 모자를 벗고 손바닥으로 이마를 훔쳤다. 톰도 모자를 벗고 이마를 닦았다. 그리고 호스로 가서 모자를 흠뻑 적셔 짠 다음 다시 머리에 올려놓았다. 어머니는 트럭 가로널 사이로 양철 컵 하나를 겨우겨우 빼내더니, 거기에 물을 받아가지고 할머니에게 가지고 갔다. 그런 다음에는 짐 위에 앉아 있는 할아버지에 가지고 갔다. 어머니가 가로대 위에 서서 할아버지에게 컵을 건네자 할아버지는 입술만 축이고는 고개를 내저으며 더 마시지 않으려 했다. 한순간 늙은 눈에 고통과 당혹스런 빛을 담고 어머니를 쳐다보았지만 이내 의식이 희미해졌다.

앨이 시동을 걸고 트럭을 주유 펌프 있는 데까지 후진시켰다. "가득 채워줘요. 한 7갤런쯤? 아니, 6갤런만 할까? 한 방울도 흘리지 않게."

뚱보가 호스를 탱크에 찔러 넣었다. "정말이지 이 나라가 앞으로 어떻게 될지 도무지 모르겠어. 실업구제니 뭐니 하지만 도통."

케이시가 말했다. "나는 전국 방방곡곡을 돌아다녔는데 다들 그걸 물어보더군요. 우리는 어떻게 되는 거냐고. 하지만 내가 보기엔 아무렇게도 안 돼. 늘 어딘가로 가는 거지. 언제나 앞으로 앞으로 나아가는 거요. 어째서 사람들은 그것을 생각하지 않을까? 지금 모두 움직이는 중 아니오? 모두 움직이고 있다고. 우리는 그 까닭도 알고 그 방법도 알지요. 움직여야 하니까 움직이는 거지 뭐겠소? 사람들이 언제나 움직이는 건 그런 까닭이지. 지금 가진 것보다 나은 것을 원하니까 움직이는 거요. 움직이는 것 말고는 달리 그것을 손에 넣을 방법이 없으니까 그런 거라고. 그게 갖고 싶고 또 필요하니까 모두가 몰려가서 얻으려고 하는 거란 말이오. 그러다가 누구한테 상처를 입으면 똑같이 화를 내고 싸우려 들지. 난 여러 지방을 돌아다니며 사람들이 지금 당신이 한 것과 똑같은 말을 하는 것을 들었소."

뚱뚱한 사나이가 펌프로 휘발유를 주입했다. 바늘이 펌프 계기판 위를 돌아 그 양을 가리켰다. "그래요. 하지만 대관절 결국 어떻게 되는 걸까요? 그 점이 알고 싶은 거라고요."

톰이 답답하다는 듯이 끼어들었다. "당신은 한평생 모를걸요. 케이시가 기껏 설명했더니 똑같은 질문을 되풀이하다니. 전에도 당신 같은 사람을 본 적이 있어요. 뭘 들을 생각은 안 하고 그저 노래하듯이 '우리는 결국 어떻게 되는 걸까?' 만 되풀이하는 거죠. 그 대답이 알고 싶어서 그러는 것도 아니야. 온 나라 사람이 다른 곳으로 옮겨가고 있다고요. 여기저기서 사람들이 죽어가고 있어요. 당신도 언젠간 죽을 테지만, 마지막 순간까지 끝내 아무것도 모른 채 죽겠죠. 난 당신 같은 사람은 질리도록 봤어요. 당신은 뭘 알고 싶은 게 아니야. 그저 '우리는 어떻게 되는 걸까?' 하는 자장가를 불러서 자신을 잠재우고 싶은 것뿐이지." 그는 녹슬고 낡은 주유 펌프와 그 뒤에 서 있는 오두막을 쳐다보았다. 헌 재목으로 지은 오두막은 먼저 박았던 못 자국이 페인트 밑으로 들여다보였다. 도시 회사에서 경영하는 주유소를 흉내 내려고 화려한 노란색 페인트로 칠한 것이지만, 그것은 낡은 못 구멍이나 갈라진 재목 틈을 감추어 주지 못했다. 그렇다고 덧칠하기도 여의치 않았다. 어설픈 흉내는 실패로 돌아갔고 주인도 그것이 실패였음을 알고 있었다. 오두막의 열린 문틈으로 기름통이 보였다. 겨우 두 개밖에 없었다. 과자 목판에는 먼지 쌓인 사탕과 너무 오래 돼 고동색으로 변한 감초 엿과 담배가 놓여 있었다. 부서진 의자며 녹슬고 구멍 난 방충문도 보였다. 자갈도 깔지 않은 어질러진 앞마당과 그 뒤로는 뜨거운 햇볕에 바싹 말라 죽어가는 옥수수 밭이 보였다. 집 옆에는 헌 타이어와 재생 타이어가 조금 쌓여 있었다. 톰은 그제야 이 뚱보 사나이의 바지가 몇 번이고 세탁한 싸구려라는 것을, 폴로셔츠도 싸구려이며, 모자는 종이로 만든 것이라는 사실을 깨달았다. 톰이 말했다. "당신에게 건방을 떨 생각은 없었어요. 너무 더워서 그만. 당신도 대단한 재산은 없군요. 당신도 머지않아 길을 떠나게 될걸요. 당신 등을 떠미는 건 트랙터가 아니라 시내에 있는 깨끗한 노란 주유소겠죠. 다들 움직이는 거예요." 그는 부끄러운 듯이 말했다. "아저씨도 움직이게 될 거예요."

톰이 지껄이는 동안 뚱뚱보 사나이의 펌프질하는 손이 느려지더니 멎었다. 그는 당혹스러운 표정으로 톰을 보았다. "어떻게 알았지?" 그가 꺼져 들어가는 소리로 물었다. "우리가 짐을 꾸려 가지고 서부로 갈 의논을 하고 있다는 걸 어떻게 알았소?"

케이시가 대답했다. "다들 그렇기 때문이오. 나는 전에는 악마가 내 적이라고 생각하고 있는 힘을 다해서 악마와 싸웠소. 그런데 악마보다 더 사악한 것이 이 나라에 붙어서, 토막을 내기 전에는 떨어지지 않으려 하지. 당신, 독도마뱀이 물고 늘어지는 걸 본 적 있소? 한번 물었다 하면 몸이 두 동강이 나도 대가리는 문 걸 놓지 않지. 드라이버로 주둥이를 비틀어 열어야 겨우 놓는다오. 그리고 물고 있는 동안에는 그놈 이빨에 뚫린 구멍으로 독이 흘러들어가지." 그는 여기서 말을 그치고 톰을 곁눈으로 쳐다보았다.

뚱뚱한 사나이는 멍하니 앞만 바라보고 있었다. 펌프 손잡이를 잡은 손이 천천히 움직이기 시작했다. "앞으로 어떻게 될지 도무지 모르겠군." 혼잣말하듯이 중얼거렸다.

수도 호스 앞에서는 코니와 '샤론의 장미'가 무언가 소곤대며 서 있었다. 코니가 양철 컵을 씻고 물에 손가락을 대본 다음 컵에 물을 받았다. '샤론의 장미'는 고속도로를 달려 지나가는 자동차를 보고 있었다. 코니가 그녀에게 컵을 내밀었다. "물이 차지는 않지만 갈증은 가실 거야."

그녀가 코니를 보고 비밀스런 미소를 지었다. 임신한 뒤로 그녀의 온몸은 비밀이 되었다. 의미 있는 조그마한 침묵의 덩어리였다. 그녀는 자신에게만 만족하고, 별반 문제도 안 되는 일로 불평을 늘어놓았다. 하찮은 일에도 코니의 도움을 청했다. 둘 다 그것이 분별없는 요구임을 알고 있었다. 코니도 그런 그녀를 사랑스럽게 여겼다. 아내의 임신이 신기하기만 한 것이다. 아내가 가진 비밀을 자기도 공유한다고 생각하면 즐거워졌다. 그녀가 수줍은 듯이 미소를 지으면 그도 살며시 미소를 지었다. 그리고 비밀 이야기를 속삭였다. 세계가 두 사람 주위를 빈틈없이 에워쌌고, 둘은 그 중심에 있었다. 아니, '샤론의 장미'가 한가운데 있고 그 둘레를 코니가 작은 궤도를 그리며 돌았다. 둘이 나누는 말은 모두 일종의 비밀이었다.

그녀가 도로에서 눈을 돌리고 얌전을 빼며 말했다. "난 그다지 목마르지 않아요. 하지만 마셔야겠죠."

코니가 머리를 끄덕여 보였다. 아내가 의미하는 바를 알고 있기 때문이었다. 그녀는 컵을 받아 들고 입을 헹구어 뱉은 다음, 미지근한 물을 한 컵 다 마셨다. "한 컵 더 마시겠어?" 그가 물었다.

"반만." 그는 컵에 물을 꼭 절반만 채워 그녀에게 주었다. 링컨 제퍼 한 대가 낮은 차체를 은색으로 빛내며 질주해 지나갔다. 식구들이 어디 있나 둘러보던 그녀는 그들이 트럭 주위에 모여 있는 것을 발견했다. 안심하고서 그녀는 말했다. "저런 걸 타고 가면 기분이 어떨까?"

코니가 한숨을 크게 내쉬었다. "나중에." 두 사람 다 그 말뜻을 알고 있었다. "캘리포니아에서 일이 많이 하면 우리 차를 사자. 하지만 저런 건……." 그는 점처럼 작아진 제퍼를 가리켰다. "저런 건 커다란 집 한 채 값이야. 그럴 바엔 차라리 집을 사지."

"난 집도 갖고 싶고 저런 것도 갖고 싶어요. 하지만 물론 집이 먼저죠. 왜냐하면……." 두 사람 모두 그 말뜻을 알고 있었다. 그들은 임신이라는 것에 몹시 흥분하고 있었다.

"기분은 어때?" 그가 물었다.

"지쳤어요. 땡볕을 맞으며 타고 오니까 정말 지쳐요."

"참고 가야지. 그렇지 않음 캘리포니아까지 갈 수가 없잖아."

"알아요."

개가 킁킁대며 트럭 옆을 천천히 지나치더니 다시 호스 밑 물웅덩이로 달려가 흙탕물을 할짝할짝 마셨다. 그러고는 코를 땅에 대고 귀를 늘어뜨린 채 그 자리를 떠났다. 이번에는 길가의 먼지를 잔뜩 뒤집어 쓴 잡초 사이를 킁킁대며 도로가로 나갔다. 머리를 쳐들어 저쪽을 바라보더니 길을 가로지르기 시작했다. '샤론의 장미'가 외마디 비명을 질렀다. 집채만 한 차가 질주해 왔던 것이다. 타이어가 끼익 마찰음을 냈다. 개는 힘없이 몸을 비켰으나 깨갱 하는 비명과 더불어 몸뚱이가 두 동강이 나며 바퀴 밑에 깔렸다. 대형차가 순간 속도를 늦추었다. 차에 타고 있던 몇 명이 뒤를 돌아보았지만 이내 더욱 속력을 내며 사라졌다. 피와 터져 나온 창자로 커다란 고깃덩어리 같이 변한 개가 길바닥에서 천천히 꿈틀댔다.

'샤론의 장미'는 눈을 커다랗게 뜨고 있었다. "아기에게 해로울까요?" 그녀가 매달리듯이 물었다. "응? 해로울까?"

코니는 한 팔을 그녀 어깨에 두르고 말했다. "이리 와서 앉아요. 아무 일 없어."

"하지만, 나 몸이 안 좋은 것 같아. 비명을 질렀을 때 뱃속에서 꿈틀하는 것 같았어요."

"이리 와서 앉아. 문제없다니까. 해롭지 않을 거야." 그는 그녀를 죽어가는 개 옆에서 트럭으로 그녀를 데리고 가 발판에 앉혔다.

톰과 존 아저씨가 걸레처럼 구겨진 개 쪽으로 걸어갔다. 마지막 전율이 막 사라져 가는 참이었다. 톰이 개의 다리를 붙잡고 도로가로 끌고 갔다. 존 아저씨는 그것이 자기 과실이기라도 한 것처럼 고통스러운 표정이었다. "매놨어야 하는 건데."

아버지는 잠시 개를 내려다보다가 금세 얼굴을 돌려 버렸다. "어서 여길 떠나자. 저놈을 어떻게 먹여야 하나 걱정이었는데 잘됐는지도 모르지."

뚱뚱한 사나이가 트럭 뒤에서 나왔다. "안됐소, 여러분. 도로 근방에서 개는 오래 못 살지. 우리 개도 1년에 세 마리나 치여 죽었으니까. 이젠 한 마리도 기르지 않죠." 그리고 이렇게 덧붙였다. "저건 걱정 마시오. 내가 처리해 줄 테니. 저 옥수수 밭에 묻으면 돼요."

여전히 몸을 부들부들 떨며 발판에 앉아 있는 '샤론의 장미'에게 어머니가 다가가서 물었다. "애, 괜찮니? 기분이 안 좋은 거 아니냐?"

"저 그거 봤어요. 정말 끔찍했어요."

"네가 소리지르는 걸 들었다. 자, 기운을 내렴."

"아기에게 해로울까요?"

"아니. 하지만 공연히 혼자서 속상해 하고 슬퍼하고 짜증내면 해로울지 모른다. 자, 일어나서 할머니가 편안히 타실 수 있도록 올려드리는 걸 좀 도와주렴. 잠시 아기 일은 잊어버려라. 아기도 자기 몸은 자기 스스로가 돌본단다."

"할머니는 어디 계세요?" '샤론의 장미'가 물었다.

"몰라. 어디 근처에 계시겠지. 변소에 가셨나?"

'샤론의 장미'가 변소로 가더니 금방 할머니를 부축해 나오며 말했다. "변소에서 자고 계시잖아."

할머니가 벙글벙글 웃으며 말했다. "얼마나 편한지 모른다. 변기가 아주 희한해. 위에서 물이 쏴아 내려오지 뭐냐. 난 저기가 정말 맘에 드는구나." 할머니는 만족스러운 얼굴로 말했다. "깨우지 않았으면 낮잠을 푹 잤을 텐데."

"할머니도 참, 거긴 잠자기 좋은 데가 아니에요." '샤론의 장미'는 이렇게 말하고, 할머니를 부축해 차에 태웠다. 할머니는 기분 좋게 좌석에 기대앉았다. "그야 거긴 깨끗한 점에서는 좋은 데가 아니지. 그렇지만 기분이 좋아진다는 점에선 좋은 데라고." 할머니가 말했다.

톰이 말했다. "그만 가요. 아직 갈 길이 머니까요."

아버지가 날카롭게 휘파람을 불었다. "아이들은 다 어디 갔나?" 그는 손가락을 입에 넣고 다시 휘파람을 불었다.

곧 아이들이 옥수수 밭에서 튀어나왔다. 루디가 앞장을 서고 윈필드가 뒤따랐다. 루디가 소리쳤다. "알이야! 봐요!" 매끈한 잿빛 알 열두어 개가 루디의 꼬질꼬질한 손바닥 위에 얹혀 있었다. 손을 위로 쳐든 순간, 그 눈길이 문득 길가의 죽은 개에게 쏠렸다. "어머!" 루디가 소리쳤다. 루디와 윈필드는 천천히 개 쪽으로 다가갔다. 그리고 자세히 들여다보았다.

아버지가 둘을 불렀다. "어서 오너라. 안 오면 버리고 간다."

그들은 엄숙한 얼굴로 돌아서서 트럭으로 걸어왔다. 루디가 손아귀의 잿빛 파충류 알을 한 번 내려다보고는 냅다 던졌다. 두 사람은 트럭 옆으로 기어올랐다. "아직 눈을 뜨고 있었어." 루디가 목소리를 죽여 말했다.

그러나 윈필드는 의기양양하게 장면 묘사를 했다. 그는 겁도 없이 말했다. "창자가 온통 흩어져 있었어. 사방에 마구." 그는 잠시 입을 다물었다. "온통 여기저기 흩어져 있었어." 그런 다음 재빨리 몸을 굴려 트럭 밖으로 토했다. 젖은 눈에 콧물을 흘리며 몸을 일으키고는 변명했다. "돼지를 죽이는 것하고는 다르잖아."

앨은 허드슨의 보닛을 열고, 기름의 양을 점검했다. 앞좌석 시트 밑에서 1갤런짜리 깡통을 꺼내어 시꺼먼 싸구려 기름을 파이프에 따라 붓고 다시 한 번 높이를 쟀다.

톰이 다가왔다. "운전 교대할까?"

"나 피곤하지 않아."

"넌 어젯밤 한숨도 못 잤잖아. 나는 오늘 아침에 눈 좀 붙였거든. 뒤로 가. 내가 할게."

"그럼 그렇게 할까?" 앨이 마지못해 말했다. "유압계를 잘 봐야 해. 천천히 몰고. 난 오일이 떨어질까 쭉 주의하고 있었어. 가끔 그 계기의 바늘을 들여다봐야 해. 바늘이 쭉 올라가면 오일이 모자란다는 뜻이야. 그럼 천천히 부탁해, 형. 짐을 너무 많이 실었어."

톰이 웃으며 말했다. "알았어. 안심하고 쉬어."

식구들이 다시 트럭 위로 올라갔다. 어머니는 할머니 옆에 앉았다. 톰도 운전석에 앉아 시동을 걸었다. "확실히 털털거리는군." 기어를 넣고 고속도로로 나갔다.

엔진은 죽 고른 소리를 냈다. 태양이 그들 앞쪽에서 서서히 가라앉고 있었다. 할머니는 기분 좋게 잠이 들었다. 어머니조차 고개를 떨어뜨리고 꾸벅거렸다. 톰은 모자를 앞으로 눌러 눈부신 햇빛을 가렸다.

페이든에서 미커까지는 13마일이다. 미커에서 하라까지는 14마일. 그 다음이 오클라호마시티―큰 도시다. 톰은 똑바로 차를 몰았다. 어느 새 어머니가 눈을 뜨고, 차가 시가지를 지나가는 동안 밖을 내다보고 있었다. 트럭 꼭대기에 탄 가족들은 상점이며 큰 저택이며 사무용 건물들을 바라보았다. 빌딩 상점이 작아져 갔다. 폐차장, 핫도그 매점, 변두리 댄스 홀.

루디와 윈필드는 그것들을 죄다 보았다. 그 거대함과 기묘함에 어리둥절했다. 화려한 복장을 한 사람들에게 두려움을 느꼈다. 그들은 거기에 대해서는 서로 아무 말도 하지 않았다. 나중에는 말할지 몰라도 지금은 하지 않았다. 그들은 도회지 한복판에서 또 변두리에서 유정탑(油井塔)을 보았다. 석유와 휘발유 냄새를 풍기는 시꺼먼 유정탑. 그러나 그들은 환성을 지르지 않았다. 너무나 거대하고 이상해서 겁을 먹은 것이다.

한길에서 '샤론의 장미'는 가벼운 정장 차림을 한 사나이를 보았다. 흰 구두를 신고 납작한 밀짚모자를 쓰고 있었다. 그녀는 코니를 쿡 찌르며 눈으로 그 사나이를 가리켰다. 코니와 '샤론의 장미'는 마주보고 킥킥 웃었다. 그러다 더는 참지 못하고 손으로 얼굴을 가리고 웃었다. 아주 유쾌한 기분이 되었으므로, 두 사람은 또 웃어줄 만한 인간이 없나 두리번거렸다. 루디와 윈필드는 그들이 키득키득 웃는 것이 몹시 재미있어 보였으므로 그들도 해보려고 했다. 그러나 잘 되지 않았다. 킥킥 웃음이 나오지 않는다. 그러나 코니와 '샤론의 장미'는 웃음을 참으려고 숨을 헐떡이며 얼굴까지 새빨개졌다가 겨우 진정했다. 그러나 하도 우스워서 서로 얼굴을 마주보기만 해도 풋하고 웃음을 터뜨렸다.

교외가 끝없이 펼쳐졌다. 톰은 혼잡한 교통 흐름 속에서 천천히 조심스럽게 차를 몰았다. 어느덧 66번 도로가 나왔다—서부로 가는 큰 길이다. 태양은 일직선으로 뻗은 도로 끝에 가라앉고 있었다. 앞 유리에 낀 먼지가 반짝반짝 빛났다. 톰은 모자를 눈 위까지 끌어내렸다. 너무 많이 내리는 바람에 머리를 뒤로 젖히지 않으면 앞이 잘 보이지 않았다. 할머니는 내리감은 눈꺼풀에 햇빛을 받으며 계속 자고 있었다. 관자놀이에는 푸른색 정맥이, 뺨에는 밝은 포도주색 정맥이 비쳐 보였다. 얼굴에 있는 오래된 갈색 기미가 한결 짙어져 있었다.

톰이 말했다. "우린 이 길을 따라 끝까지 가는 거예요."

오랫동안 말이 없던 어머니가 말했다. "해지기 전에 어디든 차를 좀 세우렴. 돼지고기를 지지고 빵도 구워야 하니까. 시간이 좀 걸리거든."

"그래요, 어차피 단숨에 갈 거리도 아니니 좀 쉬는 것도 좋겠지요." 톰이 동의했다.

오클라호마시티에서 베다니까지 14마일.

톰이 말했다. "나도 해지기 전에 차를 세우는 편이 좋겠다고 생각해요. 앨이 지붕을 만든다니까. 그렇게 하지 않으면 위에 있는 사람은 다 타 죽어."

어머니는 다시 졸고 있었다. 머리가 꿈틀하더니 다시 똑바로 섰다. "저녁 준빌 해야 해. 톰, 아버지가 너는 주 경계선을 넘으면 어떻게 된다고 그러시던데……."

그는 한참 잠자코 있다가 대답했다. "응? 그게 어떻단 말예요, 어머니?"

"글쎄, 난 무섭구나. 주 경계를 넘으면 도망친 꼴이 되는 것 아니니? 경찰이 잡지 않을까?"

톰이 저물어가는 태양빛을 피해 손차양을 만들며 말했다. "걱정 안 해도 돼요. 저도 생각한 게 있어요. 임시 석방이 된 사람이 한둘이 아니에요. 한편으로는 그보다 많은 사람이 잡혀 들어가고 있고요. 내가 서부에서 무슨 일을 저지르고 붙잡히면 경찰에서 내 사진과 지문을 워싱턴에 보내 조사하겠죠. 그러면 다시 끌려갈 테고. 하지만 아무 죄도 저지르지 않으면 아무도 뭐라 하지 않아요."

"그래도 나는 걱정이다. 가끔 죄를 저지르고도 자기 자신은 그게 나쁜 일인 줄 모를 때가 있잖니. 캘리포니아에서는 우리가 듣도 보도 못하던 일이 죄가 될지도 몰라. 아무렇지 않게 생각하고 한 일이 캘리포니아에서는 아무렇지 않지 않을지도 모른다."

"그건 제가 임시 석방 중이 아니라도 마찬가지죠. 다른 점은, 저는 붙잡히면 다른 사람보다 형기가 늘어난다는 것뿐이에요. 자, 걱정은 집어치워요. 어머니가 걱정거리를 들춰 내지 않더라도 우리는 걱정할 일이 태산 같으니까."

"어떻게 걱정 않을 수 있니? 주 경계를 넘는 순간 죄를 짓는 셈인데."

"샐리소에서 어슬렁거리다 굶어죽느니 그 편이 낫죠. 차 세울 데나 찾아야지."

베다니를 빠져 나와 교외로 갔다. 하천 속 도랑이 도로 밑을 가로지르는 곳에 낡은 포장형 자동차 한 대가 도로가에 주차되어 있고, 그 옆에 조그만 텐트가 쳐 있었다. 텐트를 뚫고 나온 화덕 굴뚝에서 연기가 피어오르고 있었다. 톰이 그쪽을 가리켰다. "저기서 누가 야영을 하네요. 꽤 괜찮은 자리 같은데요." 그는 속력을 늦추고 길가에 차를 세웠다. 한 중년 남자가 낡은 포장형 자동차의 보닛을 열고 엔진을 들여다보고 있었다. 챙이 넓은 싸구려 밀짚모자를 쓰고 푸른 셔츠에 얼룩이 잔뜩 묻은 검은 조끼를 입고 있었다. 청바지는 먼지가 묻어 뻣뻣하고 번들번들 윤이 났다. 깡마른 얼굴에 뺨이 움푹 패어 광대뼈와 턱이 날카롭게 튀어나와 있었다. 사나이가 조드네 트럭을 쳐다보았다. 의심이 가득하고 화가 나 보이는 눈이었다.

톰이 창으로 몸을 내밀었다. "여기서 밤샘을 하면 법에 걸리나요?"

그때까지 트럭만 쳐다보던 그의 시선이 비로소 톰에게 가서 멎었다. "글쎄, 우리는 이 이상 갈 수가 없어서 여기 섰을 뿐이야."

"이 근방에 물이 있나요?"

사나이가 약 4분의 1마일쯤 멀리 보이는 주유소의 오두막을 가리켰다. "저기 있소. 한 양동이쯤은 주더군."

톰이 주저하며 말했다. "그런데 우리도 여기서 야영해도 괜찮을까요?"

깡마른 사나이는 어리둥절한 얼굴을 했다. "내 땅이 아니니까. 나는 그냥 여기 섰을 뿐이야. 이 썩은 고물 차가 앞으로 가주지 않아서 말이오."

"어쨌든 아저씨가 먼저 여길 차지했으니까 이웃을 원하는지, 원치 않는지 말할 권리가 있어요."

우호를 호소하는 이 말은 당장 효과를 나타냈다. 그의 야윈 얼굴에 미소가 번졌다. "암, 물론이오. 어서 내려오시오. 여러분과 있게 돼서 반갑소." 그리고는 아내를 불렀다. "세리, 우리와 같이 있자는 분들이 왔어. 나와서 인사하라고. 세리는 몸이 안 좋다오." 그가 덧붙였다. 텐트 입구를 들치고, 얼굴이 쭈글쭈글한 여자가 나왔다. 바싹 마른 낙엽처럼 주름 잡힌 얼굴이었다. 공포의 우물에서 밖을 내다보는 듯한 형형하고 새까만 눈이 얼굴 안에 박혀 있었다. 조그마한 몸뚱이를 떨어대며 천막에 기대듯 섰다. 천막을 움켜쥔 손은 주름투성이 살갗에 덮인 뼈다귀 같았다.

그녀가 입을 열자 아름다운 저음이 흘러나왔다. 부드럽고 탄력 넘치면서도 깊이 울리는 목소리였다. "잘 오셨다고 전해주세요. 정말 잘 오셨다고."

톰은 도로에서 밭으로 트럭을 몰아, 포장형 자동차와 나란히 되도록 세웠다. 모두 앞 다투어 트럭에서 뛰어내렸다. 루디와 윈필드는 특히 서둘렀는데 다리가 온통 저리고 쑤셔 마음대로 움직여주질 않아 비명을 질렀다. 어머니는 즉시 일에 착수했다. 트럭 뒤에서 3갤런들이 양동이를 끌러, 아우성치고 있는 아이들에게 다가갔다. "자, 너희 둘이 가서 물을 길어 오너라. 저기 가서 얌전하게 말하는 거야. '실례합니다. 물 한 양동이만 주세요.' 그리고 '고맙습니다' 하고 인사하고. 둘이 같이 들고 와. 한 방울도 흘리면 안 된다. 그리고 땔 만한 나무가 떨어져 있거든 주워 가지고 오너라." 아이들은 오두막을 향해 타박타박 걸어갔다.

텐트 옆에는 서먹함이 떠돌았다. 이웃 간에 교제가 시작되는 데는 조금 시간이 걸렸다. 아버지가 말했다. "당신들은 오클라호마 사람이 아니구려."

차 가까이에 서 있던 앨이 자동차 번호판을 보았다. "캔자스군요."

깡마른 사나이가 말했다. "걸리나에서 왔지요. 하여간 그 근첩니다. 이름은 윌슨, 아이비 윌슨이오."

아버지가 말했다. "우리는 조드라고 하오. 샐리소 부근에서 왔지."

아이비 윌슨은 말했다. "반갑습니다. 세리, 이분들은 조드 씨네 가족들이야."

"나는 당신네가 오클라호마 사람이 아니란 것을 단박에 알았소. 야릇한 말투를 쓰니까. 그래서 뭐 어떻다는 건 아니지만."

"모두 저마다 다른 말을 쓰지요. 아칸소 태생은 또 다른 말로 지껄이고 오클라호마 태생은 또 다르고. 한번은 매사추세츠에서 온 여자를 만났는데, 아주 다른 말씨더군요. 도무지 무슨 말인지 알아들을 수가 없습디다."

노아와 존 아저씨와 전도사가 트럭에서 짐을 내리기 시작했다. 할아버지를 부축해 내려 땅바닥에 앉혔다. 노인은 멍하니 앞만 응시한 채 기운 없이 앉아 있었다. "어디 편찮으세요, 할아버지?" 노아가 물었다.

"그래." 할아버지가 힘없이 대답했다. "아주 좋잖구나."

세리 윌슨이 천천히 조심스럽게 노인에게 다가왔다. "저희 텐트에 들어가시는 게 어때세요? 우리 매트리스에 누워 쉬세요."

그녀의 부드러운 목소리에 이끌려 노인은 눈을 쳐들었다. 그녀는 말했다. "가세요. 조금 쉬도록 하세요. 제가 모셔다 드릴게요."

느닷없이 할아버지가 울음을 터뜨렸다. 턱을 바르르 떨고 쭈글쭈글한 입술을 꾹 다문 채 쉰 소리로 흐느껴 울었다. 어머니가 할아버지 옆으로 달려와서 두 팔로 감싸 안았다. 넓은 등판에 단단히 힘을 주어 노인을 일으켜 세우고 거의 끌어안다시피 해서 텐트로 데리고 갔다.

존 아저씨가 말했다. "몸이 많이 안 좋으신 모양인걸. 저런 일은 한 번도 없었는데. 저렇게 목 놓아 우시는 건 난생 처음 봤어." 그는 트럭에 뛰어올라가서 매트리스 한 장을 아래로 던졌다.

텐트에서 나온 어머니가 케이시에게 가서 말했다. "환자를 돌보신 적 많으시죠? 아버님이 몹시 편찮으세요. 가서 좀 봐주세요."

케이시는 총총히 텐트로 걸어가 안으로 들어갔다. 2인용 매트리스가 깔려 있고 담요가 반듯하게 덮여 있었다. 조그만 양철 난로가 받침쇠 위에 서 있고, 그 속에는 불이 너울너울 타고 있었다. 물이 담긴 양동이 하나, 식량을 넣은 나무궤짝 하나, 탁자 대신 놓인 상자 하나가 전부였다. 저물어가는 태양빛 줄기가 텐트 벽을 통해 불그레 비쳐들었다. 세리 윌슨은 매트리스 옆 땅바닥에 무릎을 꿇고 앉아 있었다. 할아버지는 눈을 크게 뜨고 위를 응시한 채 똑바로 누워 있었다. 괴로운 듯 숨을 몰아쉬었다.

케이시는 뼈와 가죽만 남은 늙은 손목을 잡았다. "지치셨나 봐요, 할아버지?" 그가 물었다. 위를 보고 있던 눈이 목소리가 나는 쪽으로 움직였으나 그를 찾지는 못 했다. 뭔가 말을 하려는지 입을 뻐끔뻐끔했으나 목소리는 나오지 않았다. 케이시는 맥을 짚어 보았다. 그리고 손목을 놓고 이마에 손을 얹었다. 노인의 몸속에서 하나의 투쟁이 시작되고 있었다. 다리를 버둥거리며 팔을 휘휘 내저었다. 말이 되지 않는 모호한 소리가 이어져 나왔다. 억세고 허연 구레나룻 아래로 얼굴이 새빨갰다.

세리 윌슨이 케이시에게 조용히 말했다. "어디가 나쁘신지 아시겠어요?"

그는 그녀의 주름투성이 얼굴과 불타는 듯한 눈을 쳐다보았다. "부인은 아시겠습니까?"

"알 것 같아요."

"뭡니까?"

"자신이 없어서 말하고 싶지 않아요."

케이시는 경련하고 있는 새빨간 얼굴을 들여다보았다. "혹시 뇌졸중 말씀인가요?"

"그런 것 아닐까요? 전에 세 번이나 보았거든요."

밖에서 야영을 준비하는 소리가 들려왔다. 나무 쪼개는 소리, 냄비 덜그럭거리는 소리. 어머니가 천막 입구를 쳐들고 얼굴을 내밀었다. "어머님이 들어오고 싶어 하시는데 괜찮을까요?"

전도사가 말했다. "못 들어오게 하면 야단치실걸요."

"아버님은 별일 없으시겠어요?" 어머니가 물었다.

케이시가 천천히 고개를 저었다. 어머니는 빠르게 맥박 뛰는 고통스런 노인의 얼굴을 재빨리 내려다보았다. 그녀는 밖으로 나갔다. 목소리만 들려왔다. "아버님은 괜찮으세요, 어머님. 그냥 좀 쉬고 계신대요."

할머니가 언짢은 목소리로 대답했다. "내가 봐야 해. 영감은 속임수의 명수니까. 약삭빠른 노인네라서 말이지." 이렇게 말하며 입구를 들치고 들어와 매트리스 옆에 꼿꼿이 서서 할아버지를 내려다보았다. "아, 대체 왜 그래요?" 할머니가 야단치듯이 물었다. 노인이 다시 목소리 나는 쪽을 쳐다보며 입술을 일그러뜨렸다. 할머니가 말했다. "영감은 골이 났어. 내가 말했잖냐, 할아버진 속임수의 명수라고. 오늘 아침에도 오고 싶지 않으니까 슬쩍 도망치려고 했잖아. 그러다 허리 병이 도진 거라고." 할머니가 지긋지긋하다는 듯이 말했다. "할아버진 골이 나 누운 것뿐이야. 전에도 이렇게 아무하고도 말하지 않을 때가 있었잖냐."

케이시가 조용히 말했다. "할아버지는 화가 나신 게 아닙니다. 병이 나셨어요, 할머니."

"뭐라고요?" 할머니는 다시 노인을 내려다보았다. "많이 안 좋은가요?"

"중병이세요, 할머니."

잠시 당황하던 할머니가 불쑥 말했다. "그럼 왜 기도를 않지? 당신, 전도사잖아요?"

케이시는 억센 손가락으로 할아버지의 팔목을 더듬어 잡았다. "말씀드렸죠, 할머니. 이제 저는 전도사가 아닙니다."

할머니가 명령했다. "어쨌거나 기도해요. 기도문은 죄다 외우고 있을 거 아니에요."

"못 합니다. 뭘 기도드려야 하는지, 누구에게 드려야 하는지 모르는걸요."

할머니의 눈이 이리저리 방황하다 세리에게 가서 멎었다. "이이가 기도를 못 하겠다는구먼. 루디가 한창 말썽꾸러기였을 때 그 애가 어떤 기도를 드렸는지 내가 말했던가요? 그 앤 이렇게 기도드렸지. '전 이제 잘 거예요. 하느님, 제 영혼을 지켜 주세요. 거기 가보니 찬장이 텅 비어서 불쌍한 강아지는 아무것도 얻어먹지 못 했어요. 아멘' 걔는 이렇게 기도했었어." 텐트와 태양 사이를 걸어가는 누군가의 그림자가 천막에 비쳤다가 사라졌다.

할아버지는 안간힘을 쓰고 있는 모양이었다. 모든 근육이 경련을 일으켰다. 그러다 갑자기 무엇에 얻어맞은 것처럼 크게 요동쳤다. 노인은 조용히 드러누워 숨을 쉬지 않았다. 케이시는 거무스름한 보랏빛으로 변해 가는 노인의 얼굴을 내려다보았다. 세리가 케이시의 어깨에 손을 대고 속삭였다. "저분의 혀를 빨리……"

케이시가 고개를 끄덕였다. "할머니 앞을 막아서 주십시오." 그는 꽉 다문 노인의 턱을 벌리고 목구멍에 손가락을 집어넣어 혀를 찾았다. 혀를 잡아당기니 피리 같은 소리를 내며 숨이 튀어나왔다가 흐느낌 같은 소리를 내며 빨려 들어갔다. 케이시는 땅바닥에서 작은 나뭇가지를 주워 혀를 아래로 눌렀다. 불규칙한 숨이 쌕쌕 소리를 내며 들어갔다 나왔다 했다.

할머니가 닭처럼 펄펄 뛰며 말했다. "기도해요! 어서 기도하라니까!" 세리가 할머니를 진정시키려고 했다. "기도하라니까. 이 빌어먹을 놈아!" 할머니가 외쳤다.

케이시가 한순간 할머니를 쳐다보았다. 노인의 헐떡이는 숨소리가 더욱 커지고 흐트러졌다. "하늘에 계신 우리 아버지여, 이름을 거룩히 하옵시며—"

"영광을!" 할머니가 울부짖었다.

"나라에 임하옵시며 뜻이 하늘에서 이루어진 것같이 땅에서도 이루어지리다."

"아멘."

길게 헐떡이는 듯한 한숨이, 벌어진 입에서 새어나왔다. 우는 듯한 숨소리가 이어졌다.

"오늘날 우리에게 일용할 양식을 주옵시고 우리가 우리의 죄를—" 숨소리가 멎었다. 케이시는 할아버지의 눈을 들여다보았다. 맑고 깊고 마음을 꿰뚫어 보는 듯한 그 눈에는 고요한 빛이 떠올라 있었다.

"할렐루야!" 할머니가 말했다. "어서 계속해요."

"아멘."

할머니는 이윽고 조용해졌다. 텐트 밖에서도 모든 소리가 멎었다. 자동차 한 대가 고속도로를 질주하는 소리가 들렸다. 케이시는 여전히 매트리스 옆에 무릎을 꿇고 앉아 있었다. 텐트 밖 사람들은 숨죽이고 서서, 임종 소리에 귀를 기울였다. 세리가 할머니의 팔을 부축해 밖으로 데리고 나왔다. 할머니는 머리를 꼿꼿이 세우고 위엄 있게 걸었다. 가족을 대표해 걷고, 가족을 대표해 고개를 꼿꼿이 쳐들었다. 세리가 할머니를 땅바닥에 깔아 놓은 매트리스로 데리고 가서 앉혔다. 할머니는 당당하게 똑바로 앞을 쳐다보았다. 이제야 주역이 된 것이다. 텐트 안은 조용했다. 이윽고 케이시가 텐트 입구 천을 들치고 밖으로 나왔다.

아버지가 가만히 물었다. "무슨 병이었소?"

"뇌출혈이었어요. 급성 뇌출혈."

생명이 다시 움직이기 시작했다. 태양은 지평선과 마주 닿아 납작해졌다. 도로 저쪽에서 옆구리를 빨갛게 칠한 대형 화물 트럭이 줄줄이 질주해 왔다.

그것은 사방에 작은 진동을 일으키며 요란스레 지나갔다. 불쑥 튀어나온 배기관이 디젤유가 만드는 푸른 연기를 토해 냈다. 트럭마다 한 사람이 운전하는 동안 교대자는 천장에 높이 매단 해먹에서 잠을 잤다. 이 트럭들은 결코 서지 않고 천둥 같은 굉음을 울리며 밤낮 없이 달렸다. 대지는 그들의 육중한 행진 아래서 진동했다.

가족은 하나의 단위가 되었다. 아버지는 땅바닥에 쪼그리고 앉았다. 그 곁에는 존 아저씨가 있었다. 이제 아버지가 가장이었다. 어머니가 그 등 뒤에 섰다. 노아와 톰과 앨은 웅크리고 앉았다. 전도사는 앉아 있다가 이내 팔꿈치를 세우고 비스듬히 기댔다. 코니와 '샤론의 장미'는 멀찍이서 거닐고 있었다. 그때 루디와 윈필드가 물을 담은 양동이를 마주 들고 신나게 뛰어 오다가 무슨 일이 있었음을 느끼고 걸음을 늦추더니 양동이를 내려놓고 가만히 어머니 옆에 가서 섰다.

할머니는 일동이 다 모이고 아무도 할머니 얼굴을 보지 않을 때까지 의연하고 침착하게 앉아 있다가, 모로 드러누워 한쪽 팔로 얼굴을 가렸다. 붉은 태양이 저물며 지상에 빛나는 저녁놀을 남겼다. 사람들의 얼굴이 황혼 속에서 빛났다. 그들의 눈동자는 그 빛을 받아 붉게 반짝였다. 저녁놀이 사방의 모든 빛을 빨아들였다.

아버지가 말했다. "윌슨 씨의 텐트 안에서 임종하셨어."

존 아저씨가 고개를 끄덕였다. "그분이 천막을 빌려줬지."

"정말 친절한 사람들이야." 아버지가 조용히 말했다.

윌슨은 자기의 고장 난 차 옆에 서 있었다. 세리가 매트리스로 가서 할머니 옆에 앉았다. 그러나 할머니를 건드리지 않으려고 조심했다.

아버지가 불렀다. "윌슨 씨!" 윌슨이 무거운 걸음걸이로 다가와 쪼그리고 앉았다. 세리도 그 옆에 와서 섰다. 아버지가 말했다. "우리 모두 두 분에게 감사드립니다."

"도움이 되어 기쁩니다." 윌슨이 말했다.

"큰 신세를 졌어요."

"사람이 죽는 마당에 신세고 뭐고가 있겠어요?" 윌슨이 말하자 세리가 그 말을 되풀이했다. "신세고 뭐고가 어딨어요."

앨이 말했다. "아저씨 차를 고쳐 드리죠. 저하고 형, 둘이서요." 앨은 자기가 가족의 은혜를 갚는다는 생각에 자랑스러운 얼굴이었다.

"그럼 도움 좀 받아볼까?" 윌슨은 은혜에 보답하려는 고마운 제의를 받아들였다.

아버지가 말했다. "앞으로 어떻게 할지 생각해야 한다. 법률이라는 게 있으니까. 사람이 죽으면 사망신고를 해야 하는데 그러면 장례비용으로 40달러를 내야 해. 그렇지 않으면 장버진 빈민 취급을 받을 거야."

존 아저씨가 끼어들었다. "우리 식구는 한 번도 빈민 취급을 받지 않았어."

톰이 말했다. "앞으로는 그런 일도 알아둬야겠군. 고향에서 쫓겨난 일도 이제까지 한 번도 없었으니까."

아버지가 말했다. "우리는 깨끗하게 살아왔다. 욕먹을 일은 한 번도 한 적이 없어. 돈을 치르지 못할 물건도 산 적이 없고 남에게 적선을 받은 일도 없다고. 톰이 일을 저질렀을 때도 우리는 떳떳이 얼굴을 쳐들고 다녔지. 톰은 누구나 그 상황에서는 그렇게 했을 법한 행동을 했을 뿐이니까."

"그래, 어떻게 한다?" 존 아저씨가 물었다.

"법률대로 신고하면 그네들이 아버지를 거두러 오겠지. 우리가 가진 돈은 통틀어 150달러야. 아버지 장례비로 40달러를 주고 나면 캘리포니아까진 가지 못 해. 그게 아니면 아버지를 구호 빈민으로 매장해 달래야 하는데." 사람들이 부스럭대며, 어두워지는 땅바닥을 무릎 너머로 건너다보았다.

아버지가 조용히 말했다. "아버지는 당신 손으로 할아버지를 직접 묻으셨지. 훌륭히 해내셨어. 당신 삽으로 훌륭하게 무덤을 만드셨지. 그때는 사람이 자기 아들 손에 묻힐 권리를 갖고 있었고, 아들은 자기 아버지를 묻을 권리를 갖고 있었거든."

"요즘 법률은 그렇지 않아." 존 아저씨가 말했다.

"법을 그대로 따를 수 없는 때도 있어. 체면상 어쩔 수 없는 경우 말이야. 그런 때가 더러 있는 법이지. 플로이드가 도망 나와서 난동을 부리기 시작했을 때도 경찰은 우리더러 녀석을 내놓으라고 했지만 아무도 녀석을 넘겨주지 않았잖아. 때로는 사람이 법률을 저울질해봐야 할 때도 있는 거야. 내가 말하고 싶은 건, 내게는 내 아버지를 묻을 권리가 있다는 거야. 누구 할 말 있나?"

케이시가 팔꿈치를 짚은 채 몸을 일으켰다. "법률이란 변하죠. 하지만 '꼭 해야 할 일'은 변하지 않아요. 당신은 할 일을 할 권리가 있어요."

아버지는 존 아저씨를 돌아보았다. "이건 형님 권리이기도 해요. 무슨 반대 의견이라도 있어요?"

"없어. 한데 기분이 꼭 아버지를 밤중에 살짝 감추는 것 같군. 아버지의 수법은 언제나 정정당당하게 대놓고 하는 것이었는데."

아버지는 부끄러운 듯이 말했다. "아버지가 하신 것처럼은 할 수 없어요. 돈이 다 떨어지기 전에 캘리포니아에 닿아야 하니까."

톰이 끼어들었다. "가끔 공사장에서 시체를 파내는 일이 있는데, 그러면 경찰에서는 살인사건이 일어났다고 떠들어대요. 높은 양반들은 산 사람보다 죽은 사람한테 흥미가 있나봐. 놈들은 그 시체가 누구였고 어떻게 죽었는지 밝혀내려고 혈안이 되죠. 그러니까 이러는 게 어때요? 병 안에 메모를 넣어 가지고 할아버지와 한데 묻는 거예요. 이 사람이 누구고, 어떻게 죽었고, 왜 여기 묻혔는지를 써서 말이죠."

아버지가 머리를 끄덕여 찬성의 뜻을 표시했다. "그게 좋겠구나. 훌륭한 글씨로 써서 말이다. 당신 이름도 같이 써 넣은 걸 알면 아버지도 그렇게 쓸쓸해하지 않으실 거다. 땅 속에 혼자 덩그러니 묻힌 노인하고는 다르니까. 또 할 말 있는 사람?" 일동은 잠자코 있었다.

아버지가 어머니 쪽으로 얼굴을 돌렸다. "여보, 아버지 염 좀 해드리겠소?"

"그러죠. 그런데 저녁은 누가 준비하지?"

세리 윌슨이 말했다. "제가 할게요. 아주머닌 어서 시작하세요. 저하고 댁의 큰따님하고 둘이서 할 테니까요."

"정말 고맙습니다. 노아, 저 통에서 돼지고기를 좋은 것으로 좀 꺼내 오너라. 아직 간이 덜 배었겠지만 이제 먹을 만 할 게다."

"우리한테 감자가 반 자루쯤 있어요." 세리가 말했다.

어머니가 "50센트 은화 두 닢만 주세요." 말하자 아버지가 호주머니를 더듬어 은화를 꺼내 건넸다. 어머니는 대야를 찾아내어 물을 담아 들고 텐트 안으로 들어갔다. 텐트 안은 아주 어두웠다. 세리가 들어와 촛불을 켜서 궤짝 위에 올려놓고 나갔다. 어머니는 죽은 노인의 얼굴을 한동안 내려다보았다. 그리고 슬픈 마음으로 자기의 앞치마 끝을 찢어 노인의 턱을 묶었다. 할아버지의 사지를 곧게 펴고 두 손을 가슴에 얹었다. 눈꺼풀을 쓸어내리고 그 위에 은화를 한 닢씩 놓았다. 노인의 셔츠 단추를 채운 다음 얼굴을 씻겼다.

세리가 들여다보며 말했다. "뭐 좀 도와 드릴까요?"

어머니가 천천히 얼굴을 쳐들며 말했다. "들어오세요. 드릴 말씀이 있어요."

"정말 좋은 따님을 두셨어요. 감자 껍질을 아주 잘 벗기지 뭡니까. 도와 드릴 일 없어요?"

"아버님을 말끔히 씻어 드리고 싶은데 갈아입힐 옷이 없어요. 댁의 이불도 못쓰게 만들었고. 시신 냄새는 여간해서 가시지 않거든요. 우리 친정어머니가 돌아가셨을 때 깔았던 매트리스 냄새를 맡은 개가 으르렁거리며 몸을 부들부들 떨어대는 걸 본 일이 있어요. 그것도 돌아가신 지 2년이나 지난 뒤에 말이죠. 아버지를 댁의 이불로 쌀까 해요. 덮을 이불도 따로 마련해 드리고요."

"그런 말씀 마세요. 우리도 도움이 되어 기쁘답니다. 이렇게 마음이 편한 건 정말 오랜만이에요. 사람은 역시 서로 도우며 살아야 해요."

어머니는 머리를 끄덕였다. "그래요." 어머니는 구레나룻이 무성한 할아버지의 얼굴을 한참이나 바라보았다. 천 쪼가리로 묶은 턱, 촛불 빛을 받아 은색으로 빛나는 눈. "곧 근육이 굳을 거예요. 싸드려야겠어요."

"할머니는 아주 태연하시던데요."

"워낙 연세가 연세라. 아마 무슨 일이 일어났는지도 모르고 계실 거예요. 당분간은 그렇겠지요. 게다가 우리 가족은 감정을 드러내지 않는 것을 자랑으로 삼거든요. 우리 아버님은 곧잘 말씀하셨어요. '우는 모습은 누구나 보일 수 있다. 그러지 않는 것이 사나이다.' 우리는 늘 감정을 드러내지 않는답니다." 어머니는 할아버지의 다리와 어깨 둘레를 이불로 꽁꽁 쌌다. 이불 한 끝을 두건처럼 머리 위로 끌어내려 얼굴을 덮었다. 세리가 큰 안전핀 대여섯 개를 건네자 어머니는 이불 끝자락을 핀으로 단단히 고정시켜 기다란 보통이로 만들었다. 그러고서야 일어섰다. "그리 비참한 장례는 되지 않겠어요. 장례를 치러주실 전도사님도 계시고, 식구도 모두 곁에 있으니까." 갑자기 어머니가 비틀거렸다. 세리가 다가와서 어머니를 부축했다. 어머니가 부끄러운 듯이 말했다. "잠이 부족해서…… 이제 괜찮아요. 떠날 준비를 하느라고 어찌나 바빴던지."

"바깥 공기 좀 쐬세요."

"그러죠. 여기 일은 이제 끝났으니까요." 세리가 촛불을 불어 껐다. 두 사람은 밖으로 나왔다.

그 작은 골짜기 바닥에서 모닥불이 환하게 타고 있었다. 톰이 막대기와 철사로 만든 냄비걸이에 냄비 두 개가 걸린 채 부글부글 끓고 있었다. 뚜껑 밑에서 김이 힘차게 뿜어 나왔다. '샤론의 장미'는 열기가 미치지 않는 곳에 무릎을 꿇고 앉아 있었다. 손에는 긴 숟가락을 들고 있었다. 그녀는 어머니가 텐트에서 나오는 것을 보고 일어나서 다가갔다.

"엄마, 물어볼 게 있어요."

"다시 걱정이 되냐? 슬픈 꼴을 보지 않고 아홉 달을 지낼 수는 없단다."

"하지만 이거…… 아기에게 해롭지 않을까?"

"이런 속담이 있지 않니? '슬픔 속에서 태어난 아이는 행복한 아이가 되리로다.' 그렇죠, 윌슨 부인?"

세리가 말했다. "나도 그런 말 들은 적 있어요. 이런 말도요. '너무 많은 기쁨 속에서 태어난 아이는 슬픈 아이가 되리로다.'"

"뱃속이 자꾸만 꿈틀꿈틀하는걸요." '샤론의 장미'가 말했다.

어머니가 말했다. "그래, 누군들 재미로 꿈틀거리는 건 아니란다. 저 솥 좀 지켜보고 있어라."

동그란 모닥불을 둘러싸고 사나이들이 모여 들었다. 연장이라고는 삽 하나와 곡괭이 하나가 다였다. 아버지가 땅 위에 길이 8피트 너비 3피트짜리 금을 그었다. 일은 교대로 진행되었다. 아버지가 곡괭이로 흙을 파면 존 아저씨가 삽으로 그것을 떠냈다. 앨이 파면 톰이 떠내고, 노아가 파면 코니가 떠냈다. 구덩이는 눈 깜짝할 사이에 깊어졌다. 한 번도 작업 속도가 떨어지지 않았기 때문이다. 삽으로 떠낸 흙이 구덩이 안에서 계속해서 튀어나왔다. 직사각형 구덩이가 어깨 높이만큼 깊어졌을 때 톰이 물었다. "얼마나 파요, 아버지?"

"더 깊이 파야 해. 2~3피트쯤. 톰, 너는 나와서 글씨를 써라."

톰이 구덩이에서 기어 올라오고, 그 대신 노아가 들어갔다. 톰은 모닥불을 지키고 있는 어머니에게로 갔다. "종이하고 펜 있어요, 어머니?"

어머니는 천천히 고개를 가로저었다. "아니, 그것만은 갖고 오지 않았구나." 어머니는 세리를 쳐다보았다. 조그만 여인은 자기 텐트로 천천히 걸어가더니 성경과 반토막짜리 연필을 들고 돌아왔다. "여기 있어요. 첫 장은 그냥 새하얀 종이예요. 여기다 쓰고 찢어 내세요." 그리고 성경과 연필을 톰에게 건넸다.

톰은 불가에 앉아 눈을 가늘게 뜨고 생각을 정리했다. 그리고 성서 앞 페이지에 커다랗게 또박또박 정성들여 썼다. '윌리엄 제임스 조드, 나이 많은 노인이다. 장례 치를 돈이 없어 뇌출혈로 별세한 노인을 그의 가족이 매장했다. 누가 그를 죽인 것이 아니다. 뇌출혈로 세상을 떠났을 뿐이다.' 그는 손을 멈췄다. "어머니, 들어 보세요." 그는 천천히 어머니에게 읽어 주었다.

"응, 아주 잘 썼구나. 엄숙해 보이도록 그 뒤에 성경 구절을 집어넣는 게 어떻겠니? 성경을 펴가지고 그 속에서 뭐 한 구절 골라 보렴."

"짧아야 할 텐데. 쓸 자리가 별로 안 남았거든요."

세리가 말했다. "'주의 자비가 있기를.' 이런 건 어떨까?"

톰이 말했다. "글쎄요. 어쩐지 할아버지가 목이라도 달려 돌아가신 것 같이 들리는데요. 여기서 좀 베껴 볼게요." 책장을 팔랑팔랑 넘기며 소리는 내지 않고 입술만 달싹대어 읽던 톰이 말했다. "여기 짧은 게 있어요. '롯이 그들에게 이르되, 내 주여 그리 마옵소서.'"

어머니가 말했다. "아무 뜻도 없잖니. 쓸 바에야 무슨 뜻이 있어야지."

세리가 말했다. "더 뒤에 있는 〈시편〉을 봐. 〈시편〉에는 좋은 구절이 많으니까."

톰은 성경을 팔랑팔랑 넘겨가며 〈시편〉 구절을 훑어보았다. "여기 하나 있다. 아주 엄숙하고 좋은데요? '허물의 사함을 얻고 그 죄의 가리움을 받은 자는 복이 있도다.' 이거 어때요?"

어머니가 말했다. "그것 참 좋구나. 그걸 써 넣어라."

톰은 그 구절을 정성껏 썼다. 어머니가 과일 병을 물에 헹구어 닦자 톰은 종이를 병에 넣은 다음 마개를 꽉 죄었다. "전도사님이 쓰는 게 좋을 걸 그랬나?" 톰이 말했다.

어머니가 말했다. "안 되지. 전도사님은 우리 식구가 아니니까." 어머니는 병을 톰에게서 받아들고 어두운 텐트 속으로 들어갔다. 이불을 고정시켰던 핀을 풀고 과일 병을 여위고 찬 두 손 밑에 밀어 넣고는 이불을 다시 핀으로 단단히 꽂은 다음 모닥불로 돌아왔다.

사나이들이 모닥불로 찾아왔다. 얼굴이 땀으로 번들거렸다. "이제 됐다." 아버지가 말했다. 아버지와 존 아저씨와 노아와 앨이 텐트 안으로 들어가더니 이내 핀을 고정시킨 기다란 보퉁이를 들고 나와 묏자리로 옮겼다. 아버지가 구덩이 안으로 뛰어내려 보퉁이를 두 손으로 받아서 가만히 내려놓았다. 존 아저씨가 한 손을 내밀어 아버지를 구덩이에서 끌어올렸다. 아버지가 물었다. "어머니는 뭘 하시지?"

"내가 보고 오죠." 어머니가 말했다. 매트리스로 가서 잠시 할머니를 굽어본 다음 무덤으로 돌아왔다. "주무세요. 나중에 원망하시겠지만 지금은 깨우고 싶지 않아요. 어머님은 몹시 지치셨어요."

아버지가 말했다. "전도사님은 어딜 가셨나? 전도사가 있어야 기도를 올리지."

톰이 말했다. "아까 저 밑으로 내려가는 걸 봤어요. 이제 기도는 드리고 싶지 않대요."

"기도드리고 싶지 않다고?"

"그런가 봐요. 이제 전도사가 아닌걸요. 전도사도 아닌데 전도사 흉내를 내면서 사람들을 속이는 건 좋지 않다고 생각하고 있어요. 기도드려 달라는 부탁을 받지 않으려고 일부러 피한 것 같아요."

그때 케이시는 조용히 돌아오던 참이었다. 그는 톰이 하는 말을 들었다. "피한 게 아닙니다. 당신네들을 도와 드리고 싶지만 당신네들을 속이는 짓은 하고 싶지 않아요."

아버지가 말했다. "한두 말씀이라도 좋으니 좀 해주지 않겠소? 우리 가족 중 기도 없이 묻힌 사람은 한 명도 없거든요."

"그럼 그러죠."

코니가 '샤론의 장미'를 무덤으로 데리고 왔다. 그녀는 내키지 않는 얼굴이었다. 코니가 말했다. "당신도 있어야지. 참례하지 않는 건 예의가 아냐. 금방 끝날 거야."

모닥불이 모인 사람들의 얼굴과 눈을 또렷이 비추고 그들의 거무스름한 옷 위에서 어른거렸다. 모두 모자를 벗어 들었다. 불빛이 그들 위에서 너울너울 춤췄다.

케이시가 말했다. "짧은 걸로 하죠." 그가 머리를 숙이자 모두 따라 했다. 케이시가 엄숙하게 말했다. "여기 이 노인은 한 생애를 살고 이제 돌아가셨습니다. 나는 이분이 선인이었는지 악인이었는지 모릅니다. 그러나 어느 쪽이건 중요한 일은 아닙니다. 그가 살아 있었다는 것이 중요한 것입니다. 그러나 지금 돌아가셨다는 사실은 중요한 것이 아닙니다. 언젠가 나는 어떤 사람이 이런 시를 읊는 것을 들은 일이 있습니다. '살아 있는 모든 것은 존귀하도다.' 나는 생각해 보았습니다. 그리하여 곧 그것이 말 이상의 의미를 갖고 있다는 것을 깨달았습니다. 그러므로 나는 돌아가신 이 노인을 위해서는 기도드리고 싶지 않습니다. 죽은 사람은 그것으로 끝난 것입니다. 그도 해야 할 일이 있지만 모두 정리되어 한 가지 길만 남아 있습니다. 그렇지만 우리도 해야 할 일이 있고 그 방법은 수천 가지가 넘어서 어느 길을 택해야 좋을지 모르고 있습니다. 그러므로 내가 기도를 드린다면 어느 길을 가야 좋을지 모르는 사람들을 위해 하고 싶습니다. 여기 있는 할아버지는 이 편한 외길을 얻으셨습니다. 이제 다 같이 흙을 덮어 이분이 해야 할 일을 할 수 있도록 해드립시다." 그는 머리를 쳐들었다.

아버지가 "아멘" 하자 다른 사람들도 "아멘" 하고 중얼거렸다. 아버지가 삽으로 반쯤 흙을 떠서 검은 구덩이에 조용히 뿌렸다. 삽을 존 아저씨에게 넘기자 존도 흙을 삽 가득 떠서 쏟았다. 손에서 손으로 삽이 건너갔다. 모두가 한 번씩 그 의무와 권리를 마치자 아버지가 부드러운 흙더미를 허물어 구덩이를 빠르게 메웠다. 여자들은 식사 준비를 하기 위해 모닥불로 돌아갔다. 루디와 윈필드는 무덤에 정신을 빼앗기고 있었다.

루디가 장엄하게 말했다. "할아버지는 저 밑에 있어." 윈필드가 겁먹은 눈으로 그녀를 쳐다보았다. 그리고 모닥불로 달려가서 땅바닥에 주저앉더니 혼자 훌쩍거렸다.

아버지가 구덩이를 반쯤 메우고 숨을 몰아쉬며 서 있는 동안 존 아저씨가 나머지를 메웠다. 존이 봉분을 쌓기 시작하는데 톰이 와서 말렸다. "잠깐만, 무덤 모양을 만들어 놓으면 금방 놈들이 와서 파헤칠 거예요. 숨겨야 해요. 땅을 편평하게 하고 그 위에 마른 풀을 뿌려 놓아야 해요. 그래야 안전해요."

아버지가 말했다. "그걸 생각 못했구나. 무덤을 편평하게 하는 것은 안될 일이지만."

"별 수 없어요. 놈들은 금방 파헤칠 거고 그러면 우리는 법률 위반으로 벌을 받을 거예요. 제가 법을 위반하면 어떻게 되는지 잘 알잖아요."

"그래. 그걸 잊어버렸었구나." 그는 존에게서 삽을 받아 무덤을 판판하게 다졌다. "겨울이 되면 푹 꺼질 텐데."

"그것도 할 수 없죠. 겨울이 되었을 때는 우리는 멀리 가 있을 거예요. 잘 다지세요. 이따가 그 위에 뭘 좀 덮도록 해요."

돼지고기와 감자가 익자 두 가족은 땅바닥에 주저앉아 먹었다. 모두 모닥불만 하염없이 바라보며 말이 없었다. 윌슨이 커다란 고깃덩이를 뜯으며 자못 만족스러운 듯 한숨 섞어 말했다. "돼지고기를 먹다니, 기분 좋구먼."

"저어, 집에 새끼돼지 두 마리가 있었는데 잡는 수밖에 도리가 없더라고요. 뭘 먹일 게 있어야 키우지. 슬슬 여행에 익숙해지고 애들 엄마가 빵을 만들게 되면 트럭에 돼지고기를 두 통이나 싣고 온 나라를 누비고 다니는 기분도 썩 좋을 거요. 당신은 길 떠난 지 얼마나 되시오?" 아버지가 설명했다.

윌슨이 혀로 이 사이에 낀 고기를 빼내 삼키며 말했다. "우리는 운이 나빴죠. 집 떠난 지 3주나 되니까."

"저런, 우리는 열흘 안에 캘리포니아에 닿을 생각인데."

앨이 참견하고 나섰다. "모르는 일이에요, 아버지. 저런 엄청난 짐을 싣고 가다가는 영영 도착 못 할지도 몰라요. 산이라도 나타나면 끝장이라니까요."

모두 불가에 말없이 둘러앉아 있었다. 얼굴을 숙이고 있어 머리와 이마가 불빛에 훤히 비쳤다. 자그맣고 둥근 불 위로 여름밤의 별들이 희미하게 빛났다. 대낮의 더위는 점점 가시고 있었다. 불가에서 먼 매트리스 위에서 할머니가 강아지처럼 낑낑거렸다. 모두의 머리가 할머니 쪽으로 향했다.

어머니가 말했다. "로자샨, 할머니 옆에 가서 누워 있으렴. 지금은 누가 곁에 있어야 해. 이제 할머니도 짐작이 가시는 모양이니까."

'샤론의 장미'는 일어나 매트리스로 가서 노파 옆에 드러누웠다. 낮은 목소리가 모닥불까지 들려왔다. '샤론의 장미'와 할머니가 매트리스 위에서 속삭이고 있었다.

노아가 말했다. "이상해. 할아버지가 돌아가셨어도 조금도 다르게 느껴지지 않아. 그전하고 꼭 같은 게, 조금도 슬프지 않은걸."

케이시가 말했다. "똑같은 거야. 할아버지와 고향은 똑같아."

앨이 말했다. "정말 창피했어. 할아버지는 늘 이런 말씀을 하셨지. 포도를 머리 위에 얹어 놓고 짜서 즙이 수염을 타고 흐르게 하시겠다는 둥 맨 그런 소리만 하셨다고."

케이시가 말했다. "그분은 언제나 실없는 소릴 하셨죠. 그분도 알고 하는 소리였을 겁니다. 그리고 할아버지는 오늘 저녁에 돌아가신 게 아니에요. 그 집에서 끌려나온 순간 돌아가신 겁니다."

"아니 그게 정말이오?" 아버지가 외쳤다.

"아니, 실제로는 그렇지 않아요. 숨은 쉬고 계셨으니까. 하지만 돌아가셨던 거나 다름없었어요. 할아버지는 그 집이었고 당신도 그걸 알고 계셨지요."

존 아저씨가 물었다. "할아버지가 돌아가실 줄 알았소?"

"그러믄요. 알고 있었죠."

존이 공포에 가득한 얼굴로 케이시를 뚫어져라 쳐다보았다. "그런데 왜 아무한테도 애긴 안 했죠?"

"얘기해서 무슨 소용이 있습니까?" 케이시가 되물었다.

"우리는—그러니까 무슨 수를 쓸 수 있었을 텐데."

"어떻게요?"

"글쎄 뭔지 모르지만, 그래도……."

"아니요, 아무것도 해드리지 못 했을 겁니다. 당신네들은 갈 길이 정해져 있었고, 할아버지는 그것엔 전혀 상관하지 않았소. 그분은 조금도 괴로워하시지 않았어요. 오늘 아침 그 일이 있은 뒤로는. 할아버지는 그 땅에 그대로 머물러 있었던 거예요. 거기서 도저히 떠나실 수가 없었던 거죠."

존 아저씨가 후욱 한숨을 내쉬었다.

윌슨이 말했다. "나는 형님 윌을 남겨두고 와야 했소." 사람들의 고개가 그쪽을 향했다. "형님과 나는 나란히 40에이커씩 땅을 갖고 있었죠. 나이가 나보다 많지만, 둘 다 차를 운전할 줄 몰랐어요. 우리는 가진 물건을 몽땅 팔아 치웠고 형님은 차를 한 대 샀죠. 판매점에서 어떻게 운전하는지 가르쳐 주라고 젊은 놈 하나를 보내주더군요. 우리가 떠나기로 한 전날 오후에 형님과 형수 미니는 연습을 하러 나갔어요. 그런데 모퉁이에 다다랐을 때 형님이 냅다 소리를 지르지 뭡니까. '그만 서!' 그러고는 브레이크를 밟았지만 그대로 울타리를 밀고 나가 버렸어요. 이번에는 '서라고, 빌어먹을 것아.' 고함치면서 액셀러레이터를 밟는 바람에 계곡에 처박히고 말았죠. 그래서 그대로 남은 거예요. 더 팔 것도 없고 차도 없어졌으니까요. 자기가 저지른 실수니 어쩌겠어요. 그런데 형님은 화가 잔뜩 나서 우릴 따라나서지 않더란 말입니다. 욕지거리만 하고 앉아 있었지요."

"그래서 형님은 어떻게 할 셈이래요?"

"글쎄요. 너무 화가 나서 생각할 여유도 없어 보입니다. 우린 기다릴 수 없었고요. 노잣돈이라야 85달러밖에 없었으니까. 가만히 앉아서 까먹을 수는 없잖습니까. 하기야 그것도 여기저기 다 써버리고 없지만. 100마일도 뛰지 않았는데 뒤쪽 톱니바퀴가 문드러졌지 뭐예요. 이걸 고치는 데 30달러 달라더군요. 그러더니 또 이번에는 타이어를 사야하고 다음에는 점화플러그가 깨지고, 엎친 데 덮친 격으로 아내까지 병이 나는 바람에 여기서 열흘이나 머물렀죠. 그런데 이번에는 이 빌어먹을 놈의 차가 망가져 버렸지 뭐요. 돈은 다 떨어져 가는데, 언제 캘리포니아에 도착할는지 아득해요. 내가 차를 고칠 줄 알면 좋겠지만, 차에는 아주 깜깜이라."

앨이 거드름을 피우며 물었다. "어디가 나쁜데요?"

"아예 움직이질 않아. 시동이 걸리나 싶으면 방귀 소리를 내며 서버리지. 그러다 금방 또 시동이 걸리는데 제대로 움직이기도 전에 다시 서버리는 거야."

"엔진이 조금만 돌다가는 선단 말이지요?"

"그래. 그리고 아무리 휘발유를 넣어도 오래 달리시 못하는구먼. 그렇게 점점 나빠지더니, 이젠 아주 꼼짝도 않게 돼버렸어."

앨은 아주 의기양양해져서 어른스런 표정으로 말했다. "가스관이 막히지 않았나 싶은데. 제가 뚫어드리죠."

아버지도 덩달아 우쭐해서 말했다. "얘가 차에 대해선 잘 알죠."

"손을 빌릴 수만 있다면야 고맙지. 정말 고맙소. 아무것도 고치지 못 하고 있으니 어린애가 된 것 같은 기분이 드는구먼요. 캘리포니아에 가면 좋은 차를 사야지. 금방 고장 나지 않을 놈으로 말이죠."

"그거야 도착했을 때 말이지. 갈 수 있느냐 아니냐가 우선 문제 아니오?"

"그야 그렇지만, 그만한 보람은 있어요. 광고 전단지를 보았는데, 거기선 과실 따는 손이 무척 딸린대요. 품삯도 좋고요. 생각 좀 해보세요. 서늘한 나무그늘에서 과일을 따고 더러는 먹기도 하는 기분이 어떨지. 우리가 아무리 많이 먹어도 말리지 않을걸. 과일이라면 널리고 깔렸을 테니까. 그리고 그렇게 품삯이 좋으니 쉽사리 내 땅을 마련해서 다른 돈벌이도 할 수 있을 게 아니겠어요. 그렇지, 두어 해면 자기 땅을 마련하게 될 거라고요."

"우리도 그런 전단지를 보았소. 여기 한 장 있지." 그는 지갑에서 착착 접은 주황색 전단지를 꺼내 보였다. 검은 활자로 이렇게 씌어 있었다. '캘리포니아 콩 따기 노무자 대 모집. 연중무휴. 고임금보장. 800명 긴급 모집'

윌슨이 의심쩍은 표정으로 그것을 들여다보았다. "이건 내가 본 것하고 꼭 같은데. 토씨 하나 안 틀리고 꼭 같아. 벌써 800명이 다 차지는 않았을까요?"

"이건 캘리포니아 일부에 지나지 않을 거요. 캘리포니아는 미국에서 두 번째로 큰 주잖소. 그 800명이 다 찼더라도 달리 일자리는 얼마든지 있어요. 아무튼 나는 과일 따는 일을 해볼 참이오. 당신 말처럼 나무그늘에서 과일을 따고―그런 건 어린애들도 하고 싶어 할걸."

앨이 갑자기 일어서서 윌슨의 포장형 자동차 쪽으로 걸어갔다. 그리고 잠깐 내부를 들여다보고 다시 돌아와 앉았다.

"오늘밤엔 못 고쳐." 윌슨이 말했다.

"알아요. 내일 아침에 고치죠."

아까부터 동생을 유심히 지켜보던 톰이 말했다. "나도 너와 비슷한 생각을 했어."

노아가 물었다. "둘이 무슨 말 하는 거야?"

톰과 앨은 서로 상대편이 말을 꺼내기를 묵묵히 기다렸다. "형이 얘기해 봐." 마침내 앨이 말했다.

"응, 어쩌면 소용없는 생각일지도 모르고, 앨이 생각하는 것하고 다를지도 모르지만 어쨌든 이래요. 우리 쪽은 짐이 너무 많지만 윌슨 씨 쪽은 그렇지 않아요. 그러니 우리 식구 몇이 윌슨 씨네 차에 타고 그쪽의 가벼운 짐을 얼마쯤 우리 트럭에 싣는다면, 우리 차는 스프링이 상하는 일도 없을 것이고, 언덕도 수월하게 올라갈 수 있어요. 나와 앨 둘 다 차를 잘 아니까 어떻게든 저 차를 몰 수 있을 거고요. 두 집이 함께 길을 갈 수 있다면 서로 도움이 되지 않을까 해요."

윌슨이 펄쩍 뛰었다. "아, 그렇고말고. 기꺼이 그렇게 하겠소. 그야 고마운 말이지. 세리, 지금 얘기 들었지?"

세리가 말했다. "정말 좋은 생각이에요. 하지만 댁에 짐이 되진 않을는지요?"

아버지가 말했다. "천만의 말씀, 짐이 되다뇨. 오히려 우리가 도움을 받는 거지요."

윌슨은 안절부절못하여 자세를 고쳐 앉았다. "글쎄, 어떨는지……."

"왜 그래요? 내키지 않는 모양이군요?"

"아니, 그 저어…… 우리는 이제 30달러밖에 가진 돈이 없고 하니, 당신들의 짐이 될 것 같아서요."

어머니가 말했다. "짐이 되다뇨. 서로 도우면서 가면 다함께 캘리포니아에 도착할 수 있어요. 그리고 부인께선 할아버지 염할 때도 도와주셨는데." 그 말만 하고는 입을 다물었다. 서로의 관계가 명백했기 때문이다.

앨이 외쳤다. "저 차라면 넉넉히 여섯은 탈 수 있어요. 내가 운전하고 로자샨과 코니와 할머니를 태우는 거야. 그리고 덩치 큰 가벼운 짐을 트럭으로 옮겨 싣는 거예요. 그걸 조금씩 내다 팔면서 가면 돼요." 그는 큰 소리로 말했다. 큰 걱정거리를 덜었기 때문이다.

모두 쑥스러운 미소를 지으며 땅바닥을 내려다보았다. 아버지가 흙먼지 위에 손가락으로 무언가를 끼적이며 말했다. "집사람은 오렌지 나무가 뺑 둘러선 흰 집이 좋대요. 전에 달력에 실린 커다란 사진을 보고 그러는 겁니다."

세리가 말했다. "혹시 제가 다시 병이 나면 여러분은 상관 말고 먼저 가도록 하세요. 여러분의 짐이 되기는 싫으니까요."

어머니는 세리를 주의깊게 뜯어보았다. 그제야 비로소 그 병색 짙은 눈과 고통에 시달려 찌든 얼굴이 눈에 들어왔다. 어머니가 말했다. "우리가 당신

들을 끝까지 돌봐드리겠어요. 당신이 그랬잖아요? 남 돕는 일을 성가셔 해
선 안 된다고."

세리는 자기의 쭈글쭈글한 손을 모닥불에 비춰 보았다. "오늘밤에는 좀
자야겠네요." 그녀는 일어섰다.

"아버님이 돌아가신 지 1년은 된 것 같군요."

두 집 식구들은 늘어지게 하품을 하며 잠자리로 느릿느릿 흩어졌다. 어머
니는 양철접시를 가볍게 헹구고 밀가루 주머니로 기름기를 문질러 뺐다. 모
닥불이 꺼지고 별이 내려앉았다. 도로에는 이제 승용차는 거의 지나가지 않
고 화물 트럭이 이따금 우릉우릉 땅을 울리며 지나갔다. 도랑에 있는 두 대
의 자동차는 별빛 아래 거의 보이지 않았다. 도로 아래 주유소에 매놓은 개
가 짖어댔다. 두 집 식구는 조용히 잠들었다. 대담해진 들쥐가 매트리스 사
이를 돌아다녔다. 다만 세리 윌슨만이 잠을 못 이루고 허공을 바라보며, 고
통을 참아내느라 안간힘을 쓰고 있었다.

14

막 시작된 변화에 불안해하는 서부의 땅. 뇌우가 오기 전의 말(馬)처럼
흥분한 서부의 여러 주(州)들. 변화는 눈치챘으나 그게 어떤 것인지 알지
못한 채 그저 흥분한 대지주들. 그들은 눈앞에 닥친 것을, 강화되는 행정관
리를, 팽창해 가는 노동조합을, 새로운 세금을, 갖가지 기획을 공격한다. 그
러한 것들이 원인이 아니라 결과라는 것을 모른다. 원인이 아니라 결과다.
원인이 아니라 결과다. 원인은 깊고도 단순한 데에 있다—그것은 하나의 굶
주린 위장이며, 기쁨과 안전을 갈망하는 하나의 영혼이며, 성장하고 일하고
창조하기를 열망하는 몸과 마음이다. 이러한 것들이 1백만 배로 늘어났다.
인간의 궁극적이고 명확한 기능—일하기를 열망하는 근육과 단순한 요구 이
상의 것을 창조하고자 하는 마음—이것이 인간이다. 벽을 쌓고 집을 세우고
댐을 건설하고 그 벽과 집과 댐 안에 인간 자신의 무엇인가를 두는 것, 벽과
집과 댐이 갖는 무엇인가를 인간 자신에게 되돌리는 것, 노동을 통해 강건한
근육을 얻고 구상을 통해 명확한 선과 형태를 터득하는 것이 바로 인간이다.
인간은 우주의 다른 유기체나 무기체와 달리, 스스로 창조한 것을 뛰어넘어
성장하고 자기 사고의 범주를 딛고 넘어 자기가 이룩한 업적보다 앞서 나아

가는 존재이기 때문이다. 이렇게 말할 수도 있다. ─모든 학설이 변하고 붕괴할 때 학파나 사상, 그리고 국민·종교·경제 사상의 좁고 어두운 뒷길이 성장했다가 해체될 때, 인간은 모색하고 때로는 과오를 범하면서도 전진하려고 노력하며 비틀비틀 나아간다. 한 발 내딛었다가 뒤로 미끄러지는 일은 있지만, 그것은 고작 반 발짝일 뿐 완전히 한 발짝 후퇴하지는 않는다. 그렇게 말할 수 있고 확신할 수 있다. 이 사실은 폭탄이 시커먼 비행기에서 시장 복판으로 떨어질 때, 포로들이 돼지처럼 찔려 죽을 때, 짓뭉개진 시체가 더러운 먼지 속에서 말라비틀어질 때 알 수 있으리라. 이런 식으로만 깨달을 수 있는 일인지 모른다. 그 한 발짝을 내딛지 않는다면, 그 비틀거리는 열망이 살아 숨쉬는 것이 아니라면, 폭탄도 떨어지지 않을 것이고 목이 잘리는 일도 없을 것이다. 폭격기가 살아 있는데도 폭탄이 떨어지지 않을 때를 두려워하라. 폭탄 하나하나가 아직 죽지 않았다는 증거이니까. 대지주가 살아 있는데도 파업이 정지될 때를 두려워하라. 패배한 작은 파업 하나하나가 전진의 한 발짝을 내딛었다는 증거이니까. 그때 이런 사실을 깨닫게 될 것이다 ─인간이 어떤 이념을 위해 상처입지도 목숨을 내던지지도 않는 때를 두려워하라. 이 하나의 속성이야말로 인간의 기본 요소요, 우주에서 으뜸가는 인간 자체이니까.

막 시작된 변화에 불안해하는 서부의 여러 주들. 텍사스, 오클라호마, 캔자스, 아칸소, 뉴멕시코, 애리조나, 캘리포니아. 땅에서 쫓겨난 한 가족. 아버지는 은행에서 돈을 꿨고 이제 은행이 땅을 요구한다. 토지 회사─즉 토지를 가진 은행이다─가 토지에 바라는 것은 트랙터이지 가족 따위가 아니다. 트랙터가 나쁜 것인가? 긴 이랑을 가는 동력이 잘못된 것인가? 이 트랙터가 우리 것이라면 그것은 좋았을 것이다─내 것이 아니라 우리 것이었다면 우리 트랙터가 우리 땅의 긴 이랑을 경작한다면, 그것은 좋았을 것이다. 내 땅이 아니라 우리 땅이라면 말이다. 그렇다면 우리는 이 토지가 우리 것이었을 때 그것을 사랑한 것처럼 그 트랙터를 사랑했을 것이다. 그런데 이 트랙터는 두 가지 일을 한다─땅을 경작하는 동시에 우리를 몰아낸다. 트랙터와 탱크는 거의 다를 바 없다. 사람들을 내몰고 겁주고 상처 주니까. 우리는 이 점을 생각해야 한다.

땅에서 쫓겨난 한 사나이와 그 가족. 삐거덕거리며 서쪽으로 고속도로를 달리는 이 고물차. 나는 내 땅을 잃었다. 트랙터 한 대가 내 땅을 빼앗은 것이다. 나는 외톨이라 어찌해야 할지 갈피를 잡을 수가 없다. 밤이 되어 한 가족이 도랑에 천막을 치면 다른 가족이 거기에 차를 세우고 천막을 친다. 두 사나이는 쪼그려 앉고, 여자들과 아이들은 귀를 기울인다. 변화를 싫어하고 혁명을 두려워하는 자들이여, 여기에 문제의 핵심이 있다. 이 웅크려 앉은 두 사나이를 떼어놓아야 한다. 이 두 사람을 서로 미워하고 두려워하고 의심하게 하라. 여기에 그대들이 두려워하는 문제의 싹이 있다. 이 싹이야말로 접합체이다. 여기서 '나는 내 땅을 빼앗겼다'가 변질되기 때문이다. 하나의 세포가 분열되면서 그대들이 미워하는 것—'우리는 우리 땅을 빼앗겼다'—이 생겨난다. 위험은 여기에 있다. 두 사나이는 혼자일 때처럼 고독하지도 않고 할 바를 모르지도 않기 때문이다. 이 최초의 '우리'에서 더욱 위험한 것이 자라난다. '나에게 먹을 것이 조금 있소'와 '나에게 조금도 없소'가 생겨나고, 이 둘이 합쳐 '우리에게는 먹을 것이 조금 있다'가 되면 사태는 본 궤도에 오르고 운동은 방향을 잡게 된다. 이것이 조금만 발전하면 이 토지와 이 트랙터는 우리의 것이 된다. 낮은 땅에 웅크리고 있는 두 사나이, 작은 모닥불, 한 냄비에서 삶아져 가는 돼지고기, 돌덩이 같이 차가운 눈빛을 한 말없는 여자들. 그 뒤에는 머리로는 이해할 수 없는 말을 영혼의 귀로 들으려고 하는 아이들. 밤의 장막이 내리기 시작한다. 아기가 감기에 걸렸네요. 이 담요를 덮어 줘요. 순모 담요예요. 어머니가 쓰시던 거죠. 갖고 가서 아기한테 덮어 주세요. 이것이야말로 폭격해야 할 것이다. 이것이 시초다—'나'에서 '우리'로 넘어가는 시작이다.

인간으로서 가져야 할 것을 독점하고 있는 그대들이 이것을 이해할 수 있다면 그대들은 멸망을 피할 수 있을 것이다. 원인과 결과를 분별하고 페인과 마르크스와 제퍼슨과 레닌이 원인이 아니라 결과임을 깨닫는다면, 그대들은 살아남을 수 있을지도 모른다. 그러나 그대들은 도저히 알 수 없을 것이다. 소유의 특질이 그대들을 영원히 '나' 안에 동결시키고 '우리'에서 떼어놓고 있기 때문이다.

막 시작된 변화에 불안해하는 서부의 여러 주. 궁핍은 사상의 자극제이며 사상은 행동의 자극제다. 50만이나 되는 인간이 나라를 횡단하여 이동하고,

1백만이나 되는 인간이 불안 속에서 이동 준비를 하고 있으며, 1천만이나 되는 인간이 이제 막 불안을 느끼기 시작한다.

수많은 트랙터가 텅 빈 땅에서 무수한 이랑을 일구고 있다.

15

66번 도로변에 즐비한 햄버거 가게들, 싸구려 식당들—'앨과 수지네 가게', '칼의 점심', '조와 미니', '윌의 스낵바'. 널빤지와 통나무로 세운 오두막들이다. 정면에는 주유 펌프 두 대, 망사문, 긴 카운터, 의자, 발을 올려놓는 가로대, 입구 가까이에 놓인 슬롯머신 세 대는 세 개의 작대기가 가져다 주는 5센트짜리 행운을 드러내 보이고 있다. 그 옆에는 5센트짜리 동전으로 소리를 내는 축음기. 파이처럼 쌓아올린 레코드가 언제라도 회전반 위로 튀어나와 〈티피티피틴〉, 〈추억들을 줘서 고마워〉, 빙 크로스비, 베니굿맨 등 댄스곡을 연주할 수 있도록 대기 중이다. 카운터 한쪽 끝에는 기침약, '불면'이니 '각성'이니 하는 이름이 붙은 유산 카페인, 사탕, 담배, 안전 면도날, 아스피린, 술 깨는 약, 수용성 소화제 등이 든 유리케이스. 벽에 잔뜩 붙은 포스터에는 하얀 수영복 차림의 금발 여자들이 커다란 가슴과 잘록한 허리와 밀랍처럼 흰 얼굴로 저마다 코카콜라 병을 들고 미소로 저마다 코카콜라 한 병 어떠세요? 긴 카운터에는 소금, 후추, 겨자 병, 종이 냅킨. 카운터 뒤에는 생맥주 뽑는 기계, 그 안쪽에는 반짝거리며 증기를 토해내는 커피 머신. 커피의 양을 가리키는 유리 계기가 붙어 있다. 철사 바구니 안에 담긴 파이와 네 개씩 피라미드 모양으로 쌓아올린 오렌지. 모양있게 쌓아올린 시리얼과 콘플레이크 상자.

반짝반짝 빛나는 운모를 뿌려 강조한 광고지의 갖가지 문구—'어머니 손맛을 떠올리게 하는 파이' '외상은 적을 만듭니다. 친구가 됩시다' '숙녀도 사양 말고 담배를. 단 꽁초는 휴지통에' '식사는 우리 가게에서, 부인에게도 사랑을.' 'IITYWYBAD?'(If I tell you, will you buy a drink? 의 머리글자를 모아 만든 말. 손님이 이게 무슨 뜻이냐고 물었을 때 '만약에 내가 가르쳐 주면 한잔 내겠느냐'고 상대방이 설명하면서 하는 농담.)

안쪽 끝에는 각종 접시, 스튜 냄비, 감자, 소고기찜, 로스트비프, 썰기만 하면 되는 잿빛 로스트포크.

카운터 뒤의 중년 여인은 미니, 수지, 또는 메이. 머리를 지지고 땀 밴 얼굴에는 연지와 분으로 떡칠을 했다. 얌전하고 낮은 목소리로 주문을 받아 공작새 같은 째지는 소리로 주방장에게 알린다. 동그랗게 원을 그리듯이 카운터를 훔치고 반짝반짝 윤나는 커다란 커피머신에 윤을 낸다. 주방장은 조, 칼, 아니면 앨. 하얀 웃옷에 앞치마가 덥고 갑갑해서 하얀 모자 밑으로 드러난 흰 이마에 땀방울이 송골송골 맺혔다. 뚱해서 입을 꾹 다물고, 새로 손님이 들어올 때마다 힐끗 그쪽을 본다. 철판을 훔치고 다진 고기를 홱 뒤집는다. 메이의 주문을 조용히 되뇐 다음 철판을 문지르고 기름 행주로 닦는다. 입을 꾹 다문 채 말이 없다.

메이는 접객 담당이라 미소를 짓고, 짜증을 내고, 히스테리 직전까지 가기를 반복한다. 웃으면서도 눈은 딴 곳으로 가 버린다. 그러나 상대가 트럭 운전사라면 이야기는 달라진다. 그들이야말로 이 가게의 단골이다. 트럭이 서면 반드시 손님이 온다. 트럭 운전사들을 속일 수는 없다. 눈치가 빠르기 때문이다. 그들은 가게를 지탱하게 해 준다. 그들은 눈치가 빠르다. 재탕 커피라도 내놓은 날엔 다시는 거들떠보지도 않는다. 상냥하게 대하면 다시 찾아 준다. 메이는 트럭 운전사들에는 한껏 애교를 부린다. 약간 몸을 뒤로 젖힌 채 가슴이 도드라지도록 두 팔을 쳐들고 뒷머리를 매만지며 인사를 하고 멋진 일, 멋진 시대, 멋진 농담을 화제로 삼는다. 앨은 절대로 말하지 않는다. 죽었다 깨나도 접객 담당은 못 할 사내다. 농담을 듣고 어쩌다 싱긋 웃는 일은 있으나 소리를 내어 웃는 일은 없다. 메이의 쾌활한 목소리에 가끔 얼굴을 쳐들었다가도 이내 주걱으로 철판을 긁어 둘레의 홈에 기름을 떨어뜨린다. 지글지글 대는 다진 고기를 주걱으로 누르고, 반으로 쪼갠 둥근 빵을 철판 위에 올려 굽는다. 철판에 흩어진 양파를 긁어모아 고기 위에 올리고 주걱으로 꼭꼭 누른다. 빵 반 조각을 고기 위에 얹고 나머지 절반에는 녹인 버터를 칠한 다음, 그 위에 얇게 썬 피클을 올린다. 빵으로 고기를 덮고 고기 밑에 주걱을 넣어 훌렁 뒤집은 다음, 버터 바른 빵을 그 위에 올린다. 이렇게 완성된 햄버거를 작은 접시에 옮기고 피클 몇 개와 검은 올리브 열매 두 개를 곁들인다. 고리 던지기를 하듯이 그 접시를 카운터 위로 미끄럼 태운다. 그런 다음 주걱으로 철판을 문지르고는 묵묵히 스튜 냄비를 본다.

66번 도로를 쏜살같이 지나가는 자동차의 행렬. 매사추세츠, 테네시, 로

드아일랜드, 뉴욕, 버몬트, 오하이오 등등의 번호판. 서부를 향해 65마일로 날아가는 미끈한 차들.

저기 그 유명한 코드가 한 대 간다. 바퀴가 달린 널처럼 보이네.

다들 기가 막히게 달리는군!

저 라 살 좀 봐. 나라면 저거야. 욕심은 부리지 않아. 라 살이면 족해.

뻐기려면 캐딜락 정도는 돼야지. 덩치도 좀 더 크고 좀 더 빠르다고.

나라면 제퍼로 할 거야. 크게 비싼 차는 아니지만, 풍채 좋고 속도도 좋지. 나는 제퍼야.

이런 말하면 비웃을지 모르지만 난 뷰익퓨익이 좋아. 그거면 충분해.

왜 하필 그거야? 그건 값은 제퍼하고 같은데 힘은 그다지 없단 말야.

상관없어. 나는 헨리 포드에서 생산하는 차는 꼴도 보기 싫어. 맘에 안 든다고. 옛날부터 그랬어. 형이 그 공장에서 일을 하는데, 그 애길 한 번 들려주고 싶군.

어쨌든 제퍼는 힘이 있어.

고속도로를 달려가는 대형차의 행렬. 더위에 지쳐 축 늘어진 부인들. 그들은 작은 핵으로 수많은 잡동사니가 주위를 빙 두르고 있다. 크림, 끈적끈적한 연고, 머리카락·눈·입술·손톱·윗눈썹·속눈썹·눈꺼풀의 색깔을 바꿀 때 쓰는, 작은 병에 든 검정·분홍·빨강·하양·초록·은색의 염색약, 변비용 알약과 기름과 식물 씨. 안전하고 냄새 안 나고 임신 걱정 없이 성교할 수 있게 해주는 유리병, 세정기, 알약, 가루약, 물약, 젤리 등이 든 가방. 게다가 옷가지가 한 더미. 이 얼마나 성가신 일인가!

눈가는 피곤 때문에 주름이 잡히고, 입가는 불만 때문에 주름이 잡혔다. 유방은 작은 해먹처럼 무겁게 늘어지고, 거들을 입은 배와 넓적다리는 꽉 죈다. 입은 헐떡거리고, 눈은 언짢다. 태양도 바람도 대지도 거부하고 음식 때문에 화를 내고, 또 피곤하다고 화를 낸다. 좀처럼 아름답게 해주는 법도 없이 언제나 늙음으로만 이끄는 '시간'을 미워한다.

그들 옆에는 가벼운 양복 차림에 밀짚 모자를 쓴 조그만 배불뚝이 사내들 —불안하고 걱정스러운 눈초리를 한 깔끔하고 혈색 좋은 사나이들은 불안정한 정부 방침에 걱정한다. 안정을 갈망하는데 그 안정이 지상에서 사라져 가는 것을 느낀다. 웃옷 깃마다 무슨 조합 지부나 봉사 모임의 배지가 달려 있다. 그런 모임에 나가, 자신과 같은 불안을 느끼는 사나이들이 이렇게 많다는 것에서 이런 자신감을 얻는다—사업이란 고상한 일이지 흔히 알려진 것처럼 괴상하고 관습화된 도적행위가 아니라는 것, 사업이란 그 우매함에 관한 수많은 기록이 있음에도 총명한 인간이며, 건전한 사업 원칙이 있음에도 친절과 자비에 넘친다는 것, 자기들의 생활은 흔히 알려진 것처럼 얄팍하고 따분하기 짝이 없는 게 아니라 풍요로운 일과라는 것, 이제 더는 두려워하지 않아도 좋을 시대가 다가오고 있다는 것을.

이런 한 쌍의 남녀가 지금 캘리포니아로 향하고 있다. 비버리 윌셔 호텔 로비에 앉아, 자기들을 동경하는 사람들이 지나가는 것을 지켜보러 그리고 산을 보러—산과 울창한 숲을—사나이는 여전히 걱정스러운 눈으로, 여자는 햇볕에 살갗이 상하지나 않을까 조바심을 내면서. 10만 달러 내기를 해도 좋은데, 태평양을 보러 가면 사나이는 틀림없이 이렇게 말할 것이다. "생각보다 크지 않구먼." 여자는 해변에 누워 있는 탱탱한 젊은 육체들을 부러워할 것이다. 이들이 캘리포니아에 가는 이유는, 실은 집에 돌아가 이런 말을 하기 위해서이다. "아무개가 트로카데로에서 우리 옆 테이블에 앉았지 뭐야. 정말은 볼품없는 사람이지만 그래도 옷차림은 근사했어." 사나이는 이런 말을 할 것이다. "거기서 견실한 사업가들과 만나서 이야기를 나누었는데, 그 사람들 말이 지금 백악관에 있는 그자(프랭클린 루즈벨트)를 쫓아내지 않는 한 가망이 없다더군." "소식통한테 들은 이야긴데 그 여잔 매독이래. 저 워너사 영화에 나오는 여자 말이야. 그 사람 말로 몸을 팔아서 영화계에 들어갔다는군. 어찌됐든 그 여자로서는 원한 걸 손에 넣은 셈이지." 그러나 근심 가득한 눈은 침착한 법이 없고, 뾰루퉁한 입은 기쁨에 미소짓는 법이 없다. 대형차는 60마일로 달려간다.

찬 게 마시고 싶어요.

그래? 저 앞에 뭐가 보이는군. 차를 세울까?

저 가게가 깨끗할 거라고 생각해?

이런 촌구석에 있는 가게가 다 거기서 거기지.

병에 든 소다수라면 괜찮을지 모르죠.

대형차가 끼익 하고 선다. 근심이 가득한 한 뚱뚱한 사나이가 아내를 부축하여 내린다.

그들이 들어오자 메이가 흘끗 시선을 주었다가 눈을 돌린다. 앨이 철판에서 얼굴을 쳐들었다가 도로 숙인다. 메이는 알고 있다. 5센트짜리 소다수 한 병을 마시고, 냉동이 잘 되지 않았다며 툴툴댈 손님이라는 것을. 여자는 종이 냅킨을 여섯 장이나 쓰고 바닥에 아무렇게나 버리고, 남자는 사레가 들리면 그것을 메이 탓으로 돌릴 것이다. 여자는 상한 고기를 냄새 맡듯이 쿵쿵거리고, 둘이 가게를 나간 다음부터는 서부 인간들은 무뚝뚝하다고 떠벌리고 다닐 것이다. 메이는 앨과 둘이 남게 되면 그들에게 별명을 붙일 것이다. '악당'이라고.

트럭 운전사가 중요한 손님이지.

어머, 커다란 수송 트럭이 오네. 우리 가게에 들렀음 좋겠네. 그 악당들이 다녀간 뒤로 재수없어 죽겠는데 기분풀이나 하게. 앨, 내가 앨버커키에 있는 호텔에서 일할 때 봤는데, 저치들은 훔치길 잘해. 뭐든지 닥치는 대로 훔치거든. 큰 차를 모는 인간일수록 더하지. 수건이건 은 식기건 비눗갑이건 간에 말이야. 왜 그러는지들 모르겠어.

앨이 침울하게 말한다. 그 사람들이 어디서 그런 큰 차를 손에 넣었을 것 같아? 태어났을 때부터 가지고 나온 줄 알아? 넌 평생 손에 넣지 못 할걸.

수송 트럭, 운전사와 조수. 차를 세우고 커피나 한잔 할까? 저기 잘 아는 가게가 있는데.

시간은 어때?

예정보다 빨리 왔어.

그럼 세워. 저 집엔 꽤 여자가 있거든. 커피 맛도 좋고.

트럭이 선다. 카키색 승마바지, 장화, 짤막한 재킷, 게다가 반짝반짝한 빛나는 차양이 달린 군모 차림의 두 사나이. 쾅 하고 열리는 망사문.

여어, 잘 있었어. 메이?

어머나, 난봉꾼 빅 빌 아냐! 언제 이 노선으로 돌아왔어?

한 일주일 되지.

동행한 사나이는 축음기에 5센트짜리 백동전을 넣고, 레코드가 저절로 튀어나오고 그 밑에 회전반이 들려올라오는 모양을 지켜보고 있다. 빙 크로스비의 목소리—황금의 목소리이다. "고마운 추억이여, 해변에서 햇볕에 그을던 그 기억이여. 그대는 내 속을 썩이기는 했지만, 결코 지루한 여자는 아니었지—" 트럭 운전사는 메이더러 들어 보란 듯이 노래 부른다. "그대는 해덕(대구와 비슷하나 그보다 작은 바닷고기) 같긴 했지만 결코 창녀 같은 여자는 아니었지."

메이는 웃음을 터뜨린다. 같이 온 친구 이름이 뭐죠, 빌? 이 노선은 처음인가 봐요?

동행은 슬롯머신에 5센트짜리 동전 한 닢을 넣고 네 닢을 벌었으나, 그것을 다시 넣더니 도로아미타불. 카운터로 걸어온다.

그래, 뭘로 하겠어요?

커피나 한잔 하지 뭐. 파이는 뭐가 있어?

바나나 크림, 파인애플 크림, 초콜릿 크림…… 그리고 애플파이.

애플파이가 좋겠군. 가만있어 봐, 저 커다랗고 두꺼운 건 뭐야?

메이는 그것을 꺼내어 냄새를 맡아 본다. 바나나 크림이군요.

한 조각 잘라 줘, 큼직하게.

슬롯머신 앞에 있던 사나이가 말한다. 모두 2인분이야.

알겠어요. 무슨 새로운 얘기 없나요, 빌?

응, 하나 있지.

이봐, 숙녀 앞에선 말을 가려서 하라고.

이건 그다지 심하지 않아. 한 꼬마가 학교에 지각하자 선생님이 물었어. "어째서 지각했나?" 그러자 그 꼬마가 말하기를, "어린 암소를 몰고 갔어요, 새끼 배게 하려고요." "그런 일은 아버지가 못 하시나?" "아버지도 할 수 있지만 황소만큼 잘하지는 못 하거든요."

메이가 방정맞게 웃는다. 끽끽대는 쇳소리 같은 웃음이다. 도마에서 양파를 가만히 썰던 앨이 얼굴을 들고 씩 웃고는 다시 수그린다. 트럭 운전사들이야말로 질 좋은 손님이다. 각자 25센트씩 메이에게 건네고 갈 것이다. 파이와 커피가 15센트, 메이에게 팁으로 10센트다. 게다가 이들은 절대로 그녀를 꾀려 들지 않는다.

스푼을 커피 잔에 꽂은 채 의자에 나란히 앉아 있다. 잡담으로 잠시 시간을 보낸다. 앨은 철판을 문질러 닦으며 이야기에 귀를 기울이지만 자기는 아무 말도 하지 않는다. 빙 크로스비의 노래가 그친다. 회전반이 아래로 내려가고 레코드가 빙글 돌아 제자리로 돌아간다. 자주색 조명이 꺼진다. 이 기계를 움직여 크로스비가 노래하는 오케스트라를 연주하게 했던 동전이 접촉점에서 떨어져, 이윤이 쌓이는 상자 안으로 들어간다. 보통 화폐와는 다르게, 이 동전은 실제로 물리적 원인으로서 반응을 불러일으키는 소임을 다했다.

커피머신 꼭지에서 김이 내뿜어져 나온다. 제빙기의 압착기가 한참 칙칙 소리를 내다가 이윽고 멎는다. 한쪽 구석에 놓인 선풍기가 느릿느릿 목을 돌려 온 방에 후텁지근한 바람을 불어 낸다. 66번 도로 위를 차들이 붕붕 달려간다.

"조금 전에 매사추세츠에서 온 차가 한 대 섰었어." 메이가 말했다.

빅 빌은 엄지손가락과 집게손가락 사이에 스푼을 끼고서 컵주둥이를 잡았다. 뜨거운 커피를 식히느라 콧김까지 함께 후루룩 들이켰다. "66번 도로에 한번 나가 보라고. 나라 안의 차라는 차는 죄다 달리고 있지. 모두 서부로 가는 거야. 이렇게 많은 차는 생전 처음 봐. 더러 엄청 좋은 차도 있고."

동행이 말했다. "오늘 아침에 교통사고를 하나 목격했지. 아주 큰 차였어. 특수 제작된 대형 캐딜락이었지. 야트막한 크림색 특제였어. 이놈이 트럭을 들이 받더군. 라디에이터가 운전사를 그냥 덮쳤어. 분명히 90마일은 달렸을 거야. 핸들이 그 친구 몸에 박혀서 꼭 갈고리에 걸린 개구리처럼 버둥거리던데. 차 한번 좋더군. 근사했어. 그렇게 돼버렸으니 껌 값이 되었겠지만 차에 탄 사람은 그 친구 하나뿐이더라고."

앨이 일하던 손을 멈추고 눈을 들었다. "트럭은 괜찮았나요?

"아, 말도 마쇼! 그건 트럭도 아니었어. 잘라서 개조한 건데, 화덕에다가 냄비, 매트리스, 어린아이, 닭, 이런 것들을 잔뜩 실었더군. 물론 서부로 가는 거지. 캐딜락을 몰던 친구가 90마일로 우리 옆으로 쑥 나오더군. 뒷바퀴에 힘을 주어 우리를 추월하려던 건데, 그때 저쪽에서 차가 달려오니까 빨리 앞으로 끼어들려다 그 트럭에 처박고 만 거야. 꼭 술에 취한 장님이 운전하는 것 같았어. 야 정말, 공중에 이부자리랑 닭이랑 애들이 흩날리는 모습이란……. 아이 하나는 죽었더군. 그런 난장판은 처음 봤네. 우리가 차를 세워 보니, 트럭을 몰던 양반은 그 자리에 멍하니 서서 죽은 어린아이를 멀거니 보고 있을 뿐이야. 뭘 물어도 안 들리는 것 같더라고. 정신 빠진 얼간이 같았어. 이 길은 서부로 가는 그런 가족들로 북석북적해. 그렇게 많은 사람들은 처음 본다니까. 그것도 점점 더해 가. 대관절 어디서들 오는 걸까?"

메이가 말했다. "그건 둘째치고, 모두 어딜 가는 걸까? 가끔 이리로 휘발유는 사러 와도 다른 물건은 거의 사지 않아요. 그 사람들, 물건을 훔쳐간다는 소문이지만 우리네는 뭐 늘어놓은 것도 없고 그 사람들이 뭘 훔쳐간 적도 없어요."

빅 빌은 파이를 우적우적 씹으며 망사문 너머로 도로 쪽을 보았다. "가게 물건을 잘 간수해 두는 게 좋을걸. 지금 그런 친구들이 오는 모양이야."

자못 지쳐 보이는 1926년형 내시 세단 한 대가 고속도로를 벗어나 이쪽으로 왔다. 뒷좌석에는 보따리, 냄비, 프라이팬 등속이 천장에 닿을락 말락 쌓여 있었다. 그 위에 두 소년이 앉았는데, 머리가 천장에 딱 붙어 있었다. 차 지붕에는 매트리스와 차곡차곡 접은 텐트가 실려 있고 텐트 기둥은 발판에 단단히 묶여 있었다. 차가 주유 펌프 앞에 섰다. 검은 머리에 얼굴이 뾰족한 사나이가 천천히 내렸다. 두 소년도 짐 위에서 미끄러져 내려왔다.

메이는 카운터를 돌아 문간에 가서 섰다. 사나이는 잿빛 모직 바지에 파란색 셔츠를 입었는데 등과 겨드랑이는 땀에 젖어 짙은 청색이 돼 있었다. 소년들은 맨몸에 멜빵바지만 걸쳤는데, 그것도 다 낡아 누덕누덕 기운 것이었다. 뒤로 단정하게 빗어 넘겼던 밝은 색 머리카락이 온통 제멋대로 뻗쳐 있었다. 얼굴은 먼지를 뒤집어써서 꾀죄죄했다. 그들은 수도 호스 밑의 진창으로 곧장 걸어가 발가락을 흙탕물 속에 쑤셔 넣었다.

사나이가 물었다. "아주머니, 물 좀 얻을 수 없겠소?"

메이의 얼굴에 난처한 빛이 스쳤다. "네, 그렇게 하세요." 그리고 어깨 너머로 나직이 앨에게 말했다. "괜찮을 거야. 호스는 내가 보고 있을 테니까." 그녀는 사나이가 느릿느릿 라디에이터 뚜껑을 열고 호스를 찔러 넣는 모습을 지켜보았다.

차 안에 있던 황갈색 머리의 여자가 말했다. "여기서 살 수 있는지 물어봐요."

사나이는 호스를 빼고 마개를 틀어막았다. 아이들이 그에게서 호스를 받아 거꾸로 쳐들고 정신없이 물을 마셨다. 사나이가 꼬질꼬질한 모자를 벗어 들고 부자연스럽게 굽실거리며 망사문 앞에 섰다. "식빵 한 덩어리 살 수 있을까요, 아주머니?"

메이가 말했다. "여기는 식료품 가게가 아니에요. 여긴 샌드위치를 만들 빵밖에 없어요."

"그야 물론 알죠, 아주머니." 그는 집요하게 굽실거렸다. "빵이 필요해서 그럽니다. 게다가 앞으로 한참 동안은 가게가 없다고들 그러더군요."

"빵을 팔아 버리면 우리가 쓸 빵이 없는걸요." 메이가 어정쩡하게 말했다.

"배가 고파서 그럽니다."

"그럼 샌드위치를 사시지 그래요. 맛있는 샌드위치가 있어요. 햄버거도요."

"생각이야 간절합니다만 그럴 수가 없습니다. 10센트로 온 식구가 다 먹어야 하니까요." 그는 겸연쩍은 듯이 말했다. "가진 돈이 얼마 안 돼서 그럽니다."

"10센트로 식빵 한 덩이는 못 사요. 우린 15센트짜리 빵을 쓰거든요."

등 뒤에서 앨이 고함쳤다. "메이, 그냥 팔아!"

"빵 트럭이 오기 전에 떨어질 텐데."

"빌어먹을, 떨어지면 떨어지는 거지." 그러고는 방금 뒤적거리던 감자샐러드를 찌푸린 얼굴로 내려다보았다.

메이는 포동포동한 어깨를 움츠리며, 자신의 난처한 처지를 알아달라는 듯이 트럭 운전사들을 쳐다보았다.

그녀가 망사문을 열어 주자 사나이가 땀 냄새를 풍기며 들어왔다. 아이들도 그 뒤를 따라 슬그머니 들어와 곧장 과자목판 쪽으로 가더니 물끄러미 그 안을 들여다보았다. 동경이나 기대나 먹고 싶다는 욕망의 시선이 아닌, 이 세상에 이런 것도 있었던가 하는 일종의 경이의 시선이었다. 두 아이는 키도 생김새도 비슷했다. 한 아이가 흙투성이 발뒤꿈치를 반대 발 발톱으로 긁적였다. 또 한 아이가 나직이 뭐라고 속삭이자 두 아이가 동시에 팔을 쭉 폈다. 바지 주머니에 찔러 넣은 꽉 쥔 두 주먹이 얇은 푸른색 천을 통해 뚜렷이 보였다.

메이가 서랍을 열고, 기름종이에 싼 긴 빵 덩어리 하나를 꺼냈다. "이건 15센트짜리예요."

사나이는 모자를 도로 머리에 얹고, 여전히 굽실거리며 말했다. "10센트 어치만 잘라 주시죠. 아니, 잘라주지 않으시겠습니까?"

앨이 호통 치듯 말했다. "제기랄, 메이! 그 빵 다 주라니까!"

사나이가 앨을 돌아보았다. "아닙니다. 10센트 어치는 살 수 있습니다.

캘리포니아에 도착할 때까지 쓸 돈을 아주 세밀히 계산해 놓았거든요.

메이가 단념하고 말했다. "그냥 10센트에 가져가세요."

"그러면 우리가 훔치는 꼴이 되잖습니까, 아주머니."

"괜찮아요, 앨이 그렇게 하라니까." 그녀는 기름종이에 싼 빵을 카운터 너머로 밀었다. 사나이가 호주머니에서 기다란 가죽주머니를 꺼내어 끈을 풀었다. 은화와 후줄근한 지폐가 잔뜩 들어 있었다.

그가 변명조로 말했다. "이렇게 쩨쩨하게 구는 게 우스워 보일지 모르지만 아직 갈 길이 1천 마일이나 남았습니다. 게다가 용케 도착할 수 있을지 어떨지도 모르겠고요." 그는 집게손가락으로 지갑을 더듬어 10센트짜리 하나를 집어 올렸다. 카운터 위에 올려놓고 보니 1센트짜리가 한 닢 달라붙어 있었다. 그 1센트를 도로 지갑에 넣으려는 순간, 그의 눈길이 과자목판 앞에 얼어붙은 듯이 서 있는 아이들에게 향했다. 그는 느릿느릿 그쪽으로 다가갔다. 그리고는 상자 안에 있는 굵은 줄무늬가 들어간 박하 맛 막대사탕을 가리켰다. "이거, 1센트짜리 사탕입니까, 아주머니?"

메이가 그리로 가서 들여다보았다. "어느 거요?"

"저기 저 줄무늬요."

아이들이 입을 반쯤 벌리고 그녀의 얼굴을 쳐다보며 숨을 숙였다. 반 벌거숭이 몸뚱이가 굳어졌다.

"아, 저거요? 저건 두 개에 1센트예요."

"그럼 두 개 주십시오. 아주머니." 그는 1센트 동전을 조심스레 카운터에 놓았다. 아이들이 참고 있던 숨을 살며시 내쉬었다. 메이가 커다란 사탕을 내밀었다.

"자, 받아라." 사나이가 말했다.

아이들은 조심조심 손을 내밀어 각각 하나씩 받아 들고 옆으로 내려뜨린 채 사탕은 안 보고 서로 얼굴만 쳐다보았다. 얼떨떨한 나머지 잔뜩 굳어 있으면서도 입가는 웃고 있었다.

"고맙습니다, 아주머니." 사나이가 빵을 집어 들고 밖으로 나갔다. 아이들은 빨간 줄무늬가 들어간 막대사탕을 넓적다리에 꼭 붙이고 뻣뻣하게 굳은 자세로 그의 뒤를 따라갔다. 그리고 다람쥐처럼 앞좌석을 뛰어넘어 짐 위로 올라가더니 역시 다람쥐처럼 모습을 감췄다.

사나이가 차에 올라타 시동을 걸었다. 구식 내시는 요란한 모터 소리와 함께 기름내 나는 푸르스름한 연기를 내뿜으며 고속도로를 타고 서쪽으로 다시 내달리기 시작했다.

가게 안에서는 트럭 운전사들과 메이와 앨이 그 뒷모습을 지켜보고 있었다. 빅 빌이 몸을 빙글 돌렸다. "그건 1센트에 두 개짜리 사탕이 아니잖아."

"그게 당신과 무슨 상관이에요?" 메이가 거칠게 말했다.

"그건 하나에 5센트짜리야." 빌이 말했다.

또 한 사나이가 말했다. "슬슬 가봐야지. 너무 오래 죽치고 있었어." 그들은 호주머니에 손을 찔렀다. 빌이 카운터 위에 은전 한 닢을 놓았다. 또 한 사나이가 그것을 보더니 호주머니에 다시 손을 찔러 은전 한 닢을 꺼냈다. 그들은 몸을 돌려 문 쪽으로 걸어갔다.

"잘 있어." 빌이 말했다.

메이가 소리쳤다. "잠깐만요! 거스름돈 받아가야죠!"

"알아서 해." 빌이 말했다. 망사문이 쾅당 닫혔다.

메이는 두 사람이 대형 트럭에 올라타고, 트럭이 저속 기어로 느릿느릿 움직이기 시작하는 모습을 지켜보았다. 기어가 청승맞게 울며 고속으로 차례차례 바뀌다가 마침내 경제속도로 들어가는 소리가 들렸다. "앨." 그녀가 나직이 불렀다.

앨이 다진 고기를 탁탁 쳐 납작하게 만든 다음 기름종이 사이에 가지런히 포개던 손을 멈추고 눈을 들었다. "뭐야."

"이것 좀 봐." 그녀가 컵 옆에 놓인 은화를 가리켰다. 50센트짜리 은화 두 닢이었다. 앨은 다가가서 그것을 보고는 다시 자기 일로 돌아갔다.

메이가 경의 섞인 어조로 말했다. "트럭 운전사들이…… 그 악당들 다음에 왔구먼."

파리가 날아오다 망사문에 부딪치더니 앵앵거리며 다시 날아갔다. 압착기가 한참 칙칙 대더니 이윽고 멎었다. 66번 도로를 트럭이며 미끈한 유선형 승용차며 고물차들이 굉장한 속도로 붕붕 지나갔다. 메이는 접시에 남은 파이 찌꺼기를 양동이에 쏟았다. 행주로 원을 그리며 카운터를 훔쳤다. 눈은 줄곧 도로를 바라보고 있었다. 인생이 획획 소리를 내며 지나가는 도로를.

앨은 앞치마에 손을 닦고 철판 위 벽에 핀으로 꽂아놓은 종이를 쳐다보았다. 그 종이에는 세로로 점선 세 개가 그어져 있었다. 앨은 제일 긴 줄을 세었다. 카운터를 따라 금전출납기로 가서 '현금' 버튼을 누르고는 5센트짜리 동전을 한 움큼 꺼냈다.

"뭐 해?" 메이가 물었다.

"3호가 쏟아질 때가 됐어." 그는 세 번째 슬롯머신으로 가서 5센트 동전을 연거푸 집어넣었다. 다섯 번째 돌았을 때 작대기 세 개가 나란히 뜨더니 동전이 좌르르 쏟아져 나왔다. 앨은 쏟아진 동전을 움켜쥐고 카운터 뒤로 돌아가 그것을 금전출납기에 넣고 쨍그랑 하고 닫았다. 그리고 제 자리로 돌아가서 아까 그 점선에 X자를 그었다. "기계들 위치를 바꿔 놔야겠어." 그는 냄비 뚜껑을 열고 보글보글 끓고 있는 스튜를 저었다.

"그 사람들은 캘리포니아에서 뭘 하려는 걸까?" 메이가 말했다.

"누구?"

"아까 들어왔던 사람들."

"낸들 알아."

"일자리를 구할 수 있을까?"

"그걸 내가 어떻게 알아?"

메이가 고속도로의 동쪽을 보고 말했다. "트럭이 오고 있어요. 두 사람이야. 여기서 설까? 섰으면 좋겠는데." 이윽고 그 거대한 트럭이 육중하게 도로를 벗어나 멈추어서 메이는 얼른 행주를 집어 카운터를 골고루 훔쳤다. 반짝반짝 빛이 나는 커피머신도 두어 번 더 훔치고는 그 밑에 달린 가스 불을 돋웠다. 앨은 작은 순무를 한 줌 꺼내어 껍질을 벗기기 시작했다. 제복을 입은 트럭 운전사 둘이 문을 열고 들어왔다. 메이의 얼굴이 밝아졌다.

"잘 지냈어, 내 누이?"

"난 남동생 둔 적 없는데." 메이가 말했다. 그들도 웃고 메이도 웃었다. "뭐로 하시겠어요?"

"음, 커피 한 잔. 파이는 뭐가 있나?"

"파인애플 크림, 바나나 크림, 초콜릿 크림, 애플파이."

"애플파이로 줘요. 아니, 잠깐만…… 저 커다랗고 두꺼운 건 뭐지?"

메이가 그 파이를 집어 냄새를 맡았다. "파인애플 크림."

"그럼 그걸로 한 조각."

차들이 엄청난 속도로 66번 도로를 붕붕 지나간다.

16

조드네 가족과 윌슨 내외는 한 무리를 이루어 서부를 향해 느릿느릿 나아
갔다. 엘리노, 브리지포트, 클린턴, 엘크시티, 세이어, 텍솔라. 주 경계를
넘자 오클라호마주는 뒤로 사라졌다. 이날 두 대의 차는 텍사스주 팬핸들 지
대를 기듯이 앞으로 나아갔다. 섐락, 앨런리드, 그룸, 야넬. 저녁에는 애머
릴로를 지났다. 너무 오래 달렸으므로 땅거미 질 무렵에야 캠프를 쳤다. 모
두 지치고 먼지투성이였으며 더위에 허덕였다. 더위에 경련을 일으켰던 할
머니는 차가 멎었을 땐 완전히 탈진 상태였다.

그날 밤 앨이 울타리 횡목 하나를 훔쳐 와 트럭 위 텐트에 받치고 텐트 양
끝을 비끄러맸다. 그날 밤 그들은 아침에 먹다 만 차고 딱딱해진 빵으로 저
녁을 때웠다. 모두 매트리스에 털썩 쓰러져 옷을 입은 채로 잤다. 윌슨 내외
는 천막조차 치지 않았다.

조드네 가족과 윌슨 내외는 팬핸들 지대를 가로질러 달렸다. 지난번 홍수
로 움푹움푹 파인 회색 땅이다. 오클라호마를 빠져나와 텍사스주를 비스듬
히 달리는 길이었다. 땅거북이 먼지 속을 기어다니고 태양이 대지를 내리쬐
었다. 저녁이 되면 공기 중의 열기는 사라지지만 대신에 대지가 그 내부의
열기를 뿜어내었다.

이틀 동안 그들은 계속 달렸다. 사흘째가 되자 땅은 그들에게 너무 광대한
존재가 되었다. 그들은 새로운 생활 기술을 익히기 시작했다—고속도로가
그들의 집이 되고, 움직여 간다는 일이 그들의 표현 수단이 되었다. 조금씩
그들은 이 새로운 생활에 익숙해졌다. 먼저 루디와 윈필드가, 다음엔 앨이,
그 다음엔 코니와 '샤론의 장미'가, 마지막으로 나이 먹은 사람들 순이었다.
땅은 정지된 거대한 파도처럼 기복이 심했다. 월도라도, 베거, 보이시, 글렌
리오. 이것으로 텍사스도 끝이다. 이번에는 뉴멕시코주와 산악 지대다. 아득
히 저 멀리, 하늘을 찌르듯이 높은 산맥이 솟아 있었다. 차바퀴는 삐거덕거
리며 구르고, 엔진은 달아올라 라디에이터 마개 주위에서 증기가 뿜어 나왔
다. 그들은 느릿느릿 페코스 강에 다다라 산타로사에서 강을 건넜다. 그리고
20마일을 더 달렸다.

앨 조드가 포장형 자동차를 운전하고, 어머니가 그 옆에, '샤론의 장미'가 그 옆에 앉아 있었다. 트럭이 그 앞에서 느릿느릿 가고 있었다. 사방에 아지랑이가 피어올랐다. 그 속에서 산들이 아롱거렸다. 앨은 구부정하게 운전대에 몸을 기대고 한 손을 가로대에 가볍게 걸치고서 나른하게 운전하고 있었다. 끝을 쥐었다 잡아당겼다 하여 멋들어지게 매만진 잿빛 모자는 한쪽 눈을 가리듯이 삐딱하게 얹혀 있었다. 운전하면서 그는 가끔 옆으로 고개를 돌려 창문 밖으로 침을 뱉었다.

그 옆에 무릎 위에 두 손을 깍지 끼고 앉은 어머니는 입을 꾹 다문 채 피로를 참으려고 안간힘을 쓰고 있었다. 시트에 깊숙이 몸을 기대고 흔들리는 차체에 몸을 맡긴 채 눈을 가늘게 뜨고 앞쪽에 펼쳐진 산맥을 응시했다. '샤론의 장미'는 다리를 바닥에 딱 붙이고 오른쪽 팔꿈치는 문에 걸친 채, 차의 흔들림에 저항하고 있었다. 움직이지 않도록 통통한 얼굴을 바짝 긴장시키고 목덜미를 뻣뻣하게 세우고 있는 통에 머리가 이리저리 마구 흔들렸다. 태아를 충격에서 보호하는 단단한 그릇으로 만들기 위해 되도록 온 몸을 활처럼 굽히려고 애썼다. 그녀가 어머니에게 고개를 돌렸다.

"엄마." 순간 어머니의 눈에 생기가 되살아났다. 어머니가 '샤론의 장미'에게 시선을 돌렸다. 어머니는 딸의 지치고 긴장된 통통한 얼굴을 보고 미소 지었다. "엄마, 거기 가면 모두 과일 따는 일을 하며 시골에서 살게 되겠죠?"

어머니가 빈정거리는 듯이 웃더니 말했다. "아직 다 오지도 않았잖니. 거기가 어떤 곳인지 아직은 모르겠구나. 가봐야 알지."

"나랑 코니는 이제 시골에선 살기 싫어요. 우리는 앞으로 할 일을 다 계획해 놓았어요."

순간 근심스러운 빛이 어머니의 얼굴을 스쳤다. "우리랑 함께 살지 않을 거니? 가족과 같이 말이다."

"네. 우린 많이 의논했어요. 나하고 코니하고요. 엄마, 우리는 도시에서 살고 싶어요." 그녀는 흥분한 어조로 말을 이어 갔다. "코니는 상점이나 공장에서 일할 거예요. 집으로 돌아오면 공부를 하고요. 라디오 기술자 같은 전문가가 돼서 나중엔 자기 가게도 차릴 수 있도록 말이에요. 또 우리는 만날 영화 구경을 갈 거예요. 그리고 코니가 그러는데, 분만할 때 의사를 부를 수도 있고 아기 낳는 날짜도 미리 알 수 있고 병원에 입원도 할 수 있을 거랬어요. 그리고 우리는 차를 살 거예요. 비록 조그만 차라도. 그리고 그이가 공부를 다 마치면…… 아, 분명히 잘될 거예요. 그인 《서부의 사랑 이야기》라는 책에서 뜯은 통신교육 신청 엽서를 가지고 있거든요. 그걸 보낸댔어요. 부치는 건 무료니까. 거기에 그렇게 씌어 있는 걸 나도 보았어요. 그리고 뭐라더라, 그래 참, 그 통신교육을 받으면 일자리도 주선해 준대요. 라디오 수선 일 말이에요. 깨끗하고 멋있고 더구나 장래성도 있고요. 우리는 도회지에서 살면서, 가고 싶을 때 영화도 보러 가고 또…… 그렇지, 전기다리미도 사고, 아기에게는 말짱한 새 옷만 입힐 거예요. 코니가 모두 새것만 입힌다고 그랬어요, 하얀 것으로만요. 상품 안내서에서 아기용품 본 적 있죠? 그런 것 말예요. 물론 처음에 코니가 공부하는 동안은 쉽지 않겠죠. 그렇지만, 아기가 태어날 쯤에는 코니도 공부를 끝마칠 테니까 우린 아담한 집을 가질 수 있을 거예요. 물론 그렇게 비싼 집은 필요없어요. 그냥 아기가 기분이 좋게 지낼 만한 그런 거……." 그녀의 얼굴은 흥분으로 빛났다. "그리고 생각했어요……. 식구들이 모두 도회지에서 살고 코니가 자기 가게를 갖게 되면 …… 앨은 그 밑에서 일하면 되겠다고."

어머니는 딸의 홍조 띤 얼굴에서 눈을 떼지 않았다. 이 허황된 상상이 점점 부풀어가는 모습을 지켜보는 사이에 저도 모르게 그 생각에 동화되어버렸다. "너희가 우리와 따로 사는 건 바라지 않아. 식구가 뿔뿔이 흩어져 사는 건 좋은 일이 아니거든."

앨이 콧방귀를 뀌었다. "내가 코니 밑에서 일한다고? 코니가 내 밑에서 일하면 어때? 밤에 공부하는 게 어디 코니뿐일 줄 알아?"

갑자기 어머니는 이 모두가 꿈이라는 것을 깨달은 모양이었다. 다시 머리를 앞으로 돌리고 몸에서 힘을 뺐다. 그러나 눈가에는 언제나처럼 엷은 미소가 남아 있었다. "오늘은 할머니 기분이 어떠신지 모르겠구나."

핸들을 잡은 앨이 갑자기 긴장했다. 엔진소리에 잡음이 섞여 들리기 시작한 것이다. 속력을 높이면 그 소리도 커졌다. 그는 점화전 스파크를 지연시키고 귀를 기울였다. 그러고는 잠시 속력을 높이고 귀를 기울였다. 그 소리가 커지면서 금속이 부딪치는 소리가 났다. 앨은 경적을 울리며 길가에 차를 세웠다. 앞에 가던 트럭이 멈춰서더니 천천히 후진해 왔다. 그 옆으로 차 세

대가 경적을 울리며 서부를 향해 지나갔다. 맨 뒤차 운전사가 몸을 밖으로 내밀고 소리쳤다. "어디다 차를 세우는 거야!"

톰이 트럭을 후진시켜 바짝 붙인 다음 내려서 포장형 자동차로 걸어왔다. 짐을 잔뜩 쌓아올린 트럭 뒤쪽에서 식구들이 고개를 내밀고 내려다보았다. 앨이 점화전 스파크를 지연시키고, 공전하는 모터 소리에 귀를 기울였다. 톰이 물었다. "왜 그래, 앨?"

앨이 모터의 속력을 높였다. "들어 봐." 텅텅 하는 소리가 더 커졌다.

톰은 귀를 기울였다. "점화플러그를 올리고 공전시켜 봐." 그리고 보닛을 열고 머리를 들이밀었다. "이제 속력을 높여." 그는 잠시 귀를 기울인 뒤 보닛을 덮었다. "음, 네 짐작이 틀림없는 것 같다."

"연접봉의 베어링이지?"

"그런 모양이야."

"기름도 충분히 먹여 놨는데." 앨이 투덜댔다.

"거기까지 들어가지 않았던 모양이야. 바싹 말랐어. 아무튼 때 내는 수밖에 도리가 없겠어. 난 먼저 가서 평탄한 곳을 찾아 차를 세울 테니 넌 천천히 몰고 와. 오일팬 망가지지 않게 조심하고."

윌슨이 물었다. "많이 나쁜가?"

"꽤 나쁜데요." 톰은 말하고 트럭으로 돌아가 천천히 전진했다.

앨이 변명했다. "왜 이 지경이 되었는지 도통 모르겠네요. 기름을 듬뿍 쳤는데." 앨은 자기 탓이라고 생각하여 죄책감을 느끼고 있었다.

어머니가 말했다. "네 잘못이 아니다. 넌 제대로 했잖니." 그리고 조금 걱정스러운 듯이 물었다. "많이 안 좋으니?"

"네, 뜯어내기 어려운 위치에 있거든요. 거기다 새 연접봉을 사든가 이 형태에 맞는 배빗 합금으로 된 베어링을 구해야 해요." 그는 한숨을 푹 내쉬었다. "마침 형이 있어서 다행이에요. 난 베어링을 갈아 끼워 본 적이 없거든요. 형이 알고 있어야 할 텐데."

앞쪽 길가에 서 있는 집채만한 새빨간 광고판이 거대한 직사각형의 그림자를 드리우고 있었다. 톰은 천천히 트럭을 몰고 도로에서 벗어나 얕은 도랑을 건너 그 그림자 안에 세웠다. 그리고 차에서 내려, 앨이 오기를 기다렸다.

톰이 소리를 질렀다. "살살 해! 살살 몰지 않으면 스프링마저 부러뜨린다!"

그러자 앨은 화가 나서 얼굴이 빨개졌다. 엔진을 끄고 고함을 질렀다. "뭐야! 내가 베어링을 태운 게 아니라고! 그런데 스프링마저 부러뜨리다니 그게 무슨 뜻이야!"

톰이 싱긋 웃으며 말했다. "화내지 마. 무슨 뜻이 있어서 한 말은 아니야. 이 도랑을 넘을 때 살살 하라는 말이지."

앨이 포장형 자동차를 몰고 도랑 아래로 천천히 내려갔다가 반대편 기슭으로 올라가며 볼멘소리를 했다.

"어디 가서 내가 베어링 태웠다는 소리 하지 마." 엔진은 이제 크게 텅텅거렸다. 앨은 그늘에 차를 세우고 엔진을 껐다.

톰이 보닛을 열고 지지대를 세웠다. "식기 전에는 손도 못 대겠어." 식구들이 차에서 내려와 포장형 자동차 둘레로 모여들었다.

아버지가 물었다. "얼마나 나쁘냐?" 그리고 그 자리에 주저앉았다.

톰이 앨을 쳐다보았다. "전에 이거 갈아 끼워 본 적 있니?"

"아니, 한 번도 없어. 오일팬을 떼 낸 적은 있지만."

"먼저 오일팬을 떼어 내고 연접봉을 떼 내야 해. 그리고 새 부품을 사서 깎은 다음에 끼워 맞춰야 해. 꼬박 하루는 걸리겠다. 부품을 사려면 아까 지나온 마을까지 되돌아가야 해, 산타로사 말이야. 앨버커키는 아직 75마일이나 남았으니. 어럽쇼, 내일은 일요일이잖아! 내일은 아무것도 못 사겠는걸." 식구들은 잠자코 서 있었다. 루디가 살그머니 다가와, 망가진 부품을 보려고, 열어 놓은 보닛 안을 들여다보았다. 톰이 차분하게 말을 이었다. "내일은 일요일이야. 월요일에 부품을 사게 되니까, 그렇다면 화요일 전에는 못 고친다는 말이 되는군. 연장도 변변찮으니 손쉽게 될 리도 없고. 여간 큰 일이 아닌데." 대머리독수리의 그림자가 미끄러지듯이 땅 위를 스쳐갔다. 모두 그 날아가는 검은 새를 올려다보았다.

아버지가 말했다. "내 걱정은 돈이 다 떨어져서 거기까지 가지 못 하게 되는 일이다. 뭘 먹기는 해야 할 테고 거기다 휘발유에 오일도 사야 하니까. 돈이 다 떨어지면 속수무책이라고."

윌슨이 말했다. "다 내 탓이오. 이 고물차가 언제나 사고뭉치거든. 댁들은 우리한테 정말 잘 해 주었어요. 여러분은 어서 짐을 챙겨 먼저 떠나도록 하시죠. 나와 세리는 남아서 다른 방법을 찾아볼 테니까요. 당신들 발목을 이렇게 붙잡아서야 되겠소?"

아버지가 천천히 말했다. "그럴 생각은 조금도 없어요. 우리는 이제 한식구나 마찬가지 아니오? 우리 아버지는 당신 텐트에서 돌아가셨소."

세리가 지친 듯이 말했다. "우리는 짐이 될 뿐이에요."

톰이 천천히 담배를 말고, 잘 말렸는지 살펴보고는 불을 붙였다. 형편없이 찌그러진 모자를 벗어 그것으로 이마를 훔쳤다. "좋은 생각이 났어요. 아무도 좋아하지 않을는지 모르지만, 어쨌든 내 생각은 이래요. 우리가 캘리포니아에 가까이 가면 갈수록 그만큼 돈도 빨리 벌 수 있다는 말이 돼요. 그런데 이 차는 저 트럭보다 갑절이나 빨리 달리죠. 그래서 말인데…… 저 트럭에서 짐을 좀 뺀 다음, 나랑 전도사님만 남겨 놓고 나머지는 트럭으로 먼저 가는 거예요. 나랑 전도사님은 여기 남아서 이 차를 고치고요. 그런 다음 밤낮으로 달리면 따라잡을 수 있겠죠. 만약 도중에 만나지 못하면 다들 어딘가에서 돈벌이를 시작했다는 얘기가 될 테고요. 가다가 그쪽이 고장 나면 길가에 캠프를 치고 우리가 따라갈 때까지 기다리면 돼요. 양쪽 다 손해 볼 건 없잖아요? 계획대로 되면 모두 이미 일하고 있을 테니까 형편은 나아질 거고요. 전도사님이 이 차 수리를 도와주실 테니까, 우리는 곧 뒤쫓아 갈 수 있어요."

가족들은 생각에 잠겼다. 존 아저씨는 아버지 곁에 털썩 주저앉았다.

앨이 말했다. "그 연접봉 고치는 거 내가 도와주지 않아도 돼?"

"넌 이런 일 한 번도 해본 적 없다면서?"

"그렇긴 하지만 형에게 필요한 건 힘센 사람이야. 전도사님도 남기 싫어하실지 모르고."

"글쎄, 난 누구도 상관없어."

아버지는 마른 땅바닥을 집게손가락으로 후비고 있었다. "나는 톰 생각이 옳은 것 같다. 우리가 다 여기 있다고 해서 별 도움이 되는 것도 아니니까. 어두워지기 전에 50마일, 아니 100마일은 갈 수 있잖겠냐."

어머니가 걱정스러운 듯이 물었다. "어떻게 우릴 찾을 셈이니?"

톰이 말했다. "길은 하난데요 뭘. 66번 도로를 줄곧 달리면 베이커스필드라는 곳이 나와요. 내 지도에서 봤어요. 그리로 곧장 가면 돼요."

"그건 그렇지만 우리가 캘리포니아에 도착해서 다른 길로 빠지면 어떡하지?"

"그런 걱정은 마세요." 톰이 큰소리쳤다. "반드시 찾을 수 있어요. 세상이 다 캘리포니아인 건 아니잖아요."

"지도에서 보니까 여간 크지 않더라."

아버지가 모두에게 의견을 물었다. "형님은 다른 의견 있으세요?"

"없다."

"윌슨 씨, 이건 당신 찹니다. 아들놈이 이걸 고쳐 가지고 뒤따라와도 싫지 않으시겠습니까?"

"싫을 리 있겠습니까. 당신들은 이제까지 우리에게 많은 친절을 베풀어 주었소. 그러니 톰 군을 못 믿을 까닭이 없죠."

톰이 말했다. "우리가 도중에 따라가지 못 한다 해도 여러분은 이미 일을 시작해서 돈을 조금 모은 상태일 거예요. 그런데 온 식구가 여기 주저앉아 있다면 어떻게 되죠? 이 근처에는 물도 없고, 이 차는 움직일 수도 없어요. 하지만 모두 거기 도착해서 일을 시작한다면 돈도 벌고 집을 마련할 수도 있지 않겠어요? 어때요 전도사님, 같이 남아서 도와주실 수 있겠어요?"

케이시가 말했다. "나는 모두에게 가장 득이 될 일을 하고 싶소. 당신들은 나를 받아 주고 여기까지 데려와 주었소. 나는 뭐든지 할 생각이오."

"여기 남으면 땅바닥에 드러눕고 얼굴에 기름을 묻혀야 할 거예요."

"내게 꼭 알맞은 일이군."

아버지가 말했다. "그러기로 결정 났으면 우린 얼른 출발하자고. 해지기 전에 어떻게든 100마일은 달릴 수 있을 테니까."

어머니가 아버지 앞에 턱 나섰다. "나는 안 가요."

"뭐라고? 안 간다고? 당신이 안 가면 어떡해? 당신이 식구들을 보살펴야 할 것 아니오?" 아버지는 그녀의 반발에 몹시 놀랐다.

어머니가 포장형 자동차로 가더니 뒷좌석 바닥에 손을 뻗쳤다. 거기서 잭 손잡이를 끌어내어 가볍게 쥐었다. "난 안 가요."

"가야 된다니까. 이미 결정된 일이야."

어머니가 턱을 앙다물고 나지막하게 말했다. "날 데리고 가려면 두들겨 패는 수밖에 없을 거예요." 그녀는 잭 손잡이를 다시 천천히 움직였다. "그러면 나도 가만히 있지는 않아요. 울고불고 싹싹 빌면서 얌전히 맞고 있을 줄 아세요? 나도 덤빌 거라고요. 애초에 당신이 날 때릴 수나 있을지 의문이지만. 정말로 나한테 손찌검을 한다면 당신이 등을 돌리거나 주저앉아 있을 때를 노렸다가 양동이로 당신을 갈겨줄 거예요. 그렇게 하나 안 하나 두고 보세요."

아버지가 도움을 청하듯이 모두를 둘러보았다. "건방진 여편네구먼. 이렇게까지 건방진 적은 없었는데." 루디가 킥킥거리고 웃었다.

어머니 손아귀의 잭 손잡이가 맹렬하게 앞뒤로 흔들거렸다. "어서 덤벼요. 이미 결심했다면서요? 어서 와서 치시라고요. 하지만 난 안 가요. 용케 날 데려갔다 해도 그날부터 당신은 한숨도 못 잘 줄 알아요. 기다리고 또 기다렸다가 당신이 눈을 붙이는 순간 장작개비로 냅다 후려칠 테니까."

아버지가 기가 차서 말했다. "다 늙은 여편네한테 별 시건방진 소릴 다 듣겠네."

모두 이 반발을 지켜보았다. 아버지를 지켜보며, 그의 분노가 터지기를 기다렸다. 아버지의 맥없는 손이 주먹으로 변하는 모습을 보려고 기다렸다. 그런데 아버지의 분노는 나타나지 않았고 그의 두 손은 옆구리에 힘없이 늘어져 있었다. 그들은 곧 어머니가 이겼다는 걸 알았다. 어머니도 그것을 알았다.

톰이 말했다. "어머니, 대체 왜 그러세요? 뭘 어떻게 하고 싶으신 건데요? 우리한테 화난 거라도 있으세요?"

어머니는 표정이 누그러졌다. 그러나 그 눈은 아직도 매서웠다. "네가 그런 말을 꺼낸 게 생각이 모자란 거야. 이 세상에서 우리에게 남은 게 뭐가 있느냐? 가족들 말고는 아무것도 없잖니? 이제 남은 건 가족뿐이라고. 다 같이 집을 나오자마자 할아버지는 황망히 저세상으로 가셨다. 그런데 너마저 식구들을 흩뜨려 놓으려고……."

톰이 외쳤다. "어머니! 곧 따라간다니까요. 그리 오래 걸리지 않을 거예요."

어머니가 잭 손잡이를 휘둘렀다. "우리가 캠프 친 데를 네가 못 보고 그냥 지나쳐 버리면 어떻게 되지? 우리가 먼저 도착했다고 치자. 그런데 어디다 말을 전해 두라는 거니? 우리 거처를 어떻게 알아낼 셈이야? 이건 힘든 여행이다. 할머니도 몸이 편치 않으셔. 까딱하면 저 트럭 위에서 돌아가실지도 모른단 말이야. 이젠 지칠 대로 지치셨어. 남은 길도 수월한 길은 아니잖니?"

존 아저씨가 말했다. "그렇지만 우리는 그동안 얼마간 돈을 벌게 될 거야. 남은 사람들이 뒤따라올 무렵에는 저축도 조금 생겼을지 모르고."

모두의 시선이 다시 어머니에게 쏠렸다. 이제 그녀가 힘이었다. 지배권을 쥔 것이다. "그깟 몇 푼 벌어 봐야 소용없어요. 지금 우리가 가진 거라곤 식구들이 하나로 뭉쳐있다는 것뿐이에요. 이리의 습격을 받으려 할 때 소떼가 한데 뭉치는 것처럼요. 우리 모두 여기에 있고, 모두 살아 있는 동안은 난 아무것도 두렵지 않아요. 나는 모두가 뿔뿔이 흩어지는 게 싫은 거예요. 여기 윌슨 씨 내외분도 우리와 함께 계시고, 전도사님도 함께 계세요. 이 분들이 떠나겠다고 하시면 나는 아무 말 않겠어요. 그렇지만 우리 가족이 뿔뿔이 흩어지겠다고 하면 난 이 쇠몽둥이를 든 사나운 고양이가 될 거예요." 그녀의 어조는 냉정하고 단호했다.

톰이 타이르듯이 말했다. "어머니, 우리 모두가 여기서 캠핑할 수는 없어요. 여긴 물이 없어요. 그늘도 변변히 없고요. 할머니는 그늘이 없으면 안되잖아요."

"그럼 좋아. 좀 더 가서 물과 그늘이 있는 곳을 찾아 차를 세우마. 그리고 트럭이 돌아와서 너를 태우고 마을로 가서 부품을 사가지고 오면 돼. 너도 뙤약볕 속을 힘들게 걸어갈 필요 없고, 나도 너를 혼자 두지 않아도 되니까 걱정 없고. 너 혼자 가다가 경찰에 붙잡히는 일이 생겼을 때 너를 도와줄 사람이 아무도 없으면 곤란할 테니까."

톰은 입술을 양옆으로 길게 물었다가 큰 한숨과 함께 터뜨렸다. 그리고 할 수 없다는 듯이 두 손을 벌렸다가 양옆으로 툭 떨어뜨렸다. "아버지, 아버지랑 내가 양쪽에서 어머니에게 달려들고 나머지 식구가 그 위에 덮치고 다시 그 위에 할머니가 뛰어내리면 저 잭 손잡이에 두서넛이 맞아죽지 않고도 어머니를 꼼짝 못 하게 만들 수도 있겠는데요. 하지만 아버지가 머리가 빠개지는 걸 원치 않으신다면 아무래도 이 싸움은 어머니가 이기신 것 같아요. 정말 놀랐네요. 한 사람의 배짱이 이런 대가족을 몰아세우다니! 어머니가 이겼어요. 어머니, 누가 다치기 전에 그 잭 손잡이는 치우세요."

어머니는 깜짝 놀라며 손에 든 쇠막대기를 보았다. 손이 부들부들 떨렸다.

그녀가 그 무기를 땅바닥에 떨어뜨리자 톰이 그것을 조심조심 주워 차 안에 도로 갖다 놓았다. 톰이 말했다. "아버지, 아버진 그저 편하게 앉아만 계시면 돼요. 앨, 넌 다들 태우고 가서 캠프를 친 다음 트럭을 몰고 이리 돌아와. 나는 전도사님이랑 둘이서 오일팬을 떼고 있을 테니. 네가 오는 대로 산타로사에 가서 어떻게든 연접봉을 구해보도록 하자. 아마 살 수 있을 거야. 오늘은 토요일 밤이니까. 곧바로 출발할 수 있도록 가기 전에 트럭에서 멍키스패너랑 펜치를 내놓아." 그는 차 밑으로 손을 넣어 기름투성이 오일팬을 만져 보았다. "아 참, 기름을 받을 통 같은 게 필요한데. 응, 거기 낡은 양동이 좀 줘. 기름을 아껴야지." 앨이 양동이를 건네주었다. 톰은 그것을 차 밑에 들여 놓고 펜치로 마개를 틀었다. 손가락으로 마개를 돌리는 동안 시커먼 기름이 팔뚝을 타고 떨어지더니 이윽고 검은 액체 줄기가 양동이에 소리도 없이 흘러들어갔다. 양동이에 기름이 반쯤 찼을 무렵엔 앨이 일동을 트럭에 모두 태운 뒤였다. 톰은 벌써 기름투성이가 돼버린 얼굴을 바퀴 사이로 내밀고 외쳤다. "얼른 돌아와!" 톰이 오일팬의 볼트를 돌리는 동안 트럭은 얕은 도랑을 천천히 건너 느릿느릿 사라졌다. 톰은 개스킷이 상하지 않도록 볼트를 돌아가며 한 번씩만 비틀어 균형을 맞추어가며 풀었다.

전도사가 바퀴 옆에 무릎을 꿇었다. "난 뭘 할까?"

"지금은 할 게 없어요. 기름이 다 빠지고 내가 이 볼트를 다 빼면 오일팬 떼 내는 작업을 도와주세요." 톰은 차 밑에서 몸을 한껏 비튼 자세로 스패너로 볼트를 느슨하게 풀고 손가락으로 돌렸다. 오일팬이 아래로 떨어지지 않게끔 볼트를 헐겁게 틀어 놓았다. "이 밑은 바닥이 아직도 뜨거워요. 그런데 전도사님, 요즘 통 말이 없으시네요. 처음 만났을 때는 30분마다 일장연설을 해대더니. 그런데 요 며칠은 열 마디도 안 하시네요. 왜 그래요? 화나는 일이라도 있나요?"

케이시는 배를 깔고 엎드려 차 밑을 들여다보았다. 수염이 듬성듬성 난 턱을 손등에 받쳤다. 모자가 뒤로 밀려서 목덜미가 가려졌다. "전도사 시절에 다 씨부렁대서 그래."

"그렇지만 그 뒤로도 말이 적진 않았는데."

"생각이 많아서 그래. 설교하며 돌아다닐 땐 몰랐지. 여자 꽁무니도 꽤 쫓아다녔거든. 이제 설교를 관뒀으니 난 결혼을 해야겠어. 아 토미, 난 지금 여자 생각이 나서 죽을 지경이야."

"저도요. 매캘리스터에서 나온 날은 거기가 근질거려 혼났어요. 꼭 토끼 몰듯 여자를 덮쳤지요. 매춘부였지만. 그 뒤에 어떻게 됐는지는 말하지 않을래요. 아무에게도 얘기하고 싶지 않아요."

케이시가 웃었다. "무슨 일이 벌어졌는지 안 봐도 뻔하지. 언젠가 황야로 단식을 하러 갔었는데, 나올 때는 나한테도 그거랑 똑같은 일이 벌어졌거든."

"그랬군요. 어쨌든 저는 돈 한 푼 안 내고 그 여자를 실컷 귀여워해 주었죠. 제가 미치지 않았나 싶을 정도로. 돈을 주었어야 했지만 그때 수중에는 5달러밖에 없었거든요. 그 여자도 돈은 됐다고 그러고. 자, 이리 들어와서 이걸 좀 잡아줘요. 내가 때려서 헐겁게 해놓을 테니 그 볼트를 돌려요. 나는 이쪽을 돌릴 테니까 그리고 함께 살살 내려놓는 거예요. 개스킷을 조심해요. 잘못하다간 같이 떨어지니까. 이런 구식 닷지는 4기통밖에 없어요. 전에 한 번 분해한 적이 있죠. 주 베어링이 참외만 하더라고요. 자, 내립니다. 잘 붙들어요. 손을 뻗어서 저기 개스킷이 붙어 있는 데를 떼어요. 살살요. 됐어요!" 기름에 찌든 팬이 그 둘 사이에 놓였다. 홈에 기름이 조금 괴어 있었다. 톰이 앞쪽 홈에 손가락을 넣어, 부서진 배빗 합금 조각 몇 개를 집어 올렸다. "역시 이거였어." 그리고 그 배빗 합금을 뒤집어 보았다. "샤프트가 올라갔어. 뒷좌석에서 크랭크를 찾아서 내가 그만두라고 할 때까지 돌려요."

케이시가 일어나서 크랭크를 찾아 그것을 꽂았다. "됐나?"

"자 돌려요, 천천히, 좀더, 좀더, 됐어요."

케이시는 무릎을 꿇고 다시 밑을 들여다보았다. 연접봉 베어링이 샤프트에 부딪쳐 덜컹덜컹 소리를 냈다. "역시 이거야." 톰이 말했다.

"그게 왜 그렇게 되었을까?" 케이시가 물었다.

"낸들 알겠어요? 이 고물차는 13년이나 달린 놈이에요. 속도계에는 6만 마일이라고 나와 있지만 그건 16만이라는 뜻이죠. 놈들이 이 숫자를 몇 번이나 뒤로 돌려놨는지 누가 알겠어요? 누가 기름을 제대로 주지 않아 과열된 걸 그대로 내버려두었던 모양이에요." 톰은 코터핀을 뽑고 스패너를 베어링 볼트에 대고 꽉 힘을 주었다. 스패너가 미끄러졌다. 손등이 기다랗게 찢어졌다. 톰은 그것을 물끄러미 쳐다보았다. 상처에서 흘러나온 피가 기름과 섞여 오일팬 안으로 뚝뚝 떨어졌다.

케이시가 말했다. "거 안 되겠구먼. 내가 대신 할 테니 자넨 지혈을 하게."

"괜찮아요, 이까짓 거! 난 차를 만지면 꼭 다치거든요. 이제 이렇게 됐으니 더 다칠 걱정은 없어요." 그는 다시 스패너를 댔다. "조정식 스패너가 있으면 좋을 텐데" 하면서 스패너를 손바닥으로 쳐서 볼트를 풀었다. 그것을 뽑아 오일팬 안에 팬 볼트와 나란히 놓고 그 옆에 코터핀도 놓았다. 그런 다음 베어링 볼트를 풀고, 피스톤을 끄집어냈다. 그리고 피스톤과 연접봉을 오일팬 안에 놓았다. "이제 됐어!" 그는 꿈틀꿈틀 몸을 움직여 차 밑에서 기어 나왔다. 오일팬도 밖으로 끌어냈다. 마대조각으로 손을 닦고 상처를 살폈다. "피가 꽤 나오는데? 하지만 이 정도는 멎게 할 수 있어." 그는 땅바닥에 오줌을 누고, 오줌이 묻은 진흙을 한줌 집어 상처에 발랐다. 잠시 피가 스며 나오다 이윽고 멎었다. "지혈에는 이게 최고라니까."

"거미줄을 한줌 발라도 잘 듣지."

"나도 알아요. 하지만 거미줄이 있어야죠. 오줌은 언제나 있지만." 톰은 차 발판에 앉아 망가진 베어링을 살펴보았다. "이제 25년형 닷지를 찾아 중고 연접봉이랑 끼움쇠만 구하면 그럭저럭 고치겠는데. 앨 놈, 어지간히 멀리 간 모양이네요."

어느덧 광고판 그림자가 60피트쯤 길게 늘어져 있었다. 오후가 지루하게 흘렀다. 케이시가 발판에 앉아 서쪽을 바라보았다. "곧 높은 산으로 들어가겠구먼" 그리고 조금 사이를 두었다가 말했다. "톰!"

"왜요?"

"톰, 나는 도로를 달리는 차들을 유심히 지켜보았어. 우리를 추월한 차량과 우리가 추월한 차들을 말이야. 그리고 세어보았어."

"세다니 뭘요?"

"톰, 우리와 똑같은 가족들이 몇 백이나 하나같이 서쪽을 향해 달리고 있어. 쭉 지켜보았네만 동쪽으로 가는 건 한 대도 없어. 몇 백이나 되는 차 중한 대도 말이야. 자네는 그걸 깨닫지 못했나?"

"그야 깨달았죠."

"이건 꼭 전쟁 통의 피난민 같아. 나라가 통째로 움직이는 것 같아."

"그래요. 한 나라가 움직이고 있어요. 우리도 움직이고 있고."

"그래서 하는 말이네만, 만약 이 많은 사람이 저쪽에 가서 일을 얻지 못하면 어떻게 되지?"

"제기랄! 그걸 제가 어떻게 알아요! 전 다만 한 발 한 발 내딛을 뿐이라고요. 매칼리스터에서 4년을 그렇게 지냈어요. 감방에 들어갔다 나왔다, 식당에 들어갔다 나왔다, 그것뿐이었다고요. 제기랄, 밖에 나오면 조금은 나아질 줄 알았는데. 거기서는 아무것도 생각할 수 없었어요. 뭔가 생각하면 미쳐버릴 것 같았으니까. 그런데 여태 아무것도 생각할 수가 없단 말이에요." 그는 케이시를 돌아보았다. "이 베어링은 망가졌어요. 이렇게 되리라고는 생각지 않았기 때문에 우리는 아무 걱정도 하지 않은 거예요. 그런데 지금은 망가졌어요. 그래서 고치려고 하는 거고요. 앞으로도 죽 이러겠죠. 걱정 같은 거 안 해요. 할 수도 없고. 이 쪼끄만 쇳조각하고 베어링 보이죠? 지금 제 머리에 있는 건 요것뿐이라고요. 앨 녀석, 도대체 어디까지 간 거야?"

케이시가 말했다. "이봐, 톰. 이런 빌어먹을! 무슨 말 하기가 왜 이리 힘든고!"

톰은 손등에 발랐던 흙을 떼 내어 땅에 던졌다. 상처 난 부위에 진흙이 더러 있었다. 그는 전도사를 힐끗 쳐다보았다. "설교하고 싶어서 그러죠? 어디 해 봐요, 전 설교를 좋아하니까. 교도소장은 걸핏하면 설교를 했죠. 우리에게 별 해를 끼치는 것도 아니고, 무엇보다 본인이 신나서 떠드니까 그래, 무슨 말이 하고 싶으세요?"

케이시가 길고 마디진 손가락 등을 만지작거리며 말했다. "지금 여러 가지 일이 일어나고 있고, 사람들도 저마다 무언가를 하려고 해. 자네 말처럼 한 발씩 내딛는 사람들은, 자기들이 어디로 가고 있는지 생각하지 않아. 하지만 모두 같은 방향을 향해 한 발짝씩 가고 있는 거야. 같은 방향으로 말이지. 귀를 기울이면 분명히 들릴 거야. 움직이는 소리, 발소리를 죽이고 걷는 소리, 바스락대는 소리가. 그리고 불안한 기운이 느껴질 거야. 깨닫지 못 하고 있어. 지금까지는 말이야. 조만간 무슨 일이 일어날 거야. 이렇게 많은 사람이 서부로 가고 있으니까. 그 사람들의 땅이 버려지고 있으니까. 이 나라를 송두리째 뒤바꿀 무언가가 조만간 일어날 거라고."

"전 그저 한 발짝씩 내디딜 뿐이에요."

"그래. 하지만 자네 앞에 울타리가 나타났을 땐 그 울타리를 기어올라야 하겠지?"

"기어올라야 하는 울타리가 나타나면 그러겠죠."

케이시가 한숨을 크게 내쉬었다. "그게 가장 좋은 방법이지. 나도 찬성이야. 하지만 울타리도 여러 종류가 있어. 나처럼 아직 있지도 않은 울타리를 타넘는 인간도 있지. 그렇게 하지 않고서는 견디지 못 하는 인간이 말이야."

"저기 앨이 오는 모양인데."

"음, 그렇군."

톰은 일어나, 연접봉과 반으로 부러진 베어링을 마대조각으로 쌌다. "이 것하고 똑같은 걸 사야할 텐데."

트럭이 길가에 섰다. 앨이 창으로 몸을 내밀었다.

톰이 말했다. "어디까지 갔기에 이리 오래 걸린 거야?"

앨이 한숨을 쉬었다. "연접봉은 떼 냈어?"

"그래." 톰이 꾸러미를 들어 보였다. "베어링이 부러져 있었어."

"하지만 내 잘못이 아니야."

"그래. 식구들은 어디다 데려다 났어?"

"한바탕 야단이 났었어. 할머니가 엉엉 울기 시작한 거야. 그러니까 이번에는 누나가 덩달아 엉엉 울잖아. 머리를 매트리스에 처박고 꺼이꺼이 울더라고. 할머닌 꼭 달밤에 짖어대는 사냥개처럼 입을 떡 벌리고 울고. 아무래도 할머니는 노망이 났나봐. 꼭 어린애 같아. 아무하고도 말을 하지 않고 누가 누군지도 못 알아봐. 꼭 할아버지를 상대로 떠들 듯이 계속 뭘 중얼거리고."

"다들 어디다 내려놓고 왔어?" 톰이 다시 한 번 물었다.

"응, 어떤 캠프장. 나무 그늘도 있고 수돗물도 있는 데야. 하루에 반 달러를 내야 하지만 다들 지치고 기운이 떨어져서 거기로 했지 뭐. 어머니도 그러자고 했어. 할머니가 너무 지쳤다고 말이야. 윌슨 씨네 텐트를 치고, 우리는 방수포로 텐트를 쳤어. 할머니는 아무래도 노망이 난 것 같아."

톰은 뉘엿뉘엿 기울어 가는 해를 바라보았다. "전도사님, 누가 이 차를 지켜야 해요. 아무도 없으면 누가 다 뜯어가 버릴 테니까. 여기 좀 있어 주겠어요?"

"물론이고말고."

앨이 시트에서 종이 봉투를 꺼냈다. "어머니가 빵과 고기를 싸주셨어요. 여기 물병도 들어 있어요."

"정말 누구든 잘 챙겨주신다니까." 케이시가 말했다.

톰이 앨 옆에 올라타며 말했다. "얼른 갔다 올게요. 하지만 얼마나 걸릴지는 모르겠어요."

"괜찮아. 잘 지키고 있으마."

"그럼 부탁해요. 혼자서 설교 같은 건 하지 말고요. 앨, 가자." 트럭이 늦은 오후의 햇살 속을 달렸다. 톰이 말했다. "참 좋은 사람이야. 늘 여러 가지 생각을 하고 있어."

"전도사라면 그러는 게 당연하지. 아버지는 나무 밑에서 캠핑만 하는데 50센트나 받는다고 지금 화가 나서 야단이야. 천하의 도둑놈들이라나. 주저앉아서 욕만 해대고 있어. 이러다간 공기를 탱크에 담아서 팔 거라면서. 그런데 어머니는 할머니를 위해서 나무 그늘과 물이 필요하다고 그러잖아." 트럭은 덜컹거리며 도로를 따라 달렸다. 지금은 짐을 싣고 있지 않아 짐칸 옆 널빤지, 잘라 붙인 차체 등 차의 온갖 부분이 요란스레 부딪쳤다. 차는 심하게 흔들리기는 해도 쏜살같이 달렸다. 앨이 시속 38마일까지 속력을 내자 엔진이 무섭게 부릉거렸다. 기름이 타면서 푸른 연기가 차 바닥으로 새어나왔다.

"속력 좀 늦춰. 허브캡까지 타버릴라. 할머니는 왜 그러실까?"

"모르겠어. 지난 며칠 동안 그냥 멍해서 아무하고도 말 안 했던 거 알지? 그러더니 이젠 괴상한 소리를 내고 혼자 떠들고 그래, 할아버지를 상대로 말이야. 할아버지한테 하는 것처럼 불쑥 그런다니까. 무서우신가 봐. 할아버지가 바로 옆에 앉아서 평소처럼 할머니에게 히죽거리는 모습이 보이는 모양이야. 왜, 할아버지가 살아 계실 때 할머니를 손가락질하면서 웃곤 했잖아. 할머니 눈엔 그런 모습이 착시되는 모양이야. 할아버질 상대로 끊임없이 욕설을 해대고 있어. 아참, 아버지가 형 주라면서 20달러 주셨어. 돈이 얼마나 들지 모른다며 말이야. 어머니가 오늘처럼 아버지에게 대든 일, 전에도 있었어?"

"아니 내 기억엔 없다. 나도 참 좋은 때에 임시로 석방됐지 뭐냐. 집에 돌아가면 게으름 피우고 늦잠이나 자고 실컷 먹기나 해야겠다고 생각했는데. 춤이나 추러 다니고 계집애나 쫓아다니자 하고. 그런데 막상 와 보니 어디 그럴 시간이나 있냐?"

"참, 잊고 있었네. 어머니가 여러 가지를 전해주랬어. 술 마시지 마라, 말싸움에 끼어들지 마라, 누구하고도 싸우면 안 된다, 이거야. 어머닌 형이 도로 붙잡혀 들어 갈까봐 무섭대."

"어머니는 내 걱정 아니어도 걱정거리가 태산일 텐데."

"맥주 정도는 괜찮지 않을까? 난 맥주가 마시고 싶어 견딜 수가 없어."

"글쎄. 우리가 다른 데서 맥주 마신 걸 알면 아버지가 가만 안 계실걸?"

"형, 나한테 6달러가 있어. 그러니까 맥주 한 잔씩 마시고 여자를 사러 가자. 아무도 내가 6달러 가진 줄 몰라. 우리 둘이서 이걸로 실컷 놀 수 있어."

"그 돈 잘 갖고 있어. 태평양 해변에 닿거든 둘이 그 돈으로 진탕 놀자. 그때쯤은 우리도 벌이가 있을 테니까—" 그는 앉은 채로 몸을 틀었다. "난 네가 여자 사러 다니는 남자인 줄은 몰랐다. 오히려 그런 녀석들을 말리는 쪽인 줄 알았는데."

"하지만 이 근처에는 아는 여자가 없잖아. 몇 번 같이 자고 나면 확 결혼해 버려야지. 캘리포니아에 도착하면 미친 밤을 보내는 거야."

"그리 됐으면 좋겠다."

"형은 아주 자신을 잃었나봐."

"응, 이젠 자신이 없어."

"그놈을 죽이고 나서 그때 일이 꿈에 나온 적은 없어? 그래서 고민한 적 없어?"

"없다."

"거기에 대해서 생각한 적은 한 번도 없어?"

"그야 죽은 놈이 불쌍하다고는 생각했지."

"자신을 책망한 적은 없어?"

"없어. 나는 형기를 마쳤어. 내 책임을 다한 거야."

"거기는 아주 지독한 데야? 말도 못할 만큼?"

톰이 신경질적으로 말했다. "앨, 나는 형기를 마쳤어. 다 끝난 일이야. 그걸 반복하고 싶지는 않다. 아, 저 앞에 강이 있다. 마을도 보이네. 가서 연접봉이나 사자. 다른 건 다 잊어버리고."

"어머니는 형을 끔찍이 생각해. 형이 잡혀갔을 때 어머닌 굉장히 슬퍼했어. 뭐랄까, 아무도 모르게 혼자 속으로 울었다고. 하지만 모두 어머니 마음을 알 수 있었어."

톰은 모자를 눈 위로 끌어내렸다. "자, 자, 우리 다른 얘기나 하자."

"어머니가 어땠는지 얘기했을 뿐이잖아."

"알아, 안다고. 하지만 그런 얘긴 하고 싶지 않아. 그런 것보다는, 그래, 한 발짝 앞으로 내딛고 싶어."

앨은 무시당했다는 생각이 들었는지 기분이 나빠져서 입을 다물었다. "나는 그저 형에게 가르쳐주고 싶었을 뿐이야." 잠시 뒤에 그가 말했다.

톰은 동생을 쳐다보았지만 앨은 똑바로 앞만 봤다. 가벼워진 트럭은 요란하게 춤추며 나아갔다. 톰의 커다란 입술이 이 위로 말려 올라갔다. 그가 조용히 말했다.

"네 맘은 알아, 앨. 아무래도 감옥에서 나온 지 얼마 안 돼서 머리가 잘 안 돌아가는 모양이다. 그 이야긴 차차 들려주마. 너로서는 궁금해 죽을 지경이겠지. 흥미 거리일 테니까. 하지만 이상한 생각일지 몰라도 나는 잠시 그 생각은 잊고 싶구나. 시간이 좀 지나면 괜찮아지겠지만 지금으로선 그때 일을 생각하면 영 싫고 우울해져. 앨, 이 한 마디만 해줄게. 감옥이라는 데는 말이야, 인간을 조금씩 미치광이로 만들어가는 곳이야. 알겠니? 실제로 다들 미쳐가고, 그런 꼴을 보고 듣노라면 어느새 자기도 미쳤는지 안 미쳤는지 모르게 돼버려. 누군가가 밤중에 소리를 지르면 그게 자기가 지른 소리처럼 생각되는 거야. 그게 사실인 때도 있고."

"아! 다시는 그 얘기 묻지 않을게, 형."

"한 달쯤은 아무것도 아니지. 여섯 달 정도도 괜찮고. 하지만 1년을 넘으면……. 모르겠다. 거기는 이 세상에 없는 그 무언가가 있어. 뭔가 비정상적인 게. 인간을 가둬놓는다는 생각 자체에 뭔가 비정상적인 게 있다고. 제기랄! 이런 얘기 집어치우자. 저것 봐, 해가 유리창에 이렇게 빛나고 있구나."

트럭이 주유소 앞마당으로 들어섰다. 도로 오른쪽에 폐차장이 있었다. 높은 철조망 울타리로 에워싸인 그곳은 1에이커쯤 되어 보였다. 정면에는 함석으로 지은 창고가 있고, 문 옆에는 가격이 붙은 중고 타이어가 산더미처럼 쌓여 있었다. 창고 뒤에는 고철과 폐자재와 함석으로 만든 조그만 오두막이 있었다. 창은 방풍유리를 벽에 끼워 만든 것이었다. 잡초가 무성한 마당에는 폐차의 잔해가 쌓여 있었다. 앞코가 찌그러지고, 납작 짜부라진 차, 바퀴가 떨어져나간 채 옆으로 누운 못 쓰게 된 차. 땅바닥과 차고 옆에 굴러다니는 녹슬어가는 엔진들. 펜더, 트럭 옆 널빤지, 바퀴, 차축 따위의 폐차 부속 더미. 폐차장을 가득 메운 허물어져 가는 분위기, 곰팡이와 녹슨 냄새. 뒤틀린 철판, 알맹이가 거의 뜯기고 없는 엔진, 폐기물 더미.

앨이 창고 앞의 기름에 찌든 땅에 트럭을 몰아넣었다. 톰은 차에서 내려, 어두컴컴한 문을 들여다보았다. "아무도 없는 것 같은데." 그는 크게 소리질렀다. "안 계십니까?"

"여기 25년형 닷지가 있으면 좋으련만."

창고 뒤에서 문이 쾅 하고 닫히는 소리가 났다. 유령처럼 보이는 사나이가 어두운 창고 안에서 불쑥 튀어나왔다. 바싹 마르고 기름때 낀 더러운 피부가 힘줄투성이 근육에 착 달라붙어 있었다. 한쪽 눈이 없는데, 성한 쪽 눈알이 움직일 때마다 가리개로 덮지 않은 애꾸눈의 근육이 뒤룩뒤룩 움직였다. 청바지와 셔츠는 묵은 기름때로 번들거렸다. 심하게 튼 손은 주름과 상처투성이였다. 두꺼운 아랫입술은 뿌루퉁하니 밑으로 처져 있다.

톰이 물었다. "당신이 주인이오?"

애꾸가 이쪽을 흘겨보며 무뚝뚝하게 말했다. "나는 주인 밑에서 일하는 사람이오. 무슨 볼일이오?"

"폐차된 25년형 닷지는 없나요? 연접봉이 필요한데."

"글쎄, 모르겠는데. 주인이 있으면 금방 알 텐데 집으로 돌아가서 여기 없소."

"직접 찾아봐도 될까요?"

사나이는 손에다 코를 풀고 그 손을 바지에 문질렀다. "당신, 이 근처 사람이오?"

"동부에서 왔어요. 서부로 가는 길이죠."

"뭐, 찾아보시오. 뭣하면 여길 홀랑 태워 버리든지."

"주인을 아주 싫어하는 모양이군요."

사나이가 애꾸눈을 번득이며 휘적휘적 다가왔다. "아주 싫어하지." 그는 조용히 말했다. "아주 재수없는 놈이야! 벌써 집으로 돌아갔다고. 저희 집으로 가버렸다니까." 그는 더듬더듬 말을 이었다. "빌어먹을 놈이 만날……만날 사람을 쿡쿡 찌르고 놀리잖아. 그…… 빌어먹을 놈이. 열아홉 살 난 예쁘장한 딸이 하나 있는데 날더러 뭐라는지 알아? '어때, 우리 딸한테 장가 안 들래?' 이런 말을 입술에 침도 안 바르고 한다고. 또 오늘 저녁에는 이러잖아. '댄스파티가 있는데 가보지 그래?' 날보고, 글쎄 날보고 그런 말을 씨불인단 말야!" 충혈된 그 눈에 눈물이 고이더니 뚝 떨어졌다. "두고 봐. 두고 보라지…… 이제부터 호주머니에 파이프렌치를 넣어 가지고 다닐 거야. 그 자식은 그런 말을 씨불일 때 꼭 내 애꾸눈을 쳐다보거든. 그러면 난…… 난 파이프렌치로 놈의 모가지를 뽑아줄 테다. 조금씩 조금씩 시간을 들여서." 그는 분에 못 이겨 쇳소리를 냈다. "놈의 모가지를 조금씩 뽑아줄 테다!"

해가 산 너머로 자취를 감췄다. 폐차들을 둘러보던 앨이 말했다. "저기 좀 봐, 형! 저기 저거 25년형 아니면 26년형 같은데."

톰이 애꾸 사나이에게 물었다. "봐도 돼요?"

"물론이지! 필요한 건 뭐든지 가져가라고!"

그들은 고철덩어리가 돼버린 자동차 사이를 누비듯 지나, 타이어가 납작 찌그러진 녹슨 세단 앞으로 갔다.

"분명히 25년형이야." 앨이 외쳤다. "오일팬 떼 가도 돼요, 아저씨?"

톰은 무릎을 꿇고 차 밑을 들여다보았다. "오일팬은 이미 떼고 없는걸. 연접봉도 하나 없고. 누가 뜯어간 모양이군." 그는 몸을 비틀어 차 밑으로 기어들어갔다. "앨, 크랭크를 꽂고 돌려봐." 그는 샤프트에 연접봉을 대고 움직여 보았다. "기름 때문에 딱 달라붙었군." 앨이 크랭크를 천천히 돌렸다. "천천히!" 하고 톰이 외쳤다. 땅바닥에서 나뭇가지를 주워 베어링과 베어링 볼트에 엉겨 붙은 기름딱지를 긁어냈다.

"얼마나 단단해?" 앨이 물었다.

"응, 좀 헐겁지만 나쁘진 않아."

"얼마나 닳았어?"

"끼움쇠는 충분해. 다 빼가진 않았어. 음, 이만하면 됐다. 자 천천히 돌려. 아래로 천천히, 됐다, 그만! 트럭에서 연장을 가져와."

애꾸눈이 말했다. "내가 빌려 주지." 그는 녹슨 폐차 사이로 휘적휘적 사라지는가 싶더니 금세 함석으로 된 연장 상자를 가지고 돌아왔다. 톰은 소켓 렌치를 찾아 앨에게 주었다.

"네가 떼 내. 끼움쇠나 볼트가 한 개도 달아나지 않게 조심하고. 참, 코터 핀도 잃어버리면 안 돼. 더 어두워지기 전에 서둘러."

앨이 차 밑으로 기어들어갔다. "우리도 소켓 렌치가 있으면 좋은데. 멍키 렌치만 갖고는 아무것도 안 돼."

"거들어야 할 것 같으면 소리 질러."

애꾸눈은 멀거니 곁에 서 있었다. "필요하면 말해. 도와줄 테니. 놈이 어떻게 했는지 알아? 흰 바지를 입고 내게 와서는 말야. '우린 요트 타러 갈 건데 같이 안 가겠나?' 빌어먹을 놈의 자식, 두고 보자, 내 가만 두나!" 그는 땅이 꺼지게 한숨을 쉬었다. "나는 한쪽 눈을 잃은 뒤로 한 번도 여자와 놀러간 적이 없어. 그런데 놈은 맨 그런 말만 늘어놓잖아." 굵은 눈물방울이 흘러내리며 그의 코 옆에 땟국물 자국을 남겼다.

톰은 참다못해 말했다. "그럼 왜 나가지 않죠? 감시꾼이 있는 것도 아닐 텐데.

"말은 쉽지. 하지만 일자리 얻기란 그렇게 간단하진 않아, 애꾸눈에게는."

톰은 사내 쪽으로 몸을 돌렸다. "내 말 잘 들어요. 당신은 과연 알맹이 없는 눈을 갖고 있어요. 거기다 더럽고 냄새도 나. 그런데 당신은 자진해서 그러고 있잖아요. 내 눈엔 좋아서 그런 꼴을 하고 있는 걸로 보이는데. 자기 스스로가 불쌍해 죽겠죠? 그 퀭한 눈을 하고서 돌아다녀서야 여자가 안 따르는 건 당연한 거 아닙니까? 거길 뭘로 좀 가리고 세수라도 하라고요. 파이프렌치로 누구 모가지 뽑을 생각만 하지 말고."

"애꾸한테는 딱한 일이 많아. 성한 사람들처럼 물체를 볼 수가 없지. 거리가 얼마나 되는지 분간이 안 가고 다 편평하게 보일뿐야."

"당신 참 형편없군. 나는 전에 절름발이 매춘부를 알았는데, 그 여자가 골목에서 얼마를 받았는지 알아요? 20센트밖에 못 받았을 것 같죠? 천만에! 거꾸로 50센트를 더 받아내고 있었다고요. 뭐라는지 알아요? '당신 절름발이 여자와 자 본 일 있어요? 없죠? 좋아요, 당신은 특제품하고 자는 셈이니 50센트 더 내야 해요.' 여자는 그렇게 해서 쉽게 손님을 낚고, 남자 쪽은 아주 재수가 좋았다는 기분으로 나오고. 자기가 행운의 여자라나. 또 꼽추 남자도 아는데—전에 있던 곳에서 말이에요. 놈은 등의 혹을 만지면 운이 트인다면서 동료들에게 그것을 만지게 하고는 돈을 받았어요. 그런데 당신은 고작 눈 하나 없는 것뿐이잖아요."

사나이가 더듬더듬 말했다. "하지만, 그러니까, 누가 날 슬금슬금 피하는 걸 보면, 화가 나는걸."

"그럼 거길 가리라고, 제길! 암소 엉덩짝처럼 훤히 내놓는 이유가 뭡니까? 당신은 스스로 딱하게 여기면서 그 기분에 취해 있는 거예요. 당신, 생각보다 괜찮은 사람이에요. 당신도 흰 바지를 사 입으라고요. 당신, 날이면 날마다 술이나 퍼마시며 침대 속에서 훌쩍훌쩍 울죠? 앨, 뭐 도와줄까?"

"괜찮아. 베어링을 뺐어. 지금 피스톤을 내리는 중야."

"머리 박지 않게 조심해라."

애꾸는 가만히 속삭였다. "당신 생각엔 누가, 날 좋아해 줄 것 같아?"

"물론이죠. 애꾸가 된 뒤로 그것이 굵어졌다고 자랑해 주라고요."

"당신들, 어딜 가는 중이지?"

"캘리포니아요. 온 식구가 다 가죠. 거기 가서 일자리를 찾을 거예요."

"나 같은 사람도 일을 구할 수 있을까? 검은 천으로 한쪽을 가린 애꾸도?"

"그게 뭐 어때서요? 절름발이도 아닌데."

"그럼 저…… 나도 당신네들과 같이 타고 갈 순 없을까?"

"그건 안 돼요. 지금도 옴쭉달싹할 수 없을 만큼 꽉 끼어 가거든요. 당신은 다른 방법을 찾아보세요. 여기 있는 폐차를 한 대 수리해서 직접 몰고 가면 어때요?"

"그래야겠는데. 꼭 그래야겠어."

쇠 부딪치는 소리가 났다. "뗐어!" 앨이 외쳤다.

"그럼 가지고 나와. 어디 좀 보자." 앨이 톰에게 피스톤과 연접봉과 베어링 아래쪽 반을 내밀었다.

톰이 배빗 합금의 표면을 문질러 닦고 비스듬히 기울여 보며 말했다. "괜찮아 보이는데. 등불만 있으면 오늘 밤 안으로 고칠 수 있겠어."

"그런데 형, 아까 생각해 보았는데 우리는 피스톤 링에 끼울 끼움쇠가 없어. 그 링을 끼우려면 여간 큰일이 아니겠어. 더구나 차 밑에서 하려면."

"누가 그러는데 가느다란 놋쇠줄을 링 둘레에 감으면 좋다더라."

"그 줄을 어떻게 떼 낼 건데?"

"뗄 것도 없지. 안에서 녹아 버리니까. 고장 날 일도 없어."

"구리줄이 더 좋지 않을까?"

"그건 너무 약해." 톰이 애꾸눈을 돌아보았다. "가느다란 놋쇠 줄 있어요?"

"글쎄, 그게 어디 있더라? 어딘가 한 뭉텅이 있긴 있었는데. 애꾸눈을 가릴 안대를 어디서 파는지 아나?"

"모르겠어요, 그 쇠줄이 어디 있나 좀 찾아봅시다." 톰이 말했다.

그들은 함석 창고에서 연장상자란 연장상자는 모조리 뒤진 끝에 쇠줄 뭉치를 찾아냈다. 톰은 연접봉을 바이스에 물려 놓고 조심스럽게 쇠줄을 피스톤링에 감았다. 홈통 깊이 착착 감으면서 쇠줄이 구부러진 데는 망치로 두들겨 폈다. 그런 다음, 실린더 내벽에 닿지 않도록, 피스톤을 돌리면서 쇠줄을 고루 두들겨 판판하게 만들었다. 그는 손가락을 위아래로 놀려, 링과 쇠줄이 내벽과 딱 맞도록 전체적으로 판판해졌는지 확인했다. 창고는 점점 어두워졌다. 애꾸눈이 손전등을 가져와 그들의 일손을 비춰 주었다.

톰이 말했다. "이만하면 됐다! 이봐요, 그 전등 얼마에 팔겠소?"

"이건 그다지 좋은 건 아니지만 15센트짜리 새 전지가 들었지. 얼마에 판다…… 35센트만 내시오."

"좋아요. 이 연접봉하고 피스톤은?"

애꾸눈이 손등으로 이마를 문질렀다. 그 자리만 한 줄로 하얘졌다. "글쎄 잘 모르겠는데. 주인이라면 부품표를 보고 신품이 얼마인지 찾아낸 다음, 당신들이 일하는 동안 당신네가 얼마나 그 물건을 갖고 싶어하나 돈은 얼마나 가졌나 살펴볼 거요. 부품표에 8달러라고 쓰여 있으면 5달러는 덮어씌웠겠지. 당신이 툴툴거리면 3달러 정도는 깎아줬을 테고. 당신은 내가 공연한 소리 하는 줄 알겠지만 그 작자는 지독한 놈이거든. 상대가 얼마나 간절히 원하는지 척척 계산해 낸다니까. 언젠가는 링 기어 하나에 차 한 대 값을 우려낸 적도 있지."

"그래요? 그건 그렇고, 이건 얼마 내면 되나요?"

"1달러면 되겠지 뭐."

"좋아요. 이 소켓 렌치도 25센트에 가져갈게요. 이게 있으면 일이 갑절은 편해지거든요." 톰은 은화를 건넸다. "고마워요. 그 볼품없는 눈은 꼭 가리고요."

톰과 앨은 트럭에 올라탔다. 날은 이미 어두웠다. 앨이 시동을 걸고 라이트를 켰다. 톰이 소리쳤다. "잘 있어요! 캘리포니아에서 봅시다!" 그들은 차를 돌려 오던 길로 되돌아갔다.

애꾸는 그들이 사라지는 모습을 가만히 지켜보았다. 그런 다음 창고를 지나 뒤꼍 오두막으로 돌아갔다. 안은 어두웠다. 바닥에 깔아놓은 매트리스를 더듬더듬 찾아가 그 위에 길게 드러누워 울었다. 고속도로를 질주하는 자동차 소리는 그의 고독의 벽을 더욱 두껍게 할 뿐이었다.

톰이 말했다. "만일 네가 오늘 밤 안으로 이걸 구해서 끼워버리자고 했다면 난 네가 돌았다고 그랬을걸."

"오늘 밤에 해치우지 뭐. 하지만 형이 해야겠어. 내가 하면 너무 세게 죄서 태워먹거나 너무 헐겁게 해서 덜컹거리게 할지도 모르니까."

"내가 할게. 또 나가면 나가는 거지, 뭐. 원 상태로 돌아가는 거니 밑질 거 하나 없다."

앨은 어둠 속을 주의 깊게 응시했다. 전조등은 어둠을 밝히는 데는 별 도움이 안 되었지만, 앞쪽에서 먹이를 찾는 고양이의 눈이 그 빛에 반사되어 파랗게 빛났다. "형, 그자한테 속 시원하게 잘 말했어. 그 사람도 정신 좀 차렸을 거야."

"흥, 미련한 자식. 다 자초한 일이야. 애꾸 좀 됐다고 다 제 눈 탓으로 돌리고 제 자신에게 응석이나 부리다니. 게으름뱅이, 더러운 멍청이! 그 작자도 사람들이 그걸 다 알아차린 줄 알면 정신을 차릴 테지."

"형, 베어링이 타버린 건 내 탓이 아니야?"

톰은 잠자코 있다가 말했다. "너한테도 한 마디 일러줘야겠구나. 앨, 너 누구한테 야단맞을까봐 겁나는 모양인데 그거 완전히 잘못 생각하는 거다. 난 그 이유를 알지. 그건 네가 쓸데없이 기운만 넘치는 애송이라는 뜻이야.

멋져 보이려고 밤낮 똥폼이나 잡고. 하지만 그건 바보 같은 짓이야, 앨. 아무도 덤벼들려 하지 않는데 겁부터 집어먹을 것 없어. 넌 안전하니까."

앨은 대꾸하지 않았다. 그는 정면만 바라보았다. 트럭은 도로를 덜컹거리면서 전진해 갔다. 고양이 한 마리가 길가에서 튀어나왔다. 앨이 그것을 깔아뭉갤 셈으로 핸들을 꺾었다. 그러나 고양이는 바퀴에서 빠져나와 덤불 속으로 뛰어 들어갔다.

앨은 말했다. "에이, 놓쳤네! 형, 코니가 밤에 공부할 거라는 소리 들었어? 나도 그럴까 생각 중이야. 라디오라든지 텔레비전이라든지 디젤엔진이라든지 말이야. 그런 식으로 뭔가 시작할 수 있을 것 같아."

"그럴지도 모르지. 그 전에 그 통신강좌에 돈이 얼마나 드는지 알아봐. 정말로 그걸 공부하고 싶은지도 곰곰이 생각해 보고. 매칼리스터에서도 통신교육을 받은 사람이 몇 있었지. 그런데 끝까지 마친 사람은 아무도 없는 모양이더라고. 도중에 싫증이 나서 내동댕이친 거지."

"아차! 먹을 걸 안 사왔네."

"괜찮아, 어머니가 잔뜩 보내 줬으니까. 전도사 혼자서 다 먹진 않았겠지. 조금은 남았을 거야. 아, 캘리포니아까지 얼마나 걸릴까?"

"누가 알아. 그저 꾸준히 가보는 거지, 뭐."

그들은 침묵에 잠겼다. 어둠이 내리고 별들이 하얗게 빛났다.

트럭이 멎자 케이시가 닷지 뒷좌석에서 나와 길가로 어슬렁어슬렁 걸어왔다. "이렇게 일찍 돌아올 줄은 몰랐는데."

톰은 차 바닥에 마대조각에 펼쳐놓고 그 위에 부품들을 모았다. "운이 좋았어요. 손전등도 구했어요. 지금부터 고쳐야지."

"저녁 가지고 가는 거 깜빡했지?"

"다 고치고 나서 먹을게요. 앨, 길에서 차를 조금 비켜 놓고 이리 와서 전등을 비춰 줘." 톰은 곧장 닷지로 가서 땅에 등을 대고 그 밑으로 기어들어 갔다. 앨은 배를 깔고 기어들어가 손전등을 비춰 주었다. "내 눈은 비추지 말고, 더 위로 올려." 톰은 피스톤을 비틀었다 돌렸다 해가며 실린더에 끼워 넣었다. 조금 튀어나온 놋쇠줄이 실린더에 걸렸다. 그 부분을 꾹 눌러 링보다 안쪽으로 밀어 넣었다. "헐거워서 다행이다. 안 그러면 압축될 때 꽉 끼어서 피스톤이 멎어버릴 건데, 이거라면 잘 움직일 거야."

"쇠줄이 링에 엉키지 말아야 할 텐데." 앨이 말했다.

"응, 판판하게 펴놨으니까 괜찮아. 절대로 풀어지지 않을 거야. 잘 녹아서 실린더 내벽에 놋쇠 판처럼 들러붙을 거야."

"벽이 상하진 않겠지?"

톰이 웃으며 말했다. "물론이지. 벽은 끄떡없어. 벌써 땅쥐 구멍처럼 기름을 빨아들이고 있는걸. 어지간해선 상할 까닭이 없어." 그는 연접봉을 샤프트에 끼우고 아랫부분을 시험했다. "끼움쇠를 좀 넣어야겠군. 전도사님!"

"왜?"

"제가 지금 베어링을 쳐들고 있거든요. 크랭크로 가서 제가 신호하면 천천히 돌려주세요." 그는 볼트를 죄었다. "자, 살살 돌려요!" 각진 샤프트가 돌자 그는 그것에 베어링을 댔다. "끼움쇠가 너무 많구나. 잠깐만요, 전도사님!" 그는 볼트를 빼고 양끝에서 얇은 끼움쇠를 뗀 다음 볼트를 도로 죄었다. "다시 한 번 돌려봐요, 전도사님!" 그는 다시 연접봉을 움직였다. "아직도 좀 헐겁군. 끼움쇠를 더 뽑으면 너무 죄지 않을까? 어디 해보자." 그는 다시 볼트를 뽑고 얇은 끼움쇠를 떼 냈다. "자, 해봐요, 전도사님!"

"괜찮은 모양인데." 앨이 말했다.

톰이 말했다. "전도사님, 돌리기가 더 뻑뻑해졌나요?"

"아니."

"그럼, 잘 끼워진 것 같군. 그랬으면 좋겠어. 배빗 합금은 연장 없이는 갈지 못하니까. 이 소켓 렌치 덕분에 작업이 훨씬 편해졌어."

앨이 말했다. "그 폐차장 주인 놈, 이 소켓 렌치를 찾다가 없으면 아주 난리를 치겠지."

"그거야 그놈 문제시. 우린 훔치지는 않았으니까." 톰은 코터핀을 두드려 끼우고 양끝을 바깥으로 구부렸다. "이제 됐다. 전도사님, 나하고 앨이 오일 팬을 갖다붙이는 동안 전등 좀 비춰주세요."

케이시는 무릎을 꿇고 손전등을 받아들었다. 두 사람이 개스킷을 두드려 끼우고 팬볼트를 구멍에 끼우는 동안, 움직이는 손을 따라 불을 비추었다. 두 사람은 오일팬을 조심스레 떠받치고 먼저 양쪽에 볼트를 끼운 다음 나머지 볼트를 돌려 끼웠다. 볼트를 모두 끼우자 톰이 조금씩 그것들을 죄어나갔다. 오일팬이 개스킷에 딱 들어맞자 너트를 꽉 죄었다.

"이만하면 됐겠지." 톰이 말했다. 기름 마개를 죄고, 오일팬을 주의 깊게 살핀 다음 전등을 받아들고 땅바닥을 여기저기 비췄다. "이제 됐다. 자, 기름을 도로 붓자."

그들은 차 밑에서 기어 나와, 양동이의 기름을 크랭크실에 부었다. 톰은 기름이 새는지 보려고 개스킷을 살폈다.

"됐어. 앨, 시동을 걸어 봐." 톰이 말했다. 앨은 차에 올라가 시동 발판을 밟았다. 부릉 하며 시동이 걸렸다. 푸른 연기가 배기관에서 뿜어 나왔다. 톰이 외쳤다. "조절판을 죄! 기름이 뜨거워져서 쇠줄을 녹일 거야. 벌써 가늘어졌을걸." 그는 모터 돌아가는 소리에 주의 깊게 귀를 기울였다. "스파크를 떼고, 공회전 시켜 봐." 그는 다시 귀를 기울였다. "됐다, 앨. 엔진 꺼. 다 고쳐진 모양이군. 자, 그 고기 어딨지?"

"형은 굉장한 기술자야."

"당연하지. 공장에서 1년이나 일했는데. 처음 200마일은 천천히 달려. 차가 길들 때까지 살살 다뤄야 해."

그들은 기름투성이 손을 잡초 다발로 닦고 마지막으로 바지에 문질렀다. 그러고는 삶은 돼지고기를 정신없이 뜯어먹고 병에 든 물을 벌컥벌컥 마셨다.

앨이 말했다. "배고파 죽을 뻔했네. 이제 어떻게 하지? 캠프로 가?"

톰이 말했다. "글쎄. 우리가 가면 그쪽에서 반 달러를 더 내라고 하겠지? 가서 식구들하고 의논해 보자. 완전히 고쳤다고 알려주고. 그리고 그 작자들이 반 달러를 내라고 계속 요구하면 우리만 빨리 나오지 뭐. 식구들은 궁금해 할 테니 알려주러는 가야 해. 어머니가 오늘 오후에 우릴 못 가게 말린 건 참 잘한 일이었어. 손전등으로 땅바닥을 잘 비춰봐, 앨. 뭘 두고 가면 큰일이잖아. 그 소켓 렌치 잘 넣어두고. 또 쓰게 될지 모르니까."

앨이 손전등으로 땅바닥을 두루 비춰 보았다. "아무것도 없어."

"그럼 됐다. 내가 이 차를 몰지. 너는 저 트럭을 끌어." 톰이 시동을 걸었다. 전도사도 올라탔다. 톰은 엔진을 저속으로 한 채 천천히 움직였다. 앨이 트럭으로 그 뒤를 따랐다. 톰은 저속 기어로 얕은 도랑을 천천히 넘었다. "이런 닷지는 기어를 저속에 넣으면 집 한 채도 거뜬히 끌죠. 이 차는 확실히 변속비를 낮춰 놨어요. 우리로서야 고맙지 뭐야. 베어링이 천천히 길들어야 하니까."

고속도로에 들어서서도 닷지는 천천히 전진했다. 12볼트짜리 전조등이 포장도로에 노르스름한 반점을 던졌다.

케이시가 톰을 돌아보았다. "자네들이 차를 고치는 걸 보니 신기하더군. 잠깐 기어들어가서 뚝딱 고치다니. 난 차에는 영 숙맥인데. 자네들이 고치는 걸 보았어도 모르기는 마찬가지야."

"어려서부터 차와 하나가 돼야죠. 아는 것만으론 안돼요. 그 이상이어야 하죠. 요즘 애들은 크게 머리도 안 쓰고 차 한 대쯤은 간단히 뜯어버려요."

산토끼 한 마리가 불빛 속으로 뛰어들었다. 커다란 귀를 흔들며 깡충깡충 천천히 앞으로 뛰어갔다. 가끔 도로에서 벗어나려 했지만 어둠의 벽에 막혀 다시 도로로 돌아왔다. 멀리 전방에 밝은 헤드라이트가 나타나더니 이쪽으로 빠르게 다가왔다. 토끼는 겁먹고 당황하여 몸을 홱 틀더니, 불빛이 덜 밝은 닷지 쪽으로 돌진해 왔다. 토끼가 바퀴 밑으로 빨려 들어간 순간 덜컹하고 약간의 충격이 느껴졌다. 맞은편에서 달려온 차가 옆을 휙 스치고 지나갔다.

"친 게 분명하지." 케이시가 말했다.

"토끼를 재미 삼아 치는 사람도 있지만 저는 언제나 오싹해져요. 차 상태는 썩 좋은데요. 링도 이젠 길이 든 것 같아요. 연기가 심하지 않은 걸 보면 말이에요."

"솜씨 한번 대단하이."

조그만 목조 가옥이 야영장 한가운데에 서 있었다. 테라스의 휘발유등이 쉿쉿 소리를 내며 큰 원 모양의 하얀 불빛을 던졌다. 주변에는 텐트 대여섯 개가 쳐 있고, 텐트마다 그 옆에 차가 주차되어 있었다. 저녁 시간은 벌써 지났지만 아직 꺼지지 않은 모닥불이 텐트 옆을 비추었다. 한 무리의 사나이들이 휘발유등이 타고 있는 현관에 모여 있었다. 그들의 얼굴은 밝은 흰 불빛을 받아 억세고 다부져 보였다. 불빛에 생긴 모자 그림자가 그들의 이마와 눈에 검게 드리워져서 턱이 유난히 나와 보였다. 몇몇은 층계에 앉고, 몇몇은 땅바닥에 서서 테라스 바닥에 팔꿈치를 세우고 있었다. 키가 홀쩍 크고 무뚝뚝하게 생긴 집 주인은 테라스에 놓인 의자에 앉아서, 벽에 의자 등받이를 비딱하게 기대놓고 손가락으로 무릎을 두드리고 있었다. 집 안에서는 석유램프가 타고 있었지만 그 희미한 불빛은 이글거리는 휘발유등 앞에서 맥을 못 추었다. 몰려 있는 사나이들은 집주인을 둘러싸고 있었다.

톰이 닷지를 길가에 댔다. 앨은 트럭에 탄 채 문 안으로 들어갔다. "이걸 몰고 들어갈 필요는 없지." 톰이 말했다. 그는 차에서 내려 문을 지나, 하얗게 빛나는 등불 쪽으로 걸어갔다.

주인이 의자 앞다리를 마룻바닥에 내려놓고 몸을 앞으로 내밀었다. "당신들 여기서 야영할 작정이오?"

톰이 말했다. "아뇨, 우리 식구가 여기 있어요. 아, 아버지."

층계 맨 밑에 앉아 있던 아버지가 말했다. "한 주일은 걸릴 줄 알았는데, 벌써 다 고쳤냐?"

"아주 운이 좋았어요. 어둡기 전에 부품을 구했거든요. 내일 날이 새는 대로 바로 떠날 수 있어요."

"그거 아주 잘 됐구나. 어머니가 걱정이 이만저만이 아니야. 할머니도 좀 이상하거든."

"네, 앨한테 들었어요. 지금 좀 어때요?"

"글쎄, 어쨌든 잠은 드셨다."

주인이 말했다. "여기 차를 세우고 야영하려면 50센트 내야 해. 텐트 칠 땅 값과 물 값과 장작 값만 내면 아무도 뭐라 하지 않아."

톰이 말했다. "어이가 없군. 길가 도랑에서 자면 되지. 그럼 한 푼도 안 드는걸."

주인이 손가락으로 무릎에 박자를 맞추며 말했다. "밤에는 보안관 대리가 순찰을 돈다고. 들키면 고생 깨나 해야 할걸. 이 주에서 노숙은 법률 위반이야. 부랑자 처벌법이 있다고."

"당신한테 50센트를 내면 부랑자가 아니다 이 말인가요?"

"그렇지."

톰의 눈이 분노로 타올랐다. "그 보안관 대리라는 작자가 당신 매부는 아닐 테지?"

주인이 몸을 앞으로 내밀었다. "유감스럽게도. 게다가 이 지방 사람들이 당신네 같은 비렁뱅이의 설교를 들어야 할 시대는 아직 오지 않았어."

"우리한테 50센트 우려먹은 만큼은 문제없단 말이군요. 그런데 우리가 언제 비렁뱅이가 됐지? 우리가 언제 구걸한 적이 있던가? 나 참, 우리보고 비렁뱅이라고? 우린 여기서 재워달라고 구걸한 적 없다고!"

테라스에 모인 사나이들은 입을 꾹 다문 채 긴장해서 꼼짝도 못 했다. 얼굴에서 표정이 사라졌다. 모자 그늘 밑에 가린 눈만 살며시 들어 주인 얼굴을 살폈다.

아버지가 화난 목소리로 말했다. "톰, 그만두지 못 해!"

"그만두죠."

모인 사람들은 저마다 층계에 앉거나 높은 테라스에 기댄 자세로 아무 말이 없었다. 이글대는 휘발유등 불빛을 받아 눈이 번득였다. 강렬한 불빛 아래서 얼굴이 딱딱하게 굳었다. 말하는 사람을 따라 눈알만 굴러갈 뿐 얼굴은 무표정하니 조용했다. 딱정벌레가 휘발유등 안으로 날아들었다가 탁 터지며 어둠 속으로 떨어졌다.

텐트 한 곳에서 어린아이가 칭얼댔다. 여인이 부드러운 목소리로 아이를 달래는 소리가 들리는가 싶더니 이내 나직한 자장가로 바뀌었다. "예수님이 밤마다 사랑해주시네. 잘 자라, 잘 자라, 곤히 잠들어라. 예수님이 밤마다 지켜주시네. 잘 자라, 오오 잘 자라."

휘발유등이 테라스 위에서 쉿쉿 소리를 내었다. 집주인이 깊게 파인 셔츠 사이로 흰 털이 북슬북슬 난 가슴팍을 벅벅 긁었다. 귀찮은 일이 일어날 것 같은 기미를 느끼고 겁이 난 것이다. 그는 주위 사나이들의 동태를 살피고 그들의 표정을 더듬었다. 그러나 그들은 아무런 움직임도 보이지 않았다.

톰은 오랫동안 아무 말이 없었다. 그 검은 눈으로 천천히 주인을 올려다보았다. "굳이 말썽을 부리자는 게 아니에요. 하지만 비렁뱅이 취급을 하는 건 너무 심해. 난 무서울 게 하나도 없어요." 그는 나직한 목소리로 말했다. "이 주먹으로 당신이나 보안관 대리쯤은 얼마든지 상대해 줄 수 있어요. 지금 당장이라도 말이죠. 하지만 그래 봐야 아무 소용도 없지."

사나이들이 몸을 움직이고 발의 위치를 바꿨다. 번들거리는 눈들이 천천히 주인의 입으로 옮겨가서, 그 입이 움직이기를 기다렸다. 주인은 한숨 놓았다. 자기가 이겼다고 느꼈다. 그러나 공격에 나설 결정적인 승리는 아니었다. "당신, 50센트가 없는 거야?" 그가 물었다.

"그야 갖고 있지. 하지만 다 쓸 데가 있는 돈이야. 그냥 잠만 자는 데에 쓸 수는 없단 말야."

"나도 먹고 살자고 하는 짓이야."

"그래, 하지만 남의 먹을 것을 빼앗지 않고 버젓이 살아가는 방법 정도는 찾았으면 좋겠군."

사나이들이 다시금 발의 위치를 바꿨다. 그때 아버지가 말했다. "우리는 내일 아침 일찍 떠날 거요. 여보, 주인장, 우리는 이미 돈을 냈잖소. 이 아이는 우리 가족이오. 여기서 같이 자면 안 되겠소? 이미 돈을 냈으니까."

"차 한 대에 50센트요."

"그렇지만 이 아이는 차가 없소. 차는 길가에 세워두지 않았소?"

"하지만 차를 몰고 왔잖소? 그러다가는 다들 차를 밖에 세워두고 걸어들어와서 내 땅에서 그냥 자려 들 게 아니오?"

톰이 말했다. "우리 먼저 갈게요. 내일 아침에 만나요. 어긋나지 않도록 잘 지켜볼게요. 앨이 여기 남고, 대신 존 아저씨가 우리랑 같이 가면 돼요." 그는 주인을 쳐다보았다. "그러면 되겠죠?"

주인은 양보하는 척 재빨리 대꾸했다. "처음 들어와서 돈을 치른 사람과 같은 수가 남는다면 괜찮지."

톰은 담배쌈지를 꺼냈다. 쌈지는 이제 구깃구깃한 잿빛 누더기가 돼 있었다. 바닥에는 눅눅한 담배 부스러기가 조금 남아 있을 뿐이었다. 그는 가늘게 한 개비 말고 주머니는 내던졌다. "우린 금방 갈 거요." 톰이 말했다.

아버지가 누구에게랄 것 없이 이야기를 꺼냈다. "한 식구가 억지로 집을 떠나는 건 정말 가슴 아픈 일이라오. 우리처럼 자기 땅이 있었던 사람들에게는 말이오. 우린 무지렁이 농사꾼이 아니었어. 트랙터에 쫓겨나기까지는 어엿한 농지를 갖고 있었다고."

눈썹이 볕에 그을어 노랗게 변한 깡마른 젊은이가 천천히 이쪽을 보았다. "소작이었나요?"

"아, 소작이었지. 쭉 땅을 갈아 먹고 살았지."

젊은이가 다시 앞을 보며 말했다. "우리랑 같군."

"이런 생활도 이제 안녕이야. 서부에 가면 일자리도 있을 테고, 물 대기 좋은 경작지도 생길 테니까."

테라스 끄트머리에 누더기를 걸친 사나이가 서 있었다. 검은 웃옷은 너덜너덜하고, 무명 바지의 무릎은 떨어져 나가고 없었다. 새까맣게 먼지를 뒤집어 쓴 얼굴에서는 땟국물이 줄줄 흘렀다. 사나이가 아버지 쪽으로 불쑥 머리를 돌렸다. "돈 항아리라도 들고 왔나 보오?"

"아니, 우린 돈 없소. 하지만 우리 식구는 하나같이 좋은 일꾼이거든. 거기 가서 좋은 품삯을 받아 그걸 모으려는 거요. 그렇게 하면 어떻게 해나가겠지요."

아버지가 이야기하는 동안 아버지를 멍하니 바라보던 누더기 사나이가 별안간 웃음을 터뜨렸다. 그 웃음이 말의 울음소리 같이 높고 짓눌린 소리로 바뀌었다. 거기 있는 사람들의 얼굴이 일제히 그 사나이 쪽을 향했다. 치밀어 오르는 웃음은 이제 기침으로 바뀌었다. 그가 간신히 웃음을 그쳤을 때는 눈알이 빨개지고 눈물이 나와 있었다. "그래, 그리로 가고 있다? 허어, 웃기는군!" 끅끅대는 웃음이 다시 시작되었다. "거기 가서 좋은 품삯을 받는다? 허어, 웃기는군!" 그가 말을 끊고 빈정대듯이 덧붙였다. "오렌지를 따겠지? 아니면 복숭아를 따실까?"

아버지가 위엄에 찬 목소리로 말했다. "우리는 일이라면 뭐든지 할 거요. 거긴 일거리가 얼마든지 있으니까." 누더기 사나이는 숨을 죽이고 킬킬댔다.

톰이 화를 내며 돌아섰다. "대관절 뭐가 그리 우습소?"

누더기의 사나이는 입을 다물고 테라스 바닥을 음울한 눈으로 바라보았다. "모두 캘리포니아로 가는 모양이군요."

아버지가 말했다. "그렇다고 했잖소. 당신이 짐작하고 말고 할 것도 없다고."

누더기 사나이가 느릿느릿 말했다. "나는…… 나는 돌아가는 길이라오, 거기 갔다가."

사람들의 시선이 확 그에게로 쏠렸다. 아무도 움직이지 않았다. 휘발유등이 내는 쉿쉿 소리가 한숨소리만큼 약해졌다. 주인이 의자 앞발을 마루에 내려놓고 일어나, 등불의 소리가 다시 커지고 높아질 때까지 펌프로 휘발유를 넣었다. 그리고 의자로 돌아갔지만 뒤로 기대지는 않았다. 누더기 사나이가 사람들의 얼굴을 둘러보았다. "어차피 돌아가면 굶어 죽을 테니 차라리 당장 굶어죽는 편이 낫겠소."

아버지가 말했다. "무슨 말인지 못 알아듣겠구먼. 나는 좋은 품삯을 준다는 광고지도 가지고 있고, 바로 얼마 전에는 과일 따는 인부가 모자란다는 기사를 신문에서 읽었단 말이오."

누더기 사나이가 아버지를 돌아보았다. "당신은 돌아갈 고향이 있소? 돌아갈 집이 있느냔 말이오?"

"없소. 아주 쫓겨났거든. 트랙터가 집을 깔아뭉개 버렸소."

"그럼 돌아가지 않겠군요."

"물론이지."

"그렇담 당신을 걱정시킬 말은 안 하는 게 좋겠군."

"물론 당신은 날 걱정시킬 수 없을 거요. 나는 일꾼 모집 전단지를 갖고 있거든. 일손이 필요 없다면 미쳤다고 그런 걸 내겠소! 그런 광고 전단지를 만들려면 돈이 들 텐데. 일손이 필요없다면 그런 걸 뿌릴 까닭이 없잖소?"

"당신이 걱정할 만한 말은 하지 않겠소."

아버지가 화가 나서 말했다. "아니, 실없는 소릴 해놓고 이제 와서 입을 다물려고 그래? 내가 가진 광고지에는 일손이 필요하다고 똑똑히 씌어 있다고. 그런데 당신은 코웃음을 치면서 그렇지 않다고 하고. 대체 어느 쪽이 거짓말이야?"

누더기 사나이가 아버지의 성난 눈을 내려다보며 안됐다는 표정을 지었다. "전단지가 옳소. 일손은 필요하니까."

"그럼 왜 그렇게 웃어대서 날 화나게 만들었소?"

"당신네들이 거기서 어떤 사람을 원하는지 모르니까 그렇지."

"그건 또 무슨 뜻이야?"

누더기 사나이는 마침내 솔직히 말하기로 결심했다. "그럼 말하지. 당신이 받은 전단지에는 몇 명 필요하다고 하던가요?"

"800명. 그것도 아주 작은 농장에서."

"오렌색 전단지죠?"

"그렇소."

"고용주 이름이 뭐요? 노동 계약자 아무개라고 쓰여 있나요?"

아버지가 주머니에 손을 넣어, 차곡차곡 접은 전단지를 꺼냈다. "응, 그렇구먼. 어떻게 알았소?"

"내 말 잘 들어요. 그건 개소리요. 그자는 인부가 800명 필요해요. 그래

서 그 광고지를 5천장이나 찍었고 그걸 아마 2만 명은 보았을 거요. 그리고 줄잡아 2~3천 명이 그 전단지만 믿고 움직이기 시작했소. 근심 걱정으로 반미치광이가 돼버린 사람들이 말이오."

"아니 그런 터무니없는 소리가 어디 있나!" 아버지가 외쳤다.

"이 전단지를 찍어낸 작자를 만나면 알게 될 거요. 거기 가면 그 작자나, 아니면 놈이 고용한 작자를 만나게 될 거요. 당신네들은 50가구쯤 되는 다른 가족들과 같이 도랑 옆에 다닥다닥 캠프를 치겠죠. 그러면 놈이 당신들 텐트 속을 들여다보고, 아직 식량이 남아 있나 없나 살펴볼 거요. 아무것도 없으면 '일자릴 얻고 싶나?' 하고 묻겠지. 그럼 당신은 '그야 물론입죠. 일자리를 주시면 정말 감사하겠습니다' 할 테고. 그러면 놈은 이렇게 말할 거요. '내가 써주지.' 당신이 언제부터 일하느냐고 물으면 언제 어디로 오라고 말하고 다른 텐트로 갈 거요. 200명이 필요하면 500명한테 미끼를 던지며 돌아다닐 테지. 그 500명이 다른 사람들한테도 말을 전달해서, 결국 당신이 그 오라는 장소로 가보면 아마 천 명은 몰려와 있을 거요. 그 작자가 '한 시간에 20센트 주겠소' 하면 그중 절반은 가버리겠지만, 아직 배를 곯은 나머지 빵만 얻을 수 있다면 공짜로라도 일하겠다는 500명은 남을 거요. 그런데 그 작자들은 복숭아 따기나 목화밭 잡초 뽑기 같은 일을 하청으로 맡은 자들이지. 이제 알겠소? 사람이 많이 모이면 모일수록, 굶주린 자가 많으면 많을수록 그만큼 임금이 싸게 먹히는 거란 말이오. 또 놈은 되도록 아이가 딸린 사람을 쓴다오. 왜냐하면…… 어이쿠, 걱정시키지 않겠다고 해놓고 입을 너무 놀렸군." 사람들이 그를 차가운 시선으로 바라보았다. 미심쩍은 눈초리였다. 누더기 사나이는 어쩐지 거북살스러워졌다. "당신들을 걱정시키지 않으려고 했는데 결국 이렇게 되었군요. 걱정 말고들 가보시오. 어차피 고향으로 돌아갈 것도 아니니까." 테라스 위로 침묵이 흘렀다. 등불이 쉿쉿 소리를 냈다. 나방들이 등불 둘레를 붕붕 날았다. 누더기 사나이가 신경질적으로 이야기를 계속했다. "그 일을 시키는 자하고 만나면 어떻게 하면 되는지 가르쳐주겠소. 먼저 얼마를 주겠느냐고 묻는 거요. 놈이 주겠다는 금액을 종이에 적으라고 하시오. 꼭 그래야 하오. 두고 보쇼, 그렇게 하지 않으면 틀림없이 딴소릴 할 테니까."

주인은 누더기를 걸친 지저분한 사나이를 더 자세히 보려고 의자에서 몸을 내밀었다. 그러고서 희끗희끗한 가슴 털을 벅벅 긁으며 싸늘하게 말했다.
"당신 혹시 말썽분자 중 하나는 아니겠지? 노동자인 척 하는 거 아니야?"

"천만에, 그렇지 않소."

"그런 놈들이 많아. 여기저기 기웃거리며 사람들을 선동하고 다니거든. 그냥 들쑤시고 다니는 거야. 그런 놈들이 많아. 그런 놈들을, 그런 말썽분자들을 한 놈도 남김없이 목매달아 죽일 날이 곧 올 거야. 그런 놈들은 이 나라에서 다 내쫓아야 돼. 사람이 일하고 싶어 하는 게 당연하지, 일하기 싫으면 뒈져버리라고 그래. 우리도 그런 놈이 소동을 일으키고 다니도록 내버려두지는 않는다고."

누더기 사나이가 자세를 바로 하며 말했다. "나는 말하고 싶었소. 내가 1년이나 걸려서 깨우친 것을 말이오. 두 아이를 죽이고 마누라까지 죽이고서야 겨우 깨달은 것을. 하지만 말할 수 없구려. 처음부터 뻔한 일이었는데. 다른 사람도 내게 말할 수 없었던 거요. 어떻게 말할 수 있겠소? 자식새끼들이 배만 볼록하니 뼈와 가죽만 남은 채 텐트 속에 드러누워 개새끼마냥 몸을 떨며 킹킹거리는 동안 나는 일거리를 찾아서 미친놈처럼 뛰어다니는 그런 상황을 말이오. 그것도 돈이나 임금 때문이 아니었소!" 그는 고함을 질렀다. "빌어먹을, 그놈의 밀가루 한 움큼, 라드 한 숟가락을 얻기 위해서였단 말이오! 그 사이에 검시관이 와서 그러더군. '이 아이는 심장마비로 죽었다.' 서류에도 그렇게 써넣었소. 아이들은 텅 빈 배를 돼지 오줌통처럼 내밀고 덜덜 떨고 있었는데 말이오."

둘러선 사람들은 아무 말이 없었다. 모두 입을 조금씩 벌리고서 숨을 죽이고 지켜보았다.

누더기 사나이는 그들을 스윽 둘러보더니 등을 홱 돌려 어둠 속으로 성큼성큼 사라져 버렸다. 어둠은 재빨리 그를 삼켰으나 그 발소리는 그가 가버린 뒤에도 오래도록 들려왔다. 고속도로를 따라 걷는 발 소리였다. 차 한 대가 고속도로를 달려왔다. 고개를 푹 떨어뜨리고 두 손은 검정 웃옷 주머니에 찔러 넣은 채 터벅터벅 걸어가는 누더기 사나이가 자동차 불빛에 한순간 선명히 드러났다.

사나이들은 싱숭생숭해졌다. 누군가가 말했다. "너무 늦었군. 이제 가서 자야지."

주인이 말했다. "분명히 떠돌이일 거야. 요즘은 천지사방에 저런 떠돌이가 어찌나 많은지." 그런 다음 입을 다물고, 다시 의자에 앉은 채 벽에 기대고서 목덜미를 주무르기 시작했다.

톰이 말했다. "어머니를 좀 보고 온 다음에 저 앞으로 먼저 가 있을게요." 조드 집안 사나이들은 자리를 떴다.

아버지가 말했다. "아까 그 사람이 한 말이 사실일까?"

전도사가 대답했다. "사실일 겁니다. 정말 자기가 당한 그대로를 말한 겁니다. 한 마디도 지어낸 것 같지 않았어요."

톰이 물었다. "우린 어떨까요? 우리도 그렇게 될까요?"

"모르겠다." 케이시가 말했다.

"나도 모르겠다." 아버지가 말했다.

그들은 방수포를 밧줄로 잡아매어 만든 텐트로 걸어갔다. 안은 어둡고 조용했다. 그들이 다가가니, 잿빛 물체가 입구 근처에서 꼼지락대다가 사람 키만큼 커졌다. 어머니가 나와서 그들을 맞았다.

어머니가 말했다. "모두 잠들었어요. 어머님도 겨우 잠드시고." 그러고서야 톰이 있는 것을 알아차리고 걱정스러운 듯이 물었다. "어떻게 네가 여기 왔니? 무슨 사고라도 일으킨 건 아니겠지?"

톰이 말했다. "차를 다 고쳤거든요. 이제 아무 때나 떠나도 돼요."

"아이고 하느님, 감사합니다! 어서 가고 싶어서 근질근질하던 참이다. 풍요롭고 푸른 곳으로 어서 가고 싶구나. 빨리 도착했으면 좋겠다."

아버지가 헛기침을 하고 말했다. "아까 어떤 사람이 그러는데"

톰이 아버지의 팔을 잡아당겼다. "그 사람 얘긴 아무래도 수상해요. 그리로 가는 사람들이 엄청 많다는 거예요."

어머니가 어둠 속에서 그들을 살폈다. 텐트 안에서 루디가 자면서 기침을 하더니 코를 골았다. 어머니가 말했다. "애들을 씻겨 주었어요. 온몸을 말끔히 씻길 만큼 물이 있는 건 처음이니까요. 남자들도 씻으라고 양동이를 내놓았어요. 길바닥에서 지내다 보니까 사람이고 짐이고 온통 더럽지 뭐예요."

"모두 안에 있나?"

"코니와 로자샨만 빼고. 둘은 밖으로 자러 갔어요. 텐트는 너무 덥다나요."

아버지가 못마땅해서 말했다. "로자샨은 요즘 공연히 겁을 내고 찔찔 짜고 그래."

"첫 임신이니까 그렇죠. 그 아이도 코니도 머릿속에 아기생각뿐인 거예요. 당신도 그랬잖아요?"

톰이 말했다. "우린 가야겠어요. 좀 더 가서 길가에 차를 세우겠어요. 우리가 못 볼 수도 있으니까. 이쪽에서도 잘 살펴주세요. 길 오른쪽에 세워둘게."

"앨은 여기 남니?"

"네, 걔는 여기 두고 큰아버지랑 같이 가겠어요. 안녕히 주무세요, 어머니."

그들은 조용히 잠든 텐트들 사이를 걸어 나왔다. 한 텐트 앞에서 작은 모닥불이 깜빡이고 있었다. 한 여인이 새벽밥을 짓는지 냄비를 지켜보고 있었다. 콩 익는 냄새가 구수하게 코를 찔렀다.

"한 접시 맛 좀 볼 수 없겠어요?" 톰이 지나가면서 공손하게 말했다.

여인이 방긋 웃으며 말했다. "아직 다 익지 않았어요. 익었으면 나눠 드리겠는데. 날이 새면 다시 오세요."

"고맙습니다, 아주머니." 톰이 말했다. 톰과 케이시와 존 아저씨는 테라스 앞을 지나갔다. 주인은 여전히 의자에 앉아 있었다. 휘발유등도 소리를 내며 타고 있었다. 세 사람이 지나가자 그가 고개를 돌렸다. "휘발유가 다 떨어져가는데요." 톰이 말했다.

"음, 어차피 잘 시간인걸 뭐."

"이 이상 굴러들어올 50센트 동전도 없어 보이네요."

의자 앞다리가 마룻바닥에 쾅 부딪쳤다. "어디서 건방진 소릴 지껄여! 네놈 얼굴은 똑똑히 기억했다. 네놈도 말썽분자 패거리지?"

"암 물론이지. 나는 과격분자다."

"너 같은 놈들이 쓸데없이 득실거린단 말이야."

톰은 문을 나와 닷지에 올라타면서 웃음을 터뜨렸다. 그는 흙덩이를 하나 집어 등불을 향해 던졌다. 흙덩이가 집에 부딪치는 소리가 들리고, 집주인이 의자에서 벌떡 일어나 어둠 속을 살피는 모습이 보였다. 톰은 차에 시동을 걸고 도로로 나왔다. 회전하는 모터 소리에 귀를 기울이며, 덜컹거리는 소리가 나지 않나 살폈다. 자동차의 희미한 불빛 속에 도로가 희끄무레하게 뻗어 있었다.

17

이주자들의 차가 샛길에서 느릿느릿 기어 나왔다. 대륙을 횡단하는 고속도로로 접어들어, 서부로 가는 이주의 길을 달렸다. 딱정벌레처럼 낮에는 허겁지겁 서쪽으로 달리다 어둠이 엄습해 오면 잠자리와 물을 찾아 옹기종기 몰려들었다. 고독과 불안을 이유로, 슬픔과 근심과 패배의 땅에서 왔다는 이유로, 새로운 미지의 땅으로 간다는 이유로 그들은 같이 모여 대화하고, 생활과 먹을 것과 새로운 땅에서 바라는 온갖 일들을 나누었다. 한 가족이 샘 근처에 캠프를 치면 또 한 가족이 샘과 동료를 찾아 거기에 캠프를 친다. 그러면 이미 두 가족이 그 자리를 개척하여 좋은 장소임을 증명한 셈이므로 세 번째 가족이 자연스레 찾아온다. 그리하여 해가 질 무렵에는 거의 스무 가족과 스무 대의 차가 그곳에 몰렸다.

저녁이 되자 기묘한 일이 일어났다. 스무 가족이 한 가족이 되고, 아이들은 모두의 아이들이 되었다. 고향의 상실은 모두의 상실이 되고, 서부에서 잘 살아 보겠다는 꿈도 모두의 꿈이 되었다. 한 아이가 아프면 스무 가족, 곧 백 명이 절망에 빠졌으며, 한 텐트에서 아기를 낳으면 백 명이 밤새 침묵 속에서 걱정하다가 아침이 되면 출산의 기쁨으로 가슴벅차했다. 전날 밤에는 어쩔 줄 모르고 겁먹었던 가족들이 없는 살림을 뒤져, 새로 태어난 아기에게 줄 선물을 찾았다. 저녁에 모닥불을 에워싸고 앉으면 스무 가족은 한 가족이 되었다. 그들 자체가 하나의 캠프가 되고, 저녁과 밤이 되었다. 담요에 싸였던 기타가 꺼내어져 연주되었다. 노랫소리가, 민중을 노래한 대중가요가 밤하늘에 울려 퍼졌다. 남자들은 노래를 부르고 여자들은 콧노래로 흥얼거렸다.

밤마다 완전한 하나의 세계가 만들어졌다. 세간살이도 있고, 친구도 생기고, 적도 생겼다. 허풍선이, 겁쟁이, 얌전한 사람, 신중한 사람, 다정한 사람. 모두 다 있는 하나의 세계다. 밤마다 하나의 세계를 만드는 갖가지 관계가 형성되었다. 그리고 아침마다 그 세계는 곡마단 천막처럼 허물어졌다.

처음에 이들 가족은 세계를 만들고 부수는 데 겁을 냈지만 점차 세계를 만

들어내는 기술을 터득해갔다. 다음엔 지도자가 나타나고 법률이 생기고 다음에는 관습이 생겼다. 이 세계는 서부로 이동할수록 더욱 완성되고 견고해졌다. 구성원들이 세계를 만드는 경험이 점점 쌓여 갔기 때문이다.

그들은 어떤 권리를 지켜야 하는지 배웠다. 텐트 안의 사생활, 과거를 마음속 깊이 간직한 권리, 말하고 들을 권리, 도움받기를 거부하거나 응할 권리, 도움주기를 승낙하거나 거절할 권리, 남자가 구애하고 여자가 구애받을 권리, 배고픈 사람이 음식을 제공받을 권리, 다른 모든 권리에 우선하는 임산부와 병자의 권리.

누가 가르칠 것은 아니지만 그들은 어떤 권리가 잘못된 것으로서 없어져야 할 것인지 배웠다. 즉 남의 사생활을 침해하는 권리, 캠프가 잠든 뒤에까지 떠드는 권리, 유혹이나 강간의 권리, 간통과 절도와 살인의 권리 등은 배척되었다. 이 작은 세계는 그런 권리가 살아 있다면 하룻밤도 존재할 수 없었기 때문이다.

이 세계가 서쪽으로 이동함에 따라, 가족들에게 그렇다고 널리 알린 것도 아닌데 규칙은 법률이 되었다. 캠프 주변을 어지럽히는 것은 위법이었다. 어떤 방법으로든 식수를 더럽히는 것은 위법이었다. 배고픈 자에게 음식을 권하지 않고 그 옆에서 맛난 음식을 먹는 것도 위법이었다.

법률과 함께 형벌도 등장했다. 형벌은 두 가지밖에 없었다. 싸워서 당장 결판을 내거나 추방당하는 것이다. 추방은 최악의 형벌이었다. 누가 법률을 위반하면 그의 이름과 얼굴이 멀리까지 알려져 다른 어떤 세계에도 들어가지 못 하게 되기 때문이다.

이들 세계에서는 사회적 행동이 늘 엄수되었다. 상대방이 아침 인사를 건네면 이쪽도 아침 인사를 해야 했다. 한 남자가 한 여자와 같이 살고 아이들의 아버지가 되어 그들을 보호하고 싶으면 그 여자와 같이 잘 수 있었다. 그러나 날마다 여자를 바꿔가며 즐기는 것은 허락되지 않았다. 그런 일은 이세계의 존립을 위험하게 만드는 요소이기 때문이다.

그들이 서쪽으로 전진해감에 따라, 세계를 만들어내는 기술도 사람들이 각자의 세계에 안주할 수 있도록 개선되어 갔다. 형식도 일정해졌으므로 그 규칙에 따라 행동하는 가족은 그 규칙 안에서라면 안전하다는 것을 알게 되었다.

이러한 세계에 지도자나 연장자가 지휘하는 정치기구가 생겨났다. 현명한 사람은 그의 지혜가 어느 캠프에서나 환영받는다는 것을 알았지만, 어리석은 자는 자기 세계에 갇혀 자기의 어리석음을 고치려 하지 않았다. 이런 밤들이 거듭되면서 일종의 보장제도가 발달했다. 식량을 가진 자는 굶주린 자에게 먹을 것을 줌으로써 자기 자신이 굶주리게 될 경우에 대비했다. 갓난아기가 죽으면 천막 입구에 은화가 무더기로 쌓였다. 갓난아기는 생명 말고는 아무것도 없었으므로 잘 묻어 주어야 했기 때문이다. 노인은 공동묘지에 묻어도 되지만 아기는 그렇게 할 수 없었다.

하나의 세계를 만들어내려면 일정한 자연조건이 필요했다. 물·강둑·개울·샘 아니면 누구나 자유롭게 쓸 수 있는 수도꼭지라도 있어야 했다. 텐트를 칠 만한 평평한 땅과, 불을 피우기 위한 가지나 나무도 필요했다. 근처에 쓰레기를 버리는 자리가 있으면 금상첨화였다. 그런 데서 화덕 뚜껑, 불 피울 때 바람막이로 쓰는 구부러진 난로망, 냄비나 식기 대신으로 쓸 수 있는 빈 깡통 등 살림살이를 골라낼 수 있기 때문이다.

이런 세계들은 저녁이 되면 세워졌다. 고속도로에서 들어온 사람들은 저마다 텐트와 마음과 머리를 써서 그런 세계를 만들었다.

아침이 되면 텐트를 걷고, 방수포를 접고, 텐트 기둥은 차 발판을 따라 평행하게 비끄러매고, 이부자리와 냄비류는 차 위에 제자리를 찾아 각각 싣는다. 가족들이 서쪽으로 이동함에 따라, 저녁에 집을 세우고 아침 해와 더불어 그것을 부수는 기술이 정착해 갔다. 접은 텐트는 일정한 장소에 간수하고, 요리 냄비는 하나씩 추려 상자에 넣는다. 차가 서쪽으로 움직임에 따라 식구들도 저마다 자기 자리에 익숙해지고, 자기 의무에 익숙해졌다. 늙은이고 젊은이고 저마다 차 안에서 자기 자리를 갖게 되었고, 고달프고 무더운 여름 저녁에 차가 캠프장에 들어서면 아무런 지시 없이도 제 할 일을 찾아서 했다. 아이들은 땔나무를 줍고 물을 길었고, 사나이들은 텐트를 치고 이부자리를 옮겼으며, 여인네들은 저녁밥을 짓고 식구들이 밥을 먹는 동안에는 시중을 들었다. 이 모든 일이 명령 하나 없이 이루어졌다. 한때는 밤에는 집을, 낮에는 밭을 경계로 하나의 단위를 이루어 살던 가족들이 그 경계선을 바꾸었다. 길고 무더운 햇볕 속을 느릿느릿 서쪽으로 움직이는 차 속에서 그들은 입 하나 벙긋 하지 않다가 밤이 되면 오고가는 다른 가족들과 어울려

한 덩어리가 되었다.

이리하여 그들은 자신들의 사회생활을 변화시켰다. 온 우주에 인간만이 변화시킬 수 있는 독특한 방식으로 바꾼 것이다. 그들은 더 이상 농부가 아니라 이주자였다. 지난날에는 논밭으로 향했던 그들의 생각과 계획과, 오래 응시하는 침묵의 습관이, 이제는 도로 저 멀리 서부로 향하게 되었다. 땅 면적에만 마음을 쏟던 사람들이 이제는 좁다란 콘크리트길의 거리를 재며 살았다. 그들의 생각과 근심은 이제 비에도 바람에도 모래 먼지에도 농작물의 성장에도 없었다. 눈은 타이어를 지켜보고, 귀는 덜컹거리는 엔진 소리에 쏠렸으며, 마음은 기름과 휘발유, 그리고 공기와 도로 사이에서 닳아가는 고무와 싸웠다. 기어가 고장이라도 나면 그것이 바로 비극이었다. 저녁이면 마실 수 있는 물과 불 위의 음식이 동경이었다. 지금 필요한 것은 여행을 계속할 수 있는 건강과 체력과 정신력이었다. 의지는 그들보다 앞서 서부로 향하고 있었으며, 지난날에는 가뭄과 홍수를 두려워하던 마음이 지금은 서부로 느릿느릿 나아가는 여행길에 장애가 되는 모든 것을 두려워했다.

캠프장도 정착되었다. 다음 캠프장은 바로 앞 캠프장에서 하루면 닿는 짧은 거리에 있었다.

길 위에는 공포에 사로잡혀 밤낮을 가리지 않고 달리는 가족들도 있었다. 그들은 차를 세워 놓고 그냥 차 안에서 자며, 길에서 벗어나려고, 이동하는 일에서 벗어나려고 외곬으로 서부로 돌진했다. 이들은 빨리 정착하기를 너무도 갈망한 나머지 서쪽으로 얼굴을 고정시키고, 덜컹거리는 엔진을 마구 혹사시켜 서부로 곧장 달려갔다.

그러나 대부분의 가족은 바뀌어, 이 새로운 생활에 금세 적응해갔다. 그리하여 해가 기울면—

슬슬 차 세울 곳을 찾아야겠는걸.

아, 저 앞에 텐트가 몇 개 보인다.

차가 도로에서 벗어나 멈춰 선다. 다른 사람들이 먼저 와 있으므로 의례적인 절차가 필요하다. 가장이 차창 밖으로 몸을 내민다.

여기다 차를 세우고 자도 되겠소?

물론이오. 대환영입니다. 어느 주에서 오셨나요?

저 멀리 아칸소에서 왔다오.

저쪽 네 번째 텐트에 아칸소 사람들이 있지요.

그래요?

그리고 중대한 질문이 나온다. 물은 어떻소?

그다지 맛은 좋지 않지만, 실컷 쓸 순 있소.

어이구, 고맙군.

내게 감사할 건 없어요.

그래도 예의는 지켜야 한다. 차를 덜커덩덜커덩 움직여, 가장 끄트머리 텐트가 있는 곳에 세운다. 지친 사람들이 차에서 내려, 뻣뻣해진 몸을 편다. 순식간에 새로운 텐트가 완성된다. 아이들은 물 길으러 가고, 나이 먹은 소년들은 나무 하러 간다. 불이 피워지면 그 위에서 저녁거리가 끓고 튀겨진다. 먼저 온 사람들이 찾아온다. 서로 출신 주를 말한다. 때로는 친구나 친척을 찾아내곤 한다.

오클라호마, 응? 오클라호마 어디요?

체로키요.

어이구, 거긴 우리 친척이 있는데. 앨런 집안을 아나요? 앨런 집안사람들은 체로키에 흩어져 살고 있지. 윌리스 집안은 아시오?

알고말고.

이리하여 새로운 단위가 형성된다. 밤이 된다. 어둠이 깔리기 전에 새로 온 가족은 벌써 그 캠프장의 일원이 되었다. 모든 가족에게 소식이 전해졌다. 우리 친척이랑 아는 사이래요. 좋은 사람들이야.

나는 어릴 때부터 앨런 집안과 아는 사이예요. 사이먼 앨런, 그러니까 사이먼 할아버지 말이오. 그 사람은 첫 부인과 옥신각신했지. 그 부인한테는 체로키 인디언의 피가 섞여 있었어요. 예쁜 여자였소. 꼭 검정 망아지 같았지.

맞아요, 맞아. 아들 사이먼은 루돌프네 처녀랑 결혼하지 않았던가요? 분명히 그런 걸로 기억하는데. 둘이서 이니드에 가서 잘 산다더군요. 아주 잘 산대요.

앨런 집안에서 성공한 건 그들뿐이지. 차고까지 갖고 있다니까.

물을 길어오고 땔나무를 장만하고 나면 아이들은 수줍은 듯이 조심스럽게 텐트 사이를 걸어 다닌다. 그들은 세밀히 계산된 행동으로써 친해지고 싶다는 뜻을 표시하기 시작한다. 한 소년이 다른 소년 옆에 멈춰 서서 돌 하나를 뚫어져라 쳐다보다 주워 들고 꼼꼼히 살펴보더니 침을 퉤 뱉어 깨끗이 닦고는 다시 열심히 들여다본다. 마침내 상대방은 더 참지 못 하고 묻는다. 뭐야 그거?

그러면 천연스럽게 대답한다. 아무것도 아냐, 그냥 돌멩이야.

그런데 뭣 땜에 그렇게 열심히 들여다보지?

이 속에 금이 있는 것 같아서.

그런 건 알 수 없는 거야. 금은 금처럼 보이지 않아. 돌에 섞여 있을 땐 꺼멓단 말이야.

그걸 누가 모르냐?

그건 황철광일 거야. 그럴 네가 금으로 착각한 거야.

아냐, 우리 아버진 금을 엄청 캤는데 나한테도 찾아내는 방법을 가르쳐주었는걸.

커다란 금덩어리를 주우면 뭐할 거야?

야! 난 세상에서 제일로 큰 이만한 사탕을 사야지.

꼭 찾으리란 보장은 없지만 그래도 찾아봐야지.

나도, 같이 샘으로 가보자.

계집애들도 상대를 찾아내어, 자기가 얼마나 인기가 있고 큰 인물이 될 사람인가를 수줍게 자랑한다. 여자들은 빨리 가족들의 배를 채워 주려고 불 앞에서 분주하게 움직인다. 돈이 좀 넉넉하면 돼지고기에 감자와 양파다. 고기 찌는 냄비에서 구워낸 빵이나 옥수수 빵, 그 위에 듬뿍 끼얹을 육즙으로 만든 소스. 돼지 옆구리 살이나 갈빗살에 시커멓고 쓴 홍차 한 주전자. 돈이 달릴 때는 튀긴 도넛이다. 아삭아삭하게 튀겨낸 밀가루 반죽에 육즙을 듬뿍 끼얹는다.

돈이 많거나 돈을 펑펑 쓰는 가족은 통조림 콩, 통조림 복숭아, 빵집에서 사온 포장된 빵과 케이크 등을 먹는다. 그러나 그들은 텐트 안에 숨어서 먹는다. 그런 사치스런 것을 드러내놓고 먹기는 미안하기 때문이다. 그래도 튀긴 도넛을 먹는 아이들은 구수한 콩 냄새를 맡고 불행한 기분에 젖어들었다.

저녁식사가 끝나고 그릇을 씻어 물기를 닦을 즈음이면 이미 어둠이 깔려 있다. 사나이들은 땅바닥에 쪼그리고 앉아 이야기를 나눈다.

그들이 남겨두고 온 땅이야기를 한다. 그 땅은 어떻게 되었을까? 고향은 이제 몹쓸 땅이 됐겠지.

도로 제대로 되겠지. 우리는 이제 거기 없지만.

그들은 생각한다. 어쩌면 우리는 우리도 모르는 사이에 무슨 죄를 지었는지 몰라.

어떤 자가 이러더군. 정부 관리인데, 밭마다 빗물에 깎여 완전히 못 쓰게 됐다는 거야. 정부 관리가 그러더라니까. 등고선 재배법으로 제대로 경작했더라면 땅을 깎아먹지 않아도 됐다는 건데, 그렇게 해볼 기회는 한 번도 없었어. 그 신출내기 감독 놈도 등고선 농사법 따위는 쓰지 않았다고. 그놈은 쭉 곧은 고랑을 4마일이나 파나갔는데, 그 앞에 예수님이 나타났대도 계속 팠을걸.

그들은 낮은 목소리로 집 이야기를 주고받는다. 풍차 밑에 조그만 쿨하우스^(물건을 차게 식히는 광 비슷한 곳)가 있었어. 우유에서 크림을 뽑아낼 때 늘 썼었지. 수박을 차게 저장하기도 하고. 푹푹 찌는 대낮에 들어가면 그렇게 시원할 수가 없었지. 거기서 수박을 쪼개 먹으면 이가 시릴 정도였어. 탱크에서 물이 떨어지게 해두거든.

그들은 또 저마다 겪은 슬픈 일들을 이야기한다. 찰리라는 동생이 있었지. 다 커서도 머리카락이 옥수수처럼 노란 녀석이었어. 아코디언을 무척 잘 켰지. 어느 날 녀석이 한창 써레질을 하다가 말고삐를 고쳐 매려는데 방울뱀이 꼬리를 울리는 바람에 말이 별안간 뛰어오르면서 써레가 찰리를 사정없이 친 거야. 써레 살이 녀석의 창자며 위에 가 박히고 얼굴을 갈기갈기 찢어놨지. 정말 끔찍했어!

그들은 앞으로의 일에 대해서도 이야기를 나눈다. 거긴 대체 어떤 곳일까?

사진으로는 굉장히 좋아 보이던데. 내가 본 사진은 따뜻하고 맑은 날 호두나무랑 딸기나무가 자란 곳을 찍은 사진이었는데 그 바로 뒤에, 엎어지면 코 닿을 곳에 눈을 덮어쓴 엄청 높은 산이 있더군. 정말 좋은 경치였어.

일자리만 붙잡으면야 괜찮지. 겨울에도 조금도 춥지 않을 테니까. 아이들도 학교 가다가 동상에 걸리지 않아도 되고 말야. 나는 아이들은 무슨 일이 있더라도 학교에 보낼 작정이야. 그야, 나도 읽을 줄은 알지만 늘 글을 읽는 사람들처럼 재미있다는 생각은 안 들어.

한 사나이가 자기 텐트 앞으로 기타를 들고 나와 궤짝에 걸터앉아 퉁긴다. 캠프장에 있는 모든 사람이 자석에 이끌리듯 그쪽으로 천천히 이동한다. 기타를 퉁길 줄 아는 사람은 많지만 이 사나이는 좀 치는 모양이다. 깊은 화음이 끊임없이 울리는 동안 선율은 가벼운 발자국 소리처럼 자유롭게 줄 위를 퉁겨 다닌다. 줄 위를 당당하게 달리는 굵고 억센 손가락. 사나이의 연주에 천천히 모여든 사람들이 마침내 그의 둘레를 빽빽이 에워싼다. 그러면 그는 〈목화를 따면 10센트, 고기를 사면 40센트〉도 부른다. 둘러선 사람들도 작은 목소리로 따라 부른다. 이어서 사나이가 〈아가씨, 소중한 머리카락을 왜 잘랐소?〉를 시작하면 사람들도 같이 부른다. 사나이는 흐느끼는 듯한 목소리로 〈그리운 텍사스여, 안녕〉을 부른다. 에스파냐인들이 몰려오기 전에 불렸던 음울한 노래로, 가사는 옛날 인디언 말이다.

모여든 사람들은 하나의 덩어리, 하나의 단위로 융합된다. 어둠 속에서 사람들의 눈은 마음을 향하고, 마음은 옛 추억 속을 노닌다. 그들의 슬픔은 안식과도 같고 단잠과도 같았다. 사나이는 〈매칼리스터 블루스〉를 노래한 다음, 늙은이들을 위해 〈주, 나를 부르시네〉를 부른다. 아이들은 음악과 더불어 졸다가 잠자러 텐트로 돌아간다. 노랫소리는 그들의 꿈속에까지 스며든다.

이윽고 기타를 든 사나이가 일어나 하품을 하며 말한다. 여러분, 안녕히 주무십시오.

사람들도 중얼거리듯이 말한다. 잘 자요.

저마다 나도 기타를 칠 줄 알았으면 하고 생각한다. 그것은 멋진 일이니까. 이윽고 사람들은 저마다 자러 돌아가고, 캠프장은 조용해진다. 올빼미가 머리 위를 날고, 코요테가 멀리서 자지러지게 짖어대고, 무서워하는 기색도 없는 오만한 스컹크가 먹이를 찾아 캠프장 안으로 어정어정 들어온다.

밤이 지나고 새벽 첫 햇살이 비치면, 여자들이 텐트에서 나와 불을 피우고 커피를 끓인다. 곧 사나이들도 나와 어스름 속에서 소곤소곤 말을 주고받는다.

콜로라도 강을 건너면 사막이 있다는군 그래. 사막에서는 조심해야지. 차가 고장이라도 나면 큰일이니까. 고장 났을 때를 대비해서 물을 충분히 갖고 가라고.

난 밤에 사막을 건널 생각이네.

나도. 까딱하다가는 목숨이 날아갈까 겁나는구먼.

가족들은 서둘러 아침을 먹는다. 그리고 접시 등을 씻고 훔친다. 텐트를 걷는다. 부산스럽게 떠날 준비를 한다. 태양이 솟아오를 무렵에는 캠프장은 텅 비고, 사람들이 남기고 간 쓰레기가 조금 흩어져 있을 뿐이다. 그리하여 캠프장은 오늘 밤 만들어질 새로운 세계를 기다린다.

고속도로에서는 이주자들의 차가 딱정벌레처럼 느릿느릿 나아간다. 좁은 콘크리트길이 앞으로 끝도 없이 뻗어 있다.

18

조드네 식구는 천천히 서쪽으로 이동해 갔다. 뉴멕시코주 산악 지대로 접어들어, 뾰족탑이며 피라미드를 연상시키는 고지대 봉우리들 옆을 지났다. 그들은 애리조나 고원지대로 기어올라, 골짜기 사이로 오색사막을 내려다보았다. 주경 경비원이 차를 세웠다.

"어디로 가시오?"

"캘리포니아요." 톰이 대답했다.

"애리조나에는 얼마나 머물 참이오?"

"지나가는 동안만이오."

"씨앗을 갖고 있소?"

"그런 건 없는데요."

"일단 짐을 조사해야겠어."

"씨앗은 없다니까요."

경비원이 자동차 앞 유리에 작은 쪽지를 붙였다.

"좋아요, 통과. 하지만 멈추지 말고 곧장 가시오."

"물론. 우리도 그럴 작정이었어요."

그들은 고갯길을 기어올랐다. 작달막하고 비비꼬인 나무들이 고갯길을 뒤덮고 있었다. 홀브룩, 조셉시티, 윈슬로. 키 큰 나무가 나타나기 시작했다. 차가 김을 폭폭 내뿜으며 고갯길을 허덕허덕 기어올랐다. 플래그스태프, 여기가 정상이다. 플래그스태프에서 시작되는 내리막길이 대고원 너머까지 이어져 도로가 멀리 전방으로 사라지고 보이지 않았다. 물이 귀해져 돈을 주고 사야 했다. 1갤런에 5센트, 10센트, 15센트로 점점 비싸졌다. 태양이 이 메마른 바위투성이 지대를 바싹 마르게 했다. 앞쪽에는 우뚝 솟은 황량한 봉우리들이 애리조나의 서쪽 벽을 이루고 있었다. 그들은 이제 태양과 갈증으로부터도 달아나고 있었다. 그들은 밤새도록 달렸다. 산악지대로 들어간 것은 늦은 밤이었다. 울퉁불퉁한 바위산을 밤새도록 느릿느릿 기어올랐다. 희미한 전조등이 길 양쪽 희푸른 바위절벽에 반사되어 반짝거렸다. 어둠속에서 정상을 넘어, 새벽녘에는 오트만의 부서진 암석 부스러기 사이를 천천히 내려갔다. 그리하여 아침 해가 비출 즈음에는 아래쪽으로 콜로라도강이 내려다보였다. 그들은 토폭까지 가서 다리 옆에 차를 세웠다. 경비원 한 명이 차 앞 유리에 붙인 쪽지를 떼어 냈다. 이어서 다리를 건너, 부서진 암석으로 뒤덮인 황야로 들어갔다. 모두 녹초가 되고 아침 해도 점차로 뜨거워지고 있지만, 그들은 차를 세웠다.

아버지가 소리쳤다. "드디어 왔다! 드디어 캘리포니아에 도착했다!" 그들은 햇빛을 받아 반짝반짝 빛나는 바위 부스러기와 강 건너에 보이는 애리조나의 무시무시한 암벽을 멍하니 바라보았다.

톰이 말했다. "아직 사막이 남았어요. 물이 있는 곳을 찾아 쉬어야겠어요."

도로는 강과 평행으로 달렸다. 달아오른 엔진이 니들즈에 들어갔을 때는 거의 한낮이었다. 강줄기가 갈대 사이를 고요히 흐르고 있었다.

조드네와 윌슨네 차는 강가로 나갔다. 그들은 차 안에 앉아서 아름다운 물줄기가 흘러가는 모양을 바라보았다. 푸른 갈대가 물결 속에서 흐느적거렸다. 강가에 조그마한 캠프장이 있었다. 물가에 텐트 열한 동이 쳐져 있고, 땅에는 갈대가 돋아 있었다. 톰이 트럭 창문으로 몸을 내밀었다. "여기 잠시 차를 세워도 괜찮을까요?"

양동이 물에 빨래를 비비고 있던 뚱뚱한 여자가 얼굴을 쳐들었다. "여긴 우리 땅이 아녜요. 세우고 싶으면 세워요. 나중에 경찰이 조사하러 올 거예요." 그러더니 그녀는 햇빛을 받으며 빨래를 계속했다.

차 두 대가 갈대가 무성한 공터로 들어섰다. 텐트를 내렸다. 윌슨네 텐트를 치고, 조드네 방수포를 밧줄 위에 걸었다.

윈필드와 루디는 버드나무 사이를 빠져나와, 갈대가 우거진 곳까지 천천히 내려갔다. 루디가 감동에 겨운 목소리로 나지막하게 말했다. "캘리포니아야! 여긴 캘리포니아라고! 이제 다 온 거야!"

윈필드가 등심초를 하나 꺾어 껍질을 벗기고는 흰 줄기를 입에 넣고 씹었다. 두 사람은 물속에 들어가 가만히 섰다. 물살이 장딴지를 간질였다.

"아직 사막이 남았대." 루디가 말했다.

"사막이 어떤 거야?"

"나도 잘 몰라. 전에 사진에서 봤는데 사방에 뼈가 흩어져 있었어."

"사람 뼈?"

"조금은 섞여 있겠지만 거의 소뼈일걸."

"그 뼈를 볼 수 있을까?"

"아마도. 아니, 잘 모르겠어. 밤에 지나가기로 되어 있거든. 톰 오빠가 그렇게 말했어. 한낮에 가다간 타 죽는대."

"아, 시원하다!" 윈필드는 강물 속 모래바닥에 발가락을 찔러 넣었다.

어머니가 부르는 소리가 들렸다. "루디! 윈필드! 이제 그만 돌아오너라!" 그들은 몸을 돌려 갈대와 버드나무 사이를 천천히 걸어 돌아갔다.

다른 텐트들은 조용했다. 차가 들어올 때 몇 사람인가가 잠시 텐트 밖으로 머리를 내밀었으나 이내 도로 들어가 버렸다. 이미 텐트치기가 끝나고 사나이들이 한데 모여 있었다.

톰이 말했다. "나는 강에 내려가서 목욕 좀 해야겠어. 자기 전에 꼭 해두어야지. 할머닌 텐트로 옮긴 뒤로는 좀 어때요?"

아버지가 말했다. "글쎄, 잘 모르겠구나. 깨워도 깨실 것 같지가 않아." 그가 텐트를 향해 턱짓을 했다. 우는 것 같이 중얼거리는 소리가 방수포 밑으로 들려왔다. 어머니가 급히 안으로 들어갔다.

노아가 말했다. "다행이다. 깨셨네. 트럭 위에서 밤새도록 무어라고 중언부언하셨어. 완전히 노망나신 거야."

톰이 말했다. "무슨! 지치셔서 그래. 빨리 쉬게 해드리지 못 하면 오래 못 버티실 거야. 완전히 지치셨다고. 누구 나하고 같이 안 갈래요? 나는 한바탕 씻고 그늘에서 좀 자야겠어. 해가 떨어질 때까지 말이야." 그가 걷기 시작하자 다른 사나이들도 뒤따랐다. 모두 버드나무 사이에 옷을 벗어 놓고 물속에 들어가 앉았다. 모래 속에 발꿈치를 묻어 몸을 떠받치고, 머리만 물 밖으로 내민 채 그들은 오래도록 그러고 있었다.

"야아, 이게 하고 싶었던 거야." 앨이 말했다. 그러고 바닥에서 모래를 한

줌 집어 그것으로 몸을 벅벅 문질렀다. 모두 물속에 몸을 눕히고, '니들즈 (바늘이라는 뜻)'라고 불리는 날카로운 봉우리들과 애리조나의 흰 바위산들을 바라보았다.

"우리가 저길 지나오다니." 아버지가 감개무량하다는 듯이 말했다.

존 아저씨가 머리를 물속에 텀벙 담갔다. "드디어 왔군. 그런데 캘리포니아치고 경치가 그다지 좋아 보이지 않는데?"

톰이 말했다. "아직 사막을 건너야 하잖아요. 게다가 그 사막 건너기가 여간 만만치 않대요."

노아가 물었다. "오늘 밤에 건널 거야?"

"어떡하실래요, 아버지?" 톰이 물었다.

"글쎄다, 어떻게 한다? 우리도 좀 쉬는 게 좋잖을까? 특히 할머니는. 한 편으로는 되도록 빨리 횡단해서 일자릴 찾고도 싶고. 이제 40달러밖에 남지 않았어. 모두 일해서 조금이라도 돈을 벌게 되면 나도 안심하겠는데."

물속에 앉아 저마다 물살의 힘을 느끼고 있었다. 전도사는 팔과 손을 물 위에 둥둥 띄웠다. 다들 목과 손목까지는 희고 얼굴과 손은 새카맣게 그을었으며 쇄골 부근은 갈색으로 V자 모양이 나 있었다. 그들은 모래로 몸을 문질렀다.

노아가 나른해져서 말했다. "이대로 이러고 있고 싶다. 언제까지나 이대로 누워 있고 싶어. 배도 고프지 않고, 슬프지도 않고, 한평생 이렇게 물속에 누워 있는 거야. 진흙 속에서 뒹구는 암퇘지처럼 실컷 게으름피우면서."

톰이 강 건너의 깎아지른 산봉우리와 하류에 우뚝 솟은 니들즈를 바라보며 말했다. "이렇게 험한 산은 처음 봐요. 사람 잡을 고장이군요. 해골 같은 고장이에요. 황무지나 돌덩이를 상대로 싸우지 않고 살 수 있는 곳에 언제쯤 도착할 수 있을까? 내가 본 사진으로는 평탄하고 푸른 고장이었는데, 어머니가 말한 것처럼 희고 작은 집들이 있는. 어머니는 그런 흰 집이 무척 맘에 드나 봐요. 그런데 아무래도 그런 곳은 없는 것 같군요. 사진에선 분명히 보았는데."

아버지가 말했다. "캘리포니아에 도착할 때까지 기다려라. 굉장한 고장을 볼 수 있을 거다."

"아니, 아버지! 여기가 캘리포니아라고요."

청바지에 땀에 젖은 푸른 셔츠를 입은 두 사나이가 버드나무 사이에서 나타나, 벌거숭이 사나이들을 보고 말을 건넸다. "헤엄칠 만한가요?"

톰이 말했다. "글쎄요. 아직 헤엄쳐 보지 않았어요. 하지만 여기 이렇게 앉아만 있어도 기분이 썩 좋은데요."

"들어가서 앉아도 될까요?"

"이게 어디 우리 강이오? 어서 들어오시오. 자리를 내어 드릴 테니."

두 사람은 바지와 셔츠를 훌훌 벗어 던지고서 강물로 들어왔다. 무릎까지 흙먼지를 뒤집어쓰고, 발은 땀 때문에 푸르뎅뎅하게 불어 있었다. 그들은 굼뜬 동작으로 물속에 주저앉아 느긋하게 옆구리를 씻기 시작했다. 햇볕에 심하게 그은 그들은 부자간이었다. 물을 끼얹을 때마다 신음하고 끙끙거리고 했다.

아버지가 공손하게 물었다. "서부로 가시나요?"

"아뇨, 거기서 오는 길이오. 고향으로 돌아가는 길입니다. 거기선 도저히 살 수가 없어서요."

"고향이 어딘데요?" 톰이 물었다.

"팬핸들이오. 팸퍼 근처죠."

아버지가 물었다. "거기서는 먹고 살 수 있나요?"

"아니요. 하지만 적어도 아는 사람들과 함께 굶어죽을 수는 있죠. 우릴 싫어하는 놈들 속에서 굶어죽기는 싫으니까요."

"그런 말을 하는 사람은 당신이 두 번째요. 뭣 때문에 그 사람들이 당신을 싫어한단 말이오?"

"낸들 알겠소?" 사나이는 두 손으로 물을 퍼서 푸드득푸드득 얼굴을 문질렀다. 머리카락에서 떨어진 고장물이 목 줄기에 자국을 남기며 흘러내렸다.

"그 얘기 좀 자세히 듣고 싶은데." 아버지가 말했다.

"나도요." 톰이 얼른 말했다. "왜 서부 사람들이 당신들을 싫어하죠?"

사나이가 톰을 날카롭게 쏘아보았다. "당신들은 서부로 가는 길인가요?"

"네."

"캘리포니아는 처음이겠군요?"

"네, 처음이에요."

"그렇다면 내 말 들을 것도 없이 직접 가서 보시오."

"물론 직접 가 봐야죠. 하지만 누구나 자기가 가려고 하는 곳이 어떤 곳인가 미리 알고 싶어 하는 법이잖아요."

"당신네들이 정말 알고 싶다면, 확실히 나는 그 질문에 조금은 참고가 될 만한 사람이죠. 거긴 훌륭한 고장이오. 하지만 그건 벌써 옛날에 도둑맞고 없소. 사막을 건너면 베이커스필드를 돌아 그 주로 들어가요. 아마도 그런 아름다운 곳은 처음 볼 거요. 사방이 온통 과수원이며 포도원인 정말 아름다운 곳이지요. 거기서 30피트 땅 밑에 지하수가 흐르는 편평하고 기름진 땅을 지나게 되는데, 그곳은 개간되지 않은 땅이죠. 하지만 당신은 그 한 조각도 차지할 수 없을 거요. 그건 '토지가축회사' 소유니까요. 놈들한테 그 토지를 경작할 생각이 없으면 몇 년이 지나도 미개간지로 남는 거요. 거기 들어가서 옥수수라도 좀 심어 보시오. 당장 교도소에 들어가게 될 테니까."

"좋은 토지라고요? 그런데 그걸 내버려둔단 말이오?"

"그렇소. 좋은 땅인데 내버려두는 거요! 그걸 보면 화가 좀 나겠지만, 아직 당신들은 아무것도 몰라요. 그놈들의 눈빛을 봐야 돼요. 그 얼굴엔 이렇게 씌어 있지. '이 개새끼들, 나는 네놈들이 싫다.' 곧 보안관 대리들이 나타나 당신들을 몰아붙일 거요. 길가에 캠프라도 치려하면 득달같이 달려와 쫓아내지. 놈들의 얼굴을 보면, 당신도 그 자들이 얼마나 우리를 싫어하는지 알게 될 거요. 한 가지 알려줄 게 있소. 놈들이 이쪽을 싫어하는 이유는 두렵기 때문이오. 배고픈 자는 무슨 수를 써서라도 먹을 것을 구한다는 걸 놈들은 알기 때문이오. 토지를 놀리는 것은 죄악이며, 언젠가 그걸 차지하려는 사람이 나올 거라는 걸 아는 거요. 빌어먹을 새끼들! 당신들, 아직 오키라는 말 들어본 적 없죠?"

톰이 말했다. "오키? 그게 뭐죠?"

"오키란 진에는 오클라호마 출신이라는 뜻이었지만 요즘은 더러운 개새끼라는 뜻으로 쓰인다오. 인간쓰레기라는 뜻이오. 그 말 자체는 아무 뜻도 없지만 놈들이 그 말을 쓰는 투가 그렇소. 하지만 나는 아무 말도 못 하겠소. 직접 가봐야 아는 거니까. 거기에는 우리 같은 사람이 30만 명이나 있대요. 모두 돼지처럼 살고 있지. 캘리포니아에 있는 건 모두 이미 임자가 있거든. 무엇 하나 남은 게 없어. 게다가 그놈들은 자기가 가진 걸 위해서라면 온 세상 인간을 다 죽여야 한대도 절대로 포기 안 하는 인간들이야. 놈들은 두려워서 더욱 미쳐 날뛰는 거라고. 가서 봐요. 자기 눈으로 보고, 자기 귀로 듣지 않으면 모르니까. 정말 지독히 아름다운 고장이지만 친절일랑 기대 않는 게 좋을 거요. 잔뜩 겁을 먹은 나머지 저희들끼리도 서로 친하게 지내지 않는다고요."

톰은 물속을 들여다보며 발꿈치를 모래 속에 파묻었다. "일자리를 얻어 돈을 모으면 땅뙈기를 조금이나마 살 수 있을까요?"

사나이가 웃으며 아들을 돌아보았다. 지금까지 말이 없던 아들이 우쭐대며 히죽히죽 웃었다. 사나이가 말했다. "고정적인 일자리 같은 건 있지도 않아요. 날마다 끼니를 걱정하며 아둥바둥하는 게 고작이지. 그것도 심술궂은 눈으로 노려보고 있는 앞에서 말이오. 목화를 따면 저울눈이 정확한지 어떤지 확신할 수 없게 돼요. 개중에는 정확한 놈도 있지만 그렇지 못한 놈도 있으니까. 하지만 어느 저울이나 모두 엉터리라는 생각이 들어서 어느 저울이 정확한지 헷갈리기 시작하죠. 이쪽이 어찌할 수 있는 문제는 아니니까."

아버지가 천천히 물었다. "그러면…… 그러면 거기도 별 볼 일 없단 말인가요?"

"물론 겉보기엔 근사하죠. 하지만 모두 그림의 떡인걸 뭐. 노란 오렌지 숲이 있는데, 누가 하나라도 따는 날엔 당장에 쏘아 죽이려고 총을 멘 사내가 감시를 하죠. 해안지방에서 신문사를 경영하는 자는 1백만 에이커나 갖고 있으면서—"

케이시가 얼굴을 휙 쳐들었다. "1백만 에이커? 도대체 그 사람은 1백만 에이커나 가지고 뭘 할 셈이지?"

"모르죠. 그냥 가지고 있을 뿐이오. 소 몇 마리를 방목하면서. 사람들이 못 들어가게 여기저기 감시인을 세워두었어요. 방탄차를 타고 돌아다니죠. 나는 그자 사진을 본 적이 있어요. 뒤룩뒤룩 살찐 데다가, 눈은 심술궂게 쭉 찢어지고 주둥이는 꼭 똥구멍 같이 생겼더군. 죽을까봐 겁이 잔뜩 난 꼴이야. 1백만 에이커나 가지고 있으면서 죽을까봐 벌벌 떤다니까."

케이시가 힐난조로 물었다. "대체 1백만 에이커나 갖고서 무엇을 하려는 걸까? 뭘 하는 데 1백만 에이커나 필요하지?"

사나이는 허옇게 불어 쭈글쭈글해진 손을 물 위로 내밀어 쫙 벌려 보았다. 아랫입술을 꼭 다물고 고개를 갸우뚱하며 말했다. "누가 아나요. 아마 미쳤겠지. 미친놈이 틀림없어요. 그놈 사진을 보았는데, 딱 미치광이 몰골이었소. 미치고 심술궂은 놈이야."

"자신이 죽을까봐 겁을 먹고 있다고 그랬죠?" 케이시가 물었다.

"그렇다고들 하더군요."

"신이 데려갈 까봐 두려워한다는 말이오?"

"모르죠, 그냥 무서워하는 거죠."

아버지가 말했다. "그 사나이는 뭐가 걱정일까? 이 세상의 어떤 재미도 모르는 모양이군."

톰이 말했다. "할아버지는 두려워하지 않았어요. 죽음 일보직전까지 갔을 때 할아버지는 제일 재밌어 하셨죠. 어떤 사람과 함께 한밤에 나바호족을 습격했을 때도 그랬어요. 둘 다 신나 죽을 지경이었대요. 살아 돌아올 가망은 털끝만큼도 없었는데도."

케이시가 말했다. "그게 올바른 삶이지. 즐거운 사람은 아무것도 겁내지 않지만 심술궂고 외톨이에 늙고 실망에 빠진 사람은 죽음을 두려워하는 법이야!"

아버지가 물었다. "1백만 에이커나 가진 사람이 무엇 때문에 실망을 해?"

전도사는 빙그레 웃었으나 생각에 잠긴 듯이 보였다. 한 손으로 수면을 철썩 때려서, 물에 뜬 물장군을 저만치 밀어냈다. "그자가 부자 기분을 맛보고 싶어서 1백만 에이커가 필요한 거라면, 그건 자기 마음이 몹시 가난하다고 느끼기 때문이죠. 마음이 가난하면 제아무리 1백만 에이커가 있다한들 부자라는 생각이 들 리 없을 테고, 또 아무리 발버둥 쳐봐도 부자가 된 것 같은 기분이 들지 않으니까 낙심하는 것 아닐까요? 할아버지가 돌아가셨을 때 텐트를 빌려 준 윌슨 부인 같은 풍요로운 마음은 둘도 없지요. 설교할 생각은 없지만, 다람쥐처럼 작은 것만 주워 모으는 데 연연하는 인간 치고 낙담하지 않는 사람은 이제껏 보지를 못 했어요." 그는 싱긋 웃었다. "역시 설교같이 들리네요."

해는 무섭게 내리쬐고 있었다. 아버지가 말했다. "물속에 들어앉는 편이 나아. 섣불리 나갔다가는 새카맣게 타고 말겠어." 그러면서 몸을 기울여, 천천히 흘러가는 물살에 목까지 잠기게 했다. "기를 쓰고 일하면 어떻게든 되지 않을까요?" 아버지가 물었다.

사나이가 일어나 앉으며 아버지에게 얼굴을 돌렸다. "이거 보시오. 나라고 모든 걸 다 아는 건 아니오. 당신들은 저쪽에 가서 안정된 일거리를 얻게 될지도 모르는 거요. 그러면 나는 거짓말쟁이가 되지요. 또 아무 일도 구하지 못 하면, 나는 미리 강력하게 경고하지 않은 셈이 되지요. 하지만 대부분이 처참한 생활을 한다는 것만큼은 분명히 말해두고 싶어요." 그는 물속에 드러누웠다. "한 사람이 어찌 모든 걸 다 알겠소?" 그가 말했다.

아버지는 고개를 돌려 존 아저씨를 보았다. "형님은 워낙 말이 없는 사람이지만 집을 떠난 뒤로는 두 마디도 안 한 것 같네요. 그래, 이 일에 대해서는 어떻게 생각하세요?"

존 아저씨는 얼굴을 찡그렸다. "나는 그런 거 전혀 생각하지 않아. 지금 그리로 가는 길 아닌가? 이 사람들이 무슨 소릴 하건 가는 수밖에 없잖아. 거기 닿으면 닿는 거고, 일을 잡으면 하면 되는 거야. 여기서 지금 이러쿵저러쿵 한다고 어떻게 될 것도 아니잖은가."

톰은 벌렁 드러누워 입 안 가득 물을 머금었다가 공중으로 내뿜으며 웃음을 터뜨렸다. "큰아버진 말수는 적지만 한번 했다 하면 맞는 말만 해요. 정말 그래. 이치에 딱딱 맞아요. 아버지, 오늘 저녁에 떠나버릴까요?"

"그럴까? 이왕 넘을 거면 얼른 넘는 편이 좋겠지."

"그럼 나는 숲에 들어가서 한잠 자야지." 톰이 일어나 모래밭을 자박자박 걸어가서는 젖은 몸뚱이에 옷을 걸쳤다. 옷이 너무 뜨거워 몸이 배배꼬였다. 다른 사람들도 그를 따라갔다.

물속에서 사나이와 그의 아들이 조드네 사람들이 사라지는 모습을 지켜보았다. 아들이 말했다. "반년 지나면 어떻게 되어 있을지 다시 만나보고 싶네요."

사나이가 눈꼬리를 집게손가락으로 닦았다. "그런 말 하지 않는 건데 그랬어. 인간은 잘난 체하고 싶어 하는 동물이라 뭐든 떠벌리고 다니니 문제야."

"무슨 소리에요, 아버지! 저네들이 먼저 듣자고 했잖아요."

"그야 그렇지. 하지만 그 사람이 말한 것처럼 어차피 저 사람들은 안 갈 사람들이 아니야. 내가 얘기한다고 해서 저쪽 사정이 달라지는 것도 아닌데. 저 사람들이 가기도 전에 미리 비참해진다는 것 말고는."

톰은 버드나무 사이로 걸어가서 동굴 같은 나무그늘 속에 드러누웠다. 노아가 뒤따라왔다.

"여기서 눈 좀 붙여야겠어." 톰이 말했다.

"톰!"

"응?"

"톰, 난 안 가려고 해."

톰이 일어나 앉았다. "무슨 소리야?"

"이 물 있는 곳에서 떠나지 않을 참이야. 이 강물을 따라서 내려가기로 했어."

"돌았어?"

"낚싯대를 하나 구해 물고기나 잡으련다. 좋은 강물 옆에 있으면 굶어죽지는 않아."

"식구들은 어떡하고? 어머니를 생각해야지."

"하는 수 없지. 나는 이 강물 옆에서 떠날 수 없어." 미간이 넓은 노아의 두 눈은 반쯤 감겨 있었다. "너도 알지, 톰? 식구들은 모두 나한테 잘해 줘. 하지만 진심으로 좋아해주지는 않아."

"돌았군."

"아니, 정말이야. 나는 날 알아. 모두들 날 불쌍히 여기는 거야. 하지만……. 어쨌든 나는 더 안 가. 네가 어머니에게 잘 말해 줘, 톰."

"내 말 좀 들어봐, 형."

"아니, 이미 소용없어. 나는 방금 저 물 속에 있었어. 그러니 이제 그 물에서 떨어질 수 없어. 자 슬슬 갈란다, 하류 쪽으로. 물고기나 잡으며 갈란다. 이 강에서 떠나지 못 하겠다, 도저히." 그는 동굴 같은 버드나무 그늘 밖으로 기어나갔다. "네가 어머니에게 잘 말해 다오, 톰." 그는 성큼성큼 걸어갔다.

톰은 그를 강둑까지 쫓아갔다. "내 말 들어보라니까, 바보같이……."

"들어봐야 소용없어. 나도 슬퍼. 그렇지만 할 수 없어. 나는 가야 해." 그는 등을 홱 돌리더니 물줄기를 따라 하류 쪽으로 걷기 시작했다. 톰은 뒤쫓으려다가 우뚝 섰다. 노아가 강을 따라 난 덤불속으로 사라졌다가 다시 나타나는 것이 보였다. 그는 노아가 강을 따라 점점 작아지더니 마침내 버드나무 사이로 자취를 감출 때까지 눈을 떼지 않고 지켜보았다. 톰은 모자를 벗고 머리를 긁었다. 그러고는 동굴 같은 버드나무 그늘로 돌아가 드러누워 잤다.

방수포 텐트 속에서 할머니는 매트리스에 누워 있었다. 어머니가 그 곁에 앉아 있었다. 공기는 후텁지근했다. 구석에서 파리 떼가 앵앵 날아다녔다. 할머니는 긴 분홍빛 커튼을 덮고 알몸으로 누워서 그 허연 머리를 흔들어대며 중얼거리기도 하고 마른기침을 토해내기도 했다. 어머니는 그 옆 땅바닥에 앉아서 판지 조각으로 파리를 쫓으며 할머니의 표정 없는 얼굴에 더운 바람을 일으켜 보냈다. '샤론의 장미'가 반대쪽에 앉아 어머니를 지켜보고 있었다.

할머니가 쩌렁쩌렁하게 외쳤다. "윌! 윌! 이리와요, 윌!" 그러면서 느닷없이 눈을 부릅뜨고 광기 어린 눈으로 주위를 둘러보았다. "영감한테 당장 이리 오라고 했다. 꼭 붙잡아 줄 테다. 머리칼을 다 뽑아놔야지." 노파는 눈을 감고 머리를 끄덕이며 탁한 목소리로 뭔가를 중얼거렸다. 어머니는 판지로 부채질을 계속했다.

'샤론의 장미'가 할머니 얼굴을 애처로운 눈으로 바라보며 조용히 말했다. "할머니 많이 편찮으신가 봐."

어머니가 눈을 들어 딸을 쳐다보았다. 어머니의 눈에는 인내심이 깃들어 있었지만, 이마에는 지친 주름살이 몇 겹이나 새겨져 있었다. 어머니는 계속 부채질을 하며 판지 조각으로 파리를 쫓았다. "젊어서는 말이다, 로자샨, 모든 일이 다른 것과 동떨어져 일어난단다. 그건 정말 외로운 일이지. 나도 안다. 그런 기억이 있어, 로자샨." 어머니는 딸의 이름을 사랑스럽게 불렀다. "너는 곧 아기를 낳게 된다, 로자샨. 하지만 그건 너에게는 외롭고 아주 동떨어진 일이야. 그것 때문에 아픈 경험을 하게 될 거고, 그 아픔도 외로운 아픔이 될 거야. 이 텐트도 이 세상에 외롭게 서있을 뿐이란다, 로자샨." 어머니는 앵앵 날아다니는 파리를 쫓아내려고 부채를 크게 한 번 휘둘렀다. 그 반짝이는 커다란 파리는 텐트 안을 두 바퀴 돌더니 바깥의 눈부신 햇빛 속으로 앵앵대며 날아갔다. 어머니가 말을 이었다. "하지만 그런 것이 뒤바뀌는 시기가 온단다. 그 시기가 오면 죽음도 수많은 죽음 중의 하나에 지나지 않고, 출산도 수많은 출산 중 하나에 지나지 않게 돼. 출생과 죽음은 동전의 양면처럼 되어버리지. 그 뒤부터는 모든 게 조금도 외롭지 않게 돼. 고통도 그렇게 고통스럽지 않게 되고. 그건 이제 외로운 고통이 아니기 때문이란다, 로자샨. 네가 알아듣도록 얘기해 주었으면 좋겠다만 잘 되지 않는구나." 어머니의 벅찰 만치 부드럽고 애정에 넘치는 그 목소리에 '샤론의 장미'는 눈물이 왈칵 솟구쳐 앞이 보이지 않았다.

"이걸로 할머니를 부쳐드려라." 어머니는 판지를 딸에게 넘겨주었다. "그건 좋은 일이란다. 네가 알아듣게끔 얘기할 수 있으면 좋으련만."

할머니가 눈을 감은 채 미간을 찌푸리고 소리를 질러댔다. "월! 아이고 더러워라! 어째서 늘 깨끗하게 있질 못할까." 할머니가 쭈글쭈글한 작은 손을 위로 올려 뺨을 긁었다. 불개미 한 마리가 커튼 천 위로 기어올라, 노파의 목에 잡힌 쭈글쭈글한 주름 속으로 숨어들어가려 했다. 어머니가 얼른 손을 뻗쳐 그것을 집어낸 뒤 엄지손가락과 집게손가락으로 비벼 죽이고 손가락을 옷자락에 문질렀다.

'샤론의 장미'가 판지로 부채질을 하며 어머니를 보고 말했다. "할머니는 ……" 나머지 말은 목구멍에 걸리고 말았다.

"발 닦으라니까, 월. 이 더러운 돼지야!" 할머니가 외쳤다.

어머니가 말했다. "나도 모르겠다. 할머니를 무덥지 않은 곳으로 옮겼으면 좋겠는데 그럴 수 있을지. 넌 걱정 마, 로자샨. 숨을 들이쉬어야 할 때 들이쉬고, 내쉬어야 할 때 내쉬도록 하렴."

검은 누더기 드레스를 입은 덩치 큰 여자가 텐트 안을 들여다보았다. 눈이 흐리멍덩한 것이 초점이 뚜렷하지 않았다. 피부가 턱밑까지 늘어져 몇 겹으로 겹쳐 있었다. 입술도 탄력이 없었다. 윗입술이 커튼처럼 아랫입술을 덮었고, 아랫입술은 제 무게를 감당하지 못 하고 바깥쪽으로 말려 아랫잇몸이 드러나 보였다. 그녀가 말했다. "안녕하세요, 아주머니. 안녕하세요. 승리를 위해 기도하라."

어머니는 그쪽을 돌아다보고 말했다. "안녕하세요."

여자는 몸을 구부려 텐트 안에 들어오더니 할머니 쪽으로 얼굴을 가져갔다. "댁에 예수님 곁으로 가실 영혼이 있다고 들어서요. 오, 신께 영광 있으라!"

어머니의 표정이 굳어졌다. 눈이 날카롭게 빛났다. "지치신 것뿐이에요. 더위에 먼 길을 오시느라고 지치신 거라고요. 그냥 지치신 거예요. 잠깐 쉬면 곧 나으세요."

여자는 냄새를 맡는가 싶을 정도로 자기 얼굴을 할머니 얼굴에 바싹 갖다 댔다. 그러고 어머니를 돌아보더니 고개를 빨리 끄덕끄덕 했다. 입술을 달싹거리며 턱을 덜덜 떨며 말했다. "귀한 영혼이 예수님 곁으로 가려고 해요."

어머니가 외쳤다. "그렇지 않아요."

여자는 이번에는 천천히 고개를 끄덕였다. 그러고는 투실투실한 손을 할머니 이마에 얹었다. 어머니가 그 손을 잡아채려고 손을 뻗쳤다가 급히 자제했다. 여자가 말했다. "아니요, 틀림없어요, 자매님. 우리 천막에 거룩한 신도가 여섯 명 있어요. 그 사람들을 불러다가 같이 기도회를 열도록 하겠어요. 기도와 은총을 드리는 거예요. 모두 여호와의 증인이죠. 나까지 여섯 명. 가서 곧 데리고 나오죠."

어머니는 몸이 굳어졌다. "아뇨, 그만둬요. 그럴 것 없어요. 어머님은 지치셨어요. 기도회를 견딜 수 없을 거예요."

"신의 은총을 견딜 수 없다고요? 예수님의 감사한 말씀이 견딜 수 없다고요? 무슨 말을 하시는 거죠, 자매님?"

"여기서는 안 돼요. 어머님은 너무 지치셨어요."

여자가 꾸짖듯이 어머니를 흘겼다. "아주머니는 신자가 아닌가요?"

"우리도 성령을 받았죠. 하지만 어머님은 지치셨고 우린 밤새도록 차에 시달렸어요. 당신들에게 폐 끼치고 싶지 않아요."

"조금도 폐될 것 없어요. 폐가 된다고 하더라도 우리는 주님의 어린양 곁으로 날아가려는 영혼을 위해서라면 기꺼이 기도드리죠."

어머니가 무릎을 짚고 상반신만 일으킨 자세로 차갑게 말했다. "고맙지만 우린 이 텐트 안에서는 기도회를 열고 싶지 않아요."

여자는 오랫동안 어머니를 바라보았다. "좋아요. 우리는 기도 한 마디 없이 자매님을 보낼 수 없어요. 우리는 우리 텐트에서 기도회를 열겠어요. 그리고 아주머니의 완고한 마음도 용서해 드리죠."

어머니는 다시 자리에 앉아 할머니 쪽으로 얼굴을 돌렸다. 그 얼굴은 아직도 딱딱하게 굳어 있었다. "어머님은 지치셨어요. 그냥 지쳤을 뿐이라고요."

할머니는 머리를 앞뒤로 흔들며 숨결처럼 무어라고 계속 중얼거렸다.

여자는 뻣뻣한 태도로 텐트에서 나갔다. 어머니는 할머니의 얼굴을 계속 지켜보았다.

'샤론의 장미'가 판지로 부채질을 해서 뜨거운 공기를 보내며 말했다.

"엄마!"

"응?"

"왜 그 사람들이 기도 못 하게 하셨어요?"

"글쎄다, 여호와의 증인은 좋은 사람들이야. 울부짖고 방방 뛰고 하지. 왜 그랬는지 나도 모르겠다. 문득 그래야 할 것 같은 생각이 들었어. 영 견딜 수 없을 것 같았거든. 내 몸이 산산조각날 것 같더구나." 어머니는 말했다.

조금 떨어진 곳에서 기도회가 시작되는 소리가 들렸다. 믿음을 권유하는 단조로운 찬송가였다. 가사는 또렷하지 않고 곡조만 들렸다. 목소리가 높아졌다 낮아졌다 하면서 계속 고조되고, 그것에 응창하는 소리가 그 사이사이를 메웠다. 권유의 찬송가가 승전가와 같은 곡조로 변해가면서 목소리에 힘찬 울부짖음이 섞였다. 그것은 고조되었다가 탁 그쳤다. 응창에도 울부짖음이 섞였다. 권유하는 문구가 점차 명령처럼 짧고 날카로워졌다. 응창에 탄식조가 섞이기 시작했다. 박자가 빨라졌다. 이제까지는 남자와 여자가 한 목소리를 내었으나 갑자기 화답하는 목소리 속에서 한 여자의 목소리가 짐승의 울부짖음처럼 무섭고 사나운 울부짖음이 되어 길게 이어졌다. 그러자 좀 더 굵은 여자의 목소리가 그와 나란히 높아졌다. 우짖는 듯한 목소리였다. 한 남자의 목소리가 늑대의 울부짖음처럼 음계를 밟고 올라갔다. 권유는 끝났다. 다시 사나운 울부짖음만이 땅을 쿵쿵 구르는 소리와 함께 그 텐트에서 흘러나왔다. 어머니가 몸을 부르르 떨었다. '샤론의 장미'는 숨을 가쁘게 헐떡였다. 울부짖음의 합창은 허파가 찢어지는 건 아닌가 싶을 정도로 끝도 없이 계속 되었다.

어머니가 말했다. "왠지 불안하구나. 무언가 이상한 기분이 든다."

이제 그 높은 목소리는 하이에나가 울부짖는 비명처럼 신경질적으로 바뀌었다. 발 구르는 소리도 더욱 요란해졌다. 목소리들이 째지고 갈라지고 하다가 이윽고 합창 전체가 흐느낌과 으르렁대는 듯한 저음으로 바뀌었다. 손뼉 치는 소리와 땅 구르는 소리가 났다. 흐느끼는 소리는 밥그릇에 몰려든 강아지들처럼 낑낑대는 작은 울음소리로 변했다.

'샤론의 장미'는 신경이 곤두서서 숨죽여 울었다. 할머니는 커튼을 차 내버렸다. 다리가 옹이투성이의 잿빛 막대기처럼 삐죽 튀어나왔다. 할머니는 멀리서 들려오는 울음소리에 맞춰 흐느껴 울었다. 어머니가 커튼을 다시 덮어주었다. 한참 뒤 할머니는 한숨을 내쉬었다. 한결 숨결이 가라앉아 평온해지고 감긴 눈꺼풀도 경련을 멈추었다. 할머니는 입을 반쯤 벌리고 코를 골며 깊은 잠에 빠졌다. 멀리서 들려오던 울음소리가 차츰 낮아지더니 마침내 들리지 않게 되었다.

'샤론의 장미'가 눈물로 얼룩진 눈으로 어머니를 쳐다보며 말했다. "효과가 있었나보죠. 그 기도 소리가 할머니한테는 효과가 있었나 봐요. 이렇게 곤히 주무시는 걸 보니."

어머니는 부끄러워 고개를 떨어뜨렸다. "저렇게 좋은 사람들을 함부로 대하고 말았구나. 할머니는 잘 주무시는데."

"엄마가 정말 죄를 지은 건지 아닌지 전도사님한테 물어보면 어때요?"

"그래야겠다. 한데 그 분은 별난 분이야. 그 양반이 내 입을 통해 저 사람들을 여기 오지 못 하도록 한 것 같은 생각이 드는구나. 그 전도사님은 인간이 하는 일은 모두 옳다고 생각하는 모양이다." 어머니는 자기의 두 손을 쳐다보더니 다시 말했다. "애야, 우리도 좀 자야지. 오늘 밤에 떠날지도 모르니 지금 자둬야 해." 그녀는 매트리스 옆 땅바닥에 드러누웠다.

'샤론의 장미'가 물었다. "할머니에게 부채질해 드리는 건 어떡하고?"

"지금은 주무시니까 괜찮아. 너도 드러누워 쉬어라."

딸이 볼멘소리로 물었다. "코니 어디 있는지 몰라요? 아까부터 안 보이네요."

"조용히 해라! 조금 자자."

"엄마, 코니는 야학으로 공부해서 성공할 거래요."

"그 얘긴 벌써 들었다. 조금 자렴."

딸은 할머니가 누운 매트리스 끄트머리에 드러누웠다. "코니는 새로운 계획을 세웠어요. 그이는 늘 생각만 해요. 전기 공부를 해서 자기 가게를 차릴 거래요. 또 우리가 뭘 살 건 줄 아세요?"

"뭔데?"

"얼음. 얼음을 잔뜩 살 거예요. 아이스박스를 사서 거기에 가득 채우는 거야. 얼음만 있으면 하나도 썩지 않아요."

어머니가 쿡쿡 웃으며 말했다. "코니는 늘 궁리만 하는구나. 자, 어서 자야 한다."

'샤론의 장미'는 눈을 감았다. 어머니는 똑바로 누워 두 손을 머리 밑에 받치고, 할머니와 딸의 숨소리에 귀를 기울였다. 그러다가 한쪽 손을 빼내어, 이마에 앉은 파리를 쫓았다. 캠프장은 찌는 듯한 더위 속에서 고요했다. 뜨거운 풀잎이 바스락거리는 소리, 귀뚜라미 소리, 파리가 날아다니는 소리도 정적에 가까웠다. 어머니는 깊은 한숨을 지은 뒤 하품을 하고 눈을 감았다. 선잠 속에서 발자국 소리가 다가오는 것이 들렸다. 그러다 웬 사나이 목소리에 퍼뜩 잠이 깼다.

"누구야, 이 안에 있는 게?"

어머니가 벌떡 일어났다. 볕에 그을린 사나이가 몸을 구부리고 안을 들여다보고 있었다. 장화에 짙은 황갈색 바지, 견장이 달린 짙은 황갈색 셔츠 차림이었다. 어깨에서 대각선으로 내려오는 혁대에 권총집이 매달려 있고 왼쪽 가슴에 커다란 은색 별배지가 핀으로 고정되어 있었다. 헐렁한 군모가 뒤로 삐딱하게 올라앉아 있었다. 그가 손으로 텐트를 두드리자 팽팽한 방수포가 큰북처럼 둥둥 울렸다.

"안에 누구야?" 사나이가 다시 대답을 재촉했다.

어머니가 되물었다. "무슨 일로 그러시죠?"

"무슨 일이냐고? 여기 있는 게 누구냐고 묻잖아."

"여긴 우리 세 사람밖에 없는데요. 나하고 우리 딸하고, 할머니하고."

"남자들은 어디 갔나?"

"모두 몸 씻으러 갔어요. 밤새도록 차를 몰고 왔거든요."

"어디서 왔나?"

"오클라호마주 샐리소 근방에서요."

"아무튼 당신들은 여기 있어선 안 돼."

"오늘 저녁에 여길 떠나 사막을 건너려고요."

"음, 그렇게 하는 편이 좋을 거야. 내일 이 시간에도 여기서 어물거리면 그냥 처넣어버릴 테니까. 당신네 같은 사람은 단 한 명도 여기 못 붙어 있게 할 거라고."

어머니의 얼굴은 화가 나서 어두워졌다. 천천히 일어나 부엌세간을 넣은 궤짝으로 가서 프라이팬을 집어 들었다. "당신은 양철배지와 총을 찼군요. 우리 고향선 당신 같은 사람은 그렇게 큰소리치지 않죠." 그녀는 프라이팬을 들고 그에게 다가섰다. 사내가 권총집을 끌렀다. "자, 해봐요. 여자라고 얕잡아 보고 협박을 하다니. 지금 남정네가 없는 걸 다행인 줄 알아요. 있었더라면 당신은 뼈도 못 추렸을 테니까. 우리 고향에서는 당신 같은 사람은 말을 함부로 하지 못 하죠."

사나이는 두어 발짝 뒷걸음질 쳤다. "여긴 당신 고향이 아니라 캘리포니아야. 우린 당신네 같은 한심한 오키가 여기 정착하는 건 딱 질색이라고."

어머니가 멈칫 섰다. 어리둥절한 표정으로 조그맣게 되뇌었다. "오키? 오키?"

"그래, 오키! 내일 다시 왔을 때도 여기서 어물거리면 한 명도 남김없이 죄다 처넣을 줄 알아." 그는 돌아서서 다음 텐트로 가더니 손으로 텐트를 두드렸다. "누구야! 이 안에 있는 건?"

어머니는 천천히 텐트 안으로 들어왔다. 프라이팬을 궤짝에 도로 넣고 천천히 주저앉았다.

'샤론의 장미'는 말없이 어머니를 지켜보았다. 어머니가 울음을 참느라고 애쓰는 것을 보고 그녀는 눈을 감고 잠든 체했다.

오후가 되자 해는 낮게 가라앉았으나 더위는 꺾일 기색조차 없었다. 톰은 버드나무 아래에서 눈을 떴다. 입은 바싹 마르고 몸뚱이는 땀에 젖고 머리는 수면부족으로 멍했다. 그는 비틀비틀 일어나 물가로 걸어갔다. 옷을 훌렁 벗고 물속으로 첨벙대며 들어갔다. 물이 몸뚱이를 에워싸는 순간 갈증이 말끔히 사라졌다. 얕은 곳에 드러누우니 몸이 둥실 떴다. 팔꿈치를 모래에 묻어 몸을 받치고, 수면으로 들락날락하는 발가락을 바라보았다.

바싹 마르고 창백한 소년이 갈대 사이를 동물처럼 기어와서 훌훌 옷을 벗었다. 그러고는 사향쥐처럼 탐방 물에 뛰어들더니 물 위로 눈과 코만 내민 채 헤엄쳤다. 그러다가 문득 톰의 머리를 발견하고, 톰이 자기를 지켜보고 있는 것을 알았다. 그는 물장난을 멈추고 일어났다.

톰이 말했다. "여!"

"야!"

"사향쥐 흉내 내는구나?"

"응, 그래요." 그는 물에 몸을 담근 채 물가 쪽으로 슬금슬금 움직여 갔다. 그러더니 갑자기 팔짝 뛰어올라 옷을 가슴에 끌어안고 버드나무 사이로 사라져 버렸다.

톰은 소리 없이 웃었다. 그때 누가 자기 이름을 크게 부르는 소리가 들렸다. "톰 오빠, 어딨어, 오빠!" 그는 물속에서 일어나 앉아 이 사이로 휘파람을 불었다. 꼬리가 살짝 치켜지는 날카로운 휘파람이었다. 버드나무가 바스락거리더니 루디가 나타나 그를 바라보았다.

"엄마가 불러. 얼른 오래."

"그래." 그는 일어나 물을 헤치며 기슭으로 성큼성큼 걸어갔다. 루디가 호기심과 놀라움에 가득한 눈으로 그의 알몸을 바라보았다.

톰이 루디의 시선을 의식하고 말했다. "루디! 뛰어가, 어서!" 루디가 냅다 달렸다. 뛰어가면서 호들갑스럽게 윈필드를 부르는 소리가 들렸다. 그는 차갑게 젖은 뜨거운 옷을 걸치고 텐트를 향해 버드나무 샛길을 천천히 올라갔다.

어머니는 마른 버드나무 가지로 불을 피우고 있었다. 냄비에서는 벌써 물이 끓고 있었다. 그녀는 톰을 보자 안심하는 얼굴이 되었다.

"왜 불렀어요, 어머니?" 톰이 물었다.

"걱정이 돼서 그랬어. 방금 경찰이 왔다 갔다. 여기 있어서는 안 된대. 그놈이 너한테도 말했을까봐 걱정이 되더구나. 그놈이 하는 말을 듣고 네가 놈을 칠까봐 말이야."

"내가 무엇 때문에 경찰을 쳐요?"

어머니는 미소 지었다. "글쎄다, 그놈이 아주 고약한 말을 하더구나. 나도 한대 후려치고 싶을 정도였어."

톰이 어머니의 팔을 잡고 한 번 세게 흔들고는 큰 소리로 웃었다. 그는 계속 웃으며 땅바닥에 앉았다. "놀랐는데요, 어머니. 내가 알던 어머니는 부드러운 분이셨는데 왜 달라지셨을까?"

어머니는 진지해 보였다. "나도 모르겠다, 톰."

"요전에는 잭 손잡이로 식구를 혼찌검 내더니, 이번엔 경찰을 치려고 하다니." 톰은 나지막하게 웃으며 손을 뻗쳐 어머니의 맨발을 톡톡 건드렸다. "무서운 할머니야."

"톰."

"네?"

어머니는 한참 망설였다. "톰, 그 경찰이 말이다, 우릴 오키라고 부르더구나. '당신네 같은 한심한 오키가 여기 정착하는 건 딱 질색이야' 하고 말이다."

톰은 여전히 손을 어머니의 맨발에 얹은 채 그녀의 얼굴을 바라보았다. "그 얘길 해준 사람이 있었어요. 여기 사람들이 그 말을 무슨 뜻으로 쓰는지 얘기해 주었죠." 그는 잠시 생각에 잠겼다. "어머닌 날 나쁜 놈이라고 생각해요? 내가 감옥에 갇혀야 할 만큼?"

"아니. 넌 이미 재판을 받았어. 암, 아니고말고. 왜 그런 걸 묻니?"

"글쎄요, 나라면 그 경찰 놈을 가만 두지 않았을 테니까."

어머니는 재미있다는 듯이 빙그레 웃었다. "오히려 내가 너한테 그런 말을 물어볼 걸 그랬구나. 정말로 그 경찰을 프라이팬으로 칠 뻔했거든."

"그런데 왜 우리더러 여기서 떠나라고 그러던가요?"

"그냥 '한심한 오키가 여기 정착하는 건 딱 질색'이라고 하더라. 내일도 여기 있으면 처넣어 버리겠대."

"하지만 우리는 여태까지 경찰에게 당한 적은 없었잖아요."

"나도 그렇게 말해 주었지. 그랬더니 이젠 고향에 있는 게 아니고 캘리포니아에 있는 거래. 그러니까 자기네가 하고 싶은 대로 한다는 거야."

톰이 불안한 듯이 말을 꺼냈다. "어머니, 할 얘기가 있어요. 저…… 형이요…… 강을 따라 내려가 버렸어요. 이젠 더 갈 수 없다면서."

어머니가 그 말을 이해하는 데 한참이 걸렸다. "왜?" 그녀가 나지막하게 물었다.

"모르겠어요. 그래야 한대요. 남아야 한다나요. 어머니에게 그렇게 말해 달랬어요."

"어떻게 살아가려고?" 어머니가 재촉하듯 물었다.

"모르죠. 물고기를 잡는다고는 했지만."

어머니는 오래도록 잠자코 있었다. "식구가 뿔뿔이 헤어지는구나. 모를 일이야. 나는 이제 뭘 어떻게 생각해야 할지 모르겠다. 아무 생각이 안 나. 생각할 일이 너무 많아."

톰이 서투르게 말했다. "형은 괜찮을 거예요. 형은 좀 색다른 사람이니까."

어머니는 멍한 눈을 강 쪽으로 돌렸다. "나는 아무 생각도 할 수가 없구나."

톰은 늘어선 텐트를 바라보았다. 루디와 윈필드가 한 텐트 앞에 서서, 안에 있는 누군가와 제법 얌전하게 이야기하고 있었다. 루디는 손으로 치마를 만지작거리고 있었고, 윈필드는 엄지발가락으로 땅을 후비고 있었다. 톰이 불렀다. "루디!" 루디가 눈을 들어 톰을 보더니 윈필드를 데리고 종종걸음으로 다가왔다. 그녀가 가까이 오자 톰이 말했다. "어른들을 불러와. 저기 밑 버드나무 있는 데서 주무시고 계시니까. 윈필드는 윌슨 씨에게 가서, 지금 곧 떠날 거라고 해." 아이들은 몸을 돌려 내달렸다.

톰이 말했다. "어머니, 할머닌 좀 어떠세요?"

"으응, 오늘은 잘 주무셔. 조금 좋아지셨나 봐. 여태 주무신다."

"다행이네요. 돼지고긴 얼마나 남았나요?"

"많지는 않다. 4분의 1마리 정도야."

"그럼 그거랑 다른 통에 물을 담아야겠군. 물을 갖고 가지 않으면 곤란하니까." 버드나무 숲 쪽에서 사나이들을 부르는 루디의 새된 목소리가 들려왔다.

어머니가 버드나무 가지를 불 속에 넣었다. 새카만 냄비주위로 불길이 탁탁 솟아올랐다. 어머니가 말했다. "하느님, 부디 우리를 조금이나마 편히 쉬게 해주소서. 예수님, 부디 우리를 편한 곳에 눕히소서."

해는 벌거숭이산 서쪽 너머로 졌다. 불 위에 걸린 냄비가 기세 좋게 끓어올랐다. 어머니가 방수포 밑으로 들어가더니 앞치마 한가득 감자를 안고 나와서 펄펄 끓는 물에 넣었다. "하느님, 옷을 빨아 입을 수 있게 해주소서. 이렇게 더러운 몰골로 있는 건 처음이다. 감자를 씻지도 않고 삶는 것도 처음이고. 왜 이렇게 되었을까? 다들 얼간이가 된 것만 같아."

사나이들이 버드나무 사이에서 줄줄이 올라왔다. 모두 눈에는 졸음이 가득하고 얼굴은 낮잠을 자서 불그레하니 부석부석했다.

아버지가 말했다. "무슨 일이야?"

톰이 말했다. "곧 떠나야겠어요. 경찰이 와서 떠나라고 했대요. 이왕 이렇게 된 거 사막을 건너려고요. 일찌감치 떠나면 빠져나갈 수 있을 테니까. 앞으로 300마일쯤 가야 돼요."

아버지가 말했다. "오늘 밤은 좀 쉬나 했더니."

"그러지 못 하겠어요. 떠나야 해요, 아버지. 형은 안 간대요. 강 아래로 가 버렸어요."

"안 간다고? 아니 그게 무슨 소리냐?" 아버지는 갑자기 자기를 책망했다. "다 내 탓이다." 그는 애절한 목소리로 말했다. "그놈이 그러는 건 다 나 때문이야."

"아니에요."

"그 이야긴 그만하자. 더 할 수가 없어. 내 탓이다."

"아무튼 떠나야 해요." 톰이 말했다.

윌슨이 작별 인사를 하려고 다가왔다. "우리는 갈 수가 없소. 세리가 아주 녹초가 돼버려서요. 좀 쉬게 해야겠어요. 이대로 사막을 건너다간 죽어버릴 겁니다."

사람들은 그 말에 아무런 대꾸가 없었다. 이윽고 톰이 말했다. "내일도 여기서 꾸물거리면 집어 처넣는다고 경찰이 그랬대요."

윌슨은 고개를 설레설레 흔들었다. 눈은 침울하니 수심에 가득하고, 칙칙한 피부에는 핏기가 없었다. "그렇다면 당할 수밖에요. 세리는 못 가요. 우리를 처넣겠다면 처넣으라고 할 수밖에. 세리는 쉬어서 기운을 되찾아야 해요."

아버지가 말했다. "우리도 기다렸다 같이 가는 게 어떨까?"

윌슨이 말했다. "아녜요. 여러분은 우리에게 정말 친절히 대해주셨어요. 정말 잘해주셨소. 그렇지만 여러분은 여기 남아서는 안 돼요. 어서 가서 일자리를 찾아야 해요. 여러분을 붙잡아둘 순 없어요."

아버지가 흥분해서 말했다. "하지만 당신은 아무것도 가진 게 없잖소?"

윌슨이 미소 지었다. "여러분들이 우리를 건져주었을 때도 우리는 아무것도 가진 것이 없었소. 그건 여러분이 걱정하실 일이 아닙니다. 나를 화나게 하지 마시오. 여러분이 가지 않으면 나는 엄청나게 화를 낼 거요."

어머니가 방수포 뒤로 아버지를 끌어내어 무엇인가 속삭였다.

윌슨이 케이시에게 말했다. "세리가 전도사님을 좀 만나고 싶대요."

"좋습니다." 전도사가 말했다. 그는 윌슨의 작은 잿빛 텐트로 걸어가 포장을 들치고 안으로 들어갔다. 안은 어두컴컴하고 더웠다. 매트리스가 바닥에 깔려 있고, 아침에 내려놓은 도구가 그대로 여기저기 흩어져 있었다. 세리가 퀭한 눈을 빛내며 매트리스 위에 누워 있었다. 그는 선 채로 그녀를 내려다보았다. 커다란 머리통을 숙이느라 목덜미 근육이 양쪽으로 툭 불거져 나왔다. 그는 모자를 벗어 손에 들었다.

세리가 말했다. "그이가 우리는 갈 수 없다고 하던가요?"

"그런 말을 하시더군요."

그녀의 낮고 고운 목소리가 이어졌다. "저도 같이 가고 싶었어요. 전 살아서 건너긴 글렀지만 어쨌든 그이는 사막을 건너야 하잖아요. 그런데 안 간다는 거예요. 그이는 몰라요. 내가 곧 나을 거라고 생각해요. 아무것도 모르면서."

"그분은 가지 않겠다고 그러시더군요."

"그럴 테죠. 그이는 고집덩어리니까요. 전 전도사님께 기도를 부탁드리려고 좀 오시라고 한 거예요."

그가 조용히 말했다. "전 전도사가 아닙니다. 내 기도로는 소용이 없어요."

그녀는 입술을 축였다. "할아버지가 돌아가셨을 때 저도 그 자리에 있었죠. 그때 기도해 주셨잖아요."

"그건 기도가 아니었습니다."

"아뇨, 기도였어요."

"그건 전도사의 기도가 아니었어요."

"정말 좋은 기도였어요. 저를 위해서도 그런 기도를 해 주세요."

"무슨 말을 해야 할지도 모르겠는데요."

그녀는 눈을 잠시 감았다가 다시 떴다. "그러시거든 속으로 기도하세요. 아무 말도 입 밖에 내지 말고. 그러면 돼요."

"저에게는 하느님이 없습니다."

"천만에요. 당신에게는 하느님이 계세요. 어떤 얼굴을 하고 계신지 당신은 모르더라도, 그것이 하느님이신 데는 변함이 없어요." 전도사는 고개를 수그렸다. 그녀는 염려스러운 듯이 그를 지켜보았다. 이윽고 그가 다시 머리를 들자 그녀는 마음이 놓이는 것처럼 보였다. "이제 됐어요. 그것을 바랐던 거예요. 누가 아주 가까운 분이 기도해 주시기를."

그는 자기 자신을 일깨우려는 듯이 머리를 흔들었다. "이런 일은 도무지 이해할 수 없군요."

"아뇨, 알고 계세요, 그러시죠?"

"알지요. 알기는 합니다만 이해할 수가 없습니다. 부인도 며칠 쉬시고 나면 따라오실 수 있을 테지요."

그녀는 머리를 천천히 저었다. "저는 온몸이 아프지 않은 데가 없어요. 아픔 위에 살가죽을 덧씌워놓은 것만 같아요. 어디가 아픈지 저는 알아요. 그렇지만 그이에겐 얘기하고 싶지 않아요. 진심으로 슬퍼할 테니까요. 알든 모르든 그 사람이 어찌할 수 있는 것도 아니고요. 그렇죠, 밤에 그이가 잠든 동안에, 그리고 눈을 뜰 때면 그리 마음 아파하지 않을 것도 같지만."

"저도 가지 않고 두 분과 여기 머물기를 바라시나요?"

"아뇨. 그럴 수 없죠. 소녀시절에 저는 곧잘 노래를 불렀어요. 이웃 사람들은 저더러 제니 린드(1820~1887. 스웨덴 출신 소프라노 가수)만큼 잘 부른다고들 그랬지요. 제가 노래를 부르면 이웃사람들이 언제나 들으러 왔어요. 그 사람들이 서 있고 내가 노래를 부르면 이상하리만치 나는 그들과 하나가 되었어요. 감사함으로 가슴이 벅차올랐죠. 그렇게 많은 사람에게 둘러싸여 노래를 부르고, 그 많은 사람이 만족감과 친밀감을 나누다니. 언젠가는 무대에서 노래할 날이 올지 모른다는 생각도 했어요. 하지만 끝내 그런 적은 없었죠. 난 그걸로 만족해요. 극장에선 나와 이웃들 사이에 있었던 그런 게 없잖겠어요? 그래서 나는 당신이 기도해 주시기를 바란 거예요. 그런 친밀함을 다시 느끼고 싶었거든요. 노래 부르는 것과 기도드리는 것은 같은 거니까. 당신에게 내 노래를 들려드릴 수 있으면 좋을걸."

그는 그녀의 눈을 가만히 들여다보았다. "안녕히 계십시오."

그녀는 머리를 앞뒤로 천천히 흔들고 입을 꼭 다물었다. 전도사는 컴컴한 텐트에서 눈부신 햇살 속으로 나왔다.

사나이들은 트럭에 짐을 싣고 있었다. 존 아저씨가 꼭대기에 올라가 있고 다른 사람들은 그에게 짐을 올려주었다. 그는 신중하게 표면이 편평하게 되도록 차곡차곡 쌓았다. 어머니가 통에 4분의 1쯤 남은 절인 돼지고기를 냄비에 옮겼다. 톰과 앨이 통 두 개를 강으로 들고 가서 씻었다. 그것을 차 발판에 묶어 매고 양동이로 물을 길어다가 채웠다. 그런 다음 뚜껑 대신 두꺼운 천을 덮어 물이 넘치지 않도록 했다. 이제 텐트와 할머니의 매트리스만 실으면 끝이었다.

톰이 말했다. "이렇게 짐을 잔뜩 실으면 이 고물 트럭은 엔진이 타버릴 거야. 물을 많이 갖고 가야 해."

어머니가 삶은 감자를 모두에게 나누어주고, 절반으로 줄어든 가방을 텐트에서 가져와 돼지고기 냄비 옆에 놓았다. 식구들은 발을 꼼지락거리고, 뜨거운 감자를 이손에서 저손으로 굴려 식혀가며 선 채로 먹었다.

어머니는 윌슨 씨네 텐트에 가서 10분쯤 있다가 조용히 나와서 말했다. "떠날 시간이 다 됐네."

사나이들이 방수포 밑으로 들어갔다. 할머니는 입을 커다랗게 벌리고 아직 자고 있었다. 그들은 할머니를 매트리스째로 들어서 트럭 위에 올려놓았다. 할머니는 앙상한 다리를 오그리고 얼굴을 찡그렸지만 눈을 뜨지는 않았다.

존 아저씨와 아버지가 방수포를 맨 위 가로대에 묶어 짐 위에 아담한 텐트를 세웠다. 방수포 자락을 맨 아래 가로대에 묶자 준비가 끝났다. 아버지는 지갑을 꺼내어, 그 속에서 꼬깃꼬깃한 지폐 두 장을 꺼냈다. 그리고 윌슨 씨에게 가서 그것을 내밀었다. "이걸 받아요. 그리고……." 그는 돼지고기와 감자를 가리켰다. "그리고 저것도."

윌슨은 고개를 떨어뜨리고 세차게 머리를 내저었다. "받을 수 없어요. 여러분들도 풍족하지 않은 판에."

"거기까지 갈 만큼은 있소. 다 남기고 가는 것도 아닌데 뭘. 그리고 우리는 금방 일자리를 찾을 거니까."

"나는 받지 않겠습니다. 억지로 주겠다면 화를 낼 거요."

어머니가 아버지 손에서 지폐 두 장을 빼앗아 곱게 접어 땅바닥에 놓고는 그 위에 돼지고기 냄비를 올려놓았다. "여기 두겠어요. 당신이 안 가져가면 다른 사람이 가져가겠죠." 윌슨은 고개를 수그린 채 몸을 돌려 자기 텐트로 걸어가더니 안으로 들어갔다. 입구 포장이 그 등 뒤로 떨어졌다.

가족들은 잠시 기다렸다. 이윽고 톰이 말했다. "그만 떠나야겠는데. 벌써

4시가 다 돼 가는걸."

식구들이 트럭에 올라탔다. 어머니는 짐 위 할머니 곁에 앉았다. 톰과 앨과 아버지는 운전석에 앉고, 윈필드는 아버지 무릎에 앉았다. 코니와 '샤론의 장미'는 운전석을 등지고 두 사람만의 둥우리를 만들었다. 전도사와 존 아저씨와 루디는 짐 위에 한 덩어리가 되어 앉았다.

아버지가 큰 소리로 외쳤다. "갑니다, 윌슨 씨, 윌슨 아주머니!" 텐트에서는 아무 대꾸도 없었다. 톰은 시동을 걸었다. 트럭이 기우뚱 움직였다. 트럭이 니들즈와 고속도로를 향해 울퉁불퉁한 길을 기어 올라갔을 때 어머니가 뒤를 돌아보았다. 윌슨이 텐트 앞에 우두커니 서서 이쪽을 바라보고 있었다. 손에는 모자가 들려 있었다. 햇빛이 그의 얼굴에 정면으로 떨어졌다. 어머니가 그를 향해 손을 흔들었으나 그는 응답하지 않았다.

톰은 울퉁불퉁한 길을 가는 동안 스프링이 상하지 않도록 2단 기어를 유지하며 달렸다. 니들즈에 도착하자 주유소에 차를 몰아넣고, 낡은 타이어의 공기와 뒤에 매단 예비 타이어를 점검했다. 기름 탱크를 가득 채우고, 5갤런들이 휘발유통 두 개와 2갤런들이 기름통 한 개를 샀다. 라디에이터에 물을 넣고, 지도를 빌려 자세히 살폈다.

흰 작업복을 입은 주유소 종업원은 요금을 제대로 받기 전까지는 불안한 모양이었다. 그가 말했다. "여러분들은 정말 배짱이 대단하십니다."

톰이 지도에서 눈을 뗐다. "무슨 뜻이지?"

"이런 고물차로 횡단한다니 하는 말이지요."

"당신은 횡단한 적 있나요?"

"그야, 몇 번이나 있었죠. 하지만 이런 고물차는 아니었어요."

"고장 나면 누가 도와주겠죠 뭐."

"그렇긴 하겠지만 밤에는 모두 차세우기를 무서워하거든요. 나라도 안 서겠어요. 제 배짱 가지곤 도저히 안 돼요."

톰은 빙그레 웃었다. "달리 어쩔 도리가 없는데 배짱이고 뭐고가 어딨어요. 자, 고마워요. 어디 신나게 가볼까." 톰은 트럭에 올라타 차를 몰고 사라졌다.

흰 작업복을 입은 종업원은 조수가 땀을 뻘뻘 흘리며 전표를 계산하고 있는 양철 건물로 들어갔다. "그놈 굉장히 무섭게 생겼던데!"

"오키 말이야? 그 사람들은 하나같이 무섭게 생겼다더라."

"나라면 저런 고물차로는 갈 엄두도 못 내겠다."

"나나 너는 분별이 있으니까. 저 오키들은 머리도 없고 감정도 없어. 인간이 아니라니까. 인간이 어떻게 저런 꼴로 살 수 있어? 인간이라면 저렇게 더럽고 비참한 생활은 도저히 견디지 못 해요. 저놈들은 고릴라나 마찬가지야."

"내가 저런 허드슨 슈퍼 식슨가 뭔가 하는 것으로 사막을 건너지 않아도 되는 게 천만 다행이야. 탈곡기 같은 소리가 나더라니까."

한쪽 사나이가 전표철로 눈을 떨어뜨렸다. 커다란 땀방울이 손가락을 타고 분홍색 전표 위로 떨어졌다. "그치들은 아무 걱정도 않는다네요. 하도 둔감해서 뭐가 위험한지도 모르거든. 게다가 자기들이 가진 것보다 더 좋은 게 있는 줄은 생각도 못 한다니까. 뭐 걱정되는 거라도 있나?"

"누가 걱정한댔나. 내가 저 사람들이라면 저렇게는 안 한다 그 말이지."

"그게 바로 너한테 분별력이 있다는 증거야. 저치들의 분별력은 저게 고작이지만." 그는 분홍색 전표에 떨어진 땀방울을 옷소매로 닦았다.

트럭은 도로로 나가, 자잘하게 부서진 바위 사이를 통과하는 언덕을 기어올라갔다. 곧 엔진이 달아올랐으므로 톰은 아주 천천히 차를 몰았다. 긴 비탈길을 구불구불 올라갔다. 흰색과 회색으로 탄, 생명의 기운조차 느껴지지 않는 죽음의 지대였다. 톰은 아주 잠깐 차를 세우고 엔진을 식혔다가 곧 다시 달렸다. 아직 해가 지기 전에 고개에 닿아 사막을 내려다보았다. 타다 만 찌꺼기 같은 검은 산들이 저 멀리 이어져 있었다. 잿빛 사막에 노란 태양이 반사되었다. 말라비틀어진 세이지와 명아주 덤불이 모래와 바위조각 위에 또렷한 그림자를 던졌다. 이글거리는 태양은 정면에 있었다. 눈 위에 손차양을 만들고서야 간신히 앞이 보였다. 정상을 지나자 엔진을 식히기 위해 시동을 끈 채 내리막길을 달렸다. 사막 바닥까지 긴 내리막을 굴러 내려간 뒤 팬을 돌려 라디에이터의 물을 식혔다. 운전석에서 톰과 앨과 아버지, 그리고 아버지 무릎에 앉은 윈필드가 눈부신 석양을 넋 놓고 바라보았다. 눈은 돌덩이 같이 무표정하고 볕에 그은 얼굴은 땀에 흠뻑 젖어 있었다. 타들어간 대지와 타다 만 듯한 검은 구릉들이 먼 곳에 있는 평탄한 정경을 깨뜨리며, 점점 붉어가는 낙조 속에서 무시무시한 풍경으로 바뀌어갔다.

앨이 말했다. "야, 굉장한 곳인데? 걸어서 횡단하면 어떻게 될까?"

톰이 말했다. "그런 사람도 있어. 많은 사람이 그렇게 했지. 그 사람들이 했으니까 우리도 할 수 있을 거야."

"숱한 사람이 죽었겠군."

"우리도 아무 탈 없이 온 건 아니지."

앨은 한동안 잠자코 있었다. 붉게 물든 사막이 뒤로 휙휙 지나갔다. "다시 윌슨 씨네를 만날 수 있을까?" 앨이 물었다.

톰은 유압계로 시선을 흘끗 떨어뜨렸다. "윌슨 부인을 다시는 만날 수 없을 것 같은 기분이 든단 말야. 그냥 기분이지만."

윈필드가 말했다. "아빠, 나 내리고 싶어."

톰은 윈필드를 보며 말했다. "본격적으로 달리기 전에 한 번씩 내렸다 가는 게 좋겠는걸." 그는 속력을 떨어뜨려 차를 세웠다. 윈필드가 차에서 기어 내려 길바닥에 오줌을 누었다. 톰이 고개를 쑥 내밀었다. "다른 사람은?"

"우리는 참겠네." 존 아저씨가 대답했다.

아버지가 말했다. "윈필드, 너 위로 올라가거라. 내 무릎에 앉아 있으니 다리가 저려 죽겠다." 소년은 멜빵바지 앞단추를 채우고 순순히 뒤쪽 널빤지를 기어올랐다. 할머니가 누운 매트리스를 넘어, 앞쪽에 누운 루디 곁으로 엉금엉금 기어갔다.

트럭은 황혼 속으로 달려갔다. 태양이 황량한 지평선에 걸려 사막을 붉게 물들였다.

루디가 말했다. "앞에 앉지 말래?"

"내가 싫어서 온 거야. 여기처럼 편하지 않거든. 누울 수가 없는걸."

"그럼 시끄럽게 지껄여서 귀찮게 하지 마, 난 잘 테니까. 자고 일어나면 벌써 거기 가 있을 거래! 톰 오빠가 그랬어! 아름다운 마을을 보는 건 정말 신기한 기분이겠지?"

태양이 지면서 하늘에 거대한 잔광을 남겼다. 방수포 밑은 몹시 어두워졌다. 양쪽 끝에 납작한 세모꼴 빛이 드는 길쭉한 동굴 같았다.

코니와 '샤론의 장미'는 운전석 등에 기대어 앉아 있었다. 텐트 위를 구르듯이 불어오는 뜨거운 바람이 그들의 뒤통수를 쳤다. 방수포가 머리 위에서 펄럭거렸다. 그들은 아무에게도 들리지 않도록 펄럭거리는 방수포 소리에 맞추어 낮은 목소리로 이야기를 주고받았다. 말할 때는 얼굴을 바짝 갖다 대고 귓속말을 했다. '샤론의 장미'가 말했다. "이동하는 것 말고는 아무것도 안 하는 것 같네. 난 아주 지쳐 버렸어."

코니가 얼굴을 그녀 귀에 바싹 대고 말했다. "새벽에 어때? 지금 혼자 있고 싶어?" 어둠 속에서 그가 손을 뻗쳐 그녀의 허리께를 쓰다듬었다.

그녀가 말했다. "이러지 말아요. 그러면 못참겠잖아요. 하지 마요." 그렇게 말하며 코니의 반응을 보려고 얼굴을 돌렸다.

"모두 잠들면 되겠지."

"아마도. 하지만 모두 잠이 들 때까지 기다려야 해요. 당신이 그러면 난 참을 수 없어져. 그리고 모두 잠들지 않을지도 모르잖아."

"난 그만둘 수 없을 것 같은데."

"알아. 나도 그런걸. 우리 저쪽에 도착했을 때 얘기나 해요. 그리고 내가 흥분해지기 전에 좀 떨어져 앉고."

그는 약간 뒤로 물러났다. "나는 도착하는 대로 곧 밤공부를 시작할 거야." 그가 말했다. 그녀는 깊은 한숨을 쉬었다. "도착하자마자 신청용지가 실린 책을 사서 당장 뜯어 보낼 거야."

"얼마나 걸릴까?"

"뭐가 얼마나 걸려?"

"당신이 돈을 많이 벌어서 우리가 얼음을 사게 될 때까지 얼마나 걸리겠느냐고?"

"그건 알 수 없지." 그가 거들먹대며 말했다. "정확하게 말할 수 없어. 뭐 크리스마스까지는 꽤 공부가 되어 있겠지."

"당신이 공부를 마치면 곧 얼음이랑 그밖에 여러 가지를 살 수 있겠지?"

그가 빙글 웃었다. "지금은 더워서 그런 생각이 나는 거야. 크리스마스 때 무슨 얼음이 필요해?"

그녀도 킥킥 웃었다. "그러네. 하지만 난 언제나 얼음이 좋아. 아이 참, 그만해요. 기분이 이상해지잖아!"

황혼이 어둠으로 바뀌고 사막의 별들이 고요한 하늘에 나타나기 시작했다. 별들은 반짝임도 거의 없이 찌르듯 날카로웠고, 하늘은 벨벳 같았다. 열기도 달라졌다. 태양이 떠 있을 때는 후려치듯 내리쬐는 더위였으나 지금은 숨 막히는 열기가 밑으로부터, 대지 자체에서 후끈 올라왔다. 전조등을 켰다. 그 빛이 앞으로 뻗은 고속도로와 길 양쪽의 사막을 어렴풋이 비췄다. 이따금 저 멀리서 동물의 눈이 불빛 속에 번쩍거렸으나 모습은 보이지 않았다. 이제 방수포 밑은 캄캄했다. 존 아저씨와 전도사는 트럭 한복판에 웅크리고 앉아 팔꿈치를 세운 채 뒤쪽 세모난 공간을 통해 밖을 내다보았다. 두 사람의 눈에는 어머니와 할머니가 만드는 검은 그림자 두 덩어리가 어둠 이편에서 똑똑히 보였다. 어머니는 가끔 몸을 움직이고 그 검은 팔을 어둠 속에서 움직였다.

존 아저씨는 전도사와 이야기를 나누고 있었다. "케이시! 당신이라면 어떻게 하면 되는지 알 텐데."

"뭘 어떻게 합니까?"

"나도 모르겠소."

"그럼 나도 알 수 없죠!"

"하지만 당신은 전도사였지 않소?"

"이것 봐요, 존. 모두 내가 전도사였다고 해서 온갖 소리를 다 하는데, 전도사도 인간에 지나지 않아요."

"그야 그렇겠지. 하지만 전도사란 다른 종류의 인간일 거요. 그렇지 않고선 전도사가 될 수 없지. 내가 묻고 싶은 건…… 그 저, 누가 자기 가족에게 액운을 가져다주는 존재일 수도 있을까?"

"모르겠군요."

"저…… 알겠소. 나한텐 마누라가 있었지. 뭐 하나 빠질 것 없는 아주 괜찮은 여자였소. 그런데 어느 날 밤 마누라가 배를 앓기 시작하더니 이러잖겠어. '여보, 의사 좀 불러줘요.' 나는 이렇게 대꾸했어. '뭘, 당신은 과식했을 뿐이야.'" 존 아저씨는 케이시의 무릎에 손을 얹고 어둠 속에서 그를 들여다보았다. "마누라가 무서운 얼굴로 나를 보더란 말야. 그리고 밤새도록 앓더니, 이튿날 오후에 죽어버렸어." 전도사는 무슨 말인가를 입속으로 중얼거렸다. 존은 계속했다. "알겠소? 난 마누라를 죽였어. 그 뒤부터 줄곧 나는 그 죗값을 치르려고 해왔지. 주로 아이들에게 말이야. 어떻게든 좋은 사람이 되려고 애썼지만 안 되더군. 술을 마시고, 방탕한 생활을 했으니 말야."

"누구나 방탕한 생활을 합니다. 나도 그런걸요."

"그래요. 하지만 당신은 나처럼 마음에 죄를 품고 있지 않잖소."

케이시가 부드럽게 말했다. "나도 죄는 품고 있습니다. 누구든 죄는 있지요. 죄라는 건 자기가 어떻게 할 수 있는 게 아니에요. 무슨 일에나 자신이 있고, 아무 죄도 짓지 않은 인간이 있다면—글쎄요, 그런 개자식은, 내가 신이라면 궁둥이를 냅다 걷어차서 천국에서 쫓아내고 말겠어요. 난 그런 인간은 도저히 참지 못 해요."

"난 우리 집안에 액운을 가져다주지 않았나 하는 기분이 든다오. 내가 나가버려서 식구들을 편히 살게 해줘야겠다는 기분이 들어요. 이대로는 도무지 마음이 편치가 않아."

케이시가 얼른 말했다. "나는 이것만은 압니다. 인간은 제가 해야 할 일은 제가 해야 한다는 것이죠. 확실히 설명하기는 힘들지만, 세상에 행운이니 액운이니 하는 게 있다고는 생각지 않아요. 내가 확실하다고 생각하는 게 딱 하나 있는데, 그건 누구에게든 남의 생활에 참견할 권리가 없다는 것이오. 누구든 모든 일은 자기 스스로 해야 해요. 도와줄 수는 있지만 이래라 저래라 할 수는 없어요."

존 아저씨는 낙심한 듯이 말했다. "그러면 당신도 모른단 말이군요?"

"모릅니다."

"내 마누라를 그렇게 죽게 한 게 죄라고 생각하오?"

"글쎄요. 다른 사람이 봐서는 하나의 실수라고 하겠지만, 당신이 죄라고 생각한다면 그건 죄겠지요. 인간이란 죄를 스스로 만드는 법이니까."

"그건 나도 곰곰이 생각해 봐야겠군." 존 아저씨는 이렇게 말하고, 무릎을 굽힌 자세 그대로 윗몸만 뒤로 벌렁 드러누워 두 무릎을 세웠다.

트럭은 뜨거운 대지 위를 계속 달리고, 시간은 흘러갔다. 루디와 윈필드는 잠이 들었다. 코니는 짐에서 담요를 한 장 빼내다가 자기와 '샤론의 장미' 위에 덮었다. 그리고 후끈한 더위 속에서 서로 몸을 비벼대며 숨을 죽였다. 얼마가 지나자 코니가 담요를 젖혔다. 방수포 구멍으로 불어오는 더운 바람이 땀으로 범벅이 된 그들 몸에는 시원하게 느껴졌다.

트럭 뒤쪽 매트리스 위에서는 어머니가 할머니 옆에 누워 있었다. 어머니는 눈으로 보이지는 않으나, 할머니의 고군분투하는 육체와 마음을 똑똑히 느낄 수 있었다. 흐느끼는 듯한 숨소리가 줄곧 들려왔다. 어머니가 되풀이해서 말했다. "걱정 마세요. 곧 좋아질 거예요." 그러고 쉰 목소리로 말했다. "우리 모두 여기를 건너야 해요. 아시죠?"

존 아저씨가 말을 걸었다. "제수씨, 괜찮아요?"

조금 사이를 두고 그녀가 대답했다. "아무것도 아니에요. 내가 조금 졸았나 봐요." 조금 지나자 할머니는 조용해졌다. 어머니도 그 곁에 꼼짝 않고 누워 있었다.

밤은 깊어가고, 어둠이 트럭을 에워쌌다. 이따금 자동차들이 그들을 앞질러 서쪽으로 멀어져 갔다. 때로는 거대한 트럭이 서쪽에서 나타나 요란스럽게 동쪽으로 사라져 갔다. 별들이 완만한 폭포를 이루며 서쪽 지평선으로 흘러 떨어졌다. 그들이 검문소가 있는 다게트에 도착한 것은 자정이 다 되어서였다. 그곳 도로는 온통 투광 조명이 비추고 있었다. '오른쪽에 서시오'라는 전광판이 서 있었다. 사무실 안에서 빈둥거리던 관리들이 톰이 차를 갖다 대자 밖으로 나와서 처마가 달린 길쭉한 건물 앞에 섰다. 한 관리가 차량 번호를 기록하고 보닛을 들어올렸다.

톰이 물었다. "여긴 뭔가요?"

"농작물 검문소야. 짐을 검사해야겠어. 채소나 씨앗을 갖고 있나?"

"아뇨."

"아무튼 짐을 조사해야겠어, 짐을 내리라고."

그때 어머니가 트럭에서 힘겨운 듯 내려왔다. 얼굴은 부었고 눈은 사나웠다. "저 나리, 병든 노인이 계세요. 의사한테 모시고 가야 해서 꾸물거릴 시간이 없어요." 그녀는 폭발하지 않으려고 열심히 애쓰는 것 같았다. "가만히 기다리고 서 있을 수가 없단 말예요."

"그래요? 아무튼 일단 조사해야만 해요."

어머니가 외쳤다. "아무것도 없다니까요. 맹세하죠. 게다가 할머니가 편찮으시다고요."

"당신도 그다지 좋아보이진 않는데."

어머니가 트럭 뒤로 가서 엄청난 기세로 차에 기어올랐다. "자, 보세요."

관리가 늙고 쭈그러진 얼굴에 손전등을 비췄다. "정말이군. 맹세코 씨앗도 과일도 채소도 없고, 옥수수나 오렌지도 없소?"

"없어요. 맹세해요!"

"그럼 가시오. 바스토에 가면 의사가 있소. 8마일밖에 되지 않소. 자, 가시오."

톰이 차에 올라타 몰기 시작했다.

관리가 동료를 돌아보았다. "나로선 도저히 붙들어 둘 수가 없더군."

"속임수였는지도 몰라." 동료가 말했다.

"설마, 그럴 리는 없어! 자네도 그 늙은이 얼굴을 보면 알 걸세. 속임수는 아니었어."

톰은 바스토까지 속력을 내어 달렸다. 그리하여 그 조그만 도시에 이르자 차를 세우고 내려서 트럭 뒤쪽으로 돌아갔다. 어머니가 얼굴을 내밀었다. "괜찮다. 그런 데 서 있고 싶지 않아서 그랬다. 건너지 못하면 큰일일 것 같아서 말이야."

"그래요! 그런데 할머닌 어떠세요?"

"아무렇지도 않으시다. 괜찮으셔. 어서 가자. 빨리 건너야 할 게 아니냐." 톰은 고개를 설레설레 젓고 되돌아갔다.

톰이 말했다. "앨, 차에 휘발유를 가득 채울 건데, 그 다음부턴 네가 운전해." 그는 밤새 영업하는 주유소에 차를 갖다 댔다. 기름 탱크와 라디에이터를 가득 채우고 크랭크실도 충분히 채웠다. 앨이 핸들 밑으로 미끄러져 들어가고 아버지를 가운데 끼고 톰이 바깥쪽에 앉았다. 그들은 바스토 부근의 작은 언덕을 뒤로 하고 어둠 속을 달렸다.

톰이 말했다. "어머니가 왜 그러시지? 귓속에 벼룩이 들어간 개처럼 허둥대시니. 짐 검사 정도는 그렇게 오래 걸리지도 않는데. 그리고 아까는 할머니가 편찮으시다더니 지금은 또 괜찮대. 도무지 알 수가 없단 말이야. 어머닌 여느 때 같지 않아요. 이번 여행길에 지쳐 머리가 이상해졌나?"

아버지가 말했다. "너희 어머니는 처녀적하고 별 달라진 게 없다. 그땐 아주 괄괄했지. 뭐 무서워하는 게 없었거든. 이렇게 아이를 많이 낳고 일을 많이 하고 했으면 그런 게 없어질 줄 알았더니 아무래도 그렇지 않은 모양이야. 맙소사! 그때 거기서 잭 손잡이를 꺼내들었을 때는 솔직히 그걸 뺏을 기분조차 나지 않더라."

톰이 말했다. "어머니가 어떤 생각을 하시는지 도무지 모르겠어요. 그냥 몹시 지쳐서 그런 걸 테지만."

앨이 말했다. "난 여길 건너면서 우는 소릴 하거나 투덜대고 싶지 않아. 그저 이 고물차가 신경쓰일 뿐이지."

톰이 말했다. "너는 아주 훌륭하게 잘 골랐어. 이 차 때문에 고생한 적은 거의 없잖아."

밤새 그들은 무더운 어둠 속을 앞으로 나아갔다. 산토끼들이 불빛 속으로 뛰어 들어 깡충깡충 뛰어서 사라졌다. 모하비 마을의 불빛이 앞쪽에 보이기 시작할 무렵, 등 뒤로 새벽이 찾아왔다. 서쪽으로 높이 솟은 산맥이 새벽빛에 드러났다. 그들은 모하비에서 물과 기름을 채우고, 산악지대로 느릿느릿 들어갔다.

톰이 말했다. "아, 사막을 지났다! 아버지, 앨, 세상에나! 사막을 지났다고!"

"난 힘들어 죽을 지경이야. 하지만 그런 건 아무래도 좋아." 앨이 말했다. "내가 운전할까?"

"아니, 조금만 더 하고."

그들은 아침 햇살을 받으며 테하차피를 지나자니 태양이 등 뒤에서 솟아오르기 시작했다. 별안간 눈 아래로 거대한 계곡이 펼쳐졌다. 앨이 브레이크를 밟아 길 한복판에 차를 세우고는 말했다. "굉장하다! 저것 좀 봐!" 포도밭, 과수원, 광활하고 편평한 초록빛 아름다운 계곡, 줄지어 늘어선 나무들, 점점이 보이는 농가들.

아버지가 말했다. "이거 참 굉장하구나!" 멀리 보이는 도시들, 과수원으로 둘러싸인 조그마한 마을들, 그리고 계곡을 금빛으로 물들이는 아침 햇살. 자동차 한 대가 뒤에서 경적을 울렸다. 앨이 길가로 차를 비껴 세웠다.

"어디 자세히 좀 보자." 아침햇살을 받아 금빛으로 물든 곡식밭, 나란히 늘어선 버드나무, 열 맞추어 서 있는 유칼립투스 나무들.

아버지가 한숨 섞인 소리로 말했다. "이런 경치는 난생 처음인걸." 복숭아 나무와 호두나무 숲, 짙푸른 오렌지 밭, 나무 사이로 드문드문 보이는 붉은 지붕, 풍요로워 보이는 광들. 앨이 차에서 내려 두 다리를 쭉 폈다.

그가 외쳤다. "어머니, 이리 나와 보세요. 드디어 도착했어요!"

루디와 윈필드도 재빨리 차에서 기어 내려왔다. 그러고는 이 거대한 계곡을 보고 어안이 벙벙해서 입을 다물고 그 자리에 서버렸다. 먼 곳은 안개가 자욱해서 풍경이 멀어질수록 땅이 부드러워 보였다. 풍차 한 대가 햇빛을 받아 반짝였다. 멀리서 빙글빙글 돌아가는 날개가 조그마한 반사 신호등 같이 보였다. 루디와 윈필드는 이 풍경들을 숨죽이고 바라보았다. 루디가 속삭였다. "저기가 캘리포니아야."

윈필드는 소리 없이 입술만 움직여 그 음절 하나하나를 더듬었다. 그러고는 큰 소리로 말했다. "과일이 있어."

케이시와 존 아저씨, 코니와 '샤론의 장미'가 내려왔다. 그들도 말없이 섰다. '샤론의 장미'는 머리칼을 쓸어 올리려고 손을 들었다가 계곡 풍경을 보더니 그 손을 슬며시 몸 옆으로 내렸다.

톰이 말했다. "어머닌 어디 계시지? 어머니한테 보여드리고 싶은데. 어머니, 이것 좀 보세요! 이리 오세요, 어머니!" 어머니가 뻣뻣하게 굳은 몸으로 뒷널을 넘어 천천히 내려왔다. 톰은 어머니를 가만히 지켜보았다. "아니, 어머니, 어디 편찮으세요?" 그녀의 얼굴은 창틀에 바르는 석고처럼 딱딱하게 굳어 있었다. 눈은 움푹 꺼지고 가장자리가 피로로 불그레했다. 발이 땅에 닿자, 그녀는 트럭의 옆을 붙잡고 간신히 몸을 지탱했다.

그녀의 목소리는 쉬어 있었다. "다 지나왔다고?"

톰은 발밑에 펼쳐진 거대한 계곡을 가리켰다. "보세요!"

그녀는 머리를 돌렸다. 순간 입이 조금 벌어졌다. 손을 목에 가져다 대더니 살갗을 조금 잡아당겨 살짝 꼬집었다. "주여, 감사합니다! 다함께 드디어 도착했구나." 그녀는 무릎의 힘이 빠져 자동차 발판에 주저앉았다.

"어디 불편하세요, 어머니?"

"아니, 좀 지쳤을 뿐이야."

"한숨도 못 주무셨어요?"

"응."

"할머니가 편찮으셨나요?"

어머니는 지친 연인처럼 나란히 무릎 위에 놓인 자기 손을 내려다보았다. "이런 말을 하지 않게 되길 바랐는데. 다 잘 되길 바랐는데."

아버지가 말했다. "어머니 상태가 좋지 않으시구먼."

어머니가 눈을 들어 계곡을 바라보았다. "어머님은 돌아가셨어요."

모두 일제히 그녀를 쳐다보았다. 아버지가 물었다. "언제?"

"어젯밤, 검문소에서 차를 세우기 전에."

"그래서 검사를 못 하게 했던 거였군 그래."

"사막을 건너지 못 하게 될까봐 걱정이 됐어요. 우리 힘으론 어쩔 수 없는 일이라고 어머님께 말씀드렸어요. 빨리 사막을 건너야 한다고. 돌아가시려 할 때, 몇 번이고 되풀이해서 그렇게 말씀드렸어요. 사막 한가운데서는 멈출 수가 없다고. 아이들도 있고, 로자샨의 뱃속에는 아기도 있다고. 몇 번이나 그렇게 얘기해 드렸어요." 그녀는 두 손을 들어 잠시 얼굴을 가렸다. "할머니는 아름다운 푸른 땅에 묻히시게 됐어." 어머니는 조용히 말했다. 주위가 나무로 둘러싸인 멋진 곳에. 할머니가 캘리포니아 땅 속에서 편안히 주무셨으면 좋겠다."

모두 어머니의 용기에 조금 겁을 먹은 채 그녀를 바라보았다.

톰이 말했다. "이거 놀랐는데! 그럼 어머니는 할머니와 밤새도록 누워 계신 거네요!"

"무슨 일이 있어도 다 같이 건너와야 했으니까." 어머니가 처량하게 말했다.

톰이 어머니 어깨에 손을 얹으려고 다가갔다.

어머니가 말했다. "나를 건드리지 마라. 건드리지 않으면 견딜 수 있다. 건드리면 나는 쓰러져."

아버지가 말했다. "자, 이제 가야지. 내려가야 해."

어머니가 그를 쳐다보았다. "저…… 내가 앞에 앉아도 되겠어요? 이제 저 자리는 가고 싶지 않아요. 지쳤어요. 완전히요."

그들은 짐 위로 기어 올라갔다. 깃이불에 둘둘 만 길고 뻣뻣한 형체는 피해서 지나갔다. 각자 자기 자리로 돌아가서도, 코라고 생각되는 불룩 튀어나온 부분이나 턱이라고 생각되는 날카로운 절벽은 되도록 보지 않으려 애썼다. 그러나 뜻처럼은 되지 않았다. 루디와 윈필드는 가능한 시체에서 멀리 떨어진 앞쪽 구석에 붙어 앉아, 둘둘 싸인 형체를 뚫어져라 바라보았다.

루디가 소곤댔다. "저게 할머니야, 돌아가신 거야."

윈필드가 자못 엄숙하게 고개를 끄덕였다. "조금도 숨을 쉬지 않네. 아주 돌아가셨나봐."

'샤론의 장미'가 코니에게 나직이 말했다. "할머니는 돌아가시고 있었던 거야. 우리가 한참……."

"그런 걸 어떻게 알아?" 코니는 그녀를 안심시켰다.

앨이 어머니에게 자리를 내주고 짐 위로 올라왔다. 앨도 슬펐으나 오히려 아무렇지도 않은 척 허세를 부렸다. 그는 케이시와 존 아저씨 사이에 털썩 주저앉았다. "할머니도 늙으셔서 명이 다 되신 거야. 누구나 한 번은 죽어야 하는걸." 케이시와 존 아저씨가 무표정한 눈을 들어, 묘한 말을 지껄이는 덤 불이라도 보듯이 그를 쳐다보았다. "그렇잖아요?" 앨이 끈질기게 물었다. 두 사람은 눈을 돌렸다. 앨은 기가 죽어 시무룩해졌다.

케이시가 감탄조로 말했다. "밤새도록, 더욱이 혼자서. 존, 아주머니는 참 으로 대단한 사랑의 마음을 지닌 여인이오. 무서워지는군. 나 자신이 초라한 겁쟁이처럼 느껴져요."

존이 물었다. "그건 죄였나요? 죄라고 부를 만한 것이 거기에 조금이라도 있었나요?"

케이시가 깜짝 놀라며 그를 돌아보았다. "죄냐고요? 천만에. 죄라고 부를 만한 것은 조금도 없었소."

"내가 지금껏 한 일 중에 죄가 조금도 섞이지 않은 일은 해도 없었단 말이 지." 존은 기다랗게 싸인 시체를 바라보았다.

톰과 어머니와 아버지는 운전석에 앉았다. 톰은 브레이크를 풀고 트럭을 굴러가게 하여 압축의 힘으로 시동을 걸었다. 무거운 트럭이 김을 내뿜고 통 통 튀어 오르면서 뒤뚱뒤뚱 언덕을 내려갔다. 태양은 등 뒤에 있고, 금빛을 띤 푸른 계곡이 앞에 펼쳐져 있었다. 어머니가 머리를 천천히 좌우로 흔들었 다. "참 아름답네. 두 분도 보셨으면 좋았을걸."

"그러게나 말이야."

톰이 손바닥으로 핸들을 가볍게 두드렸다. "두 분 다 너무 연세가 많았어 요. 여기 있는 것 무엇 하나 눈에 안 들어왔을 거야. 할아버지는 젊었을 때 본 인디언과 대초원만 그리워하셨을 거고, 할머니는 당신이 맨 처음 살던 집 만 생각하셨을걸 뭐. 두 분 다 너무 나이가 많으셨어요. 정말로 여기를 보는 사람은 루디와 윈필드에요."

아버지가 말했다. "허! 이 녀석, 아주 어른 같은 말을 하는구나. 꼭 전도 사 말투잖아."

어머니가 슬픈 듯이 미소 지었다. "그래요. 토미는 이제 어엿한 어른이 됐어요. 아주 어른스러워져서 가끔은 나도 따라가지 못 할 정도죠."

차는 덜컹덜컹 산을 내려갔다. 굽이굽이 내려가며 때로는 계곡을 잃어버렸다가 다시 찾곤 했다. 계곡의 후끈한 공기가 뜨거운 초록의 냄새와 샐비어의 수액 냄새와 타위드 풀의 향기를 싣고 올라왔다. 길가에서 귀뚜라미가 쉬지도 않고 울었다. 방울뱀 한 마리가 길을 가로질러 기어갔다. 톰은 그것을 차바퀴로 깔아뭉개고, 꿈틀거리는 시체를 뒤로 한 채 달렸다.

톰이 말했다. "어디 있는진 모르지만 검시관 있는 데로 가야 할 거예요. 할머니만큼은 잘 묻어 드려야죠. 돈은 얼마나 남았어요, 아버지?"

"40달러쯤이다."

톰은 웃었다. "허 참, 빈털터리로 시작할 판이군. 알몸으로 도착하는 셈이야." 그는 쿡 하고 웃었다가 금방 정색을 하고 모자 차양을 깊숙이 끌어내렸다. 덜컹대며 산을 내려간 트럭이 거대한 계곡으로 들어갔다.

19

일찍이 캘리포니아는 멕시코에 속했었고, 그 땅은 멕시코 사람의 것이었다. 그런데 누더기를 입고, 흥분한 미국사람들이 떼 지어 몰려들었다. 땅에 굶주린 그들은 함부로 그 땅을 자기 것으로 만들었다. 수터(존오거스티 수터 1803~1880. 스위스 태생. 캘리포니아의 개척자)의 땅과 게레로(비센테 게레로 1782~1831. 1829년 멕시코 대통령)의 땅을 훔치고, 정부 토지를 빼앗아 나누어 가졌다. 굶주림에 미친 사람들은 땅을 놓고 서로 으르렁거리며 싸웠다. 이렇게 해서 훔친 땅을 그들은 총으로 지켰다. 집과 광을 짓고, 땅을 갈아서 농작물을 심었다. 이것들은 그들의 소유물이 되었고 그 소유물은 소유권을 낳았다.

멕시코 사람들은 나약하여 그냥 떠나버렸다. 그들은 저항할 수 없었다. 땅에 미친 미국인들 같은 눈먼 욕심이 없었기 때문이다.

시간이 흐름에 따라 불법 점거자들은 불법 점거자가 아니라 지주가 되었다. 그들의 자식들도 어른이 되어 그 땅에서 자식들을 낳았다. 굶주림은 이제 사라지고 없었다. 야수와 같은 굶주림—토지를 갈구하고, 물과 흙과 그것을 덮은 아름다운 하늘을 갈망하고, 힘차게 싹트는 푸른 풀과 사방으로 뻗어가는 나무뿌리를 찾는 그 미친 듯한 굶주림은 사라졌다. 그 모든 것이 완전한 자기 소유였으므로 이제는 그런 것에 마음을 두지 않게 되었다. 비옥한 밭에도, 그 밭을 가는 번쩍이는 괭이 날에도, 공기를 떠다니는 씨앗과 풍차날개에도, 창자를 잡아 찢는 듯한 욕망을 느끼지 않았다. 어두울 때 일어나, 졸음이 덜 깬 새들의 첫 지저귐을 듣는 일도 없었다. 소중한 밭으로 나가기 위해 새벽빛이 비치기를 기다리며, 집 밖을 불어 지나가는 아침 바람 소리를 듣는 일도 없어졌다. 그런 모든 일이 사라졌다. 농작물은 달러로 계산되고, 땅은 자본과 이자를 합쳐서 평가되며, 농작물은 미처 심기도 전에 매매되었다. 그렇게 되니 흉작도 가뭄도 홍수도 이제 사람이 죽고 사는 문제가 아니라 단순한 금전상의 손실에 지나지 않았다. 모든 애정은 금전 문제로 식어갔고, 모든 투지는 이해타산 속으로 빨려 들어갔다. 마침내 그들은 농부가 아니라, 농작물을 파는 소매상, 물건을 만들기도 전에 팔아야 하는 하찮은 제조업자로 변해 버렸다. 장사에 서툰 농부는 장사에 능한 상인들에게 땅을 빼앗겼다. 아무리 땅을 사랑하고 농작물을 기르는 데 애정이 있는 농부라도, 동시에 장사를 잘 하는 상인이 아닌 한 살아남을 수가 없었다. 시간이 흐름에 따라 장사꾼들이 농장을 소유하게 되고 농장 규모는 커졌지만 수는 줄어갔다.

농업은 기업화되고, 지주들은 저도 모르는 사이에 로마 흉내를 내었다. 자기 입으로 노예라고 부르는 일은 없었지만, 바로 그 노예를 수입했다. 중국인, 일본인, 멕시코인, 필리핀인 등등. 놈들은 쌀과 콩을 먹고 살지. 별로 드는 것이 없어. 비싼 품삯을 줘봐야 어디다 써야 할지 모를걸. 암, 놈들의 생활을 좀 보라고. 뭘 먹나 좀 봐. 놈들이 수상한 짓이라도 하는 날엔 추방해 버리면 그만이야.

그러는 동안에도 농장은 계속 커지고 지주 수는 줄어갔다. 이제 이 땅에는 비참하리만치 자작농이 줄어들었다. 수입된 농노들은 매 맞고 협박당하고 굶주렸다. 결국 어떤 자는 본국으로 되돌아가고, 어떤 자는 흉포해져서 살해당하거나 국외로 추방되었다. 농장은 점점 더 커지고 지주는 더욱 줄어갔다.

농작물도 변했다. 과수원이 곡물 밭으로 바뀌고, 온 세계를 먹일 만한 채소가 끝에까지 심어졌다. 양상추, 꽃양배추, 엉겅퀴, 감자 등 모두 허리를 구부리고 짓는 농작물이다. 큰 낫이나 쟁기나 갈퀴를 쓴다면 서서 해도 되겠지만, 상추밭 고랑 사이에서는 딱정벌레처럼 기어가야 하고 목화밭에서는 등을 잔뜩 구부리고 기다란 부대를 끌고 다녀야 하며 꽃양배추 밭에서는 고해성사를 할 때처럼 무릎으로 기어 다녀야 했다.

지주들은 이제 자기 농장에서 일하지 않았다. 그들은 서류상으로만 농사를 지었다. 흙과 그 냄새, 그 감촉을 잊었다. 자기들이 그 땅의 소유자라는 것과 그 땅에서 얻어지는 이익과 손해만 기억했다. 어떤 농장은 너무 커져서 한 사람의 머리로는 감당할 수 없게 되었다. 이자와 손득을 확인하기 위해서는 수많은 장부 계원을, 토양을 조사하고 비료를 보충하기 위해서는 화학 기사를, 허리를 굽힌 일꾼들이 육체 조건이 허용하는 한 빠르게 고랑 사이를 돌아다니도록 감시하기 위해서는 우두머리 일꾼을 고용해야 했다. 이윽고 그러한 농장주들은 정말로 상인이 되어 상점을 경영했다. 그들은 노동자들에게 임금을 지급하고 그들에게 식량을 팔아, 그 지급한 돈을 되찾았다. 얼마 안 가 그들은 노동자에게 돈을 한 푼도 지급하지 않음으로써, 장부 만드는 성가신 일을 덜었다. 이러한 농장은 외상으로 식량을 제공했다. 노동자는 일하고 먹었지만, 나중에 가서는 회사에 빚이 있다는 것을 깨달았다. 이제 지주들은 제 손으로 농장 일을 하지 않을 뿐 아니라, 대부분은 자기가 소유한 농장을 본 적조차 없었다.

땅을 잃은 농민들이 줄을 지어 서부로 몰려왔다. 캔자스, 오클라호마, 텍사스, 뉴멕시코, 네바다, 아칸소에서 가족들이, 부족들이 모래먼지와 트랙터에 쫓겨나왔다. 차에 짐을 가득 싣고 열을 지어 이주해 오는, 집도 없는 굶주리고 지친 사람들. 2만, 5만, 10만, 아니 20만의 사람이 주린 배를 잡고 허둥지둥 급류처럼 산을 넘어와 개미처럼 빨빨대며 일을 찾았다. 나르는 일, 미는 일, 끄는 일, 곡괭이질, 톱질. 양식을 위해서라면 무슨 일이라도, 아무리 무거운 짐이라도 기꺼이 짊어졌다. 자식들이 배를 곯고 있잖은가. 우린 살 집도 없어. 개미처럼 일을 찾고, 먹을 것을 구하고, 무엇보다도 땅을 손에 넣기 위해 부지런히 다녀야 해.

우린 외국인이 아니야. 전에는 아일랜드인, 스코틀랜드인, 영국인, 독일인이었던 사람도 있지만, 이미 7대 전부터 미국인이 되었지. 독립전쟁에 참전한 조상도 한 분 계시고, 남북전쟁에 참전한 사람으로 치면 수도 없이 많아. 북군에도, 남군에도. 뿌리부터 미국인이라고.

그들은 굶주렸고 그래서 사나웠다. 살 곳을 찾아온 그들이 얻는 것은 증오뿐이었다. 오키 놈들—지주들은 자기들은 연약하지만 오키들은 건장하다는 것, 그리고 자기들은 배부르지만 오키는 굶주렸다는 것을 알기 때문에 그들을 증오했다. 인간이 굶주리고, 사납고, 무기를 지니고 있을 때는 연약한 사람들에게서 토지를 약탈하기가 얼마나 쉬운가를 조상으로부터 들은 것이리라. 지주들은 그들을 미워했다. 도시에서는 상점 주인들이 그들을 미워했다. 물건을 살 돈이 없었기 때문이다. 그것은 상인들의 경멸을 사는 지름길이었고, 그 반대이면 칭송받았다. 도시 사람들과 작은 은행들은 오키들로부터 아무 이득도 얻을 수 없었으므로 그들을 미워했다. 그들이 가진 것이라곤 아무것도 없었다. 노동자들도 그들을 미워했다. 배고픈 사람들은 일을 해야 하고, 그들이 꼭 일을 해야 한다면 고용주는 자연히 임금을 내릴 것이기 때문이다. 그렇게 되면 누구도 그보다 많은 임금을 받지 못하게 된다.

이리하여 토지를 빼앗긴 이주민 25만 명, 아니 30만 명이 캘리포니아로 흘러 들어갔다. 그들이 떠난 뒤에도 새로운 트랙터가 경작지 위를 달리고, 소작인들은 쫓겨났다. 이리하여 새로운 물결이 또 밀려들었다. 땅과 집을 빼앗기고 집념에 사로잡혀 위험하기 짝이 없는 존재가 되어버린 사람들의 새로운 물결이.

캘리포니아 주민들이 재산 축적, 출세, 오락, 사치, 은행을 통한 재산의 안전장치 등을 원하는 데 비해 새로 온 야만인들은 토지와 식량 단 두 가지만을 원했으며, 이 두 가지가 그들에게는 한 가지였다. 또 캘리포니아 사람들의 욕망은 막연한 뜬구름 같은 것인 데 비해 오키들이 갖고 싶어 하는 것은 길가에 뒹굴고 있어서 눈에 보이는 것이 갖고 싶어졌다. 파면 물이 나오는 좋은 밭, 참을 수 없을 만큼 푸르른 밭, 손으로 부수어 보아 비옥한 정도를 알 수 있는 흙, 냄새를 맡아 볼 수 있는 풀, 달콤함이 목구멍을 가득 채울 때까지 씹어볼 수 있는 귀리 줄기. 놀고 있는 땅을 보며 사람들은 자기의 구부린 등과 팔이 양배추를, 생으로 먹을 수 있는 황금 옥수수와 당근과 순무를, 밝은 바깥세상으로 꺼내는 모습을 그릴 것이다.

집을 잃고 굶주린 사나이가 아내를 옆자리에, 여윈 아이들을 뒷자리에 태우고 도로를 달리노라니, 돈벌이는 되지 않으나 식량은 생산할 수 있어 보이는 휴간지가 보인다. 그는 휴간지가 죄악이며, 쓸 수 없는 땅이 여윈 아이들에게는 범죄임을 깨닫는다. 이 사나이들은 길을 가면서 그때마다 유혹을 느낀다. 밭들을 탈취하여 아이들에게는 체력을, 아내에게는 조촐한 위안을 주고 싶은 욕망이 솟구친다. 유혹은 언제나 눈앞에 있다. 밭이 그를 자극한다.

풍부한 물이 흐르는 토지회사의 수리시설이 그에게는 고문이다.

남쪽에서는 나무마다 주렁주렁 열린 금빛 오렌지, 진초록 나무에 주렁주렁 매달린 조그마한 금빛 오렌지를 보았다. 그리고 누가 비쩍 마른 자기 자식을 위해 오렌지를 한 개라도 따가는 일이 없도록, 엽총을 든 감시인들이 줄지어 심어진 나무들 사이를 돌아다니는 모습을 보았다. 값이 내리면 산더미처럼 버려질 오렌지들이다.

그는 낡은 자동차로 어느 시내에 들어선다. 일거리를 찾아 농장을 차례로 돈다. 오늘 밤에는 어디서 자야 하나?

그래, 강변에 후버빌(^{1930년대에 세운} ^{실업자 수용 마을})이 있지. 거기 가면 우리 같은 오키가 우글우글하지.

사나이는 낡은 자동차를 후버빌로 몬다. 어느 마을 변두리에나 후버빌은 있으므로 다시 물어볼 필요도 없다.

그 누더기 마을은 물가에 있다. 집은 대개 텐트이다. 억새로 지붕을 엮은 판지 집도 있다. 커다란 잡동사니더미처럼 보인다. 가족을 데리고 그곳으로 들어서는 순간 사나이는 후버빌 주민이 된다. 이런 마을을 후버빌이라고 부른다. 사나이는 되도록 물에서 가까운 곳에 텐트를 친다. 텐트가 없으면 시가 관리하는 쓰레기장에서 판지를 가져와 판지 집을 짓는다. 비가 오면 이 집은 젖어서 떠내려간다. 사나이는 후버빌에서 지내며 일거리를 찾아 여기저기 뛰어다닌다. 그나마 있던 얼마 안 되는 돈은 휘발유 값으로 사라져 버린다. 해가 지면 사나이들은 모여서 이야기를 나눈다.

여기서 서쪽으로 가면 3만 에이커나 되는 경지가 있다. 그게 그냥 놀고 있다더군. 제기랄! 그 정도만 있으면, 아니 그중 5에이커만 있어도 뭐든지 할 수 있을 텐데! 먹을 것도 뭐든지 손에 넣을 수 있을 테고 말이야.

한 가지 눈치 챈 거 없나? 농장에는 채소도 없고 닭도 돼지도 없어. 그들은 한 가지밖에 기르지 않더란 말야. 목화면 목화, 복숭아면 복숭아, 양상추면 양상추 하는 식으로. 그런가 하면 닭만 기르는 곳도 있고. 앞마당에서 키워먹을 수 있는 것까지 놈들은 가게에서 사 먹지.

제기랄, 돼지 두 마리만 있었으면!

흥, 그건 자네 것이 아니야. 앞으로도 자네 것이 되는 일은 없을걸.

어떡하면 좋지? 이래가지곤 자식들이 자라지 못 해.

캠프장에서는 소문이 귓속말을 타고 퍼진다―샤프터에 일거리 있대. 그러면 밤중에 자동차에 짐이 실리고 고속도로는 자동차로 넘쳐흐른다. 일을 찾기 위한 골드러시다. 샤프터에는 그 일에 필요한 사람보다 다섯 배나 많은 사람이 몰려든다. 일거리를 찾는 골드러시. 미친 듯이 일거리를 찾아 한밤에 몰래 캠프장을 빠져 나온다. 길목마다 유혹이, 먹을 것을 생산해 낼 수 있는 밭이 끝없이 뻗어 있다.

저 땅은 주인이 있어. 우리 게 될 수 없다고.

하지만 조금쯤은 가질 수 있을는지도 몰라. 아마, 조금쯤은 말야. 저기 있는 저 밭뙈기 정도는. 지금은 흰꽃독말풀로 뒤덮였지만. 제길, 저 조그만 밭만 있어도 우리 식구를 모두 먹일만한 감자농사를 지을 수 있는데!

저건 우리 게 될 수 없어. 흰꽃독말풀이 피게 놔둬야 하는 거야.

이따금 시도해 보는 사나이도 있었다. 몰래 기어들어가 조그맣게 잡초를 뽑았다. 도둑처럼 대지에서 조금의 부를 훔치려고 한 것이다. 잡초 속에 감추어진 비밀 채소밭. 당근 씨 한 자루와 순무 몇 개. 감자도 심고, 날이 저물면 훔친 땅을 갈기 위해 살그머니 빠져나간다.

주위에는 잡초를 남겨둬. 우리가 하는 짓을 아무도 눈치 채지 못 하게 말야. 한복판에 키가 훌쩍 큰 잡초를 남겨 두라고.

저녁마다 몰래 밭일을 하고, 녹슨 깡통으로 물을 나른다.

어느 날 보안관 대리가 나타난다. 이봐, 당신, 지금 무슨 짓을 하고 있는 줄 알아?

나쁜 짓 한 것 없는데요.

당신 하는 짓을 쭉 지켜보았는데, 여기는 당신 땅이 아니란 말야. 당신은 불법침입한 거야.

이 땅을 갈아 일구지도 않고 못쓰게 만들지도 않았는데요.

뻔뻔스럽게 들어와 가지고. 조금만 더 있으면, 이 땅이 자기 거라고 우길 테지. 뭐라고 고시랑거릴 게 틀림없다고. 이게 자기 땅인 줄로 알고 있잖아. 자, 어서 나가.

작은 초록색 당근 싹이 마구 걷어차이고, 순무 잎이 짓밟혔다. 곧 흰꽃독말풀이 다시 무성해졌다. 그러나 경찰 말이 옳다. 농작물이 자라면, 그것만으로 소유권이 생긴다. 땅을 갈고 당근을 심어 먹으면 누구나 자기가 경작하여 먹을 것을 얻은 그 땅을 위해 싸울 것이다. 녀석을 빨리 내쫓아! 곧 그 땅이 자기 거라고 착각할 게 분명하니까. 흰꽃독말풀에 둘러싸인 이 조그마한 밭을 위해 목숨을 걸고 달려들지 모른다고.

우리가 순무를 걷어찼을 때 그놈 낯짝을 봤나? 누구든 걸리기만 하면 당장 죽일 것 같은 얼굴이더군. 그런 놈들은 진작 눌러버려야지. 그렇지 않으면 나중엔 이 고장 땅을 모두 빼앗고 말 거야. 모두 놈들 것이 되고 말아.

타향 놈들, 타국 놈들.

그렇고말고. 지껄이는 말은 같아도 놈들은 우리와 같은 인간이 아니란 말야. 놈들이 사는 꼴을 보라고. 우리 중에 놈들처럼 살아갈 사람이 있겠어? 어림도 없지!

밤이 되면 쪼그려 앉아 이야기에 열중한다. 흥분한 사나이가 말한다. 우리 스무 명이 밭뙈기 하나 빼앗지 못 할 리 없잖아? 우리에겐 총이 있으니까. 땅을 빼앗고 이렇게 말해주는 거야. '내쫓을 수 있으면 내쫓아 봐.' 못 할 것 없잖아?

쥐새끼처럼 총 맞아 죽는 게 다 일걸.

하지만 어느 쪽이 좋은지 생각해 보라고. 총 맞아 죽는 거야, 아니면 그냥 이대로 이렇게 있는 거야? 무덤에 들어가는 거야, 마대자루로 지은 오두막에 사는 거야? 지금 당장 죽는 것과 2년 안에 영양실조로 죽는 것 중 아이들에게 어느 쪽이 좋겠난 말야? 지난 일주일 동안 우리 집에선 뭘 먹었는지 알아? 쐐기풀 삶은 것과 밀가루 반죽 튀긴 거야! 그 밀가루는 어디서 구했는지 알아? 화차 바닥을 쓸어 모은 거라고.

야영지에서 이야기를 주고받노라면, 뚱뚱한 엉덩짝에 권총을 매단 뚱보 보안관 대리들이 으스대며 지나간다. 한번 호된 맛을 보여줘야 해. 얌전히 만들지 않으면 무슨 짓을 할는지 알 수 없단 말야! 정말이지 남쪽 검둥이들 만큼이나 위험한 놈들이거든! 이놈들이 한데 뭉치기라도 해봐. 손쓰지 못 할 사태가 벌어지고 말걸!

참고: 로렌스빌에서 보안관 대리에게 퇴거명령을 받은 불법거주자가 이에 저항하자 강제로 집행할 수밖에 없었다. 이 과정에서 불법거주자의 열한 살 난 아들이 보안관 대리를 22구경 소총으로 쏴 죽였다.

방울뱀 같은 놈들! 놈들한테는 인정사정 볼 것 없어. 대들거든 그 자리에서 쏴 죽여. 꼬마가 경찰을 살해할 정도니 어른이 무슨 짓을 할지 누가 알아? 요는 놈들보다 난폭하게 해야 한다는 거야. 거칠게 다뤄. 잔뜩 겁을 줘야 해.

겁먹지 않으면 어떡하지? 들고 일어나 지지 않고 쏴 대면 어떡하나? 놈들은 어릴 적부터 총을 만져왔단 말야. 총은 놈들의 일부분이나 다름없어. 무서워하지 않으면 어떡하지? 언젠가 놈들이 대오를 짜서 이 땅으로 진군해오면 어쩌나? 저 옛날 롬바르디아인이 이탈리아에서, 게르만족이 골에서, 터키인이 비잔티움에서 그랬듯이 말이야. 그들도 땅에 굶주리고 무기도 변변찮은 유목민들이었지만 어떤 군대도 그들을 막지 못 했다. 학살과 공포도 그들을 막을 수 없었다. 자기의 경련하는 위장뿐 아니라 자식들의 푹 꺼진 배에서도 굶주림을 느끼는 인간을 무슨 수로 겁줄 수 있단 말인가? 그런 사람들을 위협하는 것은 힘든 일이다. 그들은 다른 어떤 공포보다 무서운 공포를 알기 때문이다.

후버빌에서는 사나이들이 이야기하고 있었다. 우리 할아버지는 인디언한테서 땅을 빼앗았지.

우리가 지금 하는 얘기는 옳지 않은 것이야. 지금 한 얘기는 도둑질이나 진배없잖아. 난 도둑질은 안 해.

도둑질을 안 해? 자네, 그저께 밤에 남의 집 현관에서 우유를 한 병 훔쳤잖아? 구리줄을 훔쳐다 고기랑 바꿔먹은 적도 있고.

그래, 하지만 자식 놈들이 너무 굶어서 말야.

그래도 도둑질은 도둑질이잖아.

페어필드가 목장을 어떻게 손에 넣었는지 얘기해 줄까? 거기는 원래 다 국유지였지. 누구나 차지할 수 있었어. 페어필드 영감은 샌프란시스코의 술집을 죄다 돌아다니면서 건달을 300명쯤 긁어모았지. 그 건달들이 땅을 차지했어. 페어필드 영감은 평소 그 건달들을 먹을 것과 위스키로 구워삶아놨다가 그 땅이 확실히 놈들 것이 되자 놈들에게서 땅을 빼앗아버린 거야. 영감이 말했었지. 그 땅 1에이커에 싸구려 위스키 1파인트씩 밑천이 들어갔다고 말야. 그런 것도 도둑질이라고 하겠나?

글쎄, 나쁜 것 같긴 한데, 그 영감 그 일로 감옥에 가진 않았지?

암, 그 일로 감옥에 가진 않았지. 짐마차에 보트를 실어놓고, 땅이 모두 물바다가 되는 바람에 보트를 타고 왔다고 보고한 놈도 감옥에 가지 않았어. 국회의원과 주의회 의원에게 뇌물을 준 놈들도 감옥에 가지 않았지.

캘리포니아 주 곳곳에 있는 후버빌에서 이런 말들이 오갔다.

이내 급습이 벌어진다. 무장한 보안관 대리들이 불법거주자들의 캠프를 덮친다. 나가라. 보건국의 명령이다. 이 야영지는 위생상 해롭다.

어디로 가란 말이오?

그런 건 우리가 알 바 아니다. 우린 너희를 여기서 쫓아내라는 명령을 받았을 뿐이다. 30분 뒤 이 캠프를 불사르겠다.

저쪽에 티푸스 환자가 있소. 사방에 티푸스균을 뿌려 놓을 셈이오?

우린 너희들을 여기서 쫓아내라는 명령을 받았어. 자, 어서 나가! 30분 뒤 이 캠프를 불사르겠다.

30분이 지나자 판지 집이며 억새로 지붕을 이은 오두막을 태우는 연기가 하늘로 치솟고, 사람들은 차에 올라 다른 후버빌을 찾아 고속도로를 달린다.

캔자스, 아칸소, 오클라호마, 텍사스, 뉴멕시코에서는 트랙터가 쳐들어와 소작인들을 몰아냈다.

캘리포니아에는 이미 30만 명이 있었지만 아직도 계속 몰려오고 있었다. 캘리포니아의 도로란 도로는 밀고 끌고 들어 올리는 일을 얻으려고 반은 미처 개미처럼 빨빨 돌아다니는 사람들로 넘쳐흘렀다. 짐 나르는 일 하나가 생기면 다섯 사람이 팔을 뻗었고, 한 사람의 배를 채울 식량이 생길 때마다 다섯 개의 입이 벌려졌다.

폭동이 일어나면 땅을 잃어야 하는 대지주들, 마음만 먹으면 언제든 역사책을 펴놓고 역사와 위대한 세 가지 진실을 읽을 수 있었던 대지주들. 곧 '재산이 지나치게 소수의 사람에게 축적되면 빼앗기게 마련'이라는 것과 이와 쌍을 이루는 '민중의 대다수가 춥고 굶주리면 그들은 폭력으로 그들에게 필요한 것을 탈취한다'는 진실, 그리고 온 역사가 부르짖어온 '탄압은 탄압받는 자의 힘을 강화시키고 그들을 단결시키는 작용밖에 하지 못 한다'는 단순한 사실. 그러나 그들은 역사의 이 세 가지 부르짖음을 무시했다. 토지는 너욱 소수의 사람들 손에 떨어졌고, 토지를 빼앗긴 자의 수는 점점 늘어났으며, 대지주들은 일일이 탄압으로 대응했다. 그들은 거대한 소유지를 보호하기 위한 무기와 최루가스를 사는데 돈을 썼고, 폭동의 속삭임을 엿듣고 이를 밟아 없애기 위해 스파이를 보냈다. 경제 변화와, 변혁을 위한 계획은 무시되었다. 폭동의 원인은 제거되지도 않았는데, 폭동을 진압할 수단만 강구되었다.

사람들을 실업으로 내모는 트랙터, 짐을 운반하는 운송벨트, 물자를 생산하는 기계들이 늘어갔다. 점점 많은 가족이 거대한 소유지의 부스러기를 찾아, 길가의 땅에 갈망의 눈길을 돌리며 고속도로를 헤매고 다녔다. 대지주들은 재산을 지키기 위해 연합체를 만들어, 저들을 위협하고 살해하고 최루가스를 터뜨리는 방법을 의논했다. 그들은 늘 어떤 중대 사태를 두려워했다. 30만 명이나 되는 사람이 한 지도자 밑에서 움직이기 시작하는 날이면 그야말로 끝장이다. 굶주리고 비참한 30만 명. 그들이 눈뜨는 날에는 땅은 그들 것이 되고, 온 세계의 최루가스와 소총을 동원하더라도 그들을 막을 수 없을 것이다. 그리하여 거대한 토지를 소유함으로써 인간 이상도 되고 인간 이하도 되어버린 대지주들은 그들을 파멸시키기 위해 돌진하고, 결국은 자신들을 멸망시킬 온갖 수단을 동원했다. 온갖 하찮은 수단, 온갖 폭력, 후버빌에 대한 온갖 습격, 누더기 캠프 속을 으스대며 돌아다니는 모든 보안관 대리들. 이들은 최후의 날이 오는 것을 조금 늦추기는 했으나 동시에 그날의 불가피함을 더욱 굳혀 놓았다.

땅바닥에 쪼그려 앉은 사나이들. 굶주려 깡마르고, 허기와 싸우느라 표정이 험악하고 날카로운 사나이들. 언짢은 눈빛과 굳게 다문 입. 그들을 둘러싸고 있는 풍요로운 땅.

저 네 번째 텐트의 어린애 얘기 들었나?

아니, 난 지금 막 들어왔는걸.

음, 저 집 애가 자면서 울고 뒹굴고 하기에 식구들이 기생충인 줄 알고 설사약을 먹였더니 그길로 죽어버렸대. 실은 흑설병이라는 병이었다는군. 영양분 있는 것을 먹지 못 해서 걸리는 병이래.

딱하기도 하지.

그러게 말이야. 그런데 그 애를 묻어줄 수도 없다는 거야. 군청에서 관리하는 공동묘지로 가야한대.

원, 제기랄.

그들의 손들이 호주머니로 들어갔다 나오자 잔돈들이 나왔다. 텐트 앞에 조그만 은화 무더기가 생겼다. 나중에 가족들이 그것을 발견했다.

우리는 모두 선량한 사람입니다. 따뜻한 사람들뿐입니다. 하느님, 부디 언젠가 이 선량한 사람 모두가 가난을 면하게 해주소서. 언젠가 아이들이 배불리 먹을 수 있게 해주소서.

지주 연합회는 언젠가 이 기도가 끝나리라는 것을 알고 있었다.

그 날이 바로 종말의 날이다.

20

짐 위에 탄 아이들과 코니와 '샤론의 장미'와 전도사는 온몸이 굳고 뻣뻣해졌다. 그들은 베이커스필드의 검시관 사무소 앞에서, 안에 들어간 아버지와 어머니와 존 아저씨를 기다리며 뜨거운 햇볕 아래 앉아 있었다. 이윽고 바구니가 들려나오고 길쭉하게 싼 꾸러미가 트럭에서 내려졌다. 검시를 통해 사인이 밝혀지고 사망증명서에 서명이 끝날 때까지 그들은 햇볕을 쬐며 앉아 있었다.

앨과 톰은 거리를 어슬렁어슬렁 돌아다니며, 상점 진열장을 들여다보기도 하고 인도를 오가는 낯선 사람들을 바라보기도 했다.

드디어 아버지와 어머니와 존 아저씨가 나왔다. 그들은 침울하고 아무 말이 없었다. 존 아저씨가 짐 위로 기어 올라갔다. 아버지와 어머니는 운전석에 올라탔다. 톰과 앨도 어슬렁어슬렁 되돌아왔다. 톰이 핸들 앞에 앉아, 지시가 내려지기를 잠자코 기다렸다. 아버지는 똑바로 정면을 바라보며 검은 모자를 푹 눌러 썼다. 어머니는 손가락으로 양쪽 입가를 문질렀다. 피로에 찌든 눈은 죽은 듯 생기 없이 멍하니 먼 산을 바라보았다.

아버지가 깊은 한숨을 내쉬었다. "달리 도리가 없었어."

어머니가 말했다. "알아요. 하지만 어머님은 근사한 장례를 바라셨을 텐데. 언제나 그렇게 말씀하셨으니까."

톰이 곁눈으로 부모님을 쳐다보며 물었다. "군청 공동묘지인가요?"

"그래." 아버지는 얼마간 현실로 되돌아오려는 것처럼 급히 고개를 절레절레 흔들었다. "돈이 모자라서 할 수가 없었다." 그리고 어머니를 돌아보았다. "너무 언짢게 생각할 거 없어. 아무리 애를 쓰고 발버둥 쳐봐야 어쩔 수 없는 일이었잖아. 그만한 돈이 없는 걸 어떡해. 방부처리다, 관이다, 목사님이다, 묘지다 하려면 지금 가진 돈의 열 배는 있어야 돼. 아무튼 우리는 할 수 있는 데까지는 한 셈이야."

어머니는 말했다. "알아요. 그저 어머님께서 늘 근사한 장례를 생각하셨던 것이 머릿속에서 떠나지 않아서 그래요. 잊어버려야겠죠." 깊은 한숨을 쉬고 입가를 문질렀다. "거기 있던 사람, 꽤 괜찮은 사람이었죠? 무척 뻐기긴 했지만 그래도 퍽 좋은 사람이었어요."

아버지가 말했다. "그 사람 참 시원시원하게 말해주더군."

어머니가 머리카락을 손으로 쓸어 올렸다. 아래턱을 꼭 다물었다. "이제 가야지. 어디 살 곳을 찾아야 해요. 얼른 일거리를 찾아서 정착을 해야지. 어린것들을 굶길 순 없잖아요. 그건 어머님 식이 아니에요. 장례 때는 늘 맛있는 음식을 잡수셨잖아요."

"어디로 가죠?" 톰이 물었다.

아버지가 모자를 살짝 들어 올리고 머리를 긁적였다. "캠프장. 일자리를 찾기도 전에 몇 푼 안 남은 돈을 다 써버릴 수는 없다. 변두리로 가자."

톰은 시동을 걸고 시가를 빠져나와 외곽으로 달렸다. 도중 어느 다리 옆에 텐트며 임시 오두막이 한데 몰려 있는 것이 보였다. 톰이 말했다. "저기에 한번 세워볼게요. 형편이 어떤지, 어디에 일거리가 있는지 물어보죠." 그는 가파른 흙 비탈을 내려가 야영지 끝에 차를 세웠다.

캠프장은 난장판이었다. 조그마한 잿빛 텐트, 임시 오두막, 자동차 같은 것이 아무렇게나 흩어져 있었다. 맨 앞에 있는 집은 괴상야릇했다. 남쪽 벽은 녹슨 함석판 석 장이고, 동쪽 벽은 두 장의 판자 사이에 곰팡이가 잔뜩 슬어 있는 융단을 압정으로 찔러 놓았다. 북쪽 벽은 두꺼운 종잇조각과 너덜너덜한 방수포 조각, 서쪽 벽은 마대자루 조각 여섯 장을 이어붙였다. 이 네 모진 테두리 위에 다듬지도 않은 굵은 버드나무 가지를 걸치고 그 위에 풀을 쌓아올렸다. 지붕을 엮은 것이 아니라 조그만 봉분처럼 쌓아올렸을 뿐이었다. 마대자루 조각으로 된 벽 쪽에 나 있는 입구에는 살림 도구가 발 디딜 틈도 없이 흩어져 있었다. 화덕 대신 쓰이는 5갤런들이 석유통이 나뒹굴고 있었는데, 그 바닥에는 녹슨 연통이 달려 있었다. 빨래 삶는 커다란 솥이 벽에 세워 있고, 걸터앉거나 식탁 대용으로 쓰는 궤짝 몇 개가 사방에 흩어져 있었다. 오두막 옆에는 T형 포드의 세단과 이륜 트레일러가 있었다. 집 주위에는 될 대로 되라는 절망의 공기가 감돌고 있었다.

그 옆에 조그마한 텐트가 있었다. 비바람에 잿빛으로 바랬으나 단정하게 바로 쳐져 있고, 그 앞에는 궤짝 몇 개가 텐트 벽에 딱 붙어 쌓여 있었다. 난로 연통이 입구에 늘어진 천 밖으로 나와 있고, 깨끗이 쓸린 텐트 앞 땅바닥에는 물이 뿌려져 있었다. 한 양동이분의 젖은 빨래가 궤짝 위에 놓여 있었다. 이 천막은 깔끔하고 튼튼한 느낌을 주었다. A형 포드의 2인승 승용차와 집에서 만든 조그마한 침대 트레일러가 텐트 옆에 세워져 있었다.

그 옆은 엄청나게 큰 텐트였는데, 천이 온통 갈기갈기 찢겨 그 부분을 철사로 이어 놓았다. 입구에 드리운 천은 말아 올려 있고, 그 안에는 넓은 매트리스 넉 장이 땅바닥에 깔려 있었다. 빨랫줄에는 분홍 무명 드레스와 멜빵바지 몇 벌이 걸려 있었다. 이런 텐트와 오두막이 마흔 채는 되었으며, 그 옆에는 각각 자동차가 놓여 있었다. 주욱 늘어선 텐트 저쪽에서 몇몇 아이들이 새로 도착한 트럭을 우두커니 서서 신기한 듯 쳐다보다가 곧 가까이 다가왔다. 멜빵바지에 신도 안 신은 어린 사내아이들이었다. 머리가 먼지로 뽀얬다.

톰은 트럭을 세우고 아버지를 보았다. "그다지 깨끗한 데가 못 되는군요. 어디 딴 곳으로 가시겠어요?"

"여기가 어떤 곳인지 알기 전에는 갈 수 없다. 일거리에 관한 것을 들어 봐야지."

톰이 문을 열고 내려섰다. 식구들도 짐 위에서 내려와 신기한 듯이 캠프장을 둘러보았다. 루디와 윈필드는 여행에서 붙은 습관으로 양동이를 내려서는 물이 있을 법한 수양버들 숲 쪽으로 걸어갔다. 몰려들었던 아이들이 길을 터 주느라 갈라졌다가 두 사람이 지나가자 다시 한 덩어리가 되었다.

맨 앞에 있는 오두막 입구 천을 젖히고 한 여자가 얼굴을 내밀었다. 반백의 머리카락을 땋아 내리고, 더러운 꽃무늬 가운을 입고 있었다. 얼굴은 시들고 생기가 없었으며, 초점 없는 눈 밑은 깊고 거무스름하게 피부가 늘어진 데다가 입매는 느슨하게 풀어져 있었다.

아버지가 말했다. "이 근처 어디다 차를 세우고 천막을 쳐도 되겠소?"

머리가 오두막 안으로 쑥 들어갔다. 한동안 조용하더니, 이윽고 입구 천을 젖히고, 셔츠 바람에 턱수염을 기른 사나이가 나왔다. 여인은 그 뒤에서 내다만 보고 밖으로 나오지는 않았다.

턱수염 사나이가 말했다. "안녕들 하시오." 그리고 차분하지 못한 검은 눈으로 가족 한 사람 한 사람과 트럭에 실린 세간을 빠르게 훑어보았다.

아버지가 말했다. "방금 댁의 아주머니한테 우리 짐을 어디다 내려놓아도 되겠느냐고 물었소만."

턱수염 사나이는 깊이 생각해야 하는 의미심장한 질문이라도 들었다는 듯한 표정으로 아버지를 지그시 쳐다보았다. "어디다 내려놓다니, 이곳에 말이오?"

"그렇소. 누군가 주인이라도 있소? 천막을 치기 전에 만나봐야 할 사람 말이오."

턱수염 사나이가 한쪽 눈을 거의 감다시피 가느다랗게 뜨고 아버지를 뚫어져라 쳐다보았다. "여기에 천막을 치고 싶은 거요?"

아버지는 짜증이 밀려왔다. 반백머리 여인이 부대자루로 만든 오두막에서 이쪽을 내다보고 있었다. "내 말 못 알아듣겠소?" 아버지가 말했다.

"글쎄 여기에서 야영하고 싶으면 하면 되잖소? 난 말리지 않아."

톰이 웃었다. "이제 알아들었구면."

아버지는 분통이 터지려는 것을 억누르고 말했다. "난 그저 이 땅에 주인이 있는지, 돈을 내야 하는지 그걸 알고 싶었을 뿐이오."

턱수염 사나이가 턱을 쑥 내밀고 반문했다. "주인이라니, 누구 말이오?"

아버지가 휙 얼굴을 돌리며 말했다. "제기랄, 사람 갖고 노나!" 여인의 목이 텐트 속으로 쑥 들어갔다.

턱수염 사나이가 무서운 기세로 다가섰다. "주인이 누구야? 누가 우리를 여기서 쫓아낸단 말이야? 말해봐!"

톰이 재빨리 아버지 앞을 막아섰다. "아저씨, 가서 한잠 푸욱 주무시는 게 좋겠어요." 턱수염 사나이가 입을 쩍 벌리고 더러운 손가락을 아랫잇몸에 댔다. 잠시 그는 빈틈없는 눈초리로 톰의 얼굴을 유심히 살펴보더니, 이윽고 등을 돌리고 반백머리 여자의 뒤를 쫓듯이 오두막 안으로 휙 들어가 버렸다.

톰이 아버지를 돌아보고 물었다. "대체 왜 저럴까요?"

아버지가 어깨를 으쓱 해보였다. 그는 야영지 저편을 바라보았다. 한 텐트 앞에 낡은 뷰익 한 대가 세워져 있었다. 실린더헤드가 벗겨져 있고, 한 젊은 사나이가 밸브를 닦고 있었다. 젊은 사나이는 연장을 앞뒤로 연방 움직이면서 조드네 트럭을 쳐다보았다. 그가 혼자 웃고 있는 것을 두 사람도 알 수 있었다. 턱수염 사나이가 사라지자, 젊은이가 일을 멈추고 건들건들 다가왔다.

"안녕하세요?" 그의 파란 눈이 재미있다는 듯이 빛나고 있었다. "방금 '시장님'을 만나는 걸 봤지요."

"저 사람, 대체 왜 저럽니까?" 톰이 물었다.

젊은 사나이가 킬킬거리고 웃었다. "당신이나 나처럼 살짝 맛이 간 것뿐이지 뭐. 어쩌면 나보다는 조금 더 돌았는지 모르지만."

아버지가 말했다. "난 여기다 텐트를 쳐도 괜찮으냐고 물었을 뿐이야."

젊은 사나이가 기름 묻은 손을 바지에 쓱쓱 문지르며 말했다. "그럼요, 좋고말고요. 당신네들, 방금 건너왔어요?"

톰이 대답했다. "네. 오늘 아침에 막 도착했죠."

"후버빌은 처음인가요?"

"후버빌이 어딥니까?"

"여기가 바로 거기지요."

"그래요? 우린 막 와서 몰랐어요."

윈필드와 루디가 양동이에 물을 길어 함께 들고 돌아왔다.

어머니가 말했다. "자, 텐트를 치자. 난 녹초가 됐구나. 이제야 겨우 모두 쉴 수 있을 것 같다." 아버지와 존 아저씨가 트럭으로 기어올라 방수포와 매트리스를 내리기 시작했다.

톰은 건들건들 젊은 사나이를 쫓아가 그가 일하고 있던 자동차께로 함께 걸어갔다. 밸브를 가는 쯤쇠가 꺼내놓은 실린더블록 위에 놓여 있고, 밸브를 갈 때 바르는 가루약이 든 조그맣고 노란 깡통이 진공탱크에 끼워 있었다. 톰이 물었다. "저 수염 난 양반, 왜 그러지?"

젊은 사나이가 쯤쇠를 집어 들어 앞뒤로 비틀듯이 움직이며 밸브를 밸브 시트에 대고 갈기 시작했다. "시장님 말이야? 알게 뭐람. 경찰 공포증인가 보지."

"경찰 공포증이라니, 그게 뭔데?"

"경찰 놈들에게 시달린 나머지 아직도 정신이 들지 않은 것 같단 말이지."

"어쨌다고 놈들은 저런 늙은이를 다 못살게 굴지?"

젊은 사나이가 일손을 멈추고 톰의 눈을 들여다보았다. "어째서 그러는지

분노의 포도 297

누가 알아. 막 도착했다니 모르는 것도 당연한가? 차차 알게 되겠지. 사람마다 하는 말은 다 다르지만 뭐 잠시 살아보라고. 보안관 대리라는 놈이 얼마나 못살게 들볶는지 곧 알게 될 테니." 그는 밸브를 한 개 들어올리고 밸브시트에 가루약을 발랐다.

"하지만 무엇 때문에?"

"나도 모른다니까. 우리에게 투표를 못 하게 하려고 그런다는 사람도 있더군. 다시 말해, 투표를 못 하게 하려고 이렇게 이리저리 돌아다니게 만든단 말이야. 또 우리가 정부의 구제자금을 받지 못 하게 하려고 그런다는 사람도 있고. 우리가 한군데서 살게 되면 조직이 만들어지기 때문이라는 사람도 있지. 난 어째서 그러는지 통 모르겠단 말야. 아는 거라곤 우리가 일 년 내내 쫓겨 다닌다는 것뿐이야. 좀 기다려 봐. 곧 알게 될 테니까."

톰이 강력하게 말했다. "우린 부랑자가 아니야. 일거리를 찾고 있어. 무슨 일이든 할 작정이야."

젊은 사나이가 죔쇠를 밸브 홈에 갖다 대려던 손을 멈추고 어이없다는 표정으로 톰을 보았다. "일거리를 찾는다고? 아하, 일거리를 찾는군. 이봐, 다른 사람들은 뭘 찾고 있다고 생각해? 다이아몬드라도 찾고 있는 줄 알아? 내가 엉덩이가 닳도록 찾아다니는 게 뭐라고 생각해?" 그는 죔쇠를 앞뒤로 바쁘게 움직였다.

톰은 지저분한 텐트, 잡동사니 짐, 낡아빠진 자동차, 햇볕에 널어놓은 군데군데 솜이 뭉친 매트리스, 불에 시꺼멓게 그은 취사용 구덩이 속의 새카만 깡통 같은 것을 둘러보았다. 그가 조용히 물었다. "일거리가 없는 거지?"

"모르겠어. 아마 그럴 거야. 이 근처에서는 요즘 농작물이 안 나거든. 포도를 따기에는 아직 멀었고, 목화는 더 멀었어. 이 밸브만 다 갈면 앞으로 더 가볼 참이야. 마누라하고 아이들을 데리고 말이야. 북쪽으로 가면 일거리가 있다니까, 북쪽으로 샐리너스 근처까지 가볼 참이야."

톰은 존 아저씨와 아버지와 전도사가 텐트 기둥에 방수포를 거는 모습과 어머니가 그 안에서 무릎을 꿇고, 땅에 깐 매트리스의 먼지를 터는 모습을 보았다. 아이들이 얌전하게 둘러서서, 새로 이사 온 가족들이 자리 잡는 모습을 구경하고 있었다. 맨발에다 얼굴에서 땟국이 줄줄 흐르는 얌전한 아이들이었다. 톰이 말했다. "고향에 광고지를 뿌리러 온 사람들이 있었어. 오렌지색 광고지였는데, 여기서 농작물을 거둬들이는 데 일손이 많이 필요하다고 씌어 있었어."

젊은 사나이가 웃었다. "여긴 우리 같은 사람이 30만 명이나 몰려 있다는데, 그중 그 광고지를 보지 않은 가족은 없을걸."

"응, 하지만 일손이 필요 없다면 어째서 그런 광고지를 일부러 뿌리고 다니지?"

"알아서 생각해."

"하지만 사실을 알고 싶어."

"이봐, 잘 들어. 자네가 누구한테 시킬 일이 하나 있는데, 그 일거리를 원하는 사람도 하나라고 쳐. 그러면 자넨 그자가 달라는 대로 품삯을 줘야 하잖겠나. 그런데 1백 명이 있다고 해 봐." 그는 도구를 내려놓았다. 눈이 험악해지고 목소리도 날카로워졌다. "그 일거리를 구하는 사람이 1백 명 있다고 하잔 말야. 그 사람들에게 아이가 있고, 그 아이들이 배를 곯는다고 생각해 보라고. 그 더러운 10센트짜리 한 닢만 있으면 죽을 끓일 옥수수가루 한 통 정도는 아이들에게 사 먹일 수 있다고 생각해 보라고. 5센트짜리 한 닢이면 적어도 뭐라도 사줄 수 있다고 생각해 보란 말이야. 그런데 일을 하겠다고 몰려든 사람은 1백 명이나 되지. 거기다 5센트짜리 한 닢을 주겠노라고 그래 봐. 아마 서로 죽이고서라도 그 돈을 손에 넣으려고 할 걸. 내가 바로 얼마 전까지 하던 일이 얼마짜리였는지 알아? 한 시간에 15센트였어. 열 시간 일하고 겨우 1달러 50센트. 더욱이 거기서 먹고 자는 건 허락되지도 않았지. 휘발유를 들여서 거기까지 가야 했단 말야." 그는 분노에 차서 숨을 헐떡거렸다. 눈은 증오로 이글댔다. "그래서 그런 광고지를 뿌려대는 거야. 밭일 한 시간에 15센트를 주고 아낀 돈으로 광고지 같은 건 얼마든지 박아낼 수 있지."

"그건 분통 터지는 이야기네."

젊은 사나이가 거칠게 웃었다. "잠시 여기서 지내보라고. 조금이라도 좋은 일이 있거든 나한테도 좀 가르쳐 주었으면 좋겠어."

톰은 아직도 끈질기게 말했다. "하지만 일거리는 있을 거 아냐? 제기랄, 일거리라면 잔뜩 있잖아. 과일이라든가, 포도라든가, 채소라든가. 내 눈으로 봤단 말야. 일손이 필요할 게 틀림없어. 내 눈으로 똑똑히 봤다고."

자동차 옆 텐트 안에서 어린아이 울음소리가 들렸다. 젊은 사나이가 텐트 안으로 들어갔다. 방수포 너머로 그의 조용한 목소리가 들렸다. 톰은 쭘쇠를 집어 밸브 홈에 대고 손을 빠르게 앞뒤로 움직여 그것을 갈았다. 어린애 울음소리가 그쳤다. 젊은 사나이가 나와서 톰을 지켜보았다. "잘 하는군 그래. 아주 좋았어. 곧 자네도 그 짓을 해야 할 테니까."

"내 말을 어떻게 생각하나?" 톰이 다시 이야기를 꺼냈다. "난 여러 가지 농작물이 자라는 걸 봤다고."

젊은 사나이는 쪼그리고 앉아 조용히 말했다. "내 얘기해 주지. 난 엄청나게 큰 복숭아밭에서 일한 적이 있어. 1년 내내 일꾼은 아홉이면 족하지." 그는 자신의 말을 강조하듯 말을 끊었다. "그런데 복숭아가 익으면 두 주일에 3천 명이나 되는 일꾼이 필요해져. 그 정도를 쓰지 않으면 복숭아가 썩어버리거든. 그래서 놈들이 어떻게 하는지 알아? 어디든 가리지 않고 광고지를 뿌리는 거야. 필요한 건 3천 명인데 6천 명이나 모여들지. 그러면 놈들은 제가 정한 임금으로 일꾼들을 고용해. 그 임금이 맘에 안 들면 관두라 이거지. 젠장, 그자 대신 일하겠다고 줄 선 인간이 1천 명이나 있으니까. 할 수 없이 숨도 안 쉬고 복숭아를 따기 시작하는데 일은 순식간에 끝나고 말지. 그 일대가 다 복숭아밭인데 모두 한꺼번에 익으니, 자네가 복숭아를 따고 났을 때는 다른 데도 다 따버리고 없어. 그 일대에 일거리라곤 눈을 씻고 찾아봐도 없어. 일이 끝나면 농장주는 우리를 혹처럼 생각하기 시작해. 3천 명이나 되는 사람을 말야. 일은 끝났다, 도둑질을 할지도 모른다, 술이 취해서 주정을 부릴지도 모르고 소동을 일으킬지도 모른다. 게다가 낡은 텐트에 사는 꼴도 보기 흉하고, 이 아름다운 고장을 퀴퀴하게 만든다 등등. 이제 우리가 떠났으면 하는 거지. 우리를 쫓아내기 시작해. 차례차례 내쫓는 거야. 대강 이런 형편이네."

톰은 조드네 텐트 쪽을 내려다보았다. 조드의 어머니가 몹시 지친 무거운 동작으로 나무 부스러기를 태워 불을 지핀 뒤에 냄비를 그 위에 올려놓는 것이 보였다. 둘러선 아이들이 더 가까이 다가섰다. 커다랗게 뜬 조용한 눈이 어머니의 손놀림을 하나하나 좇았다. 허리 굽은 노인 한 사람이 오소리처럼 한 텐트에서 나오더니 코를 벌름거리며 어슬렁어슬렁 다가왔다. 뒷짐을 지고 아이들과 함께 서서, 어머니가 하는 일을 지켜보았다. 루디와 윈필드는 어머니 옆에 서서 낯선 사람들을 적의에 찬 눈으로 노려보고 있었다.

톰이 화난 듯이 말했다. "그 복숭아는 당장 따버려야 한단 말이지? 다 익었을 때."

"물론이지."

"그럼 사람들이 하나로 뭉쳐서 '이 복숭아 따위는 썩혀버려' 하면 어떻게 되지? 당장 임금이 올라갈 게 틀림없어!"

젊은 사나이가 밸브에서 눈을 들어 비웃듯이 톰의 얼굴을 보았다. "음, 자네도 생각 좀 했군 그래. 자기 머리로 말이야."

"난 피곤해. 밤새 차를 몰고 왔거든. 말싸움 하고 싶지 않아. 게다가 난 몹시 지쳐서 주먹부터 올라갈 판이야. 제발 부탁이니 날 놀리지 마."

젊은 사나이가 빙그레 웃었다. "나도 놀릴 생각은 없어. 자넨 여기 없어서 모르겠지만, 모두 그 생각은 했었지. 복숭아밭 놈들도 그 생각을 했고. 사람들이 하나로 뭉칠 때는 지도자가 나타나는 법이야. 연설하는 사람이 꼭 있어야 하지. 그런데 그 사람이 입만 벙긋하면 놈들이 그 사람을 붙잡아다 감옥에 처넣어버리는 거야. 다른 지도자가 나오면 그 사람도 감옥에 넣어버리고."

"감옥에 들어가면 어찌되었건 굶을 염려는 없겠군."

"하지만 아이들은 그렇게 안 되지. 감옥에 들어가 있는 동안에 아이들이 굶어죽어도 괜찮겠나?"

톰이 천천히 말했다. "그렇군. 음, 그 말이 맞아."

"그리고 또 있지. 블랙리스트라는 말 들은 적 있나?"

"뭐지, 그건?"

"음, 자네, 우리 모두 단결하자는 식의 말을 한 마디만 해봐. 그러면 알게 돼. 놈들은 자네 사진을 찍어서 여기 저기 보내겠지. 그러면 이젠 어딜 가나 일거리를 얻지 못 하게 돼. 그리고 자네에게 아이들이 있다면……."

톰이 모자를 벗어 두 손으로 쥐고 세게 비틀었다. "그럼 주는 거나 얌전히 받아먹으란 말이지? 음, 그러지 않으면 굶어죽는단 말이군. 어쩌고저쩌고 떠들어대도 굶어죽는단 말이고?"

젊은 사나이가 한손으로 커다랗게 원을 그려 누더기 텐트와 녹슨 차들을 한꺼번에 가리켰다.

톰은 다시 어머니 쪽을 보았다. 그녀는 쭈그리고 앉아 감자를 깎고 있었다. 아이들은 더 가까이 다가서 있었다. 톰이 말했다. "난 그렇게 못 해. 빌어먹을, 나랑 우리 식구들은 겁쟁이가 아냐. 어느 놈이건 따끔한 맛을 보여주겠어."

"경찰한테도 말야?"

"누구건."

"자네 어떻게 된 모양이군. 당장 붙잡힐 거야. 자네는 이름도 없고 재산도 없어. 코와 입에 피가 말라붙어 가지고 도랑에 죽어 엎어졌다가 발견되는 게 고작이겠지. 신문에 기사는 한 줄 나겠군. 뭐라고 쓰일 것 같나? '부랑자 시체 발견' 이게 다야. 자네도 이제 그런 한 줄짜리 기사를 실컷 보게 될 거야. '부랑자 시체 발견' 말이야."

"그 부랑자 시체 옆에서 다른 시체도 발견될걸."

"자넨 어떻게 됐어. 그래 봐야 아무 소용도 없어."

"그럼 자넨 어떻게 하겠다는 거야?" 톰이 기름으로 얼룩진 사나이의 얼굴을 들여다보았다. 젊은 사나이는 눈을 내리깔았다.

"아무것도. 자네들 어디서 왔나?"

"우리? 오클라호마 샐리소 근처에서."

"막 도착했나?"

"오늘 막 도착했지."

"이 근처에 오래 있을 셈이야?"

"모르겠어. 일할 수 있는 곳이면 어디라도 있을 참이야, 왜?"

"한참 자야겠군. 내일은 일거리를 찾으러 나가야지."

"잘 해보게."

톰은 몸을 돌려 자기네 텐트로 걸어갔다.

젊은 사나이가 밸브 갈 때 바르는 약통을 집어 들고 그 속에 손가락을 넣으며 불렀다. "이봐!"

톰이 뒤돌아보았다. "왜?"

"할 얘기가 있어." 그는 약 묻은 손가락으로 오라는 시늉을 했다. "꼭 하고 싶은 얘기가 있어. 쓸데없이 말썽을 일으키지 마. 아까 그 경찰 공포증에 걸린 사람이 어떤 표정을 하고 있었는지 기억나?"

"저 텐트에 있는 영감 말이야?"

"그래. 멍청이 같이 아무것도 모르는 얼굴이었지?"

"그 영감이 어쨌다는 거야?"

"경찰이 찾아오거든, 놈들은 노상 찾아오지만, 자네도 그런 얼굴을 하란 말야. 멍청이 같이 아무것도 모르고 상황파악도 안 된다는 표정. 경찰은 그런 사람을 좋아하지. 경찰은 절대로 때리지 마. 그건 자살하는 거나 같으니까. 경찰 공포증이 되는 거야."

"그 빌어먹을 경찰 놈에게 짓밟혀도 가만있으란 말야?"

"그게 아니야. 내 말 잘 들어둬. 오늘밤 자네한테 가겠네. 어쩌면 내가 실수하는 건지도 몰라. 이 근처엔 언제나 경찰 끄나풀이 어슬렁대니까. 난 위험한 다리를 건너는 거야. 자식새끼도 하나 있는 판에 말이야. 하지만 자네한테 가겠네. 그러니 경찰을 보면 멍청이 오키가 되라고, 알겠나?"

"우리가 이걸 계기로 뭔가를 하게 되면 좋겠네."

"걱정 마, 우린 뭔가 하고 있으니까. 자진해서 위험한 다리를 건너려고 하지 않을 뿐이야. 아이들은 굶어죽는 게 빠르거든. 이삼 일이면 죽어." 그는 다시 일을 시작했다. 밸브시트에 약을 바르고, 죔쇠를 쥔 손을 열심히 앞뒤로 움직였다. 그 얼굴은 둔하고 멍청해 보였다.

톰은 건들건들 자기 텐트로 돌아갔다. "경찰 공포증이라." 그는 속삭이듯 말했다.

아버지와 존 아저씨가 마른 버드나무 가지를 한 아름 안고 텐트로 돌아와서 모닥불 옆에 내려놓고는 그 자리에 쭈그려 앉았다. 아버지가 말했다. "땔나무를 겨우 주워 왔다. 나무를 하러 꽤 멀리까지 가야했지 뭐냐." 그는 눈을 들어, 둥그렇게 둘러서서 지켜보고 있는 아이들을 보았다. "이게 무슨 일이람! 너희들, 어디서 왔느냐?" 아이들이 부끄러운 듯이 저마다 자기 발을 내려다보았다.

어머니가 말했다. "음식 냄새를 맡고 온 거겠죠. 윈필드, 좀 비켜라." 어머니가 윈필드를 옆으로 밀어냈다. "스튜를 좀 만들어야겠어요. 고향을 떠난 뒤로는 제대로 된 요리를 먹어보지 못 했으니까. 여보, 저쪽 가게에 가서 목살 좀 사다 줘요. 맛있는 스튜를 만들 테니까." 아버지가 일어나서 휘적휘적 걸어갔다.

앨은 자동차의 보닛을 들어올리고, 기름투성이 엔진을 들여다보고 있었다. 톰이 가까이 가자 그가 얼굴을 들고 말했다. "오늘은 대머리독수리처럼 기쁜 얼굴을 하고 있네."

"봄비 맞은 두꺼비처럼 기분이 좋다."

앨이 엔진을 가리키며 말했다. "좀 봐. 아주 상태가 좋지?"

톰이 들여다보고 말했다. "괜찮은 것 같군."

"괜찮은 것 같다고? 쳇, 아주 좋단 말이야. 기름도 새지 않고 아무 이상 없다고." 그가 점화플러그 하나를 뽑더니 집게손가락을 그 안에 집어넣었다. "찌꺼기가 좀 끼어 있지만 바짝 말랐어."

"너, 차 한번 잘 골랐단 말이 듣고 싶어 그러지?"

"아냐, 오면서 내내 조마조마했었어. 고장 나면 내 책임이라고 할까봐."

"아냐, 잘 골랐어. 잘 손봐 놔. 내일은 일거리를 찾으러 나갈 테니까."

"잘 구를 거야. 걱정 붙들어 매." 그렇게 말하면서 주머니칼을 꺼내어 점화플러그 끝을 긁었다.

톰이 텐트 옆을 돌아나가니 케이시가 땅바닥에 앉아 진지한 표정으로 자기의 한쪽 맨발을 들여다보고 있었다. 톰은 그 옆에 털퍼덕 앉았다. "잘 될 것 같아요?"

"뭐가?"

"그 발가락 말이에요."

"아! 그저 앉아서 생각하던 참이었어."

"그렇게 하면 마음이 편해지나 봐요?"

케이시는 엄지발가락을 위로, 둘째발가락을 밑으로 움직이며 조용히 미소 지었다. "인간은 뭘 생각하다 보면 몸이 굳어지는 법이거든."

"며칠 동안 한 마디도 안 하시던데. 늘 뭔가 생각하나요?"

"응, 노상 생각하지."

톰은 헝겊 모자를 벗었다. 이제 완전히 후줄근해지고 차양도 새부리처럼 뾰족하게 되어 원형을 알아볼 수 없었다. 그는 안쪽 땀받이 밴드를 뒤집어, 길게 접어 끼운 신문지를 꺼냈다. "너무 땀이 많이 나서 오그라들었는걸." 그리고는 케이시가 발가락을 움직거리는 것을 지켜보았다. "잠깐 생각을 멈추고 내 말 좀 들어 주실래요?"

케이시가 줄기 같은 가는 목을 돌려 얼굴을 이쪽으로 향했다. "난 언제나 남의 이야기를 듣지. 그러기에 생각을 하고 있었고. 남의 얘기를 듣고 있으면 곧 모든 사람의 마음이 들려오지. 마음은 언제나 앞으로 나아가. 나는 그 마음을 듣고 느껴. 그것들은 다락방에 날아든 새처럼 날개를 퍼덕이며, 언젠가 밖으로 나갈 날을 꿈꾸며 먼지 쌓인 창문에 부딪쳐 날개가 상하고 말지."

톰은 눈을 동그랗게 뜨고 케이시를 쳐다보다가 이윽고 고개를 돌려 20피트쯤 떨어진 잿빛 텐트를 보았다. 세탁한 청바지며 셔츠, 그리고 드레스 한 벌이 텐트를 비끄러맨 밧줄에 널려 있었다. 그가 조용히 말했다. "내가 하려던 얘기도 그거랑 비슷한 거예요. 그런데 벌써 보셨군요."

케이시가 수긍했다. "봤지. 갑옷 하나 걸치지 않은 우리 같은 군대를." 그는 고개를 수그리고 손가락을 벌려 머리카락을 천천히 이마부터 쓸어올렸다. "오면서 죽 봤지. 어딘가에 머무를 때마다 그들을 봤어. 돼지고기를 먹고 싶어 하는 굶주린 사람들을 말이야. 재수 좋게 돼지고기가 생겼다 해도 조금도 양에 차지 않지. 그러다가 너무나 배가 고파 견딜 수 없게 되면 기도를 드려 달라고 내게 부탁하는 거야. 그래서 나도 이따금 기도를 해주었지." 그는 세운 두 무릎을 꼭 끌어안았다. "전에는 기도를 올리면 다 되는 줄 알았어. 기도를 올리면 끈끈이에 달라붙는 파리처럼 모든 걱정거리가 그 기도에 들러붙고, 그 기도는 그런 걱정거리를 짊어지고 어디론가 가버렸지. 하지만 이제는 그렇지 않아."

"기도를 한다고 소금에 절인 돼지고기가 생기는 건 아니니까요. 돼지고기가 생기려면 새끼돼지가 있어야지."

"그렇지. 하느님이 품삯을 올려주셨다는 이야기도 들어본 적 없고. 여기 있는 사람들은 제대로 살면서 아이들을 버젓이 기르고 싶어 하지. 나이를 먹으면, 문 앞에 앉아서 기울어지는 태양을 지켜보고 싶어 하고, 젊을 때는 춤추고, 노래하고, 같이 자고 싶어 하고 말이야. 먹고, 취하고, 일하고 싶어 하는 거야. 바로 그거야. 그네들은 그저 근육을 마구 움직여서 녹초가 되고 싶어 한다고. 이런! 내가 무슨 말을 지껄이는 거지?"

"모르겠는데요. 하지만 좋은 얘기 같아요. 전도사님은 언제쯤 일거리를 얻어서 그 생각하는 일을 좀 그만둘 수 있을 것 같아요? 우린 일을 해야 해요. 돈도 다 써가거든요. 아버지는 할머니 무덤에 페인트 칠한 판자를 세우는 데 5달러나 지불했대요. 이제 얼마 남지 않았어요."

깡마른 갈색 잡종 개 한 마리가 쿵쿵대며 텐트를 돌아 다가왔다. 겁을 집어먹고, 언제라도 달아날 수 있도록 다리를 구부리고 있다. 개는 냄새를 맡으며 바로 가까이까지 와서야 사람이 있는 것을 깨달았다. 머리를 쳐들고 두 사람을 보자마자 옆으로 펄쩍 뛰어 물러서더니 줄행랑을 쳤다. 귀를 뒤로 뉘고, 앙상한 꼬리를 바싹 감아올리고 달아났다. 케이시는 개가 다른 텐트 뒤로 획 돌아 사라지는 모습을 지켜보았다. 그가 큰 한숨을 짓고 말했다. "나는 아무 짝에도 쓸모없는 인간이야, 나 자신에게도 다른 누구에게도 말이야. 그래서 혼자 어디로 가버릴까 하던 참이지. 너희 식구 밥만 축내고 자리만 차지하고 있으니. 그런 주제에 식구들에게 무엇 하나 해준 게 없어. 뭔가 확실한 일이라도 찾게 되면 지금까지 입은 은혜를 갚을 수 있을지도 몰라."

톰은 입을 벌리고 아래턱을 쑥 내밀고는 마른 겨자 줄기로 아랫니를 톡톡 쳤다. 야영지의 회색 텐트며 잡초와 함석과 종이로 만든 오두막들을 둘러보았다. "더럼(담배 파이프 용 대나무)이나 한 자루 있으면 좋겠군. 담배를 피워본 지가 한참 됐어요. 매칼리스터에 있을 때조차 담배가 떨어진 일은 없었는데. 그곳으로 다시 돌아가고 싶을 정도야." 그는 다시 이빨을 톡톡 치다가 불현듯 전도사를 돌아보았다. "감옥에 들어간 적이 있나요?"

"아니, 한 번도 없어."

"당장 떠나지는 말아요. 아직은 안 돼요."

"빨리 일을 찾으러 가야 그만큼 빨리 일을 얻지."

톰은 가늘게 뜬 눈으로 그를 지그시 바라보다가 다시 모자를 썼다. "이봐요, 여기는 전도사들이 말하는 젖과 꿀이 흐르는 땅이 아니라고요. 지금 여긴 좋잖은 일이 일어나고 있어요. 이 지방 놈들은 우리 같은 사람들이 서부로 오는 게 두려워서, 경찰을 시켜 우리에게 겁을 주어 쫓아내려 하고 있어요."

"응. 나도 알아. 그런데 감옥에 들어간 적이 있느냐고는 왜 물었지?"

톰이 천천히 대답했다. "감옥에 들어가 있으면…… 저어 뭐랄까…… 육감이 날카로워져요. 거기선 모여서 얘기하지 못 하게 되어 있죠. 둘 정도는 괜찮지만 여럿이는 안 돼요. 그래서 육감이 예민해지는 거죠. 무슨 일이 일어나려고 할 때는—이를테면 누군가가 폭발을 해서 자루걸레로 교도관을 두들겨 팰 생각을 하면 놀랍게도 그것이 일어나기 전에 다 알게 되죠. 탈주니 폭동이 일어나려 할 때도 누가 알려주지 않아도 알게 되고요. 그런 데에 촉각이 곤두서는 거예요. 알겠어요?"

"음, 그래서?"

"여기 있어 줘요. 아무튼 내일까지는 있어요. 뭔가 일어나고 있어요. 아까 저쪽에 있는 젊은 사람하고 얘기했는데, 코요테처럼 조심성 많고 영리한 사람이에요. 지나칠 만큼 영리해요. 코요테는 사람을 귀찮게 굴지 않고 혼자 즐기며 해로운 짓은 조금도 하지 않는 체하지만 닭장 주변을 맴돌죠."

케이시는 유심히 그를 바라보며 뭔가 물어보려고 하는 것 같더니 입을 꾹 다물어 버렸다. 천천히 발가락을 움직이고 무릎에서 손을 떼더니 한쪽 다리를 펴고 그것을 바라보았다. "그래, 당장은 떠나지 않겠어."

"숱한 사람이, 말 없고 무던한 사람들이 아무것도 모르는 표정을 짓고 있을 때는 무슨 일이 일어나고 있는 거예요."

"난 여기 있겠어."

"내일 다 같이 트럭을 타고 일거리를 찾으러 가요."

"좋고말고!" 케이시는 이렇게 말하고 발가락을 아래위로 움직이며 엄숙한 얼굴로 그것을 바라보았다. 톰은 팔꿈치를 짚고 뒤로 비스듬히 누워 눈을 감았다. 텐트 안에서 '샤론의 장미'가 뭔가 중얼거리고 코니가 이에 대답하는 소리가 들렸다.

방수포 텐트가 어두운 그림자를 땅 위에 던졌다. 양쪽 끝에 쐐기 모양 빛이 날카롭게 빛났다. '샤론의 장미'는 매트리스 위에 누워 있고 그 옆에 코니가 웅크리고 앉아 있었다. "어머니를 도와드려야 하는데. 그러려고 했는데 몸을 움직일 때마다 구역질이 나."

코니의 눈은 언짢아 보였다. "이럴 줄 알았으면 오지 않았을 거야. 고향에 있었으면 매일 밤 트랙터 강습을 받아서 하루 3달러짜리 일을 했을 텐데. 하루에 3달러면 아주 멋지게 살 수 있을 거고, 영화 구경도 밤마다 할 수 있어."

'샤론의 장미'가 걱정스러운 표정을 지었다. "당신, 밤마다 라디오 공부를 할 거죠?" 그는 한참 대답하지 않았다. "응? 그렇죠?" 그녀가 다그쳐 물었다.

"응, 그래. 독립하면 곧 말야. 돈을 좀 벌어 두고서."

그녀가 팔꿈치를 짚고 몸을 일으켰다. "단념하는 건 아니죠!"

"아니, 아냐. 물론 단념하지 않아. 하지만 이런 데서 살게 될 줄은 생각지도 못 했지."

여자의 눈이 험악해졌다. "꼭 해야 해요." 그녀가 조용히 말했다.

"그래, 물론이지. 나도 알아. 독립해야지. 돈도 좀 벌어야 하고. 고향에 남아서 트랙터 공부를 하는 편이 나았을지도 모르지만. 하루에 3달러를 받을 수 있고, 또 임시 수당도 있거든." '샤론의 장미'의 눈은 계산을 하고 있었다. 코니가 내려다보니, 그녀의 눈이 자기를 측정하고 값을 매기는 것이 보였다. "하지만 난 공부할 테야. 독립하는 대로 곧."

그녀가 격한 어조로 말했다. "아기가 태어나기 전에 집을 마련해야 해요. 텐트 같은 데서 아기를 낳을 수는 없어요."

"물론이지. 곧 독립하면 바로 할 거야." 그는 텐트 밖으로 나와, 화톳불 앞에 웅크리고 있는 어머니를 내려다보았다. '샤론의 장미'는 반듯이 누워 텐트 천장을 쳐다보았다. 그러다 엄지손가락을 재갈처럼 입에 쑤셔 넣고 소리가 나지 않도록 울었다.

어머니는 불 옆에 무릎을 꿇고 앉아 스튜냄비 밑의 불꽃이 약해지지 않도록 작은 나뭇가지를 던져 넣고 있었다. 불꽃은 활짝 타올랐다가 약해지고, 타올랐다가 약해지곤 했다. 열다섯 명이나 되는 아이들이 여전히 서서 잠자코 구경하고 있었다. 끓는 스튜 냄새가 코를 덮치면 콧구멍이 조금씩 벌름댔다. 먼지로 누렇게 된 머리카락을 햇살이 비추었다. 아이들은 그 자리에 서 있는 것을 부끄럽게 생각했지만 그래도 가려고 하지는 않았다. 어머니는 이 배고픈 아이들이 빙 둘러선 안쪽에 서 있는 계집아이와 조용히 이야기를 나누고 있었다. 그 애는 다른 아이들보다 얼마간 나이가 위인 것 같았다. 짝다리로 서서, 쳐든 한쪽 맨발 발등을, 짚고 선 다리의 종아리에 문지르고 있었다. 등 뒤에서 팔짱을 끼고 있었다. 아이가 조그마한 잿빛 눈으로 뚫어지게 어머니를 쳐다보며 제안했다. "아주머니, 원하시면 제가 나무를 꺾어 드리겠어요."

어머니가 불에서 얼굴을 들었다. "먹고 싶어서 그러는 거지, 응?"

"네, 아주머니." 계집아이가 당황하는 기색도 없이 말했다.

어머니가 냄비 밑에 작은 나뭇가지를 집어넣었다. 불꽃은 기세 좋게 탁탁 소리를 냈다. "아침밥을 못 먹었니?"

"네, 아주머니. 이 근처엔 일거리가 없어요. 우리 아버진 뭐든 물건을 팔아서 그것으로 휘발유를 사갖고 다른 데로 갈 생각이에요."

어머니가 얼굴을 들었다. "이 아이들이 모두 아침을 안 먹었단 말이냐?"

둥그렇게 원을 그린 아이들이 겸연쩍은 듯 자세를 바꾸며, 보글보글 끓는 냄비에서 눈길을 돌렸다. 한 사내아이가 자랑스러운 표정으로 말했다. "난 먹었어요. 나하고 형 하고요. 쟤네 둘도 먹었고요. 내가 봤는걸요. 우리 집 식구들은 실컷 먹었어요. 우린 내일 남쪽으로 가요."

어머니가 미소를 지었다. "그럼 넌 배가 고프지 않겠구나. 이건 너희 모두에게 줄 만큼 많지는 않으니깐 말이다."

사내아이가 입술을 삐죽 내밀었다. "우린 잔뜩 먹었어요." 이렇게 말하고 몸을 홱 돌려 달려가더니 한 텐트 속으로 기어들어갔다. 어머니는 그 뒷모습을 오래 지켜보았다. 아까 그 계집아이가 주의를 주었다.

"아주머니, 불이 꺼져요. 내가 봐 드릴까요?"

루디와 윈필드는 제법 냉정하고 위엄 있는 체하며 그 아이들과 함께 둘러서 있었다. 두 사람은 초연해 보였지만, 동시에 그 표정은 소유자의 것이기도 했다. 루디가 소녀를 냉랭하고 노여운 눈길로 쳐다보았다. 그러고는 땅에 쪼그리고 앉아 어머니를 위해 나뭇가지를 꺾기 시작했다.

어머니가 냄비 뚜껑을 열고 막대기로 스튜를 휘저었다. "너희 가운데 배안 고픈 아이도 있다니 안심이구나. 적어도 아까 그 사내아이는 그런 것 같던데."

소녀가 흥 하고 웃었다. "아, 개요? 그거, 괜히 뻐기는 거예요. 잘난 체하는 거라니까요. 밥을 굶었을 때 그 애가 어떻게 하는지 아세요? 엊저녁에도 밖에 나와서는 다 같이 닭고기를 먹었다는 거예요. 새빨간 거짓말이죠. 그 애 집에서 밥 먹는 걸 들여다봤는데, 다른 집처럼 밀가루 반죽 튀김만 먹고 있었어요!"

"이머나!" 어머니는 조금 전에 사내아이가 들어간 텐트를 바라보았다. 그리고 소녀를 돌아보았다. "넌 캘리포니아에 온 지 얼마나 되니?"

"반년쯤 돼요. 한동안 국영 캠프에 있다가 북쪽으로 갔는데 다시 돌아와 보니 캠프가 만원이더군요. 거긴 정말 살기 좋아요."

"그게 어디냐?" 어머니가 물었다. 그리고 루디 손에서 나뭇가지를 빼앗아 직접 불을 지폈다. 루디는 미워죽겠다는 듯이 그 계집아이를 쏘아보았다.

"위드패치 근처예요. 멋있는 변소와 목욕탕이 있고, 큰 대야에다 빨래도 할 수도 있어요. 물도 잘 나와요. 먹는 물도 좋고. 밤엔 다함께 음악을 연주하고, 토요일 밤엔 모여서 춤도 추고요. 아, 정말 거기만큼 좋은 덴 없었어요. 어린이 놀이터도 있고, 변소에는 휴지도 있어요. 조그만 손잡이를 잡아당기면 변기에서 물이 나오죠. 자기들 멋대로 텐트 속을 들여다보는 경찰도 없어요. 캠프 관리인도 아주 공손해서, 할 얘기가 있으면 찾아와서 말하고 조금도 뻐기질 않아요. 다시 거기 가서 살면 좋은데."

"그런 얘긴 처음 듣는구나. 나도 빨래대야를 쓸 수 있으면 얼마나 좋을까."

소녀가 흥분해서 지껄여댔다. "보면 깜짝 놀랄걸요? 파이프 속에 뜨거운 물이 들어 있어서 샤워를 하면 아주 따뜻해요. 그런 건 처음 봤어요."

"지금은 만원이랬지?"

"네. 지난번에 물어보았을 때 만원이라고 그랬어요."

"돈이 퍽 많이 들겠지?"

"그야 들죠. 하지만 돈이 없으면 대신 일을 시켜요. 일주일에 두세 시간, 청소나 쓰레기 치우는 일 같은 거요. 밤엔 음악을 듣고, 다 같이 모여 얘기도 하고, 더운 물은 파이프에서 바로 나오고. 그렇게 좋은 덴 정말 없어요."

"정말로 그런 데 가보고 싶구나."

루디가 더 견디지 못하고 사납게 끼어들었다. "우리 할머닌 트럭 위에서 죽었다." 소녀는 무슨 말인가 하고 루디를 쳐다보았다. "그래, 죽었어. 그랬더니 검시관이 할머닐 데리고 가버렸어." 루디는 입을 꽉 오므리고 조그만 나무더미를 허물어뜨렸다.

윈필드는 이 대담한 공격에 눈을 껌벅거렸다. 그가 루디를 흉내 내어 똑같이 말했다. "이 트럭 위에서야. 검시관이 할머닐 커다란 바구니에 넣었어."

어머니가 말했다. "너희 둘 다 조용히 해. 자꾸 떠들면 저리 쫓아버릴 테다." 그러고서 불에 나뭇가지를 넣었다.

야영지 아래쪽에서는 앨이, 밸브 가는 일을 보려고 어슬렁어슬렁 다가갔다. "거의 끝나가는 모양이죠?"

"아직 두 개 남았어."

"이 야영지에 계집애들 있어요?"

"난 마누라 있는 몸이야. 계집애하고 노닥거릴 시간은 없어."

"나는 다른 일 할 겨를은 없어도 계집애하고 놀러 다닐 시간은 얼마든지 있는데."

"너도 배에서 쪼르륵 소리가 나면 생각이 달라질걸."

앨이 웃었다. "그럴지도 모르죠. 하지만 아직은 이 생각에 변함이 없어요."

"아까 나와 얘기한 사람, 자네 가족 아닌가?"

"그래요! 우리 형 톰이에요. 형한테 함부로 농담 날리지 않는 편이 좋아요. 사람을 죽인 일이 있으니까."

"사람을 죽여? 뭣 때문에?"

"싸움이 있었거든요. 상대방이 형한테 칼을 들이댔어요. 그래서 형은 놈을 삽으로 후려쳤죠."

"그랬군. 그래 재판은 어떻게 되었는데?"

"싸움인걸 뭐. 무죄로 석방됐죠."

"싸움 할 사람 같지 않던데."

"그래요, 그런 사람이 아니죠. 하지만 형은 누가 자길 함부로 대하면 못 참는 성미거든요." 앨이 우쭐대며 말했다. "형은 얌전한 사람이지만, 조심하는 게 좋아요!"

"그래, 나도 얘기해 봤지만, 못된 인간은 아닌 것 같았어."

"그러믄요. 평소에는 온순하지만 한번 화가 났다 하면—그럴 때 조심해야지." 젊은 사나이는 마지막 밸브를 가는 데 집중하기 시작했다. "그 밸브 끼우고 실린더헤드 위에 올려놓는 일 도와줄까요?"

"음, 별일 없거든 부탁해 볼까."

"좀 잤으면 좋겠지만 어떻게 된 게 뜯어놓은 차만 보면 손을 가만 둘 수가 있어야지. 손이 저절로 나간다니까요."

"도와준다면야 나로서는 고맙지. 나는 플로이드 놀즈야."

"앨 조드라고 해요."

"만나서 반가워."

"나도요. 같은 개스킷을 쓰나요?"

"별 수 있나."

앨이 주머니칼을 꺼내어 실린더블록을 깎았다. "정말이지 엔진 속만큼 구미가 당기는 건 없다니까."

"계집애는 어떻고?"

"참, 계집애도! 언제 한번 롤스로이스를 죄다 뜯어놓고 조립해 봤으면. 한번은 16기통짜리 캐딜락의 보닛 속을 들여다본 일이 있는데, 이야, 그렇게 괜찮은 건 난생 처음이었어요! 샐리소에서였는데, 어느 식당 앞에 그 16기통이 세워져 있기에 보닛을 슬쩍 열어봤지요. 그랬더니 한 남자가 나와서 '너 뭐 하는 거야?' 하잖아요. '잠깐 본 거예요. 이거 정말 좋은데요?' 했더니 아무 소리 않고 멀뚱하니 서 있더군요. 직접 차 안을 들여다본 적은 한번도 없었겠죠. 그냥 멍청히 서 있더라고요. 밀짚모자를 썼는데 꽤 부자처럼 보였어요. 줄무늬 셔츠를 입고 안경을 쓰고. 서로 아무 말 않고 그냥 보고만 있었죠. 한참 있다가 그 사람이 말하잖겠어요. '어때, 운전해 보겠나?'"

"꿈같은 제안이군!"

"그러니까요. '어때, 운전해 보겠나?'라니. 그런데 전 청바지 차림이었잖겠어요. 온통 흙투성이고. 그래서 내가 말했죠. '차가 더러워져요.' 그랬더니 그러더군요. '그런 건 걱정 말고 이 블록을 한 바퀴 돌고 오라고.' 그래서 냉큼 운전석에 들어가 앉아 블록을 여덟 바퀴쯤 돌았죠. 야, 정말이지!"

"근사했나?"

"아! 그 차를 뜯게만 해줬더라면, 난 뭘 내놔도 아깝지 않았을 텐데."

플로이드는 앞뒤로 힘차게 움직이던 팔 동작을 늦췄다. 마지막 밸브를 밸브시트에서 들어 올리고 들여다보았다. "고물차에 익숙해지는 게 좋아. 어차피 16기통을 운전할 신분은 못 될 거니까." 그는 쇰쇠를 디딤판 위에 놓고, 실린더블록에 눌어붙은 찌꺼기를 떼어내기 위해 끌을 집어 들었다. 모자도 안 쓴 뚱뚱한 여자 둘이 우유처럼 뽀얀 물이 든 양동이를 마주 들고 지나갔다. 물통 무게 때문에 비틀거리면서 두 사람 다 땅바닥만 내려다보며 걸어갔다. 오후의 해가 반쯤 기울어지기 시작했다.

앨이 말했다. "당신은 좋아하는 게 별로 없는 모양이군요."

플로이드는 더욱 세차게 끌을 놀렸다. "나는 이 고장에 온 지 여섯 달이나 됐어. 그동안 이 주를 이리저리 뛰어다니며, 아내와 아이들에게 고기와 감자를 먹이려고 부지런히 일하고 끊임없이 이동했지. 산토끼처럼 여기저기 뛰어다녔지만 뜻대로 되질 않았어. 무슨 짓을 해도 배불리 먹을 수가 없더란 말야. 나는 이제 지쳐버렸어, 그뿐이야. 잠을 자면 없어지는 그런 피로가 아니야. 녹초가 되어 버렸어. 이젠 어떻게 먹고 살아야 할지 알 수도 없고."

"안정된 일거리가 없단 말인가요?"

"그래, 안정된 일 따위는 없어." 그는 끌로 실린더블록의 찌꺼기를 긁어내고, 그 뿌연 금속판을 기름걸레로 닦았다.

녹슨 포장형 자동차가 야영지 안으로 들어왔다. 네 사나이가 타고 있었는데, 그들 모두 볕에 그을은 험상궂은 얼굴을 하고 있었다. 차는 천천히 야영지 안을 가로질러 지나갔다. 플로이드가 말을 건넸다. "잘 됐나?"

차가 섰다. 운전하던 사나이가 말했다. "종일 여기저기 돌아다니다 왔지. 이 근처엔 이제 일이라고는 눈을 씻고 찾아봐도 없어. 다른 데로 가는 수밖에 없겠어."

"어디로요?" 앨이 말을 걸었다.

"알게 뭐야. 이제 이 고장에서는 더 알아볼 데가 없어." 그는 클러치를 떼면서 천천히 야영지 저쪽으로 사라졌다.

앨이 그 사람을 바라보며 말했다. "각자 혼자서 찾는 편이 좋지 않을까? 일이 하나 있으면, 한 사람은 거기서 일할 수 있으니까."

플로이드는 끌을 놓고 쓴웃음을 지었다. "아직 뭘 모르는군. 먼저, 여기저기 돌아다니려면 휘발유가 들어. 휘발유는 1갤런에 15센트지. 저 네 사람이 차를 네 대 움직일 수는 없잖아. 그래서 한 사람이 10센트씩 내서 휘발유를 사는 거야. 뭘 알려면 아직 멀었구먼."

"형!"

앨이 내려다보니 윈필드가 의기양양해하며 곁에 서 있었다. "형, 엄마가 스튜를 그릇에 담고 있어. 어서 와서 먹으래."

앨이 바지에 손을 닦으며 플로이드에게 말했다. "오늘 첫 식사예요. 먹고 와서 또 도와줄게요."

"일부러 오지 않아도 돼."

"아뇨, 다시 올게요." 그는 윈필드를 따라 자기네 텐트로 걸어갔다.

거기는 사람들이 잔뜩 몰려 있었다. 처음 보는 아이들까지 스튜 냄비에 바싹 달라붙어 있는 바람에 어머니가 손을 움직이기가 어려울 정도였다. 톰과 존 아저씨가 어머니 곁에 서 있었다.

어머니가 난처한 표정으로 말했다. "어떻게 해야 할지 모르겠구나. 식구들은 먹여야겠고, 이 아이들은 어떡하지?" 아이들은 꼼짝도 않고 무표정한 얼굴로 서서 어머니를 보고 있었다. 눈이 국자를 따라, 냄비에서 그녀가 들고 있는 양철접시로 기계처럼 움직였다. 그녀가 김이 나는 접시를 존 아저씨에게 건네자 아이들의 시선도 그것을 따라갔다. 존 아저씨가 숟가락을 스튜 안에 찔러 넣자, 수십 개의 눈이 일제히 숟가락을 따라 움직였다. 감자 한 조각이 존 아저씨의 입 안으로 들어가니, 수십 개의 눈이 그의 얼굴을 옮겨 가서, 그가 어떤 반응을 보이는지 지켜보았다. 저건 맛있을까? 아저씨가 저걸 좋아할까?

존 아저씨는 비로소 그 눈들을 깨달은 모양이었다. 천천히 씹으며 톰에게 말했다. "너 이거 먹어라. 난 배고프지 않구나."

"오늘 아무것도 드시지 않았잖아요."

"그렇긴 하다만, 배가 아파서. 먹고 싶지 않다."

톰이 조용히 말했다. "그 접시를 텐트로 가지고 가서 잡수세요."

존이 고집을 부렸다. "먹고 싶지 않다니까. 텐트 안에서도 이놈들은 보인다."

톰은 아이들을 돌아다보았다. "자, 그만들 가거라. 이제 돌아가." 수십 개의 눈들이 스튜를 떠나, 이상하다는 듯이 그의 얼굴에 멎었다. "이제 어서들 가. 거기 있어 봐야 아무 소용없다. 너희에게 나눠 줄 만큼은 없으니까."

어머니가 양철접시에 스튜를 조금씩 나눠 담고 땅바닥에 내려놓았다. "나로서는 다른 데로 가라고 할 수가 없구나. 어쩌면 좋담. 모두 접시를 들고 텐트 안으로 들어가세요. 남은 것을 애들에게 먹일 테니까. 로자샨에게도 한 접시 갖다 주고." 그녀는 아이들을 보고 미소 지었다. "자, 가서 납작한 막대기를 하나씩 갖고 오너라. 나머지를 줄 테니. 하지만 싸워서는 안 된다." 아이들은 말없이 무서운 속도로 흩어져갔다. 막대기를 찾는 아이가 있는가 하면, 텐트로 가서 숟가락을 가지고 오는 아이도 있었다. 아이들은 어머니가 다 담기도 전에 다시 묵묵히, 굶주린 늑대 같은 눈으로 돌아왔다. 어머니가 머리를 저으며 말했다. "어떻게 해야 좋을지 모르겠구나. 우리 식구들 것을 빼앗을 수도 없고. 우리 식구들도 먹어야지. 루디, 윈필드, 앨!" 그녀가 사납게 외쳤다. "모두 자기 접시를 집어라. 어서 어서. 빨리 텐트로 들어가." 그녀는 기다리는 아이들을 미안한 듯이 쳐다보았다. "많이는 없단다" 그리고 조심스럽게 말했다. "여기 냄비를 놔둘 테니 모두들 조금씩 맛이나 보아라. 별로 요기는 안 될 게다." 그녀는 더듬더듬 말했다. "어쩌겠니, 너희를 그냥 둘 수도 없고." 그녀는 냄비를 들어 땅바닥에 내려놓았다. "잠깐 기다리렴. 아직 뜨거우니까" 그러고는 말을 마치자마자, 그 광경을 보지 않으려고 얼른 텐트 안으로 들어갔다. 식구들은 저마다 접시를 들고 땅바닥에 앉아 있었다. 바깥에서 아이들이 막대기며 숟가락이며 녹슨 함석조각으로 냄비 밑바닥을 긁어대는 소리가 들려왔다. 겹겹이 둘러싼 아이들에 가려 냄비는 보이지도 않았다. 그들은 말도 하지 않고, 싸우지도, 옥신각신하지도 않았다. 거기에는 조용한 집념과 거북한 맹렬함이 있었다. 어머니는 보지 않으려고 등을 돌렸다. "다시 이런 일은 없을 거다. 우리 식구끼리만 먹을 거야." 냄비 밑바닥을 긁는 소리가 났다. 이윽고 아이들이 모두 가버린 뒤에는 바닥이 온통 긁힌 냄비만 땅바닥에 뒹굴고 있었다. 어머니는 식구들의 빈 접시를 바라보았다. "모두 조금도 양이 차지 않았을 거야."

아버지는 일어나서 대답도 없이 텐트 밖으로 나갔다. 전도사는 혼자 미소를 지으며 머리 뒤로 깍지를 끼고 벌렁 드러누웠다. 앨이 일어섰다. "차 고치는 일 좀 도와줘야지."

어머니는 접시들을 모아 밖으로 씻으러 나갔다. "루디, 윈필드, 어서 가서 물 한 양동이 길어오너라." 그녀가 양동이를 건네자 두 아이는 강 쪽으로 걸어갔다.

어깨가 딱 벌어진 건장한 여자가 이쪽으로 다가왔다. 옷에는 땟국이 흘러 줄무늬가 생겼고, 자동차 기름 자국이 여기저기 묻어 있었다. 오만하게 턱을 높이 쳐들고 조금 떨어진 곳에 서서 사나운 눈으로 어머니를 노려보았다. 이윽고 다가와서 차갑게 말했다. "안녕하세요."

"안녕하세요." 어머니는 인사를 하면서 꿇었던 무릎을 펴고 일어나 상자 하나를 앞으로 밀었다. "좀 앉으세요."

여자가 가까이 다가왔다. "아니, 안 앉겠어요."

어머니가 궁금한 얼굴로 여자를 쳐다보았다. "무슨 일이신지?"

여자가 허리에 두 손을 갖다 댔다. "당신 아이들에게나 신경 쓰고 우리 애들은 내버려두면 좋겠는데요."

어머니 눈이 휘둥그레져서 입을 열었다. "나는 아무것도 한 게 없는데요."

여자가 어머니를 쏘아보았다. "우리 집 아이가 스튜 냄새를 풍기면서 돌아왔더군요. 당신이 줬지요? 아이가 그럽디다. 스튜 좀 끓였다고 뻐기고 우쭐대지 말아주었으면 좋겠는데요. 그딴짓 그만두라고요. 안 그래도 지긋지긋한 일투성이니까. 돌아오자마자 아이가 그러더군요. '우린 왜 스튜를 안 먹어?'" 여자의 목소리는 노여움으로 떨리고 있었다.

어머니가 다가섰다. "앉으세요. 앉아서 얘기해요."

"아뇨, 안 앉아요. 식구들을 먹이려고 기껏 저녁을 지었더니 당신이 스튜지 뭔지 만들어 갖고선……."

"좀 앉으시라니까요. 그건 우리가 일자리를 찾기까지 먹을 수 있는 마지막 스튜였어요. 생각 좀 해봐요. 당신이 스튜를 만들고 있는데 아이들이 우르르 몰려와서 멍하니 쳐다보고 있다면 어떻게 하겠어요? 우리 식구만 먹기에도 넉넉지 않았어요. 하지만 아이들이 그런 눈으로 쳐다보는데 어떻게 나눠주지 않을 수 있겠어요?"

여자의 두 팔이 스르륵 내려갔다. 순간 무언가 묻고 싶은 듯한 얼굴로 어머니를 쳐다보더니 이윽고 홱 돌아서서 빠른 걸음으로 가버렸다. 그녀는 한 텐트 안으로 들어가더니 등 뒤로 입구의 포장을 내려 버렸다. 어머니는 그 뒷모습을 물끄러미 바라보다가 이윽고 다시 양철접시 더미 옆에 무릎을 꿇었다.

앨이 헐레벌떡 뛰어오며 외쳤다. "톰 형! 어머니, 형 안에 있어요?"

톰이 머리를 내밀었다. "무슨 일이야?"

"같이 좀 가봐." 앨이 흥분해서 말했다.

같이 걸어가며 톰이 물었다. "무슨 일인데?"

"곧 알게 돼. 저기 가면 알아." 그는 톰을 분해해 놓은 차체 앞으로 데리고 갔다. "이 사람은 플로이드 놀즈야."

"응, 나도 아까 얘기했어. 그래, 차는 좀 어때?"

"지금 조립하는 중이야." 플로이드가 말했다.

톰이 실린더블록을 쓰다듬으며 말했다. "뭘 그리 안절부절못하고 그래, 앨?"

"플로이드가 방금 얘기해 줬어. 얘기 좀 해봐요, 플로이드."

플로이드가 말했다. "말해선 안 될지도 모르지만, 에라, 얘기해주지. 누가 와서 한 얘긴데, 북쪽에 일거리가 많대."

"북쪽?"

"그래, 산타클라라 계곡이라는 곳이야. 훨씬 북쪽에 있는."

"정말이야? 무슨 일인데?"

"자두 따기. 배 따기랑 통조림 공장 일도 있대. 이제 곧 시작된다나."

"얼마나 먼데?"

"글쎄, 잘 모르겠어. 200마일쯤이나 될까."

"굉장히 멀군. 거기 가면 일이 있다는 걸 어떻게 알았지?"

"그건 모르지. 하지만 어차피 여긴 아무 일도 없잖아. 그 사나이는 형한테 온 편지를 받고 그리로 가는 길이라는 거야. 아무에게도 말하지 말라더군. 사람이 너무 많이 몰려들면 안 되니까 말이야. 그러니까 가려면 밤에 몰래 가야 해. 가서 차례를 기다려야지."

톰은 플로이드를 유심히 쳐다보았다. "왜 그렇게 남몰래 빠져나가야 하지?"

"너도나도 그리로 가는 날엔 아무도 일을 잡지 못 하게 될 테니까."

"너무 먼데."

플로이드는 기분이 상한 모양이었다. "그저 슬쩍 귀띔해주는 거지 꼭 가라는 건 아냐. 자네 아우가 도와주기에 슬쩍 가르쳐줬을 뿐이야."

"정말로 이 고장에는 일이 없나?"

"잘 들어. 난 삼주일이나 샅샅이 돌아다녀봤지만 쥐꼬리만 한 일도 찾아내지 못 했어. 자네도 괜스레 돌아다니면서 휘발유나 없애고 싶거든 그렇게 해 보던지. 북쪽으로 가자고 애걸하는 건 아니니까. 가는 놈이 많아질수록 내 몫도 줄어드는 셈이니 말이야."

"트집을 잡자는 건 아냐. 그저 너무 멀다 그 말이지. 게다가 우리는 이 고장에서 일자리를 찾고, 집 한 채 빌려서 살기를 바랐거든."

플로이드는 끈기 있게 말했다. "이 고장에 온 지 얼마 안 되니까 그런 소릴 하는 거야. 있어 보면 여러 가지를 알게 되지. 내 말을 들으면 그만큼 수고를 더는 거야. 내 말을 듣지 않으면 고생고생해서 스스로 알 도리밖에 없겠지. 자네 가족이 여기 눌러 살 일은 일어나지 않아. 오래 살면서 할 만한 일들이 없거든. 자네들 밥통주머니가 여기 눌러 살도록 놔두지 않을걸. 까놓고 말하면 이런 얘기야."

"먼저 이 주변을 직접 좀 살펴봤으면 해." 톰이 불안한 듯이 말했다.

세단 한 대가 야영지로 들어오더니 바로 옆 텐트 앞에 섰다. 멜빵바지에 푸른 셔츠를 입은 사나이가 내렸다. 플로이드가 말을 걸었다. "잘 됐는가?"

"이 근방은 어디건 일자리는 씨가 말랐어. 목화 따기가 시작되기 전까지는 안 되겠는데." 이렇게 말하며 너덜너덜한 텐트 안으로 들어갔다.

"봤지?" 플로이드가 말했다.

"응, 알만하군. 하지만 200마일이나 된다니, 제기랄!"

"당분간 어디를 가든 자리 잡기는 글렀으니 아주 결심을 해버리는 편이 좋아."

"가자, 형." 앨이 말했다.

톰이 물었다. "이 근방에서는 언제쯤 일이 시작되나?"

"응, 한 달만 있으면 목화 따기가 시작돼. 돈이 많으면 그때까지 기다리던가."

"어머니는 움직이기 싫어하실 텐데. 아주 지치셨거든."

플로이드가 어깨를 으쓱해 보였다. "자네더러 북쪽으로 가라고 억지로 떠미는 건 아냐. 좋을 대로 하라고. 그냥 내가 들은 얘길 들려줬을 뿐이니까." 그는 디딤판 위에서 기름투성이 개스킷을 들어 조심스레 실린더블록에 대고 꽉 눌러 끼웠다. 그리고 앨에게 말했다. "자, 거기 실린더헤드 설치하는 것 좀 도와줄래?"

톰은 두 사람이 무거운 실린더헤드를 헤드볼트 위에 조용히 덮어씌우고 수평으로 내려놓는 것을 지켜보았다. "식구들하고 의논해 봐야겠어."

플로이드가 말했다. "자네 식구 말고 딴사람한테는 말하지 마. 자네 동생이 날 도와주지 않았으면 자네한테도 얘기하지 않았을 거야."

"응, 얘기해줘서 정말 고마워. 식구들하고 의논해 봐야겠어. 어쩌면 가게 될지도 몰라."

앨이 말했다. "에잇, 식구들이 가거나 말거나 나는 갈 테야. 남의 차를 얻어 타고서라도."

"식구들을 두고 가겠다고?" 톰이 물었다.

"그래. 주머니 가득 돈을 짤랑거리면서 돌아올 테야. 그러면 되잖아?"

"어머니가 퍽도 좋아하시겠다. 아버지도 마찬가지고."

플로이드는 너트를 끼워, 손으로 쥘 수 있을 때까지 죄었다. "나랑 마누라도 가족들하고 같이 떠나왔지" 하고 그는 말했다. "고향에 있었을 때는 서로 헤어진다는 건 생각도 못 한 일이야. 그런 생각은 꿈에도 안 했지. 그런데 제기랄, 북쪽에 모두 함께 좀 있다가 우린 이리 왔는데, 그동안에 식구들은 더 북쪽으로 가버렸잖겠어. 지금은 어디들 있는지 전혀 알 수가 없어. 그 뒤로 줄곧 수소문하고 다니는 형편이지." 그는 실린더헤드 볼트에 스패너를 대고, 너트를 한 번씩 차례로 돌려 균형을 맞추며 죄어갔다.

톰은 차 옆에 주저앉아 즐비한 텐트를 곁눈으로 보았다. 텐트와 텐트 사이에 조그만 말뚝이 땅에 박혀 있었다. "안 돼. 어머니는 네가 혼자 가는 걸 원치 않으실 거야."

"하지만 혼자 가는 게 일자리 찾기가 더 쉬울 것 같은데."

"그야 그럴는지 모르지. 하지만 어머니는 결코 좋아하지 않으실 거야."

풀죽은 사나이들을 가득 태운 차 두 대가 야영지로 들어왔다. 플로이드는 눈을 들었으나, 어땠느냐고 묻지는 않았다. 사나이들의 먼지투성이 얼굴은 슬프고 저항하는 표정이 가득했다. 해가 거의 기울었다. 노란 햇살이 후버빌과 그 뒤의 버드나무숲 위로 떨어졌다. 아이들이 텐트 밖으로 나와 야영지 안을 돌아다니기 시작했다. 여자들도 텐트에서 나와 밥 지을 불을 지피기 시작했다. 사나이들은 삼삼오오 쪼그려 앉아 이야기를 나누었다.

새 차로 보이는 쿠페형 쉐보레 한 대가 고속도로를 꺾어 야영지로 곧장 내려왔다. 차는 야영지 한가운데 와서 섰다. 톰이 말했다. "누구지? 여기 사람은 아닌 것 같은데."

플로이드가 말했다. "글쎄, 경찰일지도 모르지."

차 문이 열리고, 한 사나이가 나와서 차 옆에 섰다. 동행한 사나이는 좌석에서 움직이지 않았다. 몰려 앉아 있던 사나이들이 일제히 쳐다보았다. 새로 온 사람을 쳐다보았다. 이야기소리가 뚝 끊겼다. 불을 지피던 여자들도 번쩍거리는 차를 훔쳐보았다. 아이들은 커다란 원을 그리며 둘러섰다가 슬금슬금 안쪽으로 좁혀 들어왔다.

플로이드는 스패너를 내려놓았다. 톰은 일어섰다. 앨은 두 손을 바지에 닦았다. 세 사람은 휘적휘적 쉐보레 쪽으로 걸어갔다. 차에서 나온 사나이는 황갈색 바지에 플란넬 셔츠를 입고, 차양이 판판한 중절모를 쓰고 있었다. 셔츠 호주머니에는 서류 다발 한 뭉치가 들어 있었다. 만년필과 노란 연필 몇 자루가 그 서류 다발이 떨어지지 않도록 촘촘히 꽂혀 있었다. 바지 뒷주머니에는 금속 표지를 댄 수첩이 튀어나와 있었다. 그가 몰려 앉은 사나이들 앞으로 다가갔다. 사나이들은 수상쩍은 듯이 잠자코 그를 올려다보았다. 물끄러미 얼굴을 쏘아본 채 아무도 움직이지 않았다. 얼굴은 쳐들지 않았으므로 흰자위가 허옇게 드러났다. 톰과 앨과 플로이드는 천연스럽게 다가갔다.

사나이가 말했다. "당신들, 일하고 싶은가?" 그래도 사나이들은 의심쩍다는 듯이 말없이 쳐다만 보았다. 이윽고 야영지의 모든 사나이들이 가까이로 몰려들었다.

쭈그려 앉아 있던 사나이 중 하나가 마침내 입을 열었다. "그야 물론 일하고 싶죠. 어디 일자리라도 있나요?"

"툴레어 지방이야. 과일 따는 시기가 되었거든. 일손이 많이 필요해."

플로이드가 과감하게 나섰다. "당신이 고용하는 거요?"

"음, 나는 농지 도급을 맡은 사람이야."

사나이들은 이제 까맣게 몰려들어 있었다. 멜빵바지를 입은 한 사나이가 검은 모자를 벗어 들고, 손가락으로 길고 검은 머리칼을 쓸어 넘겼다. "얼마 주나요?" 하고 물었다.

"음, 아직 딱 잘라서 말하진 못 하지만, 30센트쯤 될 거야."

"왜 말을 못 하나요? 당신이 도급을 맡았다면서요?"

"그야 그렇지만 과일 시세에 따라 달라지거든. 좀 더 많아질지도 모르고 더 줄어들지도 몰라."

플로이드가 앞으로 나서며 부드럽게 말했다. "나는 갈 거요. 그런데 당신이 도급업자라면 면허증을 가지고 있겠지? 그걸 좀 보여 주시오. 그런 뒤에 우리가 일하러 갈 장소와 날짜와 임금 수령액을 정하고, 그 지시서에 서명해 주면 우리 모두 가겠소."

그는 험악한 얼굴로 돌아보았다. "네가 나더러 이래라 저래라 지시할 참인가?"

"당신이 우리를 고용하면 그건 우리 일이기도 하잖소."

"어쨌든 나더러 이래라 저래라 하지 마. 일손이 필요한 쪽은 나라고."

플로이드가 화를 내며 말했다. "당신은 몇 사람이나 필요하고, 얼마나 지불하겠다는 말을 하지 않았잖소."

"제기랄 나도 아직 모른단 말야."

"모른다면 사람을 고용할 권리가 없지."

"나한텐 내 방식대로 할 권리가 있어. 계속 이렇게 엉덩이 붙이고 앉아 있고 싶다면 얼마든지 그러라고. 내가 필요한 건 툴레어 지방에서 일할 사람이야. 일손이 어마어마하게 많이 필요하다고."

플로이드는 모여 있는 사나이들 쪽으로 돌아섰다. 그들은 이제 일어서서, 말을 주고받는 두 사람을 번갈아 묵묵히 바라보고 있었다. 플로이드가 말했다. "나는 두 번이나 이 수법에 넘어갔소. 이 사람이 필요한 건 아마 1천 명 정돌 거요. 그런데 5천 명을 모아놓고는 한 시간에 15센트만 주겠지. 그래도 우리들 가난뱅이는 먹을 길이 막막해서 울며 겨자 먹기로 그 조건을 받아들여야 하오. 이 사람이 일손을 고용하고 싶으면 얼마를 줄지 제대로 서류로 만들어 달라고 요구합시다. 면허증을 보여 달라고 요구합시다. 면허증 없이 계약을 맺는 건 불법이니까."

도급업자는 쉐보레 쪽을 돌아보고 큰 소리로 불렀다. "조!" 동행한 사나이가 얼굴을 내밀었다가 문을 열고 나왔다. 승마바지를 입고 워커를 신고 있었다. 묵직해 보이는 권총집이 허리에 두른 탄약대에 매달려 있었다. 갈색 셔츠에는 보안관 대리를 상징하는 별이 달려 있었다. 그가 성큼성큼 걸어왔다. 얼굴에는 꾸민 듯한 미소가 떠올라 있었다. "뭐야?" 권총집이 엉덩이 위에서 흔들거렸다.

"이 사람 전에 본 적 있나, 조?"

"누구?"

"이 사람." 도급업자는 플로이드를 가리켰다.

"이 사람이 어쨌는데?" 보안관 대리가 플로이드를 보고 싱긋 웃었다.

"빨갱이 같은 소릴 늘어놓으면서 사람들을 선동하잖아."

"흐음" 보안관 대리가 플로이드의 얼굴에 시선을 고정한 채 주위를 천천히 돌기 시작했다. 플로이드의 얼굴에 조금씩 핏기가 올랐다.

플로이드가 외쳤다. "봤지? 이 자가 제대로 된 놈이라면 경찰을 끌고 다닐 까닭이 없잖아?"

"전에 본 일 있나?" 도급업자가 다시 물었다.

"흐음, 본 것 같은데. 지난주에 그 중고차 주차장이 습격당했을 때 이렇게 생긴 놈이 얼씬거린 것 같은 생각이 들어. 맞았어! 분명히 그때 그놈이야." 갑자기 그의 얼굴에서 미소가 사라졌다. "저 차에 타." 이렇게 말하고 그는 권총자루를 싸고 있는 가죽 뚜껑의 단추를 벗겼다.

톰이 말했다. "무슨 증거로?"

보안관 대리가 휙 돌아섰다. "너도 끌려가고 싶거든 어디 한 마디 더 해 봐. 그 주차장에 어른거리던 놈은 확실히 둘이었다."

"나는 지난 주에는 이 주에 들어오지도 않았어."

"흥, 네놈은 어디 다른 곳에서 수배되고 있을 게다. 입 닥치고 있어."

도급업자가 사나이들 쪽을 돌아보았다. "이런 빨갱이들 말은 들을 필요도 없소. 선동분자 같으니라고. 저런 놈들하고 얽히면 골치 아픈 일이 생길 뿐이지. 아무튼 난 당신네 모두를 툴레어 지방에서 써줄 수 있는데."

사람들은 대답하지 않았다.

보안관 대리가 그들을 돌아보았다. "가는 편이 나을걸." 엷은 미소가 다시 돌아와 있었다. "보건국은 이 캠프를 치워 버릴 계획이거든. 더욱이 이 안에 빨갱이 놈이 끼어들었다는 소문이 나돌면 다치는 사람이 생길지도 몰라. 다들 툴레어로 옮기는 편이 좋을지도 몰라. 이 고장엔 할 일이 없으니까. 나는 그저 친절한 마음으로 일러주는 거야. 우물쭈물하고 있다간 곡괭이를 든 자들이 몰려올걸."

도급업자가 말했다. "아까도 말했지만 나는 일손이 필요하다. 일하고 싶지 않으면 맘대로 하던가."

보안관 대리가 엷은 웃음을 지으며 말했다. "일할 마음이 없으면 이 고장에 너희가 살 곳은 한 군데도 없을 거야. 우리가 이 주에서 당장 내쫓아버릴 거니까."

플로이드는 두 엄지손가락을 혁대에 걸고서 보안관 대리 옆에 꼿꼿이 서 있었다. 톰은 그를 한 번 훔쳐보고, 곧 땅바닥으로 시선을 떨어뜨렸다.

도급업자가 말했다. "할 말은 이것뿐이다. 툴레어 지방에서는 일손이 필요해. 일은 얼마든지 있어."

톰은 살그머니 고개를 들어 플로이드의 손을 보았다. 손목의 힘줄이 피부 밑에서 부풀어 오르는 것이 보였다. 톰도 저도 모르게 두 손을 올려 엄지손가락을 혁대에 걸었다.

"좋아, 그럼 이만이다. 내일 아침엔 여기 한 사람도 남지 않았으면 좋겠군."

도급업자가 쉐보레에 올라탔다.

보안관 대리가 플로이드에게 말했다. "자, 너도 저 차에 타." 그는 큼직한 손을 뻗쳐 플로이드의 왼쪽 팔을 움켜잡았다. 플로이드는 빙그르 돌아 단번에 팔을 뿌리쳤다. 그와 동시에 그의 주먹이 상대의 커다란 얼굴에 명중했다. 다음 순간 그는 늘어선 텐트 사이를 누비듯이 달리고 있었다. 보안관 대리가 비틀거리는 찰나 톰이 슬쩍 한쪽 다리를 내밀어 고꾸라뜨렸다. 보안관 대리가 엎어져 데굴데굴 구르며 권총을 더듬어 잡았다. 플로이드는 텐트 사이를 요리조리 꺾어 도망치고 있었다. 보안관 대리가 땅바닥에 대고 권총을 발사했다. 한 텐트 앞에 있던 여자가 비명을 지르며, 관절이 날아간 자기 손을 바라보았다. 손가락이 손바닥에 끈으로 매단 것처럼 대롱거리고 찢어진 살은 허옇게 핏기가 가셔 있었다. 저 멀리 텐트 너머로 플로이드가 버드나무 숲을 향해 죽어라 달려가는 모습이 보였다. 땅바닥에 주저앉으며 보안관 대리가 다시 권총을 들어 겨냥했다. 그때 별안간 사나이들 속에서 케이시가 뛰어나오더니 보안관 대리의 목덜미를 걸어찼다. 그러고는 이 거구의 사나이가 비실비실 의식을 잃고 쓰러짐과 동시에 뒤로 물러섰다.

쉐보레 엔진이 요란스레 부릉거리더니 모래먼지를 일으키며 고속도로로 맹렬히 달려 나가 쏜살 같이 사라졌다. 총 맞은 여자는 찢어진 손을 여전히 바라보고 있었다. 조그만 핏방울이 상처에서 배어나오기 시작했다. 목구멍에서 신경질적인 웃음소리가 새어나왔다. 한 숨결마다 크고 높아지는, 흐느낌과도 같은 웃음소리였다.

보안관 대리는 입을 벌리고 흙바닥에 모로 쓰러져 있었다.

톰이 권총을 주워 탄창을 뺀 다음 풀숲에 던지고 탄실에서 총알을 빼냈다.

"이런 놈은 총을 가지고 다닐 권리가 없어." 그러고는 권총을 땅바닥에 내던졌다.

손이 찢어진 여자의 주위로 사람들이 모여들었다. 여자의 히스테리는 더 심해졌다. 이제는 웃음소리가 비명에 가까웠다.

케이시가 톰에게 다가왔다. "자네 도망쳐야 해. 버드나무 숲속에서 기다려. 이놈은 내가 찬 건 못 봤지만 자네가 다리를 내민 건 봤으니까."

"전 도망치고 싶지 않아요."

케이시가 얼굴을 바싹 들이밀고 속삭였다. "지문을 채취할 거야. 자네는 임시 석방 선서를 어겼어. 당장에 교도소로 돌려보낼걸."

톰은 침을 꿀꺽 삼켰다. "쌩! 그걸 잊고 있었구나."

"어서 가, 이놈이 정신을 차리기 전에."

"이 권총을 갖고 가고 싶은데."

"안 돼. 두고 가. 돌아와도 될 형편이면 네 번 크게 휘파람을 불지."

톰은 태연하게 걷다가 사람들한테서 떨어지기가 무섭게 걸음을 재촉하여 강둑에 늘어선 버드나무 사이로 자취를 감췄다.

앨이 쓰러진 보안관 대리 곁으로 다가서서 탄복했다는 듯이 말했다. "이거 정말 멋있게 눕혀 놨는데!"

몰려든 사람들은 여전히 깨어나지 못 하는 사나이를 지켜보고 있었다. 그때 멀리서 사이렌 소리가 높이 들리다가 갑자기 낮아지더니, 이번에는 더 가까이에서 날카롭게 울렸다. 순간 사나이들은 안절부절못하고 다리를 어쩔 줄 몰라 하더니 저마다 텐트로 들어가 버렸다. 앨과 전도사만이 남았다.

케이시가 앨을 돌아보고 말했다. "너도 가거라. 텐트로 가란 말이야. 너는 아무것도 모르잖냐."

"네? 전도사님은 어떡하고요."

케이시가 싱긋 웃었다. "누군가가 죄를 뒤집어써야 해. 나는 어린것도 없어. 감옥에 들어가면 하는 일 없이 빈둥거리다 나오면 돼."

"하지만 아무 이유도 없이—"

케이시가 날카롭게 말했다. "어서 가라니까. 너는 이 일에 말려들면 안 돼."

앨이 발끈했다. "저는 남의 명령은 안 받아요."

케이시가 부드럽게 타일렀다. "너까지 이 소동에 말려들면 온 식구가 곤란을 겪게 된다. 네 걱정만 해서 그러는 게 아냐. 네 어머니와 아버지와 존까지 큰일을 겪게 될까봐 그런다. 잘못하면 톰은 또 매칼리스터로 끌려가게 될지도 모르고."

앨은 잠시 생각에 잠기더니 말했다. "알겠어요. 그런데 전도사님도 여간 바보가 아닌가봐."

"암, 바보고말고. 그게 뭐 잘못됐냐?"

사이렌은 고막을 찢을 듯이 줄기차게 울어대며 가까이 다가왔다. 케이시가 보안관 대리 곁에 무릎을 꿇고 앉아 그 사나이를 똑바로 눕혔다. 그는 신음소리를 냈다. 그리고 눈을 껌뻑거리며 뜨려고 안간힘을 썼다. 케이시가 사나이 입에 묻은 흙을 털어주었다. 사람들은 모두 자기네 텐트에 들어가서, 입구 포장을 내려놓고 있었다. 저녁 해가 주위를 붉게 물들여, 잿빛 텐트를 청동색으로 바꾸어놓고 있었다.

고속도로에서 타이어가 끼익 하고 우는 소리가 나더니 오픈카 한 대가 쏜살같이 야영지로 들어왔다. 소총으로 무장한 사나이 네 명이 우르르 내려섰다. 케이시가 일어나서 그들에게 다가갔다.

"도대체 무슨 소란이야?"

케이시가 말했다. "내가 저기 있는 당신네 동료를 때려눕혔지요."

무장한 사나이 중 한 명이 보안관 대리에게 다가갔다. 그는 이미 정신을 차리고 어름어름 일어나려고 했다.

"이봐, 무슨 일이 있었던 거야?"

케이시가 말했다. "글쎄, 이 사람이 헛소리를 하기에 내가 한방 먹였더니 권총을 마구 쏘아서 저기 있는 여자를 맞췄지 뭡니까. 그래서 내가 또 한 대 먹였지요."

"흐음, 맨 처음에 당신은 어떻게 했지?"

"말대답을 했지요."

"저 차에 타."

"그럽시다요." 케이시는 말하며 뒷좌석에 올라탔다. 두 사나이가 쓰러졌던 보안관 대리를 부축해서 일으켜 세웠다. 그가 자기 뒷덜미를 조심스럽게 어루만졌다. 케이시가 말했다. "저쪽 텐트의 한 여인네가 이 사람이 서투르게 쓴 총알에 맞아 거의 죽어가고 있어요."

"그건 나중에 조사하도록 하지. 마이크, 자네를 때린 게 이 자야?"

사나이는 아직도 정신이 몽롱한지 구역질과 싸우며 케이시를 빤히 쳐다보았다. "이놈이 아닌 것 같은데."

"나야, 나라고, 틀림없어. 당신은 생판 딴 사람을 쏘았어."

마이크는 느릿느릿 머리를 흔들었다. "내게 달려든 바로 그놈이 아닌 것 같은데. 빌어먹을, 다시 머리가 어질어질하군."

케이시가 말했다. "나는 얌전히 갈 테니 그 여자의 상처가 어떤지나 조사해주시오."

"여자는 어디 있어?"

"저기 저 텐트요."

수석 보안관 대리가 총을 손에 들고 그 텐트로 갔다. 먼저 텐트 밖에서 한 번 부른 다음 안으로 들어갔다가 곧 나오더니 이쪽으로 돌아왔다. 그는 조금 자랑스러운 듯이 말했다. "정말 45구경은 지독한 위력을 가졌군! 지혈 조치를 해놨더군. 의사를 보내줘야지."

보안관 대리 두 사람이 케이시의 양쪽에 앉았다. 대장이 호각을 불었다. 캠프는 쥐죽은 듯 조용했다. 모두들 입구 포장을 늘어뜨리고 텐트 안에 들어가 있었다. 시동이 걸렸다. 차는 크게 한 바퀴 돌더니 야영지를 나갔다. 두 사람의 호송을 받으며 케이시는 고개를 곤두세우고 의기양양하게 앉아 있었다. 목 근육이 팽팽했다. 입술에는 아련히 미소가 감돌고 얼굴에는 정복자와 같은 신비로운 표정이 떠올라 있었다.

보안관 대리들이 가버리자 텐트에서 사람들이 하나둘씩 나왔다. 해는 이미 지고, 안온한 해거름의 푸른빛이 캠프를 감싸고 있었다. 동녘 산들은 저녁 해를 받아 아직도 누랬다. 여자들은 꺼져버린 불 옆으로 돌아갔다. 사나이들은 다시 빙 둘러앉아 소곤소곤 이야기하기 시작했다.

앨은 방수포 밑에서 기어 나와, 톰에게 휘파람 신호를 보내려고 버드나무 숲 쪽으로 걸어갔다. 어머니가 나와서 작은 나뭇가지로 불을 지폈다.

어머니가 말했다. "여보, 점심을 그렇게 늦게 먹었으니 다들 식욕이 없겠죠?"

아버지와 존 아저씨는 텐트 옆에 딱 붙어 앉아, 어머니가 감자 껍질을 벗기고 얇게 썰어서 기름을 넉넉히 두른 프라이팬에 집어넣는 것을 보고 있었다.

아버지가 말했다. "대관절 전도사님은 왜 그랬을까?"

루디와 윈필드가 어른들의 이야기를 엿들으려고 살금살금 기어와 웅크리고 앉았다.

존 아저씨가 빨갛게 녹슨 긴 대못으로 땅바닥을 깊게 파며 말했다. "전도사 님은 죄가 어떤 건지 잘 알고 있었어. 내가 죄에 대해 물었더니 얘기해주더군. 하지만 그의 얘기가 정말인지 아닌지 난 잘 모르겠어. 그이는 인간이란 자기가 죄를 지었다고 생각하면 죄를 지은 거라고 말했지만." 존 아저씨의 눈은 지치고 구슬퍼 보였다. "나는 이날 이때까지 계속 숨겨왔어. 아무에게도 말 못 할 떳떳하지 못한 생활을 해왔지."

어머니가 불에서 얼굴을 들고 존을 보며 말했다. "아무에게나 말하지 마세요. 하느님에게만 이야기하세요. 자신의 죄를 남에게 지우면 안 돼요. 그것은 올바른 사람이 할 짓이 아니에요."

"죄가 나를 마구 괴롭히는걸."

"그렇더라도 남에게 말해서는 안 돼요. 강가에 가서 머리를 물속에 담그고 살그머니 물에다 말씀하세요."

아버지가 어머니 말에 천천히 고개를 끄덕거렸다. "이사람 말이 옳아요. 남에게 말하면 마음이 가벼워지기야 하겠지만, 그래서는 자기 죄를 널리 알리는 일밖에 되지 않으니까."

존 아저씨는 석양을 받아 황금빛으로 물든 산을 쳐다보았다. 그 산이 그의 눈에 반사되었다. "나도 이런 기분을 날려버리고 싶지만 그러질 못 하겠단 말야. 죄가 내 속을 마구 뒤집어 놓으니."

그의 뒤편으로 '샤론의 장미'가 텐트에서 비슬비슬 나왔다. 그녀가 초조하게 물었다. "코니는 어디 있죠? 아까부터 보이지 않아요. 어딜 갔을까?"

어머니가 말했다. "나도 못 봤구나. 눈에 띄면 네가 찾는다고 그러마."

"나 기분이 좋지 않아요. 난 내버려 두고 나가다니, 너무해!"

어머니는 딸의 부석부석한 얼굴을 쳐다보았다. "너 울었니?" 어머니가 물었다.

'샤론의 장미'의 눈에 금세 눈물이 새로 고였다.

어머니가 단호한 어조로 말을 이었다. "너, 마음 단단히 먹어야 한다. 우리는 이만저만 큰 식구가 아니니까. 마음 단단히 다잡아. 자, 이리 와서 감자 껍질을 벗겨라. 괜히 혼자 들어앉아 슬퍼만 하지 말고."

딸은 텐트로 되돌아가려고 했다. 어머니의 엄한 눈을 피하고 싶었으나, 그 눈에 주눅이 들어 느릿느릿 불 옆으로 되돌아왔다. "나만 두고 가버리다니, 너무해." 그녀는 투덜거렸으나 눈물은 더 나오지 않았다.

어머니가 말했다. "몸을 움직여. 텐트 속에 들어앉아 있으니까 혼자 슬퍼지는 거야. 이제까진 너를 돌볼 겨를이 없었지만, 앞으로는 내가 붙어서 보살펴 주마. 자, 이 칼로 감자 껍질을 벗겨."

딸은 무릎을 꿇고 앉아 어머니가 시키는 대로 했다. 그러면서도 그녀는 격한 어조로 말했다. "어디 오기만 해봐라, 내 가만 두나."

어머니가 조용히 웃었다. "그러다 오히려 두들겨 맞을라. 찔찔 짜고 엄살이나 부리니까 그래도 싸지. 널 때려서 조금이라도 철이 들게 해준다면, 나는 코니에게 감사하겠다." 딸의 눈은 원망에 가득 찼으나 그녀는 아무 말도 없었다.

존 아저씨는 굵은 엄지손가락으로 녹슨 못을 땅 속 깊이 밀어 넣었다. "나는 꼭 말해야겠어."

아버지가 말했다. "아, 정 그렇담 말하구려. 제기랄! 그래 누굴 죽이기라도 했소?"

존 아저씨는 청바지에 달린 시계 넣는 호주머니에 엄지손가락을 쑤셔 넣고, 꼬깃꼬깃한 지폐 한 장을 꺼내어 모두에게 펼쳐 보였다. "5달러야."

"훔쳤소?" 아버지가 물었다.

"아니, 갖고 있던 거야. 감춰두었지."

"본디 형님 돈이었단 말이죠?"

"그래, 하지만 나한테 이걸 감춰둘 권리는 없었어."

어머니가 말했다. "그게 뭐 대단한 죈가요? 본디 아주버님 것인 걸요."

존 아저씨가 느릿하게 말했다. "그냥 감춰둔 게 아냐. 술을 사 마시려고 숨겨둔 거지. 언젠가 술을 마시지 않고는 못 배길 때가 올 걸 알았거든. 마음이 욱신거려서 취하지 않고는 배기지 못 할 때가. 아직은 그런 때가 안 올 줄 알았지. 그런데 그 전도사가 톰 대신 자진해서 붙잡혀 가지 않았나."

아버지는 아래위로 고개를 연방 끄덕거리다가 머리를 숙이고 이야기에 귀를 기울였다. 루디가 강아지처럼 팔꿈치를 짚고 네 발로 기어 바짝 다가가자 윈필드도 따라했다. '샤론의 장미'는 칼끝으로 감자의 깊이 박힌 눈을 도려냈다. 황혼이 짙어져 주위가 더욱 푸르스름해졌다.

어머니는 날카롭고 사무적인 어조로 말했다. "전도사님이 톰을 대신해 붙잡혀 갔다고 해서 왜 아주버님이 술을 마셔야 하는지 모르겠네요."

존이 슬픈 듯이 말했다 "잘 설명할 수 없구려. 다만 몹시 괴로워서 그래요. 전도사님은 정말로 수월하게 해치웠어요. 그저 성큼 나서서 '내가 했소' 하고 끌려갔단 말이오. 그래서 나는 술을 마시고 취해야겠다는 거요."

아버지가 다시 머리를 끄덕거렸다. "나는 형님이 일부러 그런 말을 하는 이유를 모르겠군요. 정 그런 기분이 들거든 나 같으면 잠자코 나가서 퍼마실 텐데."

존 아저씨가 슬픈 듯이 말했다. "언젠가 내 영혼에 깃든 이 커다란 죄를 씻을 기회가 찾아왔었는데, 난 그 기횔 놓치고 말았어. 확 달려들어 붙잡으려고 하는데 그러기 전에 그 기회가 지나가버렸지. 이봐! 돈 있지? 2달러만 줘."

아버지가 내키지 않는 얼굴로 주머니에 손을 넣어 가죽꾸러미를 꺼냈다. "술을 마시는 데 7달러나 든단 말이오? 샴페인을 마실 것도 아니면서."

존 아저씨는 자기가 갖고 있던 지폐를 내밀었다. "이걸 줄 테니까 2달러를 줘. 2달러만 있으면 기분 좋게 취할 수 있지. 낭비하는 죄만큼은 짓고 싶지 않아. 남한테 꿔서까지 돈 쓸 생각은 안 한다고. 늘 그런 마음으로 있지."

아버지는 그 꼬깃꼬깃한 지폐를 받고, 존 아저씨에게 1달러짜리 은화 두 닢을 내주었다. "여기 있어요. 인간은 누구나 꼭 해야 직성이 풀리는 일은 꼭 해야 하는 거야. 그걸 못하게 막을 수 있을 만큼 사리를 아는 사람은 없지."

존 아저씨는 은화를 받아들었다. "화난 건 아니겠지? 내가 꼭 마셔야 한다는 걸 이해해주겠지?"

"내 참, 알아요. 자신이 해야 할 일은 자신이 가장 잘 아는 법이잖소."

"이러지 않고는 오늘밤을 견디어 낼 수가 없어." 그리고 어머니를 돌아보고 말했다. "제수씨도 언짢게 생각지 않으시겠죠?"

어머니는 고개를 수그린 채 조용히 말했다. "그럼요, 어서 다녀오세요."

존은 일어나 어깨를 축 늘어뜨리고 어둠속으로 걸어갔다. 콘크리트가 깔린 고속도로로 나가서 차도를 건너 식료품 가게 앞으로 갔다. 망사문 앞에서 모자를 벗어 흙먼지 위에 떨어뜨리고는 자신을 모욕하기라도 하는 양 발꿈치로 마구 짓밟았다. 그러고는 그 헤지고 더러운 검은 모자를 내버려두고 가게 안으로 들어가서는, 철망 뒤쪽으로 위스키 병이 진열된 선반 앞으로 다가갔다.

아버지와 어머니와 아이들은 존 아저씨가 걸어가는 뒷모습을 지켜보았다. '샤론의 장미'는 원망스러운 듯이 감자만 들여다보았다.

어머니가 말했다. "가엾은 양반, 조금은 도움이 되었으려나. 아냐, 안 됐을 거야. 저렇게 심각한 사람은 처음 보겠어."

루디가 흙먼지 위에 모로 드러누웠다. 머리를 윈필드의 머리께로 가져가더니 그의 귀를 자기 입께로 끌어당기고 속삭였다. "나는 술 마시고 취할 테다." 윈필드는 웃음이 터져 나오려는 것을 참고 입을 꽉 다물었다. 두 아이는 숨을 죽이고, 키득키득 웃음이 터지려는 것을 참느라고 얼굴이 새빨갛게 되더니 기어서 그 자리를 피했다. 텐트를 빙 돌아 뒤쪽으로 가서 벌떡 일어나 낄낄 웃으며 마구 달렸다. 버드나무 숲까지 가서 어른들이 안 보이게 되자 배를 잡고 웃었다. 루디가 눈을 사팔뜨기처럼 모으고 몸을 흐느적거리며 혀를 쭉 빼고 비틀비틀 갈지자로 걸었다. "난 취했다."

윈필드가 외쳤다. "자, 봐. 봐, 날 보라고. 내가 큰아버지야." 그는 가슴을 탁탁 치고 숨을 몰아쉬면서 눈이 핑핑 돌도록 빙글빙글 돌았다.

"아냐, 이렇게 하는 거야. 이게 진짜야. 내가 큰아버지야. 어, 몹시 취한다."

조용히 버드나무 밑을 걸어오던 앨과 톰은 아이들 둘이서 미친 듯이 비틀거리며 돌아다니는 것을 보았다. 어둠은 이미 짙었다. 톰은 걸음을 멈추고 가만히 쳐다보았다. "저거 루디와 윈필드가 아냐? 쟤네들이 왜 저러지?" 두 사람이 다가갔다. "너희들 미쳤어?" 톰이 물었다.

아이들이 멋쩍은 얼굴로 장난질을 멈췄다. "그냥 놀고 있어." 루디가 말했다.

"아주 미친 장난이구나." 앨이 말했다.

루디가 되바라지게 말했다. "다른 것들도 다 미쳤는걸 뭐."

앨이 다시 걸으며 톰에게 말했다. "루디를 따끔하게 야단칠 때가 된 것 같은데. 전부터 그렇게 생각했는데 이제 슬슬 때가 된 것 같아."

루디가 앨의 등에다 대고 얼굴을 찡그리고 집게손가락으로 입술을 잡아당기고 혀를 쑥 내미는 등, 자기가 아는 온갖 짓으로 그를 모욕했으나 앨은 뒤돌아보려고도 하지 않았다. 그녀는 다시 술 취한 놀음을 하려고 윈필드를 보았으나, 이미 흥은 깨진 뒤였다. 둘 다 그것을 알고 있었다.

"강에 가서 잠수하자." 윈필드가 제안했다. 두 사람은 앨에게 화를 내며 버드나무 숲을 지나 강가로 내려갔다.

앨과 톰은 어둠 속을 조용히 걸어갔다. 톰이 말했다. "전도사님, 그렇게까지 하지 않아도 되는데. 하기야 그럴 줄 알았다만. 늘 자기가 우리 집에 아무 보탬이 안 된다고 걱정했으니까. 이상한 사람이야, 앨. 언제나 생각만 하거든."

"전도사니까 그렇지. 전도사란 늘 머릿속이 생각할 일로 가득 찬 법이지."

"너 코니가 어디 간 것 같으냐?"

"똥 누러 갔겠지 뭐."

"흐음, 어지간히 멀리도 간 모양이군."

두 사람은 텐트에 바싹 붙어 웅크리고 걸었다. 플로이드네 텐트까지 오니 나직이 부르는 소리가 들렸다. 그들은 걸음을 멈추고 입구로 가서 웅크리고 앉았다. 플로이드가 방수포를 조금 들쳤다. "자네들 떠날 건가?"

톰이 말했다. "글쎄, 떠나는 편이 좋다고 생각해?"

플로이드가 쓴웃음을 지었다. "그 경찰 놈이 한 말을 들었잖나. 떠나지 않으면 불을 질러 쫓아낼 거야. 그놈들이 앙갚음하러 오지 않을 거라고 생각한다면 자네는 바보야. 오늘밤에 노름판 건달들이 와서 불을 지르러 올 게 틀림없어."

"그럼 떠나는 편이 좋겠군. 자넨 어디로 가나?"

"아까 말했듯이 북쪽으로 가야지."

앨이 말했다. "어떤 사람 말로는 이 근방에 국영 캠프가 있다던데 그게 어디 있나요?"

"거긴 만원일 거야."

"아무튼 어딘데요?"

"99번 도로를 남쪽으로 12마일에서 14마일쯤 가서 동쪽으로 꺾어 위드패치로 가면 돼. 거기서는 금방이야. 하지만 만원일 텐데."

"아주 좋은 데라면서요?"

"그거야 물론 좋지. 좋은 데야. 우리를 개가 아니라 인간으로 대우해주니까. 보안관도 없고. 하지만 만원이야."

톰이 말했다. "그 경찰 놈, 왜 그렇게 못되게 구는지 도대체 모르겠단 말이야. 꼭 일부러 말썽을 일으키려는 것 같이. 사람을 들쑤셔서 말썽을 만들려는 것 같았어."

플로이드가 말했다. "여기 사정은 잘 모르지만, 북쪽에 있을 때 경찰 한 사람과 친하게 지낸 일이 있어. 좋은 사람이었지. 그 사람 말로는 보안관 대리들은 사람을 어떻게든 붙잡아 들여야 한다는 거야. 보안관은 잡아넣은 머릿수 하나에 75센트씩 받아 가지고 그중 25센트만 잡혀온 자의 식비로 쓰고 나머지는 자기가 먹는다는군. 그러니까 죄수가 없으면 벌이가 없다는 얘기지. 그 친구가 그러는데 보안관 대리가 일주일 동안 아무도 붙잡아 오지 못하면, 아무나 끌고 오지 않을 거면 사표를 내라고 보안관이 호통을 친다는군 그래. 오늘 그놈도 어떻게든 사람을 붙잡으려고 나온 것 같던데."

톰이 말했다. "우리도 떠나야겠군. 잘 가게나, 플로이드."

"잘 가게. 아마 만날 날이 있겠지. 그러길 바라네."

"잘 가요." 앨이 말했다. 두 사람은 어두운 잿빛 텐트 사이를 지나 자기네 텐트로 돌아왔다.

감자가 든 프라이팬이 장작불 위에서 자글자글 소리를 내고 있었다. 두껍게 썬 감자를 어머니는 숟가락으로 뒤적거렸다. 아버지는 무릎을 껴안고 가까이 앉아 있었다. '샤론의 장미'는 텐트 입구에 앉아 있었다.

어머니가 외쳤다. "톰이구나! 아이고, 잘됐다."

"우린 여길 떠나야 해요." 톰이 말했다.

"이젠 또 무슨 일이냐?"

"플로이드가 그러는데, 놈들이 오늘 밤 이 캠프를 불사른대요."

아버지가 물었다. "뭣 때문에? 우리는 아무 짓도 하지 않았는데."

"아무 짓도 안 했죠. 경찰을 한 놈 때려준 것 말고는." 톰이 말했다.

"그건 우리가 하지 않았어."

"그 경찰 놈 말투로 보면, 놈들은 우리를 몰아내고 싶은 거예요."

'샤론의 장미'가 초조해하며 물었다. "코니 못 봤어?"

앨이 말했다. "봤어. 저기 멀리 강 상류에서 남쪽으로 가던걸."

"그럼, 아주 가버린 거야?"

"모르겠어."

어머니가 딸을 돌아보았다. "로자샨, 너 아까부터 이상한 소리만 하고, 하는 짓이 이상하구나. 코니가 널더러 뭐라던?"

'샤론의 장미'가 뿌루퉁한 얼굴로 말했다. "고향에 남아 트랙터 강습이나 받았더라면 좋았을 걸 그랬다고 그랬어요."

모두 잠자코 있었다. '샤론의 장미'는 불을 들여다보았다. 그 눈이 불빛을 받아 반짝반짝 빛났다. 감자가 프라이팬 속에서 자글자글 소리를 냈다. 그녀가 훌쩍이며 손등으로 콧물을 닦았다.

아버지가 말했다. "코니는 의지가 약했어. 진작 알아봤지. 끈기도 없는 주제에 허영심만 많은 녀석이었어."

'샤론의 장미'는 일어나서, 텐트 안으로 들어갔다. 매트리스 위에 엎드려, 포갠 팔에 얼굴을 묻었다.

"도로 잡아와 봐야 소용없어요." 앨이 말했다.

아버지가 대답했다. "그래. 그런 의지가 약한 놈은 난 필요 없다."

어머니가 '샤론의 장미'가 매트리스에 엎드려 있는 텐트 안을 들여다보고 말했다. "쉿, 그런 말 하지 말아요."

아버지가 굽히지 않고 말했다. "의지가 약한 놈이라니까. 아무것도 하지 않는 주제에 사철 이렇게 했으면, 저렇게 했으면, 그런 소리나 해대고. 그래도 놈이 있는 동안에는 나도 아무 소리 하지 않았지만, 이제는 놈도 튀쳐나 갔으니—"

"쉿!" 어머니가 낮은 목소리로 말했다.

"아니, 왜 그래? 왜 잠자코 있어야 하나? 놈은 도망치지 않았느냔 말야."

어머니가 숟가락으로 감자를 뒤집으니 기름이 끓어오르며 탁탁 튀었다. 모닥불에 잔가지를 던져 넣으니 불꽃이 확 일어나 텐트를 밝게 비추었다. 어머니가 말했다. "로자샨의 뱃속에는 아기가 있어요. 그 아기의 반쪽은 코니의 피고요. 아버지가 의지가 약한 사람이라는 소리를 듣고 자라는 건 아기에게도 좋지 못해요."

"거짓말을 하는 것보다야 낫지." 아버지가 말했다.

어머니가 가로막았다. "아뇨, 안 좋아요. 코니는 죽은 걸로 해요. 코니가 죽은 사람이라면, 당신도 코니 욕은 못 하겠죠."

톰이 끼어들었다. "아니, 이게 무슨 얘기들이죠? 코니가 안 돌아온다고 누가 그래요? 그런 얘기는 뒀다가 하세요. 우린 빨리 밥을 먹고 떠나야 해요."

"떠난다고? 우리는 막 도착했잖니." 어머니가 모닥불이 깜빡거리는 어둠 속으로 그의 얼굴을 들여다보았다.

톰은 차근차근 설명했다. "어머니, 그놈들이 오늘밤에 여길 불 지르러 와요. 그런데 어머니도 알겠지만 나는 우리 세간에 불 지르는 것을 팔짱끼고 구경만 할 성격이 아니에요. 아버지도 큰아버지도 마찬가지고요. 싸움을 벌이게 될 게 뻔한데 나는 붙잡혀서 사진을 찍히면 안 되는 처지잖아요. 오늘 낮에도 전도사님이 나서주지 않았더라면 그렇게 될 뻔했어요."

어머니가 펄펄 끓는 기름 속에서 튀겨지고 있는 감자를 뒤집었다. 순간 그녀는 마음을 정하고 외쳤다. "자! 이걸 먹어야지. 어서 떠나야 하니까." 그녀는 양철접시를 늘어놓았다.

아버지가 말했다. "형님은 어떻게 하고?"

"큰아버지가 어디 가셨나요?" 톰이 물었다.

아버지와 어머니는 잠시 대답이 없었다. 이윽고 아버지가 말했다. "한잔 하러 갔다."

톰이 말했다. "원 큰아버지도! 하필이면 이런 때 가시다니! 어디로 가셨을까?"

"모르지." 아버지가 말했다.

톰이 일어섰다. "모두 이걸 먹고 나서 짐을 실으세요. 나는 큰아버지를 찾아 모시고 올 테니까. 길 건너 식료품 가게에 계시겠지 뭐."

톰은 서둘러 걸어갔다. 텐트와 오두막 앞마다 저녁을 짓기 위한 조그만 모닥불이 타오르고 있었다. 누더기를 걸친 남녀와 웅크리고 앉은 아이들의 얼굴에 그 불빛이 떨어졌다. 몇몇 텐트에서는 석유램프의 불빛이 새어나왔다.

사람들의 커다란 그림자가 방수포에 어른거렸다.

톰은 먼지투성이 길을 올라, 콘크리트가 깔린 고속도로 건너 조그만 식료품 가게로 갔다. 망사문 앞에 서서 안을 들여다보았다. 가게 주인은 수세미 같은 턱수염에 눈물이 괸 것 같은 눈을 가진 백발의 자그마한 사나이로, 카운터에 기대어 신문을 읽고 있었다. 깡마른 팔을 드러내놓고, 길고 흰 앞치마를 두르고 있었다. 그의 주위와 등 뒤에는 통조림이 둥근 언덕처럼, 또는 피라미드처럼, 또는 벽처럼 쌓여 있었다. 톰이 들어가자 주인이 얼굴을 쳐들었다. 사냥총으로 목표를 겨냥하듯 눈을 가느다랗게 뜨고 쳐다봤다.

그가 말했다. "어서 오시오. 뭘 찾소?"

"저희 큰아버지를 찾아요. 큰아버지가 달아난 건지도 모르지만."

백발 영감은 당혹스러운 동시에 불안한 표정을 지었다. 가려움을 가시게 하려고 콧방울을 잡고 이리저리 비틀었다. "당신네들은 사철 누군가가 없어지는 모양이군. 하루에 열 번은 족히 여길 들어와서 '이러이러한 이름에 이러이러하게 생긴 사나이를 보거든, 식구가 모두 북쪽으로 갔다고 전해 주시오' 이런단 말이야. 늘 있는 일이지."

톰이 웃었다. "그렇다면 코니라는 이름의 좀 이리같이 생긴 애송이를 보시거든, 뒈져버리라고 전해주시겠어요? 우리는 남쪽으로 가더라고 말이죠. 하지만 지금 찾는 건 그 녀석이 아니에요. 검정 바지에 머리가 희끗희끗한 예순쯤 되어 보이는 노인이 여기서 위스키를 사지 않았나요?"

백발 사나이의 눈이 빛났다. "그 영감이라면 분명히 왔었지. 난 그런 사람은 생전 처음 봤어. 가게 앞에서 모자를 떨어뜨리더니 마구 짓밟잖아. 자, 그 모자 여기 있네." 그는 흙으로 범벅이 된 찢어진 모자를 카운터 밑에서 꺼냈다.

톰은 그것을 받아들었다. "큰아버지가 틀림없어요."

"그 영감은 1파인트짜리 위스키를 두 병 사면서 한 마디도 안 하더군. 그러고 마개를 따더니 그냥 병째 들이켜는 거야. 나는 가게에서 술을 마셔도 된다는 허가를 받지 않았어. 그래서 '여보시오, 여기선 마시지 못 합니다. 밖에 나가서 마시십시오' 했더니 두말없이 문밖으로 나가는 거야. 한 병을 다 비우는 데 네 번 이상은 기울이지 않았을 거야. 그러군 병을 내던지고 문에 기대섰는데 눈이 좀 흐릿해졌더군. 그리고는 '주인장, 고맙소' 하고 가버렸는데, 난 평생에 그런 술꾼은 첨 봤다니까."

"가버렸다고요? 어느 쪽으로요? 붙잡아야 하는데."

"마침 다행스럽게도 가르쳐줄 수 있군그래. 그런 술꾼은 난생 처음 보는 터라 쭉 지켜보았거든. 영감은 북쪽으로 가더군. 그때 차가 한 대 와서 환히 불을 비추고 갔는데, 그 틈에 보니까 강둑 아래로 내려가는 중이더라고. 조금씩 비틀거리는 것 같았어. 나머지 한 병도 마개가 따져 있더군. 그리 멀리 가지는 못했을 거야, 그 걸음으로는."

"고마워요. 꼭 찾아야 하거든요."

"이 모자, 갖고 갈 건가?"

"아 참! 네! 필요할 테니까. 정말 고맙습니다."

"그 영감, 무슨 일이 있었나? 술을 마셔도 조금도 즐거워 보이지 않던 데."

"네, 조금 울적해서 그래요. 그럼 안녕히 계세요. 그리고 코니라는 애송이 놈을 보시거든 우리는 남쪽으로 갔다고 전해주시고요."

"잊지 말고 말을 전해 달라는 사람이 어떻게 많은지 다 욀 수가 있어야 지."

"제 말은 너무 신경 쓰지 마세요." 톰은 존 아저씨의 흙투성이 검은 모자를 들고 망사문 밖으로 나왔다. 콘크리트 도로를 건너 그 가장자리를 걸어갔다. 밑으로 보이는 움푹 들어간 빈터에 후버빌이 있었다. 조그만 모닥불이 훌훌 타고, 텐트 틈으로 석유등이 빛났다. 야영지 어딘가에서 기타 소리가 났다. 느리고 앞뒤 맥락도 없는 것이 누가 연습을 하는 모양이었다. 톰은 걸음을 멈추고 귀를 기울였다가 느릿느릿 도로를 따라 걸어갔다. 대여섯 걸음 걸을 때마다 다시 멈춰 서서 귀를 기울였다. 4분의 1마일쯤 갔을 때 겨우 기대하던 소리가 들렸다. 둑 밑에서 굵고 탁한 목소리가 제멋대로 노래를 불러대고 있었다. 톰은 더 잘 들으려고 고개를 기울였다.

그 서투른 목소리가 노래를 불렀다.

내 마음 예수님께 바치니
예수님께서 나를 받아들이시도다.
이 영혼 예수님께 바치니

예수님이야말로 내 고향.

노래가 점점 중얼대는 소리로 바뀌더니 이윽고 그쳤다. 톰은 노랫소리가 들리던 쪽으로 급히 둑을 내려갔다. 잠시 걸음을 멈추고 다시 귀를 기울였다. 이번에는 바로 옆에서 소리가 났다. 아까와 마찬가지로 단조롭고 서투른 노랫소리였다.

아, 매기가 죽던 밤
매기는 나를 머리맡에 불러다놓고
자기가 입던
빨간 플란넬 속바지를 주었지.
무릎이 봉긋하게—

톰이 조심스럽게 다가갔다. 땅바닥에 주저앉은 검은 그림자가 보였다. 그는 조용히 바싹 다가가 앉았다. 존 아저씨가 술병을 기울였다. 술이 병 아가리에서 콸콸 쏟아져 나왔다.
톰이 조용히 말했다. "잠깐! 제 몫은 없어요?"
존 아저씨가 돌아보았다. "누구야?"
"벌써 절 잊어버렸나요? 제가 한잔 마시는 동안에 큰아버진 넉 잔이나 마시대요."
"톰, 나를 놀리지 마라. 나는 여기 죽 혼자 있었다. 너는 여기 없었어."
"하지만 지금은 분명히 여기 있잖아요. 저에게도 한 모금 주세요."
존 아저씨는 다시 술병을 쳐들었다. 위스키가 콸콸 쏟아져 나왔다. 그가 병을 흔들어 보였다. 빈병이었다. "이제 없어. 나는 죽어버리고 싶다. 아주 죽고만 싶어. 잠깐이라도 좋으니 죽었으면 좋겠다. 죽지 않고선 견딜 수 없어. 잠자듯이 말이다. 그저 잠깐이라도 좋아. 정말이지 너무 지쳤다. 이젠 눈을 뜨지 않을 거다." 목소리가 낮은 중얼거림으로 변했다. "관을 써야지, 황금 관을."
"제 말 좀 들어봐요, 큰아버지. 우리는 지금 떠나야 해요. 가세요. 그러면 짐 위에서 실컷 주무실 수 있어요."

존 아저씨는 머리를 저었다. "아니, 나는 안 간다. 여기서 쉬어야겠다. 돌아가도 아무 소용이 없어. 아무한테도 도움이 안 돼. 훌륭한 인간들 속에서 때 묻은 속바지처럼 내 죄를 끌고 돌아다닐 뿐이야. 그래, 나는 안 간다."

"가세요. 큰아버지가 안 가시면 우리도 갈 수 없어요."

"난 상관 말고 어서 가거라. 나는 쓸모없는 인간이야. 죄를 질질 끌고 다니면서 식구들을 더럽힐 뿐이야."

"큰아버지만 다른 사람보다 유독 죄를 지은 게 아니에요."

존 아저씨가 얼굴을 바싹 갖다 대고 의미심장하게 한 눈을 찡긋해 보였다. 그 얼굴이 별빛 아래 희미하게 보였다. "아무도 내 죄를 알지 못 하지. 예수님밖에 몰라. 예수님께서는 아시지."

톰은 무릎을 꿇고 존 아저씨 이마에 손을 대보았다. 뜨겁고 건조했다. 존 아저씨가 그 손을 어색하게 뿌리쳤다.

톰은 애원하듯 말했다. "가세요. 어서 가시자고요, 큰아버지."

"안 간다니까. 난 아주 지쳤다. 여기서 쉬련다. 여기서 말이다."

톰은 바로 옆에 앉아 있었다. 주먹을 존 아저씨의 턱 끝에 댔다. 거리를 맞추려고 두어 번 휘둘러보고 나서 어깨를 붕 휘둘러 턱에 보기 좋게 일격을 가했다. 존 아저씨는 입을 떡 벌리며 뒤로 벌렁 자빠졌으나 금방 일어나려고 했다. 그러나 이미 그 위에 올라탄 톰은 존 아저씨가 한쪽 팔꿈치를 짚자 다시 한 번 주먹을 날렸다. 존 아저씨는 땅바닥에 뻗어버렸다.

톰은 일어나서 몸을 구부리고, 축 늘어진 그의 몸뚱이를 들어 어깨에 멨다. 힘이 빠진 몸의 무게에 눌려서 그는 비틀거렸다. 존의 늘어진 손이 가볍게 등을 치는 것을 느끼면서, 톰은 숨을 헐떡이며 고속도로를 향해 천천히 강둑을 기어올랐다. 자동차가 한 대 지나가면서, 축 늘어진 사람 몸뚱이를 둘러멘 톰을 비췄다. 차는 잠깐 속도를 늦췄으나 곧 요란스럽게 부르릉거리며 사라져 갔다.

도로에서 내려와 후버빌 안의 텐트 옆 트럭 있는 데로 돌아왔을 때 톰은 숨을 헐떡이고 있었다. 존 아저씨는 정신이 들기 시작하는 모양인지 힘없이 몸을 꿈틀거렸다. 톰은 그를 가만히 땅바닥에 내려놓았다.

톰이 없는 동안에 캠프는 정리되어 있었다. 앨이 트럭 위로 짐을 올려주고 있었다. 언제든 짐 위에 칠 수 있도록 방수포도 준비되어 있었다.

앨이 말했다. "큰아버지, 의외로 빨리 오셨는데?"

톰이 변명했다. "안 오시려고 해서 어쩔 수 없이 주먹 좀 썼어. 죄송한 말이지만."

"다치시진 않았니?" 어머니가 물었다.

"괜찮은 것 같아요. 슬슬 정신을 차리시는 걸 보니."

존 아저씨는 땅바닥에 힘없이 쓰러져 구역질을 하고 있었다. 토하느라 경련을 일으키며 헐떡거렸다.

어머니가 말했다. "네가 먹을 감자 한 접시 남겨뒀다."

톰이 키드득거리며 말했다. "지금은 아무것도 먹고 싶지 않아요."

아버지가 외쳤다. "좋아, 앨. 방수포를 올려라."

트럭은 완전히 떠날 준비를 마쳤다. 존 아저씨는 잠들어버렸다. 톰과 앨이 그를 떠메어 짐 위로 끌어올렸다. 윈필드가 트럭 뒤에서 토하는 흉내를 냈다. 루디는 웃음소리를 내지 않으려고 손으로 입을 막았다.

"다 됐다." 아버지가 말했다.

톰이 물었다. "로자샨은 어디 갔어요?"

어머니가 말했다. "저기 있다. 이리 오너라, 로자샨. 이제 갈 거다."

딸은 턱을 가슴에 묻고 우두커니 앉아 있었다. 톰이 그녀 곁으로 다가갔다. "자, 가자."

"난 안 갈래." 그녀는 얼굴을 들지 않고 말했다.

"가야 해."

"나한텐 코니가 있어야 해. 코니가 돌아오기 전에는 안 갈 테야."

세 대의 차가 야영지를 나가 고속도로로 올라갔다. 야영 도구와 사람을 가득 실은 낡은 차들이었다. 덜컹대며 고속도로로 올라가 희미한 불빛으로 길을 비추며 사라져 갔다.

톰이 말했다. "코니는 틀림없이 우릴 찾아올 거야. 길 건너 식료품 가게에다 우리가 가는 곳을 일러놓았으니까 나중에 꼭 찾으러 올 거야."

어머니도 와서 톰 곁에 섰다. "자, 로자샨. 자, 어서 가자, 애야." 그녀가 상냥하게 말했다.

"난 기다리고 싶어요."

"그럴 수 없어." 어머니가 허리를 구부리고 딸의 팔을 잡아 일으켰다.

톰이 말했다. "꼭 찾아올 거야. 걱정하지 않아도 돼. 틀림없이 찾아올 테니까." 그들은 양쪽에서 그녀를 끼고 걸었다.

'샤론의 장미'가 말했다. "어쩌면 공부할 책을 사러 갔는지도 몰라요. 우리를 놀래 주려고 일부러 그러는지도 몰라."

어머니가 말했다. "정말로 그럴지도 모르겠구나." 두 사람은 그녀를 트럭으로 데리고 가서 짐 위에 태웠다. 그녀는 방수포 밑으로 기어 들어가 그 어두운 동굴 속에 숨어버렸다.

그때 풀을 이은 오두막에서 턱수염 사나이가 슬금슬금 트럭으로 걸어오더니 뒷짐을 지고 우물쭈물 무언가를 기다렸다. "당신네들, 뭐 쓸 만한 물건이 있으면 주고 가지 않겠소?" 사나이는 겨우 물었다.

아버지가 대답했다. "글쎄, 생각이 안 나는데요. 놓아두고 갈 만한 게 아무것도 없구려."

톰이 물었다. "아저씨는 떠나지 않나요?"

턱수염 사나이는 톰을 한참 바라보다가 마침내 대답했다. "난 안 가오."

"하지만 놈들이 여길 불 지를 거예요."

그의 불안정한 시선이 땅바닥으로 떨어졌다. "알고 있소. 전에도 당했으니까."

"그런데 왜 떠나지 않나요?"

그는 당황스러워하는 눈을 흘끗 쳐들었다가 다시 떨어뜨렸다. 꺼져가는 모닥불이 그 눈에 빨갛게 반사되었다. "잘 모르겠구먼. 짐을 꾸리자면 시간이 걸려서."

"불을 지르면 아무것도 남지 않아요."

"알아. 쓸 만한 것 뭐 좀 놓고 가지 않겠소?"

"깨끗이 실어버렸구려." 아버지가 말했다. 턱수염 사나이는 휘적휘적 가버렸다. "저 사람, 어디가 어떻게 된 거지?" 아버지가 물었다.

톰이 말했다. "누가 그러는데 경찰 공포증이래요. 경찰한테 머리를 너무 맞아서 그렇다나요."

이번에는 작은 자동차 행렬이 캠프장을 빠져나가 도로로 올라가더니 달려서 사라졌다.

"자, 아버지, 가요. 아버지와 나와 앨이 앞자리에 타요. 어머니는 짐짝 위에 타면 될 거고. 아니, 어머니는 한가운데 타세요. 그리고—" 톰은 좌석 밑으로 팔을 뻗쳐 커다란 멍키스패너를 꺼냈다. "앨, 너는 이걸 갖고 뒤에 타. 만약을 대비해서 말이야. 누가 기어오르려고 하거든 이걸로 갈겨."

앨은 스패너를 받아들고 뒤쪽 널빤지를 기어올라 그것을 손에 쥐고 책상다리를 하고 앉았다. 톰은 좌석 밑에서 철제 잭 손잡이를 끄집어내어 브레이크 페달 밑에 놓았다. "됐다. 한가운데 타세요, 어머니."

아버지가 말했다. "나는 아무것도 가질 게 없구나."

"손을 뻗쳐 잭 손잡이를 잡으면 되잖아요. 그럴 필요가 없도록 하느님께 빌고 싶군." 그가 시동기를 밟자 크랭크의 플라이휠이 돌며 엔진이 한 번 부르릉 하고 걸렸다가 꺼졌다가는 다시 걸렸다. 톰은 전조등을 켜고, 1단 기어로 캠프장을 나왔다. 희미한 전조등이 예민하게 길을 더듬듯 비추었다. 차는 고속도로로 올라가서 남쪽으로 향했다. 톰이 말했다. "사람은 이성을 잃는 순간이 있나 봐요."

어머니가 끼어들었다. "톰, 너 분명히 말했지? 다신 그런 짓 않겠다고 약속했잖아. 그렇지?"

"알아요, 어머니. 저도 그러려고 애쓰고 있어요. 그런데 그 보안관 대리 놈들—궁둥이에 살 안찐 보안관 대리 본 적 있어요? 그 궁둥이를 흔들어대며 마구 권총을 휘두르잖아요. 놈들이 법대로 한다면야 우리도 참아야죠. 그런데 그건 법률이 아니라고요. 놈들은 우리의 정신을 빼앗으려고 해요. 우리를 얻어맞은 암캐처럼 쩔쩔매고 설설 기게 만들자는 거죠. 우릴 무골충이로 만들려는 속셈이에요. 제기랄…… 어머니, 남자에겐 자기 체면을 지키기 위해 누군가에게 주먹을 날릴 수밖에 없는 때가 오는 법이에요. 놈들은 우리 체면을 엉망으로 만들려고 하고요."

어머니가 말했다. "약속했지 않니, 톰? 그 무법자 플로이드가 한 짓이 바로 그거야. 나는 그 애 어머닐 알았어. 사람들은 그 애를 가만두지 않았지."

"저는 열심히 참고 있어요, 어머니. 정말로 애쓰고 있다고요. 어머니도 제가 얻어맞은 암캐처럼 바닥에 배를 납작 붙이고 기어 다니게 하고 싶지는 않을 거 아니에요?"

"나는 기도드리고 있어. 너는 시끄러운 일에 말려들어선 안 돼, 톰. 우리 식구가 산산조각나기 시작했어. 너는 시끄러운 일에 휘말리지 마라."

"노력할게요, 어머니. 하지만 그 오리궁둥이 경찰이 저한테 경우에 어긋난 짓을 할 땐 참기가 여간 어렵지 않을 거예요. 그게 법대로라면 얘기는 다르지만. 하지만 캠프를 불사르는 건 법률이 아니에요."

차는 덜커덩덜커덩 달렸다. 전방에 빨간 석유등이 도로를 막고 늘어서 있었다.

"둘러가야겠구먼." 톰이 속력을 떨어뜨려 차를 세우자 한 떼거지의 사나이들이 우르르 트럭을 둘러쌌다. 곡괭이 자루며 엽총으로 무장하고 있었다. 대부분은 철모를 썼지만 몇몇은 재향군인회 모자를 쓰고 있었다. 한 사나이가 창문에 기대어 안을 들여다보았다. 위스키 냄새가 물씬하게 풍겼다.

"당신들 어딜 갈 참이야?" 그가 시뻘건 얼굴을 톰의 얼굴 앞에 쑥 내밀었다.

톰의 몸이 굳어졌다. 손이 살그머니 바닥으로 내려가 잭 손잡이를 더듬었다. 어머니가 그의 팔을 붙잡고 힘주어 눌렀다. 톰이 말했다. "글쎄—" 그 다음에는 비굴하고 처량한 목소리로 변했다. "이 고장엔 처음인데 툴레어라는 곳에 일이 있다고들 하기에."

"멍청한 놈, 길을 잘못 잡았잖아. 우리 마을에 오키는 한 놈도 들어오지 못 해."

톰의 어깨와 팔에 힘이 들어갔다. 온몸이 마구 떨렸다. 어머니가 그의 팔에 매달렸다. 트럭 앞은 무장한 사나이들이 가로막고 서 있었다. 그중에는 군인처럼 보이려고 짧은 웃옷에 샘 브라운 벨트를 맨 자도 있었다.

톰이 처량한 목소리로 말했다. "그럼 어느 쪽으로 가야 하나요, 아저씨?"

"오른쪽으로 돌아서 북으로 가. 그리고 목화 따는 계절이 오기 전까지는 돌아오지 말도록 해."

톰은 온몸을 덜덜 떨었다. "알겠습니다요." 그는 기어를 후진으로 넣고 차를 돌려, 온 길을 되돌아갔다. 어머니가 팔을 놓고 잘했다는 듯 그를 토닥거렸다. 톰은 치밀어 오르는 격한 흐느낌을 열심히 씹어 삼켰다.

어머니가 말했다. "신경 쓰지 마라. 생각하지 마."

톰은 창 밖에다 코를 풀고 옷소매로 눈을 문질렀다. "개새끼들."

어머니가 상냥하게 말했다. "참 잘했다. 정말 잘했어."

톰은 옆으로 난 흙길로 꺾어 1백 야드쯤 달리더니 전조등과 시동을 껐다.

그리고 잭 손잡이를 들고 차에서 내렸다.

"어디 가니?" 어머니가 물었다.

"형편을 좀 살피려고요. 우린 북쪽으로 안 갈 거니까." 붉은 석유등이 고속도로를 따라 이쪽으로 움직여 왔다. 톰은 그들이 흙길로 들어오는 길목을 지나 곧장 북쪽으로 가는 것을 지켜보았다. 곧 고함소리와 비명이 들리더니 후버빌 방향에서 불길이 확 치솟았다. 불길은 점점 크게 번졌다. 멀리서 불꽃이 탁탁 이는 소리가 들렸다. 톰은 다시 트럭에 올라탔다. 차를 돌려 전조등을 끈 채 흙길을 달려 올라갔다. 고속도로로 나가서 다시 남쪽을 향해 전조등을 켜고 달렸다.

어머니가 조심스레 물었다. "어디로 가니, 톰?"

"남쪽으로요. 그깟 놈들에게 쫓겨 다니기만 해서 되겠어요? 난 못 해요. 시가로 들어가지 않고 멀리 돌아가는 길을 찾아보겠어요."

아버지가 처음으로 입을 열었다. "그래, 그런데 우린 대관절 어디로 가느냐? 나는 그걸 알고 싶다."

"국영 캠프란 데를 찾아보려고요. 거긴 보안관 대리도 들어갈 수 없대요. 어머니…… 저는 놈들과 가까이 하고 싶지 않아요. 잘못하다 한 놈쯤 죽여 버릴까 봐 겁나요."

어머니가 그를 달랬다. "마음을 편히 가져라, 톰. 마음을 편하게 해. 아까도 잘했으니 다음에도 잘할 수 있을 게다."

"네, 하지만 그러다 체면이고 뭐고 없는 남자가 돼버리겠지요."

"편하게 생각해. 참아야 한다. 그렇잖니, 톰……. 그런 사람들은 다 없어지더라도 우리는 계속 살아남아야 해. 안 그러냐, 톰. 우리는 살아나갈 사람이야. 저네들이 우리를 없앨 수는 절대로 없다. 그래, 우리는 계속 살아나갈 사람들이니까."

"우리는 늘 당하고 사는데요."

어머니가 쿡쿡 웃었다. "알아. 그게 우릴 강하게 만드는 거야. 부자는 나타났다 죽어버리고 그 자손들도 변변찮아서 그냥 거기서 대가 끊기고 말지. 하지만 톰, 우리는 끊임없이 나타난단다. 조바심 낼 것 없어, 톰. 다른 세상이 오고 있으니까."

"어떻게 알아요?"

"어째선지 모르지만……."

마을로 들어섰다. 톰은 한길을 피해 샛길로 빠졌다. 가로등 불빛 아래서 그는 어머니의 얼굴을 보았다. 온화한 얼굴이었다. 그 눈은 조각상의 영원불멸한 눈같이 신비로워 보였다. 톰은 오른손을 뻗어 어머니의 어깨를 어루만졌다. 그러지 않을 수 없었다. 그러고는 손을 떼고 말했다. "어머니가 이렇게 많은 말씀을 하신 건 처음인데요."

"나도 이렇게 말할 이유가 많은 건 처음이구나."

그는 샛길을 연거푸 달려 마을 밖으로 나가서야 도로 쪽으로 꺾어 고속도로에 합류했다. 네거리 모퉁이에 '99'라는 표지판이 붙어 있었다. 그는 그것을 끼고 남쪽으로 접어들었다.

"아무튼 놈들에게 쫓겨 북쪽으로 가는 일은 피했어. 지나갈 권리를 얻기 위해 설설 기더라도 우리가 가고 싶은 곳으로 가는 거야."

흐릿한 전조등이 앞으로 곧게 뻗은 넓고 컴컴한 고속도로를 더듬듯 비추었다.

21

이동하며 살 곳을 찾아 헤매는 사람들은 이제 유랑민이었다. 한때는 한 떼기 토지를 경작하던 사람들, 40에이커 경작지 위에서 살고 죽고, 40에이커 토지가 만들어낸 작물로 먹고 굶던 사람들에게 이제 온 서부는 유랑지가 되었다. 그리하여 그들은 일을 찾아 우왕좌왕했다. 고속도로는 사람들로 강을 이루었고, 도랑둑에는 사람들이 줄을 지었다. 그들 뒤로도 더욱 많은 사람이 줄줄이 밀려들었다. 주요 고속도로는 이동하는 사람들로 홍수를 이루었다. 일찍이 중서부와 남서부에는 산업혁명에도 변화하지 않은 단순한 농민들이 살고 있었다. 그들은 기계경작도 하지 않았고, 개인이 소유하는 기계의 위력과 위험도 몰랐다. 그들이 산업혁명의 자기모순 속에서 성장하는 일은 없었다. 그들의 감각은 산업사회의 어리석음에 여전히 민감하게 반응했다.

그런데 느닷없이 기계가 그들을 몰아내고, 그들은 고속도로로 몰려나왔다. 이런 대이동이 그들을 바꾸어버렸다. 고속도로, 길가의 캠프, 굶주림의 공포와 굶주림 그 자체가 그들을 바꾸어놓았다. 끼니를 거른 아이들과 끊임없는 이동이 그들을 바꾸었다. 그들은 이주민이 되었다. 적의가 그들을 바꾸고, 하나로 뭉치게 하고, 단결시켰다. 침략자를 무찌르는 작은 마을들처럼 사람들을 결속시키고 무장케 하는 적의였다. 곡괭이 자루를 든 농민, 엽총으로 무장한 점원과 상점 주인이 자신의 세계를 지키려고 동료와 싸웠다.

서부에서는 고속도로로 나오는 이주민의 수가 계속 불어남에 따라 공포감이 일었다. 재산이 있는 자는 그 재산 때문에 떨었다. 한 번도 굶주린 일이 없는 사람들은 굶주린 인간의 눈을 보았다. 아무런 부족함 없이 살아온 사람들이 이주민의 눈에서 욕망의 불꽃을 보았다. 그리하여 도시 사람들과 조용한 교외의 주민들은 자기방어를 위해 모여들었다. 그리고 인간이 싸움을 할 때 반드시 그러하듯이, 자기들이 선(善)이고 침략자들이 악(惡)이라고 스스로를 납득시켰다. 그들은 말했다. 저 오키 놈들은 더럽기 짝이 없고 무식하다. 타락한 색광이다. 오키 놈들은 도둑이다. 닥치는 대로 훔친다. 소유권이라는 관념이 없다.

마지막 말은 사실이었다. 재산을 갖지 못한 인간이 어떻게 소유자의 고통을 알겠는가? 또 방어자들은 말했다. 놈들은 전염병을 퍼뜨린다. 놈들은 불결하다. 놈들을 학교에 입학시킬 수는 없다. 그들은 타향 놈들이다. 네 누이가 오키와 함께 걸어 다닌다고 생각해봐라, 기분이 어떻겠는가?

주민들은 스스로를 채찍질하여 잔인함이라는 거푸집에 자신을 끼워 넣었다. 그들은 반과 분대를 만들고, 몽둥이와 최루가스와 총으로 무장했다. 이 고장은 우리 것이다. 오키 놈들이 멋대로 돌아다니도록 놔두지 않겠다. 그러자 무장한 사람들은 토지소유주가 아니었음에도 소유주 같은 기분이 들었다. 야간훈련을 받는 점원들은 아무것도 가진 것이 없었고, 조그만 상점의 주인들은 서랍 속에 빚 증서만 잔뜩 있을 뿐이었다. 그러나 빚이나마 있는 것만으로도, 근무를 한다는 것만으로도 대단한 일이었다. 점원은 생각했다. 나는 일주일에 15달러를 받는다. 저 오키 놈들이 12달러라도 좋다고 나서면 어떻게 되지? 또 조그만 상점의 주인은 이렇게 생각했다. 빚이 없는 놈과 어떻게 경쟁할 수 있지?

그리하여 이주민들은 강물처럼 고속도로에 흘러넘쳤다. 굶주림과 욕망이 그들의 눈에 깃들었다. 그들에게는 이치도 없고 조직도 없었다. 있는 것은 그들의 수와 궁핍뿐이었다. 한 사람 몫의 일이 있으면 열 명이 서로 임금을 내리겠다고 다투었다. 저놈이 30센트에 하겠다면 나는 25센트에 하겠소.

저 친구가 25센트라면 난 20센트에 하겠소.

아니, 내가 해야 해. 나는 배가 고파. 15센트에 일하지. 먹을 것 때문에 일하는 거야. 자식 놈들을 위해서라고. 저 애들의 낯짝을 봐. 좁쌀만 한 종기가 나서 뛰어놀지도 못 해. 바람에 떨어진 과일을 좀 먹였더니 배가 빵빵하게 부풀어 오르더라고. 나는 고기 한 점을 위해서라도 일할 거야.

이것은 퍽 수지가 맞는 일이었다. 임금은 떨어지고 작물 값은 그대로였기 때문이다. 신이 난 대지주는 더 많은 사람을 불러들이기 위하여 더 많은 광고지를 뿌렸다. 품삯은 내리고 작물 값은 그대로였다. 이러다가는 머지않아 또 농노를 갖게 되겠는걸.

대지주와 회사는 이번에는 새로운 방식을 연구해냈다. 대지주는 통조림 공장을 사들였다. 복숭아나 배가 익으면 과일 값을 생산가격 이하로 떨어뜨려두고, 이번에는 통조림 공장 주인으로서 그 과일을 싼 값에 사들이고 통조림 값은 올림으로써 그 이득을 차지했다. 통조림 공장을 가지지 못한 소농장주는 농장을 잃었다. 그 농장들은 통조림 공장을 같이 경영하는 대농장주, 은행, 회사의 것이 되었다. 날이 갈수록 농장 수가 줄어들었다. 소농장주들은 얼마 동안은 도시에 옮겨 살았으나, 신용도 다 써버리고 친구와 친척도 모두 잃자 마침내는 그들 또한 고속도로로 나가는 신세가 되고 말았다. 그리하여 길이란 길은, 일을 찾으려고 혈안이 된 사람들로 넘쳐났다.

회사나 은행은 자기들의 파멸을 위해 일하면서도 그것을 깨닫지 못했다. 밭에는 작물이 무럭무럭 자랐지만, 길에는 굶주린 사람들이 헤매었다. 곡물 창고는 넘쳤지만, 가난한 집 아이들은 구루병에 걸리고, 홍반병 때문에 옆구리에 물집이 돋아났다. 큰 회사들은 굶주림과 분노가 별반 차이가 없다는 사실을 알지 못했다. 그리하여 임금으로 쓰여야 할 돈이 최루가스에, 총에, 앞잡이와 스파이에, 블랙리스트에, 훈련에 투입되었다. 고속도로에서는 사람들이 개미떼처럼 움직이며 일자리와 먹을 것을 찾았다. 분노가 서서히 일어나기 시작했다.

22

톰 조드가 위드패치 캠프를 찾아 시골길로 차를 몰고 들어간 것은 밤이 깊어서였다. 변변히 불빛도 보이지 않는 시골이었다. 뒤쪽으로 보이는 훤한 하늘만이 베이커스필드 방향을 가리켜 주었다. 트럭은 덜컹거리며 느릿느릿 달렸다. 저만치 앞에서 먹이를 찾던 들고양이가 달아났다. 어느 네거리에 이르니 모퉁이에 흰 목조 건물이 몇 채 무더기져 있었다.

어머니는 좌석에서 잠들어 있고, 아버지는 아까부터 입을 꾹 다물고 생각에 잠겨 있었다.

톰이 말했다. "어디 있는지 도무지 짐작이 안 가요. 날이 샐 때를 기다렸다가 누구한테 물어보는 편이 좋겠어요." 그는 어느 도로표지판 앞에 차를 세웠다. 그때 자동차 한 대가 네거리에 섰다. 톰이 몸을 내밀고 소리 질렀다. "아저씨, 큰 캠프가 어디에 있는지 아세요?"

"똑바로 가시오."

톰은 길 건너 반대쪽 도로로 들어갔다. 몇 백 야드쯤 가서 차를 세웠다. 높다란 철조망이 도로를 따라 쳐 있고, 넓은 문이 있는 차도가 그 안으로 굽어 들어가 있었다. 문을 들어서서 조금 더 가니, 창문에 불빛이 비치는 작은 집이 있었다. 톰은 그리로 차를 몰았다. 갑자기 트럭이 송두리째 떴다가 쿵 하고 떨어졌다.

톰이 말했다. "어이쿠! 이런 둔덕이 있는 줄 누가 알았나."

현관 앞에 앉아 있던 경비원이 일어나 차 쪽으로 걸어왔다. 그가 차창에 비스듬히 기대며 말했다. "너무 기세 좋게 모니까 그렇지. 다음부터는 살살 달리라고."

"대관절 저게 뭐죠?"

경비원이 웃었다. "이 안에서 많은 아이가 놀거든. 사람들한테 천천히 달리라고 주의는 주네만 원 기억들을 해야지. 하지만 한 번 저 혹부리에 부딪치고 나면 절대로 잊어버리지 않거든."

"그런 거였군요! 깨진 데나 없었으면 좋으련만. 그런데, 우리가 들어갈 자리가 있나요?"

"남은 자리가 하나 있지. 식구가 몇인데?"

톰이 손가락을 꼽아보았다. "나, 아버지, 어머니, 앨, 로자샨, 큰아버지, 루디, 윈필드. 마지막 둘은 아이예요."

"음, 아슬아슬하게 되겠구먼. 캠프 도구는 있소?"

"커다란 방수포와 침구 몇 개가 있어요."

경비원이 차 디딤판 위에 올라서서 말했다. "저 줄 끝까지 가서 오른쪽으로 돌아요. 거기가 제4위생실이오."

"그게 뭔데요?"

"변소와 샤워와 빨래통이 있다는 거지."

어머니가 물었다. "빨래통이 있나요? 수도도?"

"그럼요."

"아이고! 감사합니다!"

톰은 꺼멓게 늘어선 긴 텐트의 줄을 따라 차를 몰았다. 위생실 건물에는 흐릿한 등불이 켜 있었다. 경비원이 말했다. "차를 이리 넣어요. 여긴 아주 좋은 장소지. 여기 있던 가족이 마침 이사를 갔어."

톰은 차를 세웠다. "저기요?"

"그래요. 나와 당신이 서류를 만드는 동안 다른 사람들은 짐을 풀게 해요. 그리고 좀 자라고 하고. 캠프위원회가 아침에 당신네 텐트를 찾아가 이것저것 가르쳐줄 거요."

톰은 눈을 내리깔며 물었다. "경찰이오?"

경비원이 웃었다. "그런 거 아니오. 여기는 여기만의 경찰이 있지. 여기 사람들이 직접 경찰을 뽑는 거요. 자, 이리로 와요."

앨이 트럭에서 뛰어내려 앞으로 걸어왔다. "여기서 사는 거야?"

톰이 말했다. "응. 나는 사무실에 갈 테니 너는 아버지와 함께 짐을 내려."

경비원이 말했다. "되도록 조용히 해요. 많은 가족이 자고 있으니까."

톰은 경비원을 따라 어둠 속으로 걸어갔다. 사무실 층계를 올라가, 헌 책상과 의자가 놓인 작은 방으로 들어갔다. 경비원이 책상 앞에 앉아 용지를 꺼냈다.

"이름은?"

"톰 조드."

"아까 그분이 당신 아버지요?"

"네."

"아버지 이름은?"

"역시 톰 조드요."

질문이 이어졌다. 어디서 왔는가, 캘리포니아에 들어온 지 얼마나 됐는가, 어떤 일을 하였는가. 경비원이 얼굴을 들었다. "수상쩍어 이러는 건 아니오. 그저 이 서류를 작성하게 되어 있어서."

"괜찮아요."

"그런데 돈은 가졌나요?"

"조금 있어요."

"무일푼은 아니란 말이지?"

"조금은 있지요. 그걸 왜 묻죠?"

"음, 캠프장 관리비가 일주일에 1달러 들거든. 대신 일을 해도 되고. 쓰레기 운반이나 캠프장 청소 같은 일."

"일해서 치르기로 하죠."

"내일 위원회 사람을 만나면 캠프장 사용법이랑 규칙 등을 가르쳐 줄 거요."

톰이 물었다. "저어…… 그게 뭔데요? 무슨 위원회인가요?"

경비원은 의자에 느긋하게 기대앉았다. "썩 잘 된 조직이지. 여긴 위생실이 다섯 개 있는데, 반마다 중앙위원을 한 사람 뽑아. 그 위원회가 규칙을 만들지. 위원회가 정하는 게 곧 규칙이야."

"그 사람들이 무리한 요구를 하면 어떻게 되죠?

"음, 다 같이 투표를 해서 간단히 그만두게 할 수 있지. 처음에 투표로 뽑은 것처럼 말이오. 위원회는 이제까지 훌륭하게 해왔어. 어떤 일을 했는지 얘기해줄까? 홀리 롤러(마구 뒹굴며 열광적으로 집회를 하는, 미국의 작은 교파의 하나) 전도사들이 언제나 사람들 뒤꽁무니를 쫓아다니면서 설교를 해대고 모금도 한다는 건 알고 있겠지? 그런데 그 전도사들이 이 캠프에서 설교를 하려고 했단 말야. 나이 지긋한 사람들은 더러 설교를 듣고 싶어 하기도 했지. 그래서 중앙위원회에서 논의가 된 거야. 위원회는 회의를 열어 이렇게 결정했지. '어떤 전도사건 이 캠프 내에서 설교해도 좋다. 단 이 캠프에서는 어느 누구도 헌금을 해서는 안 된다.' 나이 지긋한 양반들한테는 아쉽게 되었지. 그 일이 있은 뒤로는 전도사들이 아예 발도 들여놓지 않게 되었거든."

톰이 웃으며 물었다. "이 캠프를 관리하는 사람은 보통 사람, 다시 말해서 여기서 캠프하는 사람들이란 말이군요."

"맞았어. 그러니까 잘 돌아가는 거야."

"아까 경찰 얘기가 나왔었는데……"

"중앙위원회가 질서도 유지하고 규칙도 만드는 거야. 부인위원회도 있지. 곧 거기서 당신 어머니를 찾아갈 거야. 부인네들이 아이들도 돌보고 위생시설도 관리하지. 당신 어머니가 달리 하는 일이 없으면 일하는 부인들의 아이들을 돌보게 될 거야. 어머니가 일을 할 때는 다른 부인들이 해주고, 바느질도 하고, 간호사가 와서 병자 돌보는 일을 가르쳐 주기도 하지. 이렇게 서로 도우며 해나가는 거야."

"그러면 여긴 경찰은 없다는 말이군요."

"없잖고. 영장이 없으면 경찰은 한 사람도 못 들어와."

"누가 나쁜 짓을 하거나 술 마시고 싸움을 걸 땐 어떻게 하죠?"

경비원은 압지에 연필심을 세웠다. "먼저 중앙위원회가 본인에게 주의를 주지. 두 번째는 정식으로 경고하고, 세 번째는 캠프에서 내쫓아버려."

"정말 믿기 힘든 이야기네요! 오늘 저녁에 그 쪼끄만 모자를 쓴 보안관 대리 놈들이 강가에 있는 캠프를 불살랐는데."

"여긴 못 들어와. 밤에 가끔 젊은이들이 울타리 둘레를 순찰하거든. 특히 댄스가 있는 밤엔 말야."

"댄스파티도 열려요?"

"토요일 밤마다 이 지방에서 제일 근사한 댄스파티가 열린다고."

"정말 놀랐는데! 왜 이런 데가 좀 더 없을까?"

경비원은 씁쓰레한 얼굴이 되었다. "그건 스스로 생각해봐. 그럼 가서 좀 자는 게 좋을 거야."

"안녕히 주무세요. 어머닌 여기가 마음에 드실 거예요. 오랫동안 사람 취급을 받지 못했으니까."

"잘 자요. 좀 자둬요. 이 캠프는 아침이 이르니까."

톰은 늘어선 텐트 사이를 걸어갔다. 눈이 차차 별빛에 익숙해졌다. 텐트 줄이 똑바르고, 주변엔 종이부스러기 하나 없었다. 통로는 깨끗이 비질이 되고 물을 뿌린 흔적마저 있었다. 텐트 안에서 잠자는 사람들이 코고는 소리가 새어 나왔다. 캠프 전체가 작은 숨소리를 내고 있었다. 톰은 천천히 걸었다. 제4위생실이 가까워지자 그는 신기한 듯 건물을 살펴보았다. 페인트칠도 하지 않은 야트막하고 조잡한 건물이었다. 양쪽 벽이 없는 지붕 밑에 빨래통이 나란히 줄지어 놓여 있었다. 자기 집 트럭이 가까이 있는 것을 보고 그는 조용히 그리로 걸어갔다. 방수포가 쳐 있고, 주위가 조용했다. 그가 다가가니 트럭 뒤에서 사람 그림자 하나가 나와서 이쪽으로 왔다.

어머니가 나직이 말했다. "톰이냐?"

"네."

"쉿! 모두 잠들었다. 다들 지쳤었나봐."

"어머니도 주무셔야지요."

"널 보려고 깨어 있었다. 그래 잘됐니?"

"근사해요. 내 입으로 얘기하지 말아야지. 아침에 위원회 사람이 와서 얘기해줄 테니까. 분명히 어머니 마음에 들 거예요."

어머니가 속삭였다. "더운 물이 나온다는구나."

"그렇대요. 그만 주무세요. 요즘 통 주무시질 못했잖아요."

그녀가 애원하듯 말했다. "내게 말하지 않겠다는 얘기가 대체 뭐냐?"

"난 말하지 않을래. 이제 가서 주무세요."

갑자기 어머니는 조그만 계집애처럼 졸랐다. "네가 말하지 않겠다는 얘기가 뭔지 궁금해서 견딜 수 없는데 어떻게 잠이 오니?"

"그런 생각 말고 주무세요. 아침에 눈뜨자마자 제일 좋은 옷으로 갈아입으시고요. 그럼 알게 돼요."

"그런 생각을 하면서 어떻게 자라는 거니?"

톰은 즐거운 듯이 소리 없이 웃었다. "주무셔야 한다니까요. 어떻든 자야 해요."

"그럼 잘 자라." 그녀는 속삭이고 몸을 구부려 어두운 방수포 밑으로 기어들어갔다.

톰은 트럭 뒤쪽 널빤지를 타고 넘어 올라갔다. 나무 바닥에 반듯이 드러누워 깍지 낀 손을 머리 밑에 받치고 팔로 양쪽 귀를 꼭 막았다. 밤공기가 점점 차가워졌다. 톰은 웃옷 앞가슴의 단추를 다 끼우고, 다시 벌렁 드러누웠다. 별들이 머리 위에서 선명하게 반짝였다.

눈을 떴을 때는 아직 어두웠다. 무엇인가 달그락거리는 작은 소리에 깬 것이다. 귀를 기울이니, 쇠붙이 부딪히는 소리가 다시 들렸다. 톰은 찬 아침

공기에 굳은 몸을 으스스 떨었다. 캠프는 아직 잠들어 있었다. 톰은 일어서서 트럭 옆 널빤지 너머를 바라보았다. 검푸른 동쪽 산들을 바라보는 동안에 산 너머로 햇살이 어슴푸레 피어올랐다. 산등성이는 다홍빛으로 곱게 물들었으나, 위쪽으로 갈수록 점점 을씨년스러운 잿빛으로 어두워지다가 서쪽 지평선 가까운 한 지점에 이르러서는 캄캄한 밤으로 녹아들었다. 아래쪽 계곡의 대지는 새벽을 알리는 옅은 푸른색이었다.

쇠붙이 부딪히는 소리가 다시 울렸다. 톰은 땅바닥보다 아주 조금 밝은, 회색 텐트들을 훑어보았다. 한 텐트 옆에 낡은 무쇠 화덕이 있고, 그 갈라진 틈으로 주홍색 불꽃이 널름대는 것이 보였다. 잿빛 연기가 땅딸막한 연통에서 기세 좋게 솟아올랐다.

톰은 트럭 옆 널빤지를 넘어 땅바닥으로 뛰어내렸다. 그리고 천천히 화덕 쪽으로 걸어갔다. 젊은 여자가 화덕 옆에서 일하고 있었다. 한쪽 팔로 아기를 안고 있었는데, 아기는 여자의 블라우스 밑으로 머리를 들이밀고 젖을 빨고 있었다. 젊은 여자는 불을 쑤시고, 녹슨 화덕 뚜껑을 움직여 공기가 통하게 하기도 하고, 화덕 문을 열기도 하며 분주히 움직였다. 그러는 동안에도 아기는 쉴 새 없이 젖을 빨았고, 어머니는 능숙하게 팔을 바꿔 안았다. 아기는 여자가 날렵하게 움직이는 데 아무런 방해도 되지 않았다. 화덕의 갈라진 틈으로 새어나오는 주홍색 불꽃이 혀를 널름대며 텐트에 반사되었다.

톰이 바싹 다가갔다. 베이컨 볶는 냄새와 빵 굽는 냄새가 났다. 동녘에서는 서광이 빠른 속도로 퍼져 나갔다. 톰이 화덕 가까이에 가서 손을 쬐었다. 여자가 그를 보고 고개를 끄덕였다. 양쪽으로 갈라서 땋아 내린 머리가 크게 흔들렸다.

"안녕하세요." 여자는 말하고, 프라이팬의 베이컨을 뒤집었다.

텐트 입구의 포장이 불쑥 쳐들리며 젊은 사나이와 뒤이어 늙은이가 나왔다. 두 사람 다 새로 지은 푸른 무명 멜빵바지와 번쩍이는 놋쇠 단추가 달리고 솜이 두툼하게 든 무명 코트를 입고 있었다. 둘 다 얼굴이 뾰족한 것이 아주 닮아 보였다. 젊은 사나이는 거무스름하고 짧은 수염을 길렀고, 나이 먹은 쪽은 새하얗고 짧은 수염이었다. 머리와 얼굴이 물에 젖었으며 머리카락에서 물방울이 떨어지고 있었다. 그들의 뻣뻣한 수염에는 물방울이 맺혀 있었다. 뺨은 물기로 번들거렸다. 두 사람은 나란히 서서 밝아오는 동녘 하늘을 조용히 바라보다가, 약속이나 한 듯 동시에 하품을 하더니 산등성이를 물들인 서광을 바라보았다. 그러고는 고개를 돌려 톰을 보았다.

"안녕하시오." 나이 먹은 쪽이 말했는데, 그의 얼굴 표정은 다정하지도 않았고, 그렇다고 쌀쌀맞지도 않았다.

"안녕하세요." 톰도 인사했다.

그러자 "안녕하시오" 하고 젊은 사나이도 인사했다.

두 사람의 얼굴에서 물기는 천천히 말라갔다. 그들은 화덕 앞으로 다가가 손을 쬐었다.

젊은 여자는 쉬지 않고 움직였다. 한 번 아기를 내려놓고, 땋아 내린 머리를 뒤에서 끈으로 묶었다. 머리채 두 가닥이 그녀의 움직임에 따라 크게 흔들거렸다. 여자는 큼직한 궤짝 위에 양철 컵을 올려놓고, 양철접시며 나이프와 포크 등을 늘어놓았다. 그러고는 넉넉한 기름 속에서 베이컨을 건져 양철접시에 담았다. 베이컨에서 바삭하게 기름기가 빠지며 칙칙 식식 소리를 냈다. 여자가 녹슨 화덕 문을 열고, 큼직한 빵이 가득 담긴 네모진 팬을 꺼냈다.

빵 냄새가 사방에 풍기자 사나이들은 둘 다 크게 숨을 들이마셨다. 젊은 사나이가 작은 목소리로 말했다. "침 넘어가는데!"

노인이 톰에게 물었다. "아침은 먹었소?"

"아뇨, 아직이요. 우리 집 식구들은 저기 있어요. 아직 일어나기 전이죠. 그동안 충분히 못 잤거든요."

"그래요? 그럼 우리하고 같이 앉으시구려. 넉넉히 있으니까, 고맙게도 말이지!"

"이거 고맙습니다. 어쩌나 냄새가 좋은지 싫다고 못하겠는데요."

젊은 사나이가 말했다. "냄새가 좋지? 이제껏 이런 좋은 냄새는 맡아본 적 없을걸?" 세 사람은 궤짝으로 함께 걸어가 바닥에 둘러앉았다.

"이 근방에서 일하나?" 젊은 사나이가 물었다.

톰이 대답했다. "그럴 참이에요. 엊저녁에 여기 들어왔죠. 찾아볼 겨를도 없었어요."

"우리는 열이틀째 일이 얻어걸리고 있지." 젊은 사나이가 말했다.

여자가 화덕 옆에서 일하며 말했다. "새로 옷까지 샀는걸요." 두 사나이가 풀을 뻣뻣하게 먹인 푸른 옷을 내려다보고는 조금 멋쩍은 듯이 웃었다. 여자가 베이컨과 갈색으로 부풀어 오른 빵을 커다란 접시에 담고, 베이컨 기름으로 만든 소스가 담긴 대접과 커피 주전자를 올려놓은 다음 자기도 궤짝 옆에 쪼그리고 앉았다. 아기는 여전히 여자의 블라우스 밑에 머리를 처박고 젖을 빨고 있었다.

그들은 저마다 베이컨과 빵이 든 접시를 들어 소스를 끼얹고 커피에 설탕을 탔다.

나이 많은 사나이는 입 한가득 우물우물 씹어 꿀떡꿀떡 삼켰다. "이거 참 맛있구먼!" 그러고 다시 볼이 미어져라 쑤셔 넣었다.

젊은 사나이가 말했다. "오늘로서 열이틀째 맛있는 걸 먹고 있어. 열이틀 동안 한 끼도 거른 일이 없지. 식구 모두가 말이야. 일하고 그 돈을 받아서 먹는 거야." 그는 다시 정신없이 먹어치우고는 재차 자기 접시에 덜었다. 그들은 입이 델 정도로 뜨거운 커피를 마시고 찌꺼기를 땅바닥에 버리고는 다시 커피를 따랐다.

이제는 여명이 붉은 빛을 띠며 빛나고 있었다. 아버지와 아들은 식사를 마쳤다. 동쪽을 보고 앉은 두 사람의 얼굴에 서광이 비쳐들었다. 산 그림자와 그 너머에서 비쳐드는 햇빛이 그들의 눈에 반사되었다. 이윽고 그들은 커피 찌꺼기를 땅바닥에 버리고 동시에 일어섰다.

"슬슬 가야지." 나이 많은 사나이가 말했다.

젊은 쪽이 톰을 돌아보고 말했다. "이봐, 우린 파이프 묻는 공사를 하고 있는데, 같이 가볼 마음이 있거든 가보자고. 일을 얻을 수 있을지도 모르니까."

톰이 말했다. "그러면 대단히 고맙죠. 그리고 아침 정말 잘 먹었습니다."

노인이 말했다. "같이 먹어주어서 우리가 고맙지. 자네도 일하고 싶거든 우리가 힘써 주지."

"그야 하고 싶죠. 잠깐만 기다려 주세요. 식구들한테 말하고 올 테니까요." 그는 얼른 자기네 텐트로 가서 허리를 굽히고 안을 들여다보았다. 방수포 아래 어둠 속에서 잠든 사람들의 웅크린 모습이 보였다. 그때 이불 사이에서 조그만 움직임이 일었다. 머리카락이 눈까지 흘러내리고 꾸깃꾸깃한 잠옷은 다 말려 올라간 루디가 뱀처럼 몸을 꿈틀거리며 살금살금 기어 나와 일어섰다. 충분히 잠을 잔 잿빛 눈이 장난기는 찾아볼 수 없이 온순하고 맑았다. 톰은 텐트에서 떨어져 그녀더러 따라오라고 손짓했다. 문득 뒤를 돌아보니 그녀가 그를 쳐다보았다.

"야, 너도 이제 다 컸구나." 톰이 말했다.

그녀는 갑자기 멋쩍은 듯이 눈을 딴 데로 돌렸다. 톰이 말했다. "내 말 잘 들어. 아무도 깨우지 말고 있다가 누가 일어나거든 오빠는 일거리가 생길 것 같아서 어디 갔다고 그래. 아침은 이웃사람하고 같이 먹었다고 엄마에게 말하고, 알았지?"

루디는 끄덕이고 고개를 옆으로 돌렸다. 그 눈은 다시 소녀의 눈으로 돌아와 있었다. "아무도 깨우지 마." 톰은 주의를 주고, 급히 새 친구들에게 돌아갔다. 루디는 조심조심 위생반 건물로 다가가, 열려 있는 입구에서 안을 들여다보았다.

톰이 돌아와 보니 두 사나이가 기다리고 있었다. 젊은 여자는 매트리스를 한 장 꺼내어 아기를 눕혀 놓고 설거지를 하고 있었다.

톰이 말했다. "식구들에게 내가 어디 좀 간다고 말하려고 했는데, 아직 다들 자고 있었어요." 세 사람은 텐트 사이를 걸었다.

캠프는 이제 활기를 띠기 시작했다. 새로 피운 불 옆에서 여자들은 고기를 썰고, 아침에 먹을 빵을 반죽하고 있었다. 사나이들은 텐트와 자동차를 살피느라 분주했다. 하늘은 이제 장밋빛이 되어 있었다. 사무소 앞에서는 깡마른 노인이 정성스레 갈퀴질을 하고 있었다. 자국이 똑바로 깊이 파이도록 갈퀴를 끌었다.

"이른 아침부터 열심이시네요, 할아버지." 젊은 사나이가 앞을 지나가며 인사했다.

"그럼 그럼, 벌금을 메워야지."

"알만하네요!" 젊은 사나이가 말했다. "요전 토요일 밤에 할아버지가 술이 잔뜩 취해서 밤새도록 텐트에서 노래를 불러 댄 벌로 위원회가 일을 시킨 거야." 그들은 먼지가 피어오르는 것을 막기 위해 석유를 뿌려둔 길 가장자리를 걸어갔다. 길가에는 호두나무가 즐비하게 심어져 있었다. 태양이 산꼭대기에서 얼굴을 내밀기 시작했다.

톰이 말했다. "묘한 일인데요. 댁에서 아침까지 얻어먹고 아직 통성명도 안했으니……. 두 분도 이름을 가르쳐주시지 않고, 전 톰 조드라고 해요."

노인이 그의 얼굴을 돌아보고 눈웃음을 지었다. "여기 온 지 아직 오래 되지 않는구먼?"

"그래요, 겨우 이틀쨌걸요."

"내 그럴 줄 알았지. 묘한 일이네만, 자네도 통성명하는 습관은 버리게나. 워낙 인간이 많아서 말이야. 정말 인간투성이라고. 아무튼 나는 티모시 윌리스요, 얘는 내 아들 윌키고."

"당신들을 알게 돼서 정말 기뻐요. 여기 오신 지 오래되셨나요?"

윌키가 말했다. "열 달 됐어. 지난 해 홍수가 난 뒤에 바로 왔지. 아, 정말 고생 많이 했어! 하마터면 굶어죽을 뻔했으니까." 그들의 발소리가 기름 밴 길 위에서 타박거렸다. 사나이들을 가득 태운 트럭이 지나갔는데, 모두가 깊은 생각에 잠긴 얼굴들이었다. 하나같이 찡그린 얼굴을 수그리고 트럭 바닥에 못 박힌 듯이 앉아 있었다.

티모시가 말했다. "가스 회사에 일하러 가는 사람들이지. 벌이가 괜찮은 모양이던데."

"우리 집 트럭을 끌고 올 걸 그랬네요." 톰이 말했다.

"아니야," 티모시는 허리를 구부려, 아직 파란 호두를 한 알 주웠다. 그것을 엄지손가락으로 주물러 본 다음, 울타리 철사에 앉아 있는 찌르레기를 겨누어 던졌다. 새는 풀쩍 날아올라 호두를 그 아래로 스쳐 보내고는 도로 철사에 앉아 그 반드르르한 검은 날개를 부리로 쓰다듬었다.

톰이 물었다. "댁엔 차가 없나요?"

윌리스 부자는 대답하지 않았다. 톰이 얼굴을 살펴보니, 두 사람은 창피해하고 있는 것 같았다.

윌키가 말했다. "우리가 일하는 장소는 이 길을 따라 1마일쯤만 가면 되거든."

티모시가 부아가 치민다는 듯이 말했다. "그래, 우린 차가 없네. 팔아버렸지. 팔지 않을 수 없었거든. 먹을 거고 뭐고 다 떨어졌는데 일거리는 없지, 일주일이 멀다하고 차 사겠다는 사람들은 찾아오지. 찾아와서 이쪽이 굶고 있는 것을 보면 차 사겠다는 말부터 꺼내는 거야. 뱃가죽이 등가죽에 붙을 정도로 배를 곯고 있을 때는 거저나 다름없는 값에 가져간다고. 그런데 우리도 그런 축이었지. 우리 차를 가져가면서 10달러를 던져주더군." 그는 길바닥에 침을 칵 뱉었다.

윌키가 조용히 말했다. "지난주에 베이커스필드에 갔다가, 우리가 판 그 차를 봤어. 중고차 판매장에 말짱 수리되어 나와 있더군. 75달러라는 가격표가 붙어서."

티모시가 말했다. "팔지 않을 수 없었어. 놈들이 우리 차를 훔치든가, 우리가 놈들의 것을 뭔가 훔쳐 내든가 둘 중 하나였지. 우리는 아직 훔쳐야 할 정도는 아니지만 빌어먹을, 거의 그렇게 될 뻔했다고."

톰이 말했다. "고향을 떠나오기 전에 이리로 오면 일거리가 얼마든지 있다고 들었어요. 구직을 환영한다는 광고지도 봤고요."

"그렇지. 우리도 봤어. 그런데 일이라곤 별로 없어. 품삯은 내리기만 하고. 어떻게 하면 목구멍에 풀칠을 할까 하는 생각만으로도 어지간히 지쳐버렸어."

"하지만 지금은 일이 있잖아요."

"음, 하지만 이것도 오래 가지는 않아. 주인은 좋은 사람이지. 자그마한 농장인데, 거기서 그 사람도 우리랑 같이 일하는 거야. 하지만 제기랄, 이 일도 오래 가진 않아."

"그런데 왜 나를 돌봐주려고 하나요? 내가 끼어들면 그만큼 일이 빨리 끝날 텐데. 스스로 자기 목을 조르는 짓을 왜 하는 거예요?"

티모시가 천천히 도리질했다. "나도 몰라. 바본가 보지. 우리는 둘 다 모자를 사고 싶었는데, 그것도 못 하겠구먼. 저기 농장이 보이는군. 저기 오른쪽 끝. 일하기엔 그만인 곳이지. 한 시간에 30센트를 주는 데다 주인은 마음 착하고 좋은 사나이거든."

세 사람은 고속도로에서 벗어나 작은 채마밭을 지나 자갈길을 내려갔다. 수풀을 끼고 돌아가니, 희게 칠한 작은 농가와 햇볕막이용 나무 몇 그루와 헛간이 보였다. 헛간 뒤는 포도밭과 목화밭이었다. 세 사나이가 집 앞을 지나가려는데 망사문이 벌컥 열리며, 키가 작달막하고 볕에 그을은 사나이가 뒷문 층계로 내려왔다. 종이로 만든 햇빛가리개 모자를 쓴 그는 소매를 걷어 올리며 뜰을 가로질러 왔다. 볕에 탄 짙은 눈썹을 잔뜩 찌푸리고 있었다. 빰도 햇볕에 타서 쇠고기처럼 시뻘건 색깔이었다.

"밤새 안녕하셨소, 토머스 씨." 티모시가 말했다.

"안녕하시오." 사나이가 화난 듯이 대답했다.

티모시가 말했다. "이 사람은 톰 조드라고 합니다. 시킬 일이 있으실까 해서요."

토머스는 찡그린 얼굴을 톰에게로 돌렸다. 그리고 짧게 웃었으나 눈썹은 찡그린 채였다. "그래, 좋아! 써 주지. 누구나 다 써. 그러다가 1백 명이라도 쓸지 몰라."

"우리 생각으로는 저—" 티모시가 변명조로 말을 꺼냈다.

토머스가 가로막았다. "나도 생각 중이었어." 그는 홱 돌아서서 세 사람과 마주섰다. "할 얘기가 있네. 이제까지 자네들한테 한 시간에 30센트씩 치렀지, 응?"

"네 그렇죠, 토머스 씨…… 그런데—"

"그리고 자네들도 넉넉히 30센트의 일을 해왔어." 그는 억세고 다부진 손을 꼭 마주 잡았다.

"우리도 최대한 많이 일하려고 날마다 열심이었죠."

"그런데 제기랄, 오늘 아침부터는 한 시간에 25센트야. 그게 싫으면 그만두라고." 그의 붉은 얼굴이 분노로 검붉어졌다.

"우리는 정말 열심히 일해 왔습니다. 당신도 늘 그렇게 말씀하셨잖아요?"

"알아. 그런데 나는 이제 내 고용인을 맘대로 쓰지 못하게 된 모양이야." 그는 마른침을 꿀꺽 삼켰다. "나는 여기 65에이커 토지를 갖고 있네만, 자네들, 농업조합이란 말을 들어 본 적이 있는가?"

"아, 네 들었죠."

"흠, 나도 그 조합원이야. 어젯저녁에 모임이 있었지. 그런데 자네들은 그 농업조합을 누가 움직이는지 아는가? 가르쳐주지. '서부은행'이야. 그 은행이 이 계곡지대의 땅 대부분을 갖고 있어. 소유하지 않은 토지에 대해서는 대부증서를 받아놓고 있지. 그런데 어젯저녁에 은행에서 나온 조합원이 내게 말하잖겠나. '당신은 한 시간에 30센트를 치른다죠? 25센트로 내리는 편이 좋을 거요.' 나는 대답했지. '나는 일을 썩 잘하는 일꾼들을 두었소. 30센트의 가치는 충분히 있소.' 그랬더니 그자가 '그것과 이것과는 이야기가 다르오. 요즘 시세는 25센트요. 당신이 30센트를 치른다면 동요만 일으킬 뿐이오' 하더니 '당신은 내년에도 여느 때와 같이 수확 담보 대부금이 필요할 것 아니오?' 하잖겠나." 토머스는 말을 끊었다. 그의 입술에서 거친 숨결이 새어나왔다. "알겠는가? 시세가 25센트래. 그러니까 그걸로 해줘야겠어."

"우리는 열심히 일해 왔는데요." 티모시가 당황하여 말했다.

"아직도 모르겠나? 은행에 고용된 사람은 2천 명이나 되는데 나는 고작 세 명이야. 나한텐 갚아야 할 어음도 있네. 자네들한테 무슨 좋은 생각이 있으면 내가 따르지! 놈들에게 목덜미를 단단히 붙잡혔단 말야."

티모시는 머리를 저었다. "뭐라 말해야 좋을지 모르겠네요."

"잠깐만 기다려." 토머스는 급히 집으로 걸어갔다. 문이 그의 등 뒤에서 쾅 닫혔다. 곧 그는 신문을 들고 돌아왔다. "이걸 보았는가? 여기군. 내가 읽지. '시민, 빨갱이 선동자에 격분, 불법 이주자 캠프를 불사르다. 어젯밤 일단의 시민들이 이곳 불법 이주자 캠프에서 일어나고 있는 선동행위에 격분, 텐트를 불살라 선동자들에게 이 주에서 나가라고 경고."

"그건 저 내가—" 톰이 말을 꺼내다가 얼른 입을 다물어버렸다.

토머스는 조심스레 신문을 접어 호주머니에 넣었다. 그는 침착함을 되찾고 차분하게 말했다. "그 작자들은 조합이 보낸 인간들이야. 지금 내가 이 사실을 폭로한 꼴이 되어버렸는데, 놈들이 이걸 알면 나는 내년엔 농장을 갖지 못하게 될 걸."

티모시가 말했다. "정말 뭐라고 말해야 좋을지 모르겠네요. 정말 선동자가 있었다면 그놈들이 화낼 만도 하지요."

토머스가 말했다. "내가 오래 전부터 지켜봤는데, 임금을 깎아내리기 전에는 반드시 빨갱이 소동이 일어나더군. 언제나 그래. 빌어먹을 놈들이 나를 꼼짝 못하게 옭아맸어. 그러나저러나 자네들은 어떻게 하겠나? 25센트로 일하겠는가?"

티모시가 땅바닥을 내려다보며 말했다. "나는 일하겠소."

"나도요." 윌키가 말했다.

톰이 말했다. "간신히 뭐가 얻어걸리긴 한 모양인데, 나도 일하겠어요. 일하지 않을 수 없는걸요."

토머스가 바지 뒷주머니에서 화려하게 염색된 커다란 손수건을 꺼내어 입과 턱을 닦았다. "이것이 언제까지 계속될지 나도 몰라. 자네들이 지금 같은 임금으로 어떻게 식구를 먹여 살릴지 모르겠단 말이야."

월키가 말했다. "일이 있는 동안에는 먹여 살릴 수 있어요. 문제는 일이 없을 때죠."

토머스가 손목시계를 들여다보았다. "자, 그럼 나가서 도랑을 파자고. 아 참…… 일러둘 게 있네. 자네들, 저쪽 국영 캠프에 살지?"

티모시가 긴장하며 대답했다. "네, 그런데요."

"토요일 밤마다 댄스파티를 연다며?"

월키가 빙그레 웃었다. "네, 하고말고요."

"그럼 이번 토요일 밤에는 조심들 하라고."

갑자기 티모시가 몸을 쭉 폈다. 그는 토머스 앞으로 성큼 다가섰다. "그게 무슨 뜻입니까? 나는 거기 중앙위원이라 알아둬야겠는데요."

토머스는 불안스러운 얼굴이 되었다. "절대로 내가 말했다고 해서는 안 되네."

"뭔데요?" 티모시가 다그치듯 물었다.

"조합은 국영캠프를 좋아하지 않아. 거기는 보안관 대리가 들어갈 수 없 게 되어 있으니까. 자기들끼리 규칙을 만들어 생활하고, 영장이 없으면 사람 을 붙잡을 수도 없고. 하지만 큰 싸움이 벌어져 발포 사건이라도 일어나면 보안관 대리들이 기회는 이때다 하고 우르르 쳐들어가서 캠프를 싹 쓸어버 릴 수 있거든."

티모시의 태도가 일변했다. 두 어깨가 잔뜩 긴장하고, 눈빛이 차가워졌다. "그게 무슨 뜻이지요?"

토머스가 불안한 듯이 말했다. "절대로 어디서 들었다고 말해서는 안 돼. 토요일 저녁에 캠프에서 싸움이 벌어질 거야. 보안관 대리들은 쳐들어가려 고 대기를 할 거고."

톰이 추궁하듯이 물었다. "아니, 뭣 때문이죠? 거기 사람들은 아무도 해 치지 않는데."

토머스가 말했다. "그 까닭을 말해 주지. 그 캠프 사람들은 인간다운 대접 에 익숙해지기 시작했어. 거기 사람들이 국영이 아닌 다른 캠프로 돌아가게 되면 다뤄먹기가 힘들단 말야." 그는 다시 얼굴을 훔쳤다. "자, 그만 일하러 가게. 허 참, 내 입으로 쓸데없는 말을 지껄이다니. 스스로 농장을 잃는 짓 을 하는 게 아닌데. 하지만 나는 자네들이 좋거든."

티모시가 그의 앞으로 성큼 나서서 여위고 마디진 손을 내밀자 토머스가 그 손을 잡았다. "누구한테 들었는지 아무에게도 말하지 않겠습니다. 가르쳐주셔서 고맙습니다. 싸움은 일어나지 않을 겁니다."

토머스가 말했다. "일하러 가게. 한 시간에 25센트야."

윌키가 말했다. "좋습니다. 주인어른께 받는 거라면."

토머스는 집 쪽으로 돌아갔다. "나도 곧 가지. 먼저 일을 시작해." 망사문이 그의 등 뒤에서 쾅 닫혔다.

세 사나이는 희게 칠한 작은 헛간을 지나 밭둑을 따라 걸었다. 기다랗고 좁은 도랑에 이르렀다. 도랑 옆에 콘크리트 관이 몇 개 뒹굴고 있었다.

"여기가 우리 일터야." 윌키가 말했다.

티모시가 헛간 문을 열고 곡괭이 두 자루와 삽 세 개를 꺼내어 나누어주었다. 그리고 톰에게 말했다. "이게 자네 색실세."

톰은 곡괭이를 휘둘러보았다. "좋았어! 이 기분 좋은 감촉이라니!"

윌키가 일렀다. "11시까지만 기다려 봐. 얼마나 기분 좋은 감촉인지 맛보라고."

그들은 도랑 끝까지 걸어갔다. 톰은 웃옷을 벗어서 흙더미 위에 던져놓고, 모자 차양을 올리며 도랑 안으로 들어갔다. 그리고 두 손에 침을 탁탁 뱉었다. 곡괭이가 번쩍 하늘로 올라갔다가 내려왔다. 톰은 낮은 신음을 내뱉었다. 곡괭이가 쳐들렸다 내려와 땅을 파고들어 흙덩이를 부술 때마다 끙끙거리는 소리가 났다.

윌키가 말했다. "아버지, 우리가 땅파기 선수를 발견한 것 같아요. 이 친구, 벌써 저 귀여운 곡괭이하고 아주 내외가 돼버린 모양인데요."

톰이 말했다. "이 일에는 세월을 들였지(끙!), 암, 정말 그렇다고(끙!). 몇 해나 들였지(끙!) 이 감촉이 좋아서 말야(끙!)" 앞쪽의 흙이 허물어져갔다. 태양은 이제 온 과수원을 비추었다. 포도 잎사귀가 덩굴 위에서 금빛 섞인 초록색으로 반짝였다. 6피트쯤 판 뒤 톰은 한쪽으로 비켜서서 이마의 땀을 닦았다. 윌키가 그 뒤에서 쫓아왔다. 삽이 올라갔다 떨어지면 길게 파여가는 도랑 옆에 흙더미가 수북이 쌓였다.

톰이 말했다. "나도 여기 중앙위원회 얘길 들었는데, 아저씨도 그중 한 분이시군요."

티모시가 대답했다. "그렇다네. 이건 책임이 따르는 일이야. 여러 사람이 함께 하는 일이거든. 모두가 열심이지. 캠프 사람들 모두가 열심이야. 대농 장주들이 그렇게까지 우릴 괴롭히지 않았으면 좋겠는데. 정말 그러지 말았 으면 좋으련만."

톰이 다시 도랑으로 내려가자 윌키가 비켜섰다. 톰이 말했다. "아까 그 싸 움이란 게 뭘까? (끙!) 댄스 날 밤에 일어날 거라던 일 말야(끙!). 뭣 때 문에 놈들은 그런 짓을 하고 싶어 하지?"

티모시는 윌키 뒤를 따라오고 있었다. 그는 삽으로 도랑 바닥을 비스듬히 깎고, 언제라도 파이프를 묻을 수 있도록 흙을 다졌다. 티모시가 말했다. "우리를 몰아내자는 거야. 우리가 단결할까봐 무서워서 그러지. 하기야 놈들 생각이 맞는지 모르지. 여기 캠프는 버젓한 조직이니까. 캠프 사람들은 캠프 사람들끼리 알아서 모든 걸 해나가거든. 이 근방에서 제일가는 현악단도 있 지, 배고픈 사람들은 상점에서 얼마간 외상도 통하고. 식료품 5달러어치는 살 수 있지. 캠프가 보증을 해주거든. 경찰하고 말썽을 일으킨 적도 없어. 대농장주 놈들은 그게 무서운 게지. 우리를 감옥에 처넣을 수가 없거든. 흥, 그래서 무서워하는 거라고. 우리에게 자치력이 있다면 다른 일도 충분히 해 낼 수 있을 거라고 생각하고 말이야."

톰은 도랑에서 기어 나와 눈가의 땀을 닦았다. "아까 베이커스필드 북쪽 에서 선동자가 어쩌고저쩌고 하는 신문 기사 얘기 들었죠?"

윌키가 말했다. "들었지. 놈들은 언제나 그런 짓을 한다고."

"그런데 내가 거기 있었거든. 선동자 같은 건 한 명도 없었어. 놈들이 빨 갱이라 부르는 사람 말이야. 대관절 빨갱이가 뭐지?"

티모시가 도랑 바닥의 두둑한 부분을 깎아 고르게 했다. 그의 뻣뻣한 흰 턱수염이 햇빛에 반짝였다. 그가 웃으며 말했다. "빨갱이가 뭔지, 그걸 알고 싶어 하는 자가 많아. 우리 캠프의 젊은 녀석 하나가 그걸 알아 왔지." 그는 수북하게 쌓인 흙을 삽으로 토닥거렸다. "하인즈라고, 복숭아밭과 포도밭을 합쳐 3만 에이커쯤 되는 농장과 통조림 공장에 포도주 양조장까지 가진 자 가 있어. 그자가 걸핏하면 '돼먹지 못한 빨갱이 놈' 하더란 말이야. '돼먹지 못한 빨갱이 놈들이 이 땅을 몰락시키려고 한다'느니 '이런 빨갱이 놈들은 몰아내야 한다' 하면서. 한데 서부에 온 지 얼마 안 되는 젊은 녀석이 어느 날 하인즈 놈의 애길 들었잖겠어. 머리를 긁적이며 물었지. '하인즈 씨, 이 고장에 온 지 얼마 안 돼 잘 몰라 그러는데, 그 돼먹지 못한 빨갱이란 게 대체 뭡니까?' 하인즈의 대답은 이랬지. '빨갱이란 우리가 1시간에 25센트를 준다는데 30센트를 내라는 개자식들이야.' 젊은이는 생각에 잠겼다가 다시 머리를 긁으며 말했지. '그것 참 어이가 없군요, 하인즈 씨. 그런데 말입니다, 나는 개자식은 아니지만 그게 빨갱이라면 나도 1시간에 30센트를 받고 싶군요. 누구나 그럴걸요. 제기랄, 하인즈 씨, 그럼 우리는 모두 빨갱이군요." 티모시는 도랑 바닥을 따라 삽을 움직여갔다. 삽에 깎인 단단한 흙 표면이 햇빛을 받아 반짝거렸다.

톰이 웃으며 말했다. "그럼 나도 그렇겠는데." 그의 곡괭이가 포물선을 그으며 올라갔다가 휙 내려오자 흙덩이가 뎅강 떨어져 나갔다. 이마에서 떨어진 땀이 콧방울을 타고 흘렀다. 목덜미에도 땀이 번들거렸다. "기가 막히군! 곡괭인 참 좋은 연장이야(끙!). 이걸 가지고 싸움만 하지 않으면 말이지(끙!). 인간과 곡괭이가(끙!) 함께 일한다면 말이야(끙!)."

세 사나이는 한 줄로 서서 쉼 없이 일했다. 도랑이 조금씩 뻗어나갔다. 아침 시간이 흘러감에 따라 태양이 뜨겁게 내리쬐었다.

톰이 가버린 뒤 루디는 위생실 입구를 한참 들여다보았다. 잘난 척할 상대인 윈필드가 없으면 그녀는 그다지 강하지 못했다. 콘크리트 바닥에 한쪽 맨발을 올려놓았다가 이내 뺐다. 같은 줄 저쪽 텐트에서 한 여자가 나와 함석으로 된 캠프용 화덕에 불을 지피기 시작했다. 루디는 그쪽으로 두어 걸음 걸어가려 했으나 역시 그 자리를 떠날 수 없었다. 자기네 텐트 입구로 조용히 가서 안을 들여다보았다. 한쪽 구석 맨바닥에서 존 아저씨가 입을 크게 벌리고 자고 있었다. 목구멍에서 가르릉가르릉 가래 끓는 소리가 났다. 어머니와 아버지는 햇빛을 피하려고 깃이불을 머리까지 뒤집어쓴 채 자고 있었다. 앨은 한쪽 팔을 눈 위에 올리고 존 아저씨 반대쪽에서 자고 있었다. 텐트 입구 가까이에선 '샤론의 장미'와 윈필드가 자고 있었다. 윈필드 옆에 루디가 자던 자리가 비어 있었다. 그녀는 쪼그리고 앉아 안을 들여다보았다. 그녀의 눈이 윈필드의 연한 갈색 머리에 멈추었다. 그렇게 보고 있으려니까 소년이 눈을 뜨고 그녀를 쳐다보았다. 점잖은 눈빛이었다. 루디는 입술에 손가락을 대고 다른 한 손으로 손짓을 했다. 윈필드는 '샤론의 장미' 쪽으로 눈을 굴렸다. 바로 옆에 핑크빛 뺨이 보였다. 입은 조금 벌어져 있었다. 그는 살며시 담요를 들치고 밖으로 빠져나왔다. 살금살금 기어서 루디 앞으로 왔다. "언제 일어났어?" 윈필드가 속삭였다.

루디가 과장스러우리만치 조심스럽게 동생을 다른 데로 끌고 갔다. 안전한 곳에 가서야 말했다. "난 한숨도 안 잤어. 밤새 깨어 있었어."

"말도 안 돼. 누난 거짓말쟁이야."

"좋아. 날더러 거짓말쟁이랬으니까 내가 본 것 하나도 얘기해주지 않을 테야. 어떤 사람이 단도에 찔려 죽은 얘기도, 곰이 와서 조그만 애를 물고 간 얘기도 안 해줄 테야."

"곰이 어떻게 와." 윈필드는 불안스러운 듯이 대꾸했다. 그러고는 머리칼을 손가락으로 쓸어 올리고, 바짓가랑이를 끌어내렸다.

루디가 약 올리는 투로 말했다. "좋아. 곰 같은 건 안 왔다고 치자. 그리고 안내서에 나와 있는, 접시 만드는 거랑 똑같은 걸로 만든 흰 것도 없다."

윈필드는 심각한 얼굴로 그녀를 쳐다보았다. 그리고 위생실을 가리키며 말했다. "저기 말이야?"

"나는 거짓말쟁인걸 뭐. 너한테 얘기해 줘도 나한테는 아무 득이 없잖아."

"보러 가."

"나는 아까 갔다 왔는걸. 벌써 거기 앉아 봤단다. 그 안에다 오줌도 쌌어."

"말짱 거짓말이야."

그들은 위생실로 다가갔다. 이제 루디는 겁을 내지 않았다. 대담하게 앞장서서 건물 안으로 들어갔다. 커다란 방 한쪽으로 변기가 죽 늘어서 있었다. 변기마다 칸막이가 달려 있고, 그 앞에는 문이 달려 있었다. 변기는 희고 반들거렸다. 반대쪽 벽에는 세면대가 나란히 있고, 또 한쪽 벽에는 샤워 칸막이가 네 개 있었다.

루디가 말했다. "자 봐. 저게 변기야. 안내서에서 봤어." 아이들은 한 변기에 다가섰다. 루디가 갑자기 용기를 내어 스커트를 쳐들고 올라앉았다. "난 이미 왔었다고 했잖아." 그것을 증명하듯이 변기 안에서 쪼르륵 소리가 났다.

윈필드는 당황했다. 손을 뻗어 변기의 배수 꼭지를 비틀었다. 쿠르릉 소리

와 함께 물이 흘러나왔다. 루디가 펄쩍 뛰어올라 옆으로 비켜섰다. 그녀와 윈필드는 방 한복판에 서서 변기를 멍하니 바라보았다. 물 흐르는 소리가 아직도 계속되고 있었다.

루디가 말했다. "네가 했어. 네가 망가뜨렸어. 내가 다 보았는걸."

"난 안 했어. 정말, 내가 한 거 아냐."

"내가 다 봤는걸. 이제 너한테 좋은 건 못 만지게 해야겠어."

윈필드가 고개를 푹 숙였다. 루디를 쳐다보는 눈에 눈물이 가득 괴어 있었다. 턱이 가느다랗게 떨리고 있었다. 루디는 금방 후회했다.

루디가 말했다. "걱정하지 마. 일러바치지 않을게. 처음부터 망가졌던 걸로 하자. 우린 여기 온 적도 없다고 하면 돼." 그녀는 동생을 데리고 건물 밖으로 나갔다.

이미 태양이 산꼭대기로 완전히 얼굴을 내밀어, 다섯 채로 나뉜 위생실의 양철지붕이며 잿빛 텐트와 텐트 사이의 깨끗이 청소된 통로를 비추었다. 캠프는 잠에서 깨어나고 있었다. 야영용 화덕이며, 석유깡통이나 양철 화덕에서 불이 피어올랐다. 연기 냄새가 주변을 가득 메웠다. 텐트 입구의 포장은 걷혀 올라가고, 사람들은 통로를 돌아다녔다. 조드네 텐트 앞에서는 어머니가 이리저리 둘러보고 서 있었다. 그녀는 아이들을 발견하고 그쪽으로 갔다.

"걱정했잖니. 너희가 어디 갔나 하고."

"잠깐 구경하러 갔었어." 루디가 말했다.

"그런데 톰 오빠는 어디 갔니? 못 봤어?"

루디는 갑자기 도도해졌다. "응, 엄마, 톰 오빠는 말이지, 나를 깨우더니 말이지, 엄마한테 말하라고 그랬어." 그녀는 자기가 그만큼 중요한 존재라는 것을 보이려고 잠깐 입을 다물었다.

"그래…… 뭐라고?" 어머니가 물었다.

"오빠가 엄마한테 말하라고 한 건―" 그녀는 다시 말을 끊고, 자기의 자랑스러운 역할을 잘 보고 있는지 확인하려고 윈필드를 보았다.

어머니가 한 손을 들어올렸다. 손등은 루디에게 향해 있었다. "뭐랬지?"

루디가 얼른 말했다. "일거리가 생겼대. 일하러 갔어." 그녀는 어머니가 쳐든 손을 걱정스럽게 바라보았다. 그 손이 천천히 내려가더니 루디 쪽으로 뻗쳤다. 어머니가 루디의 어깨를 확 끌어안더니 곧 풀었다.

루디가 겸연쩍은 듯이 눈을 내리깔고 화제를 바꾸었다. "저기 변기가 있어. 하얀 변기가."

"너 거기 갔었구나?" 어머니가 물었다.

"윈필드와 둘이서." 그러더니 느닷없이 덧붙였다. "윈필드가 변기를 망가뜨렸어."

윈필드의 얼굴이 새빨개졌다. 그가 루디를 쏘아보며 밉살맞다는 듯이 말했다. "누난 거기다 오줌 쌌잖아."

어머니는 걱정스러운 표정이 되었다. "너희들 뭘 어떻게 했다는 거니? 어디 내가 가 봐야겠다." 그녀는 뒷걸음질 치는 아이들을 입구로 끌고 가서 안으로 밀어 넣었다. "뭘 어떻게 했다는 거야?"

루디가 가리키며 말했다. "아까는 쏴 하고 물이 나왔어. 지금은 멈췄지만."

"네가 했던 대로 해봐라." 어머니가 말했다.

윈필드가 마지못해 변기 앞으로 갔다. "난 그렇게 세게 누르지도 않았어. 여기를 살짝 만졌을 뿐인데, 그랬더니—" 다시 쏴 하고 물이 나왔다. 윈필드가 펄쩍 뛰어 물러났다.

어머니가 고개를 젖히고 웃었다. 루디와 윈필드가 원망스러운 눈으로 어머니를 쳐다보았다. "이건 그렇게 하는 거란다. 전에 본 일이 있어. 볼일을 다 보면 이걸 누르는 거야."

아이들에게 무지로 말미암은 수치감은 굉장히 컸다. 그들은 문 밖으로 나가 텐트 사이 통로를 걸어갔다. 그러다 어느 대가족이 아침을 먹고 있는 모습을 멍하니 바라보았다.

어머니는 아이들의 뒷모습을 지켜보고 있다가 방 안을 휘 둘러보았다. 샤워실로 가서 안을 들여다보고, 세면대로 가서 흰 도기를 어루만졌다. 조금 물을 틀어, 흐르는 물에 손가락을 댔다. 물이 뜨거워지자 깜짝 놀라 손을 뺐다. 우두커니 세면기를 보고 있다가 마개를 막고 이번에는 뜨거운 물과 찬물을 조금씩 틀어 세면기에 받았다. 그리고 그 따뜻한 물로 손과 얼굴을 씻었다. 손가락으로 머리를 적셔 쓸어 넘기는데, 뒤에서 콘크리트 바닥을 딛는 소리가 났다. 휙 뒤돌아보았다. 나이 지긋한 사나이가 수상쩍단 표정으로 그녀를 쳐다보며 서 있었다.

사나이가 거칠게 말했다. "여길 왜 들어왔소?"

어머니는 침을 꿀꺽 삼켰다. 턱에서 물방울이 떨어져 옷을 적시는 것이 느껴졌다. 변명조로 말했다. "모르고서 그만. 아무나 써도 되는 줄 알고."

노인은 얼굴을 찡그렸다. "남자는 아무나 쓸 수 있소." 그는 엄하게 말하고 문간으로 걸어가서 '신사용'이라고 씌어 있는 표지를 가리켰다. "봐요. 여기 쓰여 있지 않소? 저걸 보지 못했소?"

어머니가 몹시 부끄러워하며 말했다. "네, 못 봤네요. 제가 써도 되는 데는 없나요?"

사나이의 노여움이 풀렸다. "당신 갓 왔구먼?" 그는 아까보다 다정하게 물었다.

"어제 한밤중에 도착했어요."

"그럼 아직 위원회와 얘기하지 않았나요?"

"무슨 위원회요?"

"그야 부인회지요."

"네, 아직."

사나이가 자랑스레 말했다. "위원회 사람이 곧 찾아와서 잘 가르쳐줄 거요. 우리는 갓 온 사람을 친절하게 돌봐주니까. 여자 변소는 이 건물 반대편으로 가면 돼요. 거기가 부인들 변소요."

어머니가 불안한 듯이 물었다. "지금 말씀하신 부인위원회라는 것이······ 우리 텐트로 찾아오나요?"

그는 고개를 끄덕였다. "곧 갈 거요."

"고맙습니다." 어머니는 서둘러 밖으로 나와 거의 뜀박질하다시피해서 텐트로 돌아왔다.

"여보, 여보! 아주버님, 일어나세요! 앨, 너도 일어나서 세수해라." 졸린 눈들이 놀라서 일제히 그녀를 보았다. 어머니가 외쳤다. "자, 어서 일어나 세수들 해요. 머리도 빗고."

존 아저씨는 얼굴이 창백하니 상태가 안 좋아 보였다. 턱에는 빨간 멍이 들어 있었다.

아버지가 재촉하듯 물었다. "아니, 왜 그러는 거야?"

어머니가 외쳤다. "위원회예요. 위원회가, 부인위원회가 올 거예요. 얼른 일어나서 세수하세요. 우리가 쿨쿨 자는 동안 톰은 벌써 일어나서 일하러 나갔고요. 자, 어서들 일어나요."

모두들 졸린 얼굴로 텐트 밖으로 나왔다. 존 아저씨는 괴로운 얼굴로 조금 비틀거렸다.

어머니가 명령했다. "저 건물에 가서 씻고 와요. 얼른 아침 먹고 위원회를 맞아야죠." 이렇게 말하면서 캠프장 한편에 조그맣게 쌓여 있는 장작더미로 갔다. 그러고는 불을 피우고, 냄비를 올렸다. "옥수수빵이야." 그녀는 혼잣말을 했다. "옥수수빵에다 소스야. 그게 손쉽겠지. 빨리 만들어야 하니까." 그녀는 연방 혼잣말을 했다. 루디와 윈필드는 어리둥절한 표정으로 그 옆에 서 있었다.

아침 준비를 하느라 캠프 여기저기서 연기가 피어오르고 소곤소곤 이야기 소리도 들려왔다.

'샤론의 장미'가 텐트에서 기어 나왔다. 머리카락은 부스스하고 눈에는 잠이 가득했다. 손대중으로 옥수수가루를 되던 어머니가 고개를 돌려 딸의 마구 구겨지고 더러운 옷과 빗질도 안한 헝클어진 머리카락을 보았다. 어머니가 단호하게 말했다. "너도 좀 깨끗이 해야겠다. 얼른 가서 말끔히 씻고 와. 깨끗한 옷이 있을 거야. 내가 접때 빨아둔 것 말이야. 빗질도 하고, 눈곱도 좀 떼렴." 어머니는 흥분해 있었다.

'샤론의 장미'는 시무룩하게 말했다. "난 기분이 좋지 않단 말예요. 코니가 돌아왔으면 좋겠어. 코니가 없으니까 아무것도 할 생각이 나지 않아요."

어머니가 그녀 쪽으로 몸을 돌려앉았다. 노란 옥수수가루가 손목까지 묻어 있었다. 어머니는 엄하게 말했다. "로자샨, 정신 차려. 다 죽어가는 소린 이제 그만 해라. 부인위원회가 곧 찾아올 거다. 식구들이 단정치 못한 모습으로 있어서는 안 돼."

"하지만 전 내키지 않는걸요."

어머니가 가루투성이 손을 딸에게 내밀며 바짝 다가갔다. "못난 것. 자기 기분 같은 건 마음에 묻어둬야 하는 때도 있는 법이야."

"나 토해야 될 것 같은걸." '샤론의 장미'가 우는 소리로 호소했다.

"그럼 가서 토해. 하긴 메스꺼울 법도 하구나. 누구나 다 그러니까. 얼른 토해 버리고 몸단장해라. 발 씻고 구두를 신어." 그녀는 자기 일로 돌아갔다. "머리도 빗고."

기름을 두른 프라이팬이 달아오르자 어머니는 숟가락으로 옥수수 반죽을 떠 넣었다. 반죽 주위로 기포가 달라붙으며 자글자글 요란한 소리가 났다. 냄비에다 기름과 밀가루를 섞은 다음 물과 소금을 넣어 소스를 만들었다. 커피가 주전자에서 끓기 시작했다. 구수한 커피향기가 피어올랐다.

아버지가 위생실에서 휘적휘적 돌아오자 어머니가 빈틈없는 눈초리로 뜯어보았다. 아버지가 말했다. "톰이 일하러 갔다고?"

"네, 우리가 일어나기도 전에 갔어요. 그건 그렇고, 저 상자 속에 빨아 놓은 바지와 셔츠로 갈아입어요. 그리고 여보, 나는 굉장히 바쁘니까 당신이 루디와 윈필드의 귀를 좀 씻어줘요. 저기 뜨거운 물도 나오니까. 해주겠죠? 귀를 박박 씻어줘요. 그리고 목도요. 빨갛게 반들반들 윤이 나도록."

"당신이 그렇게 수선떠는 건 처음 보는걸."

어머니가 외쳤다. "오늘에서야 온 식구가 깨끗한 차림을 할 수 있게 됐잖아요. 요즘엔 통 그럴 겨를이 없었지만 지금은 그럴 수가 있어요. 지금 입은 더러운 옷은 텐트 안에 집어던져요. 나중에 내가 빨 테니까."

아버지는 텐트 안으로 들어가서 곧 말끔히 빤 파르스름한 멜빵바지와 셔츠로 갈아입고 나왔다. 그리고 풀이 죽어있는 데다 겁을 먹은 아이들을 위생실로 데리고 갔다.

어머니가 등에 대고 소리쳤다. "귀를 박박 문질러요!"

존 아저씨는 신사용 변소 문간에서 나와 바깥을 잠깐 내다보다가 되돌아가서, 깨질 듯한 머리를 두 손으로 감싸 안고 오래도록 변기 위에 앉아 있었다.

어머니가 프라이팬 가득 노릇하게 구워진 옥수수빵을 꺼내고 두 번째 반죽을 숟가락으로 팬에 떠 넣고 있을 때, 문득 옆 땅바닥에 사람 그림자가 비쳤다. 그녀는 어깨 너머로 얼굴을 돌렸다. 새하얀 옷을 입은 작달막한 사나이가 서 있었다. 갸름하고 주름진 갈색 얼굴에 말뚝 같이 빼빼마른, 눈이 해맑은 사나이였다. 얼룩 하나 없는 새하얀 옷은 솔기가 헤져 있었다. 그가 어머니를 보고 미소 지으며 말했다. "안녕하십니까?"

어머니는 사나이의 흰 옷을 보고 의심스러운 생각에 얼굴이 굳어지며 말했다. "안녕하세요?"

"조드 부인이지요?"

"네."

"나는 짐 롤리라고 하오. 캠프 관리인이죠. 뭐 도울 일이라도 없나 해서 잠깐 들렀어요. 불편한 점은 없습니까?"

어머니는 더욱 의심스러운 얼굴로 그를 관찰했다. "아뇨, 아무것도."

"당신들이 어젯밤 여기 도착했을 때 나는 자고 있었지요. 마침 자리가 있어서 다행이었습니다." 그의 목소리는 따뜻했다.

어머니가 짧게 대답했다. "좋은 곳이네요. 특히 저 빨래통은."

"네, 부인네들이 세탁을 시작할 때까지 기다려 보십시오. 이제 금방이니까요. 그렇게 떠들썩한 광경은 보지 못했을 겁니다. 무슨 기도회 같다니까요. 어제는 어땠는지 아십니까, 조드 부인? 합창들을 했다고요. 찬송가를 부르면서 그 박자에 맞춰 빨래를 비비는 거예요. 참 들을 만하더군요."

어머니의 얼굴에서 의심하는 빛이 사라져 갔다. "네, 정말 멋졌겠네요. 당신이 여기 우두머리인가요?"

"아니요. 모두들 너무 일을 잘 해서 내가 할 일이 없네요. 다 같이 힘을 합쳐서 캠프는 깨끗이 청소하고, 질서와 규칙은 꼭꼭 지키는 등, 다들 잘 하고 있어요. 난 이런 사람들은 처음 봐요. 그들은 집회소에서 옷과 장난감까지도 척척 만들죠. 이런 사람들은 본 적이 없어요."

어머니는 자신의 때 묻은 옷을 내려다보았다. "우리는 아직 깨끗지 못해서. 여행을 하다 보니 깨끗이 할 틈이 있어야죠."

"아다마다요." 그가 코를 킁킁거렸다. "아, 댁의 커피는 냄새가 좋군요?"

어머니가 생긋 웃었다. "좋은 향기죠? 밖에서 끓이면 언제나 좋은 냄새가 나는군요." 그리고 자랑스럽게 말했다. "아저씨께서 우리와 함께 아침 식사를 해주시면 정말 기쁘겠는데요."

사나이가 불 옆에 쪼그리고 앉자 어머니는 경계심을 완전히 풀었다. "그렇게 해주시면 기쁘겠어요. 차린 건 없지만 사양 말고 드세요."

자그마한 사나이는 그녀를 향해 빙그레 웃었다. "나는 벌써 아침을 먹었답니다. 그럼 커피나 한잔 얻어 마실까요. 너무 향기가 좋아서 말씀이에요."

"아이고 그야 드려야지요."

"서두르지 않아도 됩니다."

어머니가 커피를 주전자에서 양철 컵에 가득 따랐다. "아직 설탕을 사지 못했어요. 오늘쯤 살 수 있겠죠. 달게 잡수시는 분이면 맛이 없을지도 모르겠네요."

"나는 설탕을 안 넣습니다. 커피 맛을 버리거든요."

"그러세요? 저는 설탕을 조금 치는 편이 좋아요." 그러고는 문득 사나이를 유심히 쳐다보았다. 어째서 이렇게 다정하고 허물없이 구는지 살피려는 것이었다. 다른 뜻이라도 있지 않나 하고 표정을 살폈으나 친근함 말고는 아무것도 없었다. 그리고 그의 흰 웃옷 솔기가 닳은 것을 보자 마음을 놓았다.

그는 커피를 홀짝거리며 마셨다. "부인네들이 이따가 여기로 올 겁니다."

"아직 몸단장을 못했는데, 좀 더 깨끗하게 정리된 다음에 오셨으면 좋겠어요."

"부인네들도 사정은 훤히 다 아는 걸요. 다들 그렇게 들어왔으니까요, 그럼요. 여기 위원회가 훌륭한 건 그런 사정을 다 이해하기 때문이랍니다." 그는 커피를 다 마시고 일어섰다. "자, 나는 또 갈 데가 있어서 이만. 뭐든지 곤란한 점이 있으면 사무실로 오세요. 난 언제든지 거기 있으니까요. 커피 맛 참 좋았습니다. 잘 마셨어요." 그는 컵을 다른 컵들이 놓여 있는 궤짝 위에다 놓고 손을 내두르며 텐트를 따라 저쪽으로 걸어갔다. 그가 걸으면서 텐트마다 말을 거는 소리가 들렸다.

어머니는 머리를 숙이고, 어쩐지 울고 싶어지는 것을 눌러 참았다.

아버지가 아이들을 데리고 돌아왔다. 귀를 어찌나 아프게 문질렀는지 아이들 눈에는 아직도 눈물이 그렁했다. 얌전해진 아이들은 광이 날 정도였다. 윈필드의 콧등은 볕에 그을어 껍질이 벗겨져 있었다. 아버지가 말했다. "이것 좀 봐. 구정물이 줄줄 흐르는 데다 때가 두 겹이나 끼었어. 어찌나 가만 있질 않던지 한 대 갈겨 줄 뻔했지."

어머니가 두 아이를 꼼꼼히 살펴보고는 말했다. "둘 다 이만하면 말쑥하다. 어서 옥수수빵을 먹어라. 어서 먹고 텐트 안도 정리해야 해."

아버지가 아이들과 자기 접시에 음식을 덜며 말했다. "톰이 어디서 일자리를 얻었는지 궁금하구먼."

"글쎄요."

"걔가 하는 걸 우린들 못 하려고."

앨이 흥분해서 텐트로 돌아왔다. "정말 멋진 곳이야!" 그도 음식을 덜고 커피를 따랐다. "어떤 사람이 뭘 하고 있는지 아세요? 이동주택을 만들고 있어요. 바로 저 맞은편 텐트 뒤에서요. 침대도 있고, 화덕도 있고…… 뭐든지 다 있어요. 그 안에서 사는 거예요. 그런 게 진짜 생활이지! 차를 어디다 세우든 그곳이 곧 집이니까."

어머니가 말했다. "그래도 나는 조그만 집이 더 좋구나. 형편이 되는대로 빨리 집을 장만하고 싶어."

아버지가 말했다. "앨, 다 먹으면 나랑 큰아버지랑 같이 트럭을 타고 일자리를 찾아 나서자꾸나."

"그래요. 혹시 그런 일이 있다면 나는 차고에서 일했으면 좋겠는데. 내가 정말 하고 싶은 일은 그거니까. 그래서 싸구려 포드 한 대를 장만하는 거야. 노란 칠을 해가지고 신나게 돌아다녀야지. 저쪽에 예쁘장한 계집애가 있기에 찡긋 윙크를 해주었죠. 엄청 예쁘게 생긴 애였어요."

아버지가 꾸짖었다. "그런 수고양이 같은 짓을 하기 전에 일부터 찾을 생각을 해."

존 아저씨가 변소에서 나와 느릿느릿 걸어왔다. 어머니가 그 얼굴을 보고 눈살을 찌푸렸다.

"아직 세수를 안 하셨네요—" 하다가 그가 몹시 괴롭고 서글퍼 보이는 것을 깨닫고 말했다. "텐트에 들어가서 쉬세요. 편찮아 보이시는데."

그가 고개를 저으며 말했다. "아니야. 죄를 지었으니 벌을 받아야지." 그러고는 비통한 얼굴로 주저앉아 자기 컵에 커피를 따랐다.

어머니가 마지막 옥수수빵을 프라이팬에서 꺼내며 지나가듯 말했다. "캠프 관리인이 왔다가 잠깐 앉아서 커피를 마시고 갔어요."

아버지가 천천히 얼굴을 들었다. "그래? 벌써 무슨 볼일로 왔대?"

어머니가 기분 좋게 말했다. "그냥 인사하러 들른 거예요. 잠깐 앉았다 커피 한잔 들고 갔을 뿐이에요. 좋은 커피를 마신지 한참 됐다면서 우리 집 커피 냄새를 킁킁 맡더라고요."

"무슨 볼일로 왔대?" 아버지가 재촉하듯 다시 물었다.

"볼일은 없었어요. 무슨 불편은 없나 형편을 보러 온 모양이었어요."

"난 그런 거 믿지 않아. 틀림없이 몰래 뭘 살피러 왔을 거야."

어머니가 벌컥 소리쳤다. "그렇지 않대도요! 뭘 살피러 온 사람이라면 나도 금방 안다고요."

아버지가 커피 찌꺼기를 땅바닥에 버렸다.

"그걸 거기 버리면 어떡해요? 여긴 깨끗한 곳인데."

"사람이 살지도 못 할 만큼 깨끗하지야 않을 테지." 아버지가 심술이 나서 말했다. "서둘러라, 앨. 일을 찾으러 나가야지."

앨이 손으로 입을 문지르며 말했다. "준비 다 됐어요."

아버지가 존 아저씨를 돌아보며 물었다. "형님도 가시겠소?"

"음, 가야지."

"편찮아 보이는데요."

"그래. 그래도 가겠어."

앨이 트럭에 올라타며 말했다. "휘발유를 넣어야겠는데." 그는 시동을 걸었다. 아버지와 존 아저씨가 옆에 올라탔다. 트럭은 통로로 나갔다.

어머니는 그들의 뒷모습을 지켜보다가 양동이를 들고 위생실 빨래통 있는 데로 가서 더운물을 받아가지고 돌아왔다. 그 물로 설거지를 하고 있는데 '샤론의 장미'가 돌아왔다.

"네 몫은 접시에 덜어 두었다." 어머니는 그렇게 말하고, 딸을 유심히 뜯어보았다. 곱게 빗질한 머리카락에서는 물방울이 뚝뚝 떨어지고, 피부는 핑크빛으로 윤이 흘렀다. 자잘한 흰 꽃무늬 그림이 있는 푸른 드레스로 갈아입고, 발에는 결혼식 때 신은 굽 있는 구두를 신고 있었다. 어머니가 찬찬히 뜯어보자 딸은 얼굴이 빨개졌다. "목욕했구나." 어머니가 말했다.

'샤론의 장미'가 쉰 목소리로 말했다. "제가 거기 있으려니까 어떤 아주머니가 와서 더운물을 쓰지 않겠어요. 어머닌 쓰는 법 알아요? 쪼끄만 말구유 같은 데 들어가서 손잡이를 돌리면 돼요. 그러면 물이 쏴아 위에서 쏟아져 나와요. 더운물이거나 찬물이거나 마음대로. 그래서 저도 해봤죠 뭐!"

어머니가 외쳤다. "나도 해봐야겠다! 여기 일을 끝내놓고 바로 가야겠어. 나도 좀 가르쳐 줘야 한다."

"전 이제 날마다 할래요. 그리고 그 아주머니가 제 부른 배를 보고 뭐라고 했는지 아세요? 매주 한 번씩 간호사가 온대요. 간호사에게 가서 물으면, 아기를 튼튼하게 하는 법을 죄다 가르쳐준대요. 여기 있는 여자들은 모두 그렇게 하고 있대요. 나도 그렇게 할 거예요." 말이 연거푸 쏟아져 나왔다. "그리고…… 아세요, 어머니? 지난주에 여기서 아기가 태어났는데, 캠프 전체가 파티를 열어서 아기에게 필요한 옷이랑 물건들을 선물로 주었대요. 버들가지로 만든 유모차까지 주었다잖아요. 새건 아니었지만 분홍색으로 칠까지 해서 새거나 다름없었대요. 그리고 모두가 의논해서 아기에게 이름을 지어주고, 다 같이 케이크를 먹었대요. 아, 근사해!" 숨을 가쁘게 몰아쉬며 그녀는 수다를 그쳤다.

"하느님 감사합니다! 이제 우리도 겨우 이웃들 곁으로 돌아왔구나. 나도 목욕하러 갔다 와야겠다."

"네, 정말 좋아요."

어머니가 양철접시의 물기를 닦아서 포개놓으며 말했다. "우리는 조드 집안사람이야. 누구에게도 굽실거리지 않아. 네 증조할아버지는 독립전쟁에 참가하셨단다. 빚을 지기 전까지는 우리도 농장을 가진 어엿한 농사꾼이었지. 그런데 갑자기…… 그놈들이 온 거야. 그놈들이 와서 우릴 다 망쳤어. 그놈들이 올 때마다 나를, 우리 온 식구를 채찍으로 후려치는 것 같았거든. 그리고 니들즈에선 그 경찰 놈이 날 이상하게 만들었지. 날 비참하고 창피하게 만들었어. 하지만 지금은 조금도 창피하지 않아. 여기 사람들은 우리와 똑같은 사람들이니까. 조금도 다를 바 없는 사람들이지. 그리고 그 관리인, 그이는 여기 와 앉아 커피를 마시며 말끝마다 '조드 부인'이라고 불러주었어. '잘 돼갑니까, 조드 부인?' 이렇게 말이야." 그녀는 말을 멈추고 한숨을 쉬었다. "정말이지, 이제 겨우 사람으로 되돌아온 기분이야." 그녀는 마지막 접시를 쌓았다. 텐트 안으로 들어가서 옷 궤짝을 뒤져 구두와 깨끗한 옷을 꺼냈다. 귀걸이를 싼 조그만 종이꾸러미도 찾아냈다. '샤론의 장미' 앞을 지나가며 그녀가 말했다. "부인위원회에서 오거든 내가 곧 온다고 해라." 그리고 위생실 모퉁이를 돌아 사라졌다.

'샤론의 장미'는 고단한 듯이 궤짝 위에 걸터앉아, 결혼식 때 신은 구두를 내려다보았다. 검은 칠피에 특별히 제작한 검은 리본이 달려 있었다. 그녀는 구두 코끝을 손가락으로 닦고, 그 손가락을 스커트 안자락에 문질렀다. 몸을 구부리니 불러진 배에 압박이 가해졌다. 몸을 똑바로 일으켜 세우고 손가락으로 몸 여기저기를 어루만져 보았다. 그러고는 빙그레 웃었다.

길 저쪽에서 땅딸막한 여자 하나가 빨랫감을 사과궤짝에 담아 들고 세탁장을 향해 걸어왔다. 얼굴은 볕에 갈색으로 그을고, 까만 눈은 날카로워 보였다. 깅엄 원피스 위에 목화 딸 때 쓰는 자루를 뜯어 만든 커다란 앞치마를 두르고, 적갈색 남자구두를 신고 있었다. 그녀가 '샤론의 장미'가 자기 몸을 어루만지며 미소를 머금고 있는 것을 보았다.

"그랬었군!" 외치더니 기쁜 듯이 웃었다. "아긴 어느 쪽 같아?"

'샤론의 장미'는 얼굴을 붉히며 눈을 내리깔았다가 다시 살그머니 쳐들었다. 여자의 작고 반짝이는 검은 눈이 그녀를 말끄러미 보고 있었다. "모르겠어요." 그녀가 우물쭈물 말했다.

여자는 사과궤짝을 땅에 털썩 내려놓았다. "복스럽게도 불렀네." 여자가 행복한 암탉처럼 킬킬 웃었다. "아가씬 어느 쪽이 좋아요?" 여자가 재촉하듯 물었다.

"모르겠어요……. 음, 사내아이? 그래요, 사내아이가 좋아요."

"여기 온 지 얼마 안 되죠?"

"어젯밤 아주 늦게."

"죽 있을 작정인가요?"

"모르겠어요. 일거리만 있으면 오래 있을 거예요."

순간 여자의 얼굴에 그늘이 스쳤다. 조그만 검은 눈이 매서워졌다. "일거리만 있으면……. 모두들 하는 말이지."

"오빠는 오늘 아침에 벌써 일을 얻었는걸요."

"그래요? 운이 좋은가보네. 하지만 운을 조심해야 해요. 행운을 믿어선 안 되죠." 그녀가 로자샨에게 성큼 다가왔다. "인간은 꼭 한 가지 행운밖에 갖지 못하는 법이야. 그 이상은 얻을 수 없어요. 좋은 아가씨가 되세요." 그녀가 맹렬한 기세로 말했다. "좋은 사람이 되어야 해. 지은 죄가 있거든 그 뱃속의 아기를 조심하는 게 좋아요." 그러고는 '샤론의 장미' 앞에 주저앉았다. "이 캠프 안에선 지저분한 일들이 일어나죠." 그녀가 넌지시 말했다. "매주 토요일 밤에 한데 모여서 춤을 춰요. 그것도 스퀘어댄스뿐만이 아니고. 개중에는 딱 달라붙어서 추는 인간도 있어요! 내가 똑똑히 보았지요."

'샤론의 장미'가 경계하며 말했다. "나도 춤을 좋아해요, 스퀘어댄스라면." 그리고 얼마간 의기양양하게 덧붙였다. "다른 건 춰 본 적도 없지만."

여자가 음울하게 고개를 끄덕거렸다. "그런데 그걸 추는 인간들이 있단 말야. 하느님은 결코 그런 자를 용서하지 않아. 아가씨도 용서받았다고 생각해선 안돼요."

"네, 아주머니." '샤론의 장미'가 기어들어가는 목소리로 대답했다.

여자가 주름살투성이 갈색 손을 '샤론의 장미' 무릎 위에 올려놓았다. '샤론의 장미'는 그 감촉에 저도 모르게 움찔했다. "내가 충고 하나 하죠. 요즘은 진심으로 예수님을 사랑하는 사람이 얼마 남지 않았어요. 토요일 밤마다 그 현악밴드가 연주를 시작하면 찬송가를 불러야 할 시간에 모두 빙빙 돌기 시작하는 거야. 그래요, 바로 댄스를 시작하는 거죠. 내 두 눈으로 똑똑히 봤지. 난 그 근처에는 가지도 않아요. 물론 우리 식구들도 못 가게 하고. 부둥켜안고 춤을 추고 난리라니까." 그녀는 말에 힘을 주기 위해 잠시 입을 다물었다가 다시 쉰 목소리로 속삭였다. "그뿐이 아니에요. 연극도 한다고." 그녀는 이 놀랄만한 사실을 '샤론의 장미'가 어떻게 받아들이는가 보려고 뒤로 물러앉아 고개를 갸우뚱했다.

"배우가 있나요?" '샤론의 장미'가 주저하며 물었다.

여자가 느닷없이 격분해서 소리쳤다. "천만에! 배우는 무슨 배우. 벌써 옛날에 지옥으로 떨어진 그런 인간들이 아니에요. 우리와 똑같은 사람들이죠. 우리와 똑같은 인간들. 게다가 아무것도 모르는 어린아이들까지 있지. 그러고선 꼭 뭐에 씌어서 남이 된 것처럼 연기하는 거야. 나는 가까이 가지도 않았지만 그래도 그들이 뭘 했는지 지껄이는 걸 다 들어 알지. 악마가 이 캠프 안을 휩쓸고 간 거예요."

'샤론의 장미'는 눈을 휘둥그레 뜨고 입을 벌린 채 열심히 들었다. "언젠가 학교에서 어린 예수의 연극을 한 적이 있어요. 크리스마스 때."

"음, 그게 좋다 나쁘다 하려는 게 아니에요. 어린 예수의 연극을 좋다는 사람도 물론 있지. 하지만 난…… 뭐 이러쿵저러쿵 할 생각은 없지만 아무튼 여기서 했던 건 어린 예수의 연극 따위가 아니었어요. 여기서 한 연극은 죄악과 타락과 악마의 연극이었다고요. 몸을 뒤로 젖히고 으스대며 걷거나, 꼭 뭐에 씐 것처럼 말하더란 말이지. 그런데도 마치 자기가 진짜 자신이 아닌 다른 사람들처럼 뻐기고 으스대고 떠벌리더란 말이야. 춤을 춘답시고 서로 들러붙고 끌어안지를 않나."

'샤론의 장미'는 한숨을 내쉬었다.

여자는 계속 말했다. "그것도 한두 사람이 하는 게 아니에요. 진심으로 어린양의 피를 받은 신자는 이제 발가락으로 헤아릴 만큼 적어졌지. 그런 죄 많은 인간들이 하느님의 눈을 피할 수 있다고 생각해선 안 돼요. 어림없지, 하느님은 그런 인간들의 죄를 하나하나 적고 그 밑에 작대기를 그어 그 죄를 다 세고 계시는걸. 하느님은 다 지켜보신다고. 나도 지켜보고. 하느님은 벌써 그중 두 사람을 벌하셨다오."

'샤론의 장미'는 숨이 가빠졌다. "그래요?"

여자의 목소리가 더욱 격해졌다. "나는 봤지. 꼭 당신같이 아기를 가진 아가씨였어요. 그 몸으로 연극도 하고 껴안고 춤도 추곤 했지. 그러더니—" 그 여자의 목소리가 소름이 끼치도록 불길하게 변했다. "빼빼 말라 가죽만 남더니 끝내는…… 그 아기를 낳았지. 죽은 아이를."

"어머나!" '샤론의 장미'는 새파랗게 질렸다.

"죽어서 피투성이였죠. 물론 그런 뒤로는 일절 그 아가씨에게 말을 건네는 사람이 없어졌어요. 나가라는 무언의 압력이었던 셈이지. 왜 죄를 가까이 하면 옮겨온다는 말이 있죠, 그 말이 꼭 맞아. 또 한 아가씨가 있었는데, 똑같은 같은 짓을 한 거죠. 그 아가씨도 뼈와 가죽만 남았었는데…… 어떻게 되었을 것 같아요? 어느 밤 사라져 버렸어. 이틀이 지나서야 돌아왔죠. 누구를 찾아갔었다면서. 그런데 뱃속의 아기는 없어졌더라고. 내 짐작은 이래요. 여기 관리인들이 그 여자를 데리고 가서 유산시킨 거지. 그 사나이는 죄를 믿지 않거든. 자기 입으로 그렇게 말하던걸. 죄란 배를 곯고 추위에 떠는 일이라고 말이죠. 또 이러더라고. 아, 자기 입으로 이러더라니까. 그런 것과 신은 아무 관계도 없다고 말이죠. 그 아가씨들이 뼈랑 가죽만 남은 것은 음식이 충분하지 않기 때문이라는 거야. 그래서 내가 그자를 아주 혼꾸멍내줬지." 여자는 일어나서 뒤로 물러섰다. 눈이 날카롭게 번들거렸다. '샤론의 장미'를 삿대질하며 말했다. "'썩 물러가라! 악마가 이 캠프에서 설치고 있다는 것을 나는 알고 있었다. 그 악마가 누구인지 이제 알겠구나. 물러가라, 이 악마야!' 그랬더니, 아 글쎄 그자가 물러가버리지 않겠어요? 부들부들 떨면서 슬금슬금 말이야. '제발, 제발 사람들을 불행하게 만들지 말아 주십시오' 하기에 되받아주었죠. '불행이라고? 그 사람들의 영혼은 어떻게 되지? 그 죽은 아기와, 연극 때문에 파멸의 구렁텅이로 떨어진 가엾은 죄인들은 어떻게 되느냐?' 그랬더니 멍하니 내 얼굴을 보면서 기분 나쁜 웃음을 짓고는 가버리더군요. 하느님의 진정한 증인을 만났다는 걸 그자도 깨달은 거지. 내가 말해 줬거든. '나는 예수님을 도와 세상 돌아가는 꼴을 지켜보고 있다. 그러니까 당신이든 다른 죄인이든 아무리 발버둥 쳐봐야 피할 수 없다." 그녀는 빨랫감이 담긴 궤짝을 집어 들었다. "아가씨도 조심해요. 내가 미리 주의를 주는 거니까. 그 뱃속의 가엾은 아기를 생각해서라도 죄를 짓지 않도록 해요." 그러고는 우쭐대며 척척 걸어갔다. 그 눈은 신념으로 빛나고 있었다.

'샤론의 장미'는 그 뒷모습을 바라보다가 머리를 싸안고 흐느끼기 시작했다. 그때 온화한 목소리가 바로 옆에서 들려왔다. 그녀는 부끄러운 듯이 얼굴을 쳐들었다. 위아래로 흰 옷을 입은 바로 그 몸집이 작은 관리인이었다. 그가 말했다. "걱정하지 말아요. 걱정할 것 없소."

그녀의 눈은 눈물 때문에 잘 보이지 않았다. 그녀가 소리쳤다. "하지만 전 했는걸요! 껴안고 춤을 추었는걸요. 저 아주머니에게는 말하지 않았지만. 샐리소에서 했어요, 코니와."

"걱정할 것 없어요."

"나보고 죽은 아기를 낳을 거라고 그랬어요."

"알만하군. 나도 그 여자를 늘 눈여겨보고 있지. 좋은 사람이긴 한데, 사람들을 불행하게 만든단 말이야."

'샤론의 장미'는 격하게 흐느꼈다. "이 캠프에서도 두 여자가 아기를 잃었다고 그랬어요."

관리인은 그녀 앞에 쪼그리고 앉았다. "내 말 잘 들어요! 나도 그들을 알아. 두 사람 모두 심하게 굶주리고, 몹시 지쳐 있었지. 지나치게 일도 많이 했고. 게다가 트럭을 타고 험한 길을 마구 흔들리면서 왔단 말이야. 그래서 건강이 안 좋아진 거예요. 그 사람들 죄가 아니었다고."

"하지만 그 아주머니는—"

"걱정하지 말래도. 그 여자는 소란피우기를 좋아하는 사람이야."

"그 사람은 아저씨를 악마라고 그랬어요."

"그것도 알지. 그 사람이 사람들을 불행하게 만드는 것을 내가 막고 다니니까 그런 말을 하는 거야." 그는 그녀의 어깨를 다독였다. "걱정할 것 없어요. 그 여자가 몰라서 그러는 거니까." 이렇게 말하고 종종 걸어가 버렸다.

'샤론의 장미'는 그의 뒷모습을 지켜보았다. 관리인의 앙상한 어깨는 발걸음을 옮길 때마다 삐꺽거렸다. 그 홀쭉한 뒷모습을 바라보고 있는데 어머니가 돌아왔다. 어머니의 얼굴은 말끔하니 화색이 돌고, 윤기 나는 젖은 머리는 곱게 빗질되어 한 다발로 묶여 있었다. 무늬 있는 드레스를 입고, 낡아서 금이 간 구두를 신었으며, 귀에는 조그마한 귀걸이가 달려 있었다.

어머니가 말했다. "나도 하고 왔다. 거기 서서 머리서부터 온몸에 더운물을 마구 덮어쓰고 왔지. 어떤 아주머니가 그러는데, 쓰고 싶으면 날마다 써도 된대. 그런데 부인위원회 분들은 아직 안 오셨니?"

"으, 으응!"

"그런데 아직 청소도 안 하고 마냥 앉아 있으면 어떡하니!" 어머니가 양철접시를 한데 모으며 말했다. "말끔히 치워 놓아야지. 자, 너도 어서 움직여라! 거기 자루를 갖고 와서 이 바닥도 좀 쓸어 담고." 요리도구와 냄비 등속을 궤짝에 넣은 뒤 궤짝을 텐트 안에 들여놓으며 명령했다. "이부자리 좀 개 놔라. 정말이지 그 더운물만큼 기분 좋은 건 처음이야."

'샤론의 장미'는 내키지 않는 듯이 시키는 대로 움직였다. "코니가 오늘 돌아올까요?"

"올지도 모르고 안 올지도 모르지. 뭐라고 할 수가 없구나."

"그이가 정말 여길 알까?"

"그럼."

"어머니…… 설마…… 거기가 불탔을 때 코니도 타죽은 건 아니겠지?"

"그 사람만큼은 안 죽는다." 어머니가 자신 있게 대답했다. "원하면 어디든 갈 수 있는 사람이잖니. 토끼처럼 재빠르고, 여우처럼 약으니까."

"그이가 돌아와 줬으면 좋겠는데."

"올 때가 되면 온다."

"어머니—"

"어서 일 좀 하려무나."

"저, 춤추고 연극하면 죄가 되고, 그런 짓 하면 아기가 유산된다고 생각해요?"

어머니는 일손을 멈추고 양손을 허리에 짚었다. "아니, 넌 무슨 소릴 하는 거냐? 연극이라니, 넌 한 적도 없잖니."

"하지만 여기 사람들이 했대요. 그랬는데 그중 한 여자가 죽은 아기를 낳았다잖아요. 죽어서 피투성이가 된 아기를. 천벌을 받은 것처럼."

어머니는 어처구니가 없다는 얼굴로 '샤론의 장미'를 쳐다봤다. "누가 그러대?"

"지나가던 여자가. 그런데 흰옷 입은 키 작은 아저씨가 지나가다 듣고, 그건 거짓말이라고 그랬어."

어머니는 이맛살을 찌푸렸다. "로자샨, 너 자신을 괴롭히는 짓은 그만 해라. 넌 마치 일부러 울 일을 만들려는 것처럼 만날 자기 자신을 들볶는구나. 대체 왜 그러는데? 우리 식구들 중에 그런 사람은 한 명도 없었다. 무슨 일이건 눈물을 보이지 않고 참아냈어. 아마 코니 녀석이 그런 어쭙잖은 생각을 심어주었나 보다. 그 녀석, 제 분수도 모르고 허풍만 떤단 말이야." 그러고는 엄하게 말했다. "로자샨, 너는 한 인간에 지나지 않아. 너 말고도 인간은 잔뜩 있어. 네 분수만 지키면 되는 거야. 세상에는 스스로 죄를 만들어내고는, 하느님 보시기에 자기는 아주 몹쓸 인간이라고 제멋대로 생각하는 사람들도 있단다."

"하지만 어머니—"

"됐다, 잠자코 일이나 해. 너는 하느님 속을 썩일 만큼 죄가 깊지도, 못되지도 않아. 그러니까 계속 그렇게 자기 흠집만 찾고 있다간 엄마한테 호되게 얻어맞을 줄 알아." 그녀는 재를 불구덩이에 쓸어 넣고, 그 가장자리에 놓았던 돌들을 치웠다. 길 저쪽에서 위원회 사람들이 오는 것이 보였다. "자, 일을 해. 부인네들이 온다. 어서 일하려무나. 내가 자랑 좀 할 수 있게." 그녀는 그쪽을 다시는 보지 않았으나, 위원들이 다가온다는 것을 의식하고 있었다.

그들이 위원회 사람들이라는 것은 의심할 여지가 없었다. 얼굴을 곱게 치장하고, 말쑥한 옷을 입은 세 부인들이었다. 한 사람은 가느다란 머리칼에 쇠테 안경을 쓴 깡마른 여자, 또 한 사람은 희끗희끗한 고수머리에 입이 작고 귀여우며 키가 작고 뚱뚱한 여자, 나머지 한 사람은 뼈마디가 굵고 커다란 궁둥이에 가슴이 풍만하며 마차 끄는 말처럼 억세고 믿음직스러워 보이는 몸집 큰 여자였다. 그 위원들은 위풍당당한 자세로 걸어왔다.

그들은 어머니가 등을 돌리자마자 아슬아슬하게 도착했다. 세 사람은 걸음을 멈추더니 갑자기 홱 방향을 바꿔 일렬로 섰다. 몸집 큰 여자가 우렁찬 목소리로 말했다. "안녕하세요, 조드 부인이시죠?"

어머니는 기습이나 당한 듯이 홱 돌아보았다. "아, 네, 네. 어떻게 제 이름을 다 아시나요?"

"우리는 위원회에서 왔어요. 제4위생실의 부인위원회랍니다. 댁의 이름은 사무소에서 알았고요."

어머니는 허둥댔다. "보시다시피 하나도 치우지 못 했는데. 커피 끓이는 동안 잠깐 좀 앉으세요."

뚱뚱한 위원이 말했다. "우리 이름도 가르쳐 드려요, 제시. 조드 부인에게 우리 이름을 말씀드려요. 제시가 위원장이랍니다." 그녀가 설명했다.

제시가 점잖게 말했다. "조드 부인, 이쪽은 애니 리틀필드고, 이쪽은 엘라 서머즈예요. 난 제시 불리트고요."

어머니가 말했다. "이렇게 찾아주셔서 정말 기뻐요. 어서 이리 좀 앉으세요. 그런데 의자가 없어서." 그리고 덧붙였다. "하지만 커피를 끓이겠어요."

애니가 예의상 말했다. "아, 네, 아닙니다. 신경 쓰지 마세요. 우린 그저 형편을 둘러보고, 댁에서 마음 편하게 계실 수 있도록 도와드리러 온 것뿐이니까요."

제시 불리트가 엄숙하게 말했다. "애니, 위원장은 나란 걸 잊지 말아요."

"어머! 그러믄요, 그러믄요. 하지만 다음 주에는 내 차례예요."

"그러니까 다음 주까지 기다려요. 우린 매주 교대하거든요." 제시가 어머니에게 설명했다.

"정말 커피 좀 안 드시겠어요?" 어머니가 어찌할 바를 모르며 물었다.

"정말 괜찮아요." 제시가 위원장답게 일동을 대신해서 말했다. "먼저 부인에게 위생실에 대해서 가르쳐드린 다음, 괜찮으시다면 부인의 클럽 가입 절차를 밟고, 부인이 하실 일을 정해 드리겠어요. 물론 가입하지 않아도 상관없습니다."

"그게…… 돈이 많이 드나요?"

애니가 끼어들었다. "돈은 한 푼도 들지 않아요. 일을 할 뿐이지. 그리고 사람들과 얼굴을 익혀 놓으면, 나중에 위원에 선출될 수도 있답니다. 여기 제시는 캠프 전체 위원회에도 나가요. 부인회에서 제일 높은 위원이랍니다."

제시가 자랑스러운 듯이 미소 지으며 말했다. "만장일치로 선출되었죠.

그건 그렇고 조드 부인, 이제 캠프가 어떻게 운영되는지 말씀드리지요."

어머니가 말했다. "여기 얘가 제 딸 로자샨입니다."

"안녕하세요." 세 사람이 말했다.

"아가씨도 같이 가요."

제시가 말하기 시작했다. 그 태도는 위엄과 정다움에 차 있었다. 몇 번이나 복습한 말투였다.

"우리가 댁의 일에 간섭한다고 생각하지는 말아주세요, 조드 부인. 이 캠프에는 공동으로 쓰는 것이 많이 있어요. 그래서 우리 스스로가 여러 가지 규칙을 만들었지요. 자, 그럼 같이 위생실로 가십시다. 거기 물건은 모두가 같이 쓰는 거니까 모두가 소중하게 다뤄야 해요." 일동은 빨래통이 줄 지어 놓여 있는, 지붕 없는 건물로 갔다. 빨래통은 모두 스무 개였는데 그중 여덟 개는 사용 중으로서 아낙네들이 쪼그리고 앉아 옷가지를 비벼 빨고 있었다. 깨끗한 콘크리트 바닥에 비틀어 짜 놓은 빨래가 산더미처럼 쌓여 있었다. 제시가 말했다. "여기 있는 빨래통은 언제든지 쓰고 싶을 때 쓰실 수 있어요. 다만 쓴 뒤에는 깨끗이 치워 놓아야 합니다."

세탁을 하던 여자들이 흥미 있다는 듯이 얼굴을 쳐들었다. 제시가 큰 소리로 알렸다. "이분들은 조드 부인과 로자샨 양입니다. 새로 이사 온 분들이죠." 모두 입을 모아 어머니에게 인사하자 어머니가 가볍게 목례하고 말했다. "이렇게 뵙게 되어 반갑습니다."

제시가 앞장서서 변소와 샤워실을 안내했다.

어머니가 말했다. "여기는 벌써 다녀갔어요. 목욕까지 했는걸요."

제시가 말했다. "그러라고 있는 거니까요. 여기도 규칙은 매한가지죠. 사용한 뒤에는 반드시 깨끗이 해두어야 합니다. 매주 새로운 위원회가 생겨서 하루 한 번 걸레질을 하게 돼있죠. 아마 부인도 그 위원이 될지 몰라요. 비누는 자기 것을 갖고 와야 해요."

"비누를 사야겠네요. 다 써버렸거든요."

제시의 목소리가 경건하리만큼 엄숙해졌다. "부인, 이런 것 써 본 일 있나요?" 그렇게 물으면서 변기를 가리켰다.

"네, 오늘 아침에."

제시는 한숨을 쉬었다. "그거 잘됐군요."

엘라 서머즈가 말했다. "바로 지난주에—"

제시가 단호하게 말을 막았다. "서머즈 부인, 내가 말하겠어요."

엘라는 양보했다. "아, 네, 그러세요."

제시가 말했다. "지난주에 당신이 위원장이었을 때는 당신 혼자서 뭐든지 했겠지만, 이번 주는 내게 맡겨주었으면 좋겠어요."

"그럼, 그 사람이 한 일을 당신이 얘기해요." 엘라가 말했다.

제시가 말했다. "글쎄요, 남의 흉을 들추는 것은 이 위원회가 할 일이 아니니 이름은 밝히지 않겠어요. 지난주에 들어온 어떤 아주머니가 아직 위원회의 얘기를 듣기도 전에 여기 들어와서 변기 속에 남편의 바지를 집어넣었답니다. 그러고선 이랬죠. '빨래하긴 너무 낮아. 크기도 작고. 이렇게 구부리고 하다간 허리뼈가 두 동강 나고 말 거야. 왜 더 높이 달지 않았을까?'" 위원들은 우월감에 넘치는 미소를 주고받았다.

엘라가 끼어들었다. "'한꺼번에 많이 들어가지도 않고' 이런 말도 했지요." 제시가 엘라에게 매서운 눈총을 보냈다.

제시가 말했다. "휴지 때문에 문제가 많았어요. 규칙으로는 여기서 휴지를 갖고 나가지 못 하게 되어 있죠." 그녀는 혀를 끌끌 찼다. "온 캠프가 돈을 모아 사는 건데 말이죠—" 그리고 잠시 입을 다물더니 이윽고 결심한 듯 고백했다. "제4위생실이 다른 곳보다 많이 써요. 누가 훔쳐가는 거죠. 부인회 총회에서도 문제가 되어 '제4위생실의 부인용 화장실은 휴지 사용량이 너무 많다'는 말을 들었죠. 총회에서 말썽이 됐으니!"

어머니는 숨도 쉬지 않고 열심히 이야기를 들었다. "훔치다뇨…… 뭣 때문에?"

"그게 말이죠, 전에도 한번 소동이 있었어요. 그때는 계집애들 셋이서 그걸로 인형을 만들었죠. 물론 붙잡혔어요. 한데 이번에는 알 수가 없어요. 한 두루마리를 갖다 놓으면 순식간에 없어져 버리니까요. 총회에서까지 문제가 될 정도라니까요. 휴지가 돌아갈 때마다 소리가 나게 조그만 방울을 달아 두면 어떻겠냐는 사람까지 나왔어요. 그렇게 하면 사람들이 얼마나 쓰는지 알수 있겠지요." 그녀는 고개를 내저었다. "아무래도 알 수가 없단 말이에요. 이번 주 내내 그 문제로 골치가 아파요. 누가 제4위생실에서 휴지를 훔쳐가는 건 확실해요."

입구 쪽에서 울음 섞인 목소리가 들려왔다. "불리트 부인." 위원들이 뒤돌아보았다. "불리트 부인, 지금 그 얘기가 들렸는데―" 한 여자가 새빨개진 얼굴에 땀을 흘리면서 문간에 서 있었다. "나는 총회에 도저히 나갈 용기가 안 났어요, 불리트 부인. 정말 나갈 수가 없었어요. 사람들이 비웃고 창피를 줄까 봐."

"무슨 얘길 하는 거예요?" 제시가 앞으로 나섰다.

"저, 우리 식구가 모두가…… 아마도…… 그건 우리 식굴 거예요. 하지만 훔치는 게 아니에요, 불리트 부인."

제시가 여자 앞으로 성큼 다가서자 당황한 고백자의 얼굴에 구슬땀이 송송 솟았다. "어떻게 할 도리가 없었어요, 불리트 부인."

"자세히 좀 얘기해 봐요. 우리 반은 그 휴지 건 때문에 망신을 당했다고요."

"요 일주일 내내 그랬어요, 불리트 부인. 어쩔 도리가 없었어요. 집에 계집애가 다섯이나 있어서."

"그 아이들이 휴지를 어떻게 했나요?" 제시가 험악하게 따져 물었다.

"그저 썼을 뿐입니다. 정말입니다. 그저 썼을 뿐이랍니다."

"그럴 권리가 어디 있죠! 너덧 장이면 충분하지요. 대관절 어떻게 된 거죠?"

고백자는 우는 목소리를 냈다. "설사를 했어요. 다섯 아이가 다요. 돈이 모자라서 익지 않은 포도를 먹였더니 다섯 아이가 모조리 아주 심한 설사를 하기 시작한 거예요. 10분마다 화장실로 달려가는 바람에……." 그녀는 딸들을 변호했다. "하지만 훔치지는 않았답니다."

제시가 한숨을 내쉬었다. "진작 얘기해줬으면 좋았을걸. 그런 건 얘기해야죠. 당신이 숨기는 바람에 제4반이 모두 망신을 당했어요. 누구든 설사는 하는 건데."

처량한 목소리가 거의 우는 소리로 변했다. "그래도 아이들이 익지 않은 포도를 먹지 못 하도록 말릴 수가 없답니다. 그러니 점점 나빠지기만 하고."

별안간 엘라 서머즈가 소리쳤다. "구제자금이야. 이 사람은 구제자금을 받아야 마땅해요."

제시가 말했다. "엘라 서머즈. 마지막으로 말하는데 당신은 위원장이 아니에요." 그녀는 무섭게 야윈 자그마한 여자에게 돌아서서 말했다. "돈이 전혀 없나요, 조이스 부인?"

여자는 부끄러워 고개를 숙였다. "네, 게다가 언제 일거리를 얻게 될지 알 수 없고요."

제시가 말했다. "고개를 들어요. 그건 죄가 아니에요. 어서 위드패치 상점에 가서 뭐든 식료품을 사가지고 와요. 우리 캠프는 거기서 20달러까지 외상을 얻을 수가 있어요. 그러니 5달러어치를 사와요. 그 돈은 일자리를 얻은 뒤에 중앙위원회에 갚도록 하고요. 조이스 부인, 당신도 그걸 알았을 텐데." 그녀는 엄하게 말했다. "그걸 알고 있으면서 왜 아이들을 굶겼지요?"

"우린 자선을 받은 적이 없어요."

제시가 거의 고함을 질렀다. "이건 자선이 아니에요. 당신도 아시잖아요. 그런 얘기는 이미 다 끝나지 않았나요? 이 캠프에는 애초에 자선 따위는 없어요. 절대로 그런 건 용납하지 않아요. 그러니 어서 가서 조금이라도 식료품을 사 와요. 전표는 내게 가져오고."

조이스 부인이 조심스레 말했다. "끝끝내 갚지 못하면 어떡하죠? 우리는 퍽 오랫동안 일자리를 얻지 못해서."

"갚을 수 있을 때 갚으면 돼요. 갚지 못하게 되더라도 그건 우리가 알 바 아니고, 당신이 알 바도 아니죠. 어떤 사람은 여기서 나간 지 두 달이 지나서야 돈을 보내왔어요. 이 캠프에 있는 이상 당신은 아이들을 배고프게 만들 권리가 없다고요."

조이스 부인은 기가 눌려버렸다. "네, 부인."

제시가 명령했다. "아이들에게 치즈를 사다 먹여요. 그러면 설사가 멎을 테니까."

"네, 부인." 조이스 부인은 허둥지둥 문 밖으로 나갔다.

제시가 부아가 치민다는 듯이 위원들 쪽으로 돌아섰다. "저이는 저렇게 완고하게 고집 피울 권리가 없어. 암, 없고말고. 우리 캠프에 사는 한 말이야."

애니 리틀필드가 말했다. "저이는 여기 온 지 그리 오래되지 않아서 잘 몰랐는지도 몰라요. 아니면 전에 자선을 받은 일이 있는지도 모르고. 그리고 남의 말 자꾸만 가로막지 말아요, 제시. 나도 엄연히 발언할 권리가 있으니까." 그리고 어머니 쪽을 보면서 말했다. "한 번이라도 자선을 받은 사람은 그 수치심이 한평생 지워지지 않는 법이죠. 여기서 하는 건 자선이 아니지만, 단 한번이라도 자선을 받으면 평생 잊지 못해요. 아마 제시는 아직 그런 경험이 없겠지."

"그야 없지." 제시가 말했다.

"나는 있거든. 작년 겨울이었어요. 온 식구가 굶어죽기 일보 직전이었죠. 나하고 남편하고 우리 꼬마들이오. 게다가 그 날은 비가 뿌렸어요. 구세군에 가 보라고 누가 가르쳐 주더군요." 그녀의 눈빛이 사나워졌다. "우리는 모두 배가 고팠어요. 그자들은 우리에게 먹을 것을 주는 대신 우리를 설설 기게 만들었죠. 그자들은 우리의 자존심을 송두리째 빼앗았다고요. 그자들은…… 나는 그자들이 싫어요! 그러니까…… 아마 조이스 부인도 자선을 받은 경험이 있을 거예요. 여기서 하는 일이 자선과 다르다는 것을 몰랐던 거겠죠. 조드 부인, 이 캠프에서는 아무도 그자들처럼 으스대지 않아요. 남에게 무엇을 직접 베푸는 건 용납되지 않죠. 먼저 캠프에 기부하면 돼요. 그러면 캠프에서 그걸 나눠주는 거예요. 우리도 자선은 사양이니까!" 목소리가 거칠고 갈라졌다. "나는 그자들이 싫어요. 이제껏 나는 우리 그이가 남에게 머리를 숙이는 걸 본 적이 없다고. 그런데 그자들은…… 그 구세군 작자들은 우리 그이한테 머리를 숙이게 했단 말이야!"

제시가 고개를 끄덕이며 부드럽게 말했다. "잘 알아요, 잘 알았어요. 그럼 조드 부인, 마저 안내할까요?"

어머니가 말했다. "정말 고맙습니다."

애니가 제안했다. "재봉실로 가죠. 재봉틀이 두 대 있어요. 모두 누비이불을 만들거나 옷을 만들어 입죠. 부인도 보면 일하고 싶어질 거예요."

위원회가 어머니를 찾아왔을 때 루디와 윈필드는 살그머니 눈에 띄지 않게 숨었다.

"같이 가서 얘기 듣자." 윈필드가 말했다.

루디가 그의 팔을 꼭 붙들었다. "싫어, 저 마귀할멈들 때문에 얼굴을 마구 씻겼잖아. 절대로 같이 가기 싫어."

윈필드가 말했다. "누나, 변기 일 갖고 날 고자질했지? 나는 누나가 저 아주머니들 보고 뭐랬는지 일러바쳐야지."

루디의 얼굴에 공포의 빛이 스쳤다. "이르지 마. 정말은 네가 망가뜨린 게 아니란 걸 알았기 때문에 그런 말을 한 거야."

"거짓말."

루디가 말했다. "돌아다니며 구경하자." 두 아이는 텐트 사이로 난 통로를 거닐며 한 집씩 들여다보았다. 그러나 쑥스러워서 말은 못 붙이고 멀거니 구경만 했다. 제4반 끝에 크로케 코트가 마련된 편평한 곳이 있었다. 아이들 대여섯 명이 열심히 게임을 하고 있었다. 한 텐트 앞에서 나이 지긋한 아낙네가 벤치에 앉아 구경하고 있었다. 루디와 윈필드는 갑자기 그쪽으로 내달렸다. 루디가 외쳤다. "우리도 끼워줘. 우리도 같이 놀아!"

아이들이 얼굴을 쳐들었다. 양쪽으로 머리를 땋아 내린 어린 계집아이가 말했다. "다음번에 넣어 줄게."

"지금 할 테야." 루디가 외쳤다.

"지금은 안 돼. 다음 게임이 시작될 때까진 안 돼."

루디가 사납게 코트 안으로 들어갔다. "지금 할 거야." 머리를 땋아 내린 소녀가 들고 있던 나무망치를 꼭 쥐었다. 루디가 그 아이에게 덤벼들어 밀고 당기고 해서 나무망치를 빼앗았다. "내가 한다고 했지?" 루디가 의기양양해서 말했다.

나이 지긋한 여자가 일어나서 코트로 걸어왔다. 루디는 얼굴을 사납게 찌푸리며 나무망치를 꽉 쥐었다. 여자가 말했다. "얘더러 놀라고 해라. 지난주에 랄프에게 해준 것처럼."

아이들이 나무망치를 내려놓고 말없이 코트에서 나갔다. 그리고 멀찌감치 서서 무표정한 눈초리로 이쪽을 바라보았다. 루디는 그들이 나가는 것을 지켜보다가 공을 치고는 그 뒤를 쫓아갔다. "자 윈필드, 망치를 집어!" 그녀는 큰 소리로 부르다가 깜짝 놀라 주위를 둘러보았다. 윈필드가 구경하고 서 있는 아이들의 틈에 끼여 역시 무표정한 눈으로 그녀를 바라보고 있었다. 그녀는 보라는 듯이 다시 공을 쳤다. 먼지가 확 일었다. 그녀는 재미있는 체했다. 아이들은 서서 구경할 뿐이었다. 루디는 공 두 개를 나란히 놓고 한꺼번에 치고는 구경꾼에게서 등을 홱 돌렸다가 다시 뒤돌아보았다. 별안간 그녀가 망치를 든 채 그들 쪽으로 다가갔다. "와서 놀아." 그녀가 거만하게 말했다. 그녀가 다가가니 그들은 잠자코 뒷걸음질 쳤다. 그녀는 잠시 아이들을 멍하니 쳐다보다가 이내 망치를 내던지고 울면서 집으로 달려가 버렸다. 아이들은 천천히 코트로 돌아갔다.

두 갈래로 머리를 땋은 소녀가 윈필드에게 말했다. "다음 판에 넣어줄게."

구경하던 부인이 그들에게 주의를 주었다. "그 애가 돌아와서 얌전하게 하겠다거든 넣어주어라. 너도 성질을 부린 적이 있잖니, 에이미." 게임은 계속되었다. 조드네 텐트에서는 루디가 하염없이 흐느껴 울었다.

트럭은 아름다운 도로를 따라 달렸다. 복숭아가 분홍빛을 띠기 시작한 과수원과, 연초록색 송이가 주렁주렁 매달린 포도밭을 지나, 도로 절반도 넘게 가지를 뻗은 호두나무 가로수 길을 빠져나갔다. 농장 입구에 다다를 때마다 앨은 속력을 늦췄으나 입구마다 '일손 필요 없음. 들어오지 말 것'이라는 푯말이 있었다.

앨이 말했다. "아버지, 저 과일을 딸 때쯤에는 분명히 일이 있을 거예요. 정말 이상한 데야. 우리가 부탁도 하기 전에 일이 없다고 써 붙여 놓다니." 그는 천천히 차를 몰았다.

아버지가 말했다. "일단 들어가서, 일이 있는지 없는지 물어보는 게 어떨까? 그러는 게 좋을 것 같은데."

푸른 멜빵바지에 푸른 셔츠를 입은 사나이가 도로가를 걸어가고 있었다. 앨이 그 사나이 곁에 차를 세웠다. "아저씨, 어디 일자리 없을까요?"

사나이가 걸음을 멈추고 빙그레 웃었다. 앞니가 모조리 빠지고 없었다. "모르겠는데." 그는 말했다. "당신들은 어떻소? 나는 벌써 일주일째 발이 부르트도록 돌아다니고 있지만 하나도 없구려."

"저 국영 캠프에 사나요?" 앨이 물었다.

"그렇다오."

"그럼 같이 가요. 뒤에 올라타요. 같이 찾아봅시다." 사나이는 옆 널빤지를 넘어 짐칸에 올라탔다.

아버지가 말했다. "아무래도 일자리를 찾기 힘들 것 같구나. 그래도 찾기는 해야겠지만. 어디서 찾아야 할지도 모르겠고."

"캠프 사람들한테 좀 물어볼걸. 좀 괜찮으세요, 큰아버지?" 앨이 말했다.

존 아저씨가 말했다. "아프다, 온몸이 쑤시는구나. 자업자득이지 뭐. 식구들이 내 대신 벌을 받아서야 쓰나. 어디로 가버려야겠어."

아버지가 존 아저씨의 무릎에 손을 얹었다. "형님, 아무데도 가서는 안돼요. 식구가 자꾸 줄어들기만 하는데……. 아버지와 어머니는 돌아가시고, 노아와 코니 놈은 뛰쳐나가고, 전도사는 감옥으로 끌려갔으니."

"전도사는 다시 만날 것 같은 예감이 든다만." 존 아저씨가 말했다.

앨이 변속 레버 손잡이를 만지작거리며 말했다. "큰아버진 예감 같은 게 들 만큼 몸이 회복되지 않았어요. 하지만 그런 건 아무래도 좋아요. 캠프로 돌아가서 의논해요. 그러면 어디에 일이 있는지 정도는 알 수 있겠죠. 이건 꼭 뜬구름 잡기 같잖아요." 그는 트럭을 세우고 창으로 몸을 내밀어 뒤에다 대고 소리쳤다. "여보세요! 내 말 들려요? 일단 캠프로 돌아가서 어디에 일이 있는지 물어볼 작정이에요. 이렇게 휘발유만 태워봐야 소용없잖아요."

사나이가 트럭 옆으로 몸을 내밀고 말했다. "찬성이오. 불알이 복사뼈까지 처질만큼 돌아다녔거든. 게다가 아무것도 먹지도 못했고."

앨이 도로 한가운데서 차를 돌렸다.

아버지가 말했다. "네 엄마가 몹시 언짢아하겠다. 톰이 그렇게 쉽게 일자릴 얻은 다음이라 더할 거야."

"못 얻었는지도 몰라요. 형도 그저 일을 찾으러 나간 건지도 모르잖아요. 차고 일을 얻으면 정말 좋겠는데. 난 그런 일은 금방 익힐 거고, 또 재미도 있을 텐데."

아버지가 무슨 말인가를 웅얼거렸다. 그들은 잠자코 캠프를 향해 차를 몰았다.

위원회가 돌아가자 어머니는 자기네 텐트 앞에 놓인 궤짝에 걸터앉아 진빠진 표정으로 '샤론의 장미'를 바라보았다. "정말이지…… 정말…… 이렇게 기운이 나는 건 몇 해만이구나. 그 부인들 모두 좋은 사람들이었지?"

"나 육아실에서 일할 수 있대요. 그럴 수 있댔어요. 아기를 키우는 방법도 죄다 들을 수 있대요. 모조리 배울 수 있어요."

어머니가 감탄하면서 고개를 끄덕거렸다. "남자들이 모두 일자리를 잡게 되면 정말 근사하겠구나. 남자들이 일해서 돈도 좀 들어온다면," 그녀는 꿈꾸듯 허공을 응시했다. "남자들은 밖에서 일하고, 우리는 여기서 일하고, 게다가 모두 좋은 사람뿐이고. 여유가 좀 생기면 뭣보다 먼저 조그마한 화덕을 사야지. 좋은 걸로 말이야. 그다지 비싸지는 않아. 그 다음에는 텐트를 사야지, 큼직한 걸로. 침대에 끼울 중고 스프링도 사야겠다. 이 텐트는 식사 때만 쓰는 거야. 토요일 밤에는 다 같이 댄스파티에 가자. 그럴 사람이 있으면 누굴 초대해도 된다더라. 초대할 만한 친구가 있으면 좋을 텐데. 어쩌면 남자들이 그럴 만한 사람들과 사귀게 될지도 모르지."

'샤론의 장미'가 실눈을 뜨고 길 저쪽을 내다보았다. "아까 나더러 아기를 유산할 거라고 했던 여자가—" 그녀가 입을 열었다.

"그 얘긴 집어치워." 어머니가 경고했다.

'샤론의 장미'가 나직한 목소리로 말했다. "그 사람이 보였어요. 이리 오나 봐요. 아! 이쪽으로 오고 있어요. 저 사람이 못 오게—"

어머니는 고개를 돌려, 다가오는 사람을 보았다.

여자가 말했다. "안녕하세요. 리스베스 샌드리라고 해요. 아침에 댁의 따님과 얘기했죠."

"어서 오세요." 어머니가 말했다.

"당신은 하느님의 은혜를 받고 있나요?"

"받고 있죠." 어머니가 말했다.

"구원을 받았나요?"

"구원받았죠." 어머니는 표정 없이 상대방의 태도를 주시했다.

"그래요? 그거 정말 기쁜 일이군요. 이 근방은 죄인들이 어찌나 기세가 등등한지. 당신은 무시무시한 곳에 온 거예요. 사방에 사악한 기운이 쫙 깔려 있어요. 사악한 인간들, 사악한 짓거리들. 신의 어린양을 믿는 그리스도교도로서 도저히 견딜 수 없다고요. 우리 주위에는 죄인이 우글거려요."

어머니의 얼굴이 벌겋게 달아올랐다. 입을 한일자로 꽉 다물었다. "여기엔 좋은 사람만 있는 것 같던데요." 그녀는 쌀쌀맞게 말했다.

샌드리 부인이 눈을 휘둥그레 뜨고 외쳤다. "좋은 사람이라고요! 당신은 춤추고 껴안고 하는 자들을 좋은 사람이라고 생각하나요? 이 캠프에서는 영생을 얻을 수 없어요. 엊저녁에 위드패치에서 열린 기도회에 나갔는데, 목사님이 뭐라고 했는지 아세요? '그 캠프에는 사악이 차고 넘친다'고 하셨어요. '가난한 자가 부자가 되려고 애쓴다, 죄에 울고 죄에 신음해야 할 때 춤추고 껴안고 한다, 여기 나오지 않은 사람은 모두 사악한 죄인이다' 하셨다고요.

그분 말씀을 듣고 있자니 아주 마음이 평온해지더군요. 우리만큼은 안전하다는 것을 알게 되었거든요. 우리는 댄스 같은 건 하지 않으니까요."

어머니의 얼굴이 시뻘게졌다. 그녀는 천천히 일어나서 샌드리 부인을 마주보고 섰다. "나가요! 당장 나가요. 나가지 않으면 죄인이 되는 걸 감수하고라도 욕을 퍼부어줄 테니까. 어서 가서 실컷 울고 신음하라고요."

샌드리 부인은 입을 떡 벌리며 뒤로 주춤 물러섰다. 그러더니 이내 얼굴을 붉으락푸르락하며 말했다. "나는 당신이 그리스도교도인 줄 알았어."

"암, 그렇지." 어머니가 말했다.

"아니야, 그렇지 않아. 당신들은 지옥에서 불태워질 중죄인이야. 당신들 다! 기도회에서 오늘 일을 죄다 말하겠어. 당신의 저주받은 영혼이 불타는 것이 생생하게 보인다. 저기 있는 당신 딸 뱃속에 든 죄 없는 아기가 불타는 것이 생생히 보여."

가느다랗게 흐느껴 우는 소리가 '샤론의 장미'의 입술 사이로 새어나왔다. 어머니는 몸을 구부려 장작 하나를 주워들었다.

어머니가 차갑게 말했다. "나가! 다신 여기 오지 마! 당신 같은 여자는 전에도 본 일이 있어. 모두의 소소한 즐거움마저 빼앗으려는 속셈이지?" 그렇게 말하며 샌드리 부인 앞으로 한 걸음 한 걸음 다가섰다.

순간 여자는 뒷걸음질치더니, 느닷없이 머리를 뒤로 꺾고 외치기 시작했다. 눈은 홀렁 뒤집히고, 어깨와 팔은 양쪽으로 축 늘어졌다. 끈적한 침이 끈처럼 입가에서 흘러내렸다. 그녀는 연방 괴상한 소리를 질러 댔다. 그것은 마치 길고 굵은 짐승의 울부짖음 같았다. 사람들이 텐트에서 뛰쳐나오다가 겁먹은 듯 아무 말 없이 멈칫 섰다. 여자가 천천히 무릎을 꺾으며 꿇어앉았다. 울부짖음이 낮아지면서 떨리는 신음소리로 바뀌었다. 모로 쓰러져 팔과 다리를 움찔거렸다. 흰자위가 벌어진 눈꺼풀 사이로 내다보였다.

한 사나이가 나직이 말했다. "신들렸어. 신이 들린 거야." 어머니는 우두커니 서서, 팔과 다리가 뒤틀린 몸뚱이를 내려다보았다.

키 작은 관리인이 천연스럽게 다가왔다. "일이 생겼나요?" 그가 물었다. 구경꾼들이 둘로 갈라지며 그에게 길을 터주었다. 그가 여자를 내려다보며 말했다. "안됐군. 누가 이 사람을 텐트까지 데려다주면 좋겠는데." 말없이 구경하던 사람들이 슬금슬금 발을 끌며 움직거렸다. 두 남자가 허리를 굽히고 여자를 안아 일으켰다. 한 사람은 여자의 겨드랑이 밑으로 손을 넣어 안고 다른 한 명은 다리를 들었다. 여자가 들려가자 사람들이 그 뒤를 졸졸 따라갔다. '샤론의 장미'는 방수포 밑으로 기어 들어가서 담요를 머리까지 뒤집어쓰고 드러누웠다.

관리인이 어머니의 얼굴을 보고는, 그녀가 들고 있는 장작으로 시선을 옮겼다. 그가 피곤한 미소를 띠며 물었다. "때렸나요?"

어머니는 사람들의 뒷모습에서 아직 눈을 떼지 않고 있었다. 그녀는 천천히 고개를 가로저었다. "아뇨, 하지만 하마터면 그럴 뻔했지요. 오늘 두 번이나 우리 딸에게 겁을 주었거든요."

관리인이 말했다. "때리진 마십시오. 저 여자는 병자니까. 정말 병든 여자니까." 그리고 속삭이듯이 덧붙였다. "저 사람이 나가주길 바라고 있지요. 가족이 다 나가줬으면 좋겠어요. 저 여자는 이 캠프의 나머지 사람들을 다 합친 것보다 더 많이 말썽을 일으키거든요."

어머니는 침착함을 되찾았다. "만약에 그 여자가 다시 오면 나는 때릴지도 몰라요. 안 때리겠다는 약속은 못 드리겠군요. 이 이상 우리 딸아이를 괴롭히면 가만두지 않겠어요."

"그런 걱정은 마십시오, 조드 부인. 앞으로 다시는 안 만날 겁니다. 저 여자는 새로 들어온 사람만 못살게 굴거든요. 다신 안 올 겁니다. 부인을 죄인이라고 생각하니까요."

"죄인 맞아요."

"그럼은요. 모두가 죄인입니다. 하지만 저 여자의 말과는 다른 의미로 그렇지요. 저 여자는 병잡니다, 조드 부인."

어머니가 감사함이 담긴 눈길로 그를 보며 큰 소리로 말했다. "로자샨, 너 들었지? 그 여자는 병자래. 미치광이란다." 그러나 딸은 고개를 쳐들지 않았다. 어머니가 말했다. "미리 말씀드리는데, 저 여자가 다시 오면 내가 어떻게 할지 장담 못하겠어요. 때릴지도 몰라요."

그가 쓴웃음을 지으며 말했다. "부인의 마음은 잘 알지만 그러지 마십시오. 그것만은 부탁드립니다. 때리지는 마세요." 그는 샌드리 부인이 들려간 텐트 쪽으로 천천히 걸어갔다.

어머니가 텐트로 들어가 '샤론의 장미' 곁에 앉아 말했다. "날 좀 쳐다보렴." 딸은 죽은 듯이 누워 있었다. 어머니는 딸의 얼굴에서 가만히 담요를 벗겼다. "그 여자는 머리가 좀 돌았다잖니. 그러니 그런 말 믿지 마라."

'샤론의 장미'가 겁먹은 듯 속삭였다. "불타고 있다고 그 사람이 말했을 때 저…… 정말 불타는 기분이 들었어요."

"다 거짓말이다."

"전 아주 지쳤어요." 딸이 속삭이듯 말했다. "너무 여러 일들이 일어나서 아주 지쳐버렸어. 자고 싶어요. 푹 잘래요."

"그래 자려무나. 여기는 참 좋은 곳이야. 푹 잘 수 있을 게다."

"하지만 그 여자가 또 올지도 모르잖아요."

"안 온다. 엄마가 밖에 지키고 서 있을 거야. 얼씬도 못 하게 하마. 걱정 말고 한잠 자라. 곧 육아실에서 일을 해야 할 테니까."

어머니는 힘겹게 일어나, 텐트 입구에 놓인 궤짝으로 가서 앉았다. 무릎에 두 팔꿈치를 세우고 손바닥으로 턱을 받쳤다. 사람들이 캠프장 안을 움직이는 모습이 보였다. 아이들이 떠드는 소리와, 타이어 휠을 두들기는 망치소리가 들렸다. 그러나 그녀는 앞만 바라보았다.

한길 쪽에서 걸어오던 아버지가 어머니를 발견하고 다가와 주저앉았다. 그녀는 천천히 아버지 쪽으로 눈을 옮겼다. "일자리가 있던가요?" 그녀가 물었다.

아버지가 겸연쩍은 듯이 대답했다. "아니, 샅샅이 찾았는데 없어."

"앨이랑 아주버님이랑 트럭은 어디 있어요?"

"앨은 뭔가 고치고 있어. 연장을 빌리러 갔는데 연장 주인이 그 자리에서 고쳐 갖고 가라고 해서 말이야."

어머니가 울적하게 말했다. "여기는 좋은 곳이에요. 여기서는 잠깐이나마 행복하게 지낼 수 있을 텐데."

"일만 있으면야."

"그래요! 일자리만 있으면."

아버지는 그녀가 슬퍼하는 것을 느끼고, 아내의 얼굴을 유심히 바라보았다. "당신 왜 그렇게 침울해? 여기가 좋은 데라면서 왜 그렇게 침울한 표정인 거야?"

그녀는 남편을 가만히 바라보다가 천천히 눈을 감았다. "우스워요. 안 그래요? 정신없이 움직이고 떼밀리는 동안에는 아무 생각도 안 났어요. 그런데 지금 여기 사람들이 진심으로 친절하게 대해주니까 가장 먼저 무슨 생각이 드는지 아세요? 바로 지금까지 겪었던 슬픈 일들이에요. 아버님이 돌아가셔서 땅에 묻어 드린 일 같은 것 말이에요. 이동하느라 온 신경을 다 쓰고 차에 시달리는 동안에는 그다지 슬프지 않았는데, 지금 여기 와 있으니 어찌나 슬픈지. 어머님도…… 또 노아도 그런 모양으로 가버리고! 강줄기를 따라 미련 없이 가버렸죠. 그런 일 하나하나가 한꺼번에 되살아나네요. 어머님은 빈민처럼 돌아가시고, 빈민처럼 묻히셨어요. 그것이 새삼스레 가슴 아파요. 너무나 가슴 아파요. 그리고 강물을 따라 가버린 노아. 그 애 자신도 어딘지 모르는 데로 말이에요. 전혀 모르겠죠. 우리도 모르니까. 그 애가 죽었는지 살았는지 이제 알 길도 없어요. 영원히 알 수 없겠죠. 그리고 살금살금 내빼버린 코니. 이제까지는 생각할 겨를이 없었는데, 그런 일들이 지금에 와서 한꺼번에 되살아나네요. 좋은 곳에 왔으니까 기뻐해야 하는데." 아버지는 어머니가 말하는 동안 그 입매를 지켜보고 있었다. 그녀는 눈을 감고 있었다. "그 산들이 어떻게 생겼었는지 지금도 똑똑히 기억나요. 노아가 걸어간 강 옆에 있던 산은 묵은 이빨처럼 날카로운 모양이었죠. 아버님이 잠드신 땅에 있던 나무 그루터기가 어떤 모양이었는지도 똑똑히 기억하고. 고향 집에 있던 도마도 눈에 선해요. 닭털 한 개가 붙어 있고, 칼자국투성이에 닭 피로 시커맸죠."

아버지의 말투도 어머니와 비슷해졌다. "오늘 기러기 떼를 보았지. 낫 모양으로 대열을 지어 남쪽을 향해 날아가더군. 저 하늘 높이 말이야. 아주 쪼끄맣게 보이더군. 울타리 철사 줄에 앉은 찌르레기도 보았고, 비둘기도 보았어." 어머니는 눈을 뜨고 아버지를 보았다. 그는 말을 계속했다. "나는 조그만 돌개바람이 빙글빙글 돌면서 마치 사람처럼 들판을 가로지르는 것을 보았지. 기러기 떼는 낫 모양 대열을 하고 남쪽으로 훨훨 날아갔어."

어머니가 빙긋이 웃었다. "생각나세요? 고향에서 우리가 늘 주고받던 얘기. 기러기가 날아갈 때마다 '올해는 겨울이 빨리 오겠네' 했었잖아요. 겨울은 때가 되면 오는 건데 우리는 언제나 '올해는 겨울이 빨리 오겠다'고 했었죠. 그게 무슨 뜻이었던 건지 원."

"울타리 철사에 찌르레기들이 앉아 있는 걸 봤어. 꼭 붙어 앉아 있더군.

그리고 비둘기들도. 비둘기처럼 조용히 앉아 있는 새도 없을걸…… 울타리의 철사줄에 말야……. 아마 쌍쌍인가보지. 두 마리씩 나란히 앉아 있었어. 그리고 그 쪼끄만 돌개바람, 사람만 한 것이 폴짝폴짝 춤추듯이 들판을 넘어가더군. 평소에는 어린아이만 한데 그것은 꼭 어른만 했지."

"고향 일을 생각하지 말아야 할 텐데. 거기는 이제 우리 고향이 아닌걸. 잊어버려야 할 텐데. 노아 일도……."

"그 녀석은 본디부터 멀쩡하지가 못했어…… 말하자면…… 내가 잘못한 거지."

"그런 말 하지 말랬잖아요. 죽지 않은 것만도 다행이었죠, 뭐."

"하지만 난 더 판단력 있게 행동했어야 했어."

"이제 그만해 두세요. 노아는 특별한 아이예요. 어쩌면 강변에서 편안히 잘 살고 있을지도 몰라요. 그 편이 더 좋을지도 몰라요. 걱정해 봐야 무슨 소용이 있겠어요. 여기는 좋은 데고, 당신도 곧 일자리를 얻을 수 있을 거예요."

아버지가 하늘을 가리켰다. "저것 봐, 또 기러기 떼가 날아가네. 꽤 많구먼. 여보, '올해는 겨울이 빨리 오겠어.'"

어머니가 쿡쿡 웃었다. "그 버릇이 또 나왔네. 까닭도 모르면서."

"저기 형님이 오는군. 이리 와서 앉아요, 형님."

존 아저씨가 끼어들었다. 그는 어머니 앞에 앉았다. "잘 되지 않았소. 그저 쏘다니기만 했지. 참, 앨이 널 찾더라. 타이어를 하나 사야 한다나. 겉껍질 한 장밖에 안 남았다면서."

아버지가 일어났다. "싸게 샀으면 좋으련만. 돈이 얼마 안 남았어. 앨은 어디 있지요?"

"저쪽이야. 다음 교차로를 지나 오른쪽으로 돌아. 새것을 안 사면 펑크가 나서 튜브까지 상할 거라던데." 아버지는 어슬렁어슬렁 걸어갔다. 그의 눈은 하늘 저편으로 커다란 낫 모양을 그리며 사라져 가는 기러기 떼를 쫓고 있었다.

존 아저씨가 땅바닥에서 돌멩이를 주워 손바닥에 올려놓고 떨어뜨렸다 다시 주웠다 했다. 그가 어머니를 쳐다보지 않고 말했다. "일이 한 개도 없더구먼요."

"그렇지만 모조리 다 뒤진 건 아니잖아요."

"그야 그렇지만 푯말이 붙어 있던걸."

"그런데 톰은 일거릴 찾긴 찾은 모양이죠. 아직 돌아오지 않는 걸 보니."

존 아저씨가 은근슬쩍 말했다. "가버렸을지도 모르지…… 코니나 노아처럼."

어머니는 순간 날카롭게 그를 쳐다보았으나 곧 부드러운 눈으로 말했다. "세상에는 확실히 아는 일이 있는 법이죠. 틀림없는 일이 있어요. 톰은 일자리를 얻었어요. 이따가 저녁에 돌아올 거예요. 틀림없어요." 그녀는 만족스러운 듯이 미소 지었다. "그 애는 참 듬직한 애라고요! 기특한 아이죠!"

차와 트럭이 캠프 안으로 돌아오기 시작했다. 사나이들이 위생실을 향해 줄줄이 걸어갔다. 모두 깨끗한 멜빵바지와 셔츠를 들고 있었다.

어머니는 곧 기운을 되찾았다. "아주버님, 그이 좀 찾아주시겠어요? 장을 좀 봐달라게요. 콩과 설탕이 필요해요. 튀김할 고기 조금하고 당근하고, 또 뭐 맛난 것 좀 사오라고 하세요. 뭐든지 좋으니까 맛있는 걸로요. 오늘 저녁 반찬에 쓸 테니까. 오늘 저녁에는 맛있는 걸 먹도록 해요."

23

이주민들은 일자리를 찾아 종종걸음을 치며 살려고 아등바등하면서도 언제나 즐거움을 추구하고 찾아내고 만들어냈다. 그리고 오락에 굶주려 있었다. 때로 오락은 대화를 나누는 가운데서 발견되기도 하였으므로 그들은 농담을 주고받으며 삶의 활력소로 삼았다. 그리하여 길가 캠프에서, 강가 둔덕 위에서, 플라타너스 나무 그늘에서 이야기꾼이 나타났고, 사람들은 어두운 모닥불가로 모여들어 그 재주꾼의 입담을 들었다. 사람들은 열심히 귀를 기울였다. 사람들이 모이면 모일수록 이야기는 부풀어갔다.

나는 제로니모 토벌전 때 징집병이었지.

사람들은 귀를 기울였다. 그들의 온화한 눈에 꺼져가는 모닥불 빛이 비쳤다.

인디언놈들은 번개같이 민첩했지. 뱀처럼 미끄러워서 그럴 마음만 먹으면 낙엽을 밟고 지나가도 바스락 소리 하나 내지 않지. 당신네들도 한번 해 보라고.

사람들은 귀를 기울이면서, 자기 발밑에 짓밟히던 낙엽소리를 회상했다.

계절이 바뀔 때면 구름이 일지. 불리한 시기야. 군대가 무엇 하나 제대로 했다는 이야기를 들어본 적 있어? 군대에 열 번 승리할 기회를 주어보라지. 이래서 지고, 저래서 지고, 어쨌든 군대란 지는 것밖에 몰라. 인디언 100명을 때려잡느라고 3개 연대나 쓴다고. 언제나 그렇지.

귀를 기울이며 듣고 있던 사람들은 이야기에 넋을 잃고 조용해졌다. 이야기꾼들은 자기들이 늘어놓는 거창한 이야기에 사람들의 관심을 끌어들이면서 과장된 어조와 표현을 써가며 이야기했다. 이야기가 거창해질수록 청중 수도 거창해졌다.

한 봉우리에 태양을 등지고 한 인디언 전사가 서 있었어. 놈은 자기가 눈에 띄는 자리에 서 있다는 것을 알고 있었지. 두 팔을 넓게 벌리고 떡 하니 서 있는 거야. 마치 갓 태어난 아기처럼 한 올도 걸치지 않고 태양을 등지고 서서 말이야. 어쩌면 미친놈이었는지 모르지. 어쨌든 십자가처럼 팔을 벌리고 거기 서 있는 거야. 거리가 400야드는 되었을까. 그런데 우리 군인들은 가늠쇠를 일으키고 손가락으로 풍향을 재기만 할 뿐 모두 거기 엎드린 채 쏘지는 못하는 거야. 어쩌면 그 인디언은 알아차렸는지도 몰라. 우리가 쏘지 못할 거라는 걸 말이야. 우리는 라이플을 가지고 엎드렸으면서도 총을 어깨에 대고 겨누지도 못한 채 그저 멍하니 놈을 바라만 보았지. 머리띠에는 깃이 한 개 꽂혀 있더군. 그것만큼은 똑똑히 보였지만 나머지는 태양처럼 벌거숭이야. 오래도록 우리는 그 자리에 엎드려 바라보았지만, 놈은 꼼짝도 않는 거야. 그러다 대장 녀석이 약이 올랐지. "쏴라, 이 미친놈들아, 쏴." 대장은 아우성을 쳐댔지만 우리는 그냥 배를 깔고 엎드려 있었어. "다섯을 셀 때까지 안 쏘면 모두 영창에 처넣겠다." 대장의 이 말에 우리는 별 수 없이 느릿느릿 총을 들어 겨누었는데, 모두 누가 먼저 쏘아주지 않나 하고 속으로 바랐었지. 내 평생에 그토록 슬픈 때는 없더군. 나는 놈의 배를 겨냥했지. 왜냐고? 다른 델 쏘아선 절대 인디언의 숨통을 끊어 놓을 수가 없거든. 그리고…… 그 다음 순간…… 놈은 꽈당 쓰러져 데굴데굴 굴러 떨어졌지. 우리는 거기까지 올라가 봤어. 그런데 놈은 그다지 큰 사나이가 아니잖겠어. 아까 산 위에 서 있을 때는 여간 크게 보이지 않았는데. 너덜너덜해져서 조그만 시체가 돼 버렸더군. 장끼를 본 적 있나? 의젓하고 아름답고, 깃털 하나하나가 모두 붓으로 그린 것 같이 곱고, 심지어 눈마저도 곱게 그려 넣은 것 같은 놈을 말이야. 그놈을 한 방 탕 쏘아 놓고 뛰어가서 주워보라고. 피투성이가 되어 비틀린 것이 꼭 자기보다 훌륭한 무언가를 더럽혀 놓은 것 같은 기분이 들지. 그놈을 먹어봐야 아무런 보상도 되지를 않아. 자기 마음속의 그 무엇인가를 더럽혀 버린 이상 이제 결단코 그것을 본디대로 돌릴 수는 없는 것이거든.

사람들은 고개를 끄덕였다. 아마도 그 순간 모닥불이 좀 더 밝게 타올라, 저마다 자기 마음속을 돌이켜 보고 있는 그들의 눈길을 비추어냈을 것이다.

태양을 등진 채 팔을 벌린 그놈은 마치 하느님처럼 커 보였어.

한 사나이는 20센트를 갖고 뭘 사 먹을까, 어디로 놀러 갈까 저울질해 보다가 결국 매리스빌 또는 툴레어 또는 시어즈 또는 마운틴 뷰로 영화를 보러 간다. 그리고는 영화 장면을 머릿속에 가득 담고서 습기 찬 캠프로 돌아와 사람들에게 영화 이야기를 들려준다.

부자 녀석이 말이야, 가난뱅이 시늉을 하는 거야. 또 돈 많은 여자가 있는데, 이 여자도 가난뱅이 시늉을 하지 않겠어. 이 둘이 싸구려 식당에서 만나는 거야.

왜?

왠지 모르지. 그렇게 돼 있다고.

왜 두 사람은 가난뱅이 시늉을 할까?

말하자면 둘 다 부자라는 것에 싫증이 난 거지.

체, 그런 게 어딨어!

아니, 얘길 듣고 싶은 거야, 안 듣고 싶은 거야?

그럼 계속해 봐. 물론 듣고 싶지. 하지만 내가 부자라면, 정말로 부자라면 돈이 바닥나지 않는 한, 두툼하게 자른 돼지고기를 잔뜩 사가지고 목재처럼 내 둘레에 차곡차곡 쌓아 두고 안에서부터 먹어치울 거야. 자, 얘기를 계속하라고.

음, 두 사람은 서로가 가난뱅이 줄 알고 있었지. 그러다가 두 사람은 붙잡혀서 교도소에 들어가게 돼. 한데 거기서 나오면 자기가 부자라는 게 드러나게 되니까 감옥에서 나오질 않는 거야. 교도관은 두 사람이 가난뱅이인 줄로만 알고 있으니까 두 사람한테 못된 심술을 부리지. 나중에 사실을 알았을 때 그 교도관 놈의 꼬락서닐 보여주고 싶군. 기절초풍이라는 말이 있지, 바로 그거야.

뭣 때문에 감옥엔 들어갔나?

무슨 과격파 모임에서 붙잡혔는데, 둘 다 과격파는 아니었어. 우연히 거기 있었을 뿐이지. 그리고 두 사람 다 돈 때문에 결혼하는 건 싫어했어.

그래서 그 즉시 서로 속여먹기 시작한 셈이구먼그래.

응, 하지만 영화에서는 두 사람 다 좋은 일을 하는 것 같았어, 남들에게 친절하고 말이야.

내가 전에 본 영화는 말이지, 내 팔자와 꼭 같았어. 아니 그 이상이었어. 바로 내 일생이기도 했고 그 이상이기도 했지. 무슨 말인고 하니 사뭇 비슷했단 말야.

난 이제 슬픈 건 질색이야. 그런 데서 도망치고 싶어.

그야 그렇지. 하지만 영화니까 믿지 않아도 돼.

거기서 둘은 결혼하는데, 그제야 겨우 정체를 알게 돼. 두 사람에게 나쁜 짓을 한 놈들도 알게 되는 거야. 시건방지게 굴던 놈이 하나 있었는데, 놈은 남자가 비단 모자를 쓰고 들어왔을 땐 정말 까무러치기 일보직전이더군. 독일 병정이 열병식에서 다리를 척척 들어올리는 영화도 있었지. 참 재미있더군.

언제나 몇 푼만 있으면 누구나 술에 취할 수 있었다. 마음의 응어리가 풀리고 따뜻함이 되돌아온다. 그러면 서글픔도 사라진다. 머릿속을 친구로 가득 채울 수도 있고, 적을 찾아내어 전멸시킬 수도 있기 때문이다. 도랑가에 앉은 그의 발 밑 흙이 부드럽게 느껴진다. 실패의 아픔은 흐려지고 미래의 위협도 사라진다. 소리 없이 따라다니던 굶주림도 모습을 감추고, 세계는 안온하고 즐거운 곳이 되어 사람은 그가 목표한 장소에 다다를 수 있게 된다. 별은 놀랄 만큼 가까이 내려와 있고 하늘은 아늑해 보였다. 죽음이 벗이고, 잠은 죽음의 형제였다. 옛 추억이 생각난다—다리가 아름다운 소녀와 고향에서 같이 춤을 춘 일이 있었어. 그리고 말(馬). 아주 옛날 일이지. 그 말과 안장. 가죽에는 조각 무늬가 있었지. 그게 언제였었더라? 말벗이 될 소녀가 있었으면 좋겠군. 그러면 즐거울 텐데. 게다가 그 소녀와 같이 잘 수 있을지도 모르니까. 그런데 여기는 따뜻하군. 어찌 이다지도 별이 가까울까. 슬픔과 즐거움이 딱 들러붙어서 마치 하나같잖아. 사철 취해 있고 싶군. 이걸 누가 나쁘다 하지? 누가 감히 나쁘다고 하는 거야? 목사인가? 하지만 놈들도 놈들대로 다 취해서 즐기잖아. 빼빼마른, 아이 하나 못 낳는 여자들? 한데 그들은 가엾은 신세들이라서 아무것도 몰라. 사회 개혁가? 하지만 놈들은 인생의 깊은 맛을 곱씹어 본 적이 없으니 진실을 알 리 없지. 그래, 별은 가깝고도 정답고 나는 온 우주와 일체가 되었어. 모든 것이 신성해. 전부 다, 나까지도.

하모니카는 갖고 다니기 편하다. 뒷주머니에서 꺼내 손바닥에 탁탁 쳐서 흙이랑 먼지랑 담배가루 같은 것을 털어낸다. 그걸로 준비는 끝이다. 하모니카만 있으면 뭐든지 연주할 수 있다. 가느다랗고 높은 단음, 화음, 아니면 리듬이 있는 멜로디로 화음을 낼 수도 있다. 손가락을 구부려 하모니카를 그러쥐고 음악을 만들어 가면, 백파이프처럼 구슬픈 소리도 낼 수 있고, 파이프 오르간처럼 풍부하고 낭랑한 울림을 만들 수도 있으며, 산골짜기의 갈대피리처럼 날카롭고 처량한 음색을 낼 수도 있다. 다 불고 난 뒤엔 호주머니에 그대로 집어넣기만 하면 된다. 그것은 어느 때건 당신 호주머니에서 당신과 함께 있어 줄 것이다. 게다가 누가 가르쳐주지 않아도, 부는 동안에 손으로 박자를 맞추는 새로운 기교며 입술로 박자를 조였다 풀었다 하는 새로운 방법도 터득하게 된다. 마음 내키는 곳에선 어디서든 할 수 있다. 때로는 한낮의 나무그늘에서 혼자, 때로는 저녁식사 뒤에 여자들이 설거지하는 텐트 입구에서. 발이 가볍게 땅을 두드리며 박자를 맞춘다. 눈썹이 리듬에 따라 올라갔다 내려왔다 한다. 혹시 잃어버리거나 망가뜨려도 대단한 손해는 아니다. 25센트 동전 하나면 새것을 살 수 있다.

기타는 훨씬 돈이 많이 든다. 이건 반드시 배워야 한다. 왼쪽 손가락에 못이 박일 정도가 되어야 한다. 오른손 엄지손가락에 굳은살이 박여야 한다. 딴딴하게 못이 박인 부분이 나무판에 닿도록 왼손 손가락을 거미 다리처럼 한껏 펴야 한다.

이건 우리 아버지 기타였어. 아버지가 처음으로 내게 기초를 가르쳐 준 것은 내가 아주 어렸을 때의 일이지. 내가 아버지에게 지지 않을 만큼 치게 되었을 땐 아버지는 거의 만지지 않더군. 문간에 걸터앉아서 내가 치는 것을 들으며 발로 박자를 맞추곤 했었지. 내가 좀 쉬려고 하면 아버지는 언짢아서 이맛살을 찌푸리는 거야. 내가 다시 손을 놀리기 시작하면 아버지는 다시 기분을 풀고 고개를 끄덕거리며 "쳐라, 멋지게 한번 해봐" 하는 거야. 이건 좋은 기타야. 대가리 쪽이 닳은 걸 좀 봐. 수백만 곡을 연주하느라 이렇게 닳은 거거든. 언젠가는 달걀처럼 오목하게 파이고 말걸. 하지만 수리를 한답시고 뭘 덧대거나 괜히 건드려선 안 돼. 음색이 나빠지거든. 해거름에 이걸 쳐 보라고. 옆 텐트에 하모니카 부는 놈이 있는데, 합주하면 근사하다고.

바이올린은 드문 데다 배우기도 여간 어렵지 않다. 나무판도 없고 선생도 없다.

그저 늙은이들이 켜는 것을 듣고 익히는 수밖에 없지. 어떻게 화음을 내는지는 죽어도 가르쳐 주질 않아. 비밀이라면서 말이야. 하지만 나는 유심히 보았지. 이렇게, 이렇게 하더군.

바이올린은 바람처럼 예리한 소리를 낸다. 민감하고 신경질적이고 예리하다.

이건 대단한 바이올린은 아니야. 2달러에 샀으니까. 400년도 더 된 바이올린이 있는데 위스키처럼 몽롱한 향을 갖게 된다더군. 5만 달러나 6만 달러 나가는 것도 있다던데 정말일까? 거짓말 같지 뭐야. 이 낡은 바이올린은 왜 이렇게 끽끽거리나 몰라. 춤추겠나? 활에 송진을 잔뜩 칠해 가지고 켜야지. 야! 그러면 굉장한 소릴 낼걸. 1마일 밖에서도 들릴 거야.

해거름에 하모니카와 바이올린과 기타, 이 세 악기로 릴(reel : 스코틀랜드 고지 사람의 경쾌한 춤)을 연주하며 발로 박자를 맞춘다. 기타의 굵고 낮은 줄이 심장 고동처럼 울리고, 하모니카는 섬세한 화음을 넣고, 바이올린은 날카로운 마찰음을 낸다. 사람들은 가까이 모여들지 않을 수 없다. 그러지 않고는 못 배긴다. 자, 〈치킨 릴〉이다. 발이 박자를 맞추기 시작한다. 깡마른 인디언 청년이 빠른 스텝을 세 번 밟고 두 팔을 유연하게 내려뜨린다. 짝이 맞추어지고 춤이 시작된다. 맨 땅바닥을 밟는 소리가 둔탁하다. 발꿈치로 땅을 탁 하고 친다. 손을 잡고 빙그르 돈다. 머리카락이 흘러 내려오고 숨결이 거칠어진다. 자, 이번에는 몸을 옆으로 젖히고.

저 텍사스에서 온 젊은이 좀 봐. 긴 다리를 휘저으며 원스텝에 네 번씩이나 탭을 밟잖아. 저렇게 빙글빙글 도는 놈은 처음 보는걸. 저 체로키 아가씨를 마구 휘돌리는 모습 좀 봐. 아가씨는 볼이 새빨개져가지고 발끝을 쪽 내밀었네그려. 저 헐떡이는 숨결, 물결치는 가슴 좀 보라고. 저 아가씨가 지쳤나, 숨이 찼나? 아냐, 그렇잖아. 저 텍사스 젊은이는 눈에 머리카락이 들어갔네. 입은 커다랗게 벌리고. 몹시 숨이 찬 모양이지. 그런데도 저 녀석 좀 봐! 원

스텝에 네 번이나 탭을 밟네. 저 체로키 아가씨와 끝까지 춤출 모양이지.

바이올린이 끽끽거리고 기타가 둥둥거린다. 하모니카 부는 사나이는 얼굴이 새빨갛다. 텍사스 젊은이와 체로키 아가씨는 개처럼 헉헉거리면서 땅을 마구 구른다. 늙은이들은 서서 손뼉으로 박자를 맞춘다. 미소를 띠며 발로 장단을 맞춘다.

고향에 있을 때의 일이야. 초등학교 마당에서 그랬지. 커다란 달이 서쪽으로 기울고 있었어. 나와 그인 둘이서 잠시 거닐었지. 우린 목이 잠겨서 말을 할 수도 없었어. 한 마디도 안 했지. 조금 가니까 금방 마른 풀 더미가 나오잖아. 곧장 그리로 가서 드러누웠지 뭐. 텍사스 젊은이와 체로키 아가씨가 스텝을 밟으면서 어둠 속으로 사라져 가는 것을 보았는데, 두 사람은 우리가 보고 있는 줄은 몰랐을 거야. 오, 하느님! 내가 그 텍사스 젊은이와 같이 갔으면 좋았을걸. 달이 곧 뜰 거야. 나는 저 아가씨의 아버지가 두 사람을 붙잡으러 나가다가 곧 그만두는 것을 보았어. 그 아버지는 알았을 거야. 그들을 막느니 차라리 오는 가을을 막고 나무에 수액이 흐르는 것을 막는 편이 더 낫다는 것을. 이제 달도 곧 떠오를 테고.

음악을 더 들려다오. 사랑의 이야기를 담은 그런 음악 말야. 〈라레도의 거리를 걷노라니〉 같은 것을.

불이 꺼졌구나. 다시 피우고 싶지는 않군. 조그맣고 반가운 달이 곧 뜰 테니까 말이야.

관개용수로 옆에서 목사는 장황한 설교를 늘어놓고 청중은 울부짖었다. 목사가 호랑이처럼 왔다 갔다 하면서 목소리로 사람들을 채찍질하자 사람들은 땅바닥에 엎드려 흐느껴 울었다. 그는 사람들의 마음을 철저하게 계산하고 몰아세운 다음 사람들이 땅에 엎드려 몸부림치면 허리를 굽혀서는 억센 힘으로 한 사람씩 번쩍 안아들고 외쳐댔다. 그리스도여, 이들을 받아주소서! 그리고는 물속에 집어던졌다. 사람들이 허리까지 물에 잠겨 두려운 눈으로 목사를 바라보자, 그는 둑에 무릎을 꿇고 그들을 위해 기도하였다. 모든 남녀가 땅에 엎드려 울면서 기도하였다. 남자도 여자도 몸에 착 달라붙은 옷에서 물을 뚝뚝 흘리며 그 모습을 지켜보았다. 이윽고 그들은 질컥질컥 철벅철벅 물소리를 내면서 캠프로, 텐트로 돌아가서는 경이로운 듯 소곤거렸다.

우리는 구원받았어. 눈처럼 희고 깨끗하게 씻긴 거야. 이제 다시는 죄를 짓지 말아야지.

어린아이들도 흠뻑 젖은 채 겁에 질려 소곤거렸다.

우린 구원받았어. 다시는 죄 짓지 않을래.

죄가 어떻게 생겼는지 알면 좋으련만. 그러면 한번 해볼 텐데.

이주민들은 노상에서나마 겸허하게 즐거움을 찾았다.

24

토요일 아침 세탁장은 만원이었다. 여자들은 분홍색 깅엄^(체크 무늬의 면직물)이며 꽃무늬 무명 드레스를 빨아 볕에 말리며 구김살을 매만졌다. 오후가 되니 온 캠프가 술렁거리고, 사람들이 흥분하기 시작했다. 아이들도 덩달아 여느 때보다 더 시끄럽게 떠들어댔다. 늦은 오후, 엄마들이 아이들을 하나씩 붙잡고 몸을 씻기기 시작하자 왁자하던 놀이터도 차츰 조용해졌다. 5시에는 멀끔하게 씻긴 아이들이, 이제 흙을 묻히면 안 된다는 주의를 받는, 방금 빨래터에서 걷어 갈아입은 깨끗한 옷 때문에 신경이 쓰여 숨도 크게 쉬지 못하고 주변을 돌아다녔다.

넓은 야회 무도장에서는 위원회가 분주하게 일하고 있었다. 아무리 짧게 도막난 전선이라도 다 모아 거두었다. 시가 관리하는 쓰레기 처리장까지 가서 철사를 가지고 오고 저마다 공구 상자에서 절연 테이프를 내놓았다. 그리하여 지금은 도막도막 이은 전선이 무도장에 가설되었다. 이날 밤 이 무도장에 처음으로 불이 켜진다. 6시엔 일을 하고 돌아오거나 일거리를 찾다 돌아올 사내들로 다시 목욕장이 붐볐다. 7시에는 저녁식사가 끝나고, 사나이들은 가장 좋은 옷으로 갈아입었다. 깨끗하게 빨아둔 멜빵바지, 산뜻한 푸른 셔츠. 품위 있는 검은 양복도 더러 있었다. 젊은 여자들은 빳빳하게 풀 먹인 깨끗한 사라사 드레스로 갈아입고, 땋아 내린 머리에는 리본을 달고서 기대에 부풀어 어서 시간이 되기를 기다렸다. 아내들은 걱정스러운 듯이 가족들을 지켜보며 저녁 설거지를 했다. 무대 위에서는 아이들이 두 겹으로 빙 둘러싸고 지켜보는 가운데 현악 밴드가 연습에 한창이었다. 사람들은 신이 나서 흥분되어 있었다.

위원장인 에즈러 휴스턴의 텐트에서는 사내 다섯으로 구성된 중앙위원회가 모여 회의 중이었다. 휴스턴은 키가 크고 살이 없는 사나이로서, 들일을 하느라 얼굴은 새까맣고 눈은 작고 면도날 같았다. 그는 각 위생반에서 한 사람씩 나온 위원들에게 무어라 말하는 중이었다.

"놈들이 이 무도장을 습격한다는 음모를 사전에 알았으니 정말 운이 좋았소!" 그가 말했다.

제3반을 대표하는 땅딸막한 사나이가 말했다. "놈들에게 아주 따끔한 맛을 보여줘야 해요."

휴스턴이 말했다. "아니오, 그것이야말로 놈들이 바라는 바요. 그건 안 될 말이오. 놈들과 이곳에서 싸움이라도 벌이는 날엔 놈들이 경찰관을 난입시킬 것이 틀림없소. 그러면 경찰관들은 이곳은 치안이고 뭐고 없다며 우릴 규탄할 거요. 전에도 그랬었지. 다른 곳에서 말이오." 그러고는 제2반에서 나온 거무튀튀하고 처량하게 생긴 젊은이에게 말했다. "기어들어오는 놈이 없도록 울타리 둘레를 순회하며 망을 볼 사람은 모집했는가?"

처량하게 생긴 젊은이가 고개를 끄덕거렸다. "네! 열두 명입니다. 누구든 몸싸움은 일으키지 말라고 말해 두었죠. 바깥으로 쫓아내기만 하라고 말입니다."

휴스턴이 말했다. "자네, 밖에 나가서 윌리 이튼 좀 찾아오겠나? 그 사람이 오락위원회 위원장이지 아마?"

"그렇습니다."

"그럼 가서 우리가 좀 보잔다고 전하게."

젊은이는 나가더니 곧 근육질의 텍사스 사나이를 데리고 돌아왔다. 윌리 이튼은 길고 허약한 턱에 머리카락은 옅은 다갈색이었다. 팔다리가 삐죽하니 길고, 팬핸들 태생답게 잿빛으로 그을은 듯한 눈빛이었다. 그가 빙그레 웃으면서 텐트 안으로 들어왔다. 양쪽 손목을 쉴 새 없이 빙빙 돌리고 있었다.

휴스턴이 말했다. "오늘 밤 일에 대해서, 들었나?"

윌리가 싱긋 웃었다. "네!"

"무슨 대책을 강구했나?"

"했죠!"

"어떤 방법인지 말 좀 해보게."

윌리 이튼은 유쾌한 듯이 싱글싱글 웃었다. "에에, 그러니까, 오락위원은 보통 다섯 명이지만 스무 명을 더 늘렸죠. 씩씩하고 억센 젊은이들로 뽑았습니다. 그들은 춤을 추면서도 눈과 귀를 열어 놓고 철저하게 감시하기로 돼있죠. 무슨 기미가 보이면, 옥신각신 입씨름이라도 벌였다 하면 그들이 그 주위를 뺑 둘러쌀 겁니다. 잘 짜놨죠. 밖에서 얼핏 보아서는 전혀 모릅니다. 그저 밖으로 나가는 척하면서 그놈들을 휩싸서 몰아내 버리는 거죠."

"함부로 다뤄서 어디 다치게 하면 안 된다고 일러두게."

윌리가 즐거운 듯이 웃으며 말했다. "물론 잘 일러뒀죠."

"음, 다들 알아듣도록 일러두게나."

"다들 알고 있다니까요. 들어오는 놈들을 감시하도록 다섯 명을 문간에 세워 두었죠. 놈들이 일을 저지르기 전에 싹을 잘라두려고 말이죠."

휴스턴이 일어섰다. 서슬 퍼런 엄한 눈빛이었다. "내 말 잘 들어, 윌리. 놈들에게 상처를 입히기는 싫다. 정문 가까이에 보안관 대리들이 대기하고 있을 거다. 우리가 놈들을 다치게 해서 피라도 흐르게 되면 보안관 대리들에게 꼼짝없이 잡히는 거야."

윌리가 말했다. "그거야 벌써 계산에 넣었죠. 놈들을 뒷문으로 끌고 나갈 겁니다. 들판으로요. 젊은이 몇이 같이 가기로 돼 있죠."

휴스턴이 걱정스러운 듯이 말했다. "흠, 그렇다면 문제는 없겠지. 하지만 어떤 사소한 소동이라도 일으켜서는 안 돼. 그랬다간 모두 자네 책임이야, 윌리. 놈들에게 상처를 입혀서는 안 돼. 몽둥이, 칼, 쇠파이프 그런 것은 일절 써선 안 된다고."

"알았다고요. 놈들을 다치게 하지 않아요."

휴스턴은 그래도 미심쩍은 얼굴이었다. "자네들을 믿어도 좋을는지 모르겠군. 윌리, 어쩔 수 없이 놈들을 쳐야 할 때는 피를 보지 않도록 조심해야 해."

"알았다니까요!"

"자네가 고른 젊은이들은 정말 걱정 없겠나?"

"그렇대도요."

"좋아. 만약 수습이 되지 않을 것 같거든 날 찾아오게. 나는 무도장 오른쪽 구석에 있을 테니."

윌리가 우스꽝스럽게 경례를 붙이고 나갔다.

휴스턴이 말했다. "나는 모르겠소. 다만 윌리가 고른 젊은이들이 아무도 죽이지 않도록 기도드리는 수밖에 없겠군. 대관절 뭣 때문에 보안관 대리 놈들은 이 캠프를 그냥 두지 못해 안달인지 모르겠군. 왜 우릴 그냥 내버려 두지 못하냔 말이야."

제2반의 처량하게 생긴 청년이 말했다. "전에 선랜드 토지 가축 회사의 농장에서 지냈었는데, 거기선 정말로 열 명에 하나 꼴로 경찰을 배치해요. 200명이 쓰는 수도꼭지는 하나밖에 없는데 말이에요."

땅딸막한 사나이가 말했다. "에잇 빌어먹을, 그 얘기는 하지도 말라고, 제레미. 나도 거기 있었으니까. 오두막이 한 구획 있었지. 한 줄에 서른다섯 채, 그게 열다섯 줄이나 있었다고. 그런데 그 많은 집에 화장실이 열 군데밖에 없었거든. 냄새가 얼마나 지독하던지. 1마일 밖까지도 지린내가 진동을 했어. 보안관 대리 한 놈이 나한테 그 내막을 들려주었다고. 우리가 앉아 있는데 와서 한다는 말이 이래. '저 국영 캠프에서 더운물을 쓸 수 있게 하면 그 다음부터는 더운물만 찾을걸. 또 수세식 변소를 쓰게 해보라지. 모두 그 다음부터는 수세식 변소만 찾을 거 아냐? 저 빌어먹을 오키 놈들에게 그런 것을 쓰게 하면 이제부터는 그런 것만 찾을 거라고. 저런 국영 캠프에서는 빨갱이 모임이나 열지. 모두 모여서 구제자금을 타낼 방법만 궁리한단 말이야.'"

휴스턴이 물었다. "아무도 그놈을 갈겨주지도 않았나?"

"아뇨. 거기 조그만 친구가 하나 있었는데, '구제 자금이 뭔가요?' 하고 물으니까 '구제 자금이란…… 우리들 납세자는 바치고 너희 오키 놈들이 타 먹는 돈이다.' 그래서 그 친구가 '우리도 물품세에다 석유세, 담배세를 내고 있다고요. 농장주는 정부에서 목화 1파운드에 4센트씩 받는데 그건 구제 자금이 아닌가요? 철도회사나 선박회사도 보조금을 받는데 그건 구제 자금이 아닌가요?' 하고 물었지. 그러자 '그런 곳은 꼭 필요한 말을 하는 곳이잖아' 하대. 그러니까 그 친구는 '우리가 없었더라면 이 빌어먹을 농작물은 어떻게 수확할 뻔했지?' 말하더군." 땅딸막한 사나이는 좌중을 훑어보았다.

"보안관 대리는 뭐라고 말했는데?" 휴스턴이 물었다.

"보안관 대리 놈은 발끈 화를 냈죠. '너희들 빨갱이 새끼들은 사철 말썽만 일으키잖아! 너, 따라와.' 그러더니 놈은 그 친구를 끌고 가서 결국 부랑죄로 60일 동안 감옥에 처넣어 버렸단 말이죠."

"그 사람에겐 일자리가 있었는데 어떻게 그럴 수가 있지?" 티모시 윌리스가 물었다.

땅딸막한 사나이가 웃으며 말했다. "뻔하잖아. 경찰관 마음에 들지 않는 사람이 곧 부랑자야. 놈들이 이 국영 캠프를 미워하는 건 그 때문이야. 경찰은 여기 들어올 수 없어. 이 안은 합중국이지 캘리포니아가 아니거든."

휴스턴은 한숨을 쉬었다. "여기 오래 있으면 좋겠는데. 하지만 머잖아 여기를 떠나야 할 거야. 나는 여기가 좋아. 모두가 친하게 지내고 말이야. 그런데 제길! 왜 놈들은 우리를 비참하게 만들고 감옥에 처넣고 해서 우리를 못살게 들볶는다지? 놈들이 우릴 괴롭히는 걸 그만두지 않는다면 우리도 놈들과 싸울 수밖에 없지." 그리고 목소리를 누그러뜨리고 말했다. "하지만 어쨌거나 우리는 얌전하게 지내야 해." 그는 자기 자신을 타이르듯이 말했다. "위원회는 화낼 권리가 없거든."

제3반에서 온 땅딸막한 사나이가 말했다. "우리 위원회가 편히 놀고먹기만 하는 줄 아는 사람이 있다면 직접 와서 한번 해보라고 하시오. 오늘도 우리 반에서 싸움이 일어났어요. 부인네들이 욕설을 퍼붓고 쓰레기를 던지고 아주 난리가 났더군. 부인 위원회 측에서는 어떻게 수습하질 못해서 나를 찾아 왔어요. 이 싸움을 우리 위원회에 부쳐달라고 말이죠. 나는 여인네들끼리 일으킨 싸움은 여인네들끼리 처리하라고 딱 잘라 거절했죠. 우리 위원회는 쓰레기 던지기 싸움까지 돌볼 여유가 없으니까."

휴스턴은 고개를 끄덕이며 말했다. "잘 했소."

벌써 땅거미가 지고 있었다. 어둠이 짙어짐에 따라 현악단의 연습 소리도 높아지는 듯했다. 전등이 켜지자 두 사나이가 무도장에 가설된 전선의 이음새를 점검했다. 아이들은 악사 둘레에 다닥다닥 모여 있었다. 기타를 든 젊은이 하나가 〈다운 홈 블루스〉를 부르며 익숙한 솜씨로 반주했다. 두 번째 합창부에서 하모니카 세 개와 바이올린 하나가 끼어들어 합주했다. 산뜻한 푸른 무명옷을 입은 사나이들과 깅엄 치마를 입은 여자들이 텐트에서 나와 무도장으로 몰려갔다. 그들은 무도장 가까이 등불 아래로 와서 상기된 얼굴을 빛내며 조용히 기다렸다.

예약석 주위에는 높은 철조망이 둘러쳐 있고, 이 철사 울타리를 따라 50

피트 간격으로 감시꾼들이 풀밭에 앉아 대기 중이었다.

이윽고 소농장주와 그 가족, 다른 캠프에 사는 이주민 등 초대 손님들이 탄 차가 도착하기 시작했다. 손님들은 저마다 문을 들어서며, 자기를 초대해 준 이 캠프 거주자의 이름을 댔다.

현악단이 릴의 곡 하나를 골라 흥겹게 연주하기 시작했다. 이제 연습이 아니었다. 예수 광신자들은 텐트 앞에 앉아 지켜보고 있었다. 모두 험악하고 경멸에 찬 표정들이었다. 그들은 서로 이야기하는 일도 없이 오로지 죄를 기다렸다. 이 행사 전부를 비난하는 얼굴이었다.

조드네 텐트에서는 루디와 윈필드가 얼마 되지도 않는 식사를 허겁지겁 씹어 삼키고는 정신없이 무도장으로 뛰어가려는 참이었다. 어머니가 둘을 불러 세우더니 둘의 턱을 받쳐 얼굴을 쳐들고 콧구멍을 들여다보고 귀를 잡아당겨 안을 검사한 다음, 한 번 더 손을 씻으라며 위생실로 보냈다. 그들은 재빨리 건물 뒤에 숨더니 어머니의 눈을 피해 쏜살같이 무도장으로 달려가, 악단 둘레를 빽빽이 둘러치고 선 아이들 틈을 비집고 들었다.

앨은 식사를 마치고 나자 30분 동안이나 톰의 면도기로 수염을 깎았다. 그는 몸에 꼭 맞는 모직 양복과 줄무늬 셔츠를 갖고 있었다. 샤워를 한 다음 머리를 단정히 빗어 넘겼다. 그리고 세면장이 잠시 비자 거울 속 자기 얼굴에 대고 싱긋 웃어 보인 다음 이번에는 웃을 때 옆얼굴이 어떻게 보이는가 보려고 모로 섰다. 보랏빛 와이셔츠 밴드를 팔에 꿰고 꼭 맞는 웃옷을 입었다. 그런 다음 휴지를 뜯어 노란 구두를 고루 문질렀다. 누가 늦은 목욕을 하러 들어왔으므로 앨은 얼른 그곳을 나와 빈틈없이 아가씨들을 물색하면서 서둘러 무대 쪽으로 걸어갔다. 무도장 가까운 텐트 앞에 앉아 있는 예쁘장한 금발머리 아가씨가 눈에 띄었다. 그는 그녀에게 다가서며 셔츠가 잘 보이도록 웃옷 앞자락을 확 젖혔다.

"오늘 밤에 춤출래?" 그가 물었다.

아가씨는 외면하며 대답하지 않았다.

"말도 걸지 말라는 건가? 함께 춤추는 게 어때?" 그리고는 슬그머니 덧붙였다. "나 왈츠 출 줄 알아."

아가씨가 수줍은 듯이 눈을 쳐들고 말했다. "그게 뭐 대단한 거라고……. 누구나 왈츠 정도는 춰."

"나만큼은 못 출걸." 앨이 말했다. 음악이 고조되자 그는 한쪽 발로 박자를 맞추며 말했다. "자, 가자."

꽤나 뚱뚱한 여자가 텐트에서 얼굴을 쑥 내밀더니 앨을 노려보았다. "저리 가!" 여자가 거칠게 말했다. "이 아이는 벌써 약속이 돼 있어. 결혼하기로 돼 있는 약혼자가 오늘 저녁에 데리러 온단 말야."

앨은 아가씨에게 멋들어지게 윙크하고는 음악에 맞추어 어깨를 흔들고 팔을 휘저으며 건들건들 걸어갔다. 아가씨는 지그시 그 뒷모습을 바라보았다.

아버지가 접시를 놓고 일어서며 말했다. "갑시다, 형님." 그러고는 어머니에게 설명했다. "일자리를 찾는 것 때문에 의논할 사람이 좀 있어." 아버지는 존 아저씨와 함께 관리인 집으로 걸어갔다.

톰은 가게에서 사온 빵 한 조각을 접시에 남은 스튜 국물에 적셔 먹었다. 그가 자기 접시를 어머니에게 건네자, 어머니는 그것을 따뜻한 물이 든 양동이에 담가 씻고는 '샤론의 장미'에게 넘겨주어 물기를 닦게 했다. "너는 춤추러 가지 않니?" 어머니가 물었다.

톰이 말했다. "당연히 가야죠. 나는 위원인걸. 가서 초대받은 손님들을 접대해야 해요."

어머니가 말했다. "그새 위원이 됐어? 네가 일자리를 얻었기 때문일 게다."

'샤론의 장미'가 접시를 치우려고 옆으로 돌아섰다. 톰이 그녀를 가리키며 말했다. "야, 굉장히 커졌구나."

'샤론의 장미'가 새빨개진 얼굴로 어머니에게서 접시를 한 장 더 받았다. "크고말고." 어머니가 말했다.

"거기다 점점 예뻐지고." 톰이 말했다.

'샤론의 장미'는 더욱 빨개져서 얼굴을 숙이며 작은 목소리로 말했다. "그러지 마."

어머니가 말했다. "그렇고말고. 아기를 가진 여자는 점점 예뻐지는 법이란다."

톰이 웃었다. "이렇게 자꾸 불어나다간 앞으로 손수레에 싣고 다녀야 하겠는걸."

"그러지 말라니까." '샤론의 장미'는 텐트 안으로 모습을 감추어 버렸다.

어머니가 쿡쿡 웃었다. "저애를 놀리지 마라."

"그래주면 좋아하는 걸요." 톰이 말했다.

"그건 그렇지만 한편으로는 속상해 해. 코니 일로 슬퍼하고 있어."

"흥, 이제 그런 놈은 단념하라고 하세요. 지금쯤 그놈은 합중국 대통령이 되는 공부라도 하고 있을 거야."

"아무튼 저애를 놀리지 마라. 앞으로 힘든 일이 많을 테니까."

윌리 이튼이 다가와서 싱긋 웃으면서 말했다. "네가 톰 조드지?"

"그래."

"나는 오락위원회 위원장이야. 좀 도와줬으면 하는 일이 있어. 네 얘긴 많이 들었어."

"좋아. 물론 해야지. 이쪽은 어머니야."

"안녕하십니까." 윌리가 인사했다.

"만나서 반가워요."

"톰, 넌 먼저 문간을 지키다가 나중에 무도장으로 들어와. 들어오는 놈을 살펴보고 점을 찍으란 말야. 또 한 사람과 같이 둘이서 움직이게 될 거야. 나중에는 춤추면서 감시해 줘."

"알았어! 잘 해볼게." 톰이 말했다.

어머니가 걱정스레 물었다. "무슨 일이 벌어지는 건 아닐 테지?"

윌리가 말했다. "아무 일도 일어나지 않을 겁니다, 어머니."

톰이 말했다. "그럴 염려 전혀 없어요. 그럼 나 갈게요. 나중에 무도장에서 만나요, 어머니."

두 젊은이는 정문 쪽으로 재빨리 사라졌다.

어머니는 씻은 접시를 궤짝 위에 포개 놓았다. "이리 나오렴." 그녀는 딸을 불렀다. 대답이 없었다. "로사샨, 이리 나와."

딸이 텐트에서 나와 다시 접시의 물기를 닦기 시작했다.

"톰은 널 웃기려고 그런 거다."

"알아요. 난 아무렇지도 않아요. 그냥 사람들이 힐끔힐끔 보는 게 싫어서."

"그야 할 수 없잖니. 보게 마련이지. 젊은 여자가 배가 부른 걸 보면 누구든 즐거워진단다. 쿡쿡 웃음이 날 정도로 즐거워지는 법이야. 너는 춤추러 안 가니?"

"처음엔 가려고 했는데…… 글쎄 모르겠어요. 코니가 있으면 좋았을 텐데." 그녀의 목소리가 점점 높아졌다. "어머니, 정말 그이가 있어 주었으면 좋겠어요. 전 이제 더는 견딜 수 없어요."

어머니가 딸을 빤히 쳐다보며 말했다. "안다. 하지만 로자샨…… 식구들에게 창피는 주지 마라."

"그럴 생각은 없어요, 어머니."

"아무튼 우리를 창피하게 만들어서는 안 된다. 그렇잖아도 우리는 벌써 신물이 나도록 쓰라림을 겪고 있으니까."

딸의 입술이 바들바들 떨렸다. "저…… 전 춤추러 가지 않을래요. 갈 수 없어요…… 어머니, 어떻게 좀 해줘요!" 그녀는 주저앉아서 손에 얼굴을 파묻었다.

어머니가 행주에 손을 닦고 딸 앞에 쪼그리고 앉았다. 두 손을 '샤론의 장미'의 머리 위에 얹고 말했다. "너는 착한 애야. 너는 언제나 착한 애였어. 엄마가 곁에 있잖니. 두려워할 것 하나도 없다." 그러더니 갑자기 신난 듯이 말했다. "너 나하고 지금부터 뭘 할 건지 아니? 둘이서 무도장에 가서 거기 앉아 구경하는 거야. 누가 춤추자고 하면 그땐 내가 '얘가 몸이 좀 약해서요'라고 말해 주지. 몸이 좋지 않다고 말이야. 너는 그 자리에 앉아서 음악만 들으렴."

'샤론의 장미'가 얼굴을 쳐들고 말했다. "제가 춤추지 않게 막아주실 거죠?"

"그래."

"아무도 저를 건드리지 못하게 해야 해요."

"아무렴, 그러고 말고."

딸은 한숨을 내쉬더니 절망적으로 말했다. "제가 뭘 하려고 하는지 저도 모르겠어요, 어머니. 정말 모르겠어요, 모르겠어."

어머니가 딸의 무릎을 가볍게 두드리며 말했다. "얘야. 나 좀 봐라. 엄마 말 잘 들어. 조금 지나면 그렇게 괴롭지 않을 게다. 조금 있으면 말이다. 정말이야. 자, 그만 가 보자. 지금부터 샤워를 하고 좋은 드레스를 입고 둘이서 댄스 구경을 하자꾸나." 어머니는 '샤론의 장미'를 위생실로 데리고 갔다.

아버지와 존 아저씨는 사무실 테라스 옆에 몇몇 사내들과 함께 쭈그리고 앉아 있었다. 아버지가 말했다. "오늘은 일을 얻을 뻔했는데, 우린 고작 몇 분 늦었을 뿐이란 말야. 두 사람을 막 채용한 뒤였다고. 그런데 뭔가 좀 얘기가 이상했어. 감독 일을 보는 조수라는 자가 하는 말이 '우리는 지금 막 25센트짜리 일꾼을 채용했소. 물론 20센트라면 얼마든지 더 쓸 수 있지. 당신 캠프에 가서 20센트라면 얼마든지 쓰겠다고 그래주지 않겠소' 하는 거야."

웅크리고 앉아 있던 사내들이 신경질적으로 몸을 움직였다. 얼굴이 검은 모자 그늘에 완전히 가려진, 어깻죽지가 딱 벌어진 사나이가 손바닥으로 자기 무릎을 탁 치며 외쳤다. "그런 수작이구만, 빌어먹을! 그런 수를 써서 사람을 채용하는 거야. 허기진 인간을 고용하는 거지. 1시간에 20센트로 처자를 먹여 살릴 순 없지만, 그래도 배고픈 인간들은 달려들거든. 우리를 제멋대로 주무르는 거야. 이게 일자리 경매랑 뭐가 달라! 에잇 빌어먹을! 두고 보라고, 이제부터는 일을 줄 테니 돈을 내라고 할 걸."

아버지가 말했다. "우린 그렇게라도 일을 할까 했었지. 우린 아직 일거리를 얻어 보지 못했거든. 정말 해도 괜찮다고 생각한 거야. 한데 그 자리에 있는 놈들의 눈빛을 보고 무서워져서 그만두고 말았지."

검은 모자가 말했다. "나는 모르겠어. 생각하면 머리가 이상해져! 나는 어떤 자의 농장에서 일했는데, 그자는 작물을 수확하지 못하고 있어. 수확한 것을 팔아서 들어오는 돈보다 수확하기 위해서 나가는 돈이 더 많이 들기 때문이야. 그래서 그자는 어떻게 해야 좋을지 모르고 있더군."

"내가 보기엔—" 아버지가 무슨 말을 하려다 말고 멈추었다. 앉아 있는 사람들은 잠자코 그의 말을 기다렸다. "저어…… 그저 생각해 봤는데, 우리가 저마나 땅 1천 평씩을 가졌다고 치는 거야. 그러면 마누라들은 자그마한 채마밭을 가꾸면서 돼지 두어 마리와 닭 대여섯 마리는 칠 수 있겠지? 우리 남자들은 밖에 나가서 일자리를 찾고, 아이들은 학교에 보낼 수 있겠지. 그런데 여기 있는 그런 학교는 태어나서 처음 봤어."

"우리 아이들은 그런 학교에 다닌대도 행복하지 못할 걸." 검은 모자가 말했다.

"어째서? 여기 학교는 꽤 좋아 보이던데."

"흥, 우리 아이들은 구두도 없이 누더기를 걸치고 있는데 저쪽 아이들은 양말을 신고 깨끗한 바지를 입고 있을 것 아닌가. '오키'라고 놀려댈 걸. 우리 아들놈도 학교에 다녔었는데 만날 싸움질이었지. 보기보다는 잘 싸우거든. 쪼그만 녀석이 보통 오기가 아니야. 날마다 싸우지 않곤 못 배기나 봐. 늘상 옷은 다 찢어지고 코피를 흘리면서 돌아오곤 하지. 그러면 제 어미가 아들놈을 두들겨 패는 거야. 나는 그것만은 못하게 했지. 무슨 죄가 있다고 쪼끄만 아이새낄 모두가 덤벼들어 닦달질이냔 말이야. 빌어먹을! 그래도 요 놈도 저쪽 애들을 몇 놈이나 해치웠지. 깨끗한 바지를 입은 그 녀석들을 말이야. 흠, 나는 모르겠어, 정말 모르겠어."

아버지가 따지듯이 말했다. "그러면 나더러 어쩌라는 거야? 돈도 이제 다 떨어졌어. 아들놈 하나는 쪼끄만 일이 얻어걸린 모양이지만, 그것만으로는 온 식구가 먹고 살 수 없단 말이야. 나는 20센트짜리 일이라도 해야겠어. 그럴 수밖에 없다고."

검은 모자가 고개를 쳐들었다. 뻣뻣한 수염이 숭숭 난 턱이 불빛에 드러났다. 힘줄이 뻗친 목줄기에는 구레나룻이 모피처럼 덮여 있었다. "조오치! 당신은 그래 보라고. 그런데 나는 25센트짜리야. 당신은 20센트에 내 일을 뺏는 거야. 그러면 다음에는 내가 배가 고파서 15센트에 당신 일을 도로 빼앗게 되겠지. 좋아! 어서 가서 일을 맡으라고."

아버지가 따졌다. "대체 나더러 어쩌라는 거야? 당신의 25센트를 위해서 내가 굶어죽을 수는 없잖아."

검은 모자는 다시 고개를 수그렸다. 턱이 그늘 속으로 자취를 감췄다. 그가 말했다. "모르겠어, 정말 모르겠어. 하루 열두 시간 일하고도 배불리 먹을 수 없는 것만도 기가 차는데, 설상가상으로 사철 신경을 곤두세우고 있어야 하다니. 우리 집 새끼들은 먹을 것도 충분치 않단 말야. 아침부터 저녁까지 생각만 하고 있을 수도 없잖아. 제기랄! 이거 정말 사람 미치겠는걸." 모여 앉은 사람들은 신경질적으로 다리를 고쳐 앉았다.

톰은 문 옆에 서서, 무도장으로 들어오는 사람들을 감시했다. 외등이 그들의 얼굴을 위에서 내리비쳤다. 윌리 이튼이 말했다. "두 눈 크게 뜨고 잘 봐. 곧 줄 비텔라를 이리로 보낼 테니까. 체로키족의 피가 절반 섞여 있지만 좋은 녀석이지. 감시 잘해. 수상한 놈이 있거든 점찍어 놓으라고."

"오케이." 톰이 말했다. 그는 농장주 가족이 들어오는 모습을 보고 있었다. 머리를 땋아 내린 아가씨들이랑, 춤추러 나온다고 때 빼고 광낸 젊은이들이었다. 줄이 와서 그의 곁에 섰다.

"도우러 왔어." 줄이 말했다.

톰은 그의 매부리코와 툭 불거진 갈색 광대뼈와 갸름하고 움푹 들어간 턱을 바라보았다. "자네는 반쯤 인디언이라지? 내 눈에는 완전한 인디언으로 보이는데."

줄이 말했다. "아니야, 꼭 반반이야. 완전한 인디언이었으면 좋았을 텐데. 그러면 인디언 보호 거주지에 땅을 얻을 수 있거든. 트기가 아닌 놈들 중에는 그걸로 아주 재미를 보는 놈도 있다고."

"저 사람들 좀 봐." 톰이 말했다. 손님들이 문으로 마구 쏟아져 들어왔다. 농장주 가족, 저지대 캠프에서 온 이주민들, 손을 뿌리치려고 몸부림치는 어린아이들, 그 손을 붙들고 놓지 않는 말없는 부모들.

줄이 말했다. "여기 무도회는 이상하기 짝이 없어. 캠프 사람들에게는 한 푼 이득도 없는데, 손님들을 청할 수 있다는 이유만으로 저렇게들 좋아하고 자랑스러워하기까지 하니 말이야. 다른 지방 놈들도 이 춤 때문에 우릴 존경하는 거야. 내가 일하던 자그마한 농장의 주인도 여기 춤추러 왔지. 내가 오라고 초대해서 말이야. 그 사람이 그러는데 딸이나 아내를 데리고 올만한 데라면서. 이 군내에서는 이곳뿐이래. 이봐! 저기 좀 봐."

젊은 사내 셋이 문을 들어서는 참이었다. 청바지를 입은 젊은 노동자들이었다. 꼭 붙어서 걸어오고 있었다. 문에 지켜선 감시꾼이 질문하니 세 사람은 무어라고 대답하고는 정문을 통과했다.

"저놈들을 잘 봐." 줄이 말하고 감시꾼에게 가서 물었다. "저 세 사람을 부른 건 누구지?"

"제4반 잭슨이래."

줄이 톰에게 돌아왔다. "저놈들이 우리가 경계하는 놈들일 거야!"

"어떻게 알아?"

"왠지 모르게 그런 생각이 들어. 어쩐지 경계하는 눈치였어. 놈들을 따라가서 윌리에게 저놈들에 대해 좀 알아보라고 귀띔하라고. 그리고 제4반 잭슨을 조사하라고 해. 잭슨을 데려다가 저놈들을 보여주고, 진짜 초대한 게 맞는지 확인하란 말이야. 나는 여기 남아 있을 테니까.”

톰은 어슬렁어슬렁 세 젊은이의 뒤를 따라갔다. 세 사람은 무도장 쪽으로 가서 얌전하게 끄트머리쯤에 자리를 잡았다. 톰은 악단 가까이에 있는 윌리를 발견하고 신호를 보냈다.

“뭐야?” 윌리가 물었다.

“저 세 사람 보이지, 저기!”

“응.”

“저자들을 제4반의 잭슨이라는 사람이 초대했대.”

윌리가 목을 늘여 휴스턴을 찾더니 그를 불러 말했다. “저 세 사람 말인데요, 제4반의 잭슨을 불러다가 정말로 저놈들을 초대했는지 조사하는 게 좋을 것 같은데요.”

휴스턴이 몸을 휙 돌려 사라졌다가 곧 빼빼 마르고 뼈대가 굵은 캔자스 사나이를 데리고 돌아왔다. 휴스턴이 말했다. “이 사람이 잭슨이야. 여봐 잭슨, 저 세 젊은이 보이지?”

“네.”

“자네, 저 사람들 불렀나?”

“아뇨.”

“전에 본 일은 있나?”

잭슨은 그들을 유심히 보았다.

“있어요. 그레고리오 농장에서 같이 일한 적이 있죠.”

“그래서 자네 이름을 아는군.”

“그런가보죠, 저놈들 바로 옆에서 일했으니까요.”

“좋아, 알았네. 자네는 놈들 가까이에 가지 말게. 놈들이 얌전히 구경만 한다면 우리도 내쫓을 생각은 없어. 고맙네, 잭슨.”

그리고 톰에게 말했다. “잘 했네, 틀림없이 저들이 그놈들일 거야.”

“줄이 알아냈죠.” 톰이 말했다.

윌리가 말했다. “쳇, 그럴 만도 하지. 놈의 인디언 피가 냄새를 맡은 거야. 좋아, 나는 사람들에게 저놈들을 조심하라고 알려줘야지.”

열여섯 살 먹은 소년이 군중을 헤치며 달려왔다. 그리고 숨을 헐떡이며 휴스턴 앞에 멈춰서며 말했다. "휴스턴 아저씨, 아저씨가 하라는 대로 했어요. 여섯 사람이 탄 차가 유칼립투스 나무 옆에 서 있어요. 북쪽 길가에는 네 사람이 탄 차가 서 있고요. 성냥을 빌리는 척하면서, 놈들이 권총을 갖고 있는 걸 내 눈으로 똑똑히 봤어요."

휴스턴의 눈이 무섭게 번득였다. 그가 말했다. "윌리, 준비는 다 됐겠지?"

윌리는 즐거운 듯이 빙그레 웃었다. "다 되었어요, 휴스턴 씨. 아무 소동도 일어나지 않을 거예요."

"좋았어. 놈들이 다치지만 않게 하라고. 그 점을 잊지 말게. 되도록 살살 다루도록 해. 나도 놈들을 만나보고 싶군. 나는 내 텐트에 가 있겠네."

"자, 얼마나 잘 할 수 있는지 어디 한번 해볼까?" 윌리가 말했다.

춤은 아직 정식으로 시작되기 전이었으나, 윌리가 단상에 올라가서 소리쳤다. "여러분, 각자 댄스 상대를 고르십시오." 음악이 멎었다. 소년과 소녀들, 젊은 남녀들이 이리저리 뛰어다니더니 넓은 무도장에 스퀘어 패 여덟 쌍이 탄생했다. 그들은 언제라도 시작할 수 있도록 준비자세로 기다렸다. 아가씨들은 두 손을 앞으로 내밀고 손가락을 하느작하느작 움직였다. 청년들은 쉴 새 없이 발을 까딱거렸다. 무도장 주위에는 노인들이 웃음 띤 얼굴로 걸터앉아, 어린아이들이 뛰어나가지 못하도록 붙잡고 있었다. 멀리서는 예수 광신자들이 날카로운 비난의 눈초리를 하고 앉아 이 죄악의 광경을 지켜보고 있었다.

어머니와 '샤론의 장미'는 벤치에 앉아 구경하고 있었다. 청년들이 '샤론의 장미'에게 신청할 때마다 어머니가 말했다. "지금 이 아이는 몸이 안 좋아서." 그러면 '샤론의 장미'는 얼굴을 붉히며 눈을 빛냈다.

지휘자가 무도장 중앙에 나와서 두 손을 높이 쳐들었다. "준비는 됐습니까? 자, 시작!"

음악이 〈치킨 릴〉을 날카롭고 명랑하게 연주하기 시작했다. 바이올린은 절규하고 하모니카는 날카로운 비음을 냈으며, 기타는 저음으로 굵다랗게 울었다. 지휘자가 도는 순서를 외치면 그것에 따라 스퀘어 쌍이 이동했다. 그들은 앞으로 나갔다 뒤로 물러났다 하면서 손에 손을 맞잡고 여자를 빙빙 돌리며 춤췄다. 지휘자는 신이 나서 발로 박자를 맞추고 앞뒤로 걸어 다니면서, 도는 순서를 외칠 때마다 손수 시범을 보여 주었다.

"숙녀분을 빙글 돌리고, 옳지, 부드럽게 부드럽게. 손에 손을 잡고, 옳지, 이번엔 놓고……" 음악이 높게 또 낮게 연주되었다. 박자에 맞추어 마루를 구르는 구둣발 소리가 북소리처럼 울려 퍼졌다. "오른쪽으로 돌고, 왼쪽으로 돌고, 이번에는 떨어지고 물러서고…… 등끼리 맞대고." 지휘자는 높고 떨리는 단조로운 목소리로 노래하듯이 말했다. 아가씨들의 공들여 빗은 머리는 이미 다 흐트러졌다. 사나이들의 이마에 땀방울이 송골송골 맺혔다. 잘 추는 사람들은 이제 반 박자 스텝을 자랑하고 있었다. 무도장 끄트머리에 진을 친 노인들도 리듬을 타고 가볍게 손뼉을 치며 발로 장단을 맞추었다. 그들은 정답게 미소 짓고 서로 눈을 마주보며 고개를 끄덕거렸다.

어머니가 입을 '샤론의 장미'의 귀로 가져갔다. "너는 그렇게 생각지 않을지 모르지만, 아버지는 젊었을 때 내가 아는 사람들 가운데서 춤을 가장 잘 추었단다." 그리고 빙그레 웃으며 말했다. "이러고 있으니 옛날 일이 생각나는구나." 구경하는 사람들의 얼굴마다 옛날을 그리는 미소들이 떠올라 있었다.

"20년 전에 머스코지(오클라호마주) 근처에 바이올린을 켜는 장님이 있었어."

"나는 옛날에 한 번 뛰는 사이에 네 번 발꿈치를 마주치는 남자를 본 일이 있어."

"다코타 주에 있던 스웨덴 사람들…… 그네들이 이따금 어떻게 하는지 알아? 바닥에 후춧가루를 뿌려 두는 거야. 그게 여자들 치마 속으로 날아올라서 여자들을 아주 활발하게 만들어 놓는다는 거야…… 암내 맡은 수망아지처럼 활발하게 말이야. 스웨덴 친구들, 이따금 그런 짓을 했었지."

멀리서는 그리스도 신자들이 신나서 돌아다니는 자기 아이들을 감시하고 있었다. 그들은 말했다. "죄가 어떤 건지 잘 봐둬라. 저 사람들은 지금 부지깽이를 타고 지옥으로 떨어지는 길이란다. 하느님을 믿는 자가 저런 광경을 봐야만 한다니, 정말 부끄럽기 짝이 없구나." 아이들은 대꾸도 않고 짜증스러워했다.

지휘자가 노래하듯이 말했다. "다시 한 번 돌고, 잠시 쉬도록 합시다. 자, 이제 곧 끝나니까 기운들 내자고!" 아가씨들은 얼굴이 벌겋게 달아올라 땀을 뻘뻘 흘렸다. 입을 벌린 채 진지하고 경건한 표정으로 춤을 추었다. 젊은 이들은 긴 머리카락을 나풀대며 펄쩍 뛰어올라 발끝을 모으고 뒤꿈치를 딱

딱 마주쳤다. 스퀘어 쌍들은 서로 스치고 물러서고 돌면서 앞뒤로 바쁘게 움직였고, 음악은 날카롭게 퍼졌다.

그러다가 갑자기 음악이 뚝 그쳤다. 춤꾼들은 지쳐서 숨을 몰아쉬며 그 자리에 멈추어 섰다. 아이들은 잡혀 있던 어른들의 손을 뿌리치고 무도장으로 뛰쳐나가서는 정신없이 서로 쫓고 달리고 미끄러지고 모자를 뺏고 머리카락을 잡아당기고 하였다. 춤꾼들은 그 자리에 주저앉아 손으로 얼굴에 부채질을 했다. 악사들이 일어나 기지개를 켜고 다시 앉았다. 기타 연주자들은 조용히 현을 튕겼다.

윌리가 다시 소리 질렀다. "더 출 수 있는 사람은 새로운 상대와 스퀘어를 짜십시오." 춤꾼들은 얼른 일어서서 새로운 춤 상대를 찾아서 돌진했다. 톰은 그 세 사나이 근처에 서 있었다. 그는 세 사나이가 사람들을 마구 밀어젖히고 무도장으로 올라가서 막 스퀘어를 짠 한 쌍에게 다가가는 것을 보았다. 톰이 윌리에게 손을 흔들어 보였다. 윌리가 바이올린 주자에게 무어라고 말했다. 바이올린 주자가 활로 끼익끼익 줄을 울렸다. 젊은이 스무 명이 천천히 무도장을 가로질러 걸어왔다. 세 사나이가 스퀘어 쌍 앞에 이르렀다. 그 중 하나가 말했다.

"나 이 아가씨와 추겠어."

금발의 젊은이가 깜짝 놀라 얼굴을 쳐들었다. "이분은 내 상대야."

"뭐라고? 이 개자식이—"

저만치 어둠 속에서 날카로운 호각 소리가 울렸다. 세 사나이는 이미 포위되었다. 여러 사람의 손이 자신들을 억세게 움켜잡고 있는 것을 느꼈다. 이윽고 사나이들을 둘러싼 벽이 천천히 무도장에서 떠나갔다.

윌리가 외쳤다. "자, 시작합시다!" 음악이 울리고, 지휘자가 도는 순서를 외치는 가운데 발들이 마루를 굴렀다.

포장을 씌운 자동차 한 대가 캠프 입구에 들이닥쳤다. 운전사가 고함을 질렀다. "문 열어! 폭동이 일어났다는 보고가 있었다."

문지기는 그 자리에서 움직이지 않았다. "폭동은 얼어 죽을. 저 악대 소리가 안 들리오? 당신들은 누구요?"

"보안관 대리들이다."

"영장은 가지고 왔어요?"

"폭동이 벌어지면 체포영장은 필요 없다."

"글쎄요, 여기는 폭동이 일어나지 않았는뎁쇼."

차에 탄 사나이들은 음악과 지휘자의 구령에 잠시 귀를 기울였다. 이윽고 자동차는 느릿느릿 뒷걸음질 쳐서 네거리까지 물러나 거기서 대기하고 섰다.

움직이는 대열 속에서 세 사나이는 입을 손으로 틀어 막힌 채, 꼼짝 못하도록 뒤에서 양팔을 붙들려 있었다. 깜깜한 데까지 오자 대열이 풀어졌다.

톰이 말했다. "계획대로 썩 잘 됐군." 그는 자기가 붙들고 있는 사나이의 두 팔을 뒤에서 꽉 눌렀다.

윌리가 무도장에서 그들 쪽으로 뛰어와서 말했다. "잘했어. 이제 여섯 명이면 충분해. 휴스턴이 이 작자들을 만나겠대."

휴스턴이 어둠 속에서 나타났다. "이게 그놈들인가?"

줄이 말했다. "네, 느닷없이 무대로 올라가서 시작하잖아요. 하지만 팔 한 번 휘두를 겨를도 없었죠."

"어디 그 상판 좀 볼까?" 포로들이 그를 향해 서도록 홱 돌려 세워졌다. 고개는 숙인 채였다. 휴스턴이 불만 가득한 그 얼굴 하나하나에 손전등을 비추며 물었다. "뭣 때문에 그랬나?" 대답이 없었다. "누가 시켰나?"

"제기랄, 우리가 뭘 했다고 그래요? 춤을 추려고 했을 뿐이잖아요."

줄이 말했다. "어디서 거짓말이야? 그 젊은 애를 때려눕히려고 했잖아."

톰이 말했다. "휴스턴 씨, 이자들이 막 움직이기 시작했을 때 누군가가 호각을 불던데요."

"나도 들었네! 경찰이 입구에 들이닥쳤었지." 그는 다시 세 사내들을 보았다. "자네들을 해칠 생각은 없네. 대체 누구한테서 이 무도회를 망쳐놓으라는 지시를 받았지?" 그는 대답을 기다렸다. "자네들은 우리와 같은 처지 아닌가?" 휴스턴이 슬픈 듯이 말했다. "우리와 같은 처지가 틀림없을 텐데. 어쩌다 여기에 오게 됐지? 우리는 다 알아."

"제기랄, 우리도 먹고 살아야 할 거 아니야!"

"누가 자네들을 보냈나? 누가 돈을 주면서 가라고 그랬느냐 말야?"

"돈 같은 건 받지 않았어요."

"그렇다면 이제 정말 못 받게 생겼군. 싸움을 못했으니 품삯을 받을 수 없잖나, 안 그래?"

양팔이 뒤로 묶인 사나이 중 하나가 말했다. "당신들 맘대로 해요. 우린 절대로 말하지 않을 테니까."

휴스턴은 잠시 머리를 수그렸다가 부드럽게 말했다. "좋아, 말 안 해도 돼. 하지만 잘 들어. 자네들과 같은 처지에 있는 사람에게 칼을 들이대는 게 아니야. 우리는 서로 즐기면서 질서를 유지하며 살아가려 하는 거야. 그걸 망가뜨리는 일은 하지 말아줬음 좋겠어. 잘 생각해봐. 이건 자네들 자신을 해치는 일이라고. 좋아, 다들 이자들을 뒤꼍 울타리 밖으로 내쫓아. 다치지 않도록 조심해서. 이자들은 자기들이 무슨 짓을 하고 있는지도 모르고 있어."

사나이들의 벽이 천천히 캠프 뒤쪽을 향해서 움직였다. 휴스턴은 그들을 바라보고 서 있었다.

줄이 말했다. "딱 한 번만 이놈들을 힘껏 차 버릴까?"

윌리가 외쳤다. "안 돼! 하지 않기로 했잖아."

줄이 애원했다. "가볍게 한 번만 기분을 풀어보자고. 울타리 너머로 차 던지는 정도로. 그것도 안 되나?"

"안 돼!" 윌리도 양보하지 않았다.

그리고 세 사나이에게 말했다. "너희들 잘 들어. 이번만은 그냥 놓아준다. 하지만 돌아가서 똑똑히 전해. 다시 이런 짓을 하면 누가 오든 가만두지 않겠다고. 그놈의 몸뚱이에서 뼈다귀를 모조리 추려내줄 테다. 너희 패거리에게 그렇게 일러. 휴스턴은 너희도 우리와 같은 패거리라고 말하더라만…… 그럴지도 모르지. 나는 그렇게 생각하고 싶지 않지만 말이다."

그들은 울타리로 다가갔다. 근처에서 잠복하던 감시꾼 둘이 일어나서 다가왔다. 윌리가 말했다. "먼저 돌아가는 손님들이야." 세 사나이는 울타리를 넘어 어둠 속으로 사라졌다.

대열을 이루었던 사나이들은 급히 무도장으로 다시 돌아갔다. 현악단이 〈올드 댄 터커〉의 곡조를 드높고 구슬프게 연주하고 있었다.

사무실 근방에서는 사내들이 아직도 빙 둘러앉아 이야기를 나누고 있었다. 날카로운 음악 소리가 그들에게까지 들려왔다.

아버지가 말했다. "세상은 변해가고 있어. 어떻게 변할지는 나도 잘 모르지만 말이야. 어쩌면 우리가 살아 있는 동안에 보지 못할는지도 모르지. 하지만 변하는 건 확실해. 세상이 이렇게 뒤숭숭하지 않나. 그런데 그것이 뭔지 아무도 짐작하지 못하고 있어. 그래서 마음들이 불안한 거야."

검정 모자가 다시 머리를 쳐들었다. 불빛이 그의 억센 구레나룻을 비췄다. 그는 땅바닥에서 잔 돌멩이를 몇 개 주워서 구슬치기 하듯 엄지손가락으로 퉁겨냈다. "나도 모르겠어. 당신 말대로, 변화가 온다는 건 확실해. 어떤 남자가, 오하이오주 애크런에서 일어난 사건을 말해준 적이 있지. 고무 회사에서 일어난 일이야. 그 회사는 싼 임금으로 일을 시킬 요량으로 산골 놈들을 마구 고용했지. 그런데 그 산골 놈들이 느닷없이 조합에 들어갔지 뭔가. 이게 탈이었다고. 그만 큰 소동이 벌어진 거야. 장사치다, 재향군인이다 하는 치들이 재빨리 훈련을 시작하더니, 그들을 빨갱이라고 몰아붙이기 시작한 거야. 그러곤 애크런에서 조합을 몰아내려 들기 시작했지. 목사는 그걸 가지고 설교하고, 신문은 떠들어대고, 고무회사에서는 곡괭이 자루를 마련한다, 최루탄을 사 들인다 야단법석이었지. 빌어먹을, 그 산골 놈들을 진짜 악마 취급하더라니까!" 그는 잠시 입을 다물고 다시 공기 돌을 주워서 퉁기기 시작했다. "그런데 말이야, 작년 3월이었어. 어느 일요일에 그 산골 녀석들이 5천 명이나 모여서 교외로 칠면조 사냥을 나간 거야. 5천 명이 소총을 어깨에 메고 거리를 행진했지. 그리고 칠면조 사냥을 마치고는 다시 시내로 돌아왔어. 그 사람들이 한 일은 그것뿐이야. 그런데 들어보라고. 그 뒤로는 소동 하나 일어나지 않게 됐어. 시 위원회는 곡괭이 자루를 치우고, 장사치는 가게를 열었지. 곤봉으로 얻어맞는 일도, 폭력을 당하는 일도, 살해당하는 일도 없어졌단 말야." 긴 침묵이 흘렀다. 검은 모자가 말을 이었다. "이 고장 놈들도 점점 더러운 짓을 하기 시작했어. 캠프를 불사르고 사람들을 때리고 말야. 생각을 좀 해 봤는데, 우리도 모두 총을 가졌잖아. 그러니까 우리도 칠면조 사냥 클럽을 만들어서 일요일마다 모여 보면 어떨까 생각하는데."

사내들은 그의 얼굴을 쳐다보았다가 이내 땅바닥으로 눈을 내리깔았다. 그리고 발을 꼼지락거리면서 체중을 이 발에서 저 발로 옮겨 실었다.

25

캘리포니아의 봄은 아름답다. 과일 나무가 꽃 피는 계곡은 향기로운 연분홍 파도가 일렁이는 얕은 바다 같다. 이윽고 포도의 첫 덩굴손이 마디진 덩굴에서 돋아나와 폭포처럼 줄기를 덮는다. 함빡 초록으로 부풀어 오른 언덕은 유방처럼 봉긋하고 부드럽다. 평지는 채마밭에는 1마일도 더 되는 이랑에 파르스름한 상추와 오글오글한 꽃양배추와 잿빛이 도는 초록색의 기묘한 솜엉겅퀴가 줄줄이 자란다.

나무마다 새 잎이 난다. 과일나무에서 꽃잎이 떨어져 땅에 연분홍 양탄자를 깐다. 꽃봉오리가 부풀고 곱게 물들기 시작한다. 버찌와 사과, 복숭아와 배, 열매 속에 꽃을 간직한 무화과. 온 캘리포니아가 결실로 가득 넘친다. 가지마다 과일이 주렁주렁 열려 끝내는 무게를 이기지 못하고 가지가 고개를 숙이기 시작하면 그 무게를 지탱하도록 밑에 버팀목을 대주어야 한다.

이 풍요로움 뒤에는 똑똑하고 박식한 기술자들이 있다. 종자를 실험하여, 곰팡이·해충·녹병·마름병 등 땅 속 무수한 천적에 강한 뿌리를 가진 식물이 늘어나도록 기술을 발전시키고자 끊임없이 노력하는 사람들이다. 이들은 종자와 뿌리를 더 완벽하게 만들려고 신중하게 쉬지 않고 일한다. 또 화학자들이 있다. 그들은 해충 예방을 위해 나무에 살충제를 뿌리고, 포도에 유황 처리를 하고, 병들거나 썩은 부분, 또는 곰팡이 등을 잘라낸다. 예방의학 박사들도 있다. 그들은 국경에서 초파리와 딱정벌레 등이 유입되는 것을 감시한다. 그리고 병든 나무를 조사하여 뿌리째 뽑아 태워 버린다. 모두 전문 지식을 가진 사람들이다. 그 중에서도 어린 나무나 어린 포도나무를 접목하는 사람들은 가장 손재주가 뛰어난 사람들이다. 외과 의사가 수술을 하는 것처럼 세밀하고 섬세한 일을 하기 때문이다. 나무껍질을 벗기고 접목을 하고 외부 공기가 닿지 않도록 상처를 싸매어 줄 때 그들은 외과 의사의 손과 마음씨를 가져야 한다. 그들은 진정 위대한 사람들이다.

경운기들이 고랑을 따라 움직여간다. 기름진 토양을 만들기 위해 봄풀을 뽑아 흙 속에 묻고, 지표에 수분이 유지되도록 흙을 파 엎고, 관개용 수로를 만들기 위해 물길을 만들고, 나무를 말려 죽이는 잡초류를 뽑아나간다.

그 사이에도 과일은 계속해서 커지면서 영글어 가고, 포도 덩굴에는 꽃이 긴 꽃망울을 터트린다. 계절이 익어갈수록 따뜻함도 더해지고 잎은 더 짙은 초록으로 물든다. 오얏은 멧새의 귀여운 녹색 알처럼 동그랗게 부풀고 가지들은 그 무게를 이기려고 버팀목에 의지한다. 단단하고 작은 배가 형체를 이룬다. 복숭아에는 보슬보슬한 솜털이 돋아나기 시작한다. 포도 꽃은 작은 꽃잎을 떨어뜨리고 단단하고 작은 알맹이는 단추 만하게 커진다. 그 녹색 단추가 무게를 더해 간다. 밭에서 일하는 사나이들과 작은 과수원의 주인들은 그것을 줄곧 지켜보며 수확 생각에 여념이 없다. 올해는 결실이 좋다. 사내들은 우쭐해진다. 자신들의 경험으로 이 풍작을 이루어냈기 때문이다. 그들은 자기들의 경험으로 세상을 변화시켰다. 짧고 메마른 보리이삭이 크고 살찐 이삭으로 변한다. 작고 시던 사과가 자라 달아진다. 나무들 틈에 끼어 자라면서 멧새들에게 그 작은 열매를 쪼아 먹히던 저 늙은 포도나무는 수천 종류나 되는 열매를 키워 낸다. 빨강과 검정, 녹색과 분홍, 보라와 노랑, 어느 종류에나 독특한 향기가 있다. 실험 농장에서 일하는 연구원들은 신종 과일을 만들어 낸다. 천도복숭아라든가 40종류나 되는 오얏이라든가 껍질이 종이처럼 얇은 호두라든가. 그들은 종자를 고르고 접목하고 교배시키며 자기 자신을 채찍질하고 대지를 부추겨 작물을 만들어낸다.

그리하여 맨 먼저 버찌가 익는다. 1파운드에 1센트 반이라고? 그런 헐값에 어떻게 수확을 하란 말이야? 검은 버찌랑 붉은 버찌. 모두 잘 익어서 달다. 새들이 버찌를 반쯤 쪼아 먹으면 그 다음에는 말벌이 붕붕 날아다니며, 새들이 만들어놓은 구멍 속으로 들어간다. 검은 과육이 너덜너덜 달린 버찌씨가 땅에 떨어져 그대로 말라비틀어진다.

보랏빛 오얏은 말랑하고 달다. 빌어먹을, 이걸 따서 말린 다음에 유황 처리를 할 수가 없다. 아무리 싼 임금이라도 임금을 지불할 수 없기에 말이야. 그리하여 보랏빛 오얏은 떨어져서 땅을 뒤덮는다. 먼저 표피가 조금 쪼그라든다. 그러면 파리 떼가 좋아라고 꼬여든다. 계곡은 달콤한 썩는 냄새로 가득 찬다. 과육이 검게 변색하고 풍요로운 결실은 대지에서 시든다.

그 다음으로 배가 노랗게 익어간다. 1톤에 5달러다. 25킬로그램짜리 상자 마흔 개에 고작 5달러인 셈이다. 가지를 치고 소독약을 뿌려 정성껏 가꾼 과수원이다. 과일을 따서 상자에 담아 트럭에 싣고 통조림 공장까지 갖다 줘도 마흔 상자에 5달러. 흥, 그렇게는 못 하지. 그리하여 누렇게 익은 과일은 털썩 땅에 떨어져 뭉개지고 만다. 말벌이 보드라운 과육을 파먹는다. 그 언저리에서 발효하고 썩는 시큼한 냄새가 풍긴다.

다음은 포도다. 우리는 고급 포도주 같은 건 만들지 않아. 고급 포도주를 살 만한 사람이 아무도 없으니까. 덩굴에서 포도송이를 따낸다. 좋은 포도,

썩은 포도, 말벌이 파먹은 포도. 줄기째로 넣고 짠다. 흙이고 썩은 것이고 모두 처넣고 짜 버린다.

발효통 속에서 곰팡이와 개미산이 발생할 텐데.

유황과 탄닌산을 넣자.

발효하는 냄새는 포도주가 내는 풍부한 향기가 아니라 부패와 화학 약품 냄새다.

이거야 원. 아냐, 그래도 알코올은 있어. 취할 수 있다니까.

소농장 주인들은 빚이 밀물처럼 밀려드는 것을 지켜보았다. 나무에 열심히 약을 쳤지만 과일은 전혀 팔리지 않았다. 가지를 치고 접목을 했지만 익은 과일을 따지 못했다. 학자들이 열심히 연구하고 생각했지만 과일은 땅에 떨어져 썩고 있다. 발효통 속에서 부글부글 썩어가는 포도즙은 온 사방에 톡 쏘는 쉰내를 풍겼다. 참고로 이 포도주를 좀 맛보시라. 포도 향기는 눈곱만큼도 없고 그냥 유황과 탄닌산과 알코올 맛만 날 뿐이다.

이 조그만 과수원도 내년이면 대지주 손에 넘어가 있을 것이다. 빚이 소유주의 숨통을 막고 있으니까.

이 포도원은 은행으로 넘어갈 것이다. 오직 대지주만이 살아남을 수 있다. 그들은 통조림 공장을 갖고 있기 때문이다. 껍질을 벗겨 반 토막씩 익혀서 통조림한 배는 네 개에 15센트다. 그리고 통조림 배는 썩지 않는다. 몇 해가 지나도 그대로이다.

과일 썩는 냄새가 이 주 전체에 퍼진다. 그 새큼달큼한 냄새는 이 고장을 덮는 커다란 슬픔이다. 접목도 하고, 우량종자를 만들어낼 수 있는 사람들도 자신들의 결실을 굶주린 사람들에게 나누어 주는 방법은 찾아내지 못한다. 세계 최초로 신종 과일을 만들어낸 사람들도 그 과일이 사람들 입에 들어가게끔 하는 제도를 만들어낼 줄 모른다. 그리하여 이 실패는 커다란 슬픔과도 같이 주 구석구석을 뒤덮었다.

포도덩굴이나 과일나무의 뿌리 나누기 작업은 값을 유지하기 위해 중지해야 한다. 이것은 무엇보다 슬프고 가슴 아픈 일이다. 오렌지가 몇 트럭씩 땅에 버려진다. 사람들이 몇 마일 밖에서 그 과일을 주우러 차를 몰고 와서 오렌지를 주워갈 수 있다면, 열두 개에 20센트나 주고 누가 오렌지를 사먹겠는가? 호스를 든 사나이들이 그 오렌지에 석유를 뿌린다. 그리고 자신들이 저지른 그 범죄행위에 화를 내고, 과일을 주우러 온 사람들의 행위에 화를 낸다. 1백만이나 되는 인간이 배를 곯으며 과일을 필요로 하는데도 불구하고 그 황금빛 산에 석유가 뿌려진다.

그리하여 썩는 냄새가 이 고장을 가득 메운다.

커피를 태워 배의 연료나 해라. 추운데 옥수수나 때라. 화력이 끝내주니까. 감자는 강물에 내다 버려라. 허기진 놈들이 건지지 못하게 방죽을 따라 파수꾼을 세워라. 돼지는 잡아서 파묻어라. 그리하여 썩은 물이 대지에 스미게 하라.

여기에는 법으로도 적발해 낼 수 없는 범죄 행위가 있다. 여기에는 통곡으로도 다 표현하지 못하는 슬픔이 있다. 여기에는 우리의 모든 성공을 뒤집어엎는 실패가 있다. 기름진 땅, 쪽 고르게 심어진 과일나무들, 단단한 나무줄기, 무르익은 과일. 그런데도 홍반병에 걸린 어린아이는 오렌지에서 수익이 오르지 않는다는 이유만으로 죽어가야 한다. 검시관은 사망 증명서에 이렇게 써넣어야 할 것이다. '영양실조로 사망.' 그것은 식량을 썩혀야 하기 때문에, 부득이 썩혀야 하기 때문에 비롯된 죽음이다.

사람들이 그물을 가지고 강물에 감자를 건지러 오면 파수꾼이 그들을 밀어낸다. 산더미처럼 버려진 오렌지를 주우러 사람들이 털털거리는 차를 몰고 오지만 거기엔 석유가 뿌려져 있다. 사람들은 우두커니 서서 감자가 떠내려가는 것을 지켜본다. 돼지가 먹따는 소리를 내며 구덩이에서 생매장되어 그 위에 생석회가 뿌려지는 소리에 귀를 기울인다. 썩어 문드러져 무너져 내린 오렌지 더미가 썩은 물로 바뀌어 가는 모습을 지켜본다. 사람들의 눈에 패배의 빛이 떠오르고 굶주린 사람들의 눈에 분노가 서린다. 사람들의 영혼 속에서 분노의 포도가 가득 차고 가지가 휘게 무르익어 간다. 수확을 기다리며 더욱 묵직해져 간다.

26

길게 늘어진 구름이 석양 위에 떠돌며 그 가장자리를 붉게 물들이던 어느 저녁, 위드패치 캠프의 조드네 식구들은 막 식사를 끝내고 잠시 그 자리에 남았다. 어머니가 접시를 씻으려다 말고 조금 망설이며 말했다.

"무슨 수를 써야 해." 그리고 윈필드를 가리켰다. "저 아이를 좀 봐요."

모두 윈필드를 보자 그녀가 다시 말했다. "저애는 자면서 꿈틀 놀라기도 하고 몸을 뒤틀고는 해요. 저 안색 좀 봐." 식구들은 부끄러워 눈을 내리깔았다. 어머니가 말을 이었다.

"튀긴 밀가루 빵 탓이에요. 여기 온 지도 벌써 한 달이 지났어요. 그동안 톰이 닷새 벌었지만, 다른 사람은 날마다 쫓아다녔어도 일자릴 못 얻었어요. 그리고 모두 대화를 꺼리고 있어요. 돈이 다 떨어졌는데도 속 시원하게 대화하기를 피한단 말예요. 저녁마다 아무 말 없이 먹기만 하다가 모두 후딱 밖으로 나가버리잖아. 서로 솔직히 말하기가 두려운 거예요. 하지만 이건 싫어도 꼭 해야 할 말이에요. 로자샨의 출산도 며칠 안 남았는데, 그 애 얼굴색 좀 봐요. 이제 확실한 방도를 세워야겠어요. 지금부터 확실한 결론을 내릴 때까지 아무도 자리를 떠서는 안 돼요. 기름이 하루치에 밀가루가 이틀 치, 그리고 감자 열 개밖에 남지 않았어요. 자, 여기 앉아 어서 생각해 봐요!"

모두 땅만 내려다보았다. 아버지는 주머니칼로 두꺼운 손톱을 다듬었다. 존 아저씨는 걸터앉은 궤짝의 가시를 잡아 뜯었다. 톰은 애꿎은 아랫입술을 잡아당겼다.

톰이 입술을 놓고 조용히 말했다. "우리도 열심히 찾는 중이에요, 어머니. 휘발유가 떨어지고부터는 걸어서 말이죠. 문이 있으면 들어갔고, 집집마다 들어가서 물어봤어요. 일이 없는 줄 빤히 아는 집까지도요. 어차피 얻지도 못할 일을 찾아 돌아다니는 건 썩 내키는 일은 아니라고요."

어머니가 사납게 말했다. "그렇잖아도 맥이 빠져 있는데, 그렇게 식구들의 기를 꺾지는 마라. 너한테 그럴 권리는 없어."

아버지가 깎은 손톱을 물끄러미 들여다보며 말했다. "어쩌면 떠나야 할 것 같다. 여길 나가고 싶지는 않지만. 좋은 곳이고, 사람들도 다 좋은 사람들이고. 다시 후버빌 같은 데서 살게 되지나 않을까 걱정이지만."

"꼭 그래야 한다면 그래야지 어쩌겠어요. 먹고 사는 게 제일 중요한 거 아니겠어요?"

앨이 끼어들었다. "나는 트럭에 휘발유 한 통을 남겨 두었지. 그것만큼은 아무도 손대지 못하게 했어."

톰이 빙긋이 웃었다. "앨은 계집애 꽁무니만 따라다니는 줄 알았더니 분별력도 여간 아닌걸."

어머니가 말했다. "어서 생각들 좀 해요. 나는 우리 식구가 굶주리는 모습을 멀거니 보고만 있을 생각은 없어요. 기름은 앞으로 꼭 하루치뿐이에요. 로자샨의 출산도 가까워졌으니, 뭐 영양분 있는 것도 좀 먹게 해야 돼. 어떻게 할 건지 생각들 좀 해요!"

"여기는 더운물이 나오고 변소도—" 아버지가 입을 열었다.

"변소를 먹을 수는 없어요."

톰이 말했다. "오늘 매리스빌에 일하러 갈 사람을 찾는 사나이가 왔던데. 과일 따기라나."

"그럼 매리스빌로 가는 게 어떠냐?" 어머니가 다그치듯 물었다.

"글쎄요, 어쩐지 수상쩍은 느낌이 들어서요. 그자가 어찌나 열심히 권하는지. 그런데 얼마 주는지는 말하지 않아요. 잘은 모르겠다고 하더라니까요."

"매리스빌로 가자. 품삯이 싸면 좀 어떠냐. 다 같이 가자."

"너무 멀어요. 우린 휘발유 살 돈도 없잖아요. 거기까지 어떻게 가려고요. 어머닌 우리더러 생각하라고 하지만 우린 만날 생각만 한다고요."

존 아저씨가 말했다. "듣자니까 북쪽 툴레어 부근에서 곧 목화 수확이 시작된다는군. 툴레어면 이 근방이지."

"어쨌거나 우리는 떠나야 해요. 그것도 되도록 빨리 말이에요. 아무리 여기가 좋은 곳이래도 이 이상 눌러앉을 생각은 없어요." 어머니는 양동이를 집어 들고, 더운물을 가지러 위생실 쪽으로 갔다.

톰이 말했다. "어머닌 단호해. 요즘은 걸핏하면 화를 내잖아. 아주 잡아먹겠어."

아버지는 한시름 놓았다는 듯이 말했다. "어쨌든 너희 어머니는 이 일을 공개적으로 꺼냈어. 나는 밤에 드러누워서도 골치가 지끈지끈해지도록 생각만 했었지. 어쨌든 이제 우리도 허심탄회하게 의논할 수 있게 됐다."

어머니가 김이 나는 양동이를 들고 돌아왔다. 그녀가 말했다. "그래, 뭣 좀 생각했나요?"

톰이 말했다. "지금 열심히 생각하는 중이라고요. 북쪽에 목화가 있다는 곳으로 갈까 하는 중이에요. 이 고장은 다 다녀봤으니까. 이제 여기는 일이 없다는 걸 알았어. 당장 짐을 꾸려가지고 북으로 가는 게 어때요? 목화를

딸 때쯤에는 거기 도착하게 될 거예요. 이 손으로 목화를 따보고 싶어지는
걸. 기름통에 기름은 가득 들었니, 앨?"

"거의 한 탱크야. 2인치 정도 모자라지만."

"거기까지는 그럭저럭 갈 만하겠구나."

어머니가 양동이 위에서 접시를 치켜든 채 손을 멈추고 따지듯이 물었다.
"그래서?"

톰이 말했다. "어머니가 이겼어요. 아무래도 우리는 떠나게 될 것 같아요.
그렇죠, 아버지?"

"그렇게 할 수밖에 없겠구나." 아버지가 말했다.

어머니가 흘끗 아버지를 보았다. "언제요?"

"글쎄, 기다릴 필요야 없겠지. 날이 밝는 대로 떠나지, 뭐."

"그래요, 날이 밝자마자 떠나요. 식량이 얼마나 남았는지, 아까 말했죠?"

"여보, 내가 가기 싫어한다고 생각하지 마. 나는 지난 두어 주일 동안 제
대로 먹지도 못했다고. 그야 물론 뱃속에 처넣기는 했지만 간에 기별도 안
가는 정도였지."

어머니가 접시를 양동이에 넣으며 말했다. "날이 밝으면 모두 가는 거예
요."

아버지가 코를 훌쩍이며 삐죽댔다. "이거 아무래도 시대가 변한 모양이
야. 옛날에는 남자가 이래라 저래라 하고 명령을 했는데, 요즘은 어떻게 된
것이 여자가 이래라 저래라 하게 됐으니 말이야. 이제 슬슬 몽둥일 꺼낼 때
가 된 것 같은데."

어머니는 물이 뚝뚝 떨어지는 깨끗해진 주석 접시를 궤짝 위에 올려놓았
다. 그녀가 손을 놀리면서 미소 지었다. "어디 그 몽둥일 들고 나와 보시지.
먹을 것과 잠자리가 있을 때는 당신이 그 몽둥이를 휘둘러서 생채기 하나 안
날 수 있겠죠. 하지만 당신은 지금 자기 할일을 다하지 못하고 있어요. 생각
도 않고, 일도 않고 있다고요. 당신이 할일을 다하고 있다면 몽둥이를 휘두
르지 못할 까닭이 어디 있겠어요. 그렇게 되면 여자들도 찍 소리 못하고 그
앞에서 설설 길 텐데. 하지만 지금 시험 삼아 이 자리에서 몽둥일 꺼내 보세
요. 여자를 때리기는커녕 싸움까지 각오해야 할 거예요. 나도 몽둥일 준비해
놓았으니까요."

아버지는 얼이 빠져 그저 헤에 하고 웃었다. "당신 그 말솜씨는 아이들에게 들려줘서는 안되겠구먼."

"좋은 걸 가르쳐 주려거든 애들 뱃속에 베이컨이라도 좀 집어넣은 다음에 하세요."

아버지는 질렸다는 표정으로 일어나 나갔다. 존 아저씨가 그 뒤를 따랐다.

물속에서 분주하게 손을 놀리던 어머니가 두 사람이 나가는 뒷모습을 잠시 지켜보더니 톰에게 자랑스럽게 말했다. "아버지는 문제없다. 아직도 꺾이지 않았어. 날 때리러 올지도 몰라."

톰은 웃었다. "그럼 일부러 싸움을 걸었군요."

"그래, 남자란 골치 아픈 문제로 너무 오래 끙끙대면 얼이 쑥 빠져 버려서 아주 허깨비가 되었다가 그대로 저 세상으로 가는 법이거든. 그럴 때 적당히 약을 올려 주면 뜻밖에 정신을 차리지. 아버지는 아무 말도 안했지만 다음엔 폭발할 거야. 지금쯤 날 혼꾸멍 내주려고 벼르고 있을 거다. 문제없다, 아버진."

앨이 일어섰다. "산책 좀 하고 올게요."

"언제라도 떠날 수 있도록 트럭을 좀 살펴보는 게 어때?" 톰이 주의를 주었다.

"다 했는걸."

"안 돼 있다면 어머닐 부추겨서 널 물어뜯게 할 테다."

"차는 문제없다니까." 앨은 건들건들 텐트 사이를 걸어갔다.

톰은 한숨을 지었다. "저도 지쳤어요, 어머니. 이번엔 저 좀 화나게 해주세요."

"넌 더 분별력 있는 아이다, 톰. 너를 화나게 할 필요는 없어. 오히려 너에게 의지해야 하는걸. 다른 식구들은 글쎄 뭐랄까, 남 같은 거야. 너만 빼놓고 말이다. 너만은 단념하지 않겠다, 톰."

톰의 어깨에 무거운 짐이 하나 얹혔다. 톰이 말했다. "전 싫어요. 저도 앨처럼 밖을 쏘다니고 싶어요. 아버지처럼 화내고 싶고 큰아버지처럼 취해보고 싶고요."

어머니는 고개를 저었다. "너는 못한다, 톰. 나는 다 알아. 네가 쪼끄만 코흘리개 적부터 나는 다 알고 있었지. 너는 못해. 세상에는 그저 아무 짝에도 쓸모없는 인간이 있는 법이다만, 저 앨 같은 애가 그렇지, 그 녀석은 그저 계집애들 궁둥이나 쫓아다닐 아이야. 너는 그렇지가 않았다, 톰."

"저도 그랬는걸요. 지금도 그래요."

"아니다, 그렇지 않아. 네가 하는 일은 뭐든 너 스스로를 뛰어넘는 일이야. 네가 감옥에 들어갔을 때 그걸 알았다. 너는 천성이 그런 사람이야."

"그만 어머니…… 이제 그런 얘긴 그만해요. 그런 건 다 엉터리야. 다 어머니가 머릿속에서 만들어낸 생각이라고요."

어머니는 나이프와 포크를 접시 위에 올려놓았다. "그럴지도 모르지. 어쩌면 내가 좋은 대로 해석하는 건지 몰라. 로자샨, 이걸 닦아서 치워라."

딸이 숨 가쁜 듯이 일어났다. 배가 불룩하게 튀어나와 있었다. 느릿느릿 궤짝 옆으로 다가가 접시 한 장을 집어 들었다.

톰이 말했다. "배는 엄청나게 불룩 튀어나오고, 눈꼬리는 쭉 찢어지고."

어머니가 말했다. "놀리지 마라. 얘가 지금 얼마나 잘 하고 있다고. 너는 가서 누구에게든 작별 인사나 하고 오려무나."

"알았어요. 거기까지 얼마나 되는지 좀 알아보기도 해야지."

어머니가 딸에게 말했다. "톰은 널 긇리려고 저런 말을 하는 게 아니다. 루디하고 윈필드는 어디 갔니?"

"둘 다 아버지 뒤를 따라가던데요. 제가 보았어요."

"그럼 내버려 둬야겠군."

'샤론의 장미'는 느릿느릿 손을 놀렸다. 어머니가 딸을 조심스럽게 살펴보았다. "정말 기분이 괜찮으냐? 볼이 좀 늘어진 것 같다만."

"우유를 마셔야 한다는데 조금도 마시지 못했어요."

"안다. 어디 살 수가 있어야지."

'샤론의 장미'가 멍하니 말했다. "코니가 가버리지 않았으면 우리는 지금쯤 조그마한 집에서 살고, 그이는 공부를 하고 있을 텐데. 우유도 잔뜩 살수 있었을 거고, 귀여운 아기도 낳을 수 있을 텐데. 지금 뱃속에 있는 아기는 튼튼하게 태어날 것 같지 않아요. 우유를 좀 마셨어야 했는데." 그녀는 앞치마 주머니에 손을 찔러 넣었다가 무언가를 꺼내 먹었다.

"뭘 먹는 걸 봤는데, 뭐니?"

"아무것도 아녜요."

"어디 봐, 뭘 씹니?"

"부서진 석회 쪼가리예요. 큰 걸 한 덩어리 주웠어요."

"아이고머니나, 그런 걸 어떻게. 흙을 먹는 거나 마찬가지 아니냐."

"그저 어쩐지 씹고 싶어서."

어머니는 입을 다물어버렸다. 그리고 무릎을 벌려 치마를 팽팽하게 폈다. 이윽고 그녀가 말했다. "네 맘 나도 안다. 나도 아길 가졌을 때 한 번 석탄을 먹었지. 커다란 덩어리 하나를 다 먹었어. 할머니는 그런 짓 하면 큰일난다고 하셨지만. 아기를 갖고 그런 말 마라. 그런 생각도 해선 안 돼."

"저한텐 남편도, 우유도 없어요!"

"네가 성한 몸이었다면 두들겨 패줬을 텐데, 그 얼굴을 말이다." 어머니는 일어서서 텐트 안으로 들어갔다. 그리고 다시 나와 '샤론의 장미' 앞에 서더니 한 손을 불쑥 내밀었다. 거기엔 조그마한 금 귀걸이가 놓여 있었다. "자, 이걸 주마."

딸의 눈은 한순간 빛났다. 그러나 그녀는 고개를 돌렸다. "난 아직 귀에 구멍을 뚫지 않았는걸."

"내가 지금 뚫어 줄게." 어머니는 급히 텐트로 돌아갔다. 그리고 두꺼운 종이상자를 가지고 나왔다. 그러더니 부지런히 바늘에 실을 꿰고 실을 두 겹으로 해서 몇 개나 매듭을 지었다. 또 다른 바늘에도 실을 꿰고 역시 매듭을 여러 개 만들었다. 상자 속에서 코르크 한 조각을 찾아냈다.

"아플 텐데, 아플 텐데."

어머니가 딸 옆으로 다가서서 귓불 뒤에 코르크를 대고 귓불에 바늘을 찔렀다.

딸은 몸을 꿈틀거렸다. "아이 따가워. 더 아플까?"

"더는 안 아프다."

"뭘, 더 아플 거야."

"자 이제, 저쪽도 할까?" 그녀는 반대편 귀에 코르크를 대고 귓불을 찔렀다.

"아파요."

"가만 좀 있어라. 이제 다 끝났다."

'샤론의 장미'는 어안이 벙벙해서 어머니를 쳐다보았다. 어머니가 바늘에서 실을 잘라내더니 매듭 하나씩을 각각 귓불 구멍에 통과시켰다.

어머니가 말했다. "자, 날마다 하나씩 매듭을 구멍으로 잡아당겨라. 그렇게 두 주일만 하면 구멍이 뻥 뚫려서 이걸 달 수 있을 거다. 자, 이게 네 거다. 잘 간수해 둬."

'샤론의 장미'는 살그머니 자기 귀를 어루만지고, 손가락에 묻은 피를 쳐다보았다. "아프진 않았어요. 조금 따끔했을 뿐이야."

"진작 뚫었어야 하는 건데." 어머니가 딸의 얼굴을 바라보며 의기양양하게 웃었다. "저 접시의 물기를 닦아 잘 치우려무나. 네 아기는 건강하게 태어날 거야. 하마터면 네 귀도 뚫어주지 않고 아기를 낳게 할 뻔했다. 하지만 이제는 안심해도 된단다."

"이거 무슨 뜻이 있어요?"

"있고말고. 물론 있고말고."

앨은 어슬렁어슬렁 무도장 쪽으로 걸어갔다. 한 아담한 텐트에 다다르자 그는 밖에 선 채로 가만히 휘파람을 불었다. 그리고 건들건들 야영지 끝까지 가서 풀숲에 주저앉았다.

서녁 하늘의 구름은 이제 가장자리의 붉은 기가 가시고 가운데가 새까맣게 되어 있었다. 앨은 다리를 벅벅 긁으면서 저녁 하늘을 쳐다보았다.

조금 있으니 금발의 아가씨가 다가왔다. 똘망똘망하니 귀엽게 생긴 아가씨였다. 그녀는 앨 옆에 앉았으나 아무 말도 하지 않았다. 앨이 한쪽 팔을 아가씨 허리에 두르고 손가락을 움직거렸다.

여자가 말했다. "싫어, 간지러워."

"우린 내일 떠나."

그녀가 깜짝 놀라 앨을 쳐다보았다. "내일? 어디로?"

"북쪽으로 갈 거야." 앨이 무덤덤하게 말했다.

"하지만 우린 결혼하기로 했잖아?"

"물론이지, 언젠가는."

"금방 한다고 그래놓곤!" 그녀가 토라져서 소리쳤다.

"금방이란 그 금방이 왔을 때 말이지."

"약속해 놓고선!" 앨은 손가락을 더 넓게 움직여나갔다. 여자가 외쳤다.

"아이, 싫다니깐! 결혼하자고 했잖아!"

"응, 물론 우린 결혼할 거야."

"하지만 내일 가버린다면서?"

앨이 따지듯 반문했다. "대체 왜 그래? 아기라도 생긴 거야?"

"그런 건 아니지만."

앨은 웃었다. "그럼 난 그저 시간만 허비한 거네, 안 그래?"

그녀가 턱을 삐죽 내밀며 땅을 박차고 일어났다. "그럼 가버려, 앨 조드. 이제 너 같은 건 꼴도 보기 싫어."

"아니, 왜 그래?"

"당신은 자기가 굉장히 터프한 줄 아나봐."

"기다려."

"내가 당신을 쫓아갈 줄 아나본데. 흥, 나는 안 가! 남자는 얼마든지 있으니까."

"잠깐 기다리라니까."

"싫어, 실컷 가라고!"

앨이 벌떡 일어나며 여자의 발목을 붙잡고 넘어뜨렸다. 여자가 쓰러지자 몸뚱이를 받아 껴안고, 소리 지르려는 입을 손으로 막았다. 그녀가 앨의 손바닥을 물어뜯으려고 했다. 그가 손을 동그랗게 컵 모양으로 만들어 그녀의 입을 덮어씌우고 한쪽 손으로 꼼짝 못하게 꽉 껴안았다. 이내 그녀는 얌전해졌다. 다음 순간 두 사람은 마른 풀숲에서 킥킥거리며 웃고 있었다.

앨이 말했다. "우린 곧 돌아온다고. 그때 나는 호주머니 하나 가득 돈을 넣어 갖고 올 거야. 둘이서 할리우드에 가서 영화 구경을 하자."

그녀는 반듯이 드러누워 있었다. 앨이 그 위에 몸을 구부렸다. 그녀의 눈동자에 밝은 저녁별과 검은 구름이 비쳤다.

"둘이서 기차를 타고 가자."

"얼마나 가 있을 거야?"

"글쎄, 한 달쯤?"

어둠이 깔리기 시작했다. 아버지와 존 아저씨는 사무실 밖에서 몇몇 가장들과 앉아 있었다. 그들은 밤과 미래에 대해서 여러 가지로 궁리하고 있었다. 낡았지만 깨끗한 흰 옷을 입은 작달막한 관리인은 테라스 난간에 팔을 얹어놓고 있었다.

휴스턴이 그를 쳐다보았다. "당신은 잠을 좀 자야겠소."

"그래야겠다고 생각은 하지만, 어젯밤엔 제3반에서 애가 태어나서 말이야. 이러다가 용한 조산사가 되겠어."

휴스턴이 말했다. "남자도 그 일을 알고 있어야 해. 결혼한 사나이는 알아두어야 한다고."

아버지가 말했다. "우리는 내일 아침에 떠나려고 하는데."

"그래요? 어느 방향으로 갈 셈이오?"

"조금 북쪽으로 가볼까 하고. 가장 먼저 목화를 수확한다는군. 우리는 일자리를 얻지 못해서 먹을 것이 다 떨어져 버렸어요."

"거기 가면 확실히 일자리가 있나요?" 휴스턴이 물었다.

"그런 건 아니지만 여기에 일이 없다는 건 확실하니까."

"여기도 조금 더 기다리면 일거리가 생길 거요. 우린 조금 더 버틸 셈이오."

"우리도 가고 싶지는 않아요. 모두 정말 좋은 사람들이고……. 또 변소하며 모든 게 두루 갖춰져 있으니까. 하지만 먹어야 살지. 휘발유 한 탱크가 있으니 그 정도 거리는 갈 수 있을 게요. 여기서 우리는 날마다 더운 물로 목욕을 했지. 이렇게 깨끗이 지냈던 건 생전 처음이오. 묘한 일이지. 전에는 일주일에 한 번만 목욕을 했어도 별반 냄새가 나지 않았단 말야. 그런데 지금은 단 하루만 목욕을 걸러도 벌써 몸에서 냄새가 나거든요. 목욕을 너무 자주 하면 그렇게 되는 건가?"

"전에는 자기 냄새를 몰랐을 거요." 관리인이 말했다.

"그럴지도 모르죠. 정말 여기 그냥 있었으면 좋겠는데."

작달막한 관리인이 양 손바닥으로 관자놀이를 누르며 말했다. "암만해도 오늘밤에 또 아기 하나가 태어날 것 같은데."

아버지가 말했다. "우리 집에도 곧 하나 나오게 돼 있는데, 머잖아서. 여기서 낳게 했으면 좋으련만. 정말 그랬으면 좋으련만."

톰과 윌리와 트기 줄은 무도장 마루 끝에 걸터앉아 다리를 흔들거리고 있었다.

줄이 말했다. "더럼 한 봉지가 있는데, 피우겠어?"

톰이 말했다. "좋지! 오래 피우지 못했거든." 그는 담뱃가루를 흘리지 않도록 조심하면서 갈색 담배를 말았다.

월리가 말했다. "자네가 간다니 정말 슬퍼. 자네 가족들도 모두 좋은 사람들이고."

톰은 담배에 불을 붙였다. "나도 많이 생각했지. 제기랄, 정말이지 어디 정착해서 진득하니 살고 싶어."

줄이 더럼을 받아 들며 말했다. "뜻대로 되는 일이 아니지. 나는 어린 딸이 하나 있는데, 이곳에 오면 학교 정도는 보낼 수 있을 줄 알았지. 그런데 한 군데 느긋이 궁둥이를 붙이고 있을 수가 있어야지. 늘 이리저리 옮겨 다녀야 한단 말야."

톰이 말했다. "다신 후버빌에 가지 않을 거야. 거기선 정말 무서웠거든."

"보안관 대리 놈들이 집적거리나?"

"누굴 죽이게 될 것 같아서 겁이 나더라고. 잠깐 있었을 뿐인데도 줄곧 안절부절못했지. 한번은 보안관 대리 놈이 와서 친구를 끌고 가잖아. 그냥 좀 허튼소리를 했을 뿐인데. 거기서는 자나 깨나 안절부절못했어."

"파업 해본 적 있나?" 월리가 물었다.

"아니."

"곰곰이 생각해 봤지. 어째서 그 보안관 대리 놈들은 여기 들어와 다른 데서처럼 지랄하지 않는가를 말야. 사무실에 있는 쥐방울만 한 사내가 막고 있기 때문인 줄 아나? 그게 아냐."

"그럼 뭐야?" 줄이 물었다.

"말해줄까? 그건 말이지, 우리 모두 힘을 합해 움직이고 있기 때문이야. 보안관 대리도 이 캠프에 있는 사람을 하나만 끌고 갈 수는 없어. 이 캠프 전체를 끌고 가야 하는 거야. 그런데 감히 그렇게는 못하거든. 우리는 큰 소리로 한 번 외치기만 하면 돼. 그러면 즉시 200명이 들고 일어선단 말이야. 조합을 조직하려는 사나이가 도로에서 큰 소리로 말했는데, 우리는 어디서나 그렇게 할 수 있다는 거야. 오직 뭉치라는 거야. 저쪽도 200명이 한데 뭉쳤다 하면 함부로 덤비지는 못해. 한 명이라면 만만하니까 끌고 가는 거야."

줄이 말했다. "그야 그렇지만 우리가 조합을 만들었다고 쳐봐. 그 다음엔

지도자라는 게 있어야 하잖아? 놈들이 그자만 붙들어 가버리면 조합은 어떻게 되지?"

월리가 말했다. "흠, 언젠가는 생각해 봐야 할 일이야. 나는 이곳에 온 지 1년이 되는데 임금은 자꾸만 내려갈 뿐이야. 이제는 일을 해도 식구를 먹여 살릴 수가 없어. 그것도 날마다 나빠져 간단 말야. 그냥 이렇게 배고픈 눈을 하고 멍하니 앉아 있다고 뾰족한 수가 생기는 건 아니잖아? 어떻게 해야 할지 정말 모르겠어. 말을 두어 필 갖고 있으면 그 말이 일하지 않을 때도 별다른 불평 없이 먹이를 주면서, 인간을 고용해서 일을 시킬 때는 그 인간을 발톱의 때만큼도 여기지 않는단 말이야. 말이 인간보다 훨씬 값어치가 있다는 말씀이야. 나는 뭐가 뭔지 모르겠어."

줄이 말했다. "그래서 나는 그런 일을 생각하고 싶지 않아. 하지만 생각지 않을 수도 없단 말야. 아까도 말했지만 난 어린 딸이 있어. 귀여운 계집애지. 저번에 말이야, 이 캠프에서 상을 다 주었어. 귀엽다고 말이지. 그런데 이 딸년이 지금 어떻게 됐는지 알아? 빼빼 말라 버렸다고. 이제 더는 참을 수가 없어. 얼마나 귀여운 계집앤데. 조만간 일을 저지르고 말겠어."

월리가 물었다. "어떻게? 뭘 한다는 거야? 도둑질을 하고 감옥에 들어가겠다는 거야? 아님, 누굴 죽이고 교수형이라도 당하겠다는 거야?"

"모르겠어. 그걸 생각하면 미칠 것만 같아. 정말 미칠 것 같다고."

톰이 말했다. "서운하게도 이제 그 춤도 못 추게 되겠군. 내가 여태껏 본 중 가장 멋진 무도회였는데. 그럼 나는 이만 자러 가겠네. 잘들 있게. 어디서 다시 만나게 되겠지." 그는 친구들과 악수를 나누었다.

"그럼 만나고말고." 줄이 말했다.

"자, 잘들 있어." 톰은 어둠 속으로 사라졌다.

조드네 텐트에서는 어둠 속에서 루디와 윈필드가 매트리스에 누워 있었다. 어머니는 그 옆에 누워 있었다. 루디가 속삭였다. "엄마!"

"왜? 아직 안 잤니?"

"엄마…… 우리가 가는 데도 크로케 경기장 있어?"

"모르겠다. 좀 자거라. 아침 일찍 떠날 거니까."

"난 여기 있고 싶어. 여긴 크로케가 있는걸."

"쉿!"

"엄마, 윈필드가 아까 한 녀석을 때렸어."

"그런 짓 하면 못쓰지."

"알아. 나도 하지 말라고 그랬어. 그런데 윈필드는 그 애 코를 때렸지 뭐야. 그랬더니 제기랄, 피가 막 쏟아졌어!"

"그런 말투 쓰면 안 된다. 고운 말을 써야지."

윈필드가 몸을 이쪽으로 돌렸다. "그 새끼가 우리한테 오키라고 하잖아." 그는 성이 나서 씩씩대며 말했다.

"저희 네는 오리건에서 왔으니까 오키가 아니래. 우리보고 부랑자 오키라고 그러잖아. 그래서 때렸지 뭐."

"쉿! 그런 짓 하면 안 된다. 그냥 욕만 했지 해치지는 않았잖니."

"흥, 또 그따위 소리 하면 가만 두지 않을 거야." 윈필드가 잔뜩 흥분해서 말했다.

"쉿! 좀 자라."

루디가 말했다. "코피가 줄줄 흐르는 걸 봤어야 했는데. 옷이 다 젖을 정도였어."

어머니가 담요 밑에서 손을 뻗쳐 루디의 뺨을 손가락으로 탁 퉁겼다. 순간 어린 딸은 몸이 굳어지더니 이윽고 기가 꺾여 코를 훌쩍이면서 나직이 흐느끼기 시작했다.

변소에서는 아버지와 존 아저씨가 나란히 변기에 걸터앉아 있었다. 아버지가 말했다. "마지막 똥을 시원하게 눠 볼까, 어디. 정말 기분이 좋아, 이 변기는. 왜 생각나죠. 우리 꼬마들이 처음 이 변기 꼭지를 틀었을 때 말이오. 고것들이 겁이 나서 쩔쩔매는 꼴이란."

"나도 겁이 나던걸." 존 아저씨는 말하고, 입고 있던 멜빵바지를 무릎께까지 내렸다. "나는 자꾸만 나빠지는 것 같아. 죄책감만 들고."

"형님은 뭘 자꾸만 죄를 짓는다고 그러세요? 형님은 돈도 한 푼 없잖아요. 그저 가만히 앉아 있기밖에 더 해요? 죄를 지으려고 하더라도 하다못해 2달러는 들어요. 그런데 우리는 그 마저도 없잖아요."

"그렇지. 그래도 나는 죄만 생각하고 있다."

"그러면 됐어요. 그냥 죄만 생각하는 거라면 돈이 안 드니까."

"그래도 역시 괴롭다."

"아주 싸게 먹히는구면요."

"죄를 가볍게 보아서는 안 돼."

"가볍게 보다니요. 형님 좋을 대로 하시구려. 형님은 무슨 일만 있다 하면 만날 죄인 타령이니까."

"나도 안다. 나는 늘 그래. 나는 내가 지은 죄의 절반도 털어놓지 않았으니까."

"그대로 덮어두구려."

"이 좋은 변소에 들어오면 내가 죄인이라는 게 느껴진단 말야."

"그럼 숲에 가서 누시면 되겠구려. 그만 나갑시다. 바지를 추켜올리고 조금이라도 눈을 붙이자고요."

아버지는 바지의 멜빵을 어깨로 끌어올려 버클을 채웠다. 물을 틀고, 물이 변기를 소용돌이치며 내려가는 모양을 유심히 들여다보았다.

어머니가 가족들을 깨웠을 때 밖은 아직 어두웠다. 열려 있는 위생실 입구에서 흐릿한 불빛이 새어나오고 있었다. 길가에 늘어선 텐트에서는 코고는 소리가 들려왔다.

어머니가 말했다. "자, 일어들 나요. 떠나야 하니까. 이제 곧 날이 밝을 거예요." 그녀는 등잔 갓을 들어 올리고 심지에 불을 붙였다. "자, 모두들 일어나요."

텐트 바닥이 꾸물꾸물 움직였다. 담요와 이불이 걷혔다. 졸린 눈들이 눈부신 듯 실눈을 뜨고 불빛을 쳐다보았다. 어머니는 잘 때에 입는 속옷 위에 드레스를 걸치며 말했다. "커피는 없어요. 빵이 조금 있으니 가면서 먹자고요. 자, 어서들 일어나. 트럭에 짐을 실어요. 이웃사람들이 깨지 않도록 조용히 하고."

식구들이 잠에서 완전히 깨기까지 시간이 좀 걸렸다. "너희들 멀리 가면 안 된다." 어머니가 꼬마들에게 일렀다. 식구들은 옷을 입었다. 남자들은 방수포를 걷어내고, 트럭에 짐을 실었다. "판판하게 잘 실어요." 어머니가 주의를 주었다. 그들은 짐 위에 매트리스를 올리고 그 위에 방수포를 덮어씌워 단단히 묶었다.

톰이 말했다. "됐어요, 어머니. 준비가 끝났어요."

어머니가 차갑게 식은 빵이 담긴 접시를 내밀었다. "자, 한 사람 앞에 하나씩이야. 이게 다야."

루디와 윈필드는 제 몫의 빵을 집어 들고 짐 위로 올라갔다. 둘은 담요 한 장을 같이 덮어 쓰곤 차고 딱딱한 빵을 쥔 채 다시 잠들어 버렸다. 톰이 운전석에 올라가 시동을 걸었다. 엔진이 조금 부릉거리더니 이내 꺼졌다.

톰이 외쳤다. "이거 왜 이래? 앨! 너 배터리가 다 나가게 내버려 두었구나."

앨이 되받아 소리 질렀다. "차가 달릴 휘발유도 없는데 어떻게 충전해 두란 말야."

톰이 갑자기 킬킬거리며 웃었다. "왜 그리 됐는지는 모르지만, 아무튼 네 탓이야. 크랭크는 네가 돌려야겠어."

"내 책임이 아니라니깐."

톰이 밖으로 나가 좌석 밑에서 크랭크를 꺼내며 말했다. "그래, 내 탓이다."

앨이 그것을 잡았다. "그 크랭크 이리 줘.. 내 팔 날아가지 않게 스파크를 내려봐."

"자, 돌려."

앨이 힘껏 크랭크를 빙빙 돌렸다. 엔진이 걸리며 부르릉 소리가 나기 시작했다. 톰이 신중하게 공기 흡입장치를 조절하자 소리가 우렁차졌다. 그는 스파크를 올리고 조절판을 내렸다.

어머니가 톰 옆에 올라타며 말했다. "그 소리에 온 캠프 사람들이 다 깼다."

"다시 잘 거예요."

앨이 다른 쪽 문으로 올라와 앉으며 말했다. "아버지와 큰아버지는 위로 올라가셨어. 더 주무실 모양이야."

톰은 정문 쪽으로 트럭을 몰았다. 문지기가 사무실에서 나와 트럭에 손전등을 비췄다. "잠깐 기다려요."

"뭔데요?"

"아주 떠나는 건가요?"

"네."

"그렇담 명부에서 지워야지."

"그렇게 하시죠."

"어디로 갈 생각이오?"

"글쎄요, 북쪽으로 가 볼까 하는데……."

"그럼, 잘 가시오."

"아저씨도 잘 있어요."

트럭은 천천히 둔덕을 넘어 도로로 나갔다. 톰은 그가 지난날 달려온 길을 거슬러 달렸다. 위드패치를 지나 서쪽으로 달려 이윽고 99번 도로가 나오자 그 넓은 포장도로를 베이커스필드를 향해 북으로 달렸다. 시의 변두리에 다다랐을 때는 이미 동이 트고 있었다.

톰이 말했다. "사방이 식당이군. 저런 데는 틀림없이 커피가 있겠지. 철야 영업을 하는 저 식당에는 커피가 10갤런은 있을 걸. 뜨거운 놈으로 말이야!"

"그런 말 마." 앨이 말했다.

톰이 그를 돌아보며 히죽댔다. "그런데 너 그새 계집애 하나 꿴 모양이더구나."

"쳇, 그게 어쨌다는 거야."

"어머니, 이 녀석 오늘 아침에는 심통이 사나운데요. 이래서야 어디 의좋게 지낼 수가 있나."

앨이 짜증스레 말했다. "난 곧 독립할 거야. 식구가 없으면 훨씬 편하게 지낼 수 있단 말야."

톰이 말했다. "아홉 달도 못 가서 식구가 생길걸. 네 녀석이 그 여자랑 뒹구는 꼴을 내 이 두 눈으로 똑똑히 봤다고."

"헛소리! 난 차고 일을 얻을 테야. 그리고 밥은 식당에서―"

"그리고 아홉 달 뒤에는 마누라와 자식새끼가 생기고."

"그런 일 없다니까."

"잘난 척하기는. 머잖아 머리통을 쥐어 박히게 될 걸."

"누가 쥐어박아?"

"그러고 싶어 근질근질한 녀석들이 사방 천지에 깔려 있다고."

"형은 자기가—"

"그만들 둬라." 어머니가 끼어들었다.

톰이 말했다. "이제 안 해요. 그냥 좀 놀려 보는 거예요. 나쁜 마음이 있어서 그런 건 아니다, 앨. 네가 그토록 그 애를 좋아하는 줄은 몰랐어."

"나는 어떤 계집애고 그렇게 좋아하진 않아."

"좋아하지 않는다면 그것으로 됐어. 그러니 이제 입씨름은 그만두자."

트럭이 시가로 접어들었다. 톰이 말했다. "저 핫도그 가게 좀 봐, 어이구, 몇 백 개는 되겠네."

어머니가 말했다. "톰! 내게 1달러 감춰둔 게 있는데, 그렇게 커피 마시고 싶으면 그걸 주랴?"

"아녜요, 어머니. 농담으로 그랬을 뿐이에요."

"정말 마시고 싶거든 그 돈을 주마."

"안 받아요."

앨이 말했다. "그럼 커피 타령 좀 그만하지 그래?"

톰은 한참 동안 잠자코 있다가 입을 떼었다. "늘 요놈의 입이 방정이군. 저기가 그날 밤 몰래 들어갔던 길이야."

어머니가 말했다. "다시 그런 일을 당하고 싶지 않구나. 정말 생각도 하기 싫은 밤이었어."

"저도 싫었어요."

태양이 오른쪽에서 솟아올랐다. 트럭은 길가 울타리를 따라 나란히 달렸다. 트럭이 만드는 커다란 그림자가 울타리 말뚝에 부딪칠 때마다 깜빡거렸다. 그들은 새로 지어진 후버빌을 지나갔다.

톰이 말했다. "저것 좀 봐. 새로 온 사람들이 살고 있어. 예전의 그곳 같은데?"

앨은 서서히 시무룩한 기분이 풀리는 듯했다. "전에 들었는데, 저 사람들 중에는 불이 나는 바람에 열 번도, 스무 번도 더 쫓겨난 사람이 있대요. 그 사람들은 버드나무숲 깊숙이 들어가서 숨어 있다가 다시 나와서는 초가집을 다시 짓는대요. 땅쥐 같은 신세지. 그런 일을 하도 많이 겪어서 이제 불을 질러 봐야 별로 화도 내지 않는대. 궂은 날씨였다는 정도로밖에 생각지 않는 모양이래요."

"분명히 그날 밤은 나에게도 궂은 날씨였어." 톰이 말했다. 그들은 넓은 고속도로로 나갔다. 햇빛이 조금 오싹하게 느껴졌다. 톰이 말했다. "아침이 점점 쌀쌀해지는군. 겨울이 오는 모양이야. 그때까지 어떡하든 돈을 벌어야 할 텐데. 겨울철 텐트는 별반 반갑지 않으니까."

어머니는 한숨을 짓더니 이내 고개를 꼿꼿이 쳐들고 말했다. "톰, 겨울에는 집을 장만해야 한다. 정말 그렇게 해야 해. 루디는 괜찮지만, 윈필드는 튼튼하지 못해. 장마가 오기 전에 집을 마련해야 할 텐데. 이 근방은 비가 억수같이 쏟아진다는구나."

"집이야 마련 못하려고요, 어머니. 걱정 말아요. 집, 까짓 거 문제없어."

"그저 방바닥과 지붕만 있으면 돼. 아이들을 맨바닥에서 재우지만 않으면 된다."

"어머니, 다 같이 해 봐요."

"자꾸만 네게 짐을 지우기는 싫다만."

"해 볼게요, 어머니."

"가끔 겁이 더럭 난단다. 아주 마음이 약해졌어."

"어머니가 기운을 잃은 건 본 적이 없는데."

"밤이 되면 가끔 그렇단다."

트럭 앞에서 귀에 거슬리는 쉬익 소리가 났다. 톰은 운전대를 움켜쥐고 브레이크를 꽉 밟았다. 트럭이 덜컹하며 급정거했다. 톰이 안도의 한숨을 내었다. "어이쿠, 끝내 당했구나." 그는 좌석 등받이에 등을 기댔다. 앨이 튀어나가 오른쪽 앞바퀴로 달려갔다.

"엄청나게 큰 못이야." 앨이 소리 질렀다.

"타이어 때울 거리 있니?"

"없는데, 모두 써 버렸어. 고무는 있지만 풀이 있어야지."

톰이 어머니를 돌아보고 처량하게 웃으며 말했다. "그 1달러 얘긴 하지 않았더라면 좋았을걸. 그랬더라면 우리 힘으로 어떡하든 고쳤을 텐데." 그는 차에서 내려 펑크 난 타이어로 다가갔다.

앨이 짜부라진 타이어에서 쑥 튀어나온 커다란 못을 가리켰다. "저거야!"

"이 동네에 딱 한 개밖에 없는 큰 못을 하필이면 우리가 밟은 꼴이구나."

"아주 심하냐?" 어머니가 물었다.

"그리 심하진 않지만 때우기는 해야겠어요."

가족들이 차에서 잇따라 내려왔다.

"터졌냐?" 아버지가 묻더니 타이어를 보고는 입을 다물어 버렸다.

톰은 어머니를 좌석에서 물러나게 하고, 시트 밑에서 구멍 때우는 연장을 꺼냈다. 돌돌 말아놓은 땜질용 고무를 펴고, 접착제 튜브를 꺼내어 조심스럽게 눌렀다.

"거의 말라버렸잖아. 하지만 어떻게 될 것 같군. 자 앨, 뒷바퀴를 받쳐. 잭으로 들어올리자."

톰과 앨은 힘을 합쳐서 열심히 움직였다. 뒷바퀴 뒤에 돌을 고이고 잭을 앞바퀴 차축에 받쳐 차체를 들어올려, 짜부라진 타이어에 쏠리는 무게를 없앴다. 그런 다음 타이어를 떼어 냈다. 구멍을 찾아낸 뒤, 걸레조각을 휘발유 탱크에 대고 적셔서 구멍 언저리를 닦았다. 앨이 타이어 튜브를 무릎 위에 올려놓고 단단히 붙들고 있는 동안 톰이 접착제 튜브를 반으로 갈라 끈적한 액체를 주머니칼로 얇게 고무 위에 발랐다. 고무 밖으로 비어져 나온 액체를 능숙하게 제거했다. "자, 내가 때울 고무를 자르는 동안 이걸 말리자." 톰은 푸른 고무를 잘라내어 그 둘레를 비스듬히 저몄다. 앨이 타이어 튜브를 팽팽하게 잡아당기는 동안 톰은 가만히 구멍에 고무를 붙였다. "됐다! 이번엔 그걸 디딤판으로 가지고 가. 내가 망치로 두드릴 테니." 톰은 덧붙인 고무를 조심스럽게 두드렸다. 그런 다음 튜브를 팽팽하게 잡아 당겨서, 땜질한 고무의 가장자리를 꼼꼼히 살펴보았다. "이제 됐다! 괜찮을 거야. 이제 휠에 끼우고 펌프로 공기를 넣자. 어머니, 그럭저럭 그 1달러는 쓰지 않아도 될 것 같은데요."

앨이 말했다. "예비 타이어가 있으면 좋은데. 휠도 있고 공기도 팽팽하게 든 예비 타이어를 하나 사야겠어, 형. 그러면 밤에 펑크가 나도 갈아 끼울 수 있으니까."

"그럴 돈이 있으면 차라리 커피랑 돼지고기를 사겠다." 톰이 말했다.

이따금 차들이 고속도로를 붕붕 지나갔다. 해는 점점 따뜻하고 밝아져 갔다. 속삭이는 듯한 부드러운 바람이 이따금 남서쪽에서 불어왔다. 계곡 양쪽에 높이 솟은 산들은 희뿌연 안개에 싸여 있었다.

톰이 타이어에 바람을 넣고 있을 때, 북쪽에서 뚜껑 없는 이인승 자동차 한 대가 달려와 도로 맞은편에 섰다. 엷은 회색 신사복을 입은, 볕에 그을은 사나이가 나와서 도로를 가로질러 트럭 있는 데로 걸어왔다. 모자는 쓰지 않았다. 그가 빙긋 웃었다. 거무스름한 얼굴과 대조적으로 이가 유난히 희었다. 왼손 약지에 금으로 된 굵다란 결혼반지를 끼고 있었다. 럭비공 모양을 한 작은 금메달이 조끼에 늘어뜨린 가느다란 줄에 매달려 있었다.

"안녕하시오." 그가 쾌활하게 인사해 왔다.

톰은 펌프질하던 손을 멈추고 눈을 들었다. "안녕하세요."

사나이는 희끗희끗한 굵고 짧은 머리칼을 손가락으로 쓸어 넘겼다. "일을 찾소?"

"네, 그래요. 마루 밑까지 샅샅이 훑어보고 다니는 중이죠."

"복숭아를 딸 줄 아오?"

"아직 해본 적은 없소." 아버지가 말했다.

톰이 얼른 말했다. "하지만 뭐든지 할 수 있습니다, 뭐든지 따죠."

사나이가 황금 럭비공을 만지작거리며 말했다. "여기서 40마일쯤 북쪽으로 가면 얼마든지 일이 있는데."

톰이 말했다. "그거 꼭 했으면 좋겠는데요. 위치만 가르쳐 주시면 한달음에 달려가겠습니다."

"그렇다면 북쪽을 향해 픽슬리까지 가시오. 여기서 35~6마일쯤 될 거요. 거기서 동쪽으로 꺾어 6마일쯤 간 다음, 아무나 붙잡고 후퍼 농장이 어디냐고 물으면 가르쳐 줄 거요. 거기 가면 질리도록 일이 있소."

"꼭 가지요."

"당신들 말고도 일자리 찾는 사람들이 있는 델 알고 있소?"

톰이 말했다. "네, 그럼요. 저 위드패치 캠프에 가면, 많은 사람이 일자릴 구하고 있죠."

"그럼 거기 가 봐야겠군. 우리는 일손이 많이 필요하거든. 가는 길 잊지 마시오. 픽슬리에서 동쪽으로 꺾어 그대로 죽 가면 후퍼 농장이 나오니까."

"잊어버리다뇨, 고맙습니다, 선생님. 우리는 일을 찾아 헤매는 중이었거든요."

"좋아요. 그럼 되도록 빨리 가보시오." 그는 도로를 가로질러 가서 뚜껑 없는 차에 올라타고 남으로 사라졌다.

톰은 펌프에 체중을 실으며 소리쳤다. "한 사람이 스무 번씩이다. 하나, 둘, 셋, 넷……." 스물을 세고 앨이 펌프를 교대했다. 그리고 아버지, 존 아저씨 순서로 교대했다. 타이어가 탱탱해졌다. "차체를 내려서 형편을 봐야지."

앨이 잭을 빼내 차를 내렸다. "충분히 들어갔어. 너무 들어갔을 정도야."

그들은 연장을 차 안에 집어넣었다. 톰이 외쳤다. "자, 가자! 이제야 겨우 일을 할 수 있겠군."

어머니가 다시 가운데에 앉았다. 이번에는 앨이 운전했다.

"살살 몰아. 엔진 과열되지 않게, 앨."

아침 햇살이 비치는 밝은 들판을 달렸다. 언덕 꼭대기를 덮고 있던 안개가 걷히자, 검붉은 주름을 드러내 보이면서 갈색 산이 선명하게 떠올랐다. 트럭이 지나가자 울타리에서 산비둘기가 날아올랐다. 앨은 자기도 모르게 속력을 올렸다.

톰이 주의를 주었다. "천천히 몰아. 그렇게 달리다가 풍비박산된다. 무사히 도착해야지. 당장 오늘이라도 일을 얻게 될지도 모르잖아."

어머니가 흥분하여 말했다. "남자가 넷이나 일하게 되는 거니까 조금은 외상을 주겠지. 맨 먼저 커피를 사야겠다. 네가 그렇게 마시고 싶어 하니까. 또 밀가루, 베이킹파우더, 고기도 조금. 베이컨은 당장은 안사는 편이 좋겠지. 그건 뒤로 미루기로 하자. 그래, 토요일쯤에나 사지, 뭐. 그리고 비누야. 비누를 사야지. 우리가 어떤 데서 살게 될까?" 그녀는 들떠서 계속 지껄였다. "참, 우유도 사야지. 우유는 조금이라도 꼭 사야 해. 로자샨은 우유를 마셔야 하니까. 간호사가 그렇게 말했어."

뱀 한 마리가 따스한 국도를 구불텅구불텅 가로질렀다. 앨이 그쪽으로 핸들을 꺾어 뱀을 깔아뭉개고 다시 제자리로 돌아왔다.

톰이 말했다. "쥐잡이뱀이다. 그건 죽여서는 안 되는데."

앨이 유쾌한 듯이 말했다. "난 뱀이 싫어. 무슨 종류건 뱀은 딱 질색이야. 뱀만 보면 구역질이 나거든."

고속도로를 달리는 차들이 늘어갔다. 차 문에 회사 마크가 그려진 번쩍번쩍한 쿠페를 운전하는 세일즈맨, 뒤에 쇠사슬을 매달고 시끄럽게 쩔렁거리며 달리는 빨강과 흰색의 정유 트럭, 식료품 도매상의 농작물을 배달하는 문이 네모진 대형 포장 트럭. 도로 양옆에는 풍요로운 토지가 펼쳐져 있었다. 한창 잎이 무성한 과수원, 기다란 녹색 덩굴이 나무 사이사이 땅을 온통 뒤덮은 포도밭, 멜론밭, 보리밭. 장미로 뒤덮인 하얀 집들이 푸른 밭 사이에 점점이 서 있었다. 금빛으로 빛나는 태양이 따스하게 내리쬐었다.

트럭 앞좌석에서 어머니와 톰과 앨은 행복에 취해 있었다. 어머니가 말했다. "이런 행복한 기분은 정말 오랜만이야. 복숭아를 많이 따면 집을 마련할 수 있을지 모르겠구나. 집세도 두어 달치쯤 치를 수 있을지도 모르고. 어떻게든 집을 마련해야지."

앨이 말했다. "난 저금할래. 돈을 모은 다음 시내에 나가서 차고에 취직하는 거야. 셋방을 얻고 밥은 식당에서 먹어야지. 저녁마다 영화도 보고. 돈도 얼마 안 든다고. 서부 영화를 보는 거야." 그는 운전대를 꽉 부여잡았다.

라디에이터가 부글거리더니 쉬익 하고 증기를 뿜어냈다. 톰이 물었다. "물은 많이 넣어두었지?"

"넣었어. 바람이 뒤에서 불어서 끓는 거야."

"오늘 날씨 참 좋다. 매칼리스터에서 일할 때 내가 하고 싶은 일을 한 개도 빠짐없이 생각해 보았지. 생각이 꼬리에 꼬리를 물고 끝도 없이 펼쳐지는 거야. 아득한 옛날 같은 생각이 드는군. 거기 들어간 일이 몇 해 전 일만 같아. 교도관 한 놈이 있었는데, 나한테 어찌나 못되게 구는지 나는 숨어 있다가 그놈을 죽여버리려고까지 했었어. 내가 경찰을 미워하게 된 건 그놈 때문인지도 몰라. 어느 경찰이고 다 그놈 같은 상판대기로 보이거든. 그놈은 빨간 상판대기에 꼭 돼지 같은 인상이었지. 형 하나가 서부에 살고 있다더군. 종종 사람들을 임시로 석방시켜서 그 형에게로 보내는 거야. 공짜배기로 일을 시켜 먹을 수 있거든. 어쩌다 작은 말썽이라도 부리면, 임시 석방 선서를 깨뜨렸다면서 도로 처넣어 버렸지. 정말 그랬는지는 몰라도 그런 소문이 돌았어."

어머니가 애원하듯 말했다. "그런 생각일랑 이제 하지 마라. 나는 먹을 것을 잔뜩 장만해야지. 밀가루하고 라드를 잔뜩 말이야."

톰이 말했다. "생각하는 편이 좋아요. 생각지 않으려고 하면 도리어 꽝하고 얻어맞고 말아요. 괴짜 놈이 하나 있었지. 그놈 이야기는 한 번도 안 했지, 참. 해피 홀리건(옛날의 인기 영화배우) 같이 생긴 놈인데, 아주 순한 놈이었어. 만날 탈옥 준비만 했었지. 모두가 놈을 훌리건이라고 불렀어." 톰은 혼자 웃었다.

"그런 생각은 하지 말라니까." 어머니가 간청하듯 말했다.

앨이 말했다. "계속 해 봐. 그 사람 얘기 좀 해봐."

톰이 말했다. "얘기한다고 뭐가 어떻게 되진 않아요, 어머니. 놈은 늘 탈옥할 생각만 했지. 계획을 세우는 거야. 어떻게 어떻게 한다는 계획을 말야. 그런데 놈은 그것을 저 혼자만의 비밀로 해 두질 못하는 거야. 그러니까 금방 다 알게 돼버리지. 교도관들까지도. 그래서 놈이 계획을 실행하면 저쪽에서는 옳다구나 하고 놈의 팔을 붙잡아 도로 처넣어 버리는 거야. 한번은 놈이 타넘을 장소를 봐두었는데, 그 지도를 또 사람들에게 보여줬어. 그래도 모두 모르는 체했지. 놈은 어디선가 밧줄을 마련해 갖고 와서 그걸 담장에 걸치고 넘어갔어. 그런데 담장 밖에는 교도관 여섯이 커다란 자루를 들고 기다리고 있잖겠어. 훌리건 놈은 그걸 모르고 밧줄을 타고 내려갔고 교도관들은 자루 아가리를 벌리고 그 밑에서 기다리는 거야. 놈은 곧장 그 자루 속으로 쏙 들어가 버렸어. 교도관들이 자루 주둥이를 묶어서 둘러메고 돌아왔는데, 모두들 어떻게나 웃었던지. 그런데 그 뒤로 그 훌리건 자식은 기가 죽어서 그저 울고, 또 울고 하더니, 그만 울적한 마음을 풀지 못하고 병들어 버리더군. 어지간히도 기분을 잡쳤던 모양이야. 그 울분을 이기지 못하고 핀으로 손목의 동맥을 쿡 찔러 과다출혈로 죽어 버렸지. 정말 순한 놈이었는데. 거긴 별의별 놈이 다 있다니까."

어머니가 말했다. "이제 그런 얘긴 집어치워. 나는 무법자 플로이드의 어머니를 아는데 그 아이도 나쁜 아이는 아니었다. 그냥 궁지에 몰리다 보니까 그렇게 되어버리고 만 거지."

해가 중천으로 올라왔다. 트럭 그림자는 점점 짧아지다가 마침내 바퀴 밑으로 기어들어갔다.

앨이 말했다. "저 앞이 픽슬리인가 봐. 조금 전에 표지를 보았어." 차는 조그만 시가로 들어갔다. 먼저보다 좁은 길로 접어들어 동쪽으로 꺾었다. 과수원이 양옆에 이어져 있어서 도로가 복도 같이 보였다.

톰이 말했다. "금방 찾을 수 있으면 좋겠는데."

어머니가 말했다. "아까 그 사람이 후퍼 농장이라고 그랬지? 사람들더러 물어보면 가르쳐 줄 거라고 그랬어. 가까운 데 가게라도 있으면 좋겠다만.

남자 넷이 일할 거니까 얼마간 외상으로 살 수 있겠지. 외상으로 주면 아주 맛있는 저녁을 먹여 주마. 근사한 스튜를 만들 거야."

톰이 말했다. "그리고 커피도. 더럼도 한 봉지 사야지. 그동안 남의 담배만 잔뜩 얻어 피웠으니까."

저만치 앞에 자동차 몇 대가 길을 막고 서 있고 흰 오토바이가 길가에 일렬로 서 있었다. 톰이 말했다. "무슨 사고가 난 모양인데?"

다가가니 장화를 신고 가죽 혁대를 찬 주 경찰관 한 사람이 가장 뒤에 서 있는 차 뒤에서 걸어 나왔다. 경관이 손을 들었다. 앨이 차를 세웠다. 경관은 마치 구면인 것처럼 차창에 기대섰다. "어딜 가는 길인가?"

앨이 말했다. "이 근처에 복숭아 따는 일이 있다고 해서요."

"일하고 싶단 말이지?"

"그래요." 톰이 말했다.

"좋아. 여기서 잠깐 기다리라고." 그는 도로변으로 가더니 앞에다 대고 소리쳤다.

"또 한 대 왔어. 모두 여섯 대가 준비하고 있어. 이 축들은 들여보내는 게 좋을 것 같은데."

톰이 말했다. "이봐요, 무슨 일이 있나요?"

경찰관이 건들건들 돌아왔다. "저쪽에 좀 시끄러운 일이 생겼어. 걱정하지 않아도 돼. 빠져나갈 수 있으니까. 이 줄을 따라오면 돼."

오토바이에 시동을 거는 소리가 요란하게 들렸다. 차량 행렬이 움직이기 시작했다. 조드네 차를 맨 뒤에 달고 오토바이 두 대가 선두에 서고, 두 대가 후미에 붙었다.

톰이 불안스레 말했다. "무슨 일이 일어났는지 모르겠는걸."

"도로가 파손됐나 보지 뭐." 앨이 짐작으로 말했다.

"그렇다고 경찰이 네 명이나 안내할 필요는 없잖아. 어쩐지 께름칙한데."

선두 오토바이가 속력을 냈다. 고물 자동차들도 속력을 냈다. 앨도 뒤처지지 않으려고 서둘렀다.

톰이 말했다. "저 앞에 있는 축들도 우리와 비슷한 사람들이야, 모두 다. 어쩐지 기분 나쁜데."

앞장 선 오토바이가 갑자기 길을 꺾더니 자갈을 깐 폭넓은 진입로로 접어

들었다. 고물 자동차들도 그 뒤를 숨가쁘게 쫓아갔다. 오토바이가 엔진을 요란스레 부릉거렸다. 톰은 사람들이 길가 우묵한 수로에 서 있는 것을 보았다. 그들은 마치 욕설이라도 외치고 있는 것처럼 입을 벌리고 있었으며, 주먹을 휘두르고 분노로 얼굴이 일그러져 있었다. 뚱뚱한 여자 하나가 차 쪽으로 달려 나왔다. 요란스럽게 부릉거리는 오토바이가 여자를 가로막았다. 철조망을 친 높다란 대문이 활짝 열렸다. 고물차 여섯 대가 통과하자 등 뒤에서 문이 다시 닫혔다. 오토바이 네 대는 오던 길을 되돌아갔다. 오토바이가 보이지 않게 되자 길가에 있는 사람들이 아우성치는 소리가 멀리서 들려왔다. 두 사나이가 자갈길 옆에 서 있었다. 둘 다 사냥총을 들고 있었다.

한 사람이 소리를 질렀다. "가요, 가! 왜 거기 서 있는 거요!"

차 여섯 대가 앞으로 움직였다. 모퉁이를 돌아가니 바로 복숭아 농장의 야영지가 나왔다.

거기에는 작고 네모진 납작한 집들이 쉰 채 정도 있었다. 모두 출입문 하나에 창문이 하나씩 나 있었다. 그 집들이 몰려 있는 전체 모양도 네모꼴이었다. 물탱크가 야영지 한쪽 가장자리에 하늘 높이 서 있고 식료품점 하나가 그 맞은편에 있었다. 네모진 집들이 늘어선 양쪽 끝에도 두 사나이가 서 있었다. 산탄총으로 무장하고 셔츠에는 커다란 은색별 마크를 핀으로 꽂아 달고 있었다.

차 여섯 대가 섰다. 경리 담당자 둘이 차마다 돌아다니며 질문을 했다. "일자릴 원하나?"

톰이 대답했다. "그럼요, 그런데 무슨 일이 있었나요?"

"당신들이 알 바 아냐. 일하려는 거지?"

"그래요."

"이름은?"

"조드."

"남자는 몇 명이야?"

"넷."

"여자는?"

"둘."

"어린아이는?"

"둘."

"전부 일할 수 있나?"

"왜 못하겠어요. 할 수 있을 거예요."

"좋아. 63호로 가. 임금은 상자 당 5센트. 상한 건 담지 말 것. 됐어, 자가. 당장 일을 해야 해."

차들이 움직였다. 네모진 빨간 집에는 어느 집 문에나 번호가 페인트로 씌어 있었다. 톰이 말했다. "63호라. 저것이 60호니까, 조금 가면 되겠지. 자 61호, 62호, 저기다."

앨이 자동차를 그 작은 집 문 앞에 세웠다. 가족들은 짐 위에서 내려와 어리둥절해서 그 주변을 둘러보았다. 보안관 대리 두 사람이 다가왔다. 그들은 가족들의 이름을 하나하나 유심히 살펴보았다.

"이름은?"

"조드요. 대관절 여긴 어떻게 된 거요?" 톰은 짜증스러운 목소리로 말했다.

그중 하나가 기다란 명부를 꺼냈다. "여긴 없군. 아직 본 적이 없어. 허가장을 봐. 없어, 이들은 괜찮은 모양이군."

"잘들 들어. 우리는 당신들하고 말썽을 일으키고 싶지 않아. 자기 일만 하면 아무 일도 없을 거야." 두 사람은 재빨리 몸을 돌려 걸어갔다. 먼지 낀 도로 끝에 가서 그들은 상자에 걸터앉았다. 그 위치는 집들 사이의 도로 전체를 둘러볼 수 있는 곳이었다.

톰은 기가 찬 얼굴로 그 뒷모습을 지켜보았다. "저놈들, 우릴 진짜 편안하게 만들어줄 작정인 모양인데."

어머니는 문을 열고 집 안에 발을 들여놓았다. 바닥에는 여기저기 식용유 흘린 자국이 있었다. 휑하게 뚫린 단칸방에는 녹슨 양철 화덕 하나가 놓여 있었다. 그밖에는 아무것도 없었다. 양철 화덕 밑에는 벽돌 네 개가 괴어 있고, 녹슨 굴뚝은 지붕을 뚫고 밖으로 빠지고 있었다. 땀과 식용유 냄새가 코를 찔렀다. '샤론의 장미'가 어머니 옆에 와 섰다. "우리 여기서 살아요?"

어머니는 잠시 입을 다물고 있다가 이윽고 대답했다. "물론이지. 쓸고 닦고 걸레질을 하면 괜찮을 게다."

"텐트에서 사는 편이 낫겠어요."

"여기는 마룻바닥이 있다. 비가 와도 새지 않을 거야." 그리고 문에다 대고 말했다. "짐을 부리는 게 좋겠어요."

사나이들은 잠자코 트럭에서 짐을 내렸다. 두려움이 그들을 짓눌렀다. 네모진 집단부락은 쥐죽은 듯 고요했다. 한 여자가 길을 걸어갔다. 그녀는 그들을 쳐다보려고도 하지 않았다. 여자는 고개를 푹 떨어뜨리고 걸었다. 때묻은 깅엄 옷자락이 너덜너덜 헤져 있었다.

루디와 윈필드도 불안을 느끼는 듯했다. 그들은 근처를 구경하러 달려가지도 않고, 트럭 옆 식구들 가까이에 딱 붙어서, 먼지가 뿌연 길을 서글픈 듯이 이리저리 둘러보았다. 윈필드는 짐을 묶는 데 썼던 철사도막을 줍더니 몇 번이나 꼬부렸다 폈다 해서 두 동강이 냈다. 그중 짧은 것을 직각으로 꺾더니 양손으로 뱅글뱅글 돌렸다.

톰과 아버지가 집 안으로 매트리스를 옮기고 있을 때 사무원이 나타났다. 탁한 황갈색 바지에 푸른 셔츠를 입고 검은 넥타이를 매고 있었다. 은테 안경을 꼈는데, 두꺼운 렌즈 너머로 보이는 두 눈은 기운 없고 붉게 충혈 되어 있었고, 눈동자는 크게 뜬 송아지 눈 같았다. 그가 몸을 내밀듯이 하며 톰에게 말했다.

"장부에 기입해야 하는데, 몇 명 일할 수 있소?"

"남자가 넷이오. 일은 어려운가요?"

"복숭아 따는 일이오. 수확 일이지. 한 상자에 5센트."

"아이들이 일해서 안 된다는 법은 없겠군요?"

"물론이지, 함부로 하지만 않으면."

어머니가 문간에 나타났다. "집안이 정돈되면 나도 곧 돕겠다. 우리는 아무것도 먹을 게 없는데, 지금 당장 임금을 받을 수 없나요?"

"그건 안 되겠는데요. 임금 선지급은 곤란해요. 그렇지만 일해서 버는 것만큼은 저 가게에서 외상으로는 살 수가 있소."

톰이 말했다. "자, 서두르자. 오늘 저녁에는 고기하고 빵을 좀 먹어야지. 어디서 일하나요?"

"나도 지금 그리 가는 길이오. 뒤따라와요."

톰과 아버지와 앨과 존 아저씨는 사무원과 같이 먼지가 뿌연 길을 지나 과수원의 복숭아나무 사이로 들어갔다. 가느다란 잎사귀가 노랗게 물들어 가고 있었다. 가지마다 열린 복숭아는 금빛과 빨간빛을 띤 조그만 공 같아 보였다. 나무들 사이에 빈 상자가 산더미처럼 쌓여 있었다. 과일 따는 사람들이 분주히 돌아다니며, 손에 든 통 속에 복숭아를 따서 집어넣고, 그것을 다시 상자에 담아 검사장으로 가지고 갔다. 검사장에는 복숭아가 가득 담긴 상자더미가 트럭을 기다리고, 사무원들이 복숭아 상자와 일꾼의 이름을 대조하기 위해서 기다리고 있었다.

"네 사람 더 왔네." 안내한 사나이가 사무원에게 말했다.

"그래, 전에 따본 일 있소?" 톰이 말했다.

"한 번도 없어요."

"그럼 조심해서 따요. 흠이 있는 건 안 돼. 바람에 떨어진 것도 안 되고. 딴 복숭아에 상처를 내면 그것도 셈에 넣지 않아요. 저기 통이 있소."

톰은 3갤런들이 통을 집어 들고 살폈다. "바닥이 구멍 천지군."

아까 그 근시안의 사무원이 말했다. "그렇게 해두면 아무도 훔쳐가지 않거든. 자, 저기 저 구역이오. 어서 시작해요."

조드네 사나이들은 저마다 통을 들고 과수원에 들어갔다. "시간을 낭비 않는 놈들이군." 톰이 말했다.

앨이 말했다. "빌어먹을! 난 차고에서 일하고 싶다고."

이제껏 아무 말 않고 따라오던 아버지가 별안간 앨에게 바짝 다가서며 말했다. "입 좀 닥치지 못해! 공연히 되지도 않을 소릴 하고 불평을 늘어놓고 툴툴거리는구나. 일이나 해라. 그렇잖음 때려줄 테다. 넌 아직 맞지 않아도 될 만큼 다 크진 않았단 말야."

앨은 화가 나서 얼굴이 새빨개져서 고함을 지르기 시작했다. 톰이 그 앞으로 다가가 부드럽게 말했다. "앨, 빵과 고기야. 우리는 어떻게 해서든 그걸 사야 한다고."

그들은 복숭아를 따서 통에 던져 넣기 시작했다. 톰은 숨도 쉬지 않고 일했다. 통에 하나 가득, 또 하나 가득. 그는 그것을 상자에 쏟아 부었다. 세 통째. 상자가 꽉 찼다. "나는 벌써 5센트 벌었다." 그는 외치며 상자를 들고 급히 검사장으로 갔다. 톰이 검사원에게 말했다. "자, 5센트 분이오."

검사원이 상자에 담긴 복숭아를 들여다보고 하나 둘 뒤집었다. "저리 놔, 이건 못 쓰니까. 흠을 내면 안 된다고 하잖았나. 통째로 상자에 쏟아 부었겠지? 복숭아가 온통 상처가 났어. 하나도 통과시키지 못하겠는데. 살살 넣어야지. 안 그러면 헛일이야.”

“에이 빌어먹을.”

“이번엔 살짝 하라고. 하기 전에 주의 줬지, 왜.”

톰은 시무룩하니 땅을 내려다보았다. “좋아, 좋다고.” 그는 빨리 식구들 있는 곳으로 돌아왔다. 톰이 앨에게 말했다. “그 통에 든 것도 쏟아 붓지 않는 게 좋아. 네 것도 내 것과 똑같구나. 그건 받아주지 않는다.”

“그게 뭐야!” 앨이 투덜거렸다.

“조심해서 따야 해. 통에 던져 넣지도 말고. 살짝 담아야 한다고.”

그들은 다시 일을 시작했다. 이번에는 복숭아를 곱게 다뤘다. 상자는 좀처럼 차지 않았다. 톰이 말했다. “이거 무슨 좋은 생각이 나올 법도 한데. 루디랑 윈필드랑 로자샨이 상자에 담는 일을 해주면 좋겠는데.” 그는 갓 담은 상자를 검사장으로 들고 갔다. “이건 5센트가 되나요?”

검사원이 두세 줄 밑까지 헤쳐 보았다. “이제 됐군.” 그리고 그 상자를 장부에 기입했다. “천천히들 해요.”

톰이 얼른 돌아와서 소리쳤다. “5센트 벌었다! 나는 5센트 벌었어. 하지만 이걸 스무 번 해야 1달러가 되는구나.”

그들은 쉬지 않고 오후 내내 일했다. 루디와 윈필드가 뒤미처 왔다. 아버지가 두 아이에게 말했다. “너희들도 일해야겠다. 상자에 복숭아를 얌전하게 담아라. 이렇게. 한 번에 하나씩 말이다.”

아이들은 쪼그리고 앉아서, 땅에 내려놓은 통에서 복숭아를 집어냈다. 그 옆에 통이 한 줄로 주르륵 놓여졌다. 상자가 가득 차면 톰이 그것을 검사장으로 운반했다. “이제 일곱 상자. 이젠 여덟 개. 40센트 벌었군. 40센트만 있어도 맛있는 고길 살 수 있지.”

오후가 흘러갔다. 루디가 징징대며 내빼려고 했다. “나 지쳤어. 좀 쉴래.”

“그 자리를 떠나지 마라.” 아버지가 말했다.

존 아저씨는 천천히 땄다. 톰이 두 통을 담는 동안 한 통이었다. 내내 그 식이었다.

오후도 반이 지났을 무렵, 어머니가 터벅터벅 찾아 왔다. “더 일찍 오고 싶었는데, 로자샨이 머리가 아프대서. 좀 어지럽다고 하는구나.”

그리고 아이들에게 말했다. “너희들 복숭아 먹었구나? 배탈 난다.” 어머니는 뚱뚱한 몸뚱이를 민첩하게 움직였다. 그녀는 이내 통을 버리고 앞치마에 따 담았다. 해가 질 무렵 그들은 스무 상자 째를 채웠다.

톰이 스무 번째 상자를 검사장에 내려놓았다. "이걸로 1달러. 언제까지 일하나요?"

"어두워질 때까지. 눈이 보일 동안은 해야지."

"그런데 이제 외상으로 살 수 있죠? 어머니가 먼저 돌아가서 먹을 것을 좀 사야 하는데."

"좋아. 1달러어치 전표를 떼 주지." 그가 종이쪽지를 써서 톰에게 주었다.

톰은 그것을 어머니에게 가지고 갔다. "자요, 이걸로 가게에서 1달러어치 물건을 살 수 있어요."

어머니는 통을 내려놓고 허리를 폈다. "지치는구나, 처음 하는 일이라."

"그래요. 그렇지만 금방 익숙해질걸요. 자, 어서 가서 먹을 것을 사야죠."

"너 뭐가 먹고 싶니?"

"고기. 고기랑 빵이랑 설탕이 든 커피를 주전자로 한 가득. 고기는 두툼하고 큰 걸로."

루디가 우는 소리를 했다. "엄마, 우린 지쳤어."

"그럼 같이 가자."

아버지가 말했다. "얘들은 처음부터 지쳐 있었어. 꼭 산토끼같이 까불대기나 하고. 더러 혼 좀 내주지 않으면 버릇이 영 나빠지겠어."

"자리가 잡히면 아이들은 학교에 보내죠." 어머니는 말하고 터벅터벅 돌아갔다. 루디와 윈필드가 겁에 질려서 그 뒤를 따라갔다.

"우리 날마다 일해야 해?" 윈필드가 물었다.

어머니가 멈추어 서서 아이들을 기다렸다가 윈필드의 손을 잡고 걸었다. "어려운 일은 아니잖니. 몸도 튼튼해질 거야. 게다가 너희는 집을 돕고 있는 거야. 온 식구가 일하면 금방 좋은 집에서 살게 된단다. 그러니까 일을 도와야 해요."

"하지만 난 아주 지쳤는걸."

"암, 그럴 테지. 엄마도 지쳤으니까. 모두 지쳤단다. 무슨 다른 생각을 해보렴. 학교에 다니는 상상이라도 해봐."

"나 학교 가고 싶지 않아. 누나도 가기 싫다고 그랬어. 학교에 다니는 애들은 뻔해, 엄마. 전부 재수 없는 자식들이야. 그 새끼들이 우리보고 오키라고 했어. 난 그 자식들을 알아. 난 안 갈 테야."

어머니는 측은한 눈빛으로 아들의 노란 머리를 내려다보며 달랬다. "지금 그렇게 애먹이면 못써. 우리가 다 자리가 잡히면 떼를 마구 써도 되지만, 지금은 얌전하게 굴어야지. 지금은 걱정거리가 잔뜩 있으니까."

"나 복숭아 여섯 개나 먹었다." 루디가 말했다.

"아이고, 너 설사하겠구나. 그 집에는 변소도 가까이에 없는데."

가게는 양철지붕을 얹은 커다란 창고였다. 진열창은 없었다. 어머니는 망사문을 열고 안으로 들어갔다. 자그마한 사나이가 카운터 저쪽에 서 있었다. 머리가 번들번들 완전히 벗겨져서 푸르스름하였다. 굵은 갈색 눈썹이 활 모양으로 눈 위에 걸려있는 탓에, 놀란 토끼 같은 겁먹은 얼굴로 보였다. 코는 살이 없고 길었으며 끝이 새의 부리처럼 꼬부라져 있었다. 콧구멍 속에는 밝은 갈색 털이 나 있었다. 푸른 셔츠 소매 위에 검은 새틴 토시를 끼고 있었다. 어머니가 들어갔을 때 그는 카운터에 두 팔꿈치를 세우고 기대 서 있었다.

"안녕하세요?" 어머니가 인사했다.

그는 유심히 그녀를 바라보았다. 활 모양의 눈썹이 점점 치켜 올라갔다. "어서 오십시오."

"1달러짜리 전표를 갖고 왔는데요."

"그러면 1달러어치 살 수 있죠." 그리고 낄낄 웃었다. "그럼요, 1달러어치. 1달러어치요." 그가 물건들 쪽으로 팔을 휘휘 저으며 말했다. "전부 살 수 있고말고요." 그는 토시를 꼼꼼하게 잡아당겨 올렸다.

"고기를 샀으면 하는데요."

"어떤 고기라도 있죠. 햄버거, 햄버거용 고기 어때요? 1파운드에 20센트죠."

"그건 너무 비싼 것 같은데요. 지난 번 다른 데서 샀을 땐 15센트였는데."

그가 나직이 쿡쿡댔다. "확실히 좀 비싸긴 하죠, 안 비싸기도 하고. 햄버거 고기 2파운드를 사려고 시내에 나가면 휘발유가 1갤런은 듭니다. 그런 걸 생각하면 비싸지도 않죠. 여기서 사면 휘발유는 한 방울도 쓰지 않아도 되니까."

어머니가 엄하게 말했다. "당신도 그걸 가져오는데 휘발유 한 방울 안 들었을 텐데요."

그가 유쾌한 듯이 웃었다. "아주머닌 일을 뒤집어서 보시는군요. 우리는 사는 쪽이 아니라 파는 쪽이라고. 우리가 사는 쪽이었다면 얘기는 달라지겠지만."

어머니는 두 손가락을 입에 대고 얼굴을 찌푸리며 생각했다. "여기 있는 것들은 거의 비계하고 연골 같은데요."

가게 주인이 말했다. "뼈가 푹 고아지리라는 보장은 못합니다. 그걸 내가 먹는다는 보장도 못하고요. 하기야 여기는 내가 먹고 싶지 않은 것이 많지만."

순간 어머니는 사납게 그를 노려보았으나 이내 목소리를 죽이고 말했다. "좀 싼 고기는 없나요?"

"수프용 뼈다귀가 있죠. 1파운드에 20센트."

"하지만 뼈뿐이잖아요?"

"그렇죠, 뼈뿐이죠. 뼈다귀만 가지고도 맛 좋은 수프가 될 텐데."

"스튜용 고기는 없나요?"

"있죠! 1파운드에 25센트입니다."

"이거 고기는 영 못 사겠구먼. 그런데 모두 고기는 먹고 싶어 하고, 모두가 고기를 먹겠다고 그러니."

"누구나 고기를 먹고 싶어 하죠. 고기는 필요해요. 저 햄버거 고기는 여간 좋은 고기가 아니라고요. 기름이 나오니까 고깃국에도 쓸 수 있고, 썩 맛이 좋아요. 버릴 게 없지. 뼈를 버릴 필요도 없고요."

"돼지 옆구리살은 얼마죠?"

"아니, 이번에는 고급을 물어보시는군요. 그건 크리스마스용이죠. 감사절용이라고요. 1파운드에 35센트죠. 칠면조 고기면 싸게 드리겠는데, 칠면조가 있었다면 말이죠."

어머니는 한숨을 내쉬었다. "그 햄버거용 고기, 2파운드만 줘요."

"네. 아주머니." 그는 기름종이에 빛이 변한 고기를 올려놓았다. "그리고 다른 건 뭐?"

"빵을 조금 줘요."

"여기서는 이 크고 먹음직스런 놈이 15센트."

"그건 12센트짜리인데."

"그렇죠. 그럼 시내에 가서 12센트에 사오구려. 휘발유를 1갤런 들여서 말이죠. 또 뭐 필요한 거 없나요, 감자?"

"그래요, 감자."

"이건 5파운드에 25센트."

어머니가 험악한 표정으로 바싹 다가섰다. "이젠 진저리가 나는군요. 시내에서 얼마하나 다 안다고요."

조그만 사나이는 입을 꾹 다물었다. "그럼 시내에 가서 사구려."

어머니가 자기 손의 뼈마디를 바라보며 조용히 물었다. "이 가게는 뭔가요? 당신이 이 가게 주인인가요?"

"아니요, 난 그냥 일하는 사람인데요."

"그렇다면 당신이 그렇게 손님을 놀려야할 까닭이 없잖아요? 그래서 뭐가 좋으세요?" 그녀는 자기의 번들거리는 주름투성이 손을 바라보았다. 작달막한 사나이는 잠자코 있었다. "이 가게 주인이 누구죠?"

"후퍼 농장 회삽니다, 아주머니."

"회사가 값을 정하나요?"

"그렇습니다, 아주머니."

그녀는 눈을 들었다. 조금 웃고 있었다. "여기 온 사람들은 죄다 나처럼 말하면서 화를 내죠?"

그는 약간 망설였다. "네, 아주머니."

"그래서 나를 놀렸나요?"

"그게 무슨 뜻인지?"

"이런 더러운 일을 하고 있으니 자기 자신이 부끄러워지는 게 아녜요? 건방진 소릴 하지 않고 못 배기는 게 아녜요?" 그녀의 목소리는 부드러웠다. 사나이는 넋을 빼앗긴 듯이 그녀를 쳐다보았다. 대꾸가 없었다. 한참 뒤에 어머니가 말했다. "그래서 그런 거야. 고기가 40센트에 빵이 15센트, 감자가 25센트, 모두 80센트네요. 커피는 얼마죠?"

"제일 싼 게 20센트입니다, 아주머니."

"그럼 꼭 1달러네요. 식구 일곱이 다 나가서 일한 게 꼭 저녁 한 끼 값이군." 그녀는 자기 손을 가만히 바라보며 얼른 말했다. "싸 줘요."

"네, 아주머니. 감사합니다." 그는 감자를 봉투에 넣은 뒤 아가리를 얌전하게 접었다. 그리고 슬쩍 어머니를 보았으나 다시 자기 일에 몰두했다. 그녀는 가만히 그를 바라보며 옅은 미소를 지었다.

"어째서 이런 일을 하게 됐죠?"

"먹어야 하니까요." 그러더니 곧 덤벼들 듯이 말했다. "인간은 누구나 먹을 권리가 있다고요."

"어떤 인간이나?" 어머니가 물었다.

그가 꾸러미 네 개를 카운터 위에 놓으며 말했다. "고기. 감자, 빵, 커피, 꼭 1달럽니다." 그녀는 전표를 건네고, 그가 장부에 이름과 금액을 기입하는 동안 가만히 그를 바라보았다. 그가 말했다. "자, 딱 들어맞았습니다."

어머니가 꾸러미를 집어 들며 말했다. "저어, 커피에 넣을 설탕이 없는데, 우리 아들 톰이 설탕을 먹고 싶어 해요. 모두 저기서 일하고 있어요. 그러니까 설탕을 조금 줘요. 나중에 전표를 갖고 올 테니까."

작달막한 사나이는 외면했다. 되도록 어머니의 시선에서 멀리 벗어나려고 했다. "그건 안 됩니다. 규칙이라서 안 돼요. 문책을 당하죠. 모가지가 달아나요."

"하지만 우리 식구들이 저기서 지금 일하고 있어요. 벌써 10센트 벌었을 거예요. 그러니까 10센트 어치만 설탕을 줘요. 톰이, 우리 아들이 커피에 설탕을 넣어 마시고 싶어 해요. 일부러 말하더라니까요."

"나는 못해요, 아주머니. 규칙인걸요. 전표 없는 외상 거래는 엄금, 지배인이 늘 입버릇처럼 하는 말이죠. 도저히 할 수 없어요. 죽어도 못 합니다. 제가 붙잡힌다니까요. 벌써 많이들 붙잡혀 갔어요. 한두 명이 아니에요. 하지만 난 못합니다."

"10센트 어치도?"

"얼마 어치라도 그렇죠, 아주머니." 그는 애원하듯이 어머니를 쳐다보았다. 그러더니 갑자기 그의 얼굴에서 겁이 사라졌다. 그는 호주머니에서 10센트를 꺼내더니 그것을 금고 안에 쨍그랑 하고 떨어뜨려 넣었다. "됐어." 그는 안심한 듯 말했다. 그리고 카운터 밑에서 조그만 봉투를 꺼내어 한 번 크게 흔들고 아가리를 벌려서 설탕을 조금 퍼냈다. 그것을 저울에 달고는 조금 더 보탰다. "자요, 아주머니. 이젠 괜찮아요. 다음에 전표를 가져오면 그

때 10센트를 받으면 되니까."

어머니는 그의 얼굴을 물끄러미 바라보았다. 그녀는 손을 더듬듯이 뻗어 설탕 봉투를 집어 들고, 팔에 안은 꾸러미 위에 얹었다. "고마워요" 그녀는 조용히 말하고 문으로 걸어갔다. 그러더니 나가려다가 말고 고개를 돌렸다. "요즘 한 가지를 똑똑히 깨닫기 시작했어요. 날마다 배우고 있죠. 만약 곤란한 일이 생기거나 다치거나 돈이 필요할 때는 가난한 사람들을 찾아가세요. 그 사람들만이 당신을 도와줄 테니까……. 그 사람들만 말예요." 망사문이 그녀 등 뒤에서 꽈당 닫혔다.

작달막한 사나이는 카운터에 두 팔꿈치를 세우고 그 놀란 토끼 눈으로 그녀의 뒷모습을 쳐다보았다. 통통하게 살찐 얼룩 고양이가 카운터 위로 뛰어올라 슬금슬금 그에게로 다가왔다. 고양이가 그의 팔에 옆구리를 문지르자 그는 손을 뻗쳐 고양이를 자기 뺨으로 끌어당겼다. 고양이는 가르랑가르랑 목을 울리면서 꼬리 끝을 앞뒤로 홱홱 내저었다.

톰, 앨, 아버지, 존 아저씨는 땅거미가 짙어진 뒤에야 집으로 돌아갈 수 있었다. 그들의 발걸음은 약간 무거워 보였다.

"그냥 손을 뻗쳐서 따기만 하는데 등이 아플 줄 누가 생각이나 했겠어." 아버지가 말했다.

톰이 말했다. "며칠 지나면 괜찮아지겠죠, 뭐. 그런데 아버지, 전 저녁 먹고 나가서, 문 밖에서 있었던 소동이 뭔지 보고 오려고요. 아무래도 마음에 걸려서요. 같이 가실래요?"

"싫다. 나는 얼마동안 일만 하고 다른 것은 아무것도 생각지 않기로 했다. 요즘 어찌나 골머리를 앓았던지. 난 그냥 저녁 먹고 좀 앉았다가 잘 생각이다."

"앨, 넌?"

앨은 눈길을 피했다. "나는 이 안을 먼저 둘러볼래."

"큰아버지는 안 가실 게 뻔하니까 나 혼자 가봐야겠군. 아무래도 마음에 걸려서요."

아버지가 말했다. "나 같으면 상황을 더 지켜보다가 가겠다. 경찰이 그렇게들 나와 있는데."

"밤에는 놈들도 없겠죠."

"아무튼 나는 안 가겠다. 그리고 네 어머니에게는 어디로 간다는 얘기는 하지 않는 편이 좋을 거다. 걱정으로 머리가 이상해질 테니까."

톰이 앨을 돌아보았다. "넌 가볼 생각 없니?"

"나는 이 캠프 안이나 돌아다녀 볼래."

"계집앨 찾으러, 응?"

"남이야 뭘 하든지." 앨이 뾰로통해져서 말했다.

"난 아무래도 가봐야겠다." 톰이 말했다.

그들은 과수원에서 나와 빨간 오두막집 사이로 난 먼지투성이 길로 들어 섰다. 석유 등불의 흐린 노란빛이 몇몇 집 창문에서 새어나오고 있었다. 어 두침침한 방 안에서 사람들의 검은 그림자가 움직이고 있었다. 한길 가에 경 비원 하나가 우두커니 앉아 있다. 엽총이 무릎에 올려 있었다.

경비원 앞을 지나며 톰이 걸음을 멈추고 물었다. "더운 물 쓸 수 있는 데 가 있나요?"

경비원은 어스름 빛 속에서 그를 뚫어져라 쳐다보며 말했다. "저 물탱크 보이나?"

"네."

"저기 호스가 있어."

"더운 물은 없나요?"

"이봐, 자넨 자기를 누군 줄 알고 있나? J.P. 모건쯤 되는 줄 아나?"

"아뇨. 물론 그렇게 생각지는 않아요, 그럼 쉬세요."

경비원은 경멸하듯 혼자 툴툴거렸다. "더운물이 있냐고? 어림없는 소릴. 쳇, 다음에는 욕조를 찾겠구먼." 그는 음침하게 조드네 식구들의 뒷모습을 흘겨보았다.

다른 경비원이 끄트머리에 있는 집을 돌아서 걸어왔다. "뭐야, 맥?"

"저 오키 놈들 말이야, 더운 물 있냐고 묻잖아."

두 번째 경비원이 엽총 개머리판을 땅바닥에 대며 말했다. "다 그 국영 캠 프 때문이야. 그놈들도 국영 캠프에 있다 왔겠지. 그 캠프를 없애지 않고선 우리도 안심할 수 없다고. 저 작자를 두고 보라고. 이제 깨끗한 시트는 없느 냐고 할 테니."

맥이 물었다. "정문 쪽은 어때, 뭐 들은 거 있나?"

"음, 놈들이 종일 밖에서 지랄했지만, 주 경찰이 그럭저럭 처리했어. 그 건방진 놈들을 혼찌검 내주고 있지. 삐쩍 마르고 키 큰 놈이 하나 있는데, 그 놈이 선동하고 있다는군. 그놈을 오늘 밤에 잡아들인다는데, 그놈만 없으면 저까짓 것들 뿔뿔이 흩어지고 말아."

"너무 쉽게 끝장이 나면 우리 일이 없어지잖아?"

"우리 일은 얼마든지 있으니까 걱정 말라고. 저 오키 놈들! 놈들을 늘 감시해야 하니까. 뭐 조금 가라앉았으면 이쪽에서 약간 들쑤셔 놓으면 되잖아."

"여기도 임금을 내리면 또 한바탕 소동이 일어날걸."

"그렇잖고. 안심해, 안심해, 일이 없어질 걱정은 없어. 후퍼가 지금처럼 저들을 착복하는 한은 말이야."

조드네 집에서는 불이 훨훨 타고 있었다. 햄버거용 고기 덩어리가 기름 속에서 지글거리고, 감자가 보글보글 익고 있었다. 온 방안에 연기가 가득 찼다. 노란 등불 빛이 벽에 묵직한 검은 그림자를 던지고 있었다. 어머니가 분주하게 불 앞에서 움직이는 동안 '샤론의 장미'는 궤짝에 걸터앉아 무거운 배를 무릎에 얹어놓고 있었다.

"좀 나아졌니?" 어머니가 물었다.

"음식 냄새가 역겨워 죽겠어요. 그러면서 배도 고프고."

"저기 문 앞에 나가서 앉아라. 어차피 궤짝은 부수어 버려야 하니까."

남자들이 우르르 몰려들어왔다. 톰이 말했다. "야, 고기구나. 게다가 커피도 있고. 냄새 좋은데. 아, 배고파 죽겠네. 복숭아를 실컷 먹었지만, 간에 기별도 안 가요. 어머니, 그런데 세수는 어디서 해요?"

"저 물탱크 있는 데까지 가야지. 거기서 씻는대. 지금 루디와 윈필드를 씻으러 보냈다." 남자들은 다시 나갔다.

어머니가 '샤론의 장미'에게 말했다. "어서 일어나라, 애야. 문간이나 침대에 가서 앉으려무나. 그 궤짝은 부수어야 하니까."

딸은 두 손으로 몸을 떠받치고 일어났다. 간신히 매트리스로 걸어와서 그 위에 앉았다. 루디와 윈필드가 살금살금 들어와서 어머니 눈에 띄지 않도록 아무 소리 없이 벽에 딱 달라붙었다.

어머니가 아이들 쪽을 보고 말했다. "오냐, 너희들 방이 어두워서 다행인 줄 알아라." 그리고 윈필드에게 손을 뻗쳐 머리카락을 만져 보았다. "흠, 그래도 젖긴했구먼. 깨끗하게야 씻었을까마는."

"비누가 없는걸 뭐." 윈필드가 볼멘소리를 했다.

"그래, 없지. 오늘은 비누를 사지 못했다. 내일은 사게 되겠지." 그녀는 화덕 앞으로 돌아가 접시를 늘어놓고 음식을 담기 시작했다. 한 사람 앞에 고기 두 덩어리와 큼직한 감자 한 개, 그리고 접시마다 빵을 세 조각씩 담았다. 프라이팬에 있던 고기를 전부 접시에 담자 이번에는 밑에 남은 고기즙을 각각 조금씩 부었다. 남자들이 다시 들어왔다. 얼굴에서는 물이 뚝뚝 떨어지고 머리는 젖어서 번들거렸다.

"이제 먹게 해 줘요." 톰이 소리 질렀다.

저마다 접시를 집어 들고 잠자코 게걸스레 먹었다. 빵조각으로 남은 국물을 깨끗이 찍어 먹었다. 아이들은 방구석으로 가서 접시를 바닥에 내려놓고, 조그만 동물처럼 그 앞에 꿇어앉았다.

톰이 마지막 빵을 먹어치웠다. "더 있어요, 어머니?"

"없다. 그것뿐이야. 오늘 1달러를 벌었지? 이게 모두 1달러어치란다."

"이게?"

"그 가게는 더 얹어서 받더라. 앞으로 밖에 나갈 일이 있을 때 시내에 가서 사오도록 해야겠다."

"난 배가 다 차지 않았는데."

"내일은 아침부터 일할 테니까 내일 저녁은 더 많이 먹을 수 있겠지."

앨이 옷소매로 입을 슥 문질러 닦았다. "어디 이 근처나 좀 돌아다니다 올까."

"잠깐, 나도 같이 가." 톰은 동생 뒤를 따라 밖으로 나왔다. 어둠 속에서 톰은 동생 옆으로 바짝 다가갔다. "정말 나랑 같이 가지 않을래?"

"응, 안 가. 아까도 말했지만, 난 이 근처나 돌아다닐 테야."

"좋아."

톰은 몸을 돌려 한길로 걸어갔다. 집집마다 나오는 연기가 낮게 땅에 깔려 있었다. 불빛이 문과 창문모양으로 새어 나와 땅바닥에 깔렸다. 문간 층계에는 사람들이 우두커니 앉아서 어두운 밖을 내다보고 있었다. 그 앞을 지나갈 때마다, 그들의 고개가 자기가 걸어가는 방향을 따라 움직이는 것을 톰은 똑똑히 느낄 수 있었다. 길 끄트머리에서 흙길은 풀을 베어 밑동만 남은 밭을 가로질러 이어졌다. 둥그렇게 쌓아올린 마른 풀 더미가 별빛에 거뭇거뭇했다. 홀쭉한 칼날 같은 달이 서쪽 하늘에 나직이 걸려 있고, 희뿌연 은하수 머리 위로 긴 꼬리를 그리고 있었다. 먼짓길이 누런 풀 밑동 뒤로 시커멓게 떠올랐다. 톰의 발소리가 그 위에서 자박자박 부드럽게 울렸다. 그는 호주머니에 손을 찔러 넣고 정문 쪽으로 터덜터덜 걸어갔다. 어느덧 둑이 길가에 바짝 다가와 있었다. 도랑 속에서 물이 풀잎을 스치며 흘러가는 소리가 들렸다. 그는 둑을 기어올라가 어두운 물을 내려다보았다. 수면에 비친 별이 길쭉해 보였다. 저만치 앞에 주립도로가 보였다. 쌩 하고 지나가는 자동차의 전조등이 위치를 가르쳐 주었다. 톰은 다시 그 방향으로 걷기 시작했다. 높다란 철조망 문이 별빛 속에 보였다.

길가에서 사람 그림자 하나가 움직였다. "거기 누구야?"

톰은 걸음을 멈추었다. "당신은 누구요?"

사나이가 일어서서 다가왔다. 손에 총이 들려 있는 것이 보였다. 이어 손전등 빛이 그의 얼굴을 비쳤다. "어딜 가는 거야?"

"그저 산책 좀 하려고요. 산책하면 안 된다는 규칙이라도 있나요?"

"어디 다른 길을 산책하는 게 좋을걸."

"여기서 밖으로 나가지 못한다는 거요?"

"오늘 저녁은 안 돼. 온 길을 도로 가겠나, 아니면 호각을 불어 동료들을 불러서 자넬 붙잡을까?"

"제기랄, 나는 아무 상관도 없어요. 혹시 소동이 일어난다고 해도 난 조금도 상관없다고요. 물론 갑니다, 가요."

검은 그림자는 태도를 누그러뜨렸다. 손전등이 꺼졌다. "잘 들어, 이건 자네를 위한 일이야. 저 피켓 시위대가 자넬 붙잡을지 모르니까."

"피켓 시위대가 뭔데요?"

"저 빨갱이 놈들 말이야!"

"아, 그들인 줄은 몰랐어요."

"들어올 때 놈들을 못 봤나?"

"우르르 몰려 서 있는 사람들 봤지만, 경찰이 잔뜩 있어서 몰랐는데요. 사고라도 난 줄 알았지."

"아무튼 돌아가는 게 좋아."

"내 걱정은 말아요, 아저씨." 그는 몸을 돌려, 왔던 길을 도로 가기 시작했다. 100미터쯤 걸어와 걸음을 멈추고 귀를 기울였다. 우짖는 듯한 너구리 울음소리가 관개 수로 근처에서 들려 왔다. 훨씬 멀리서, 줄에 묶인 개가 미친 듯이 짖는 소리도 들렸다. 톰은 길가에 앉아 귀를 기울였다. 높고 부드러운 쏙독새 소리가 웃음소리처럼 들려 왔다. 베어진 풀의 밑동 사이를 기어다니는 동물들의 은밀한 움직임이 느껴졌다. 그는 앞뒤 지평선을 살펴보았다. 양쪽 모두 검은 테두리 같이 보일 뿐, 보이는 것은 아무것도 없었다. 이윽고 그는 일어서서 천천히 도로 오른쪽으로 걸어가 밑동만 남은 밭 속으로 기어들어갔다. 둥글게 쌓아올린 건초 더미보다 낮게 몸을 구부리고 걸었다. 천천히 걸어가다가 가끔 걸음을 멈추고 귀를 기울였다. 마침내 철조망 울타리가 나왔다. 팽팽하게 친 철조망을 다섯 겹으로 둘러친 울타리다. 그는 그 옆에 반듯이 드러누워 머리를 맨 아래 철사 밑으로 집어넣었다. 그런 다음 철사를 두 손으로 들어 올리고 양발로 땅바닥을 차면서 몸을 밀어냈다.

막 일어나려는데 한 무리의 사나이가 고속도로 갓길을 지나갔다. 톰은 그들이 저만치 앞으로 갈 때까지 기다렸다가 일어나 그 뒤를 따라갔다. 길 양옆에 텐트는 없나 하고 살펴보았다. 자동차가 몇 대 지나갔다. 개울이 밭을 가로질러 흐르고 있었다. 그 개울 위로 놓인 조그마한 콘크리트 다리가 고속도로를 연결하고 있었다. 톰은 다리 난간 너머로 밑을 살펴보았다. 둑 밑에 텐트가 하나 보였다. 안에는 등불이 켜져 있었다. 한동안 지켜보자니, 텐트 벽에 사람 그림자가 비치는 것이 보였다. 그는 울타리를 넘어 관목이며 낮은 버드나무를 헤치고 둑 밑으로 내려갔다. 다 내려가니 작은 시냇물 가에 오솔길이 하나 나 있었다. 한 사나이가 텐트 앞의 궤짝에 앉아 있었다.

"안녕하세요." 톰이 말했다.

"누구요?"

"저…… 나는 그냥 그…… 그냥 잠깐 여기를 지나가는 길인데."

"여기 아는 사람도 있나?"

"아뇨. 그냥 이 앞을 지나가는 길이라니까요."

텐트에서 다른 얼굴이 불쑥 나왔다. "무슨 일 있나?"

톰이 외쳤다. "전도사님! 전도사님이잖아요! 이거 놀랐는데. 아니, 여기서 뭘 하는 거예요?"

"야, 이거 톰 조드 아닌가! 들어와 토미, 이리 들어와."

"아는 사람이야?" 입구에 있던 사나이가 물었다.

"아는 사람이냐고? 알다마다. 옛날부터 아는 사이지. 나랑 같이 서부로 온 사람이라고. 어서 들어와, 톰." 그는 톰의 팔을 붙잡아 텐트 안으로 끌어 들였다.

세 사내가 바닥에 앉아 있었다. 텐트 중앙에는 등불이 타고 있었다. 사나이들이 의아한 눈으로 톰을 쳐다보았다. 얼굴이 거무스레하고 무섭게 생긴 사나이가 손을 내밀며 말했다. "어서 오시오. 케이시에게서 당신 이야기는 들었지. 이 청년이 늘 말하던 바로 그 청년이지?"

"그래. 바로 그 청년이야. 이거 정말 놀랐는데. 가족들은 다 어디 있나? 자네는 여기서 뭘 하고 있어?"

"일이 있다기에 이쪽으로 왔더니 주 경찰 놈들이 기다리고 섰다가 우릴 이 농장에 몰아넣잖아요. 그래서 오후 내내 거기서 복숭아를 땄죠. 숱한 사람들이 뭔가 아우성을 치는 것을 보았는데, 아무도 그 까닭을 말해주지 않더군요. 그래서 무슨 일인가 보러 나온 거요. 도대체 당신은 어떻게 해서 여길 왔지요, 전도사님?"

전도사가 앞으로 몸을 기울였다. 노란 불빛이 그의 높고 창백한 이마를 비추었다. "감옥이란 참 묘한 곳이더군. 나는 한때 예수처럼 황야에 나가서 뭣인가를 찾아내려고 한 적이 있었지. 때로는 거의 찾아낼 뻔한 일도 있었어. 그런데 감옥에 갔더니, 그게 바로 거기 있잖아." 그의 눈이 날카롭고도 장난스럽게 빛났다. "지독히 크고 오래 된 감방이었어. 늘 만원이었지. 새로 사나이가 붙잡혀 오면 또 몇 사람이 나가고. 물론 나는 그자들 모두와 얘기했었지."

톰이 말했다. "물론 그랬겠죠. 전도사님은 늘 지껄이니까. 전도사님은 교수대에 올라가서도 교수형 집행인과 얘기하면서 시간을 보낼 사람이잖아요. 이렇게 얘기하길 좋아하는 사람은 난생 처음 본다니까."

텐트 안의 사나이들이 킬킬대며 웃었다. 주름투성이의 찌든 얼굴을 한 사나이가 무릎을 치면서 말했다. "쉴 새 없이 지껄이지. 하지만 왠지 모두들 그 얘길 듣고 싶어 한다니까."

톰이 말했다. "전에는 전도사였거든요. 이 사람이 그런 말 하던가요?"

"물론 했지."

케이시가 빙그레 웃으며 이야기를 계속했다. "그런데 말이야, 나는 차차 알게 됐어. 감방에는 주정뱅이도 들어왔지만, 대부분은 뭔가를 훔치고 잡혀온 작자들이었어. 그런데 그 훔친 물건이란 대개는 그네들이 꼭 필요한 것이고, 또 훔치지 않고서는 달리 손에 넣을 수 없는 물건들이었단 말야. 알겠는가?"

"모르겠는데요." 톰이 말했다.

"모두 좋은 사람들이었어. 알겠는가? 그들이 나쁜 사람이 된 원인은 그들이 무엇인가가 필요했기 때문이었다고. 그래서 나도 차차 알게 된 거야. 가난이 모든 말썽의 근원이라는 것을 말이야. 아직 다 설명할 순 없지만. 어느 날 우리는 콩을 먹게 되었는데 요것이 상했더란 말이야. 한 사나이가 냅다 소릴 지르더군. 그러나 아무 일도 일어나지 않는 거야. 다시 괴상한 소릴 질렀는데 모범수 하나가 와서 안을 들여다보고 그냥 가버리고 끝인 거야. 그러자 이번에는 다른 자가 떠들기 시작하잖겠어. 그때부터 저마다 아우성치기 시작한 거야. 모두가 똑같이. 꼭 감방 전체가 부풀어 올랐다가 쪼그라들고, 쪼그라들었다가 이번에는 펑 하고 터져버리는 것만 같았지. 그랬는데 말이야! 묘한 일이 일어나지 않겠어. 놈들이 이리 뛰고 저리 뛰고 하더니 우리에게 다른 음식을 갖고 왔단 말야. 우리에게 갖고 왔어. 알겠는가?"

"모르겠어요." 톰이 말했다.

케이시가 양손으로 턱을 받치고 말했다. "아무래도 말로 설명하긴 어렵겠구먼. 자네가 직접 발견해야 할 모양이야. 자네, 모자는 어떻게 했나?"

"쓰지 않고 나왔죠."

"누이동생은 어떤가?"

"응, 암소처럼 뚱뚱해졌어요. 쌍둥일 낳으려나 봐요. 배 밑에 수레바퀴를 달아야 할 지경이니까요. 벌써 두 손으로 떠받쳐야 할 정도예요. 그런데 여기서 뭐가 일어났는지 아직 말해 주지 않았는데."

찌든 사나이가 말했다. "우리는 파업을 일으켰소. 지금 파업 중이라고."

"한 상자에 5센트라면 대단한 돈은 아니지만 어찌어찌 먹고 살 수는 있잖아요."

찌든 사나이가 외쳤다. "5센트라고? 5센트?! 당신들한테는 5센트를 주나?"

"그럼요. 우린 오늘 1달러 반을 벌었는걸."

무거운 침묵이 텐트 안을 짓눌렀다. 입구에서 어두운 밤을 바라보던 케이시가 이윽고 입을 열었다. "여봐, 톰. 우리도 여기 일하려고 왔던 거야. 놈들이 5센트 준다기에 말이야. 우리 일행은 많았지. 그런데 막상 오고 나니까 놈들은 2센트 반밖엔 못 주겠다고 나오잖아. 그건 자기 목구멍에 풀칠하기도 힘든 삯이야. 하물며 자식까지 딸렸으니 우리가 가만있을 리 없었잖겠나, 그랬더니 이놈들이 우리를 전부 내쫓더란 말이야. 경찰이란 경찰이 몽땅 다 우릴 족치더군. 지금 놈들은 자네들에게 5센트를 주고 있지만, 이 파업을 해산시키고 나서도 5센트를 줄 줄 아나?"

톰이 말했다. "글쎄요. 아무튼 지금은 5센트를 받아요."

"잘 듣게. 우리는 여기서 다 같이 캠프하려고 했지. 그랬더니 놈들이 우리를 돼지처럼 몰아내잖아. 이리저리 흩어지게 했어. 모질게 족쳤지. 우릴 돼지처럼 몰아냈단 말야. 또 자네들을 돼지처럼 몰아넣었고. 우리는 이제 오래 버티지 못해. 이틀이나 굶은 사람이 있거든. 자네 오늘 밤에 돌아갈 건가?"

"그럴 참인데요."

"그렇거든 안에 있는 사람들에게 이 사정을 말해주게, 톰. 자기들이 하고 있는 짓이 우리를 굶어죽게 할 뿐 아니라 자기 발목마저 잡는 일이라는 것을 가르쳐주라고. 놈들이 우리를 쫓아버리자마자 품삯을 다시 2센트 반으로 깎아내릴 것은 불 보듯 뻔하니까."

"사람들에게 말해 보죠. 어떻게 말해야 할지 모르겠지만. 그렇게 숱한 인간들이 총을 들고 다니는 건 처음 봤어. 사람들 앞에서 떠들도록 놔둘지 어떨지도 모르겠네요. 게다가 모두 얼굴을 마주쳐도 인사조차 안 해요. 그냥 고개를 푹 숙이고, 아는 체도 않는다고요."

"아무튼 말해 봐, 톰. 우리가 쫓겨 가고 나면 금방 2센트 반으로 깎일 테니까. 그 2센트 반이라는 돈이 어떤 것인지 알지? 복숭아 1톤을 따서 운반해야 겨우 1달러란 말이야." 그는 고개를 떨어뜨렸다. "아니, 그럴 수는 없어. 그 돈으로 먹을 것도 사지 못해. 그걸 가지고는 먹고 살 수가 없단 말이야."

"어떻게 해서든지 사람들에게 얘기해보죠."

"어머님은 어떠신가?"

"뭐, 괜찮아요. 그 국영 캠프를 어찌나 좋아하셨던지. 목욕탕이랑 더운 물이 있거든."

"음, 얘기는 들었네."

"참 좋은 곳이었어요. 그런데 일을 얻지 못해서 그만 나와 버린 거죠."

"그런 델 가보고 싶군. 한번 보고 싶어. 듣자니 거기는 경찰관이 하나도 없다던데."

"자기 스스로가 경찰이죠."

케이시가 흥분해서 고개를 쳐들었다. "그래도 시끄러운 일은 일어나지 않나? 싸움이라든가 도둑질, 술주정 같은 것이?"

"아뇨."

"혹시 누가 나쁜 짓을 하면 그땐 어떡하지? 어떻게 처리하지?"

"캠프에서 쫓아내 버리죠."

"그래도 그런 놈이 많진 않지?"

"네, 별로 없어요. 우리는 거기 한 달 있었는데, 그동안 딱 하나뿐이었으니까."

케이시의 눈이 흥분으로 빛났다. 그가 다른 사나이들을 돌아보며 외쳤다. "들었지? 내가 전에 말한 그대로잖아. 경찰이란 소동을 막기보다 일으키는 편이 많단 말야. 여봐 톰, 그 과수원 안에 있는 사람들에게 우리랑 같이 파업을 하자고 이야기해보지 않겠나? 한 이틀이면 돼. 복숭아는 익었으니까. 얘기해보게나."

"그 사람들은 움직이지 않을걸요. 지금 5센트를 받고 있으니 다른 일은 생각도 않을 건데요."

"하지만 이 파업이 끝나는 순간 그 사람들도 5센트는 받지 못한다고."

"아무래도 내 생각엔 사람들이 말을 들을 것 같지 않네요. 아무튼 지금은 5센트를 받고 있으니까. 모두 그 생각만 할 걸요?"

"어쨌든 얘기해보라니까."

"첫째, 아버지가 안 들을걸. 저는 아버지 성미를 잘 아는데, 그런 일은 당신이 상관할 바가 아니라고 할 것이 틀림없어요."

케이시가 풀이 죽어 말했다. "하긴 그렇지. 그럴 거야. 한번 호되게 당하기 전엔 모르실 거야."

"우리는 식량이 떨어졌었죠. 그랬는데 오늘 저녁에는 모두 고기를 먹었어요. 실컷 먹은 건 아니지만 어쨌든 고기를 먹었죠. 우리 아버지가 다른 사람들을 위해 자기 고기를 포기할 것 같아요? 그리고 로자샨은 우유를 마셔야 해요. 문 밖에서 아우성치는 사람들 때문에 우리 어머니가 딸 뱃속에 든 아기를 굶주리게 할 것 같아요?"

케이시가 슬픈 듯이 말했다. "모두가 알아주면 좋을 텐데. 반드시 고기를 먹을 수 있는 오직 한 가지 방법을 말이야. 제기랄! 가끔 진절머리가 나! 아주 지긋지긋해진다고! 한 친구를 알고 있는데, 내가 교도소에 있을 때 들어온 사나이야. 조합을 만들려고 백방으로 노력했었지. 사실상 하나 만들었다고. 그런데 자경단 작자들이 그것을 박살내 버렸단 말야. 그래 어떻게 됐는지 알아? 그 친구가 도와주려던 놈들이 그 친구를 내동댕이쳐버렸단 말야. 그 친구와는 일절 얽히려고 하지 않는 거야. 그 친구와 같이 있는 장면을 들키는 게 무서워진 거지. 글쎄 이러더래. '나가라. 너는 우리에게 위험한 인간이다.' 그 말에 그 친구 그만 기분이 상해버렸지. 그래도 그 친구는 말하더군. '이것도 알고 보면 그리 심한 일은 아니야. 프랑스혁명을 일으킨 인간들은 모두 목이 달아났지. 늘 그런 법이야. 비가 내리는 것과 같은 자연스러운 일이지. 나는 이 일을 재미로 해온 게 아니야. 꼭 해야 하는 일이기 때문에 한 것뿐이야. 바로 내 일이니까. 워싱턴을 생각해 보라고. 독립전쟁을 다 이겨 놓으니까 그 짐승 같은 놈들이 그에게 덤벼들지 않았던가. 링컨도 똑같아. 바보 같은 인간들이 그를 죽인다고 난리를 치는 거야. 비가 내리는 것처럼 자연스러운 일이지.'"

"농담으로 들리지는 않는군요."

"그렇고말고. 그 친구는 말했어. '어쨌든 내가 할 수 있는 만큼은 다 할 거야. 놓쳐서는 안 될 중요한 점은, 작은 한 발자국을 내딛을 때마다 조금 뒤로 밀려나는 일은 있을지언정 한 발자국이 고스란히 밀려나는 일은 결코 없다는 거야. 그건 내가 몸소 증명할 수 있지. 그러기에 모든 일에 진전이 있는 거야. 얼핏 헛수고처럼 보여도 결코 헛일은 아니야.'"

"또 수다가 시작됐군요. 전도사님은 변한 게 없네요. 앨은 계집애 뒤꽁무니만 쫓아다녀요. 다른 일엔 상관조차 안 해요. 이틀이면 벌써 계집애 하나쯤은 사귀거든요. 낮에는 온종일 그것만 생각하고 밤에는 날이 새도록 쫓아다니는 거예요. 놈은 일보 전진했다든가 후퇴했다든가 옆으로 빗나갔다든가 그런 것은 전혀 생각지도 않는다고요."

"그럴 테지. 그건 당연한 거야. 앨은 자기가 해야 할 일을 하고 있을 뿐야. 우리 모두가 다 그렇지."

밖에 앉아 있던 사나이가 텐트 입구를 활짝 열었다. "빌어먹을! 어째 이상한 기분이 들어."

케이시가 밖에 있는 그를 보았다. "왜 그래?"

"뭔지는 모르겠어. 왠지 온몸이 근질거리긴 하는데. 고양이처럼 신경이 곤두선단 말이야."

"대관절 어쨌다는 거야?"

"몰라. 무슨 소리가 나는 것 같아서 귀를 기울이고 들으면 아무것도 들리지 않아."

"겁을 먹으니까 그렇지." 찌든 사나이가 말했다. 그리고 일어나서 밖으로 나가더니 곧 텐트 안으로 고개를 쑥 들이밀고 말했다.

"굉장한 먹구름이 몰려오는구먼. 천둥이 칠 모양이야. 그래서 몸이 근질근질한가보지. 전기 탓일 거야." 그러고는 다시 고개를 쑥 빼냈다. 나머지 두 사나이도 일어나서 밖으로 나갔다.

케이시가 조용히 말했다. "모두 신경이 곤두섰어. 경찰관놈들이 우릴 두들겨 패서 이 고장에서 몰아낸다고 을러대니까. 내가 하도 말을 많이 하고 다니니까 경찰은 나를 지도자로 지목했어."

찌든 사나이가 다시 얼굴을 들이밀었다. "케이시, 그 불 끄고 밖으로 나와봐. 뭔가 있어."

케이시가 등불 나사를 돌렸다. 불꽃이 작아져 구멍 속에서 깜박깜박하다가 꺼졌다. 케이시가 더듬더듬 밖으로 더듬어 나갔다. 톰이 그 뒤를 따랐다. "뭔가?" 케이시가 가만히 물었다.

"뭔지는 잘 모르겠어. 하지만 들어봐."

주위는 온통 개구리 소리로 가득했다. 그 소리가 정적 속에 녹아들어 있었다. 귀뚜라미가 날카롭게 울고 있었다. 그런데 그런 소리를 배경으로 문득 다른 소리가 들려왔다. 길가에서 들려오는 희미한 발소리, 둑 위의 흙덩이를 사박사박 밟는 소리, 개울 아래쪽에서 관목이 바스락거리는 소리.

"정말로 들리는지 어떤지 확실친 않군. 헛것을 들은 게지. 신경이 곤두선 탓이야." 케이시가 사람들을 안심시켰다. "우리 모두 신경이 곤두서 있어. 뚜렷하게 들리지는 않는군. 톰, 뭔가 들리나?"

"들려요. 음, 제 귀에는 들려요. 사방에서 사람들이 몰려오는 소리 같아요. 여기서 나가는 게 좋겠군요."

찌든 사나이가 속삭였다. "다리 아래로 지나가자. 그리로 달아나는 거야. 내 텐트를 버리고 가긴 아깝지만."

"가세." 케이시가 말했다.

그들은 개울가를 따라 조용히 움직였다. 그들 앞에 동굴 같은 시커먼 교각이 나타났다. 케이시가 몸을 구부리고 안으로 들어갔다. 톰이 뒤따랐다. 발이 미끄러져 물에 빠졌다. 10미터쯤 전진했다. 그들의 숨소리가 둥그런 다리 천장에 메아리쳤다. 그들은 다리 반대편으로 빠져나와 허리를 폈다.

날카로운 고함소리가 들렸다. "저기 있다!" 두 줄기 손전등 빛이 사나이들 위로 떨어졌다. 눈이 부셨다. "꼼짝 마!" 어둠 속에서 몇몇 목소리가 들렸다. "저놈이다! 저 대머리가 번들거리는 놈이다! 저놈이다!"

케이시가 눈부신 듯 빛을 쏘아보았다. 숨을 헐떡거리며 말했다. "내 말 좀 들어 보세요. 당신네들은 지금 자기들이 무슨 짓을 하고 있는지 모르고 있소. 당신네들은 어린아이를 굶겨 죽이는 일을 돕고 있는 거요."

"입 닥쳐! 이 빨갱이 새끼야!"

땅딸막한 뚱보 사나이가 빛 속에 들어왔다. 그는 하얀 곡괭이 자루를 쥐고 있었다.

케이시가 말을 이었다. "당신들은 자기가 뭘 하고 있는지 깨닫지 못하고 있소."

뚱보 사나이가 곡괭이 자루를 휙 내리쳤다. 케이시가 피하려고, 자루가 내려오는 쪽으로 몸을 굽혔다. 빠직 하고 뼈가 으스러지는 둔한 소리와 함께, 둔중한 곡괭이 자루가 그의 옆통수를 파고들었다. 케이시가 빛줄기 옆으로 쓰러졌다.

"이런, 조지. 자네, 이자를 죽여 버린 것 같네."

조지가 말했다. "어디 불 좀 비춰 보게. 그놈을 곧장 비추라고." 손전등 불빛이 아래로 비춰 케이시의 으깨진 머리통을 찾아냈다.

　톰은 전도사를 내려다보았다. 불빛이 땅딸막한 사나이의 두 다리와 하얀 곡괭이 자루를 스치고 지나갔다. 톰은 말없이 몸을 날렸다. 몽둥이를 빼앗았다. 첫 일격은 빛나가서 상대의 어깨를 후려쳤지만, 두 번째는 무시무시한 일격이 머리에 직통으로 맞았다. 뚱보 사나이가 풀썩 쓰러지자 그의 머리에 석 대를 더 갈겼다. 불빛이 주위를 춤추며 맴돌았다. 고함 소리, 관목 숲을 짓밟고 달려오는 소리. 톰은 쓰러진 사나이 위에 버티고 섰다. 그때 곤봉이 날아와 톰의 머리를 내리쳤다. 비뚜로 빗나간 일격이었다. 그는 전기에 닿은 듯한 날카로운 타격을 느꼈다. 다음 순간 그는 개울을 따라 몸을 구부리고 뛰었다. 물을 차며 뒤따라오는 발소리가 들렸다. 갑자기 그는 몸을 홱 돌려 관목 숲속으로 기어들어가 야생 담쟁이덩굴 깊숙이 숨어들었다. 그곳에서 그대로 꼼짝 않고 누워 있었다. 발소리가 다가오고 불빛이 개울바닥 일대를 번쩍번쩍 비췄다. 톰은 그 숲을 기어서 둑 위쪽으로 빠졌다. 거기는 과수원 안이었다. 아직도 귀에는 둑 밑에서 그를 찾아 헤매는 고함 소리가 들렸다. 그는 몸을 구부리고, 경작된 밭을 뛰어갔다. 흙덩이가 발에 채여 데굴데굴 굴렀다. 앞쪽에 밭과 과수원의 경계를 이루는 덤불이 보였다. 수로를 따라 우거진 덤불이다. 나무 울타리를 빠져나와 덩굴 풀과 나무딸기가 우거진 덤불 속으로 들어갔다. 거기 드러누워 가쁘게 숨을 몰아쉬면서 얼얼한 얼굴이며 코를 만져 보았다. 코가 주저앉아 있었다. 한 줄기 피가 턱 선을 타고 흘러내렸다. 그는 가만히 배를 깔고 엎드려 숨이 진정되기를 기다렸다. 그리고 살금살금 수로 끝으로 기어갔다. 찬물로 얼굴을 씻었다. 푸른 셔츠를 찢어 물에 적신 다음 찢어진 뺨과 코에 갖다 댔다. 물이 스며들어 쓰리고 아팠다.

검은 구름은 이미 하늘을 가로질러 지나가 별과 대조를 이루며 검은 점처럼 보였다. 밤은 다시 고요해졌다.

톰은 물속으로 걸어 들어갔다. 갑자기 발밑이 푹 꺼졌다. 팔을 두어 번 저어 건너가서 맞은편 둑에 무거운 몸뚱이를 끌어올렸다. 옷이 몸에 착 달라붙었다. 걸음을 옮기니 물 떨어지는 소리가 났다. 구두가 꿀적꿀적거렸다. 주저앉아 구두를 벗고 물을 쏟았다. 바짓가랑이를 짜고 웃옷을 벗어서 물을 짜냈다.

국도에는 수로를 뒤지는 손전등 불빛이 어지럽게 춤추고 있었다. 톰은 구두를 신고, 밑동만 남은 밭을 조심조심 가로질렀다. 구두는 이제 찔꺽거리는 소리를 내지 않았다. 그는 육감에 의지하여 밭 끝 쪽으로 걸어갔다. 이윽고 흙길이 나왔다. 최대한 조심스럽게 네모진 집들 쪽으로 다가갔다.

경비원이 무슨 소리를 들었던지 "누구얏!" 하고 소리쳤다.

톰은 재빨리 땅에 납작 엎드렸다. 손전등 빛이 머리 위를 지나갔다. 그는 조용히 자기네 오두막 문으로 기어들어갔다. 문 경첩이 날카롭게 삐거덕거렸다. 어머니의 졸음기 없는 조용하고 침착한 목소리가 들렸다.

"누구냐?"

"저예요, 톰."

"오냐, 어서 좀 자라. 앨은 아직 돌아오지 않았다."

"계집아이를 하나 찾아낸 모양이지요."

어머니가 낮은 목소리로 말했다. "어서 자라, 네 자리는 그 창문 아래다."

그는 제 자리를 찾아내어 옷을 훌렁 벗어버리고 부들부들 떨면서 담요 밑에 기어들어갔다. 찢어진 얼굴에 감각이 돌아오고 머리가 욱신거리기 시작했다.

한 시간쯤 지나서 앨이 들어왔다. 그는 살금살금 발을 놀리다가 톰의 젖은 옷을 밟았다.

톰이 말했다. "쉬잇!"

앨이 속삭였다. "아직 안 잤어? 왜 이렇게 젖었지?"

"쉿! 아침에 얘기하자."

아버지가 몸을 뒤척였다. 숨넘어갈 듯 코고는 소리가 온 방안에 퍼졌다.

"춥지?" 앨이 말했다.

"쉿, 어서 자." 네모진 조그만 창이 방안의 어둠과 대조를 이루어 잿빛으로 우두커니 떠올라 보였다.

톰은 자지 않았다. 상처 입은 얼굴의 신경이 되살아나서 몹시 쑤시는데다 광대뼈는 얼얼하고 주저앉은 코는 부어올라 욱신거렸다. 누가 온몸을 쿡쿡 찌르고 흔들어대는 것 같았다. 톰은 별똥별이 작고 네모진 창을 가로질러 떨어지는 모습을 가만히 지켜보았다. 이따금 야경꾼의 발소리가 들렸다.

마침내 멀리서 닭이 울었다. 창문이 차차 밝아왔다. 톰은 부은 얼굴을 손가락 끝으로 만져 보았다. 그 기척을 듣고 앨이 잠결에 뭐라고 중얼거렸다.

이윽고 날이 샜다. 촘촘하게 늘어선 집집마다 사람들의 움직이는 소리, 장작 패는 소리, 냄비 등속이 부딪치는 소리 등이 가냘프게 들려 왔다. 어스름 속에서 어머니가 갑자기 몸을 일으켰다. 톰에게도 그 얼굴이 보였다. 푹 자서인지 조금 부석했다. 그녀는 한참 창문을 쳐다보았다. 그런 다음 담요를 젖히고 옷을 찾아선 그냥 앉은 채 머리서부터 덮어쓰더니 두 팔을 쳐들고 허리께까지 끌어내린 뒤 일어서서 옷자락이 발목께까지 내려오게 했다. 그리고 맨발로 조심스럽게 창으로 다가가서 바깥을 내다보았다. 밝아가는 빛을 바라보면서 손가락으로 민첩하게 머리를 풀고 빗어 내린 뒤, 한데 묶어 도로 땋아 올렸다. 그런 다음 두 손을 가슴 앞에 마주잡고 한참을 움직이지 않았다. 그 얼굴이 창가의 빛을 받아 완연히 떠올랐다. 어머니는 몸을 돌려 매트리스 사이를 조심스럽게 걸어서 등잔을 찾아냈다. 등잔 갓을 올리고 심지에 불을 붙였다.

아버지가 돌아눕더니 어머니를 껌벅껌벅 쳐다보았다. 어머니가 말했다. "당신, 돈 가진 것 얼마나 되죠?"

"응? 음, 60센트짜리 전표가 있어."

"그럼 일어나서 밀가루와 라드를 좀 사 오세요. 어서요."

아버지가 하품을 했다. "가게는 아직 열지 않았을 텐데."

"그럼 깨우면 되잖아요. 식구들이 뭘 좀 요기해야 하니까요. 일하러 가야죠."

아버지는 꾸무럭꾸무럭 멜빵바지를 입고 바랜 웃옷을 걸쳤다. 하품을 하고 기지개를 켜면서 느릿느릿 문간으로 걸어갔다.

잠에서 깬 아이들이 담요 밑에서 생쥐처럼 눈을 깜박이며 그 모습을 지켜보았다. 희끄무레한 빛이 이제 온 방에 가득 찼다. 해뜨기 전의 색깔이 없는 빛이었다. 어머니는 매트리스를 죽 훑어보았다. 존 아저씨도 눈을 뜨고 있었지만 앨은 곤히 잠들어 있었다. 어머니는 시선을 톰에게 옮겼다. 잠시 그를 뚫어져라 쳐다보던 어머니가 재빨리 그에게 다가갔다. 얼굴은 부어오르고 시퍼렜다. 피가 입술과 목께에 꺼멓게 말라붙어 있었다. 찢어진 뺨의 상처가 일그러진 채 딱딱하게 굳어 있었다.

어머니가 속삭이듯 말했다. "톰, 어떻게 된 일이냐?"

"쉿! 큰소리 내지 마세요. 싸움에 휘말려 들어서 그만."

"톰!"

"어쩔 수 없었어요, 어머니."

그녀는 아들 곁에 꿇어앉았다. "큰일이냐?"

그는 오래도록 대답하지 않았다. "네. 좀 시끄럽게 됐어요. 저는 일하러 못 가요. 숨어 있어야 해요."

아이들이 구경이라도 난 듯 호기심으로 눈을 빛내며 네 발로 기어왔다.

"오빠 왜 그래, 엄마?"

"쉬! 너희는 세수하고 오너라."

"비누가 없는걸."

"그럼 물로만 해."

"톰 오빠, 왜 그래?"

"이제 입 다물어. 그리고 아무한테도 말하면 안 된다."

그들은 뒤로 물러나 벽 저쪽으로 가서 쭈그려 앉았다. 거기라면 세수를 했는지 안 했는지 아무도 검사하지 않으리라는 것을 알기 때문이다.

어머니가 물었다. "심하냐?"

"코가 내려앉았어요."

"내 말은, 그 시끄러운 일 말이다."

"네, 아주 시끄럽게 됐어요."

앨이 눈을 들어 톰을 보았다. "아니, 형 왜 그래?"

"뭐야?" 존 아저씨가 물었다.

아버지가 문을 우당탕 열고 들어왔다. "가게는 벌써 열었던걸." 그는 조그만 봉지와 라드 꾸러미를 화덕 옆 바닥에 놓았다. "왜들 그래?"

톰은 순간 한쪽 팔꿈치를 짚고 반쯤 몸을 일으키려다가 다시 벌렁 드러누웠다. "젠장, 기운이 하나도 없네. 꼭 한 번만 얘기할 테니까 모두 잘 들어 줘요. 애들은 어떡하지?"

어머니는 벽에 기대앉아 있는 두 아이에게 눈을 돌렸다. "가서 세수하고 와."

톰이 말했다. "아냐, 애들도 들어야 해요. 사실을 모르면 오히려 쓸데없는 소릴 지껄일 테니까."

아버지가 다그쳤다. "대관절 어떻게 된 거냐?"

"지금 말할게요. 실은 엊저녁에 바깥 사람들이 뭣 때문에 아우성을 치고 있었는지 그걸 알아보려고 나갔어요. 그랬더니 우연히 전도사님을 만났잖았겠어요."

"아니, 그 전도사를?"

"네, 아버지. 그 전도사요. 그 양반이 파업을 지휘하고 있더군요. 한데 놈들이 그 양반을 붙잡으러 왔어요."

아버지가 재촉했다. "누가 붙잡으러 왔다고?"

"잘 몰라요. 언젠가 밤에 길에서 우리 차를 되돌려 보낸 그놈들과 같은 놈들인가 보죠. 곡괭이 자루를 들었더군요." 그는 잠시 말을 끊었다. "그놈들이 전도사님을 죽였어요. 머리통을 으깨버렸어요. 저도 그 자리에 있었지요. 저는 화가 치밀어서 그 곡괭이 자루를 빼앗아 들었어요." 이야기를 하면서 그는 절망스런 마음으로 그 밤을, 그 어둠을, 그 손전등 빛을 떠올렸다. "저는, 저는 그중 한 놈을 닥치는 대로 두들겨 팼어요."

어머니가 외마디 비명을 질렀다. 아버지의 몸이 굳어졌다. 그가 조용히 물었다. "죽였냐?"

"잘 모르겠어요. 화가 치밀어서 제 정신이 아니었고 죽이려고 했지만."

어머니가 물었다. "너, 놈들에게 얼굴을 보였니?"

"몰라요. 모르겠어요. 보였는지도 몰라. 놈들, 손전등을 내게 비쳤으니까."

순간 어머니는 톰의 눈을 조용히 바라보았다. 그리고 말했다. "여보, 궤짝을 부숴줘요. 아침을 지어야 하니까. 모두 일하러 나가야죠. 루디, 윈필드, 혹시 누가 묻거든 톰은 몸이 아프다고 말하는 거야, 알았니? 너희가 떠벌리고 다니면 톰은 감옥에 가야 해. 알았지?"

"응."

"저 아이들 좀 감시해 주세요, 아주버님. 아무한테도 말 못하게." 아버지가 물건을 넣어두었던 궤짝을 부수는 동안에 어머니는 불을 일궜다. 그녀는 밀가루 반죽을 만들고, 커피 주전자를 불 위에 올렸다. 쪼갠 나뭇조각에 불이 붙어 굴뚝으로 연기가 활활 타올랐다.

아버지가 궤짝을 다 부수고 톰에게 다가갔다. "케이시라, 그는 착한 사람이었지. 어쩌다 그런 분란에 끼어들었담?"

톰이 힘없이 말했다. "그네들도 한 상자에 5센트씩 받기로 하고 여기로 일하러 왔대요."

"지금 우리가 받는 것하고 같구나."

"그래요. 그런데 우리가 온 것이 파업을 깨는 짓이었대요. 놈들은 그 사람들에게 2센트 반밖에 치러주지 않았대요."

"그걸로 먹고 살 재간이 없지."

톰이 지친 듯이 말했다. "그래요, 그래서 그 사람들이 파업을 일으킨 거예요. 아마 엊저녁에 파업은 다 깨졌을 걸요. 오늘부터는 우리도 2센트 반으로 깎일지 몰라요."

"저런 개자식들."

"그래요! 아버지, 아시겠죠? 전도사님은 역시 좋은 사람이었어요. 젠장, 그때 광경이 머리에서 지워지질 않네. 머리통이 빠개진 채 쓰러져 피를 철철 흘리고, 젠장!" 그는 양손으로 눈을 가렸다.

"한데 우리는 어떡한다지?" 존 아저씨가 말했다.

앨은 이미 일어나 있었다. "쳇, 저는 어떻게 해야 하는지 알아요. 전 여기서 나가겠어요."

톰이 말했다. "아냐, 안 돼, 앨. 지금 우리에겐 네가 필요해. 나갈 사람은 나야. 나는 위험인물이야. 움직일 수 있게 되면 나는 곧 떠나야 해."

어머니는 화덕 앞에서 일하고 있었다. 이야기를 들으려고 고개를 반쯤 이쪽으로 돌리고 있었다. 그녀는 프라이팬에 기름을 붓고 그것이 뜨거워져 연기가 나자 반죽을 숟가락으로 떠서 그 안에 떨어뜨렸다.

톰이 말을 이었다. "너는 있어야 해, 앨. 트럭을 돌봐야 한다고."

"난 싫어."

"달리 도리가 없잖아, 앨. 식구들을 위해서잖아. 너는 식구들의 힘이 될 수 있어. 나는 식구들에겐 위험한 인간이야."

앨은 화가 나서 툴툴거렸다. "어째서 내가 차고에서 일을 해서는 안 되는지 모르겠군."

"조금만 있으면 될 거야." 톰은 앨 너머로 시선을 돌려, 매트리스에 누워 있는 '샤론의 장미'를 보았다. 그녀는 눈알이 튀어나올 만큼 눈을 크게 뜨고 있었다. 그는 누이동생에게 큰 소리로 말을 건넸다. "걱정 마. 오늘은 우유를 마실 수 있을 거야." 그녀는 천천히 눈을 깜박이며 아무 대답도 하지 않았다.

아버지가 말했다. "톰, 똑똑히 알아둬야겠다. 그놈을 죽인 것 같으냐?"

"글쎄요. 어두웠고 또 누가 날 한방 먹이는 바람에 잘 모르겠어요. 그 자식이 죽었으면 좋겠는데. 확 뒈졌으면 속이 시원하겠네."

어머니가 꽥 소리 질렀다. "톰! 그렇게 말하는 게 아니다."

한길 쪽에서 많은 자동차가 천천히 움직이는 소리가 났다. 아버지가 창으로 가서 밖을 내다보았다. "새로 한패가 들어오는 모양이군."

톰이 말했다. "아마 놈들이 파업을 막은 모양이군. 아마 오늘부터는 2센트 반일 거야."

"하지만 그걸 받아가지고서는 뛰다시피 일해도 못 먹고 살 텐데."

"물론이죠, 바람에 떨어진 복숭아나 먹어야지. 그러면 목숨은 부지할 테니까."

어머니는 빵을 뒤집고 커피를 저으며 말했다. "내 말 좀 들어봐요, 오늘은 옥수수가루를 사려고요. 옥수수 죽을 끓여 먹게. 그런 다음 휘발유 살 돈이 모이는 대로 여기를 떠납시다. 여기는 좋은 곳이 못 돼. 그리고 톰을 혼자 내보내고 싶진 않아요. 절대로 그럴 순 없어요."

"그건 안 돼요, 어머니. 저는 정말 식구들에게 위험인물이라고요."

어머니는 입을 앙다물었다. "다들 내가 방금 말한 대로 하는 거야. 어서들 이걸 먹고 일하러 나가요. 나도 설거지가 끝나면 곧 갈 테니까. 조금이라도 돈을 좀 만들어야 해."

그들은 프라이팬에서 지져낸 빵을 먹었다. 하도 뜨거워 입 안에서 칙 소리가 났다. 커피를 쭉 들이켜고 다시 컵에 따라서 더 마셨다.

존 아저씨가 빵을 씹으면서 머리를 저었다. "아무래도 우린 가난에서 헤어나지 못하려나보다. 이게 다 내 죄야."

아버지가 소리쳤다. "그만두세요, 형님! 지금 형님 죄 애기를 들을 겨를이 어딨소. 어서 갑시다. 일하러 가요. 꼬맹이들, 너희도 가서 일을 도와라. 여보, 당신 말이 옳아. 우린 여기서 떠나야 해."

그들이 나간 뒤 어머니는 빵 접시와 커피를 톰에게 가져갔다. "뭘 좀 먹어야지."

"먹을 수가 없어요, 어머니. 말짱 으깨졌으니 아파서 씹을 수가 있어야죠."

"어떻게 우물거려 보려무나."

"안 되겠어요, 어머니."

어머니가 그의 매트리스 끝에 걸터앉아 말했다. "어디 애기 좀 해봐라, 사정이 어떻게 된 것인지. 나도 생각을 좀 해봐야겠어. 자초지종을 알아야겠어. 전도사님이 뭘 어쨌다든? 왜 그놈들이 그이를 죽였지?"

"전도사님은 그저 놈들의 손전등 빛 속에 우두커니 서 있었을 뿐이야."

"그이가 뭐라던? 뭐라고 말했는지 생각나니?"

"그럼요. 전도사님은 말했어요. '당신네들은 남을 굶어죽게 할 권리가 없어요.' 그랬더니 아까 말한 그 뚱보 놈이 전도사님을 빨갱이 새끼라고 부르잖아요. 전도사님이 '당신네들은 지금 자기들이 무슨 짓을 하고 있는지 모르고 있어요' 하니까 다짜고짜 그놈이 전도사님의 머리를 후려쳤어요."

어머니는 눈을 내리깔고 두 손을 꽉 마주잡았다. "그 사람이 그렇게 말하던? '당신네들은 자기들이 지금 무슨 짓을 하고 있는지 모르고 있다'고?"

"네!"

"할머니에게 그 말을 들려드리고 싶구나."

"어머니, 저는 제가 뭘 하고 있는지 몰랐어요. 제가 숨을 쉬고 있는 것을 모르는 것처럼 말예요. 제가 그럴 마음을 먹고 있는 줄도 몰랐어요."

"괜찮다. 그야 물론 나도 네가 그런 일을 저지르지 않았으면 좋았을 걸 싶고, 네가 그 자리에 있지 않았더라면 하고도 생각한다. 허나 너로서는 해야할 일을 한 거야. 네가 나쁘다고는 생각지 않는다." 그녀는 화덕으로 가서 뜨거운 물에 헝겊을 담갔다. "이걸 얼굴에 대라."

톰은 뜨거운 천을 코와 뺨에 댔다. 너무 뜨거워서 몸이 오그라들었다. "어머니, 저는 오늘밤에 나가 버릴래요. 식구들에게까지 화를 입히고 싶지 않아요."

어머니가 화를 내며 말했다. "톰! 내가 모르는 일이 가득 있다만, 네가 가버린대도 식구들이 편안해지진 않는다. 오히려 더 기가 죽고 말 게다. 옛날에는 우리도 땅을 갈아먹고 살았지. 그때는 우리한테도 경계라는 게 있었지. 나이 먹은 사람이 죽어가고 어린아이가 태어나도 우리는 언제나 하나였어. 한 식구였단 말야. 하나로 똘똘 뭉친 한 가족이었지. 그런데 지금은 하나가 아니야. 왜 그런지 도무지 알 수는 없지만 우리를 하나로 만들어 줄 만한 것이 하나도 남아 있지 않단 말이다. 앨은 저 혼자 해나간다면서 토라져 있지, 존 아저씨는 그냥 어슬렁어슬렁 쫓아올 뿐이지. 아버지도 옛날 같지 않다. 이제 가장이라고 할 수도 없어. 우리 식구는 뿔뿔이 흩어지려 하고 있어. 톰, 이제 한식구라는 생각이 없어져 버렸어. 게다가 로자샨은—" 어머니는 고개를 돌려, 눈을 휘둥그레 뜨고 있는 딸을 쳐다보았다. "저 아이는 아기를 낳을 텐데, 가족이라는 게 없다. 나는 어찌해야 좋을지 모르겠구나. 이제까지는 어떡하든 가정을 깨뜨리지 않으려고 애써 왔는데, 윈필드도 이 대로 가다가는 어떻게 될지……. 점점 거칠어지기만 하고, 루디도 꼭 짐승 같아. 이젠 뭐 하나 의지할 만한 사람이 없다. 제발 가지 말아다오, 톰. 같이 살면서 좀 도와다오."

톰은 기진한 듯이 말했다. "알았어요, 알았어요. 하지만 정말 그렇게 해서는 안 되는데. 무슨 일이 일어날지 뻔한데."

어머니는 그릇 씻는 데로 가서 양철접시를 씻었다. "너, 못 잤지?"

"네."

"그럼 자라. 옷이 젖었던데, 화덕 옆에 걸어서 말려주마." 그녀는 할 일을 다 마쳤다. "난 이제 나간다. 가서 복숭아를 따야지. 로자샨, 혹시 누가 오거든 톰은 아프다고 그래라, 알았지? 아무도 안에 들여놔서는 안 된다. 알았지?" '샤론의 장미'가 고개를 끄덕거렸다. "점심 때는 돌아올 거야. 톰, 넌 좀 자거라. 아마 오늘 저녁에는 여길 떠나게 되겠지." 그러더니 갑자기 톰에게 바싹 다가왔다. "톰, 너 설마 몰래 나가지는 않겠지?"

"아뇨, 어머니."

"틀림없겠지? 안 가지?"

"안 가요, 어머니. 여기 있을 거예요."

"그럼 됐다. 그 말 잊지 말아라, 로자샨." 그녀는 밖으로 나가서 문을 꽉 밀어 닫았다.

톰은 가만히 누워 있었다. 어느덧 졸음이 거대한 파도처럼 밀려오더니, 그를 무의식의 경계로 들어 올렸다가 천천히 제자리로 내려놓고는 다시 한 번 들어올렸다.

"오빠…… 톰!"

"응? 뭐!"

그는 눈을 번쩍 뜨고 '샤론의 장미'를 쳐다보았다. 그녀의 눈은 원망으로 불타고 있었다. "왜 그래?"

"오빠는 사람을 죽였지?"

"그래. 그렇게 큰 소리 내지 마. 누가 들었으면 좋겠어?"

그녀가 외쳤다. "알 게 뭐야! 그 여자가 말했어. 죄가 어떤 결과를 가져오는지, 그 사람이 가르쳐 주었다고! 이제 난 건강한 아기를 낳을 수 없을 거야. 코니는 가버렸지, 영양분도 제대로 섭취 못 했지, 우유도 마시지 못 했으니까." 그녀는 신경질적으로 외쳐댔다. "게다가 오빠는 사람을 죽였지. 이런 형편에서 어떻게 변변한 아길 낳을 수 있어? 틀림없이 병신을 낳을 거야, 병신을! 난 춤도 한 번 추지 않았는데."

톰은 몸을 일으켰다. "조용해! 그러다 누가 들어올라!"

"상관없어. 나는 병신을 낳을 테니까! 나는 껴안고 추는 춤도 한 번 추지 않았는데."

톰은 누이 곁으로 다가갔다. "조용히 하라니까."

"옆에 오지 마. 사람을 둘이나 죽이고서." 그녀의 얼굴은 흥분으로 빨개졌다. 말도 분명치 않았다. "오빠 꼴도 보기 싫어." 그러더니 담요를 푹 뒤집어썼다.

숨죽여 꺽꺽 대고 우는 소리가 들렸다. 톰은 입술을 깨물며 땅바닥을 응시했다. 그리고 아버지 침대로 갔다. 매트리스 가장자리 밑에 소총이 한 자루 있었다. 길고 무거운, 레버로 작동하는 38구경 윈체스터 총이었다. 톰은 그것을 집어 들고 약실에 탄약이 들어있는지 확인한 뒤 안전장치를 걸어 방아쇠를 시험해 보았다. 그런 다음 자기 매트리스로 돌아와 개머리판은 위쪽으로, 총구는 아래쪽으로 하여 총을 자기 자리 옆에 뉘어 놓았다. '샤론의 장미' 목소리는 잦아들어 흐느낌으로 변해 있었다. 톰은 다시 드러누워 숨 쉴 구멍만 조금 터놓고 담요를 푹 뒤집어써서 다친 뺨을 감추었다. 그리고 한숨을 쉬며 말했다. "염병할, 에이 염병할!"

밖에서 차들이 지나가는 소리에 이어 사람들 목소리가 들려왔다.

"몇 명이야?"

"우리 셋입니다. 얼마 주죠?"

"25호로 가. 번호는 문에 씌어 있다."

"알았어요. 그래, 얼마씩 주나요?"

"2센트 반이다."

"아니, 무슨 놈의! 그걸로는 저녁도 먹지 못해요."

"이쪽은 그것밖에 주지 못 해. 그거라도 좋아라고 일할 사람이 200명이나 남부에서 오기로 되어 있어."

"하지만, 여보시오!"

"어서 가요. 그걸 받고 일하든지 다른 델 가보든지. 나는 실랑이질할 겨를
이 없어."

"하지만……"

"잘 들어. 내가 삯을 정한 게 아니야. 난 당신네들 이름을 기록할 뿐이야.
일하고 싶으면 집으로 들어가고, 싫으면 당장 돌아서서 나가라고."

"25호랬죠?"

"그래, 25호."

톰은 매트리스 위에서 깜박 졸았다. 그는 방 안을 살금살금 돌아다니는 발
소리에 잠이 깼다. 한 손을 뻗어 총신을 꽉 움켜쥐었다. 얼굴에 덮었던 담요
를 끌어내렸다. '샤론의 장미'가 매트리스 옆으로 다가와 섰다.

"왜?"

"오빠는 자. 안심하고 자. 문은 내가 지키고 있을게. 아무도 들어오지 않
아."

그는 잠시 누이의 얼굴을 물끄러미 들여다보았다. "그래." 그리고 다시 얼
굴에 담요를 덮었다.

어둑어둑해질 무렵 어머니가 집에 돌아왔다. 그녀는 문 앞에서 발을 멈추
고 노크하면서 말했다. "나다." 톰을 놀래지 않게 하기 위해서였다. 그녀는
문을 열고 꾸러미를 든 채 안으로 들어왔다. 톰은 잠이 깨어 매트리스 위에
일어나 앉았다. 상처가 꾸덕꾸덕 말라붙어서 주위 살갗이 캥기어 번들거렸
다. 왼쪽 눈꺼풀이 축 늘어져 눈을 거의 덮고 있었다. 어머니가 물었다. "낮
에 누가 안 왔었니?"

"아뇨. 아무도 안 왔어. 내가 말한 대로 놈들이 끝내 임금을 내렸죠?"

"어떻게 알았어?"

"밖에서 누가 하는 얘길 들었거든."

'샤론의 장미'가 멍한 표정으로 어머니를 처다보았다.

톰이 엄지손가락으로 누이동생을 가리켰다. "요게 한바탕 난리를 피웠더

랬죠. 언짢은 일이 모두 저를 노리고 일어나는 줄 아는 모양이야. 저 때문에 그렇게 속이 상한다면 역시 저는 나가는 게 좋겠어요."

어머니가 '샤론의 장미'에게 바짝 다가갔다. "너 무슨 짓을 저질렀니?"

딸이 원망스러운 듯이 말했다. "이런 일만 일어나는데 내가 어떻게 건강한 아기를 낳겠어요?"

"닥쳐! 이제 제발 입 좀 닥쳐라. 네 기분이 어떤지는 나도 안다. 네가 어쩔 수 없다는 것도 다 알아. 하지만 지금은 떠들면 안 돼."

어머니는 다시 톰을 돌아보았다. "저 아이에겐 신경 쓰지 마라, 톰. 지금이 한창 힘들 때라는 건 나도 겪어서 안다. 출산 때가 다가오면 세상만사가 모두 자기를 괴롭히는 것 같고, 남들이 하는 말이 모두 자기를 모욕하는 것처럼 들린단다. 모두가 자기 적으로 보이는 게야. 저애에겐 신경 쓰지 마라. 저도 어쩌지를 못해서 그러는 거니까. 그저 그런 기분이 드는 것뿐이니까."

"저애를 힘들게 하고 싶지 않아요."

"그만둬라! 이제 그 얘긴 그만하자." 그녀는 들고 온 꾸러미를 차가운 화덕 위에 올려놓았다. "별로 벌지도 못했다. 빨리 여길 떠나야겠다. 애, 땔감을 좀 가져다주겠니? 참, 너는 안 되지. 여기 마지막 남은 궤짝이 있어. 이걸 쪼개다오. 다른 식구들에게는 돌아오는 길에 나뭇가지를 주워 오라고 했어. 옥수수 죽을 쑤어 설탕을 좀 쳐서 먹어야겠다."

톰은 일어나서 딱 하나 남은 궤짝을 잘게 쪼갰다. 어머니는 화덕 한 구석에서 불을 지피고 화력을 한가운데로 집중시켰다. 그리고 주전자에 물을 부어 불에 올렸다. 직접 불 위에 걸린 주전자가 덜그럭거리더니 이내 쉬익 하고 수증기를 내뿜었다.

톰이 물었다. "오늘 복숭아 따기는 어땠어요?"

어머니는 옥수수가루 주머니에 컵을 쑤셔 넣으며 말했다. "그 얘긴 하고 싶지 않구나. 오늘 줄곧 생각했단다. 지난날엔 우리가 얼마나 농담을 많이 주고받았던가 하고 말이다. 이젠 다 지긋지긋하구나, 톰. 이제 모두 농담도 하지 않아. 가끔 농담이랍시고 한다는 게 모두 비꼬기 아니면 뼈아픈 우스개야. 그러니까 농담이래야 하나도 재미가 없어. 오늘 누군가가 이런 말을 하더라. '불경기는 끝났구먼. 아까 산토끼를 보았는데, 아무도 쫓지 않던걸.' 그러니까 다른 사람이 받아서 이러는 거야. '쫓지 않는 건 그 때문이 아니라고, 이제 산토끼도 맘대로 죽일 수 없게 된 거야. 그놈들을 붙잡으면 젖만 짜고 도로 놓아 줘야 하지. 자네가 본 건 젖이 말라버린 녀석이었을 거야.' 내가 하고 싶은 말은 그거다. 조금도 재미가 없잖느냐. 언젠가 큰아버지가 인디언을 개종시켜서 집으로 데리고 왔을 때 같은 재미가 이제는 없어. 그 인디언이 상자 한 가득이던 콩을 바닥나도록 먹어치우고 큰아버지의 위스키마저 훔쳐 마시는 바람에 말짱 헛수고가 됐을 때 같은 재미가 없단 말이다. 톰, 그 헝겊을 찬물에 적셔서 얼굴에 대렴."

어둠이 짙어졌다. 어머니가 등불을 켜서 벽에 걸었다. 나무를 더 지피고, 끓는 물에 옥수수가루를 조금씩 집어넣었다. "로자샨, 이 죽 좀 저으려무나."

밖에서 우당탕 뛰어오는 소리가 났다. 문이 벌컥 열리며 벽에 쾅 부딪쳤다. 루디가 달려 들어오며 외쳤다. "엄마, 윈필드가 까무러쳤어!"

"어디서? 말해봐!"

루디는 숨을 헐떡거리며 말했다. "얼굴이 하얘지더니 쓰러졌어. 설사를 너무 많이 해서 그런가봐. 복숭아를 그렇게 먹어대더니 갑자기 쓰러지잖아. 하얘가지고!" 어머니가 재촉했다. "어디냐, 가자. 로자샨, 이 죽 좀 봐라."

어머니는 루디와 함께 밖으로 나갔다. 어린 딸의 뒤를 따라 한길을 허둥지둥 뛰어갔다. 어둠속에서 세 남자가 그녀 쪽으로 걸어왔다. 가운데 사나이가 윈필드를 안고 있었다. 어머니는 그리로 달려갔다. "우리 아입니다! 이리 주세요."

"안아다 드리지요, 아주머니."

"아닙니다, 저한테 주세요." 그녀는 어린 아들을 받아 안고 돌아서다가 그제야 정신이 드는지 사내들에게 말했다. "정말 고맙습니다."

"뭘요, 아주머니. 아이가 좀 약한 것 같군요. 회가 있는 모양이지요."

어머니는 다급히 집을 향해서 걸었다. 윈필드는 그녀 품안에서 축 늘어져 있었다. 어머니는 어린 아들을 집 안으로 안고 들어가 매트리스에 눕혔다. "애, 왜 그러니?" 아이는 멍한 눈으로 고개를 내젓곤 다시 눈을 감았다.

루디가 말했다. "아까 내가 그랬잖아, 엄마. 윈필드는 종일 설사를 했어. 몇 번이나 말야. 복숭아를 너무 많이 먹어서 그래."

어머니는 윈필드의 이마를 짚었다. "열은 없다만 얼굴이 허여니 홀쭉해졌어."

톰이 다가와서 등불을 아래에 내려놓았다. "알겠다. 배가 고픈 거야. 기운이 빠져서 그래. 우유를 한 통 사다 먹여야겠어. 죽에 우유를 타서 먹이면 돼요."

어머니가 말했다. "윈필드. 기분이 어떤지 좀 말해 봐라."

"어지러워. 머리가 마구 빙빙 돌아."

"그렇게 심한 설사는 처음 봤어." 루디가 어른스럽게 말했다.

아버지와 존 아저씨와 앨이 돌아왔다. 저마다 나뭇가지와 관목을 한가득 안고 있었다. 그들은 그것을 화덕 옆에 내려놓았다. 아버지가 물었다. "아니 왜 그래?"

"윈필드가 쓰러졌어요. 우유를 좀 먹여야겠어요."

"원, 제기랄! 모두 뭔가가 필요하다니!"

"오늘은 얼마나 됐나요?"

"1달러 42센트."

"그럼 얼른 가서 윈필드 먹일 우유를 한 통 사오세요."

"아니, 이 녀석은 왜 또 병이 났나?"

"모르겠어요, 왜 났는지, 어쨌든 얘는 아파요. 어서 가세요!" 아버지는 혼잣말을 중얼대면서 문 밖으로 나갔다. "죽은 잘 젓고 있니?"

"네." '샤론의 장미'는 젓고 있다는 것을 증명하기 위해 손을 빨리 놀렸다.

앨이 투덜거렸다. "기가 막히는구먼! 어둡도록 일하고 저녁은 겨우 죽이야?"

"앨, 우리가 여길 떠나야 한다는 건 너도 알잖니? 번 돈은 모두 휘발유 사는 데 써야 한다. 알면서 그러는구나."

"하지만 겨우 죽이라니, 제길! 사람이 일을 하려면 고기를 먹어야 하는데."

"그 입 못 다무니? 우리는 아주 큰일부터 먼저 처리해야 한다. 그게 뭔지 너도 알 것 아니냐."

톰이 물었다. "그거 내 문젠가요?"

"저녁 먹고 나서 얘기하자. 앨, 휘발유가 조금은 남아 있겠지?"

"4분의 1통 정도는 있어요."

"지금 얘기하면 안 되나요?" 톰이 말했다.

"나중에 하자꾸나. 좀 기다려라. 로자샨, 그 죽 잘 저어야 한다. 난 커피를 좀 얻어야겠다. 설탕은 커피나 죽 어느 한 쪽에만 넣어야 해. 양쪽에 넣을 만큼 많지 않으니까."

아버지가 갸름한 우유 깡통을 들고 돌아오더니 진절머리 난다는 듯이 말했다. "10센트야."

"이리 줘요!" 어머니가 우유통을 받아 구멍을 뚫고, 진한 우유를 컵에 따라 톰에게 주었다. "이거 윈필드에게 주려무나."

톰은 매트리스 옆에 무릎을 꿇었다. "자, 이걸 마셔."

"못 먹겠어. 토할 것 같아. 내버려 둬."

톰은 일어섰다. "지금은 못 먹겠나 봐요, 어머니. 좀 기다려 봐요."

어머니가 그 컵을 받아 창가에 놓았다. "아무도 이거 건드리지 마. 이건 윈필드 거니까."

'샤론의 장미'가 뿌루퉁하니 말했다.

"나는 우유를 조금도 마시지 못했어. 나도 우유를 마셔야 하는데."

"알아. 하지만 넌 아직 두 다리로 서있지 않니? 이 녀석은 아주 쓰러졌단 말이야. 죽이 걸쭉해졌니?"

"응, 이제 더 젓지도 못하겠어요."

"그럼 먹자. 자, 설탕 여기 있어. 한 사람당 한 숟갈씩이야. 죽에 넣든 커피에 치든. 둘 중 하나만 해요."

톰이 말했다. "죽에는 소금과 후추가 좋은데."

어머니가 말했다. "소금은 좀 쳐도 된다. 후추는 다 떨어지고 없어."

나무 궤짝은 이제 하나도 없었다. 식구들은 매트리스에 앉아서 죽을 먹었다. 모두 몇 그릇씩이나 먹었으므로 마침내 주전자가 거의 비었다. 어머니가 말했다. "윈필드가 먹게 좀 남겨요."

윈필드는 일어나 우유를 마셨다. 그러자 금방 식욕이 났다. 그는 죽이 든 주전자를 다리 사이에 끼고 앉아, 바닥에 남은 것을 모조리 먹어치우고는 가장자리에 붙은 것까지 싹싹 긁어 먹었다. 어머니는 깡통에 남은 우유를 컵에 따라 살며시 '샤론의 장미'에게 주어 구석에서 슬쩍 마시게 했다. 설탕 없는 뜨거운 커피를 컵에 따라 식구들에게 돌렸다.

톰이 말했다. "자, 이제 뭐가 어떻게 됐는지 말 좀 해줘요. 궁금해서 못 견디겠어."

아버지가 내키지 않는 얼굴로 말했다. "루디랑 윈필드한테는 굳이 들려주지 않아도 될 텐데. 둘은 밖에 나가 놀 수 없나."

어머니가 말했다. "아니요. 저애들은 아직 어리지만 알 건 알아야 해요. 다 같이 살려면 그래야지 별 수 있어요? 루디, 윈필드, 지금부터 들을 이야기는 다른 사람한테 절대로 해서는 안 된다. 안 그러면 우리 가족은 다 뿔뿔이 흩어지게 될 거야."

루디가 말했다. "말 안 할 거야, 우린 이제 다 컸는걸."

"그럼 얌전히 잘 들어라." 모두 커피가 든 컵을 바닥에 내려놓았다. 동그란 나비의 날개처럼 뭉툭한 등잔 불꽃이 침침한 노란 빛을 벽에 던지고 있었다.

"자, 얘기해줘요." 톰이 말했다.

어머니가 말했다. "당신이 얘기하세요."

존 아저씨가 훌훌 커피를 마셨다. 아버지가 말했다. "놈들은 아닌 게 아니라 네 말대로 임금을 내렸다. 그런데 우리보다 더 배고픈 인간들이 새로 잔뜩 쏟아져 들어왔단 말이다. 그 사람들은 빵 한 덩어리 값이라도 된다는 심정이다. 복숭아를 따려고 하면 벌써 누가 따가려고 와 있어. 이러니 순식간에 다 따버리게 생겼구나. 너나 할 것 없이 뒤질 새라 새 복숭아나무를 향해서 뛰어가는 거야. 몇 번인가 싸우는 장면도 보았지. 하나가 그건 내 나무다 주장하는데도 다른 놈이 따려고 하거든. 모두 저 멀리 엘센트로(캘리포니아주 동남부 도시) 근처에서 끌려온 사람들이더라. 며칠씩 먹지 못한 모양이야. 빵 한 조각을 바라보고 종일 일하는 거야. 나는 검사원에게 말했지. '우린 한 상자에 2센트 반으로는 못 하겠소.' 그랬더니 그놈이 뭐랬는지 알아? '그럼 당장 그만두라고. 저자들은 그걸로도 일할 거니까.' 그래서 내가 그랬지. '저 사람들도 배가 차면 그 돈으로 일하지 않을 걸요.' 그랬더니 놈이 그러더군. '흥, 놈들배가 차기 전에 복숭아를 다 따게 될 텐데.'" 아버지는 입을 다물었다.

존 아저씨가 말했다. "정말 큰일이야, 오늘 밤에 200명이 또 들어온다더라."

톰이 말했다. "그래요? 그런데, 또 다른 건 어떻게 됐나요?"

아버지가 한참 만에 말했다. "톰, 그놈은 죽었나보더라."

"저도 그렇게 생각하고 있었죠. 보이지는 않았지만, 손에 딱 느낌이 왔으니까요."

존 아저씨가 말했다. "온통 그 이야기로 야단이더라. 패거리를 모으고 있단다. 아주 반 죽여 놓겠다는 자들도 있대. 물론 놈들이 그자를 붙잡아야 말이지만."

톰은 눈이 휘둥그레진 아이들을 쳐다보았다. 애들은 거의 눈도 깜박거리지 않고 있었다. 이 어둠 속에서 한순간에 무슨 일이 일어나는 건 아닌가 하는 것 같았다. 톰이 말했다. "하지만 그렇게 한 친구는 녀석들이 먼저 전도사님을 죽였기 때문에 그랬을 뿐인걸."

아버지가 가로막았다. "놈들이 떠드는 건 그렇지 않아. 그자가 먼저 그랬다는 거야."

톰이 큰 한숨을 내쉬었다. "아…… 아!"

"놈들은 우리 같은 인간들에 대한 미움을 부채질하고 있어. 내가 들은 바로는 그래. 놈들은 선전대와 조합원들을 총동원시켜 그자를 붙잡아야 한다고 벼르는 모양이야."

"놈들이 그자의 인상을 알고 있나요?"

"글쎄다, 확실하게는 모르는 모양이더라. 그런데 듣자니 놈들은 그자를 때려서 상처를 입힌 줄 알고 있어. 그러니까 그자는……."

톰이 천천히 손을 들어 뺨을 어루만졌다.

어머니가 외쳤다. "그런 게 어딨어! 그 놈들이 하는 말은 말짱 거짓말이야!"

톰이 말했다. "진정하세요, 어머니. 놈들은 다 알고 있어요. 그 놈들은 선전꾼 놈들이 무슨 말을 하든 그게 우리한테 불리한 내용이면 다 옳다고 생각하니까."

어머니는 어렴풋한 빛을 통해 한동안 톰을 가만히 쳐다봤다. 그의 얼굴을, 특히 그 입술을 뚫어져라 응시했다. "너, 엄마랑 약속했지?"

"어머니, 저는, 아니 그자는 떠나야 해요. 그자가 정말 나쁜 짓을 했다면 아마 이렇게 생각하겠죠. '좋다. 깨끗이 교수형을 당하자. 난 나쁜 짓을 했으니 벌을 받는 것은 당연하다.' 하지만 그자는 조금도 나쁜 짓을 하지 않았어요. 스컹크 한 마리 죽인 것만큼도 후회하지 않아요."

루디가 한 마디 했다. "엄마, 나랑 윈필드도 다 알아. 오빠, 굳이 그자라고 말하지 않아도 돼."

톰이 쿡쿡 웃었다. "그러니까 그자는 교수형 따위는 당하고 싶지 않단 말이야. 다시 똑같은 상황이 닥쳐도 똑같이 행동할걸. 동시에 그자는 자기 가족에게 폐를 끼치고 싶지 않거든. 어머니, 저는 가야 해요."

어머니가 손을 입에 대고 마른기침을 했다. "안 돼, 용케 숨어서 빠져나갈 방법이 없어. 그리고 아무도 믿을 사람이 없다. 하지만 우리는 믿을 수 있어. 우리는 널 숨겨주고, 네 얼굴이 다 아물기까지 먹여줄 수 있다."

"하지만 어머니—"

그녀는 일어섰다. "가면 안 된다. 우리가 데리고 갈 거야. 앨, 트럭을 돌려서 문간에 대라. 자, 어떻게 할지 내게 다 생각이 있다. 바닥에 매트리스 한 장을 깔고 거기에 톰이 드러눕는 거야. 그리고 또 한 장을 숨구멍이 생기도록 둥그렇게 굽혀서 그 위에 덮어라. 그 둘레에 다른 물건을 쌓아놓으면, 구멍으로 숨도 쉴 수 있고 괜찮을 게다. 그러니 이제 이러쿵저러쿵 말하지 마라. 그렇게 하기로 했으니까."

아버지가 투덜댔다. "이거 이제 남자는 말발도 서지 않게 됐나. 이사람 아주 자기 세상이구먼. 두고 보자고, 자리가 잡히면 패줄 테니까."

"그때가 되거든 패도 좋아요. 자, 실수 없이 잘 해라. 앨. 아주 깜깜해졌으니 괜찮을 게다."

앨은 트럭 있는 데로 나갔다. 차를 대충 점검하고, 문간까지 돌려 댔다.

어머니가 말했다. "자, 어서, 매트리스를 실어요."

아버지와 존 아저씨가 뒤쪽 널빤지 너머로 매트리스를 던져 올렸다. "자, 그것도." 그들은 두 개째 매트리스를 던져 올렸다. "어서 톰, 저 속으로 들어가라, 어서."

톰은 재빨리 기어올라 그 사이로 들어갔다. 아래쪽 매트리스를 쭉 펴고 두 개째를 몸뚱이 위로 끌어올렸다. 아버지가 매트리스 양쪽을 구부려 톰 위에 둥그렇게 덮이도록 했다. 톰은 트럭 옆에 댄 나무판자 틈새로 밖을 엿볼 수 있었다. 아버지와 존 아저씨와 앨이 서둘러 짐을 실었다. 숨구멍 위에 담요를 포개 얹고, 양쪽에 양동이를 늘어놓은 다음 나머지 매트리스를 뒤쪽에 폈다. 냄비와 프라이팬, 옷가지 등속은 하나하나 되는 대로 던져 넣었다. 그것들을 넣을 궤짝을 모두 불에 때버렸기 때문이다. 거의 다 실었을 때 경비원

하나가 한쪽 팔에 엽총을 걸쳐 메고 다가왔다.

"여기서 뭘 하시오?"

"우린 떠나는 길이라오." 아버지가 말했다.

"왜?"

"저, 다른 데에 일을 얻어서요, 괜찮은 일을 말이오."

"그으래? 어디에 그런 일이 있었을까?"

"저기 저…… 남쪽 위드패치 쪽에."

"당신들 조사 좀 하겠소." 그는 아버지 얼굴, 존 아저씨 얼굴, 앨 얼굴 순서를 차례차례 손전등을 비쳤다. "또 한 사람이 있었잖소?"

앨이 말했다. "도중에 태워가지고 온 그 친구 말인가요? 얼굴이 창백한 쪼끄만 사내요?"

"그래, 뭐 그런 인상인 것 같구면."

"그자는 우리가 이리로 오다가 길에서 태워 갖고 왔다고요. 오늘 아침 임금이 내리자마자 가버렸죠."

"그자의 인상을 한 번 더 말해봐."

"키가 작달막하고 얼굴이 창백한 사내지요."

"오늘 아침에 어디 다친 데는 없던가?"

"그런 것 같지 않던데요. 주유소는 열려 있나요?"

"음, 8시까지야."

앨이 외쳤다. "타요! 날이 밝기 전에 위드패치에 닿으려면 날아가야 하니까. 앞에 타시겠어요, 어머니?"

"아냐, 난 뒤에 타겠다. 여보, 당신도 뒤에 타세요. 로자샨이랑 앨이랑 아주버니는 앞자리에 타세요."

앨이 말했다. "아버지, 일한 전표 줘요. 그걸로 휘발유를 넣고 잔돈을 거슬러 받을 테니까."

경비원이 지켜보는 가운데 그들은 한길을 따라 달리다가 왼쪽으로 돌아 주유소 앞에 섰다.

"2갤런 넣어줘요." 앨이 말했다.

"그다지 멀리 가지 않는군."

"그래요, 멀리 가지 않아요. 이 전표로 거스름돈 받을 수 있나요?"

"글쎄, 그걸로는 할 수 없는데."

"이봐요, 아저씨. 오늘밤 안으로 거기 닿으면 우린 아주 괜찮은 일을 얻게 돼요. 못 가면 다 헛일이고요. 좀 봐주세요."

"좋아, 그럼 여기 사인해 줘."

앨은 밖으로 나가서 차 앞을 돌아 사나이에게 갔다. "그러죠." 그는 급수구 뚜껑을 돌려 뺀 다음 라디에이터에 물을 가득 채웠다.

"2갤런이랬지?"

"네, 2갤런요."

"어느 방향으로 가나?"

"남쪽이요. 일을 얻어서."

"그래? 일자리는 귀하지, 더구나 일정한 일은."

"친구가 있어서 일은 언제든지 얻을 수 있어요. 그럼 갑니다." 트럭은 뺑 돌아서 먼지투성이 길을 덜컹거리며 한길로 나갔다. 희미한 전조등이 껌뻑 껌뻑 하며 도로를 비추었다. 오른쪽 전조등은 접촉이 나빠서 꺼졌다 켜졌다 했다. 덜컹 하고 흔들릴 때마다, 바닥에 늘어놓은 냄비며 주전자가 덜그럭덜 그럭 서로 부딪쳤다.

'샤론의 장미'가 나직이 신음했다.

"속이 안 좋냐?" 존 아저씨가 물었다.

"네! 언제나 그래요. 편안한 자리에 조용히 앉아 있을 수 있으면 얼마나 좋을까. 그냥 다 같이 고향에 남았더라면 얼마나 좋았을까. 그랬다면 코니도 가버리지 않았을 텐데. 공부를 마치고 멋지게 근무하고 있을 텐데." 앨도 존 아저씨도 이 말에는 대꾸하지 않았다. 코니의 이야기는 난처했던 것이다.

하얀 페인트칠이 된 농장 정문에 이르니 한 경비원이 트럭 옆으로 다가왔다. "아주 나가는 길인가?"

앨이 말했다. "네. 북쪽으로 가요, 일을 얻어서."

경비원이 손전등을 트럭으로 돌려 텐트 안을 비췄다. 어머니와 아버지가 화석처럼 굳은 얼굴로 밝은 불빛을 내다보고 있었다. "좋아." 경비원이 문을 활짝 열었다. 트럭은 왼쪽으로 돌아, 남북으로 뻗은 101번 도로로 나갔다.

"어느 쪽으로 가는지 아냐?" 존 아저씨가 물었다.

앨이 대답했다. "아뇨, 그냥 달리는 거죠, 뭐. 이제 옮겨 다니는 건 정말

지긋지긋하다." '샤론의 장미'가 위협하듯 말했다. "난 이제 해산이 코앞이니 슬슬 안정된 보금자리가 필요해."

첫서리가 내릴 때쯤이라 밤공기가 차가웠다. 길가 과일나무 잎이 지기 시작하고 있었다. 짐 위에서는 어머니가 트럭 널빤지에 등을 기대고 앉아 있고 아버지는 그 맞은편에 앉아 있었다.

어머니가 말을 걸었다. "괜찮니, 톰?"

그의 억눌린 듯한 목소리가 돌아왔다. "좀 갑갑해요. 이제 농장에선 나왔죠?"

"조심해라, 누가 세울지도 모르니까."

톰은 매트리스 한 귀퉁이를 밀어 올렸다. 어두컴컴한 트럭 위에서 냄비가 덜그럭거렸다. "이걸 싹 내리면 되니까 문제없어. 그리고 난 이 동굴 속에 갇혀 있는 게 싫단 말야." 그는 한쪽 팔꿈치를 짚고 옆으로 누웠다. "이야, 꽤 쌀쌀해졌네요."

아버지가 말했다. "구름이 나왔다. 사람들이 그러는데 올해는 겨울이 이르다더라."

톰이 물었다. "다람쥐가 집을 높이 지었다든가, 풀씨가 어쨌다든가 하는 그건가요? 쳇, 이젠 별 걸 다 가지고 날씨를 점치네요. 머지않아서 낡은 바지를 가지고 날씨를 점치는 놈이 나오겠는데요."

"잘은 모르겠지만 내게는 겨울이 오기 시작한 것 같구나. 이 고장에 오래 살지 않고서야 알 도리도 없지만."

"어느 방향으로 가나요?"

"모르겠다, 앨은 왼쪽으로 도는 것 같더라만. 우리가 떠나온 방향으로 돌아가는 게 아닌지."

"어느 쪽으로 가는 게 좋을지 나도 모르지만, 어떻든 큰길로 가면 아무래도 경찰을 만나는 일이 많을 거예요. 제 얼굴로는 당장에 놈들도 눈칠 채요. 뒷길로 가는 게 낫지 않을까."

어머니가 말했다. "그 널빤지를 두들겨서 앨한테 차를 세우라는 신호를 해라."

톰이 주먹으로 운전석 뒤에 붙은 널빤지를 두드렸다. 트럭이 길가에 섰다. 앨이 뛰어내려 뒤로 돌아왔다. 루디와 윈필드는 담요 밑으로 얼굴을 내밀었다.

"뭐야?" 앨이 퉁명스럽게 물었다.

어머니가 말했다. "어떻게 해야 할지 생각해 봐야겠구나. 뒷길로 가는 게 좋지 않을는지 모르겠다. 톰이 그러는구나."

톰이 덧붙였다. "내 얼굴 때문이야. 누가 봐도 금방 알아챌 거야. 경찰들도 한눈에 알아볼 거고."

"그래서 어느 쪽으로 가고 싶어? 나는 북쪽이 좋을 것 같은데. 이제까지 남쪽에 있었으니까."

"좋지, 뒷길로만 가줘."

"차를 세우고 눈을 좀 붙였다가 내일 출발하는 건 어떨까?"

어머니가 재빨리 말을 가로챘다. "아직은 안 된다. 좀 더 멀리 가야 해."

"알았어요." 앨은 자리에 돌아가 운전을 계속했다.

루디와 윈필드는 담요 속으로 다시 머리를 감추었다. 어머니가 말을 건넸다. "윈필드는 이제 괜찮니?"

루디가 대답했다. "응, 괜찮아. 죽 자고 있었는걸."

어머니는 트럭 옆 널빤지에 등을 기댔다. "이렇게 쫓겨 다니는 것처럼 되니 우스운 생각이 드네요. 좀 비굴한 기분도 들고."

아버지가 말했다. "누구나 비굴한 기분이 드는 건 마찬가지야. 누구나 다 그래. 임자도 오늘 싸우는 거 보지 않았소. 사람이란 변하는 거라고. 그 국영 캠프에 있었을 땐 우리도 이렇게 비굴한 기분은 안 들었는데."

앨이 오른쪽으로 꺾어 자갈길로 들어갔다. 노란 불빛이 덜덜거리며 땅을 비추었다. 과일나무는 이제 없어지고 그 대신 목화밭이 이어져 있었다. 목화밭 사이로 난 구불구불하고 급하게 꺾인 시골길을 20마일쯤 달렸다. 길은 풀이 무성한 개울과 나란히 뻗어나가다가 콘크리트 다리를 건너고 반대쪽 개울가를 따라 다시 뻗어 있었다. 이윽고, 강가에 일렬로 늘어선 바퀴 없는 새빨간 유개 화차가 전조등에 비추었다. 길가에 세워진 커다란 간판에는 '목화 따기 일꾼 모집'이라는 글자가 쓰여 있었다. 앨이 차 속력을 늦췄다. 톰은 트럭 옆 널빤지 틈으로 밖을 엿보았다. 유개 화차 줄을 4분의 1마일 가량 지났을 때 톰이 다시 널빤지를 두드렸다. 앨이 길가에 차를 세우고 뛰어내렸다.

"이번엔 뭐야?"

"시동을 끄고 이리 올라와."

앨은 운전석으로 들어가 차를 우묵한 데 몰아넣고 라이트와 엔진을 껐다.

그리고 뒤로 기어 올라왔다. "자, 왔어."

톰이 주방 그릇들을 타고 넘어 어머니 앞에 와서 무릎을 꿇고 말했다. "제 말 들어봐요. 저기 '목화 따기 일꾼 모집'이라고 쓴 간판이 있잖아요. 아까부터 쭉 생각했는데요, 식구들에게 피해를 주지 않고 함께 지낼 수 있는 방법을요. 제 얼굴이 낫기만 하면 걱정이 없는데, 지금은 그렇게는 안 된단 말예요. 저기 뒤에 화차가 보이죠? 저긴 목화 따는 사람들이 살고 있어요. 아마 지금 저기는 일이 있을 거야. 어때요, 모두 저기서 일하며 화차에서 살아 보면?"

"넌 어떻게 하고?" 어머니가 다그치듯 물었다.

"저기 풀이 무성하게 우거진 냇물이 있었죠? 그 덤불 속에 숨어서 사람 눈에 띄지 않게 지낼 수 있을 거예요. 밤이 되면 어머니가 먹을 걸 좀 갖다주시면 돼요. 조금 전에 배수구를 하나 보았는데, 아마 그 속에서 잘 수 있을 거예요."

아버지가 말했다. "그래, 나도 이 손으로 목화를 만져보고 싶다. 일이 있다니 말이야."

어머니가 말했다. "저 화차는 꽤 살기 좋을지도 모르겠구나. 축축하지 않아 보여. 톰, 숨어 있을 만한 덤불이 있을 것 같으냐?"

"있어요, 아까 잘 살펴봤어요. 괜찮은 장소를 만들어서 숨을 수 있어요. 얼굴의 상처만 나으면 당장 나올 거예요."

"제법 흉터가 남을 것 같구나."

"쳇! 누구나 흉터쯤은 있는 법이라고요."

아버지가 말했다. "나는 한때 400파운드나 딴 적이 있지. 물론 굉장한 풍년이 든 해였지만. 다 같이 따면 돈을 좀 벌 것도 같군."

앨이 말했다. "고기도 얼마간 살 수 있고. 그런데 지금부터 어떻게 하죠?"

아버지가 말했다. "아까 거기까지 도로 가서 트럭 안에서 아침까지 자자. 날이 밝으면 일을 얻는 거야. 어두워도 나는 목화송이를 볼 수 있다고."

"톰은 어떻게 하죠?" 어머니가 물었다.

"이제 제 일은 잊어버리세요, 어머니. 저는 담요 한 장만 갖고 가면 돼요. 돌아갈 때 잘 봐둬요. 아주 괜찮은 배수구가 있으니까. 입구에 빵이나 감자나 죽을 조금만 갖다줘 주면 돼요. 내가 가지러 갈 테니까."

"글쎄."

"꽤 좋은 의견인 것 같은데." 아버지가 말했다.

톰은 물러서지 않았다. "좋은 의견이죠. 나도 얼굴이 웬만큼 나으면 곧 나와서 목화를 따겠어요."

어머니도 동의했다. "그럼 그렇게 하자. 하지만 위험한 짓은 절대로 하지 마라. 얼마 동안은 아무에게도 들켜선 안 돼."

톰은 트럭 뒤로 기어갔다. "제가 이 담요 하나 갖고 갈게요. 돌아갈 때 그 배수구를 찾아보세요, 어머니."

어머니가 애원하듯이 말했다. "조심해야 한다. 정말 조심해야 해."

"그럼요, 조심하겠어요." 그는 뒤쪽 널빤지를 넘어서 둑을 내려가면서 말했다. "주무세요들……"

어머니는 톰의 모습이 어둠 속에서 어른거리다가 냇가의 관목숲 속으로 사라지는 모습을 지켜보았다. "아, 정말 무사하면 좋으련만."

앨이 물었다. "이제 되돌아가요?"

"그래." 아버지가 말했다.

어머니가 말했다. "천천히 가거라. 그 애가 말한 지하 배수구를 확인하고 싶으니까. 내 눈으로 꼭 봐둬야 해."

앨이 좁은 길을 전진했다 후진했다 해서 간신히 차를 반대방향으로 돌렸다. 그는 천천히 유개 화차 행렬이 있는 데까지 차를 몰았다. 트럭 불빛이 화차의 폭넓은 문으로 올라가는 디딤판을 비추었다. 문간마다 어두웠다. 밤중이어서 그런지 인기척이 없었다. 앨이 전조등을 끄며 '샤론의 장미'에게 말했다.

"큰아버지하고 같이 뒤로 올라가. 나는 여기서 잘 테니까."

존 아저씨가 무거운 조카딸을 부축해 뒤쪽 널빤지 위로 밀어 올려주었다. 어머니는 냄비 등속을 포개어 한쪽으로 치웠다. 식구들은 트럭 위에 다닥다닥 들러붙어서 누웠다.

한 화차에서 아기가 자지러지게 울어 댔다. 그 울음소리는 좀처럼 그치지 않았다. 개 한 마리가 킁킁 냄새를 맡으며 달려 나와 조드네 트럭 주위를 천천히 돌았다. 졸졸 흐르는 물소리가 냇바닥에서 들려왔다.

27

"목화 따기 일꾼 모집"—길가에 써 붙인 광고지, 사람들 속에는 광고 전단지, 오렌지 빛깔 전단지—"목화 따기 일꾼 모집"

여기다, 이 길 저 앞이라고 씌어 있어.

이미 진초록 식물의 줄기는 억세고, 꼬투리는 무거운 목화송이를 단단히 품었다. 팝콘처럼 흐드러지게 피어난 목화송이.

목화송이를 가만히 만져보고 싶어 손가락 끝으로 살짝 말야.

나는 목화를 기가 막히게 잘 딴다고.

저기 사람이 있네, 바로 저기.

솜을 좀 땄으면 싶은데요.

자루는 가졌나?

아니 없는데요.

1달러를 내야 해, 이 자루는. 당신이 맨 처음 딴 150파운드로 그 값을 대신하지. 밭을 처음 돌 때는 100파운드에 80센트, 두 번째는 90센트야. 거기는 있는 자루를 갖고 가. 1달러야. 1달러가 없으면 당신이 딴 맨 처음 150파운드로 그 값을 대신하겠어. 당연한 거 아니야? 당신도 알잖아.

그야 당연하죠. 좋은 무명자루는 한 계절을 좋이 쓰니까요. 그리고 끌고 다니다가 닳아 없어지면 뒤집어서 반대쪽을 쓰면 돼요. 아가리를 꿰매고, 닳은 쪽을 아가리로 만들어서 말이죠. 양쪽이 다 못쓰게 되면 좋은 옷감이 되죠! 괜찮은 여름 바지가 한 벌 되고, 잠옷을 만들 수도 있어요. 그리고 또……. 에잇, 귀찮아! 무명자루란 정말 편리한 물건이라고요.

그걸 허리에 차는 거야. 다리 사이에 끼고 끌면서 걷는 거야. 처음에는 가볍게 끌리지. 그리하여 손가락 끝으로 솜을 따서 가랑이 사이 자루 속으로 손을 쑤셔 넣는다. 아이들도 뒤따라오지만 아이들이 쓰는 자루는 따로 없다. 마대를 쓰거나 아버지 자루에 집어넣는다. 그새 자루가 무거워졌군. 몸을 앞으로 굽히고 들어 올리듯이 끌고 간다. 나는 목화 따는 솜씨가 대단하다고. 손가락이 저절로 움직여서 금방 목화송이를 찾아내지. 지껄이며 걸어가도, 아니 콧노래를 부르며 걸어가도 자루는 어김없이 무거워져 가지. 손가락이 정확히 움직여 주거든. 손가락은 알아. 눈은 목화를 보고 있는 듯하지만—실제로는 아무것도 보고 있지 않아.

목화 이랑을 지껄이면서 건넌다.

고향에 한 여자가 있었지. 이름은 말할 수 없지만, 갑자기 검둥이 아기를 낳았지 뭐야. 그때까지는 아무도 몰랐었지. 그 검둥이를 찾아내는 일도 끝내 하지 않았고. 그런 뒤로 여자는 고개를 똑바로 들고 다니질 못했어. 어쨌든 내가 하려던 말은 그 여자는 목화 따는 솜씨가 썩 좋았다는 거야.

벌써 자루가 무거워졌구먼. 이번에는 잡아끌듯이 끌어야 해. 짐마차의 말처럼 버티며 끄는 거라고. 아이들은 아버지 자루에 넣고. 여기 목화는 썩 잘 됐는걸. 아래쪽이 홀쭉하거든. 홀쭉하고 줄거리가 세거든. 이런 캘리포니아 목화는 생전 처음 보았어. 섬유가 길고, 내가 보아온 중에서는 단연 으뜸이야. 그러나 머지않아 땅을 못 쓰게 만들겠는걸. 대개는 목화밭을 사고 싶어 하는데, 사지 말라고. 빌리면 돼. 그래 두면 그 땅이 별반 수확이 없을 때 또 다른 곳으로 옮겨가면 되거든.

이랑을 따라 움직이는 사람들의 행렬. 바쁜 손놀림. 게으름을 모르는 손가락 끝이 들락날락 하며 목화송이를 찾아낸다. 눈을 쓸 필요는 거의 없다.

난 장님이었대도 목화는 딸 수 있었을 거야. 목화송이는 느낌으로도 아니까. 깨끗이 따라고. 구지레하지 않게 깨끗이.

자, 자루가 꽉 찼다. 계량기 쪽으로 끌고 가. 이제 서로 트집을 잡을 시간이군. 계량계 놈이, 무게를 늘이려고 자루에 돌을 넣지 않았느냐고 그러잖아. 저는 어떻고? 놈은 계량기 눈금을 조작해 놓았다고. 때로는 계량계가 옳을 때도 있지. 자루에 돌이 들어 있는 일이 있거든. 때로는 이쪽이 옳은 때가 있지. 계량기를 조작해 놓았으니까. 또 때로는 양쪽이 다 옳을 때도 있어. 돌멩이도 들어 있고, 계량기도 엉터리일 때가 있거든. 늘 싸우는 거야. 그러면 굽실거리지 않아도 돼. 그야 놈들도 굽실거리진 않지. 돌멩이 한두 개가 어쨌다는 거야? 아마 하나쯤은 들었을지 모르지만 한 4분의 1파운드나 될까? 그런 거 가지고 늘 실랑이를 벌이지.

빈 자루를 들고 돌아가자. 우리네도 장부가 있지. 딴 목화의 근량을 적어 두는 거야. 그렇게 하지 않으면 안 돼. 이쪽이 근량을 적어 둔다는 것을 알면 저쪽도 함부로 속이지는 않을 테니까. 자기가 딴 근량을 적어 두지 않으면 그야말로 큰코다치지.

이건 좋은 직업이야. 아이들은 뛰놀고 말이야. 목화 따는 기계 얘기 들었나?

응, 들은 적이 있지.

그게 정말 올 것 같은가?

글쎄, 만일 그게 오면 손으로 따는 일은 없어질 거라는군.

날이 저물기 시작했군. 모두 녹초가 됐는걸? 하지만 꽤 많이 땄군. 3달러 벌었어, 나하고 마누라하고 아이들이 말이야.

자동차 행렬이 목화밭을 찾아온다. 목화 따는 캠프가 생긴다. 새끼줄을 둘러친 높다란 트럭과 트레일러에 하얀 목화를 높이 쌓아올려진다. 목화는 울타리 철조망에 걸린다. 바람이 불면 목화는 작은 덩어리가 되어 길바닥을 굴러간다. 깨끗하고 흰 목화는 솜 타는 기계에 들어간다. 큼직하고 둥글둥글한 뭉치가 쌓여 압착기로 보내진다. 목화 따는 일꾼의 옷에 붙고, 수염에 달라붙는다. 코를 풀어봐, 콧구멍에 목화가 들어 있을 테니까.

등을 구부리고 나아가자. 어둡기 전에 자루를 꽉 채워야 해. 목화송이를 더듬는 기민한 손가락. 자루를 끌고 가는 구부정한 허리. 아이들은 해가 질 무렵이라 벌써 지쳤다. 여자들은 갈아엎은 흙덩이에 발이 걸려 비틀댄다. 해가 차차 저물어 간다.

이 일이 계속 있으면 좋으련만. 대단한 돈벌이가 안 될 것은 뻔하지만, 그래도 죽 계속됐으면 얼마나 좋겠어.

고속도로에서 고물 자동차들이 떼 지어 몰려온다. 모두 광고지에 끌려서 찾아오는 것이다.

목화 자루 있나?

아뇨.

그럼 1달러 내야 해.

우리 일꾼이 50명밖에 안된다면 한참은 여기서 살 수 있을 텐데. 그렇지만 500명이나 된대서야 도저히 오래 가진 않아. 내가 아는 한 사내는 자루 값조차 제대로 벌어본 적이 없어. 일이 얻어걸릴 때마다 새 자루를 받지만 일정한 근량을 채 따기도 전에 밭마다 일이 다 끝나버렸거든.

어떡하든 돈을 조금 저축해야 해! 겨울이 코앞이잖아. 겨울철이 되면 캘리포니아엔 일거리가 없어지거든. 어두워지기 전에 자루를 꽉 채우라고. 저자가 흙덩이를 두 개나 자루에 넣는 걸 나는 보았어.

제기랄, 그러면 어때? 그 엉터리 저울 눈금에 맞추는 것뿐인데.

자, 이게 내 장부야. 312파운드라고.

맞았어!

어라, 놈이 군소릴 하지 않는다! 틀림없이 엉터리 저울이야. 음, 아무튼 오늘은 일진이 좋군.

사람이 1천 명이나 이 밭으로 몰려온다는 소문이야. 내일은 목화 고랑을 차지하느라고 싸움을 하게 되겠는걸. 목화를 날쌔게 낚아채듯이 따야겠군.

목화 따기 일꾼 모집. 일손이 많을수록 솜 타는 기계에 빨리 보낼 수 있다.

자, 이제야 목화밭 야영지에 돌아왔다.

야, 오늘 저녁은 돼지고기다. 고기를 살 만큼 돈을 벌었어! 꼬마들을 좀 도와줘, 아주 지쳐버린 모양이다. 먼저 뛰어가서 돼지고기 4파운드를 사오너라. 오늘 저녁에는 엄마가 맛있는 빵을 만들어 줄게. 그다지 피곤하지 않으면 말이다.

28

강둑 좁은 평지에 유개 화차 열두 량이 세로로 길게 늘어서 있었다. 여섯 량씩 두 줄이었으며, 바퀴는 전부 떼어져 있었다. 큼직한 미닫이문에는 층계가 달린 발판이 통로 대신 걸쳐 있었다. 비나 바람을 완전히 막아, 훌륭한 집 구실을 하고 있었다. 한 찻간 양쪽에 한 세대씩 모두 스물 네 세대가 살게끔 되어 있었다. 창문은 없지만 커다란 문이 언제나 활짝 열려 있었다. 찻간 중앙에 포장을 친 차량도 있었지만, 대개는 문의 위치만이 두 가정의 경계를 이루었다.

조드네는 가장 끝 화차의 한쪽을 얻게 되었다. 먼저 살던 사람이 석유 깡통에 양철 연통을 만들어 꽂고 벽에 연통 구멍까지 뚫어 놓았다. 넓은 문을 열어 놓아도 화차 구석은 어두웠다. 어머니는 찻간 중앙에다 방수포를 쳐서 칸을 막았다.

어머니가 말했다. "아늑하구나, 이제까지 우리가 살던 중에 가장 괜찮네 뭐. 국영 캠프는 제외하고."

어머니는 저녁마다 매트리스를 바닥에 깔고, 아침이 되면 말아서 치웠다. 식구들은 날마다 밭에 나가 목화를 따고 밤에는 고기를 먹었다. 어느 토요일, 온 식구가 차를 타고 툴레어에 가서 조그만 양철 화덕 하나와, 앨과 아버지와 윈필드와 존 아저씨의 새 멜빵바지와, 어머니의 드레스 한 벌을 사가지고 왔다. 어머니의 단벌옷은 '샤론의 장미'에게 물려주기로 했다.

어머니가 말했다. "그 아이는 배가 커져서 지금 새 옷을 사면 헛돈을 쓰는 거야."

조드네는 운이 좋았다. 일찌감치 왔으므로 화차 방을 얻을 수 있었다. 나중에 온 사람들은 좁은 평지에 빽빽하게 텐트를 치고 살았다. 화차에 사는 사람들은 고참이고, 어떤 의미에서는 귀족이었다.

좁은 개울은 버드나무 숲에서 미끄러지듯 흘러나와, 다시 버드나무 숲으로 흘러들어갔다. 각 화차 입구에서 발에 밟혀 다져진 좁은 길이 개울로 이어져 있었다. 화차와 화차 사이에는 빨랫줄이 쳐 있고, 날마다 빨래가 빽빽하게 널렸다.

저녁때가 되면 사람들은 목화 자루를 접어 옆구리에 끼고 밭에서 돌아왔다. 그리고 네거리에 있는 가게로 갔다. 거기에선 목화 따는 일꾼들이 몰려들어 식료품을 사고 있었다.

"오늘은 얼마나 벌었나?"

"우리는 꽤 벌었지. 3달러 반이야. 계속 이대로만 간다면 좋을 텐데. 꼬마들도 꽤 익숙해졌다고. 제 어미가 아이들에게 조그만 자루를 한 개씩 만들어 주었거든. 어른 자루를 끌 순 없으니까. 우리 자루에 옮기면 되거든. 헌 셔츠 두 개를 뜯어서 만들었는데, 그냥 쓸 만하더군."

어머니는 생각에 잠긴 얼굴로 집게손가락을 입술에 대고 그 손가락에 입김을 불면서, 고기 파는 곳으로 걸어갔다. "두툼하게 썬 돼지고기 좀 줘요. 얼마죠?"

"1파운드에 30센트입니다, 아주머니."

"그럼, 3파운드 줘요. 그리고 찜용 쇠고기 한 조각하고, 좋은 데로요. 우리 집 딸아이가 내일 요리해 먹겠대요. 그리고 우유 한 병. 이것도 딸이 먹을 거예요. 그 아이는 우유라면 사족을 못 쓴다니까. 곧 아기를 낳거든요. 간호사가 우유를 많이 마시라고 그랬대요. 아참, 그리고 감자."

아버지가 다가왔다. 시럽 깡통을 들고 있었다. "이거 사지. 핫케이크 만들어 먹을 때 같이 먹으면 좋잖아."

어머니는 이맛살을 찌푸렸다. "글쎄…… 네, 좋아요. 그럼 이것도 사겠어요. 자, 라드는 많이 있고."

루디가 다가왔다. 양손에 큼직한 크래커 잭(당밀로 뭉쳐놓은 팝콘의 상표명) 상자를 하나씩 들고 있었다. 그 눈에는 어머니가 고개를 세로로 끄덕이느냐 가로로 젓느냐에 따라 비극이 될 수도, 기쁨의 흥분이 될 수도 있는 간절한 염원의 빛이 깃들어 있었다. "엄마?" 루디가 상자를 내밀고, 주의를 끌고자 아래위로 흔들었다.

"도로 갖다 놔."

루디의 눈에 비극이 서리기 시작했다. 아버지가 말했다. "한 상자에 겨우 5센트잖아. 오늘은 저놈들도 열심히 일했어."

"그렇담—" 루디의 눈동자에 흥분이 살며시 깃들기 시작했다. "그럼 좋다."

루디가 홱 몸을 돌리더니 나는 듯이 뛰어갔다. 문간으로 가는 도중에 윈필드를 붙잡아서 그를 밖으로 몰고 나갔다. 둘은 어둠 속으로 사라져 버렸다.

존 아저씨는 손바닥 부분이 노란 가죽으로 된 두꺼운 무명 장갑을 만지작거리다가 한 번 껴보더니 도로 벗어 진열장에 내려놓았다. 그런 다음 술병이 늘어선 선반 쪽으로 슬금슬금 가더니 그 앞에 서서 병에 붙은 상표를 빤히 들여다보았다. 어머니가 그런 아저씨의 모습을 발견했다. "여보!" 남편을 부르고는 존 아저씨 쪽으로 턱짓을 했다.

아버지가 존 아저씨 쪽으로 걸어갔다. "마시고 싶어요, 형님?"

"아니, 마시고 싶긴."

"목화 따기가 끝날 때까지 조금만 참아요. 그 뒤엔 실컷 마셔도 좋으니까."

"아니다, 조금도 마시고 싶지 않아. 요즘은 많이 일하고 잘 자니까 꿈도 전혀 꾸지 않는단다."

"형님이 저 술병을 쳐다보고 침을 삼키는 것 같아서요."

"보긴 뭘 봐. 참 이상도 하지, 공연한 것이 갖고 싶으니 말이야. 필요 없는 것들이 말야. 안전면도기도 사고 싶고. 저기 저 장갑이 또 좋아 보이고. 여간 싸지 않구나."

"목화는 장갑을 끼고선 못 따요."

"그야 나도 알지. 또 나한테 안전면도기가 무슨 소용이람. 눈앞에 이렇게 여러 가지 물건이 있으면 필요하건 않건 공연히 사고 싶어지는 법이야."

어머니가 소리를 질렀다. "필요한 건 다 샀으니 이제 가요!" 그녀는 봉투를 하나 들고 있었다. 존 아저씨와 아버지는 각기 꾸러미를 하나씩 집어 들었다. 밖에서는 루디와 윈필드가 눈을 크게 뜨고 양 볼에 크래커 잭을 가득 넣은 채 기다리고 있었다.

"요 녀석들, 이제 저녁은 다 먹었구나." 어머니가 말했다.

사람들은 화차 캠프 쪽으로 줄지어 걸어갔다. 텐트에는 불이 켜져 있고, 화덕 굴뚝에서 연기가 모락모락 솟아오르고 있었다. 조드네 가족은 발판을 밟고 화차 방으로 들어갔다. '샤론의 장미'가 화덕 옆 궤짝에 앉아 있었다. 그녀가 미리 불을 피워둔 덕에 양철 화덕은 열을 충분히 받아 포도주 색으로 변해 있었다. '샤론의 장미'가 추궁하듯 물었다. "우유 사왔어요?"

"그래, 여기 있다."

"이리 줘요. 낮부터 우유를 마시지 못했어."

"얘는 이게 무슨 약인 줄 아는 모양이구나."

"간호사가 그랬는걸."

"감자 껍질은 다 깠니?"

"응, 거기. 벗겨 놓았어요."

"그럼 튀기자꾸나. 돼지고기 사왔다. 감자를 썰어서 새로 산 프라이팬에 넣어라. 양파도 하나 넣고. 자, 모두 밖에 나가서 세수를 하고, 양동이에 물을 길어 와요. 루디와 윈필드는 어디 갔지? 그 애들도 씻어야 될 텐데. 그 애들한테 크래커 잭을 사주었단다. 한 명이 한 상자씩 가졌어."

남자들은 개울로 세수를 하러 나갔다. '샤론의 장미'가 감자를 얇게 썰어 프라이팬에 넣고 칼끝으로 저었다.

별안간 방수포가 젖혀졌다. 땀에 젖은 통통한 얼굴이 화차 저쪽 칸에서 안을 들여다보았다. "오늘 일은 어땠어요, 조드 부인?"

어머니가 홱 돌아보았다. "아, 안녕하세요, 웨인라이트 부인. 오늘은 괜찮았어요. 3달러 반이었거든요. 3달러 57센트죠, 정확하게 말해서."

"우린 4달러 벌었어요."

"그렇겠죠. 댁에는 일손이 많으니까요."

"그래요, 조너스도 이제 다 컸고. 돼지고기 요릴 하시네요."

윈필드가 문으로 살며시 들어왔다. "엄마."

"가만 좀 있어라. 네, 식구들이 이걸 아주 좋아하네요."

"우리는 베이컨 요리랍니다. 베이컨 냄새 나죠?"

"아뇨, 이쪽에서 감자며 양파를 섞어서 볶는 중이라서 여기까진 냄새가 안 나네요."

"아이고, 타잖아!" 웨인라이트 부인이 소리치면서 고개를 돌렸다.

"엄마." 윈필드가 불렀다.

"왜 그래? 크래커 잭을 너무 많이 먹어서 배탈이라도 났니?"

"엄마, 루디 누나가 말했어."

"말하다니, 뭘?"

"톰 형 얘기."

어머니의 눈이 휘둥그레졌다. "말했다고?" 그러고는 윈필드 앞에 무릎을 꿇었다. "누구한테 말했다는 거니, 윈필드?"

윈필드는 난처해하며 주춤 물러섰다. "응, 그냥 쪼끔 말했어."

"윈필드! 그 애가 뭐랬는지 말해봐라."

"루디 누나는, 루디 누나는 크래커 잭을 한꺼번에 다 먹지 않았어. 조금 남겨 두고 한 번에 하나씩 먹었어. 언제나 하는 것처럼 천천히 말야. 그러고 말했어. '너도 다 먹지 말고 좀 남겨 둘걸 그랬지?'"

"윈필드! 어서 말하라니까?" 그녀는 신경질적으로 뒤쪽 커튼을 쳐다보며 다그쳤다. "로자샨, 넌 가서 웨인라이트 아주머니하고 얘기 좀 하고 있어라. 여기 얘길 못 듣게."

"감잔 어떡하고?"

"내가 보마, 어서 가거라. 커튼 너머로 말소리가 들리면 안 되니까." 딸은 무거운 몸을 이끌고 화차 안을 가로질러 방수포 뒤로 돌아갔다.

어머니가 말했다. "자, 윈필드, 말해라."

"내가 말했잖아, 루디 누나는 한 번에 하나씩 먹었어. 오래 오래 먹으려고 한 개를 둘로 쪼개 먹기도 하고."

"얘야, 빨리 좀 말해라."

"그랬더니, 저기 사는 아이들 셋이 왔어. 그리고 크래커를 좀 달라고 그러잖아. 그래도 루디 누나는 쪼끔씩 갉아먹으면서 하나도 주지 않았거든. 그랬더니 모두 골이 나서 한 아이가 루디 누나의 크래커 잭 통을 뺏어버렸어."

"윈필드, 다른 얘기를 빨리 해라."

"그런데 있잖아. 누나가 화가 나서 걔네들을 마구 쫓아갔어. 그리고 한 앨 때리고, 또 한 애를 때렸어. 그랬더니 큰 계집애가 나와서 누나를 무작정 때렸어. 세게 한 대 때렸지 뭐야. 그러니까 누나는 울면서, 우리 큰오빠한테 일러서 너 같은 건 죽여달래겠다고 그랬어. 그러니까 그 큰 계집애가 '흥, 그래? 우리도 큰오빠가 있다' 그러잖아."

윈필드는 숨을 헐떡이며 지껄였다. "그 다음에 둘이서 또 서로 때리고, 큰 계집애가 누나를 또 아프게 때렸어. 그러니까 누나가 '우리 오빠한테 말해서 너희 오빠 죽이라고 할 테야' 하고 말했어. 그러니까 큰 계집애가 '우리 오빠가 너희 오빠 죽이면 어떡할래?' 그랬어. 그러니까, 그러니까 누나가 '우리 오빠는 벌써 두 사람이나 죽였단다' 했어. 그랬더니 이번에는 큰 계집애가 '아, 그래! 요 건방진 거짓말쟁이야'라고 했어. 그래서 누나가 '흥, 그래? 우리 오빠 말이야, 사람을 죽여서 지금 숨어 있단다. 너희 오빠도 얼마든지 죽일 수 있어' 그랬어. 그리고 둘이서 막 욕하면서 싸우고. 이번에는 누나가 돌을 던지니까 큰 계집애가 누나를 마구 쫓아왔어. 그래서 나는 집에 왔지, 뭐."

"맙소사!" 어머니가 지친 듯이 말했다. "아! 말구유에서 주무시는 우리 주 예수님! 이제 어떻게 해야 합니까?" 그녀는 한손으로 이마를 누르고 눈을 비볐다. "어떻게 해야 한다지?" 훨훨 타고 있는 화덕에서 감자 타는 냄새가 났다. 어머니는 반사적으로 몸을 움직여 감자를 뒤집었다.

"애, 로자샨!" 어머니가 불렀다. 딸이 방수포를 들치고 나타났다. "와서 저녁식사 좀 봐야겠다. 윈필드, 넌 가서 루디를 찾아오너라."

"누나 때려 줄 거야, 엄마?" 윈필드가 신이 나서 물었다.

"때리긴 왜. 이제 때리면 무슨 소용이 있어. 대체 어쩌자고 그런 말을 했을까? 아니, 루디를 때리지 않을 거다. 이미 엎질러진 물인걸. 자, 어서 뛰어가서 루디를 찾아 데리고 오너라!"

화차 문을 향해 뛰어 나가던 윈필드는 발판을 올라오는 남자 식구 셋과 마주치고, 세 사람이 안으로 들어오도록 한쪽으로 비켜섰다.

어머니가 목소리를 죽이고 말했다. "여보, 할 얘기가 있어요. 루디가 어떤 아이에게 톰이 숨어 있다는 말을 했다는군요."

"뭐라고?"

"루디가 말했대요. 싸우다가 말해 버렸대요."

"저런 못된 계집애가!"

"아뇨, 그 아이는 자기가 무슨 짓을 했는지도 몰라요. 여보, 당신은 여기 있어야겠어요. 내가 나가서 어떻게든 톰을 만나 이 얘기를 해줘야겠어요. 조심하라고 일러야죠. 당신은 여길 벗어나지 말고 거동을 좀 살피세요. 나는 먹을 걸 가지고 톰에게 갈 테니까."

"알았어." 아버지가 동의했다.

"루디한테는 내가 말할 테니 당신은 아무 소리 말아요."

그때 루디가 들어왔다. 윈필드가 따라 들어왔다. 소녀는 흙투성이였다. 입가에 뭐가 잔뜩 묻고, 코에서는 아직도 코피가 흘러내리고 있었다. 부끄럽고 겁에 질린 표정이었다. 윈필드는 기세등등해서 루디 뒤를 따라왔다. 루디가 반항적인 눈빛으로 잠시 주위를 둘러보더니 구석으로 가서 등을 대고 섰다. 창피함과 배짱이 뒤섞인 태도였다.

"누나가 어떤 짓을 저지른 건지 내가 누나한테 알려줬지." 윈필드가 말했다.

어머니는 양철접시에 돼지고기 두 덩어리와 감자튀김 조금을 담았다. "가만있지 못해, 윈필드. 루디는 이미 마음 아파하고 있으니까 더 마음 아프게 할 필요 없어."

루디의 몸뚱이가 화차 안을 쏜살같이 가로질렀다. 어머니의 허리에 매달려, 가슴에 얼굴을 파묻었다. 목멘 흐느낌으로 온몸이 떨렸다. 어머니는 딸을 떼 내려고 했으나 루디의 더러운 손가락이 꽉 붙잡고 놓지 않았다. 어머니는 조용히 루디의 머리를 쓰다듬고 다정하게 어깨를 토닥거렸다. "울지 마라, 모르고 그런 거니까."

루디가 눈물과 핏자국으로 더러워진 얼굴을 쳐들고 외쳤다. "걔들이 내 크래커 잭을 뺏잖아! 그 커다란 개같은 년이 나를 때렸어." 그녀는 다시 격렬하게 흐느꼈다.

"입 다물어! 그런 말투는 못써. 자, 이제 놔라. 엄마는 나가야 한다."

"왜 안 때려 엄마? 누나가 그렇게 밉상을 부리면서 크래커 잭을 자랑하지 않았음 이렇게 되지 않았을 텐데. 엄마, 누나를 때려줘."

어머니가 엄하게 꾸짖었다. "쓸데없는 소리 마라, 그러다간 네가 맞을 줄 알아. 자, 놓아라, 루디."

윈필드는 말해서 치워놓은 매트리스 쪽으로 가서 토라진 눈으로 식구들을 바라보았다. 그는 방어 태세를 취했다. 이제 기회를 보아 루디가 덤벼들 것이고, 그도 그것을 알고 있었다. 루디는 풀이 죽어서 차간 저편 벽으로 말없이 걸어갔다.

어머니가 양철접시에 신문지를 덮고 말했다. "그럼, 나 갔다 와요."

"제수씨는 아무것도 안 자시오?" 존 아저씨가 물었다.

"나중에 먹죠, 갔다 와서. 지금은 아무것도 먹고 싶지 않아요." 어머니는 열린 문 쪽으로 걸어갔다. 가파른 발판을 한 발 한 발 균형을 잡으며 내려갔다.

죽 늘어선 화자와 강둑 사이에는 텐트가 빈틈없이 들어차 있었다. 밧줄이 서로 교차하고, 이쪽 말뚝이 저쪽 텐트 옆에 박혀 있기도 했다. 텐트 벽포 너머로 등불이 빛나고, 굴뚝마다 뭉클뭉클 연기가 솟아올랐다. 남녀 할 것 없이 입구에 서서 지껄이고 있었다. 어린아이들은 뛰어다니며 노느라 정신이 팔려 있었다. 어머니는 텐트를 따라 꼿꼿한 자세로 걸어갔다. 이쪽저쪽에서 인사를 했다. "안녕하세요, 조드 부인."

"안녕하세요."

"뭘 가지고 어딜 가시나요, 부인?"

"친구가 있어서요. 빵을 좀 가져다주려고요."

이윽고 텐트 줄 끝에 다다랐다. 그녀는 걸음을 멈추고 뒤를 돌아보았다. 캠프 전체를 밝은 빛이 감싸고, 많은 사람이 떠드는 소리가 웅웅 울려왔다. 가끔 날카로운 목소리가 그 웅성거림을 뚫고 들려왔다. 연기 냄새가 공중에 가득 차 있었다. 누군가 조용히 하모니카를 불었다. 감정을 내려고 그러는지 같은 가락을 몇 번이나 되풀이했다.

어머니는 강가 버드나무 숲속으로 들어갔다. 오솔길에서 벗어나 멈추어 서서, 누가 뒤따라오지 않나 숨죽이며 귀 기울였다. 한 사나이가 오솔길 저쪽에서 캠프장을 향해 걸어왔다. 걸으면서 멜빵을 끌어올리고 바지 앞단추를 끼웠다. 어머니는 가만히 쪼그리고 앉았다. 사나이는 그녀를 보지 못하고 지나갔다. 그녀는 5분쯤 그대로 앉아 있다가 일어나 냇물을 따라 오솔길 위쪽으로 소리 죽여 걸어갔다. 어찌나 조심조심 걸었는지 버드나무 낙엽을 밟는 소리보다 냇물 흐르는 소리가 더 크게 들릴 정도였다. 샛길과 냇물이 왼쪽으로 크게 꺾이는가 싶더니 다시 오른쪽으로 꺾이며 마침내 고속도로가 가까워졌다. 엷은 별빛에 둑과, 배수구의 검고 둥그런 구멍이 보였다. 언제나 그녀가 톰이 먹을 것을 갖다 놓는 구멍이었다. 어머니는 조심스레 다가가 구멍에 접시를 들여놓고, 거기 놓여 있던 빈 접시를 집어 들었다. 그런 다음 기듯이 버드나무 숲으로 돌아와 낑낑대며 덤불 속에 들어가 앉아서 기다렸다. 얽힌 나뭇가지와 잎사귀 사이로 배수구의 검은 구멍이 보였다. 그녀는 무릎을 꼭 껴안고 소리 없이 앉아 있었다.

얼마가 지나자 덤불에 생명이 되살아났다. 들쥐가 조심스레 낙엽 위를 돌아다녔다. 스컹크 한 마리가 딴청을 부리며 오솔길을 찾아왔다. 아련히 구린 내가 남았다. 그때 한 줄기 바람이 버드나무를 시험하듯 그 잎을 가볍게 흔들었다. 노란 잎들이 펄펄 날리며 땅으로 떨어졌다. 갑자기 돌풍이 불어 나무들을 세게 흔들었다. 잎사귀가 소나기처럼 우수수 떨어져 내렸다. 어머니는 머리와 어깨에 떨어지는 잎사귀들을 느꼈다. 하늘에서 묵중한 검은 구름이 별을 가리며 차례로 지나갔다. 굵다란 빗방울이 흩뿌리듯 떨어져 낙엽 위에서 후드득후드득 튀었다. 그 구름이 지나가자 다시 별이 나타났다. 어머니는 으스스 몸을 떨었다. 바람이 휘몰고 가버리자 숲은 다시 조용해졌다. 나무들의 소요는 강 아래쪽으로 옮겨갔다. 등 뒤 캠프에서 선율을 더듬는 바이올린의 가냘프고 날카로운 음색이 들려왔다.

멀리 왼편에서 살며시 낙엽 밟는 소리가 들렸다. 온몸이 긴장됐다. 더 자세히 들으려고, 무릎에서 손을 떼고 머리를 꼿꼿이 세웠다. 움직이는 기색이 멎었다가 잠시 뒤 다시 시작되었다. 메마른 낙엽 위에서 덩굴풀이 거칠게 바스락거렸다. 숲에서 기어 나와 배수구로 다가가는 검은 그림자가 보였다. 검고 둥근 구멍이 순간 모습을 감추었다. 이윽고 검은 사람 그림자가 왔던 길을 도로 가기 시작했다. 어머니가 나직이 불렀다. "톰!" 그림자가 그 자리에 딱 멈추었다. 꼼짝 않고 땅에 바짝 웅크린 그 모습이 꼭 나무 그루터기 같아 보였다. 그녀가 다시 불렀다. "톰, 애, 톰!" 그림자가 움직였다.

"어머니예요?"

"여기야." 그녀는 일어나 아들을 맞이하러 갔다.

"여기 오면 안 되는데."

"꼭 만나야 할 일이 있어서 그런다. 할 얘기가 있어."

"여기는 길에서 가까워요. 누가 오면 어쩌려고."

"어디 좋은 자리 없겠니, 톰?"

"있어요. 하지만 혹시 누가 나랑 어머니랑 같이 있는 걸 보면 온 식구가 곤란해질 거예요."

"꼭 할 얘기가 있다, 톰."

"그럼 이리 오세요. 소리 내지 말고 조심조심." 그는 성큼 물속으로 들어가서 작은 시냇물을 첨벙첨벙 건넜다. 어머니도 그 뒤를 따라갔다. 톰은 숲속을 지나 반대쪽 들판으로 나가서는 밭두렁을 따라 걸어갔다. 지면을 배경으로 앙상한 윤곽을 드러낸 거뭇한 목화줄기에 목화 털이 조금 붙어 있었다. 밭 가장자리를 따라 4분의 1마일쯤 가서 톰은 다시 숲으로 구부러져 들어갔다. 야생 나무딸기가 둥그렇게 우거진 곳으로 다가가더니 몸을 구부려 뒤얽힌 덩굴 더미를 옆으로 밀쳤다. "기어 들어가야 해요."

어머니가 네발로 기어서 들어갔다. 모래땅인 것이 느껴졌지만 둥그런 덤불 내부가 몸에 닿지 않게 되더니 땅에 깔아 놓은 톰의 담요가 만져졌다. 톰이 덩굴 풀을 먼저대로 해놓았다. 동굴 속은 캄캄했다.

"어디 계세요, 어머니?"

"여기다, 여기야. 조그맣게 말해라, 톰."

"괜찮아요. 요즘 저는 꼭 산토끼처럼 살고 있으니까."

톰이 양철접시 꾸러미를 끄르는 소리가 났다. "돼지고기랑 감자튀김이다." 어머니가 말했다.

"이거 괜찮은데. 거기다 아직 뜨뜻하잖아."

너무 어두워서 모습은 볼 수 없었지만, 어머니는 톰이 씹고, 고기를 물어 뜯고, 삼키고 하는 소리를 똑똑히 들을 수 있었다.

"훌륭한 은신처죠." 톰이 말했다.

어머니가 불안해하며 말했다. "톰, 루디가 네 말을 해버렸구나."

톰이 꿀꺽 숨을 삼키는 소리가 들렸다. "루디가 왜요?"

"그게 말이다. 그 애 잘못이 아니란다. 다른 집 아이하고 싸웠는데, 우리 오빠가 너희 오빠를 때려주느니 어쩌니 하고 말한 모양이야. 아이들은 더러 그러지, 왜. 그러고선 우리 오빠는 사람을 죽이고 지금 숨어 있다고 자랑한 모양이다."

톰이 키들키들 웃었다. "내가 어렸을 땐 큰아버지에게 일러서 매운 맛을 보여주겠다고 으름장을 놓았는데, 큰아버진 한 번도 내켜하지 않으셨지. 그런 건 그저 아이들이 지껄이는 말이에요, 어머니. 걱정할 것 없어요."

"아니, 그렇지 않다. 그 아이들이 떠들고 다닐 것 아니냐. 그러면 이번에는 어른들이 그 말을 듣고 떠들고 다닐 거고, 곧 사람을 내보내어 조사할 것이 틀림없잖니. 만일을 위해서 말이다. 톰, 너 아무래도 여길 뜨는 게 좋겠다."

"그건 제가 늘 하던 말이잖아요. 어머니가 배수구에 음식을 넣는 모습을 보고, 놈들이 감시를 하지를 않나 하고 저는 늘 마음이 놓이질 않았어요."

"안다. 하지만 나는 너를 곁에 두고 싶었어. 네가 걱정되어서 말이다. 나는 네 얼굴도 못 보지 않니. 지금도 영 보이지 않네. 얼굴은 좀 어떠냐?"

"많이 나았어요."

"이리 가까이 와 봐. 내 좀 만져 보게. 자, 이리로 와." 톰이 어머니 곁으로 기어갔다. 그녀는 손을 내밀어 어둠 속에서 톰의 얼굴을 찾아내어 손가락으로 코를 더듬은 다음 왼쪽 뺨을 어루만졌다. "흉터가 크구나, 톰. 코도 비뚤어지고."

"잘 됐지 뭐예요. 이렇게 되면 아무도 저를 알아보지 못할 테니까. 여기다 지문만 등록되지 않았더라면 더욱 안심인데." 그는 다시 먹기 시작했다.

"쉿, 들어봐!"

"바람이에요, 어머니. 그냥 바람소리." 세찬 돌풍이 냇물을 휘몰아치며 내려왔다. 나무들이 덩달아 수선거렸다.

어머니가 아들 목소리가 나는 쪽으로 기어갔다. "한 번 더 만져 보자, 톰. 꼭 장님 같구나, 이렇게 어두우니. 손으로 만져서라도 널 기억해 두어야겠어. 넌 여기서 나가야 해, 톰."

"응! 처음부터 알고 있었어요."

"우린 요새 잘 번다. 돈을 조금씩 모으기 시작했어. 손 내봐, 톰. 여기 7달러 있다."

"어머니 돈을 받을 생각은 없어요. 걱정 마세요. 어떻게든 살아갈 수 있으니까."

"손을 내봐, 톰. 네가 한 푼 없이 떠나가면 나는 한잠도 못 잔다. 너도 버스 같은 걸 타야하지 않겠니. 아주 멀리 떠났으면 좋겠다. 삼사백 마일쯤 멀리."

"돈은 받지 않을래요."

어머니가 엄하게 말했다. "톰, 이 돈을 받아라. 알겠니? 너는 날 괴롭힐 권리가 없어."

"공연히 그러시네."

"큰 도시에 나가 사는 게 좋을 것 같구나. 로스앤젤레스 같은 데 말이다. 그런 데선 아무도 널 찾지 않을 테니까."

"으음 저, 어머니. 낮이고 밤이고 저는 혼자 이렇게 숨어 있어요. 그동안 누구 생각을 했을 것 같아요? 전도사님이에요! 그 사람이 저에게 여러 가지 얘기를 해주었어요. 싫증이 날 정도로요. 그런데 지금은 그 사람이 한 말만 생각나거든. 그 사람 말이 전부 기억나요. 언젠가 그 사람은 자기 영혼을 찾으러 황야로 나갔대요. 그리고 자기 영혼이란 없다는 사실을 깨달았대요. 자기는 그저 엄청나게 큰 영혼의 일부를 차지하고 있을 뿐이라는 사실을 깨달았다는 거죠. 황야는 아무 소용도 없다는 거예요. 자기가 갖고 있는 쪼끄만 영혼을 나머지 영혼과 합쳐서 전체가 되지 않으면 아무 소용도 없기 때문이라나요. 내가 이런 얘길 빠짐없이 기억하다니, 우스운 일이지요. 열심히 귀담아 들은 것도 아닌데. 하지만 나는 이제 깨달았어요. 인간이란 외톨이로는 아무런 소용도 없다는 걸 말이죠."

"그 사람은 좋은 사람이었어."

톰은 계속했다. "그인 언젠가 어떤 성경 구절을 줄줄 왼 적이 있는데, 지옥의 불길 어쩌고 하는 고리타분한 성경구절과는 다르던데요. 두 번 되풀이하는 바람에 나도 외웠지. 〈전도서〉에 있는 구절이래요."

"어떤 구절인데, 톰?"

"이래요. '두 사람이 한 사람보다 나음은 저희가 수고함으로 좋은 상을 얻을 것임이다. 혹시 저희가 넘어지면 하나가 그 동무를 붙들어 일으키려니와 홀로 있어 넘어지고 붙들어 일으킬 자가 없는 자에게는 화가 있으리라.' 이건 그 한 토막이에요."

"더 들려 다오. 계속해라, 톰."

"그럼 조금만 더. '두 사람이 누우면 따뜻하거니와 한 사람이면 어찌 따뜻하랴. 한 사람이면 패하겠거니와 두 사람이면 맞설 수 있나니, 세 겹 줄은 쉽게 끊어지지 아니하느니라.'"

"그게 성경 구절이냐?"

"전도사님이 〈전도서〉라고 그랬어요."

"쉿, 들어봐."

"바람이에요, 어머니. 저는 바람소릴 잘 알아요. 이런 생각이 들어요, 어머니. 대개 설교는 우리 같은 가난뱅이 얘기만 예로 들죠. 한 푼도 없이 그저 팔짱 끼고 얌전하게 견디고 있으면 죽어서 금 접시에 담긴 아이스크림을 먹을 수 있다는 이야기만 해대잖아요. 그런데 〈전도서〉라는 건 두 사람이 함께 일하면 그 수고함으로 더 나은 보답을 받을 수 있다고 말하고 있어요."

"톰, 넌 뭘 할 작정이냐?"

톰은 오랫동안 잠자코 있었다. "저는 저 국영 캠프가 어땠는지 생각했어요. 서로가 서로를 돌보고, 싸움이 일어나도 우리 손으로 결말을 지었지요. 총을 휘두르는 놈도 없었고요. 그래도 경찰 놈들이 하는 것보다 훨씬 질서가 잡혀 있었어요. 그런 일을 어째서 다른 데서는 하지 않는지 이상해서 못 견디겠어요. 우리 편이 아닌 경찰 놈은 쫓아내 버리고, 모두 자기 것을 갖기 위해 힘을 합쳐 일하는 거예요. 모두가 자기 땅을 갈면서 말이죠."

어머니가 같은 말을 반복했다. "톰, 넌 뭘 할 작정이냐?"

"전도사님이 하던 일요."

"하지만 그 사람은 살해당했어."

"그래요. 재빨리 머리를 움츠리지 못했기 때문이죠. 그는 법률을 어기는 일은 조금도 하지 않았어요. 어머니, 저는 곰곰이 생각했어요. 돼지처럼 살아가는 우리들 가난뱅이가 있는가 하면 아주 기름진 땅이 그냥 놀고 있고, 어떤 사람은 혼자 1백만 에이커나 갖고 있는데 한편에서는 몇 십만이나 되는 건실한 농민들이 굶주린다는 것을 말이죠. 만일 우리가 모두 단결해서 전번의 그 사람들처럼 들고 일어서면 어떻게 될까 생각해보았어요. 후퍼 농장은 사람 수가 조금밖에 안 되지만—"

"톰, 그놈들은 널 몰아세워서 끝내는 플로이드의 아들처럼 쏘아죽일지도 모른다."

"어차피 언젠가는 저도 잡히게 돼요. 놈들은 우리 패를 모조리 쫓고 있으니까."

"너 누굴 죽일 생각은 아니겠지, 톰?"

"안 해요. 전 이런 생각을 해요. 어차피 쫓기는 몸이라면 아마 저는……. 제기랄, 아직 거기까지는 똑똑히 생각지 않았어. 어머니, 제 걱정은 하지 말아요. 지금은 절 그냥 내버려두세요."

두 사람은 덩굴 풀로 뒤덮인 깜깜한 동굴 속에 말없이 앉아 있었다. 어머니가 말했다. "앞으로 어떻게 네 소식을 알 수 있니? 놈들에게 죽음을 당해도 내 귀에는 들리지도 않을 텐데. 다칠지도 모르잖니. 그걸 어떻게 알면 되니?"

톰이 불안한 듯이 웃었다. "뭐, 전도사님이 말한 것처럼 사람은 자기만의 영혼이란 건 없고, 다만 크나큰 영혼의 한 조각을 갖고 있을 뿐인지도 몰라요. 그렇다면…… 그렇다면—"

"그렇다면 뭐냐, 톰?"

"그렇다면 그런 건 아무것도 아니잖아요. 저는 어둠 속 어디에나 있다는 말이 되니까. 전 어디에나 있을 거예요. 어머니가 눈으로 바라보는 곳이라면 어디에나 말이죠. 허기진 인간들이 밥을 달라고 소동을 일으키면 거기가 어디든지 저는 반드시 그 자리에 있을 거예요. 또 경찰 놈이 누군가를 패면 반드시 저는 거기 있을 거예요. 전도사님이 말한 대로라면, 저는 모두가 화가 나서 고래고래 소리를 지르는 그 고함 속에 있을 거고, 또 굶주린 어린아이들이 저녁 준비가 됐다는 것을 알고 소리 내어 웃으면 그 웃음 속에도 있을 거예요. 우리 식구가 우리 손으로 가꾼 것을 먹고 우리 손으로 지은 집에 살게 될 때면 물론 저도 거기 있을 거고요. 알겠어요, 어머니? 뭐야, 제가 꼭 전도사님 같은 투로 지껄이고 있잖아요. 너무 전도사님만 생각해서 그런가? 이따금 그 사람 얼굴이 눈앞에 아른거리는 기분도 들어요."

"나는 뭐가 뭔지 모르겠구나. 정말 모르겠다." 어머니가 말했다.

"저도 잘 몰라요. 그냥 지금까지 이런 생각을 했다는 말을 하는 거예요. 한 군데 가만히 있으면 쓸데없이 생각만 하게 되는 모양이죠. 그만 돌아가셔야 할 텐데, 어머닌."

"그럼 이 돈을 받아라."

그는 잠시 아무 말 없이 있다가 말했다. "그럴게요."

"그리고 말이다, 톰. 나중에 일이 다 진정되거든 돌아와야 한다. 그때 우리를 찾아와 주겠지?"

"그럼요. 이제 그만 가세요. 자, 이리 손을 줘요." 그는 어머니를 입구 쪽으로 데리고 갔다. 어머니는 그의 손목을 꼭 붙잡았다. 톰은 덩굴 풀 더미를 밀어내고 어머니를 따라 밖으로 나갔다. "저 밭쪽으로 쭉 올라가면 밭 가장자리에 플라타너스 나무가 한 그루 서 있어요. 거기서 개울을 건너요. 잘 가세요, 어머니."

"그래." 어머니는 빠른 걸음으로 걸어갔다. 눈은 눈물에 젖어 타는 듯 뜨거웠으나 울지는 않았다. 숲을 지나가는데 낙엽 밟는 소리가 이상하리만치 크게 느껴졌다. 어느 새 어두컴컴한 하늘에서 빗방울이 떨어지기 시작했다. 굵직한 빗방울이 나뭇잎을 후드득후드득 세게 두드렸다. 어머니는 걸음을 멈추고, 빗방울 떨어지는 숲속에 가만히 서 있었다. 그리고 홱 돌아서서는 아까 그 덩굴 풀 더미 쪽으로 세 발짝쯤 걸어가다가 이내 다시 방향을 바꾸어 화차 캠프장 쪽으로 돌아가기 시작했다. 똑바로 배수구까지 와서 둑을 올라 도로로 나섰다. 비는 이제 그쳤으나 하늘은 찌푸린 채였다. 뒤쪽에서 발소리가 들렸다. 그녀는 슬그머니 뒤를 돌아보았다. 희미한 손전등 빛이 길 위에서 춤추고 있었다. 어머니는 다시 앞을 향하여 집 쪽으로 발길을 돌렸다. 곧 한 사나이가 어머니를 따라왔다. 그는 예절바르게 불빛을 땅에 떨어뜨릴 뿐 어머니의 얼굴은 비추지 않았다.

"안녕하십니까?" 그가 말했다.

"안녕하세요." 어머니가 대답했다.

"비가 좀 올 것 같지요."

"안 왔으면 좋겠습니다만. 목화를 딸 수 없게 되거든요. 목화 따는 일을 꼭 해야 하는데."

"저도 목화 따는 일이 필요하답니다. 저 캠프에 사십니까?"

"네." 두 사람의 발소리가 하나로 길게 울렸다.

"저는 목화밭을 20에이커 가량 갖고 있지요. 조금 늦었지만 이제 겨우 따게 됐습니다. 저쪽에서 목화 따는 일꾼을 구할까 하는 참이지요."

"얼마든지 구할 수 있어요. 슬슬 목화 따는 시기가 끝나가고 있으니까요."

"그렇다면 다행이지만. 우리 밭은 여기서 1마일밖에 안 돼요."

"우리는 여섯 식구랍니다. 남자가 셋, 저하고 아이가 둘."

"간판을 내걸어 놓지요. 이 길로 가면 2마일입니다."

"내일 아침에 그리로 가겠어요."

"비가 오지 말아야 할 텐데."

"그러게요. 20에이커면 그리 오래 걸리지는 않겠네요."

"후딱 해치울수록 좋죠. 우리 목화는 늦어져서요. 늦게 심었더니만."

"삯은 얼마나 주시죠?"

"90센트요."

"그럼 따겠어요. 내년에는 75센트, 심한 경우엔 60센트까지도 떨어진다는 소문이던데요."

"그런 얘기더군요."

"조용히 넘어가긴 힘들겠군요."

"그럼요, 하지만 우리네 같은 소농은 어쩔 도리가 없어요. 조합에서 임금을 정해 놓으면 그걸 따라야 하거든요. 그대로 하지 않으면 농장을 갖고 있지 못하죠. 소농은 밤낮 짓눌려 산답니다."

두 사람은 캠프장에 이르렀다. 어머니가 말했다. "꼭 가겠어요. 이제 여기는 얼마 남지 않았으니까요."

그녀는 제일 끝 화차의 발판을 올라갔다. 희미한 등잔불이 화차 안에 어두운 그림자를 만들고 있었다. 아버지와 존 아저씨와 나이 지긋한 사나이 하나가 벽을 등지고 앉아 있었다.

어머니가 말했다. "어머나, 어서 오세요, 웨인라이트 씨."

그는 품위 있게 생긴 윤곽이 뚜렷한 얼굴을 들었다. 눈두덩이 푹 꺼져 있었다. 머리칼은 가늘고 푸른 기 도는 백발이었다. 빛바랜 듯한 은빛 수염이 턱과 입을 덮고 있었다. "안녕하세요, 부인."

"내일 목화 따는 일이 생겼어요. 한 1마일쯤 북쪽인데, 20에이커래요."

아버지가 말했다. "트럭으로 가는 게 좋겠는데. 그래야 많이 따지."

웨인라이트가 고개를 번쩍 쳐들고 말했다. "우리도 딸 수 있을까요?"

"아, 그럼요. 지금 그 사람과 같이 걸어왔어요. 일손을 구하러 오는 길이었어요."

"목화도 이제 거의 다 따버렸어요. 두 번째 작업으로는 수확도 적어요. 그래서 두 번째 작업으론 벌이가 힘들 거요. 처음에 거의 따버리니까."

"댁도 우리 차에 같이 타고 가세요. 기름 값은 반반씩 내고요."

"아, 이거 참 고맙습니다, 부인."

"서로 좋은 일 아니겠어요."

아버지가 말했다. "웨인라이트 씨는 걱정거리가 있어서 이렇게 오셨어. 지금 그 얘기를 하는 중이야."

"뭔데요?"

웨인라이트는 방바닥을 내려다보았다. "우리 딸 '애기' 말입니다. 그 아이도 이제 다 커서 벌써 열여섯 살이죠. 이제 어엿한 어른이 다 됐습니다."

"그 '아기'라는 따님은 참 예쁘게 생겼죠." 어머니가 말했다.

"얘길 끝까지 들어봐." 아버지가 말했다.

"저, 그 애는 댁의 앨하고 저녁마다 둘이서 밖에 나가고 있어요. 딸애는 몸도 튼튼하고 이제 시집을 보내야 할 나이죠. 그렇잖으면 잘못을 저지를지도 모르거든요. 우리 집안에서는 여태껏 그런 일은 없었습니다만 지금 우리 형편이 이렇다 보니 집사람도 나도 여간 걱정이 아니군요. 혹시 그것이 잘못을 저지르지나 않을까 하고요."

어머니는 둘둘 말아두었던 매트리스를 펴고 그 위에 앉았다. "지금도 둘이 나가고 없나요?"

웨인라이트가 말했다. "만날이지요. 저녁마다 나갑니다."

"흠, 하지만 앨은 착한 아이예요. 요즘 골목대장 기분으로 좀 설치긴 하지만, 그래도 똑부러지고 믿음직한 아이죠. 더 나은 아이를 바랄 수 없을 만큼요."

"아니, 뭐 앨의 사람 됨됨이를 가지고 이러쿵저러쿵 하는 건 아닙니다. 아무렴 우리도 앨을 좋아하지요. 그런데 집사람과 내가 걱정하는 건 그 뭐냐 하면…… 딸년은 이제 말만한 처녀거든요. 그런데 만일 우리가 어딜 가게 되거나 댁에서 어딜 가게 된 뒤에 딸애가 잘못되었다는 걸 알면 어떻게 되겠어요? 우리 집 식구는 아직 한 번도 창피한 짓은 한 적이 없거든요."

어머니가 조용히 말했다. "우리도 댁에 창피를 드리지 않도록 조치를 취하겠어요."

웨인라이트가 벌떡 일어섰다. "고맙습니다, 부인. 딸애도 이제 다 컸습니다. 좋은 아이죠, 그저 착하고 좋은 애랍니다. 우리가 창피를 당하는 일만 없게 해 주신다면 정말 고맙겠습니다, 부인. 그건 딸애의 잘못이 아니지요. 그저 다 큰 것뿐입니다."

"이이가 앨에게 알아듣도록 잘 설명할 거예요. 만약 이이가 마다하면 제가 말하죠."

"그럼 안녕히 주무십시오. 정말 고맙습니다." 웨인라이트는 방수포 끝을 돌아서 나갔다. 옆방에서 소곤소곤 이야기하는 웨인라이트의 목소리가 들렸다. 자기가 이야기하고 온 일의 결과를 설명하는 것이었다.

어머니는 잠시 귀를 기울이다가 이윽고 말했다. "두 분 다 이리 좀 와서 앉으세요."

쪼그리고 앉아 있던 아버지와 존 아저씨가 힘겹게 일어나서 어머니와 나란히 매트리스에 앉았다.

"아이들은 어디 갔어요?"

아버지가 구석에 놓인 이부자리를 가리켰다. "루디 년이 윈필드에게 덤벼들어서 깨물었잖아. 그래서 둘 다 재워버렸지. 이제 잠들었을 거야. 로자샨은 친구랑 수다를 떨러 나간 모양이고."

어머니가 크게 한숨을 내쉬더니 목소리를 낮추어 말했다. "톰을 만나고 왔어요. 그 애를 멀리 떠나보냈어요. 아주 멀리요."

아버지는 천천히 고개를 끄덕거렸다. 존 아저씨는 턱을 가슴에 묻었다.

"그러는 도리밖에 없겠지, 달리 무슨 방법이 있었겠어요, 형님?"

존 아저씨가 얼굴을 쳐들고 말했다. "나는 좋은 생각이 안 나는구먼, 이젠 거의 졸고 있는 거나 다름이 없으니."

"톰은 착한 아이예요." 어머니가 말했다. 그리고 변명하듯 덧붙였다. "아까 내가 앨에게 말하겠다고 했는데, 무슨 악의가 있어서 그런 건 아녜요."

아버지가 조용히 말했다. "나도 알아, 나는 이제 쓸모없는 인간이 되었어. 옛일만 생각하면서 날을 보낸단 말야. 이제 다시는 고향에 못 가보겠지 하는 생각만 하면서 시간을 보낸다고."

"여기가 거기보다 깨끗하고 좋은 고장이잖아요." 어머니가 말했다.

"알아. 하지만 나는 이 고장이 눈에도 들어오지 않는걸. 고향집 그 버드나무는 지금쯤 잎사귀가 다 떨어졌겠지, 이런 생각만 하고 있으니. 가끔 그 남쪽 울타리에 뚫린 구멍을 막아야겠다는 생각까지 한단 말이야. 묘한 일이지! 여자가 집안일을 좌지우지하게 되었으니. 여자가 이렇게 하자, 저렇게 하자 명령하는 세상이야. 하지만 나는 이제 조금도 신경 쓰이지 않는다고."

어머니가 위로하듯이 말했다. "여자가 남자보다 변화가 빠르거든요. 여자는 생활을 자기 팔에 꼭 끌어안지요. 남자는 모든 걸 머릿속으로 생각만 하고요. 너무 신경 쓰지 마세요. 아마 내년에는 우리도 땅을 장만할 수 있을 거예요."

아버지가 말했다. "지금 우리에게는 아무것도 없어. 일도, 수확도 없는 힘든 시절이 곧 온다고. 그땐 어떡하면 좋지? 어떻게 먹을 것을 손에 넣어야 하느냐고? 더군다나 로자샨도 금방 아기를 낳게 돼. 생각하는 것조차 진절머리가 난단 말야. 그래서 옛날 일만 이것저것 돌이켜 보는 거지. 우리 인생도 이제 끝장이라는 생각이 드는구먼."

어머니가 미소를 지으면서 말했다. "아니요, 끝나지 않았어요. 그게 바로 남자는 모르고 여자는 아는 일이라고요. 나는 전부터 깨닫고 있었어요. 남자란 한 단계 한 단계씩 생활하는 동물이라는 것을요. 아기가 태어나고 사람이 죽는 것은 한 단계죠. 농장을 손에 넣고 농장을 잃는 것도 한 단계고요. 그런데 여자는 처음부터 끝까지 하나의 흐름이거든요. 강물처럼 조그맣게 소용돌이치기도 하고 조그만 폭포를 이루기도 하지만, 역시 강물은 계속해서 흘러가는 거예요. 여자란 그런 식으로 사물을 봐요. 우린 죽어 없어지지 않아요. 사람은 살아 나가게 되어 있어요. 그야 물론 조금은 변하겠지만, 계속 살아가는 거예요."

존 아저씨가 따지듯이 말했다. "그런 걸 어떻게 알아요? 대체 뭐가 모든 것이 정지하지 않도록 해주나요? 어떤 것이 모든 인간을 지쳐 쓰러지지 않도록 해주나요?"

어머니는 생각에 잠겼다. 반들거리는 손등을 다른 손으로 문지르고 양쪽 손가락을 깍지 꼈다. "글쎄요, 말하기는 어렵네요. 우리가 하는 일은 모두 언제까지라도 계속되는 것이 목표인 것 같아요. 저한텐 그렇게 여겨져요. 배가 고픈 것도, 심지어 병을 앓는 것도 말이에요. 죽는 사람도 있지요. 하지만 살아남은 사람은 더 튼튼해요. 우리는 그런 하루하루를 살아가도록 만들어진 거예요. 다만 그날그날을 말예요."

존 아저씨가 말했다. "그때 마누라만 죽지 않았더라면……."

어머니가 말했다. "그저 그날그날을 사시는 거예요. 속 썩을 것 없어요."

"고향은 내년에 풍년이 들지도 몰라." 아버지가 말했다.

어머니가 말했다. "가만!"

발판을 살그머니 밟는 소리가 들리더니, 앨이 포장을 들치고 들어왔다. 앨이 말했다. "지금쯤은 모두 잠자리에 드셨을 거라고 생각했는데."

어머니가 말했다. "앨, 지금 모여서 애기하는 중이다. 이리 와서 앉아라."

"네, 그러죠. 저도 할 애기가 있어요. 전 곧 여기서 떠나야겠어요."

"안 된다. 우린 네가 필요해. 떠나려는 까닭이 뭔데?"

"그게, 저하고 애기 웨인라이트 말이에요, 결혼할 거예요. 저는 차고에 일자리를 얻고, 둘이서 얼마 동안 셋집을 얻어서 살려고요. 그리고—" 그는 반항기 가득한 눈을 똑바로 쳐들었다. "저흰 그렇게 할 거에요, 어느 누구도 저희를 말릴 수 없어요."

모두 어안이 벙벙해서 그를 빤히 쳐다보았다. 이윽고 어머니가 입을 열었다. "앨, 우리는 기쁘다. 우리는 정말 기쁘단다."

"정말?"

"그럼, 정말이지 않고. 너도 이제 어른이야. 네게는 아내가 필요해. 하지만 당장 나가지는 말아다오, 앨."

"'애기'와 약속했는걸요, 꼭 가야 해요. 이런 생활을 더는 견딜 수 없다고요."

어머니가 애원하듯이 말했다. "봄까지만 기다려 줘. 봄까지만. 봄까지 있어 주지 못하겠니? 네가 없으면 누가 트럭을 운전하니?"

"으음……."

웨인라이트 부인이 방수포 끝에서 얼굴을 내밀었다. "애기 들으셨어요?"

"네! 방금 들었어요."

"어쩜 좋아! 케이크라도, 케이크라도 있으면 좋을 텐데. 뭐라도 있으면 얼마나 좋아? 케이크 같은 게 있으면 좋으련만."

어머니가 말했다. "제가 커피를 끓이고, 팬케이크라도 만들어 보겠어요. 시럽이 있으니까."

웨인라이트 부인이 말했다. "어머나! 그럼, 아, 그렇지. 나는 설탕을 좀 가져가죠. 팬케이크에 설탕을 넣읍시다."

어머니가 잔가지를 꺾어 화덕에 불을 지폈다. 저녁을 짓고 남은 불씨가 가지를 훌훌 태웠다. 루디와 윈필드가 껍질에서 나오는 달팽이처럼 잠자리에서 기어 나왔다. 잠시 둘은 조심스럽게 몸을 도사리고, 자기들이 아직도 죄인인지 눈치를 살폈다. 그러나 아무도 자기들에게 관심이 없다는 것을 알자 둘은 대담해졌다. 루디는 한쪽 발을 들고, 문간까지 벽에 손을 짚지 않고 깡충깡충 뛰어갔다가 되돌아왔다.

어머니가 주발에 밀가루를 붓고 있는데, '샤론의 장미'가 발판을 올라왔다. 몸의 균형을 잡으면서 조심스럽게 걸어오며 물었다. "무슨 일이에요?"

어머니가 외쳤다. "좋은 소식이란다! 앨과 애기 웨인라이트가 결혼한다는구나. 축하하는 뜻에서 조그만 파티를 열려는 참이다."

그 말을 듣자 '샤론의 장미'는 그 자리에 우뚝 서버렸다. 그리고는 천천히 앨을 돌아보았다. 앨은 당황하여 쭈뼛거리며 서 있었다.

웨인라이트 부인이 옆방에서 소리쳤다. "'애기'에게 지금 새 드레스를 입히는 중예요. 곧 그리로 갈게요."

'샤론의 장미'는 천천히 돌아섰다. 넓은 문간으로 되돌아가서 기어 내리듯 발판을 내려갔다. 바닥에 내려서자 개울과 그 옆으로 난 오솔길 쪽으로 천천히 걸어갔다. 어머니가 아까 걸은 버드나무 숲으로 들어갔다. 바람은 아까보다 더 쉴 새 없이 불고, 관목 숲은 끊임없이 휘잉휘잉 신음소리를 냈다. 그녀는 무릎을 꿇고 덤불 속으로 깊숙이 기어들어갔다. 나무딸기 덩굴이 얼굴을 긁고 머리칼을 잡아당겼으나 상관하지 않았다. 몸이 완전히 풀숲에 둘러싸인 느낌이 들고서야 가는 것을 멈추었다. 그녀는 반듯이 드러누워 몸을 쭉 폈다. 뱃속 아기의 무게가 느껴졌다.

컴컴한 화차 안에서 어머니는 몸을 뒤척이다 이내 담요를 걷어 젖히고 일어났다. 화차의 열린 문으로 희뿌연 별빛이 얼마간 비쳐들고 있었다. 어머니는 문간으로 가 밖을 내다보았다. 별이 동녘 하늘에 희푸르게 빛나고 있었다. 바람은 버드나무숲 너머로 부드럽게 불고, 개울에서 졸졸거리는 물소리가 조용히 들려왔다. 캠프는 아직도 거의가 잠들어 있었으나 한 텐트 앞에서는 조그만 모닥불이 타고 있었다. 여러 명의 사람들이 빙 둘러서서 불을 쬐고 있었다. 훌훌 타기 시작하는 불을 향해 손을 비비면서 서 있는 모습이 똑똑히 보였다. 이윽고 그들은 불을 등지고 손을 뒤로 돌렸다. 어머니는 두 손을 앞에 모으고 오래도록 밖을 내다보았다. 변덕스러운 바람이 휘잉 불고 지나가자 폐부를 찌르는 듯한 냉기가 느껴졌다. 어머니는 으스스 몸을 떨며 두 손을 비볐다. 그런 다음 발소리를 죽이고 안으로 돌아와, 등잔 옆에 있는 성냥을 더듬었다. 등잔 뚜껑이 끼익 비명을 지르며 들어 올려졌다. 어머니는 등잔 심지에 불을 붙이고, 그것이 한순간 파랗게 탄 다음 이윽고 노란 곡선을 이루면서 동그랗게 타오르는 모양을 지켜보았다. 등잔을 화덕 옆으로 들고 가 바닥에 내려놓고, 말라서 푸석한 버드나무 잔가지를 꺾어 화덕에 넣었다. 삽시간에 불꽃이 화르르 일며 연통으로 타올라가기 시작했다.

'샤론의 장미'가 힘겹게 돌아눕더니 일어났다. "지금 일어날 거예요."

"따뜻해질 때까지 좀 더 누워 있지 그러냐?" 어머니가 말했다.

"아니요, 일어날 거예요."

어머니가 커피 주전자에 양동이 물을 부어 화덕에 얹었다. 그리고 옥수수빵을 굽기 위해, 쇠기름이 두껍게 굳은 프라이팬을 화덕에 데웠다. "너 왜 그러니?" 어머니가 나직이 물었다.

"저, 나갈 거예요."

"나가다니, 어딜?"

"목화 따러 갈 거야."

"말도 안 되는 소릴하다니! 출산이 가깝잖니."

"아니 괜찮아요, 난 갈 테야."

어머니가 커피를 재어 물에 탔다. "얘, 너 엊저녁에 팬케이크 먹으러 안 왔지?" 딸은 대답하지 않았다. "어째서 목화 따러 가고 싶은 생각이 났니?" 이번에도 대답이 없었다. "앨과 '애기' 때문이냐?" 어머니는 딸의 얼굴을 들여다보았다. "그래. 그렇다면 딸 필요가 없어."

"저 갈래요."

"그래라, 그럼. 하지만 무리해선 안 된다. 일어나요, 여보! 눈 뜨고 일어나라니까!"

아버지가 눈을 껌벅이면서 하품을 했다. "아직 잠이 모자라는걸." 그는 숫제 끙끙 앓았다. "엊저녁에 자리에 든 게 열한 시는 다 돼서였지, 아마."

"자, 일어나요. 모두 세수들 해요."

화차 안 사람들이 천천히 눈을 뜨고 꾸물꾸물 담요에서 기어 나와 주섬주

섬 옷을 주워 입었다. 어머니가 돼지 옆구리살을 얇게 썰어 다른 프라이팬에 담으며 명령했다. "밖에 나가서 세수하고 와요."

화차 반대편에 불이 켜졌다. 웨인라이트네서 나뭇가지 꺾는 소리가 들리더니 "조드 부인" 하고 부르는 소리가 났다. "우리도 준비 중이에요. 곧 돼요."

앨이 투덜거렸다. "왜 이렇게 일찍 일어나야 하지?"

어머니가 말했다. "20에이커밖에 없다. 일찍 거기 가 있어야 해. 이젠 목화도 얼마 남지 않았어. 남들이 다 따기 전에 거기 가 있어야 한다." 어머니는 식구들을 재촉하여 옷을 갈아입히고 부랴부랴 아침을 먹게 했다. "자, 커피들 마셔요. 어서 떠나야 하니까."

"이렇게 어두우면 목화는 못 따요, 어머니."

"거기 닿을 때쯤이면 밝아진다."

"젖었을 텐데."

"대단한 비는 아니었으니까 괜찮아. 어서 커피를 마셔요. 앨, 너는 다 마셨거든 얼른 시동을 걸어놓는 게 좋겠다."

어머니가 소리를 높였다. "준비 다 됐어요, 웨인라이트 부인?"

"지금 먹는 중이에요. 곧 끝나요."

밖은 이미 활기에 넘쳤다. 텐트 앞에서 모닥불들이 타고 있었다. 화차 밖으로 머리를 내민 화덕 연통들이 연기를 토해냈다.

앨은 커피를 쭉 들이켰다. 입가에 찌꺼기가 남았다. 그것을 퉤퉤 뱉으면서 발판을 내려갔다.

"우린 준비 다 됐어요, 웨인라이트 부인." 어머니가 말을 건넸다. 그리고 '샤론의 장미'를 돌아보고 말했다. "너는 집에 있어야 한다."

딸은 고집스레 턱을 당기고 말했다. "저도 갈 거에요. 엄마, 저 가야 해요."

"너는 목화 자루도 없잖니. 자루를 끌지도 못할 거고 말야."

"엄마 자루에 담지 뭐."

"가지 않았으면 좋겠다만."

"죽어도 갈래."

어머니는 한숨을 쉬었다. "그럼, 내가 널 보살펴주마. 진찰을 좀 받았으면 좋겠다만." '샤론의 장미'는 화차 안을 분주하게 돌아다니며 가벼운 웃옷을 걸쳤다가 도로 벗었다가 했다. 어머니가 말했다. "담요를 한 장 가지고 가

자. 그러면 쉬고 싶을 때 따뜻하게 하고 있을 수 있지." 화차 뒤에서 트럭 엔진이 부르릉거리는 소리가 났다. "우리가 1등인가보다." 어머니가 자랑스러운 듯이 말했다. "자, 각자 자루를 챙겨요. 루디, 넌 셔츠로 만들어준 그 목화 주머니를 잊지 말고."

웨인라이트네와 조드네 가족은 어둠 속에서 부르릉거리고 있는 트럭에 올라탔다. 여명이 다가오고 있었으나 걸음걸이는 더디고 아직 어슴푸레했다.

어머니가 앨에게 지시하였다. "왼쪽으로 꺾어라. 가다가 길에 간판이 있을 게다." 차가 어두운 길을 따라 달리기 시작했다. 그러자 다른 차들이 뒤따라왔다. 캠프장 뒤쪽에서도 몇 대가 시동을 켜고 가족들이 우르르 올라탔다. 차는 고속도로로 나가서 왼쪽으로 꺾어들었다.

도로 오른쪽 우편함에 판지가 붙어 있었다. 파란 크레용으로 "목화 따기 일꾼 모집"이라고 씌어 있었다. 앨은 입구 쪽으로 차를 돌려 뒤뜰로 들어갔다. 뒤뜰에는 벌써 많은 차들이 서 있었다. 흰 창고 끄트머리에 달린 백열등이 저울 근처에 서 있는 남녀들을 비추고 있었다. 저마다 옆구리에 자루를 끼고 있었다. 그들 중에는 두 어깨에 자루를 걸치고 가슴께에서 교차시켜 단단히 동여맨 여자들도 있었다.

"생각한 것만큼 이르지 않은데." 앨이 말했다. 그는 트럭을 나무울타리 옆에 바싹 갖다 세웠다. 식구들은 차에서 내려, 기다리는 사람들 무리에 끼었다. 그러는 동안에도 다른 차들이 계속 밀려 와서 사람들은 점점 더 불어났다. 창고 끄트머리의 백열등 아래서는 농장주가 그들의 이름을 장부에 기입하고 있었다.

"홀리? H—A—W—L—E—Y인가? 몇 사람이지?"

"네 명요, 월하고."

"월."

"벤튼."

"벤튼."

"어밀리어."

"어밀리어."

"클레어."

"클레어라. 다음은 누구야? 카펜터? 몇 사람?"

"여섯 명입니다."

농장주는 그들이 딴 목화의 중량을 적을 칸은 공백으로 남겨두고 이름들을 적었다. "자루를 갖고 있나? 여기도 얼마간 있는데, 하나에 1달러 내야해." 차가 잇따라 뒷마당으로 들어왔다. 농장주는 양피를 덧댄 재킷을 목까지 끌어올렸다. 그리고 걱정스러운 듯이 차도 쪽을 바라보면서 말했다. "이렇게 많이 몰려들면 우리 밭 20에이커쯤은 금방 끝나겠는걸."

아이들은 목화를 운반하는 대형 트레일러에 기어올라, 차 옆에 쳐 놓은 촘촘한 철망에 발가락을 쑤셔 넣고 있었다. "거기 올라가면 안 돼!" 농장주가 소리 질렀다. "내려와, 철망이 다 늘어지겠다." 아이들은 멋쩍은 얼굴로 말없이 천천히 내려왔다. 희끄무레하게 날이 밝아졌다. "이슬이 내렸으니 그 무게는 빼야겠어. 해가 뜨면 도로 바꾸지. 자, 알았으면 가요. 이만큼 밝으면 충분히 보일 테니까."

사람들은 쏜살같이 목화밭으로 들어가 저마다 자기가 딸 이랑을 차지했다. 허리에 자루를 차고, 곱은 손가락을 녹이려고 짝짝 손뼉을 쳤다. 새벽빛이 동쪽 언덕을 물들이기 시작했다. 기다랗게 늘어선 사람들의 행렬이 밭이랑을 따라 움직여갔다. 그리고 고속도로를 통해 차가 계속 들어와서 뒷마당에 섰으므로 나중에는 꽉 차버려 길 양쪽에까지 주차하게 되었다. 강한 바람이 밭을 스치고 지나갔다. 농장주가 말했다. "어떻게들 알고 찾아왔는지 모르겠구먼. 소문이 굉장히 퍼진 모양이지. 이런 20에이커 정도는 점심때까지도 가지 않을 거야. 이름이 뭐라고? 흠? 몇 명이야?"

사람들의 줄이 밭을 가로질러갔다. 쉬지 않고 불어오는 강한 서풍에 그들의 옷자락이 파닥거렸다. 손가락이 탐스러운 목화송이로 휙 뻗쳤다가는, 등 뒤에 매단 길쭉한 자루로 다시 휙 뻗쳤다. 자루가 차차 무거워갔다.

아버지가 이랑 오른쪽에 있는 사나이에게 말을 건넸다. "우리 고향에서는 이런 바람이 불면 대개는 비가 오죠. 비가 되기엔 좀 추운 것 같지만. 당신은 여기 온 지 얼마나 되었소?" 이야기하면서도 아버지는 일에서 눈을 떼지 않았다.

옆 사나이도 얼굴은 쳐들지 않고 말했다. "그럭저럭 1년 가까이 되는군요."

"비가 올 것 같소?"

"모르겠구먼요. 하지만 모른다고 해서 부끄러운 것은 아니지. 이 지방에서 죽 살아온 사람들도 그런 건 잘 모르는 모양이니까. 수확물을 거둬들이는데 방해만 되면 비란 놈은 어김없이 온다고 여기 사람들은 그럽디다."

아버지는 서쪽 언덕을 흘긋 쳐다보았다. 커다란 잿빛 구름이 바람을 타고 빠른 속도로 능선을 넘어오고 있었다. "저건 비구름 같구먼."

옆 사나이가 곁눈질로 슬쩍 그쪽을 보았다. "글쎄요." 저 너머에 있던 사람들도 모두 고개를 들고 구름을 바라보았다. 그리고는 더 낮게 몸을 구부리고 목화 따는 손을 더 재게 놀렸다. 사람들은 목화 따기를 서로 겨루었다. 시간과 자루의 무게를 겨루고, 비와 겨루고, 끼리끼리 서로 겨루었다. 따는 만큼 돈을 벌게 되는 것이었다. 이랑 끝에 이르자 새 목화 이랑을 차지하기 위해 앞 다투어 뛰었다. 이번에는 바람을 안고 가는 위치가 되었다. 높게 걸린 잿빛 구름이 솟아오르는 태양을 향해서 움직여 가는 모양이 정면으로 보였다. 더 많은 차가 길가에 주차하고, 새로운 일손들이 장부에 이름을 적고 밭으로 들어왔다. 사람들의 행렬은 미친 듯이 밭을 가로질러 움직였다. 이랑 끝에 와서는 무게를 달고 자기 솜에 표를 하고 장부에 써넣고는 새 이랑으로 뛰어 갔다.

11시에는 목화가 다 거둬들여져 일이 끝났다. 짐칸에 철망을 둘러친 트레일러가 역시 철망을 둘러친 트럭 뒤에 연결되어 고속도로로 나가서 솜 타는 공장으로 달려갔다. 솜이 철망에서 삐어져 나와 조그만 구름처럼 바람에 날렸다. 솜털이 길가 잡초에 엉겨 붙어 흔들거렸다. 목화 따기 일꾼들은 맥없이 우르르 뒷마당으로 돌아와 줄을 짓고 서서 임금 지불을 기다렸다.

"흠, 제임스 20센트. 럴프 30센트. 조드, 토마스 90센트. 윈필드 15센트." 돈은 지폐와 동전으로 나뉘어 놓여 있었다. 받을 때 한 사람도 예외 없이 자기 장부를 들여다보았다. "웨인라이트, 애그니스 34센트, 터빈 63센트." 사람들의 줄은 천천히 움직여 갔다. 가족들은 말없이 자기들 차로 돌아가 느릿느릿 차를 몰고 돌아갔다.

조드네와 웨인라이트네 가족은 차도가 트일 때까지 트럭에 올라앉아 기다렸다. 그러는 동안에 굵은 빗방울이 떨어지기 시작했다. 앨이 운전대 밖으로 손을 내밀어 빗방울을 확인했다. '샤론의 장미'는 한가운데에, 어머니는 바깥쪽에 앉아 있었다. '샤론의 장미'의 눈은 다시 생기를 잃은 상태였다.

어머니가 말했다. "넌 오지 말아야 하는 건데. 10파운든가 15파운드밖에 따지 못했으면서." '샤론의 장미'는 불룩한 자기 배를 내려다보며 아무 대꾸도 하지 않았다. 갑자기 그녀가 몸을 떨며 머리를 뒤로 홱 젖혔다. 조용히 지켜보던 어머니가 목화 자루를 펼쳐서 그녀의 어깨를 감싸고 끌어당겨 안았다.

겨우 길이 트였다. 앨은 시동을 걸고 고속도로로 달렸다. 굵직한 빗방울이 튀어올랐다. 트럭이 달려감에 따라 빗방울은 차차 작아졌으나 더 심하게 쏟아졌다. 트럭 지붕을 두드리는 빗소리가 덜덜거리는 낡아빠진 엔진 소리보다 크게 들렸다. 짐칸에 탄 웨인라이트네와 조드네 가족은 목화 자루를 펴서 어깨와 머리에 덮어썼다.

어머니 품에 안긴 '샤론의 장미'가 심하게 떨었다. 어머니가 외쳤다. "빨리 달려, 앨. 로자산이 한기가 드나보다. 발을 따뜻한 물에 담가줘야 해."

앨이 속력을 올렸다. 화차 캠프에 이르자 앨은 트럭을 빨간 화차 옆에 바싹 세웠다. 어머니는 차가 채 서기도 전에 척척 지시를 내렸다. "앨, 너하고 큰아버지하고 아버지는 버드나무숲에 가서 되도록 많이 마른 가지를 주워오너라. 집을 따뜻하게 해야 하니까."

"혹시 지붕이 새지는 않겠지요?"

"괜찮을 게다. 아주 건조한 걸 보면. 하지만 땔감을 모아다 놔야 한다. 따뜻하게 해야 해. 루디와 윈필드도 데리고 가거라. 잔가지쯤은 주워올 수 있을 테니까. 아무래도 애 몸이 심상치 않아." 어머니가 차에서 내렸다. '샤론의 장미'가 그 뒤를 따라 내리려고 했으나 무릎에 힘이 없어 발판에 비슬비슬 주저앉아 버렸다.

뚱뚱한 웨인라이트 부인이 그 모양을 보았다.

"왜 그래요? 산기가 있나요?"

어머니가 말했다. "아니, 그렇지는 않은 모양인데 한기가 드나 봐요. 감기가 든 모양이에요. 좀 도와주시겠어요?" 두 사람은 '샤론의 장미'를 부축해 일으켰다. '샤론의 장미'는 몇 걸음 가더니 두 다리로 지탱하고 설 만큼 기운을 되찾았다.

"이젠 괜찮아, 엄마. 잠시 그런 것뿐이야."

두 부인은 '샤론의 장미'의 팔꿈치에서 손을 떼지 않았다. "발을 더운물에 담가야지."

어머니가 뭐든지 다 알고 있다는 듯이 말했다. 두 사람은 '샤론의 장미'를 부축해 발판을 올라가서 화차 칸으로 데리고 들어갔다.

웨인라이트 부인이 말했다. "따님을 주물러 주세요. 나는 불을 피울 테니까." 그리고 잔가지를 있는 대로 긁어모아 화덕에 불을 지폈다. 비는 이제 억수로 쏟아져 지붕을 씻어 내리고 있었다.

어머니가 천장을 올려다보았다. "튼튼한 지붕이어서 다행이군요. 저런 텐트라면 아무리 튼튼해도 새게 마련이니까요. 거기 물 좀 올려놔주세요, 웨인라이트 부인."

'샤론의 장미'는 매트리스에 조용히 드러누워 있었다. 어머니가 신을 벗기고 발을 주물러 주었다. 웨인라이트 부인이 그 위로 몸을 구부렸다. "아프니?"

"아뇨. 그저 기분이 좋지 않아요. 그냥 속이 좀 안 좋아요."

"우리 집에 진통제가 있는데. 필요하면 언제라도 드리겠어요. 서슴지 말고 말해요."

딸이 심하게 몸을 떨었다. "담요 좀 줘요, 엄마. 추워." 어머니가 담요를 있는 대로 가져다가 딸을 덮어주었다. 비가 요란스레 지붕을 두드렸다.

그때, 땔감을 주우러 갔던 사람들이 한 아름씩 나뭇가지를 안고 돌아왔다. 모자와 웃옷에서 물방울이 뚝뚝 떨어졌다. 아버지가 말했다. "제기랄, 다 젖었네. 삽시간에 함빡 젖어 버렸어."

어머니가 말했다. "한 번 더 나가서 더 해 오셔야겠어요. 어찌나 빨리 타버리는지. 금방 어두워질 테니 어서요." 루디와 윈필드가 함빡 젖어 가지고 돌아와서, 안고 온 나뭇가지를 장작더미 위에 내던졌다. 그들도 다시 나가려고 했다. 어머니가 말했다. "너희는 여기 있어. 불 옆에 가까이 와서 몸을 말리렴."

오후의 경치가 비에 젖어 은빛으로 빛나고, 도로는 온통 물에 씻겨 반짝거렸다. 시시각각 목화나무는 꺼매지고 시들어가는 것처럼 보였다. 아버지와 존 아저씨와 앨은 몇 번이나 숲에 가서 한 아름씩 땔감을 주워와 문 한쪽에 쌓아 놓았다. 마침내 그 높이가 거의 천장에 닿게 되어서야 세 사람은 화덕 옆으로 다가갔다. 빗물이 모자에서 어깨로 줄줄 흘러내렸다. 옷자락에서도 물이 떨어지고, 구두는 걸을 때마다 꿀쩍꿀쩍 소리를 냈다.

어머니가 말했다. "이제 됐어요. 그 옷들은 벗어요. 맛있는 커피를 타 줄 게요. 그리고 금방 갈아입을 수 있도록 마른 옷을 꺼내놓았으니 그렇게 우두 커니 서 있지 말고 어서 갈아입어요."

날은 이내 저물었다. 유개 화차마다 가족들이 옹기종기 모여앉아, 사정없 이 지붕을 때리는 빗소리에 귀를 기울였다.

29

연안의 높은 산들과 골짜기를 넘어 잿빛 구름이 태평양에서 몰려왔다. 높 은 하늘에서 조용한 바람이 세차게 불어 닥쳐 관목 덤불을 휘잉휘잉 울리며 숲속을 스산하게 빠져나갔다. 구름은 솜구름, 겹구름, 혹은 뾰족한 잿빛 바 위산 모양으로 밀려오더니, 모두 한데 겹쳐 서쪽 하늘에 나직이 내려걸렸다. 이윽고 바람이 잦아들고, 두터운 구름층만이 남았다. 돌풍 섞인 소나기로 시 작된 비는 한숨 돌리고는 다시 억수로 쏟아지기 시작했으나 차차 빗발이 일 정해지더니 가랑비가 되어 줄기차게 내렸다. 가만히 들여다보면 잿빛으로 보 이는 비였다. 비가 대낮의 햇빛을 막아 해거름이 된 것 같았다. 먼저 메말랐 던 대지가 수분을 빨아들여 검어졌다. 대지는 이틀 동안 비를 마시더니 마침 내 배가 부른 모양이었다. 물웅덩이가 생기고 저지대 밭에는 군데군데 작은 호수가 생겼다. 이 흙탕물 호수는 점점 불어났다. 번들거리는 수면은 가랑비 가 때렸다. 이윽고 산들도 배가 잔뜩 불러 산허리에서부터 물이 넘쳐 시내로 흘러들더니, 그 시냇물은 홍수로 변하여 골짜기를 타고 협곡지대로 쏟아져 내렸다. 비는 끊임없이 내렸다. 개울물과 강물이 둑 옆구리로 기어 올라와 버드나무며 잡목의 뿌리를 흔들었다. 버드나무는 냇물 깊숙이 고개를 처박 고, 뿌리가 다 드러난 사시나무는 통째로 쓰러졌다. 흙탕물은 둑 옆구리를 소용돌이치며 서서히 기어올라가다가 마침내 넘쳐서 들판으로, 과수원으로, 거뭇한 줄기가 서 있는 목화밭으로 쏟아져 들어갔다. 이윽고 평탄한 밭은 광 대한 잿빛 호수로 변했다. 비가 그 표면을 두들겨댔다. 이윽고 물은 고속도 로까지 침범했다. 자동차는 앞을 가로막은 물을 헤치고, 뒤로는 흙탕물을 일 으키며 느릿느릿 나아갔다. 대지는 두들겨대는 빗발 아래서 속삭이듯 소리를 냈고, 강은 거꾸로 흐르며 맞부딪치는 물줄기로 천둥 같은 소리를 냈다.

처음 비가 내리기 시작했을 때 이주민들은 텐트 안에 모여앉아 서로 말했다. 곧 그치겠지 뭐. 얼마나 계속될 것 같아?

이윽고 웅덩이가 생기자, 사나이들은 삽을 들고 빗속으로 나가서 텐트 주위에 작은 제방을 만들었다. 퍼붓는 비는 텐트 천에 스며들기 시작하더니 끝내는 물방울을 뚝뚝 떨어뜨렸다. 마침내 작은 제방이 휩쓸리자 물이 텐트 안으로 흘러들어와 매트리스와 담요를 적셔버렸다. 사람들은 궤짝을 쌓아올린 다음 그 위에 널빤지를 깔고 낮이고 밤이고 젖은 몸으로 그 위에 앉아 있었다.

물이 텐트 옆에 세워 두었던 낡은 자동차의 점화장치 배선과 기화기를 못 쓰게 만들었다. 조그만 잿빛 텐트가 호수 한가운데 고립되었다. 마침내 사람들은 어쩔 수 없이 그곳에서 떠나야 했다. 그러나 이미 자동차 배선이 망가져 시동이 걸리지 않았다. 운 좋게 걸려도 깊은 흙탕물이 바퀴를 삼켜버렸다. 사람들은 젖은 담요를 가슴에 안고 걸어서 물을 건넜다. 아이들을 팔에 안고 힘없는 노인들을 부축하며 철벅철벅 걸어 나갔다. 높은 곳에 어쩌다가 헛간이라도 서 있으면, 그곳에서는 와들와들 떨며 절망에 빠진 사람들로 순식간에 가득 찼다.

이윽고 몇 사람이 구호사무소를 찾아갔다. 그러나 그들은 풀죽은 모습으로 식구들에게 다시 되돌아왔다.

규칙이 있어서 말이야, 구호금을 받으려면 여기서 1년은 살아야 한대. 정부가 나설 예정이라는데 그게 언제가 될는지 그들도 몰라.

가장 큰 공포가 서서히 닥쳐왔다.

앞으로 석 달 동안은 일이라곤 전혀 없을 거야.

그 공포가 헛간 안에 한데 뭉쳐 앉은 사람들을 덮쳤다. 그들의 얼굴은 파랗게 질렸다. 아이들은 배가 고파 울었으나 먹을 것이라고는 아무것도 없었다.

그러자 다음에는 폐렴, 눈과 유두까지 침범하는 홍역 등 병이 찾아왔다.

비는 잠시도 쉬지 않고 내렸다. 배수구도 많은 물을 처리하지 못해 고속도로에까지 물이 넘쳤다.

이윽고 텐트에서, 사람이 들어찬 헛간에서, 물에 흠뻑 젖은 사나이들이 너덜너덜 젖은 걸레 같은 옷을 걸치고, 진흙으로 곤죽이 된 구두를 신고서 밖으로 나왔다. 사나이들은 물속을 첨벙첨벙 헤치고 나갔다. 시내로, 마을 가게로, 구호사무소로 가서 굽실거리며 먹을 것을 구걸하고 구호금을 졸랐다.

도둑질을 꾸미고, 거짓말을 했다. 이러한 동냥과 아첨의 그늘에서 절망적인 분노가 불붙기 시작했다. 작은 마을에서는 흠뻑 젖은 사나이들에 대한 동정이 분노로 변하고, 굶주린 사람들에 대한 분노가 공포로 바뀌어 갔다. 이윽고 보안관들이 속속 보안관 대리들을 고용하고, 소총과 최루탄과 탄약을 서둘러 주문했다. 굶주린 사람들은 빵과 썩어가는 채소를 구걸하고, 도둑질을 하려고 틈만 나면 가게 뒷골목으로 모여들었다.

반쯤 넋이 나간 사나이들이 의사 집 문을 미친 듯이 두드렸으나 의사는 바빴다. 슬픔에 잠긴 사나이들은 차를 보내달라고 전갈을 마을 가게에 남겨놓고 갔다. 검시관들은 그다지 바쁘지 않았다. 검시관의 차가 흙탕길을 뚫고 와 시체를 실어갔다.

비는 사정없이 쏟아지고, 강물은 둑을 부수며 마을을 덮쳤다.

헛간 지붕 밑에 서로 붙어 앉고, 젖은 건초 속에서 자는 동안 굶주림과 불안은 분노를 낳았다. 이윽고 소년들이 동냥이 아니라 도둑질을 하러 나갔다. 어른들도 도둑질할 꿍꿍이속으로 비틀비틀 마을로 나갔다.

보안관들은 새로 보안관 대리들을 채용하고, 새 소총을 주문했다. 비가 새지 않는 집에 사는 팔자 좋은 사람들은 이주민들에게 처음에는 연민을, 다음에는 혐오를, 마지막에는 증오를 느꼈다.

비가 새는 헛간의 젖은 건초더미 속에서, 폐렴으로 신음하는 여자들이 아기를 낳았다. 한쪽 구석에서는 노인들이 웅크리고 누운 채 죽어갔다. 검시관들조차도 노인들의 시체를 똑바로 펼 수 없을 정도였다. 밤이 되면 반미치광이가 된 사나이들이 대담하게도 닭장에 숨어들어, 공포에 질려 꼬꼬댁대는 닭을 채갔다. 총을 겨누어도 그들은 달아나지 않고 심드렁한 얼굴로 물을 철벅철벅 걸어갔다. 그리고 총에 맞으면 지쳤다는 듯이 진흙 속으로 고꾸라졌다.

비가 그쳤다. 밭에 가득 찬 물이 잿빛 하늘은 비추고, 대지는 흐르는 물로 수런거렸다. 사나이들은 곳간에서, 오두막에서 나왔다. 그들은 쪼그리고 앉아, 물에 잠긴 땅을 둘러보았다. 모두 묵묵히 말이 없었다. 그러다가 이따금 아주 조용히 말을 주고받았다.

봄까지 일은 없어, 전혀 없다고.

일이 없으면 돈도 없고 먹을 것도 없어.

말을 한 쌍 기르는 사람은 밭을 갈고 거둬들이는 데 말을 쓰지만, 일이 없다고 해서 말을 내동댕이치고 굶겨 죽이겠다는 생각은 안 해.

그건 말 얘기잖아, 우리는 인간이라고.

여자들은 이제 끝장인가 하고 말없이 서서 남자들의 눈치를 살폈다. 남자들이 몇 명 모인 곳에는 그들의 얼굴에서 불안이 사라지고, 그 대신 분노가 그 자리를 차지했다. 그러면 여자들은 안도의 숨을 쉬었다. 걱정 없다는 것을 알았기 때문이다. 파국은 아직 오지 않았다. 불안이 분노로 바뀌는 한 파국은 결코 오지 않을 것이다.

조그마한 새싹이 대지에서 머리로 내밀었다. 며칠이 지나자 언덕마다 밝아오는 새해를 알리듯이 연초록으로 물들어 갔다.

30

유개 화차 캠프장에도 여기저기 물웅덩이가 생겼다. 빗방울이 떨어지며 흙탕물을 퉁겼다. 개울물이 유개 화차가 늘어선 낮은 평지를 향해 천천히 둑을 기어 올라왔다.

비가 내리기 시작하여 이틀째 되는 날, 앨은 화차 칸 가운데에 쳐 놓았던 방수포를 떼어 밖으로 가지고 나가 트럭 앞머리에 씌웠다. 그러고는 화차로 되돌아와 자기 매트리스에 앉았다. 칸막이가 없어지자 화차 안의 두 가족은 하나가 되었다. 사나이들은 같이 앉아 있었으나 너무 울적했다. 어머니는 화덕에 작은 불을 계속 피웠다. 잔가지를 조금씩 넣어 나무를 절약했다. 비는 거의 편평한 유개 화차 지붕에 퍼부어 내렸다.

사흘째가 되니 웨인라이트네 가족이 불안해하기 시작했다. "여기서 나가는 편이 좋지 않을까요?" 웨인라이트 부인이 말했다.

어머니가 그들을 만류하였다. "어디로 가려고요? 비가 새지 않는 지붕이 있는 데가 어디 또 있는 줄 아세요?"

"그건 잘 모르겠지만 어쨌든 나가야 할 것만 같은 기분이 드네요." 이런 이야기를 나누면서 어머니는 앨의 눈치를 살폈다.

루디와 윈필드는 얼마 동안은 놀려고 애쓰더니 이내 무기력하게 풀이 죽었다. 비는 마치 북을 치는 듯 줄기차게 지붕을 두들겨 댔다.

사흘째가 되자 강물 흐르는 소리가 북치는 듯한 빗소리보다 더 크게 들리기 시작했다. 아버지와 존 아저씨는 열어젖힌 문간에 서서, 물이 불고 있는 개울을 바라보았다. 캠프장과 고속도로 사이를 흐르던 개울물이 캠프장 가까이에 와서는 활모양으로 멀리 휘어져, 캠프장 뒤는 국도의 둑이, 앞은 개울이 둘러쳤다. 아버지가 말했다. "형님은 어찌 생각하시오? 저 개울물이 넘으면 여긴 꼼짝없이 물에 잠길 것 같은데."

존 아저씨는 입을 벌리고 면도도 안 한 턱을 문질렀다. "음, 그럴지도 모르겠는걸."

'샤론의 장미'는 독감에 걸려 자리에 누워 있었다. 얼굴은 빨갛게 달아오르고, 눈은 고열로 번들거렸다. 어머니가 뜨거운 우유 잔을 들고 와서 그녀 곁에 앉았다. "자, 이걸 마셔라. 기운 나라고 베이컨 기름을 넣었어. 자, 마셔!"

'샤론의 장미'는 힘없이 고개를 저었다. "배고프지 않은걸요."

아버지는 손가락으로 공중에 곡선을 그렸다. "모두 힘을 합쳐 삽으로 둑을 만들면 물은 막을 수 있을 거요. 기껏해야 저기서 저기까지만 만들면 되니까."

존 아저씨가 맞장구쳤다. "그래. 막을 수 있을지도 모르지. 다른 사람들이 동조한다면 말이다. 차라리 어디 다른 데로 옮겨가고 싶어할지도 몰라."

아버지는 굽히지 않았다. "그렇지만 이 화차 안에는 아직 물이 들지 않았어요. 이렇게 마른 곳은 또 없을걸요. 잠깐 기다려 봐요." 그는 화차 안에 쌓아둔 땔감더미에서 나뭇가지 하나를 집어 들었다. 발판을 뛰어 내려가 흙탕물을 첨벙거리며 개울가에 가더니, 소용돌이치는 물 속에 그 나뭇가지를 똑바로 꽂았다. 그리고 이내 화차 안으로 돌아왔다. "이런, 흠뻑 젖어버렸네."

두 사나이는 물가에 세워 놓은 그 가지를 가만히 지켜보았다. 가지를 에워싼 물이 점점 높아지며 살금살금 둑을 기어오르는 것이 보였다. 아버지가 문간에 쪼그려 앉으며 말했다. "빨리 올라오는데. 다른 사람들과 의논하러 가야겠는걸. 둑 쌓는 일을 도와줄 건지 가서 물어봐야겠어. 같이 해주지 않으면 여기서 나가는 수밖에 도리가 없겠지." 아버지는 긴 화차 안으로 웨인라이트네 쪽을 쳐다보았다. 앨은 그들 틈에 끼여 '애기' 곁에 앉아 있었다. 아버지가 그들 사이를 비집고 들어갔다. "물이 자꾸 불어나요. 다 같이 둑을 쌓아 보면 어떨까요? 다 같이 하면 금방 할 텐데."

웨인라이트가 말했다. "우리도 지금 의논하던 참이오. 아무래도 여길 나가는 편이 좋을 것 같소만."

아버지가 말했다. "당신도 여기저기 돌아다닌 끝에 여기 온 것 아니오? 물이 새지 않는 곳에 살 수 없다는 것쯤 잘 아실만도 한데."

"알죠. 하지만 역시—"

앨이 말했다. "아버지, 이분들이 가면 저도 같이 갈래요."

아버지는 깜짝 놀라는 얼굴이 되었다. "그건 안 된다, 앨. 우리는 트럭을 운전할 줄 몰라."

"저도 몰라요. 저하고 '애기'는 이제 떨어질 수 없는 사이인걸요."

아버지가 말했다. "잠깐 이리 좀 와 봐요." 웨인라이트와 앨이 일어나서 문간으로 걸어왔다. 아버지가 손가락으로 가리키며 말했다. "저기 보이지? 저기서 저기까지만 둑을 쌓아올리면 된다고." 그는 아까 찔러놓은 나뭇가지를 보았다. 물은 벌써 그 둘레를 소용돌이치며 넘실넘실 둑을 기어오르고 있었다.

"보통 힘든 일이 아니에요. 또 그렇게 해봐야 어차피 물은 넘칠 텐데." 웨인라이트가 반대했다.

"어차피 일도 없는 마당에 몸 좀 쓴다고 나쁠 것 없잖소? 이렇게 좋은 곳은 얻기 힘들어요. 자, 갑시다. 가서 다른 사람들과도 의논해야지. 모두가 같이 하면 금방 될 테니까."

앨이 말했다. "'애기'가 가면 저도 갈 거예요."

아버지가 말했다. "앨, 다른 사람들이 둑을 쌓기 싫다면 그때는 우리도 떠나야 할 게다. 어쨌거나 의논하러 가보자." 그들은 등을 동그랗게 말고 발판을 뛰어 내려갔다. 이웃 화차에 다다르자 발판을 달려 올라가, 열린 문으로 뛰어들었다.

어머니는 화덕 옆에 진을 치고 앉아, 약한 불에 조금씩 나뭇가지를 집어넣고 있었다. 루디가 바로 옆으로 다가와서 징징거렸다. "나, 배고파."

어머니가 말했다. "배고프긴 뭐가 고파. 맛있는 옥수수 죽을 먹었잖니."

"크래커 잭 한 상자 먹고 싶다. 아무것도 할 게 없고, 재미도 없어."

"이제 금방 재미있는 일이 생길 거야. 조금 기다려봐. 곧 재미있는 일이 생길 테니. 이제 집하고 밭이 생길 거란다."

"개도 있으면 좋겠다."

"그래, 개도 기르자. 고양이도."

"노란 고양이?"

어머니가 애원하듯 말했다. "성가시게 좀 굴지 마라. 지금 엄마한테 말 걸지 마, 루디. 언니가 아프잖니. 잠시라도 좋으니 얌전히 좀 있어 곧 재미있는 일이 생길 테니까." 루디는 툴툴거리면서 건들건들 저쪽으로 가버렸다.

'샤론의 장미'가 담요를 덮고 드러누워 있는 매트리스에서 짧고 날카로운 비명이 들리더니 뚝 끊겼다. 어머니가 후다닥 돌아다보고 곁으로 달려갔다. '샤론의 장미'가 숨을 못 쉬고 있었다. 눈엔 공포가 가득했다.

"왜 그래!" 어머니가 외쳤다. 딸은 숨을 토하더니 다시 멈췄다. 어머니가 재빨리 담요 밑으로 손을 넣어보고는 벌떡 일어나서 외쳤다. "웨인라이트 부인! 나 좀 봐요, 웨인라이트 부인!"

작고 뚱뚱한 부인이 화차 저쪽에서 다가왔다. "왜 그래요?"

"좀 봐 줘요!" 어머니가 '샤론의 장미'의 얼굴을 가리켰다. 아랫입술을 꽉 깨물고, 이마는 땀에 젖었으며, 눈에는 공포의 빛이 번들거리고 있었다.

어머니가 말했다. "낳으려나 봐요. 조금 이른 감이 있지만."

딸은 커다랗게 한숨을 쉬더니 몸이 축 늘어졌다. 악물었던 입술을 풀고 눈을 감았다. 웨인라이트 부인이 몸을 굽히고 그녀를 들여다보았다.

"온몸이 사정없이 꽉 죄어드는 것 같니? 어디 말해 봐." '샤론의 장미'가 힘없이 끄덕거렸다. 웨인라이트 부인이 어머니를 보고 말했다. "그런가 봐요. 산기가 돌았어요. 조금 이르다고 그랬죠?"

"열이 나서 빨라졌나 봐요."

"어쨌든 똑바로 세워야 해요. 걸어 다니게 해야 해요."

"애는 못해요. 워낙 기운이 빠져 버려서."

"그래도 그렇게 해야 해요." 웨인라이트 부인은 경험자답게 침착하면서도 엄한 태도를 보였다. "나는 몇 번이나 출산시킨 일이 있다고요. 저 문을 닫읍시다. 조금만 열어놓고. 외풍이 들지 않도록 해요." 두 부인은 무거운 화차 문을 밀고 들어올리고 하여 1피트쯤만 열어 놓았다. "우리 집 등잔도 갖고 와야지." 웨인라이트 부인이 말했다. 그녀의 얼굴은 흥분으로 불그레해져 있었다. "애기, 넌 애들하고 좀 놀아주렴."

어머니는 고개를 끄덕거렸다. "그게 좋겠네요. 루디! 너랑 윈필드는 '애기'한테 가서 놀아라. 자, 어서."

"왜?" 둘이 볼멘소리로 물었다.

"그렇게 해야 해. 로자샨이 아가를 낳을 거니까."

"난 볼 테야, 엄마. 보게 해줘."

"루디! 자, 가거라. 어서 가라니까." 어찌나 단호하게 말하는지 루디는 더이상 대들지 못했다. 루디와 윈필드는 마지못해 화차 저편으로 걸어갔다. 어머니가 등잔에 불을 켰다. 웨인라이트 부인이 자기네 등잔을 들고 와서 바닥에 놓았다. 커다랗고 둥그런 불꽃이 유개 화차 안을 밝게 비췄다.

루디와 윈필드는 장작더미 뒤에 숨어 이쪽을 엿보았다. 루디가 조그맣게 말했다. "아기를 낳는데, 우리도 봐둬야 해. 너 소리 내면 안 돼. 엄마가 알면 못 보게 할 거야. 엄마가 이쪽을 쳐다보걸랑 얼른 나무 뒤에 숨어. 그러면 끝까지 볼 수 있으니까."

"아기 낳는 거 본 애들은 별로 없어." 윈필드가 말했다.

루디가 자랑스러운 듯이 장담했다. "본 애는 하나도 없어. 우리뿐이야."

매트리스 옆에서는 밝은 램프 불빛을 받으며 어머니와 웨인라이트 부인이 의논하고 있었다. 두 사람의 목소리는 공허하게 부딪치는 빗소리보다 조금 높아져 있었다. 웨인라이트 부인이 앞치마 주머니에서 과일 깎는 칼을 꺼내어 매트리스 밑에 밀어 넣었다. 그녀가 변명조로 말했다. "소용없는 일인지 모르지만 우리 집에서는 옛날부터 이렇게 해왔어요. 어쨌든 해는 없으니까."

어머니가 고개를 끄덕거렸다. "우리는 쟁기 끝을 썼죠. 잘 드는 것이면 출산의 고통을 끊어주는 데 효과가 있을 거예요. 오래 끌지 말아야 할 텐데."

"이제 기분은 좀 괜찮아졌어?"

'샤론의 장미'가 불안스러운 듯이 고개를 끄덕였다. "이제 나와요?"

어머니가 말했다. "그래, 예쁜 아기가 나올 거야. 그냥 우리가 하라는 대로 하면 돼. 일어나 걸을 수 있겠니?"

"해볼게요."

웨인라이트 부인이 말했다. "기특하기도 하지. 정말 기특해. 우리가 도와줄 테니까 걱정 말렴. 같이 걸어줄게." 두 사람은 그녀를 부축해 일으켜서 어깨에 담요를 둘러주고 핀으로 고정시켰다. 그런 다음 어머니가 한쪽 팔을, 웨인라이트 부인이 반대쪽 팔을 끼었다. 두 사람은 장작더미까지 그녀를 데리고 갔다가, 천천히 방향을 바꾸어 제자리로 돌아왔다. 이것을 몇 번이나 되풀이했다. 그러는 동안에도 비는 둔중한 소리를 내며 지붕을 때렸다.

루디와 윈필드는 조바심치며 지켜보고 있었다. "대체 언제 낳는 거야?" 윈필드가 조급하게 물었다.

"쉿! 엄마가 눈치 채잖아. 그럼 못 보게 돼."

'애기'도 그들 틈에 한몫 끼여 나무더미 뒤에 숨었다. 그녀의 갸름한 얼굴과 노란 머리가 등잔 불빛에 드러났다. 벽에 비친 얼굴 그림자의 코가 길고 뾰족하게 보였다.

루디가 속삭였다. "언닌 아기 낳는 거 본 일 있어?"

"있지." 그녀가 대답했다.

"그럼 언제 낳을지 알아?"

"굉장히 오래 걸려."

"얼마나?"

"글쎄, 내일 아침까지는 갈 걸."

"칫, 시시해! 그럼 지금 보고 있어도 소용없잖아. 어머! 저것 봐!"

걷고 있던 여자들이 서 있었다. '샤론의 장미'는 몸이 뻣뻣하게 굳어 고통스러운 나머지 우는 소리를 냈다. 두 사람은 그녀를 매트리스에 눕히고 이마의 땀을 닦아주었다. 그러는 동안에도 그녀는 신음소리를 내며 두 주먹을 움켜쥐고 있었다. 어머니가 나직이 말을 건넸다. "마음을 편하게 가져라. 곧 아무렇지도 않게 될 테니까. 금방 괜찮아져. 그렇게 잠깐만 주먹을 쥐고 있어라. 아랫입술을 깨물고. 그래, 그렇게, 그래 됐어." 진통이 사라져갔다. 두 사람은 그녀를 잠시 쉬게 한 다음 다시 일으켜 세웠다. 세 사람은 진통주기를 봐가며 왔다 갔다를 반복했다.

아버지가 좁은 문틈으로 머리를 들이밀었다. 모자에서 물이 뚝뚝 떨어졌다. "왜 문을 닫았지?" 그때 여자들이 걷고 있는 것을 보았다.

어머니가 말했다. "산기가 돌았어요."

"그럼, 떠나려고 해도 떠나지 못하겠군그래."

"그래요."

"그럼 어쨌거나 둑을 쌓아올려야 하겠구먼."

"그래줘야겠어요."

아버지는 철벅철벅 흙탕물을 차면서 개울 쪽으로 걸어갔다. 수위를 재려고 꽂아놓았던 그 나뭇가지는 4인치 가량 물속에 잠겨 있었다. 남자들이 스무 명쯤 비 속에 서 있었다. 아버지가 외쳤다. "둑을 만들어야 해. 우리 집 딸애가 아기를 낳을 모양이야." 사나이들이 그를 에워쌌다.

"아기라고?"

"그래, 지금은 떠날 수도 없어."

키 큰 사나이가 말했다. "우리 아기가 아니니 우린 떠날 수 있지."

"물론이지. 당신들은 갈 수 있어. 가도 좋다고. 아무도 말리지 않아. 삽도 여덟 개밖에 없고 말야." 그는 다급히 둑의 가장 낮은 데로 가서 삽을 진흙 속에 찔러 넣었다. 쭉 빨려 들어가는 소리가 나면서 삽 한가득 진흙이 담겨 나왔다. 그는 다시 삽을 찔러 진흙을 떠서 둑의 낮은 부분에 던져 넣었다. 그의 곁에 다른 사나이들도 죽 늘어섰다. 그들은 진흙을 쌓아올려 긴 둑을 만들었다. 삽이 없는 사람은 버드나무 가지를 잘라 엮은 다음 둑에 대고 밟아서 묻었다. 일과 투쟁을 향한 뜨거운 정열이 사나이들을 사로잡았다. 한 사나이가 삽을 내던지면, 다른 사나이가 그것을 집어 들었다. 그들은 웃옷과 모자를 벗어던졌다. 셔츠와 바지는 물에 젖어 몸에 찰싹 달라붙고, 구두는 진흙이 엉겨 붙어 엉망진창이었다. 날카로운 비명이 조드네 화차 쪽에서 들려왔다. 사나이들은 순간 손을 멈추고 귀를 기울였다가 다시 맹렬히 일을 시작했다. 작은 둑이 차차 뻗어나가 마침내 양쪽 끝이 고속도로 제방과 이어졌다. 모두 지치기 시작한 탓에 삽의 움직임이 아까보다 느려졌다. 개울물이 천천히 불어났다. 스멀스멀 높아지더니, 처음에 진흙을 던져 넣은 지점까지 올라왔다.

아버지가 의기양양하게 웃으며 소리쳤다. "둑을 만들지 않았더라면 벌써 넘쳤을 거야!"

물이 새로 쌓은 둑 벽을 타고 천천히 불어 오르더니 버드나무 가지로 엮은 것을 잡아 뜯기 시작했다. 아버지가 외쳤다. "더 높게! 더 높이 쌓아야 해!"

저녁때가 다 되었으나 일은 계속되었다. 남자들은 이제 지칠 대로 지쳐 있었다. 얼굴은 송장처럼 무표정했다. 그들은 기계처럼 뻣뻣한 동작으로 일했다. 어두워지자 여자들이 저마다 화차 문간에 등잔을 갖다 놓고, 금방 손이 닿을 만한 자리에 커피 주전자를 놓았다. 그러고는 하나하나 조드네 화차로 달려가 좁은 문틈을 통해 안으로 들어갔다.

진통은 더욱 잦아져서 이젠 20분 간격으로 오고 있었다. '샤론의 장미'는 자제심을 잃고, 극심한 고통이 올 때마다 처참하게 울부짖었다. 이웃 아낙네들이 그녀를 들여다보며 따뜻하게 어깨를 두드려주고는 다시 자기 화차로 돌아갔다.

어머니는 이제 불을 훨훨 피우고, 그릇이라는 그릇엔 모조리 물을 담아 화덕에 올려놓았다. 아버지는 몇 번이나 화차 문간으로 안을 들여다보았다. "괜찮겠어?"

"네, 괜찮을 거예요." 어머니가 아버지를 안심시켰다.

어두워지자 일을 계속 할 수 있도록 누가 손전등을 가지고 왔다. 존 아저씨는 열심히 진흙을 떠서 둑에 던졌다.

아버지가 말했다. "쉬엄쉬엄 해요, 형님. 그렇게 열 내다가 쓰러지겠어요."

"이렇게 하지 않고서는 견딜 수가 없구나. 저 비명소리를 듣고 있을 수가 없어. 꼭…… 꼭 그때 그ㅡ"

"이해해요. 그렇지만 아무튼 천천히 하시라고요."

존 아저씨는 울먹이며 말했다. "난 도망치고 말았을 게다. 이렇게 일을 안 했으면 도망쳤을 게야."

아버지는 그에게서 눈을 돌렸다. "아까 세운 나뭇가지가 어떻게 됐는지 모르겠군."

손전등을 든 사나이가 나뭇가지 쪽을 비췄다. 빗발이 불빛 속에서 하얗게 보였다. "물이 계속 불어나는데."

아버지가 말했다. "아까보다 불어나는 속도가 줄었을 걸? 저쪽으로 많이 흐를 테니까."

"하지만 불긴 불고 있어."

여자들이 커피 주전자를 가득 채우고 다시 문간에 놓았다. 밤이 깊어감에 따라 사나이들은 움직임이 더욱 느려지고, 짐수레를 끄는 말처럼 무거운 다리를 들어 올렸다. 둑 위에는 더 많은 흙이 쌓이고, 더 많은 버드나무 가지가 엮어졌다. 비는 그칠 줄 모르고 쏟아졌다. 손전등이 사람들의 얼굴을 비추면, 퀭한 눈과 불끈 솟아오른 뺨 근육이 드러났다.

화차에서 비명소리가 길게 들려오다가 뚝 멎었다.

아버지가 말했다. "아기가 태어났으면 이 사람이 부를 텐데." 그는 입을 다물고 삽으로 진흙을 떠올렸다.

물살이 둑에 부딪쳐 소용돌이치며 들끓었다. 그때 개울 위쪽에서 무엇인가가 쪼개지는 소리가 났다. 손전등으로 커다란 미루나무가 옆으로 쓰러지는 광경을 비추었다. 사나이들은 일손을 멈추고 그 모습을 지켜보았다. 굵은 나뭇가지가 물에 잠기고, 줄기가 물살에 밀려 천천히 몸을 뒤집는 동안에 물살이 잔뿌리를 후벼 파냈다. 나무가 서서히 기슭에서 벗어나 물살을 타고 유유히 떠내려갔다. 녹초가 된 사나이들은 입을 헤벌리고 그 광경을 지켜보았다. 나무는 유유히 떠내려갔다. 그때 큰 가지 하나가 나무 그루터기에 걸려 더는 움직이지 못하게 되었다. 그러자 뿌리 쪽이 슬슬 돌아가더니 방금 만들어 놓은 둑에 가서 걸렸다. 물이 그 뒤에서 부풀어 올랐다. 그러더니 나무가 밀려나면서 둑을 무너뜨렸다. 작은 물줄기가 졸졸 흐르기 시작했다. 아버지가 쏜살같이 뛰어가서 진흙을 그 틈에 밀어 넣었다. 물이 나무를 마구 밀어붙이며 부풀어 올랐다. 그 순간 둑이 확 쓸려 내려갔다. 물이 발목에 차더니 이내 무릎까지 불어났다. 그러자 사나이들은 일제히 흩어졌다. 물은 미끄러지듯 평지에 흘러 유개 화차 밑으로, 자동차 밑으로 퍼져 들어갔다.

존 아저씨는 물이 둑을 허물어뜨리는 것을 보았다. 어둠 속에서 그것이 뚜렷이 보였다. 그는 자기 몸무게를 이기지 못하고 비슬비슬 주저앉았다. 무릎이 풀썩 꺾이자 잡아끄는 듯한 물살이 가슴께에서 소용돌이쳤다.

아버지는 그가 쓰러지는 것을 보았다. "형님! 왜 그래요?" 그는 존 아저씨를 일으켜 세웠다. "어디 편찮으세요? 갑시다. 화차는 높으니까."

존 아저씨는 기운을 내려고 안간힘을 썼다. 그가 변명하듯 말했다. "나도 모르겠구먼. 다리가 말을 안 들어. 다리가 풀려버렸어." 아버지는 그를 부축하여 화차 쪽으로 갔다.

둑이 터지자 앨은 돌아서서 뛰기 시작했다. 다리가 무거웠다. 트럭 있는데까지 왔을 때 물은 장딴지까지 차올랐다. 차 앞대가리에 씌워놨던 방수포를 벗겨 내던지고 차 안으로 뛰어들었다. 시동기를 밟았다. 엔진은 빙빙 돌았으나 모터 소리는 나지 않았다. 엔진 연소를 최대한으로 늘였다. 배터리는 젖은 모터의 회전을 둔하게만 할뿐, 시동 걸리는 소리는 들리지 않았다. 모터를 돌리면 돌릴수록 회전은 점점 둔해졌다. 점화스위치를 높였다. 좌석 밑을 더듬어 크랭크를 찾아들고 밖으로 뛰쳐나갔다. 물은 발판을 넘고 있었다. 그는 트럭 앞으로 달려갔다. 크랭크실은 이미 잠겨 있었다. 미친 듯이 크랭크를 끼우고 돌렸다. 한 번 돌릴 때마다, 천천히 흘러가는 물살에서 물보라가 일었다. 마침내 앨은 기진해버렸다. 벌써 모터는 물에 잠기고 배터리도 이제 못쓰게 되었다. 조금 높은 지대에 있던 차 두 대에 시동이 걸리고, 라이트가 켜졌다. 차는 진흙 속을 몸부림치듯 움직이기 시작했으나 이내 바퀴가 진흙에 박히고 말았다. 마침내 운전사들은 엔진을 끄고 멍하니 앉아 전조등 불빛만 쳐다보았다. 빗줄기가 그 불빛 속에서 하얗게 빛나며 쏟아져 내렸다. 앨은 천천히 트럭 앞을 돌아 운전석으로 가서 손을 뻗쳐 점화스위치를 껐다.

화차 발판까지 왔을 때 아버지는 발판 아래쪽 끝이 물에 떠 있는 것을 발견했다. 그는 그 끝을 밟아 물 속 진흙에 쑤셔 넣었다. "올라갈 수 있겠어요, 형님?"

"괜찮아. 먼저 올라가."

아버지는 조심조심 발판을 밟고 올라가, 좁은 문틈으로 몸을 밀어 넣듯이 하여 안으로 들어갔다. 등잔 두 개의 불꽃이 약해져 있었다. 어머니가 매트리스 위에 누운 '샤론의 장미' 곁에 앉아, 꼼짝도 하지 않는 딸의 얼굴을 판지 조각으로 부채질을 해주고 있었다. 웨인라이트 부인이 마른 장작을 화덕에 집어넣었다. 눅눅한 연기가 뚜껑 둘레로 스멀스멀 새어나왔다. 화차 안은 헝겊 타는 것 같은 냄새로 가득 찼다. 아버지가 들어오자 어머니가 그의 얼굴을 쳐다보고는 얼른 고개를 떨어뜨렸다.

"로자샨은 좀 어때?" 아버지가 물었다.

어머니는 다시 그를 쳐다보지 않았다. "괜찮겠죠. 지금 잠들었어요."

화차 안의 공기는 출산 때 풍기는 특유의 후끈한 피비린내로 가득했다. 존 아저씨가 비틀비틀 들어와 화차 벽에 기대어 몸을 기댔다. 웨인라이트 부인이 일손을 멈추고 아버지에게 다가왔다. 그녀는 아버지의 팔꿈치를 잡아끌고 화차 구석으로 데리고 갔다. 등잔을 집어 들어 구석에 있는 사과궤짝 위를 비췄다. 신문지 위에 퍼렇고 쭈글쭈글한 조그만 미라 같은 것이 놓여 있었다.

웨인라이트 부인이 작은 목소리로 말했다. "숨도 쉬지 않았어요. 사산아예요."

존 아저씨가 돌아서더니, 지쳐 보이는 다리를 끌면서 컴컴한 화차 구석으로 걸어갔다. 비는 이제 조용히 지붕을 때리고 있었다. 어둠 속에서 지친 듯이 흐느끼는 존 아저씨의 울음소리가 모두에게 똑똑히 들려왔다.

아버지는 웨인라이트 부인을 쳐다보았다. 그녀의 손에서 등잔을 받아 화차 바닥에 놓았다. 루디와 윈필드는 눈 위에 팔을 올려 빛을 가리고 제 매트리스 위에서 잠들어 있었다.

아버지는 천천히 '샤론의 장미'가 누워 있는 매트리스로 다가갔다. 쪼그려 앉으려고 했으나 지친 다리가 말을 듣지 않아 그 대신 무릎을 꿇었다. 어머니는 네모진 판지로 쉬지 않고 부채질하고 있었다. 흘긋 아버지를 쳐다보았는데, 그 눈은 몽유병자처럼 멍청히 한 군데만 바라보고 있었다.

아버지가 말했다. "우리는…… 그래도 하는 데까진…… 했어."

"알아요."

"밤새도록 일했지. 그런데 나무가 둑을 무너뜨려버렸어."

"알아요."

"이 화차 밑으로 흐르는 물소리가 들릴 거야."

"알아요. 나도 들었어요."

"애는 괜찮을 것 같소?"

"모르겠어요."

"그런데 우린…… 어떻게든…… 다른 방법이 없었을까?"

어머니의 굳은 입술이 창백했다. "없었어요. 할 수 있는 건 한 가지 밖에 없었죠…… 그걸 우린 한 거예요."

"우린 녹초가 되도록 일했는데 그놈이 나무가…… 비는 좀 기세가 꺾인 것 같군." 어머니는 천장을 쳐다보았다가 다시 눈을 내리깔았다. 아버지는 지껄이지 않고는 이 분위기를 견딜 수 없겠는지 다시 말을 꺼냈다. "물이 얼마나 찰지 모르겠구먼. 이 화차가 물에 잠길지도 모르겠는걸."

"알아요."

"당신은 뭐든지 알고 있구먼."

그녀는 입을 다물고 판지를 천천히 앞뒤로 움직였다.

아버지가 호소하듯이 말했다. "우리가 실수를 한 걸까? 달리 할 수 있는 방법이 있었을까?"

어머니가 이상하다는 듯이 그를 쳐다보았다. 핏기 없는 입술이 몽환적인 연민의 미소를 지었다. "자책하지 마세요. 그만하세요! 다 잘 될 거예요. 변해가고 있어요…… 모든 것이."

"물 때문에…… 우리는 떠나야 하겠지."

"갈 때가 되면…… 가겠죠. 우리는 할 일을 할뿐이에요. 그만 잠자코 계세요. 애가 깨겠어요."

웨인라이트 부인이 나뭇가지를 꺾어, 눅눅한 연기를 피워 올리고 있는 불 속에 던져 넣었다.

밖에서 성난 목소리가 들려 왔다. "안에 들어가서 그 빌어먹을 놈의 상판 대기를 이 눈으로 봐야겠다."

그러자 바로 문 밖에서 앨의 목소리가 들렸다. "어딜 들어가려고요?"

"그 조드 놈을 만나러 간다."

"아뇨, 못 들어가요. 대체 왜 그러는 거예요?"

"그놈이 둑을 쌓자는 쓸데없는 생각만 안 했어도 우린 나갈 수 있었을 거야. 이제 우리 차는 움직이지도 않게 됐잖아."

"우리 차는 길을 신나게 달리고 있는 줄 알아요?"

"안에 좀 들어가야겠다."

앨의 목소리는 차가웠다. "들어가 볼 테면 어디 들어가 보시지."

아버지가 천천히 일어나 문간으로 갔다. "가만있어라, 앨. 내가 나가마. 걱정 마라, 앨." 아버지는 미끄러지듯 발판을 내려갔다. 어머니의 귀에 아버지의 말소리가 들려왔다. "집에 앓는 사람이 있어서. 저리 가세."

비는 이제 가볍게 지붕을 때렸다. 새로 불어온 산들바람이 이따금 비를 몰아냈다. 웨인라이트 부인이 화덕 앞에서 일어나 오더니 '샤론의 장미'를 내려다보았다. "곧 날이 새요, 부인. 눈 좀 붙이시지 그래요? 내가 여기 앉아 있을 테니까."

"아네요. 난 피곤하지 않아요."

"그럴 리가 있어요? 어서 좀 드러누워요."

어머니는 판지로 천천히 부채질을 했다. "정말 친절히 해주셔서 고맙게 생각하고 있어요." 그녀가 말했다.

뚱뚱한 웨인라이트 부인이 방긋 웃었다. "고맙긴 뭐가요. 다 같은 처지에. 우리가 어려운 일을 당했으면 어쨌겠어요. 부인도 틀림없이 도와주셨을 거 잖아요?"

"그럼요. 도와드렸고말고요."

"누구에게나 다 그랬겠죠."

"그래요, 누구에게나 다. 전에는 가족이 첫째였지만, 지금은 그렇지 않거든요. 모두가 똑같아요. 살기가 팍팍해질수록 우리가 해야 할 일은 늘어만 가니까요."

"저 애기는 처음부터 살 가망이 없었어요."

"알아요."

루디가 크게 한숨을 쉬고는 팔을 눈에서 떼었다. 잠시 눈부신 듯 등잔을 쳐다보더니 빙글 머리를 돌려 어머니를 보았다. 루디가 성급하게 물었다. "이제 낳았어? 아기 나왔어?"

웨인라이트 부인이 자루를 집어 올려 구석의 사과궤짝을 덮었다.

"아기는 어디 있어?" 루디가 재촉하듯 물었다.

어머니는 입술을 적셨다. "아기는 없다. 첨부터 없었어. 우리가 착각했던 거야."

"쳇, 그게 뭐야!" 루디는 하품을 했다. "아가를 보고 싶었는데."

웨인라이트 부인이 어머니 곁에 앉더니 판지를 빼앗아 부채질을 했다. 어머니는 무릎 위에서 두 손을 마주잡았다. 그녀는 기진해서 자고 있는 '샤론의 장미'의 얼굴에서 퀭한 눈을 떼지 않았다. 웨인라이트 부인이 말했다. "자, 어서요. 좀 드러누우시라니까요. 따님 곁에 누우시면 되잖아요. 따님이 크게 숨만 내쉬어도 금방 깨실 텐데요, 뭐."

"네, 그러겠어요." 어머니는 잠든 딸과 나란히 매트리스 위에 몸을 뉘였다. 웨인라이트 부인은 맨바닥에 앉아 두 사람을 지켰다.

아버지와 앨과 존 아저씨는 화차 문가에 앉아 새벽이 희미하게 밝아오는 것을 지켜보았다. 비는 그쳤으나 하늘에는 짙은 먹구름이 넓게 깔려 있었다. 새벽빛이 수면에 밝게 반사됐다. 검은 나뭇가지며 궤짝이며 널빤지 같은 것을 휩쓸며 미끄러지듯 흘러가는 강줄기가 보였다. 물은 유개 화차가 늘어선 평지에 소용돌이치며 흘러들어왔다. 둑은 자취도 없었다. 평지로 들어온 물은 흐름을 멈추었다. 물결 가장자리에는 노란 물거품이 일렬로 일렁거렸다. 아버지가 문간에서 몸을 내밀고 나뭇가지를 하나 건져 올리더니, 발판까지 차오른 수면 바로 위에 놓았다. 사나이들은 물이 천천히 거기까지 차올라 나뭇가지를 살며시 들어올리고 휩쓸어가는 것을 지켜보았다. 아버지는 다시 가지 하나를 주워 수면에서 1인치쯤 위에 올려놓더니 털썩 주저앉아 그것을 지켜보았다.

"화차 안까지 물이 들어올까요?" 앨이 물었다.

"글쎄다. 산에서 물이 계속 흘러내려올 테니까. 뭐라고 말할 수 없구나. 또 비가 올지도 모르고."

앨이 말했다. "생각해 봤는데요, 물이 안까지 들어오면 온통 다 젖어버리잖아요."

"그렇지."

"하지만 화차 안에 들어온다고 해도 삼사 피트 이상은 차지 않을 거예요. 다 차기 전에 고속도로를 넘어 저쪽으로 흘러가버릴 테니까."

"그걸 어떻게 아냐?" 아버지가 물었다.

"이 화차 끝에서 눈으로 재봤거든요." 그는 한 손을 앞으로 내밀었다. "올라오더라도 대충 이 정도일 걸요."

아버지가 말했다. "그래, 그래서 어쨌다는 거냐? 우린 여기 있지도 않을 텐데."

"여기 있어야 해요. 트럭이 여기 있으니까. 물이 빠져도 트럭에서 물이 다 빠져 나가려면 일주일은 걸려요."

"그래서, 네 생각이라는 게 뭐냐?"

"트럭의 옆 널빤지를 떼다가 이 안에 단 같은 것을 만들면 물건을 쌓아 올려놓고, 사람도 올라앉아 있을 수 있어요."

"그래? 밥은 어떻게 짓고? 또 어떻게 먹고?"

"어쨌든 물건들은 물에 젖지 않잖아요."

밖이 더 밝아졌다. 차가운 잿빛이었다. 두 번째 나뭇가지도 발판에서 떠내려갔다. 아버지가 다시 가지 하나를 주워 조금 더 높은 곳에 놓았다. "확실히 불어나고 있어. 네가 말한 대로 해야 할까보다."

자고 있던 어머니가 부스럭부스럭 몸을 뒤챘다. 갑자기 눈을 커다랗게 뜨더니 경고하듯 날카롭게 소리 질렀다. "톰! 얘, 톰! 톰!"

웨인라이트 부인이 달래듯이 말을 건넸다. 어머니는 눈을 다시 감고 꿈속에서 몸부림쳤다. 웨인라이트 부인이 일어나서 문간으로 다가왔다. 그녀가 나직이 말했다. "저 좀 보세요. 우리는 당장 여기를 뜰 수도 없어요." 그녀는 사과궤짝이 놓인 화차 구석을 가리켰다. "저거, 그냥 놔둬야 아무 소용없어요. 그저 말썽과 슬픔거리가 될 뿐이지. 누가 저걸 어디다 갖다 묻을 수 없겠어요?"

사나이들은 말이 없었다. 이윽고 아버지가 말했다. "당신 말이 맞아. 슬픔거리가 될 뿐이지. 그런데 저걸 묻는 건 불법일 텐데."

"불법이라도 꼭 해야 할 일은 해야지요."

"그래요."

앨이 말했다. "물이 더 차오르기 전에 트럭 옆 널빤지를 뜯어내야 해요."

아버지가 존 아저씨를 돌아보았다. "앨하고 나하고 널빤지를 뜯어오는 동안에 형님이 저걸 가지고 나가서 파묻어 주시겠어요?"

존 아저씨가 시무룩하니 말했다. "왜 내가 해야 하냐? 니들이 해라, 난싫다." 그러더니 곧 말을 바꾸었다. "그래, 내가 하마. 암, 내가 하지. 어서 저걸 이리 다오." 목소리가 점점 높아졌다. "어서 저걸 이리 달라니까!"

"저 두 사람이 깨겠어요." 웨인라이트 부인이 말했다. 그녀는 사과궤짝을 문간으로 들고 와서, 위에 덮은 자루를 반듯하게 펼쳤다.

"삽은 형님 뒤에 있어요." 아버지가 말했다.

존 아저씨는 삽을 집어 들고 문 밖으로 나가, 천천히 흐르는 물속으로 들어갔다. 물이 거의 허리까지 올라와서야 겨우 발이 바닥에 닿았다. 그는 몸을 돌려 사과궤짝을 다른 쪽 겨드랑이에 꼭 꼈다.

아버지가 말했다. "앨, 널빤지를 뜯어 나르자."

새벽 어스름 속에서 존 아저씨는 물속을 걸어갔다. 화차 끝을 돌아 트럭 옆을 지나 미끄러운 둑을 기어오르자 고속도로가 나왔다. 고속도로를 걸어, 유개 화차들이 늘어선 평지를 지나 이윽고 물살이 들끓는 도로 바로 가까이에 이르렀다. 버드나무가 길가에 죽 늘어서 있었다. 삽을 내려놓았다. 궤짝을 가슴에 안고서 덤불을 헤치고, 물살이 센 기슭으로 나왔다. 물이 버드나무 줄기 사이에 누런 물거품을 남기고 소용돌이치며 흘러가는 모양을 잠시 지켜보았다. 사과 궤짝은 가슴에 꼭 껴안고 있었다. 이윽고 몸을 앞으로 굽혀 사과궤짝을 물에 띄운 채 한손으로 꼭 잡고 거친 어조로 말했다. "자, 흘러가서 사람들에게 말해줘. 마을로 흘러들어가 썩어서, 그 썩은 모습으로 사람들에게 말해줘. 그게 네가 말할 수 있는 방법이니까. 네가 사낸지 계집앤지조차 나는 모른다. 앞으로도 알 수 없겠지. 자, 이제 흘러가거라. 흘러가서 거리에 뒹굴어라. 그러면 그놈들도 알게 될 게다." 그는 살그머니 궤짝을 물살 가운데로 밀고 손을 놓았다. 궤짝은 물에 푹 잠겼다가 떠올라 모로 슬슬 움직이다가 빙그르 돌며 천천히 뒤집혔다. 자루가 따로 물에 떠서 흘러가고, 궤짝은 급류에 휘말려 눈 깜짝할 사이에 떠내려가 수풀 뒤로 사라져버렸다. 존 아저씨는 삽을 들고 재빨리 유개 화차로 돌아갔다. 첨벙첨벙 물속을 걸어 트럭으로 갔다. 아버지와 앨이 폭 1피트 길이 6피트짜리 널빤지를 뜯어내는 참이었다.

아버지가 존 아저씨를 보고 말했다. "끝냈어요?"

"응."

"그럼 형님이 앨을 좀 도와주세요. 저는 가게에 가서 먹을 것을 좀 사올 테니까."

앨이 말했다. "베이컨 좀 사오세요. 고기를 좀 먹어야겠어요."

"그러마." 아버지가 말하고 트럭에서 뛰어내렸다. 존 아저씨가 대신 올라갔다.

두 사람이 널빤지를 화차 문간으로 밀어 넣는데, 어머니가 잠이 깨어 일어나 앉았다. "뭘 하는 거냐?"

"젖지 않는 자리를 만들려고 해요."

"왜? 여기는 물이 들어오지 않았는데."

"끝내 안 들어오지는 않을걸요. 물이 자꾸 불어나고 있으니까."

어머니가 힘겹게 일어나더니 문간으로 갔다. "여길 떠나야겠구나."

"그럴 수 없어요. 우리 물건이 죄다 여기 있으니까요. 트럭도 그렇고, 가진 물건은 다 여기 있잖아요."

"아버진 어디 가셨니?"

"아침거릴 사러 가셨어요."

어머니는 물을 내려다보았다. 이제 화차 바닥까지는 겨우 6인치 밖에 남아 있지 않았다. 그녀는 매트리스로 돌아가 '샤론의 장미'를 들여다보았다. 딸이 어머니를 쳐다보았다.

"기분은 좀 어떠냐?" 어머니가 물었다.

"지쳤어요. 아주 지쳐 버렸어요."

"곧 아침을 먹게 해주마."

"나 배고프지 않아요."

웨인라이트 부인이 어머니 곁으로 다가왔다. "따님은 괜찮아 뵈네요. 무사히 넘겼어요."

'샤론의 장미'가 눈빛으로 어머니에게 무언가를 물었다. 어머니는 그 물음을 피하려고 했다. 웨인라이트 부인은 화덕 쪽으로 걸어갔다.

"어머니."

"응? 왜 그러니?"

"저…… 아기…… 건강해요?"

어머니는 피하려고 했다가 이내 포기하고 매트리스에 무릎을 꿇고 앉았다. "아기는 또 낳으면 돼. 우리는 최선을 다했다."

'샤론의 장미'가 안간힘을 쓰고 일어나 앉았다. "어머니!"

"네가 어떻게 할 수도 없는 일이었어."

딸은 다시 반듯이 드러누워 팔로 눈을 가렸다. 루디가 가까이 와서 무서운 듯이 들여다보았다. 그리고 거친 목소리로 속삭였다. "엄마, 언니 아파? 언니 죽어?"

"죽긴 왜 죽어, 곧 나을 게다. 낫고말고."

아버지가 꾸러미를 잔뜩 안고 들어왔다. "좀 어때?"

"괜찮아요, 곧 나을 거예요."

루디가 윈필드에게 보고했다. "언닌 안 죽는대. 엄마가 그랬어."

윈필드가 자못 어른스럽게 나무 가시랭이로 이를 쑤시면서 말했다. "난 벌써부터 알고 있었어."

"어떻게 알았어?"

"안 가르쳐줘." 윈필드는 이렇게 말하고 나무 가시랭이 찌꺼기를 퉤 뱉었다.

어머니가 남은 가지를 긁어모아 불을 피우고, 베이컨 볶은 즙으로 소스를 만들었다. 아버지가 사온 것 중에는 빵도 있었다. 어머니가 그것을 보고 얼굴을 찡그렸다. "돈 좀 남았나요?"

아버지가 말했다. "아니, 하지만 우리는 모두 배가 고파."

"그래서 파는 빵을 사왔군요." 어머니가 꾸중하듯이 말했다.

"우리는 정말 시장하다고. 밤새 일했으니까."

어머니는 한숨을 쉬었다. "앞으로 우리는 어떻게 해야 하나?"

식사를 하는 동안에도 물은 자꾸만 불어났다. 앨은 얼른 먹어치우고 아버지와 둘이서 단을 만들었다. 폭 5피트, 길이 6피트, 높이는 화차 바닥에서 4피트였다. 화차 문턱까지 올라온 물이 오래도록 망설이는 듯하더니 이윽고 천천히 바닥으로 흘러들어왔다. 밖에서는 비가 다시 억수같이 쏟아지기 시작했다. 묵직한 빗방울이 수면에 물보라를 일으키고, 지붕 위에서 두들기는 듯한 소리를 냈다.

앨이 말했다. "이제 어서 매트리스를 위로 올려요. 젖지 않도록 담요도 올리고." 그들은 짐을 단 위에 쌓아올렸다. 물은 슬슬 온 바닥으로 번져갔다. 아버지와 어머니와 앨과 존 아저씨가 네 귀퉁이를 잡고, '샤론의 장미'를 태운 채 매트리스를 들어 올려 짐 위에 놓았다.

딸이 항의했다. "걸을 수 있어요. 이제 아무렇지도 않은데." 물이 엷은 막처럼 바닥을 덮어갔다. '샤론의 장미'가 무엇인가 어머니에게 귀엣말을 했다. 어머니가 손을 담요에 넣어 그녀의 유방을 만져보고 고개를 끄덕거렸다.

화차 반대쪽 끝에서는 웨인라이트네 가족이 쇠망치를 휘둘러 자기네 단을 만들고 있었다. 빗발이 거세졌는가 싶더니 이내 멀어져갔다.

어머니는 발밑을 내려다보았다. 물은 이제 반 인치 정도 바닥에 괴어 있었다. "얘들아, 루디, 윈필드!" 당황한 듯이 외쳤다. "어서 저 짐 위로 올라가거라. 감기 들라." 그녀는 아이들이 무사히 위로 올라가서 '샤론의 장미' 곁에 옹색스럽게 앉는 것을 지켜보았다. 그러다 별안간 말했다. "여기서 나가야 해."

아버지가 말했다. "갈 수 없어. 앨 말대로 우리 짐이 죄다 여기 있잖아. 화차 문짝을 뜯어서 앉을 자릴 더 만들어야겠다."

식구들은 말없이 조바심치면서 단 위에 뭉쳐 앉아 있었다. 물이 화차 안에 6인치 정도 올라와서야 물은 겨우 둑을 넘어 저쪽 목화밭으로 흘러들어갔다. 그날 온종일 남자들은 축축하게 젖은 채 유개 화차 문짝 위에서 나란히 붙어 잤다. 어머니는 '샤론의 장미' 곁에서 잤다. 이따금 딸에게 무어라고 속삭이거나, 생각에 잠긴 얼굴로 살그머니 일어나 앉았다. 그녀는 담요 밑에 가게에서 사온 빵을 숨겨두었다.

이제 비는 오락가락했다. 비 섞인 조그만 돌풍이 휘몰아쳐 왔다가는 이내 조용해졌다. 이틀째 되는 날 아침 아버지가 물을 퉁기면서 캠프를 빠져나가더니 호주머니에 감자 열 알을 넣어 가지고 돌아왔다. 그가 화차 내벽의 일부분을 깎아서 불을 피우고, 냄비에 물을 떠 담는 동안 어머니는 시무룩하게 지켜보았다. 식구들은 김이 무럭무럭 나는 삶은 감자를 손가락으로 집어먹었다. 이 마지막 음식물이 떨어지자, 그들은 잿빛 물만 물끄러미 바라볼 뿐 밤이 되어도 좀처럼 누우려고 들지 않았다.

아침이 되자 모두 허둥지둥 눈을 떴다. '샤론의 장미'가 어머니에게 속삭였다.

어머니는 고개를 끄덕이며 말했다. "그래. 이제 그럴 때가 왔다." 그녀는 남자들이 드러누워 있는 화차 문짝 쪽을 돌아보고 거칠게 말했다. "우리는 여기서 나갈래요. 더 높은 데로요. 당신들이 가거나 말거나 나는 로자샨과 아이들을 데리고 여기서 나가겠어요."

"우린 못 가!" 아버지가 힘없이 말했다.

"그럼 좋아요. 아무튼 로자샨을 고속도로까지 업어다주고 당신은 도로 돌아오세요. 지금은 비도 오지 않으니까 우린 가겠어요."

"좋아. 우리도 가지." 아버지가 말했다.

앨이 말했다. "어머니 저는 안 가요."

"왜 안 가?"

"저…… '애기'가…… 그러니까 '애기'하고 나하곤……."

어머니가 미소를 지었다. "물론이지. 넌 여기 남아 있어라, 앨. 짐을 좀 봐다오. 물이 빠지면 그땐 우리도 돌아올 테니까. 자, 빨리 해요. 또 비가 쏟아지기 전에." 그녀는 아버지에게 말했다. "자 로자샨, 물이 들지 않는 곳으로 가자."

"걸을 수 있어요."

"길에 나가면 조금은 걷겠지. 등을 구부려요, 여보."

아버지는 물속으로 스르륵 내려가 기다렸다. 어머니가 '샤론의 장미'를 단 위에서 부축해 내리고 팔을 부축해 화차를 가로질렀다. 아버지는 그녀를 팔에 안고 되도록 높이 쳐들면서 깊은 물속을 조심조심 헤치고 나아가 화차를 돌아 고속도로로 올라섰다. 거기서 그녀를 내려 세우고, 몸을 부축했다. 존 아저씨가 루디를 안고 뒤따랐다. 어머니가 물속에 들어서자 순간 치맛자락이 넓게 퍼지며 물결쳤다.

"윈필드, 엄마 어깨에 올라타라. 앨, 물이 빠지면 곧 돌아오마. 앨⋯⋯." 그녀는 잠시 말을 끊었다. "혹시⋯⋯ 혹시 톰이 오거든⋯⋯ 우리가 돌아올 거라고 일러라. 조심하라고 하고. 윈필드! 내 어깨에 올라타. 그래, 그렇게! 이제 발 움직이지 말고." 그녀는 가슴까지 차는 물속을 비틀거리면서 걸어갔다. 고속도로 둑에 다다르자 모두가 그녀를 끌어올리고 윈필드를 어깨에서 안아 내렸다.

그들은 고속도로에 서서, 물 천지가 된 주변과 검붉은 나무토막 같은 화차의 행렬과 천천히 흐르는 물에 깊이 잠긴 트럭과 자동차를 바라보았다. 그렇게 서 있는 동안에 안개비가 내리기 시작했다.

어머니가 말했다. "이제 그만 가야지. 로자샨, 너 걸을 만하니?"

"조금 어지러워요. 꼭 얻어맞고 난 것 같아."

아버지가 투덜거렸다. "가기는 가는데, 어디로 간다지?"

"모르겠어요. 로자샨을 좀 부축해 줘요." 어머니가 로자샨의 오른팔을 붙잡고 아버지는 왼팔을 잡아 부축했다. "어디든 물이 들지 않은 곳으로 가요. 그래야 해요. 남자들은 벌써 이틀째 젖은 옷을 그냥 입고 있잖아요." 그들은 느릿느릿 고속도로를 걸어갔다. 길가 개울을 무서운 기세로 흘러가는 물소리가 들렸다. 루디와 윈필드는 마구 물을 퉁기면서 나란히 걸었다. 모두 느릿느릿 걸어갔다. 하늘이 더 어두워지더니 빗발이 거세졌다. 고속도로에는 오고가는 차가 한 대도 보이지 않았다.

어머니가 말했다. "서둘러야 해요. 애가 흠뻑 젖어버리는 날엔 무슨 일이 일어날지 몰라요."

"어디로 서둘러 가야하는지 아직 말해주지 않았잖아." 아버지는 어머니에게 한껏 빈정대며 말했다.

길은 개울을 따라 구불구불 이어졌다. 어머니는 그 근방의 물에 잠긴 들판을 둘러보았다. 길에서 멀리 떨어진 왼쪽으로 조금 높은 언덕 위에, 비에 젖어 거무스레해진 헛간이 하나 서 있었다. 어머니가 말했다. "봐요! 저길 봐요. 저 헛간 안은 젖지 않았을 거야. 비가 그칠 때까지 저기 가 있어요."

아버지가 한숨을 쉬었다. "가봐야 주인한테 쫓겨날걸, 뭐."

저만치 앞쪽에서 루디는 빨간 점 같은 것을 발견했다. 그녀는 그리로 달려갔다. 시든 야생 제라늄 한 그루에 비에 젖은 빨간 꽃이 한 송이 피어 있었다. 그녀는 그 꽃을 땄다. 그리고 꽃잎을 한 장 살짝 뜯어서 코끝에 붙였다. 윈필드가 보려고 뛰어왔다.

"나도 한 장 줘." 그가 말했다.

"싫어! 이건 다 내거야. 내가 찾아낸걸." 그녀는 빨간 꽃잎을 다시 한 장 뜯어서 이마에 붙였다. 작고 선명한 빨간 하트 모양 꽃잎이었다.

"누나! 나도 한 장 줘. 으응? 어서." 그가 그녀의 손에서 꽃을 낚아채려다가 놓치자 루디는 손바닥으로 동생의 얼굴을 찰싹 때렸다. 순간 그는 깜짝 놀라며 우두커니 서 있더니, 이윽고 입술을 떨며 눈물을 글썽이기 시작했다.

어른들이 그들 있는 데까지 따라왔다. 어머니가 물었다. "아니 왜들 그러니? 어쨌기에 그래?"

"애가 내 꽃을 뺏으려고 하잖아."

윈필드가 흑흑 느끼면서 말했다. "난…… 한 장만 갖고 싶었을 뿐인데…… 코에 붙이려고."

"한 장 줘라, 루디."

"자기가 찾으면 되잖아. 이건 내 거란 말이야."

"루디! 한 장 주라니까."

루디는 어머니의 말투에서 위협을 느끼고 전술을 바꾸었다. 그녀는 짐짓 상냥한 목소리로 말했다. "여깄어. 내가 한 장 붙여 줄게." 어른들은 먼저 걸어갔다. 윈필드가 그녀 앞에 코를 내밀었다. 그녀가 꽃잎 한 장에 침을 발라서 난폭하게 그의 코에 밀어붙이고 나직이 말했다. "이 재수없는 새끼야." 윈필드는 손가락으로 꽃잎을 더듬어 콧등에 꼭꼭 눌렀다. 두 애들은 다른 식구들의 뒤를 쫓아 빨리 걸어갔다. 루디는 이제 재미가 사라져 버린 것을 느

끼고 말했다. "자, 여기 더 있어. 네 이마빡에 붙이렴."

길 오른쪽에 쏴 하는 날카로운 소리가 들려왔다. 어머니가 외쳤다. "빨리 가자. 큰비가 온다. 이 나무울타리를 빠져나가자. 그게 빨라. 자, 어서! 힘을 내라, 로자샨." 그들은 거의 딸을 끌다시피 하여 도랑을 건너고 손을 잡아 울타리를 빠져나갔다. 그때 폭풍우가 그들을 덮쳤다. 비가 억수같이 쏟아졌다. 그들은 흙탕물을 헤치고 나아가 조그만 비탈을 올라갔다. 검은 헛간은 비에 가려 거의 보이지도 않았다. 비는 좍좍 세차게 쏟아지며 물을 튕겼다. 휘몰아치는 거센 바람이 빗줄기를 옆으로 날렸다. '샤론의 장미'의 발이 미끄러졌다. 그녀는 양쪽 겨드랑이를 부축 받은 채로 미끄덩 뒤로 물러났다.

"여보! 애 좀 안아가겠어요?"

아버지가 몸을 굽혀 딸을 안아 올렸다. "어차피 젖기는 매일반이야. 빨리 가자. 윈필드, 루디! 먼저 뛰어가."

그들은 허덕허덕 비에 젖은 헛간에 다다라 열린 한쪽 끝으로 쓰러지듯 뛰어 들어갔다. 거기에는 문도 없었다. 둥근 가래며 부서진 경운기, 무쇠 수레바퀴 등 녹슨 농기구가 몇 개 뒹굴고 있었다. 비가 심하게 지붕을 두들기고, 입구에 물이 장막을 친 듯했다. 아버지가 '샤론의 장미'를 기름때 묻은 궤짝 위에 살그머니 내려놓았다. "원 세상에!" 그가 말했다.

어머니가 말했다. "안쪽에 건초가 있을 거예요. 저기 문이 있네." 그녀는 녹슨 경첩이 달린 문을 삐걱 열었다. 그녀가 외쳤다. "마른 풀이 있어! 모두 들어오세요."

안은 어두웠다. 널빤지 틈으로 희미한 빛이 새어들고 있었다.

어머니가 말했다. "드러누워라, 로자샨. 누워서 쉬어. 내가 어떻게든 옷을 말릴 방법을 생각해볼 테니까."

"엄마!" 윈필드가 불렀다. 지붕을 두드리는 세찬 빗소리가 그의 목소리를 지웠다. "엄마!"

"뭐냐? 왜 그래?"

"봐! 저 구석."

어머니가 그쪽을 바라보았다. 어두침침한 구석에 두 개의 사람 그림자가 있었다. 반듯이 드러누운 남자와, 그 곁에 앉아 눈을 커다랗게 뜨고 새로 들어온 사람들을 쳐다보고 있는 소년이었다. 어머니가 바라보니 소년이 느릿느릿 일어나 이쪽으로 다가와 쉰목소리로 말했다. "아주머니가 여기 주인이세요?"

"아니, 그냥 비를 피해서 들어왔다. 앓는 딸이 있어서. 너 마른 담요 가진 것 없니? 이 아이 젖은 옷 좀 벗겼으면 하는데."

사내아이가 구석으로 돌아가 때 묻은 깃이불을 들고 와서 어머니에게 내밀었다.

"고맙다, 저 사람은 왜 그러니?"

사내아이가 억양 없는 쉰 목소리로 말했다. "처음에는 병이었어요. 근데 지금은 굶어 죽게 됐어요."

"뭐라고?"

"굶어죽게 됐어요. 목화밭에서 병이 났어요. 엿새째나 먹지 못했어요."

어머니는 구석으로 걸어가서 사나이를 내려다보았다. 나이는 쉰쯤 되어 보였다. 구레나룻에 덮인 얼굴은 몹시 수척했으며, 멀거니 뜬 눈은 허공을 바라보고 있었다. 소년이 그녀 옆에 섰다. "아버지냐?" 어머니가 물었다.

"네! 배가 고프지 않다느니, 방금 먹었다느니 그런 말만 했어요. 먹을 것을 나한테만 먹였어요. 이제 기운이 빠질 대로 다 빠지고 없어요. 움직이지 못하는걸요."

지붕을 두드리는 빗발이 약해져 차분한 소리로 바뀌었다. 수척한 사나이가 입술을 달싹거렸다. 어머니는 그의 곁에 무릎을 꿇고 귀를 갖다 댔다. 그의 입술이 다시 움직였다.

어머니가 말했다. "걱정 말아요. 안심해요. 애는 괜찮을 테니까. 우리 딸애 옷을 벗기는 동안 잠깐만 기다려요."

어머니는 딸에게 돌아갔다. "자, 그 옷을 벗어라." 어머니는 딸의 몸이 보이지 않게 깃이불을 펴서 쳐들었다. 딸이 옷을 벗고 알몸이 되자 어머니는 깃이불로 그녀를 둘러쌌다.

소년이 다시 어머니 옆에 와서 설명하기 시작했다. "난 몰랐어요. 벌써 먹었다느니, 배가 고프지 않다느니 했거든요. 어젯밤엔 내가 나가서 창을 깨고 빵을 좀 훔쳐왔어요. 그걸 아버지에게 먹였어요. 그랬는데 그걸 죄다 토하더니 먼저보다 더 약해졌어요. 수프나 우유를 먹어야 하는데. 아주머니, 우유 살 돈 있어요?"

어머니가 말했다. "가만히 있어 봐라. 걱정하지 말고. 무슨 방법을 생각해 볼 테니까."

별안간 소년이 외쳤다. "아버진 죽어가요! 정말예요. 굶어서 죽어간다니까요."

"조용히 해라." 어머니가 말했다. 그녀는 앓아누운 사나이를 바라보고, 어찌할 바 모르고 우두커니 서 있는 아버지와 존 아저씨를 바라보았다. 그리고 깃이불을 둘둘 휘감고 웅크리고 누운 '샤론의 장미'를 보았다. 어머니의 눈이 '샤론의 장미'의 눈을 지나치다가 다시 딸의 눈으로 돌아왔다. 모녀는 서로의 눈을 뚫어지게 쳐다보았다. 딸의 숨소리가 짧고 가빠지기 시작했다.

딸이 말했다. "그래요."

어머니가 빙긋 웃었다. "그렇게 말할 줄 알았지, 알았고말고!" 그녀는 무릎 위에서 깍지 낀 두 손을 내려다보았다.

'샤론의 장미'가 속삭였다. "모두들 밖에 나가 주시겠어요?" 빗발이 조용히 지붕을 두드렸다.

어머니가 몸을 굽혀 딸의 이마에 헝클어져 있는 머리카락을 손바닥으로 쓸어 올려 주고 그 이마에 입을 맞추었다. 그리고 얼른 일어났다. "자 모두 저쪽 연장 두는 데로 가요."

루디가 무슨 말을 할 듯이 입을 벌렸다. "쉿!" 어머니가 말했다. "아무 말도 말고 얼른 나가거라." 그녀는 식구들을 문 밖으로 몰아낸 다음 소년의 손을 잡고 나가서 삐걱거리는 문을 닫았다.

잠시 동안 '샤론의 장미'는 속삭이는 듯한 빗소리가 들리는 헛간 안에 가만히 앉아 있었다. 이윽고 지친 몸을 간신히 일으켜 일어나서는 깃이불로 몸에 꼭 여몄다. 그리고 천천히 구석으로 걸어가서 쇠잔한 사나이의 얼굴을 내려다보고 크게 뜬 겁먹은 눈을 들여다보았다. 이어 천천히 사나이의 곁에 드러누웠다. 사나이가 느릿느릿 고개를 가로저었다. '샤론의 장미'는 깃이불 한끝을 헤치고 젖가슴을 내놓았다. "먹어야 해요." 그녀는 몸을 꿈틀거리며 더 가까이 다가가서 사나이의 머리를 끌어당겼다. "자요! 어서." 그녀는 손을 사나이의 머리 뒤로 돌려 그것을 받쳤다. 손가락으로 부드럽게 사나이의 머리칼을 어루만졌다. 그녀는 눈을 들어 헛간 안을 둘러보았다. 꾹 다문 입에 신비로운 미소를 지었다.

Of Mice and Men
생쥐와 인간

1

샐리너스 강은 솔대드에서 남쪽으로 몇 킬로미터 떨어진 곳의 산기슭에 가까워지며 녹색을 띠고 깊게 흐른다. 강물은 따뜻하다. 햇빛을 받아 반짝거리며 노란 모래밭을 지나 좁은 웅덩이로 흘러들기 때문이다. 강 한쪽은 황금빛 산비탈이 힘찬 곡선을 그리며 위로 치고 올라가, 험준한 바위산인 개빌런 산맥으로 이어진다. 그러나 평지 쪽은 강가를 따라 나무들이 늘어서 있다. 겨울 홍수에 떠내려 온 잔해를 줄기 아래쪽 잎에 간직한 채 봄이 올 때마다 초록 새싹을 틔우는 버드나무와 얼룩덜룩한 크고 작은 흰 가지들을 웅덩이 위로 아치처럼 드리운 플라타너스 등이다. 나무 밑 모랫둑에 수북이 쌓인 낙엽이 바스락거리는 소리에 놀라 도마뱀도 그 위를 지나갈 때면 황급히 내빼듯 달려간다. 저녁이면 토끼가 덤불에서 나와 모래밭에 앉는다. 축축한 모래 톱에는 밤사이 돌아다닌 너구리 발자국, 농장 개들의 펑퍼짐한 발자국, 어두워지면 물을 마시러 오는 사슴의 갈라진 쐐기 모양의 발자국들이 여기저기 널려 있다.

버드나무를 지나 플라타너스 숲 속으로 오솔길이 하나 나 있다. 깊은 웅덩이로 헤엄치러 내려오는 농장 아이들과, 물가에서 노숙하려고 저녁 무렵 고속도로에서 지친 걸음으로 내려오는 나그네들이 단단히 다져놓은 길이다. 거대한 플라타너스에서 수평으로 낮게 뻗어 나온 가지 앞에는 여러 번 불을 피우면서 생긴 잿더미가 수북이 쌓여 있다. 남정네들이 자주 걸터앉는 바람에 나뭇가지는 반질반질하게 닳아 있다.

어느 더운 저녁, 산들바람이 불어 나뭇잎이 일렁였다. 땅거미가 산비탈을 타고 위로 뻗어 갔다. 강가 모랫둑에는 토끼들이 작은 회색 석상처럼 꼼짝 않고 앉아 있었다. 고속도로 쪽에서 플라타너스 낙엽을 파삭파삭 밟는 소리가 들리기 시작했다. 토끼들이 소리도 없이 순식간에 모습을 감추었다. 다리가 긴 왜가리가 푸드득 공중으로 날아오르더니 하류 쪽으로 날아갔다. 잠시 생명이 모두 사라진 듯했다. 이윽고 오솔길에서 두 남자가 나타나 녹색 웅덩이 옆 빈터로 들어섰다.

남자들은 일렬로 걸어왔다. 빈터에 들어와서도 여전히 앞뒤로 나란히 서 있었다. 둘 다 청바지와 놋쇠 단추가 달린 청재킷 차림에 허름한 검은 모자를 쓰고 단단하게 돌돌 만 담요를 어깨에 지고 있었다. 첫 번째 남자는 작은 몸집에 검게 탄 얼굴이 영리해 보였다. 빈틈없는 눈에 이목구비도 날카롭고 야무졌다. 작고 단단한 손, 늘씬한 팔, 가늘고 뼈대가 도드라진 코. 몸 어디를 보나 선이 뚜렷했다. 뒤에 따라오는 남자는 그와 정반대로 몸집이 크고, 얼굴선이 분명치 않았으며, 푸른 눈은 크긴 해도 흐릿했고, 어깨는 넓었지만 비스듬하게 기울어 있었다. 무거운 듯이 발을 약간 끌며 걷는 모습은 곰이 발을 끄는 모습을 연상케 했다. 두 팔은 발에 맞춰 흔들거리지 않고 그냥 옆에 축 늘어져 있었다.

첫 번째 남자가 빈터에서 갑자기 발을 멈추는 바람에 뒤에 오던 남자와 하마터면 부딪칠 뻔했다. 첫 번째 남자가 모자를 벗더니 검지로 모자 안쪽의 땀받이를 훔쳐 물기를 떨어냈다. 몸집이 거대한 남자는 담요를 내려놓더니 넙죽 엎드려 녹색 웅덩이에 입을 대고 물을 들이켜기 시작했다. 그는 말처럼 물속에서 보글보글 콧김을 뿜어대며 오랫동안 벌컥벌컥 물을 들이마셨다. 몸집이 작은 남자가 신경질적으로 그 옆으로 다가갔다.

"레니!"

날카로운 목소리였다.

"레니, 제발 물 좀 많이 마시지 마."

그래도 레니는 계속 콧김을 뿜어가며 마셔댔다. 몸집이 작은 남자가 몸을 숙여 레니의 어깨를 잡고 흔들었다.

"레니, 그러다 어젯밤처럼 아프면 어쩌려고 그래?"

레니는 모자를 쓴 채로 머리를 물속에 푹 담갔다가 몸을 일으켜 물가에 앉았다. 모자에서 물이 뚝뚝 떨어져 청재킷을 타고 등으로 흘러내렸다.

"아, 물맛 좋다. 너도 좀 마셔, 조지. 왕창 마셔 봐."

레니는 행복한 듯이 웃음을 지었다.

조지는 어깨에 진 담요를 바닥에 살며시 내려놓았다.

"마실 수 있는 물인지 아닌지 모르잖아. 거품이 떠 있는 것 같은데?"

레니가 곰발 같은 큰 손으로 물을 철벅거렸다. 손가락으로 휘젓자 물방울이 작게 튀어 올랐다. 물결이 동그란 원을 그리며 수면 위를 퍼져서 건너편 기슭까지 갔다가 되돌아왔다. 레니는 그 모양을 가만히 지켜보았다.

"조지, 내가 한 걸 봐."

조지는 웅덩이 옆에 무릎을 꿇고 앉더니 한 손으로 재빠르게 물을 떠 마셨다.

"맛은 좋은 것 같군." 조지는 고개를 주억거렸다.

"하지만 흐르는 물 같진 않아. 고인 물은 절대로 마시면 안 돼, 레니."

말은 그렇게 하지만 체념한 듯한 투었다.

"하긴 넌 목이 마르면 시궁창 물이라도 마시니까."

조지는 물을 얼굴에 끼얹어 턱 밑과 목덜미를 문질러 씻었다. 그리고 모자를 도로 쓰고 물가에서 물러나 두 무릎을 당겨 끌어안았다. 조지를 지켜보던 레니가 그대로 따라했다. 물가에서 물러나 두 무릎을 당겨 끌어안고는 조지를 건너다보고 자신이 제대로 했는지 확인했다. 그러더니 조지가 한 대로 모자를 조금 더 깊숙이 눌러썼다.

조지는 뚱한 표정으로 물을 바라보고 있었다. 노을을 받아 눈가가 빨갰다.

"그 망할 놈의 버스 운전사가 잘 알지도 못하는 소리를 지껄이지만 않았어도 농장까지 단번에 갈 수 있었을 거야."

화난 목소리였다.

"'큰길을 따라 조금만 내려가면 돼.' 운전사가 그랬잖아. '조금만 내려가면 된다'고! 그런데 염병할! 칠 킬로미터는 될 거 같은데. 그만큼은 걸었잖아! 농장 바로 앞에서 내려주기가 성가셨던 거야. 염병할, 게을러터진 기사 같으니라고! 어쩌면 솔대드에서도 세워주지 않았을지 모르지. 우리를 그냥 내쫓고 기껏 한다는 말이 '큰길을 따라 조금만 내려가면 돼'라니. 칠 킬로미터도 더 되겠다. 날씨도 더럽게 더운데."

레니가 머뭇머뭇대며 조지를 건너다보았다.

"조지?"

"응, 왜?"

"우리 어디로 가는 거야?"

몸집이 작은 남자는 모자챙을 아래로 휙 잡아당기더니 레니를 향해 얼굴을 찌푸렸다.

"그걸 벌써 잊어버렸단 말이야? 다시 말해 줘야 한단 말이야? 맙소사, 너 같은 바보는 이 세상에 없을 거다!"

레니가 작은 소리로 말했다.

"까먹었어. 나도 안 까먹으려고 노력했단 말이야. 정말 솔직하게 말하는데, 정말 노력했어, 조지."

"알았어, 알았어. 다시 말해 줄게. 뭐 달리 할 일도 없으니까. 기왕 말하는 거 틈 날 때마다 말해주지 뭐. 그럼 너는 또 까먹겠지. 나는 또 말해 주고. 그럼 되지 않겠어?"

"노력하고 또 노력했어. 하지만 소용없었어. 그래도 토끼 이야기는 기억해, 조지."

"토끼 같은 건 집어치워. 네가 기억하는 거라곤 만날 토끼밖에 없잖아. 좋아! 자, 잘 들어. 이번에는 꼭 기억해야 해. 안 그랬다간 골치 아픈 일이 생길 테니까. 하워드 거리에 앉아서 칠판을 봤던 건 기억나지?"

레니의 얼굴에 환한 미소가 떠올랐다.

"아, 그럼, 조지. 그건 기억나. 그런데······. 그 다음에 뭘 했지? 어떤 여자들이 지나간 건 기억나. 그리고 네가 말했지······. 네가 말하기를······."

"내가 한 말은 중요한 게 아니야! 머리 앤 레디 직업 소개소로 가서 취업 카드랑 버스표 받은 건 기억하지?"

"아, 그래, 조지. 이제 기억나."

레니는 두 손을 잽싸게 상의 옆주머니에 찔러 넣었다.

"조지······ 내 건 없는데. 잃어버렸나 봐."

그는 조그맣게 속삭이고는 절망감에 사로잡혀 눈을 바닥으로 떨어뜨렸다.

"너한텐 원래 없었어, 이 자식아. 내가 두 장 다 갖고 있어. 내가 너한테 취업 카드를 들고 다니게 할 것 같냐?"

레니는 안심하며 싱긋 웃었다.

"아······, 난 그걸 옆주머니에 넣은 줄 알고."

한쪽 손이 다시 주머니로 들어갔다.

조지가 눈에 날을 세우고 레니를 보았다.

"주머니에서 뭘 꺼낸 거야?"

"주머니에 아무것도 없는데?"

레니가 머리를 써서 말했다.

"그건 나도 알아. 손에 쥐고 있잖아. 뭘 쥐고 있어? 뭘 감추는 거야?"

"아무것도 없다니까, 조지. 정말이야."

"어서 이리 내."

레니는 주먹 쥔 손을 조지에게서 멀찍이 치웠다.

"그냥 생쥐야, 조지."

"생쥐? 살아 있는 쥐?"

"아, 아냐. 그냥 죽은 쥐야, 조지. 하지만 내가 죽인 게 아냐. 정말이야! 발견한 거야. 죽은 걸 발견한 거야."

"이리 내놔!"

"아아, 갖고 있게 해 줘, 조지."

"내놓으라면 내놔!"

레니가 움켜쥔 손을 천천히 펼쳤다. 그러자 조지가 쥐를 낚아채더니 웅덩이 건너편 덤불에 던져 버렸다.

"도대체 죽은 쥐가 왜 필요한데?"

"걸으면서 엄지손가락으로 쓰다듬을 수 있잖아."

"나하고 걸을 때는 쥐 같은 거 쓰다듬지 마. 이제 우리가 어디로 가는 건지 기억나?"

레니는 깜짝 놀란 표정을 짓더니 당황해서 얼굴을 무릎에 묻었다.

"또 까먹었어."

조지가 체념한 듯 말했다.

"맙소사. 잘 들어, 지금 우리는 전에 일하던 북쪽 농장 같은 데로 일하러 가는 거야."

"북쪽?"

"위드 말이야."

"아, 그래. 기억나. 위드."

"우리가 갈 농장은 바로 저 아래로 한 오백 미터쯤 내려가면 나와. 거기 가서 주인을 만나볼 거야. 잘 들어, 내가 주인한테 취업 카드를 줄 거야. 너는 아무 말도 하지 마. 그냥 가만히 서서 아무 말도 하지 말란 말이야. 네가 어떤 놈인지 주인이 알았다간 우린 일자리를 얻지 못할 거야. 하지만 주인이 네가 말하는 걸 듣기 전에 일하는 것부터 본다면 우린 일자리를 잡을 수 있어. 알아들었어?"

"그럼, 조지. 그럼, 알아들었고말고."

"좋아. 자, 가서 주인을 만나면 너는 어떻게 하는 거지?"

"난……, 난…….."

레니는 생각에 잠겼다. 골똘히 생각하느라 팽팽히 긴장된 얼굴이었다.

"난…… 아무 말도 안 할 거야. 그냥 가만히 서 있을 거야."

"잘했어. 아주 좋았어. 혼자서 그 말을 두 번, 아니 세 번 반복해 봐. 까먹지 않게."

레니는 혼자 작게 중얼거렸다.

"난 아무 말도 안 할 거야……. 난 아무 말도 안 할 거야……. 난 아무 말도 안 할 거야."

"좋아. 그리고 위드에서처럼 나쁜 짓도 하지 않는 거야."

레니는 어리둥절한 표정이었다.

"위드에서처럼?"

"뭐야, 그것도 까먹은 거야? 흠, 그건 이야기해 주지 않을 거야. 그랬다간 또 그런 짓을 할 테니까."

무슨 뜻인지 알아차렸는지 레니의 얼굴이 환해졌다. 레니는 신이 나서 큰소리로 말했다.

"사람들이 우릴 위드에서 쫓아냈잖아!"

조지가 역겹다는 듯이 말했다.

"우릴 쫓아냈다고? 젠장! 우리가 도망친 거지. 놈들이 우리를 뒤쫓아 왔지만 용케 잡히지 않은 거고."

레니가 좋아서 낄낄거렸다.

"거봐, 까먹지 않았잖아."

조지는 깍지 낀 두 손을 베고 모래밭에 벌렁 드러누웠다. 레니는 그대로 따라한 다음, 고개를 들고 자기가 제대로 했는지 확인했다.

조지가 말했다.

"참나, 넌 정말 골칫거리야. 너만 데리고 다니지 않으면 나는 아주 편하고 멋지게 살 텐데. 아주 편하게 살 수 있을 거야. 여자도 하나 생겼을지 모르지."

레니는 잠시 입을 다물고 누워 있다가 희망에 찬 목소리로 말했다.

"우린 농장에서 일할 거야, 조지."

"그래, 맞았어. 하지만 오늘 밤은 여기서 잘 거야. 그럴 만한 이유가 있거든."

날이 빠르게 저물어 갔다. 개빌런 산맥 꼭대기에만 햇빛이 비칠 뿐 평지에는 이미 땅거미가 내려앉았다. 물뱀 한 마리가 작은 잠망경처럼 머리를 쳐들고 웅덩이를 미끄러져 지나갔다. 갈대들이 물살에 부르르 몸을 떨었다. 멀리 고속도로 쪽에서 어떤 남자가 소리를 질렀다. 다른 남자가 맞받아 소리를 질렀다. 산들바람이 불어와 플라타너스 가지들이 바스락거렸지만 바람도 곧 잦아들었다.

"조지, 왜 곧장 농장으로 가서 저녁밥을 먹지 않는 거야? 농장에 가면 저녁을 먹을 수 있는데."

조지가 옆으로 돌아누웠다.

"그 이유를 너한테 얘기해 봤자지. 나는 그냥 여기가 좋아. 내일은 일을 하자. 내려오다가 탈곡기를 봤어. 내일은 창자가 터지도록 곡식 포대를 나르자고. 하지만 오늘 밤엔 여기 누워서 하늘이나 보자고. 그게 좋아."

레니가 일어나 무릎을 꿇고 조지를 굽어보았다.

"저녁을 안 먹는단 말이야?"

"먹고말고. 네가 마른 버드나무 가지를 몇 개 모아오면 먹지. 내 담요 뭉치 안에 콩 통조림이 세 개 있거든. 네가 불을 피워. 마른 가지를 모아오면 성냥을 줄게. 콩을 데워서 저녁으로 먹자."

"난 콩에 케첩을 뿌리는 게 좋은데."

"케첩은 없어. 가서 땔감을 주워 와. 한눈 팔지 말고. 금세 어두워질 테니까."

레니는 무거운 엉덩이를 들고 덤불 속으로 사라졌다. 조지는 그대로 누워서 작게 휘파람을 불었다. 레니가 사라진 강 하류 쪽에서 물 소리가 들렸다. 조지는 휘파람을 멈추고 귀를 기울였다.

"가엾은 놈."

조지는 작게 중얼거리고 다시 휘파람을 불었다.

이윽고 레니가 덤불을 부스럭거리는 소리를 내며 헤치고 돌아왔다. 한 손에 작은 버드나무 가지 하나를 들고 있었다. 조지가 일어나 앉아 퉁명스럽게 말했다.

"그 생쥐 이리 내!"

레니는 애써서 무슨 말인지 모르겠다는 시늉을 했다.

"생쥐는 무슨? 나 생쥐 없어."

조지가 한 손을 내밀었다.

"어서 이리 내. 누굴 속이려고."

레니가 머뭇머뭇 뒷걸음질 치며 덤불 쪽을 재빨리 살폈다. 도망칠 궁리를 하는 것 같았다. 조지가 차갑게 말했다.

"그냥 내놓을래 맞고 내놓을래!"

"뭘 내놔, 조지?"

"염병할! 너도 뭔지 잘 알잖아. 그 쥐 달라니까."

레니는 마지못해 호주머니에 손을 넣었다. 목소리가 얼마간 잠겨 있었다.

"왜 쥐를 가지고 있으면 안 돼? 이건 누구의 쥐도 아냐. 훔친 게 아니라고. 길가에 있던 걸 내가 본 거야."

조지는 명령하듯이 손을 그대로 내밀고 있었다. 공을 주인에게 내놓고 싶어하지 않는 테리어 개처럼 레니는 천천히 다가왔다가 물러나더니 또다시 다가왔다. 조지가 딱하고 날카롭게 손가락을 울리자 그 소리에 놀라 레니는 쥐를 얼른 넘겨주었다.

"그걸로 나쁜 짓 안 했어, 조지. 그냥 쓰다듬기만 했단 말야."

조지는 일어서더니 어두워지기 시작한 숲 속으로 있는 힘껏 쥐를 내던져 버리고는 웅덩이로 다가가 손을 씻었다.

"이 바보야. 네가 그걸 주우러 강을 건너갔다 오면 발이 젖은 게 내 눈에 뻔히 보일 거라는 생각은 왜 못하는 거야?"

조지는 레니가 훌쩍거리는 소리를 듣고 몸을 획 돌렸다.

"애처럼 우는 거야? 맙소사! 너처럼 덩치가 커다란 녀석이?"

레니는 눈물을 머금은 채 입술을 떨고 있었다. 조지는 레니의 어깨에 손을 었었다.

"아, 레니! 난 심술을 부리려고 빼앗은 게 아니야. 생쥐가 벌써 썩기 시작했잖아. 게다가 네가 쓰다듬는 바람에 으스러져버렸고. 새로 생쥐가 생기면 얼마동안 갖고 놀게 해 줄게."

레니는 바닥에 주저앉더니 머리를 축 늘어뜨렸다.

"다른 쥐를 어디서 구할지 모르겠단 말야. 전에 어떤 여자가 나한테 쥐를 자주 줬던 게 기억나. 잡는 대로 다 줬어. 하지만 여기엔 그 여자가 없어."

조지가 코웃음을 쳤다.

"흥, 여자라고? 그 여자가 누군지도 기억 못하냐? 너의 클라라 숙모잖아. 그러다가 나중에는 너한테 쥐를 주지 않게 됐고. 주는 대로 네가 다 죽여 버렸으니까."

레니가 슬픈 표정으로 조지를 쳐다보며 변명하듯 말했다.

"쥐가 너무 작아서 그런 거야. 쓰다듬어 주는데 바로 손가락을 물었어. 그래서 머리를 살짝 꼬집었더니 죽어버리는 거야. 너무 작아서 그랬던 거라고. 저기, 조지……. 지금 당장 토끼가 갖고 싶어. 토끼는 그렇게 작지 않잖아."

"토끼 같은 소리 하고 있네! 죽은 쥐도 안심하고 줄 수 없는 판에. 하긴 클라라 숙모가 너한테 고무 생쥐를 만들어 준 적도 있지만 넌 거들떠보지도 않았지."

"그건 쓰다듬어도 재미가 없어."

붉게 타던 석양이 산꼭대기 너머로 넘어가면서 평지에 어스름이 내려앉았다. 버드나무와 플라타너스 숲 주위에 어슴푸레한 어둠이 자리를 잡았다. 커다란 잉어가 물 위로 튀어 오르더니 공기를 들이켜고는 다시 어두운 물속으로 풍덩 하고 사라졌다. 물 위에 동그란 파문이 넓게 퍼져 갔다. 머리 위에서 잎들이 다시 수선스럽게 흔들렸고 버드나무의 작은 솜털이 바람에 날려 웅덩이 수면에 떨어졌다.

조지가 레니를 재촉했다.

"땔감 안 가져올 거야? 저 플라타너스 뒤에 잔뜩 있잖아. 홍수에 떠내려온 거 말야. 어서 가서 가져와."

레니가 나무 뒤로 가더니 낙엽과 마른 가지들을 한가득 안고 돌아와서 오래된 잿더미 위에 던져놓고 더 가지러 갔다. 이제 밤이 코앞에 다가왔다. 비둘기 날갯짓 소리가 물 위로 휘파람 소리처럼 지나갔다. 조지는 레니가 가져온 마른 낙엽에 불을 붙였다. 잔가지 사이에서 불길이 탁탁거리며 피어오르기 시작했다. 조지는 담요를 풀어 콩 통조림 세 개를 꺼냈다. 그것을 불길에 직접 닿지 않게 조심하면서 최대한 불가에 바싹 놓았다.

조지가 말했다.

"네 명도 먹을 수 있겠다."

레니가 불 건너로 조지를 지켜보며 끈덕지게 되풀이해 말했다.

"난 케첩을 뿌리는 게 좋은데……."

조지가 버럭 화를 냈다.

"아, 글쎄 없다니까! 너는 꼭 없는 것만 찾아. 젠장, 나 혼자면 아주 편하게 살 수 있는데……. 일자리를 얻어 일도 하고 아무런 말썽도 일으키지 않고 말이야. 걱정 없이 일하고 월말이 오면 오십 달러를 받아 읍내로 가서 하고 싶은 건 다 할 텐데. 밤새 여자를 안을 수도 있겠지. 호텔이든 어디든 먹고 싶은 데서 먹고 생각나는 대로 아무거나 주문하고. 매달 그렇게 살 수 있는데. 위스키를 마구 퍼마시고 당구장에 가서 카드놀이를 하거나 당구를 칠 텐데……."

레니는 무릎을 꿇고 앉아 불길 너머로 성난 조지의 얼굴을 바라보았다. 레니의 얼굴이 공포로 일그러졌다.

조지가 격분하며 말을 이어 나갔다.

"그런데 지금 내가 가진 게 뭐냐고? 바로 너야! 너는 네 일자리도 지키지 못하고 나까지 일자리를 잃게 만들어. 너 때문에 만날 전국 각지를 헤매고 다녀야 한단 말이야. 그뿐이 아니야! 너는 말썽도 일으키지. 네가 나쁜 짓들을 벌여 놓으면 내가 가서 널 빼내 와야 해."

조지는 이젠 소리를 지르고 있었다.

"이 미친 개자식아! 너 때문에 만날 이 꼴이 뭐냐고!"

조지는 계집아이들이 흉내 내기 놀이를 할 때처럼 연극을 하듯이 말했다.

"'그냥 그 여자 치마를 만져 보고 싶었어……. 그냥 쥐를 쓰다듬는 것처럼 쓰다듬고 싶었어…….' 참나, 네가 그냥 옷만 만지고 싶어 하는지 어떤지 그 여자가 어떻게 알아? 여자가 몸을 빼니까 넌 생쥐를 쥘 때처럼 꼭 움켜쥐었잖아. 그 여자가 악을 써 대는 바람에 우리는 사람들을 피해 온종일 도랑에 숨어 있어야 했고. 그러고는 밤에 몰래 빠져나와 그 동네를 떠야 했잖아. 매번 그런 식이야, 매번. 너를 철창에 가둬 놓고 생쥐나 잔뜩 넣어 준 다음에 그거나 가지고 놀라고 했으면 좋겠어."

갑자기 조지는 화를 풀었다. 모닥불 건너편에 앉아 괴로워하는 레니의 얼굴을 보자 조지는 겸연쩍은 듯이 불길로 눈을 돌린 것이다.

이제 시야는 완전히 어두워졌다. 모닥불이 나무줄기와 머리 위의 굽은 가지들을 비추었다. 레니가 모닥불 둘레를 조심스럽게 기어서 조지 곁으로 다가와 쭈그리고 앉았다. 조지는 불을 고루 쬐도록 콩 통조림들을 돌려놓았다. 레니가 바로 옆에 와 있는데도 조지는 모르는 체했다.

"조지."

레니가 작은 소리로 불렀다. 대답이 없었다.

"조지!"

"왜 그래?"

"그냥 농담이었어, 조지. 나 케첩 같은 거 필요 없어. 지금 이 옆에 케첩이 있어도 안 먹을 거야."

"여기 있으면 먹어도 돼."

"하지만 한 입도 안 먹을 거야, 조지. 다 너 줄게. 네 콩에 듬뿍 뿌려 먹어. 난 손도 안 댈 거야."

조지는 여전히 뚱한 표정으로 불을 응시하고 있었다.

"네가 없으면 얼마나 멋질까 생각하다보면 돌아 버릴 거 같아. 한시도 마음이 편할 때가 없어."

레니는 여전히 무릎을 꿇고 쭈그려 앉은 채 강 건너 어둠 속으로 시선을 돌렸다.

"조지, 내가 너를 두고 떠나면 좋겠어?"

"대체 네가 어디를 간다고 그래?"

"어, 갈 데야 있지. 저기 산 속으로 떠나면 돼. 거기 가서 동굴을 찾을 거야."

"그래? 먹는 건 어떻게 할 건데? 너는 먹을 걸 찾을 만한 머리도 없잖아."

"뭐든 찾을 거야. 케첩을 뿌린 맛있는 음식은 필요 없어. 난 그냥 햇볕을 쥐며 누워 있을 거야. 아무도 나를 해치지 않을 테니까. 쥐를 찾으면 계속 가지고 있을 수 있어. 아무도 빼앗지 않을 테니까."

조지는 얼른 레니의 눈치를 살폈다.

"내가 좀 심했지?"

"네가 나랑 있는 게 싫다면 난 산에 들어가 동굴을 찾을 거야. 언제라도 떠날 수 있어."

"아니야! 그냥 농담한 거야, 레니. 사실은 너랑 있는 게 좋아. 생쥐가 골치 아픈 건 네가 늘 죽이니까 그렇지."

조지는 잠시 말을 끊었다가 다시 이었다.

"이렇게 하자, 레니. 기회가 생기면 바로 강아지를 구해줄게. 그거라면 설마 죽이지 않겠지. 그게 생쥐보다 낫겠다. 더 세게 쓰다듬어도 되고."

레니는 미끼를 피했다. 자기가 유리한 위치에 있다는 것을 느꼈다.

"내가 싫으면 그냥 싫다고 해. 그럼 난 저기 저 산으로 갈 거야. 가서 산속에서 혼자 살 거야. 그럼 아무도 나한테서 쥐를 훔쳐가지 못하겠지."

"너랑 있는 게 좋다니까, 레니. 맙소사, 너 혼자 있으면 네가 코요테인 줄 알고 누가 쏴 버릴 거야. 그러니까 나랑 함께 있어야 해. 클라라 숙모도 너 혼자 어딘가로 가버리는 걸 좋아하지 않으실 거야. 비록 돌아가시고 안 계시지만."

레니가 잔머리 굴리는 표정으로 말했다.

"얘기해 줘, 전에 했던 것처럼."

"무슨 얘기?"

"토끼 얘기."

"어쭈, 은근슬쩍 엉기려는 거야?"

조지가 쏘아붙였다. 레니가 간절한 목소리로 말했다.

"제발, 조지. 이야기해 줘. 어서, 조지. 전에 했던 것처럼."

"그게 아주 재미있었던 모양이구나, 그렇지? 좋아, 이야기해 주지. 그런 다음에 저녁을 먹자고……."

조지의 목소리가 낮게 깔렸다. 전에도 여러 번 해본 듯 박자를 넣어 이야기를 시작했다.

"우리처럼 농장에서 일하는 사람들은 세상에서 가장 외로운 사내들이야.

가족도 없지, 살 곳도 없지. 그냥 농장에 가서 일하고 돈이 좀 모이면 읍내에 가서 다 날려 버려. 돈이 바닥나면 다른 농장으로 가서 다시 죽어라 일을 하는 떠돌이지. 도대체 앞날이란 게 없어."

레니는 즐거워했다.

"맞아, 바로 그거야. 이제 우린 어떤지 얘기해 줘."

조지가 말을 이어 갔다.

"우리는 달라. 우리한테는 미래가 있어. 우리한테는 서로에게 관심을 가져 주는 이야기 상대가 있어. 달리 갈 데가 없다는 이유로 술집에 앉아 쩐을 날릴 필요도 없어. 다른 녀석들은 감옥에 가면 관심을 가져주는 사람이 없기 때문에 그냥 거기서 썩지. 하지만 우리는 달라."

레니가 끼어들었다.

"하지만 우리는 달라! 왜냐? 왜냐하면……. 나에게는 나를 돌봐줄 네가 있고, 너에게는 너를 돌봐줄 내가 있기 때문이지. 바로 그래서야!"

레니는 기뻐서 웃음을 터뜨렸다.

"어서 계속해, 조지!"

"다 외웠구먼. 혼자서도 할 수 있겠네."

"아냐, 네가 해야 해. 까먹은 부분도 있거든. 이제 어떻게 되는지 이야기해 줘."

"그래. 언젠가 우리는 함께 돈을 모아 작은 집과 삼천 평짜리 땅과 암소한 마리와 돼지 몇 마리를 갖게 될 거야……. 그리고 …….."

이어서 레니가 소리쳤다.

"그리고 우리 땅에서 우리 힘으로 먹고살지! 토끼도 기르고. 계속해, 조지! 밭에 심을 채소 이야기랑 우리에서 기를 토끼 이야기랑 겨울비하고 난로 얘기도 해 줘. 우유 위에 크림이 너무 두껍게 엉겨서 잘라내기 힘들다는 이야기도……. 얘기해 줘, 조지."

"네가 직접 하지 그래? 다 알면서."

"아냐, 네가 해 줘. 내가 하면 똑같지가 않아. 계속해, 조지. 내가 토끼를 어떻게 돌보게 되더라?"

"어디 보자……. 우리한텐 커다란 채소밭과 토끼우리와 닭장도 있어. 겨울에 비가 오면 우린 그냥 '일은 무슨 일!' 하고 불 피운 난롯가에 앉아 지붕에 떨어지는 빗방울 소리나 들을 거야. 아이쿠, 이런!"

조지는 주머니칼을 꺼냈다.

"이런 이야기를 할 때가 아니야."

조지는 칼로 콩 통조림 한 개의 뚜껑을 쿡 찌른 다음, 뚜껑을 따서 레니에게 건네주었다. 이어 두 번째 통조림을 따고는 옆 주머니에서 숟가락을 두 개 꺼내 한 개는 레니에게 주었다.

그들은 불가에 앉아 콩을 입 한가득 넣고 힘차게 씹었다. 레니의 입가에서 콩알이 몇 개 흘러내렸다. 조지가 숟가락을 흔들며 말했다.

"내일 농장 주인이 질문을 하면 뭐라고 말할 거지?"

레니는 씹던 동작을 멈추고 콩을 꿀꺽 삼켰다. 집중한 표정이었다.

"난…… 난, 아무 말도 안 할 거야."

"잘했어! 훌륭해, 레니! 이제 좀 외운 모양이네. 적당한 땅만 얻으면 토끼를 기르게 해 줄게. 그렇게 잘 기억하기만 한다면 말이야."

레니는 자부심에 목이 멨다.

"기억할 수 있어."

조지가 다시 숟가락을 흔들었다.

"레니. 여기 좀 둘러봐. 이곳을 기억할 수 있겠지? 농장은 저쪽으로 한 오백 미터만 죽 가면 돼. 강을 따라서 말이야."

"그럼, 이쯤이야 기억할 수 있어. 아무 말도 안 한다는 것도 기억했잖아."

"물론 기억했지. 그러니까 잘 들어, 레니. 혹시라도 예전에 그랬던 것처럼 말썽이 생기면 곧장 여기로 와서 숲에 숨어."

레니가 천천히 따라 했다.

"숲에, 숨어."

"내가 데리러 올 때까지 숲에 숨어 있어. 기억할 수 있지?"

"기억할 수 있고말고, 조지. 네가 올 때까지 숲에 숨을 거야."

"하지만 애초에 말썽을 일으키면 안 돼. 그러면 토끼를 키우지 못하게 할 거야."

조지는 빈 깡통을 숲에 던졌다.

"말썽 일으키지 않을게, 조지. 암말도 안 할 거야."

"좋아. 네 담요를 갖고 여기 불 옆으로 와. 여기서 자면 기분이 좋을 거야. 위를 쳐다보면 나뭇잎이 보이지. 불은 더 키우지 마. 그냥 꺼지게 놔둘 거야."

그들은 모래밭에 잠자리를 만들었다. 불길이 작아지면서 불빛이 그리던 동그라미도 작아졌다. 뻗어 나온 가지들도 어둠 속으로 사라지고 가물거리는 불빛에 나무둥치만 희미하게 보였다. 어둠 속에서 레니가 불렀다.

"조지, 자?"

"아니. 왜?"

"토끼를 색색으로 기르자, 조지."

조지가 졸린 목소리로 대꾸했다.

"당연히 그래야지……. 빨간 토끼, 파란 토끼, 초록 토끼를 기르자, 레니. 무지하게 많이 기르자고."

"털북숭이 토끼도. 새크라멘토 시장에서 봤던 것처럼 말야."

"털북숭이 토끼도 좋지."

"안 그러면 난 그냥 떠나서 동굴에서 살 거야, 조지."

"그냥 지옥에나 가 버려. 이제 입 다물어."

붉은 불꽃이 잦아들어 갔다. 강 건너 언덕배기에서 코요테가 서글피 울자 이쪽에서 개가 화답했다. 희미한 밤바람에 플라타너스 잎들이 소곤거렸다.

2

합숙소는 긴 직사각형 건물이었다. 내벽에는 회반죽이 발라져 있었지만 바닥에는 칠이 돼 있지 않았다. 세 벽면에는 사각형 창문이 작게 나 있고 나머지 한 면에는 나무 빗장이 달린 튼튼한 문이 있었다. 벽을 따라 침대 여덟 개가 놓여 있었다. 다섯 개에는 담요가 덮여 있었고 나머지 세 개는 거친 삼베 매트리스가 그대로 드러나 있었다. 침대 머리맡 벽에는 사과 상자가 하나씩 못으로 박혀 있었다. 뚫린 부분이 앞쪽을 향하고 있어 침대 주인이 개인 소지품을 올려놓을 수 있는 이단 선반 역할을 했다. 선반에는 자질구레한 물건들이 놓여 있었다. 비누와 파우더, 면도칼, 농장 일꾼들이 겉으로는 코웃음치면서도 즐겨 읽으며 속으로는 다 믿어 버리는 서부 이야기가 실린 잡지들……. 약과 작은 병, 빗도 있었다. 상자 옆면에 박힌 못에는 넥타이도 몇 개 걸려 있었다. 한쪽 벽 가까이에는 검은 무쇠 난로가 하나 있었다. 연통은 곧장 천장을 뚫고 올라갔다. 방 한가운데 놓인 커다란 정사각형 탁자에는 카드가 여러 장 흩어져 있었고, 탁자 주위에는 카드꾼들이 의자 삼아 앉는 상자들이 군데군데 놓여 있었다.

아침 열 시쯤 되자 한 창문으로 햇살이 밝게 비쳐들어 공기 중에 자욱한 먼지가 떠 보였다. 마치 쏟아지는 별처럼 파리 떼가 빛줄기 속을 넘나들었다.

나무 빗장이 위로 올라갔다. 문이 열리더니 키 크고 구부정한 노인이 들어왔다. 청바지 차림에 왼손에는 커다란 빗자루를 들고 있었다. 노인 뒤로 조지, 조지 뒤로 레니가 따라 들어왔다.

"주인은 자네들이 어젯밤에 올 줄 알았네. 그런데 제때 오지 않아서 오늘 아침 일을 시키지 못하게 됐다며 아주 화가 났었지."

노인이 오른팔로 침대를 가리켰다. 소매에서 쑥 나온 손목은 둥근 막대기처럼 손이 없었다.

"저기 두 침대를 쓰면 되겠군."

난로 가까이에 있는 두 침대였다.

조지는 침대로 걸어가 매트리스로 쓰이는 짚이 든 거친 삼베 자루 위에 담요를 던져 놓았다. 그러고는 선반 안을 들여다보다가 안에서 작고 노란 깡통 하나를 집어 들었다.

"대체 이게 뭡니까?"

노인이 대답했다.

"모르겠는데?"

"'이, 바퀴벌레, 기타 해충을 확실히 박멸해 드립니다'라고 쓰였잖아요. 대체 우리한테 어떻게 돼먹은 침대를 주는 겁니까? 이가 옮는 건 싫단 말입니다!"

늙은 잡역부는 팔꿈치와 옆구리 사이에 빗자루를 옮겨 끼우고는 깡통을 달라며 손을 내밀었다. 그는 깡통의 문구를 자세히 살피더니 마침내 입을 열었다.

"그게 말이지……. 지난번에 이 침대를 썼던 친구는 대장장이였네. 아주 괜찮은 친구였지. 게다가 자네들도 한번 만나고 싶어 할 만큼 깔끔한 친구였다네. 심지어 식사를 한 뒤에도 손을 씻을 정도였으니까."

"그런데 어쩌다 이가 생긴 겁니까?"

조지는 슬슬 화가 나기 시작했다. 레니는 자기 담요를 조지 옆 침대에 올려놓고 침대에 걸터앉았다. 그러고는 입을 헤 벌린 채 조지를 지켜보았다.

늙은 잡역부가 말했다.

"그게 말이지, 그 대장장이 이름은 화이티였는데 말이지, 그 친구는 이가 없어도 약을 갖다 놓는 친구였다네. 만일을 대비해서 말일세. 평소에 어땠는지 말해 주지. 식사 중에는 삶은 감자의 껍질을 까서 까만 점 같은 게 보이면 뭐가 됐든 다 파내고 먹었다네. 달걀에 뻘건 얼룩이라도 있으면 그것도 벗겨냈고. 결국 여기를 그만둔 것도 먹는 것 때문이었지. 그런 사람이었어. 깔끔했지. 일요일이면 아무 데도 안 가면서 옷을 말끔히 차려입고 넥타이까지 맨 채로 합숙소에 앉아 있었어."

조지가 못 믿겠다는 듯이 물었다.

"정말입니까? 그런데 무엇 때문에 그만뒀다고요?"

노인은 노란 깡통을 호주머니에 집어넣더니, 하얗게 센 뻣뻣한 구레나룻을 주먹으로 문질렀다.

"왜냐……, 그 친구는…… 그냥 그만두었네, 다들 그러듯이. 말로는 음식 때문이라고 하더군. 하지만 그냥 떠나고 싶었던 게야. 어쨌든 음식 말고 다른 이유를 대진 않았어. 그냥 어느 날 밤 '그만두겠소' 하더군. 다들 그러듯이 말이야."

조지는 요를 들어 올리고 그 밑을 살펴보았다. 허리를 굽히고 삼베 자루도 꼼꼼하게 살폈다. 그러자 레니도 벌떡 일어나더니 자기 침대를 똑같이 살폈다. 마침내 조지는 만족한 듯했다. 담요를 풀더니 면도칼, 비누, 빗, 약통, 연고, 가죽 팔찌 등 자기 소지품을 선반에 놓았다. 마지막으로 침대에 담요를 덮어 깔끔하게 정돈했다.

노인이 말했다.

"주인이 곧 이리로 올 걸세. 오늘 아침에 자네들이 없어서 화가 머리끝까지 났었어. 우리가 아침을 먹는데 쑥 들어오더니 '도대체 신참들은 어디 있는 거야?' 하더군. 그러더니 애꿎은 마구간지기한테 화풀이를 해대더라고."

조지는 침대 주름을 두드려 펴고는 걸터앉았다.

조지가 물었다.

"마구간지기한테 화풀이를 했다고요?"

"그랬다니까. 마구간지기는 검둥이야."

"검둥이요?"

"그래. 그 친구도 괜찮은 녀석이야. 말에 차이는 바람에 등이 굽었지. 주인은 화가 나면 그 친구에게 화풀이를 한다네. 하지만 그 친구는 그런 건 아무렇지도 않게 생각해. 책을 많이 읽어서 자기 방에 책도 있고 한가득 가지고 있지."

"주인은 어떤 사람입니까?"

"뭐, 아주 괜찮은 사람이야. 가끔 심하게 화를 내지만 아주 괜찮아. 크리스마스 때는 어땠는지 아나? 바로 여기로 위스키 한 들통을 가져오더니 이러더군. '자, 모두들 마음껏 마시게. 크리스마스는 일 년에 한 번뿐이잖나.'"

"대단하군요! 한 들통씩이나요?"

"그렇고말고. 이야, 재미있었지. 그날 밤에는 그 검둥이도 끼워주었지. 그런데 스미티라는 자그마한 마부가 검둥이에게 덤벼들었지 뭔가. 그것도 아주 대단한 기세로 말이야. 사람들은 스미티의 발은 못 쓰게 만들었어. 그 바람에 검둥이가 이겼지. 스미티는 자기가 발만 쓸 수 있었으면 그런 검둥이쯤은 죽여 버렸을 거라고 하더군. 하지만 사람들은 검둥이가 등이 굽었으니까 스미티더러 발을 쓰면 안 된다고 한 걸세."

노인은 기억을 음미하듯 말을 멈추었다.

"그런 다음에는 다들 솔대드로 가서 난리를 부렸지. 나는 가지 않았네. 이젠 그럴 힘도 없거든."

레니가 막 침대 정리를 끝냈을 때 나무 빗장이 다시 올라가더니 문이 열렸다. 키가 작고 체격이 다부진 한 남자가 문간에 서 있었다. 청바지에 플란넬 셔츠, 단추를 채우지 않은 검은 조끼, 검은 재킷 차림이었다. 허리에 달린 네모난 강철 버클 양옆으로 엄지손가락을 하나씩 찔러 넣고 머리에는 더러운 갈색 카우보이 모자를 쓰고 있었다. 박차가 달린 굽 높은 구두를 보면 막노동꾼이 아님은 확실했다.

늙은 잡역부는 흘끗 그를 보더니 주먹으로 구레나룻을 문지르면서 발을 끌며 문 쪽으로 갔다.

"저 친구들, 지금 막 도착했습니다."

노인은 말하고 나서 발을 질질 끌고 주인을 지나 문밖으로 나갔다.

주인은 다리에 살집이 있는 사람 특유의 짧고 빠른 걸음으로 합숙소 안으로 들어섰다.

"나는 머리 앤 레디 사무소에 오늘 아침부터 두 사람이 필요하다고 이야기했네. 자네들 취업 카드는 갖고 있겠지?"

조지는 주머니에 손을 넣어 취업 카드 두 장을 꺼낸 다음 주인한테 내밀었다.

"머리 앤 레디 쪽 잘못이 아니로군. 여기 취업 카드에 오늘 아침부터 여기에서 일을 한다고 적혀 있잖나?"

조지가 발을 내려다보며 말했다.

"버스 기사가 엉뚱한 곳에 내려줬어요. 그래서 십오 킬로미터나 걸어왔죠. 길을 엉터리로 가르쳐 줬거든요. 게다가 아침이라 얻어 타고 올 차도 없었고요."

주인이 눈을 가늘게 뜨고 노려보았다.

"음. 나는 어쩔 수 없이 두 사람이 부족한 채 곡물운반조를 내보내야 했네. 자네들은 어차피 식사 후에나 나가야겠군."

주인은 호주머니에서 근무 일지를 꺼내어 연필이 끼워 있는 곳을 폈다. 조지가 레니에게 의미심장하게 얼굴을 찡그려 보이자 레니는 이해했다는 듯이 고개를 끄덕였다. 주인은 연필심에 침을 묻혔다.

"이름이 뭔가?"

"조지 밀튼입니다."

"자네는?"

조지가 대답했다.

"이 친구는 레니 스몰입니다."

주인은 둘의 이름을 일지에 적었다.

"어디 보자, 오늘이 20일이군. 20일 정오."

주인이 일지를 덮었다.

"자네들, 어디서 일하다 왔지?"

조지가 말했다.

"저 위쪽 위드 근처입니다."

"자네도?"

레니에게 하는 질문이었다.

"네, 이 친구도요."

조지가 대답했다.

주인이 놀리듯이 레니를 가리키며 손가락을 까딱거렸다.

"저 친구는 말이 별로 없나보지?"

"말수는 적지만 일 하나는 끝내줍니다. 황소처럼 튼튼하지요."

레니가 수줍게 웃으며 되풀이했다.

"황소처럼 튼튼해요."

조지가 레니를 향해 인상을 구겼다. 레니는 어젯밤에 한 약속을 잊어버린 것이 부끄러워서 고개를 떨어뜨렸다.

주인이 갑자기 입을 열었다.

"이봐, 스몰!"

레니는 고개를 들었다.

"자넨 뭘 할 수 있나?"

레니는 갑작스레 혼란에 빠져서 도와 달라는 표정으로 조지를 보았다.

조지가 대답했다.

"뭐든지 시키는 대로 다 합니다! 노새도 잘 몰지요. 곡식 포대도 잘 나르고 경운기도 잘 몹니다. 뭐든지 잘합니다. 한번 시켜 보십쇼."

주인이 다시 조지를 보았다.

"그런데 왜 자네는 이 친구한테 대답을 못하게 하는 건가? 뭘 속이려는 거야?"

조지가 큰 소리로 말을 막았다.

"아! 전 이 친구가 똑똑하다고 한 적 없습니다. 그렇진 않아요. 다만 일 하나는 똑 부러지게 한다고 한 겁니다. 혼자서 이백 킬로그램짜리 짐짝도 거뜬히 든단 말입니다."

주인은 작은 일지를 천천히 호주머니에 집어넣었다. 양 엄지손가락을 허리띠에 찔러 넣더니 한쪽 눈을 거의 감은 듯이 가늘게 뜨고 조지를 노려보았다.

"이봐! 자네 뭘 남겨 먹으려는 거야?"

"네?"

"자네가 이 친구한테 무슨 볼일이 있냐는 거야. 이 친구의 보수를 챙기는 건가?"

"아뇨, 절대 그렇지 않습니다. 내가 왜 이 친구를 팔아먹는다고 생각하는 겁니까?"

"글쎄, 자네처럼 다른 사람을 위해 애쓰는 사람은 못 봤거든. 자네 꿍꿍이가 뭔지 알고 싶을 따름이야."

"이 친구는 내…… 사촌입니다. 이 친구 어머니한테 이 친구를 돌봐주겠다고 약속했습니다. 이 친구는 어렸을 때 머리를 말에 차였죠. 그래서 몸은 멀쩡하지만 머리가 좀 둔하죠. 하지만 시키는 건 뭐든지 할 수 있어요."

주인은 몸을 반쯤 돌렸다.

"하긴 보릿자루를 지는 데 머리는 필요 없지. 하지만 뭐든 속일 생각은 말게, 밀튼. 눈여겨볼 테니까. 그런데 위드에서는 왜 그만뒀나?"

"일이 끝났습니다."

조지가 얼른 대답했다.

"무슨 일이었는데?"

"우린…… 똥구덩이를 팠죠."

"알았네. 하지만 뭐든 속일 생각은 하지 마. 절대 생각대로 되지는 않을 테니까. 나도 약은 놈들을 여럿 상대해 본 사람이야. 식사한 다음에 곡물운반조가 나갈 때 같이 나가게. 탈곡기에서 보리를 나르는 일을 하게 될 거야. 슬림네 조와 함께 나가."

"슬림이요?"

"그래. 키가 크고 덩치도 좋은 마부야. 식사할 때 보게 될 걸세."

주인은 몸을 휙 돌리더니 문 쪽으로 갔다. 그러고는 문간에서 몸을 돌려 두 사람을 오랫동안 바라보더니 이윽고 밖으로 나갔다.

주인의 발소리가 사라지자 조지가 레니를 돌아보았다.

"그래, 그게 한마디도 안 한 거야? 그 커다란 주둥이 닥치고 이야기는 다 나한테 맡기라고 했어, 안 했어? 젠장, 하마터면 일자리를 놓칠 뻔했잖아."

레니는 풀이 죽어서 자신의 두 손을 물끄러미 내려다보았다.

"까먹었어, 조지."

"그래, 까먹었겠지. 너는 언제나 까먹잖아. 그래서 내가 다 다시 말해 줘야 하고."

조지는 침대에 털썩 주저앉았다.

"이제 주인이 우리를 눈여겨본다잖아. 그러니까 실수하지 않도록 조심해. 앞으로는 그 커다란 주둥이 좀 닥쳐."

조지는 뚱해서 입을 다물었다.

"조지."

"뭐야 또?"

"나는 말에 머리를 차인 적이 없어. 그렇지, 조지?"

"염병할, 진짜 차였으면 정말 좋았을 텐데……."

조지가 심술궂게 말했다.

"골칫덩이가 사라져서 모두들 엄청나게 편해졌을 텐데 말이야."

"내가 네 사촌이라고 했지, 조지?"

"그냥 거짓말 한 거야! 거짓말이길 천만다행이지. 내가 네 친척이면 난 총으로 자살할 거다."

조지가 갑자기 말을 끊더니 열린 문 쪽으로 걸어가 밖을 살폈다.

"이봐요, 대체 뭘 엿듣고 있는 겁니까?"

노인이 천천히 안으로 들어왔다. 손에 빗자루를 들고 있었다. 그 뒤에 양치기 개 한 마리가 다리를 질질 끌며 따라 들어왔다. 주둥이는 잿빛이고 백태가 낀 늙은 눈은 앞을 거의 보지 못했다. 개는 발을 절뚝이며 간신히 벽쪽으로 가 드러눕더니 작게 낑낑거리며 좀먹은 외투 같은 회색 털을 핥았다. 늙은 잡역부는 개가 완전히 자리를 잡을 때까지 그 모습을 지켜보았다.

"엿듣지 않았네. 그냥 잠시 그늘에 서서 개 등을 긁어 주고 있었네. 이제 막 세탁실 청소를 끝냈거든."

"귀를 쫑긋 세우고 우리 얘기를 계속 듣고 있었으면서 무슨 소립니까. 나는 우리 일에 누가 끼어드는 걸 좋아하지 않아요."

노인은 불안한 표정으로 조지에게서 레니로 시선을 돌렸다가 다시 조지를 쳐다보았다.

"난 방금 왔네. 자네들이 하는 말은 전혀 듣지 못했어. 자네 이야기에는 전혀 관심도 없고. 농장에서 일하는 사람은 남의 말에 귀를 기울이지도 않고 질문도 하지 않는 법일세."

"당연히 그래야지."

조지의 태도가 약간 누그러졌다. 잡역부의 변명을 듣고 안심한 모양이었다.

"오래 일하려면 그런 짓은 안하는 게 좋아요. 이쪽으로 와서 잠깐 앉으세요. 거, 되게 늙은 개네요."

"그렇지. 강아지 때부터 기르던 걸세. 허, 그래도 어려서는 훌륭한 양치기 개였는데……."

노인은 벽에 빗자루를 세우더니 뻣뻣한 흰 구레나룻을 주먹으로 문질렀다.

"주인은 마음에 들었나?"

"아주 좋던데요. 좋은 사람 같아 보였습니다."

"괜찮은 사람이지. 제대로 보았네."

그때 젊은 남자 하나가 합숙소로 들어왔다. 갈색 얼굴을 한 여윈 청년은 눈동자도 갈색에 심한 곱슬머리였다. 왼손에 작업용 장갑을 끼고 농장 주인과 마찬가지로 굽 높은 승마 구두를 신고 있었다.

청년이 물었다.

"아버지 봤어요?"

잡역부가 대답했다.

"방금 여기에 왔다 가셨네, 컬리. 취사장 쪽으로 가셨을 것 같은데."

"따라가 봐야겠군."

컬리가 말했다. 그는 새로 온 일꾼들을 훑어보다가 발을 멈추었다. 차가운 눈으로 조지를 흘끗 보고는 이어 레니를 보았다. 두 팔이 서서히 안쪽으로 굽더니 양손이 오므라들면서 주먹으로 바뀌었다. 몸에 힘을 주며 약간 웅크렸다. 도전적인 두 눈은 뭔가를 재는 듯했다. 레니는 그 눈빛에 움찔하더니 초조하게 발을 들썩였다. 컬리가 조심스럽게 레니 앞으로 다가갔다.

"아버지가 기다리던 새 일꾼들인가?"

조지가 대답했다.

"방금 왔소."

"저 덩치 큰 녀석한테 물은 거야."

레니는 당황해서 몸을 비비 꼬았다.

조지가 말했다.

"저 친구가 별로 이야기하고 싶지 않다면?"

컬리가 몸을 홱 돌렸다.

"나 원 참, 사람이 말을 걸면 대답을 해야 할 거 아냐? 당신은 대체 왜 끼어드는 거야?"

"우리는 함께 다니거든."

조지가 퉁명스럽게 받아쳤다.

"아, 그래서 그런 거다?"

조지는 잔뜩 긴장한 채 꼼짝도 하지 않았다.

"그렇소, 그래서 그런 거요."

레니는 무력하게 조지를 바라보면서 뭔가 지시해 주기만을 기다렸다.

"그래서 저 덩치 큰 놈한테는 말을 시킬 수 없다, 그건가?"

"할 이야기가 있으면 알아서 할 거요."

조지는 레니를 향해 가볍게 고개를 끄덕였다.

레니가 작은 소리로 말했다.

"우린 방금 왔어."

컬리가 레니를 정면으로 물끄러미 바라보았다.

"흠, 다음에는 말을 걸면 대답 좀 하라고."

컬리는 문 쪽으로 몸을 돌리더니 밖으로 나갔다. 팔꿈치는 여전히 약간 굽힌 채였다.

조지는 그 모습을 지켜보다가 잡역부를 돌아보았다.

"도대체 저 친구는 왜 저렇게 시비를 거는 겁니까? 레니는 아무 짓도 안 했는데."

노인이 문 쪽을 조심스럽게 살피며, 듣는 사람이 없는지 확인하고 작게 말했다.

"저 치는 주인 아들이라네. 컬리는 솜씨가 보통이 아니지. 링에서 한참 날렸어. 라이트급으로 실력이 아주 좋아."

"쳇, 좋으면 좋은 거지 레니한테 시비 걸 건 없잖아요. 레니가 자기한테 무슨 짓을 한 것도 아닌데 도대체 레니한테 무슨 원한이 있어서 저런답니까?"

잡역부는 잠시 생각에 잠겼다.

"흠, 그게 말이지……. 덩치가 작은 사람들이 다들 그렇지 않나? 덩치가 큰 사람을 싫어하는 걸세. 그래서 덩치 큰 사람들한테 싸움을 걸지. 덩치가 크다는 이유만으로 화가 치미는 모양이지. 왜 작은 사람들 중에 흔히 있지 않나, 늘 시비만 거는 녀석들이."

조지가 말했다.

"그래요. 몸집이 작아도 강한 사람들은 나도 많이 봤죠. 하지만 저 녀석, 레니만큼은 안 건드리는 게 좋을 겁니다. 레니는 손놀림은 좋지 않지만, 컬리 저 녀석이 괜히 레니한테 엉겨 붙었다가는 큰코다치고 말 테니까요."

잡역부가 미심쩍다는 듯이 말했다.

"글쎄, 컬리는 솜씨가 아주 좋다니까. 하지만 녀석은 비겁해. 덩치 큰 친구한테 달려들어 패 줬다고 쳐 보세. 다들 컬리보고 대단하다고 하겠지. 반대로 얻어맞았다고 쳐 보세. 그럼 덩치 큰 사람이 덩치에 맞는 사람을 골랐어야 했다면서 다들 덩치 큰 친구한테 몰매를 안길지도 모르지 않나? 정말 비겁한 방법이지. 컬리에게 걸리면 누구도 승산이 없는 셈이야."

줄곧 문을 지켜보고 있던 조지가 불길한 예언이라도 하듯 음산한 목소리로 말했다.

"어쨌든 레니한테는 조심하는 게 좋을 겁니다. 레니는 싸움꾼은 아니지만 세고 빠르죠. 게다가 규칙 같은 건 전혀 모르니까요."

조지는 네모난 탁자로 걸어가 상자에 앉더니 카드 몇 장을 모아 섞기 시작했다.

노인도 다른 상자에 앉았다.

"내가 이런 말했단 얘기는 컬리한테 하지 말게. 나를 가만두지 않을 거야. 녀석은 어떻게 해도 상관없지. 쫓겨날 일도 없어. 자기 아버지가 주인이니까."

조지는 카드를 한 움큼 떼더니 순서대로 한 장 한 장 뒤집어 보고는, 흩어져 있는 카드 위로 차례차례 던지기 시작했다.

"내가 보기에 컬리는 개자식 같은데요. 나는 작고 비열한 놈들은 딱 질색이에요."

"최근 들어 더 나빠진 것 같더군. 두어 주 전에 결혼을 했다네. 부인하고 저기 주인집에 같이 살고 있지. 컬리는 결혼 뒤에 더 건방져진 것 같아."

조지가 툴툴거렸다.

"마누라 앞에서 뻐기고 싶은 건지도 모르죠."

잡역부는 서서히 그의 험담에 빠져들었다.

"그 친구 왼손에 낀 장갑 봤나?"

"네, 봤죠."

"그 장갑 안에는 바셀린이 가득하다네."

"바셀린이요? 대체 왜요?"

"글쎄, 그게 말이지, 컬리 말로는 자기 마누라 때문에 그 손을 부드럽게 유지해야 한다는 거야."

조지는 카드를 넘기는 데만 열중했다.

"그런 지저분한 소리를 하고 돌아다니다니."

노인은 안심했다. 조지에게서 컬리를 경멸하는 말을 이끌어 냈기 때문이다. 이제 안전하다고 느끼고 그는 더 자신 있게 말하기 시작했다.

"컬리의 마누라를 보고 나서 이야기하게."

조지는 다시 카드를 한 움큼 떼어 천천히 신중하게 솔리테르 방식으로 늘어놓기 시작했다. 조지가 심드렁하게 물었다.

"예쁜가요?"

"그럼, 예쁘지. 그런데……."

조지는 카드를 살폈다.

"그런데 뭐요?"

"글쎄, 한눈을 팔거든."

"예? 결혼한 지 두 주밖에 안 됐는데 한눈을 판다고요? 그래서 컬리가 바지에 개미가 잔뜩 들어간 것처럼 안절부절못하는 거군요."

"그 여자가 슬림한테 눈길을 주는 걸 봤네. 슬림은 고삐 하나로 말 여러 마리를 다룰 수 있는 솜씨 좋은 마부지. 성격도 좋은 친구고 말이야. 게다가 곡물운반조에 있으니 굽 높은 구두를 신고 다닐 필요도 없고. 나는 그 여자가 슬림한테 눈길을 주는 걸 봤어. 컬리는 아직 눈치를 못 채고 있지. 아, 칼슨한테 눈길을 주는 것도 봤지."

조지는 관심 없는 척했다.

"재미있어질 것 같긴 하네요."

잡역부가 상자에서 일어섰다.

"내가 무슨 생각을 하는지 아나?"

조지는 대답하지 않았다.

"그러니까 컬리가…… 헤픈 여자와 결혼한 것 같단 말일세."

"그런 사람이 한둘인가요? 그런 남자는 수도 없이 많죠."

노인은 문 쪽으로 몸을 움직였다. 늙은 개가 고개를 들어 주위를 살피더니 힘겹게 일어나서 노인의 뒤를 따랐다.

"가서 사람들 씻을 대야나 준비해야겠네. 곧 사람들이 돌아올 테니까. 자네들은 보리를 나를 건가?"

"네."

"내가 한 얘기를 컬리한테 하지는 않겠지?"

"당연하죠."

"그래, 언제 한번 그 여자를 보게나. 헤픈 여자인지 아닌지."

노인은 환한 햇빛 속으로 걸어 나갔다. 조지는 생각에 잠긴 표정으로 카드를 내려놓더니 세 장씩 한 번에 뒤집기 시작했다. 클로버 에이스 위에 네 장을 올릴 수 있었다. 창문으로 비쳐드는 네모난 햇살은 이제 바닥으로 떨어지고 있었다. 파리들이 그 속을 불꽃처럼 휘젓고 날아다녔다. 마구가 쩔렁거리는 소리, 무거운 짐에 눌려 마차 축이 삐거덕거리는 소리가 밖에서 들렸다. 멀리서 누군가를 불러 대는 소리가 또렷하게 들려왔다.

"마구간지기! 어이, 마구간지기!"

곧이어 다시 소리가 들렸다.

"이 염병할 검둥이가 어디로 간 거야?"

조지는 솔리테르 판을 물끄러미 바라보다가 카드를 획획 뒤섞더니 몸을 돌려 레니를 보았다. 레니는 침대에 엎드려 조지를 바라보고 있었다.

"야, 레니! 여기 분위기가 영 안 좋은데? 불안해. 너하고 저 컬리라는 녀석 사이에 말썽이 생길 게 뻔해. 전에도 그런 녀석을 본 적 있어. 그 녀석, 아까 널 떠본 거야. 네가 겁먹었다고 생각하고는 이제 기회가 생기는 대로 널 패려 들 거야."

레니는 눈에 두려움을 가득 담고 애절하게 말했다.

"난 말썽 생기는 거 싫어. 날 때리지 못하게 해 줘, 조지."

조지는 일어서서 레니의 침대로 가 앉았다.

"그런 놈은 딱 질색이야. 그런 녀석들을 수도 없이 봤지. 노인네가 말한 것처럼 컬리는 승산이 없는 싸움은 안 해. 늘 이기는 거지."

조지는 잠시 생각에 잠겼다.

"레니, 네가 그 자식이랑 문제가 생기면 우리는 모가지야. 그러니까 실수하지 마. 그 자식은 주인 아들이야. 그 자식하고 거리를 둬, 알겠지? 절대로 말 걸지 마. 그 자식이 여기에 들어오면 최대한 멀리 떨어져. 그렇게 할 수 있지?"

레니가 신음을 토했다.

"난 말썽 생기는 거 싫어. 난 걔한테 아무 짓도 안 했어."

"글쎄, 그렇다 해도 컬리가 자기가 권투 선수라는 걸 자랑하려고 들면 넌 빼도 박도 못하고 걸려들게 될 거야. 그냥 얽히지 마. 기억하겠지?"

"응, 조지. 난 아무 말도 안 할 거야."

곡물운반조 일꾼들이 다가오는 소리가 점점 커졌다. 커다란 말굽이 단단한 땅을 따각따각 치는 소리, 브레이크가 질질 끌리는 소리, 마구의 사슬이 쩔렁거리는 소리…… 곡물운반조 사내들이 서로 불러댔다. 조지는 레니 옆의 침대에 미간을 찌푸리고 앉아 생각에 잠겨 있었다. 레니가 기죽은 목소리로 물었다.

"화난 거 아니지, 조지?"

"너한테 화난 거 아냐. 컬리라는 놈한테 화난 거야. 너와 함께 돈을 좀 모으기를 바랐는데, 한 백 달러쯤."

조지의 목소리가 단호해졌다.

"컬리한테 가까이 가지 마, 레니."

"알았어, 조지. 아무 말도 안 할게."

"녀석한테 붙잡히지 마. 하지만…… 만일 그 개자식이 널 때리면…… 너도 먹여 줘."

"뭘 먹여 줘, 조지?"

"됐어, 됐어. 때가 되면 가르쳐 줄게. 나는 그런 자식 질색이야. 야, 레니, 혹시 말썽이 생기면 내가 어떻게 하라고 했는지 기억나?"

레니는 한쪽 팔꿈치를 괴고 몸을 일으켰다. 생각을 쥐어짜느라 얼굴이 일그러졌다. 이윽고 서글픈 눈길로 조지를 쳐다보았다.

"나 땜에 말썽이 생기면 넌 내가 토끼를 기르지 못하게 할 거야."

"내 말은 그게 아냐. 우리가 어젯밤에 어디서 잤는지 기억나? 저 아래 강가 말이야."

"그래, 기억나……. 아, 그럼, 기억나고말고! 거기로 가서 숲에 숨는 거야."

"내가 데리러 갈 때까지 숨어 있어. 아무한테도 들키지 말고 강가 숲에 숨는 거야. 따라해 봐."

"강가 숲에 숨는 거야, 저 아래 강가 숲에……."

"말썽이 생기면."

"말썽이 생기면."

밖에서 브레이크가 끼익하는 소리가 났다. 이어서 "마구간지기! 어이, 마구간지기!" 하고 외치는 소리가 들렸다.

조지가 다시 한 번 단단히 일렀다.

"까먹지 않게 혼자서 반복해 봐, 레니."

그 순간 두 사람은 모두 고개를 돌렸다. 문간으로 비쳐들던 사각형 햇빛이 갑자기 가려졌기 때문이다. 한 여자가 서서 안을 들여다보고 있었다. 도톰한 입술에 립스틱을 발랐고 사이가 많이 벌어진 두 눈은 화장이 진했다. 손톱은 빨갛게 칠하고 머리는 소시지처럼 작고 동그랗게 말아 늘어뜨리고 있었다. 여자는 면 실내복에 빨간 슬리퍼 차림이었다. 발등에는 빨간 타조 깃털로 만든 작은 꽃다발 장식이 달려 있었다.

"컬리를 찾는데……."

콧소리가 섞인 목소리는 당장이라도 바스러질 듯했다.

조지는 여자에게서 고개를 돌렸다가 다시 돌아보았다.

"조금 전에 왔다 갔습니다."

"아! 새로 온 사람들이죠, 그렇죠?"

여자가 뒷짐을 지고 문틀에 기댔기 때문에 윗몸이 앞으로 쏠렸다.

"네."

레니의 눈이 여자의 몸을 훑어 내렸다. 여자는 레니를 보는 것 같지는 않았지만 표정이 약간 새치름해졌다. 그리고 손톱을 들여다보며 말했다.

"컬리가 가끔 여길 오거든요."

"어쨌든 지금은 없수."

조지가 무뚝뚝하게 대답했다.

"없다니 다른 델 찾아보는 게 낫겠네요."

여자가 장난스럽게 대꾸했다.

레니는 매혹된 표정으로 여자를 바라보고 있었다.

조지가 말했다.

"보이면 찾더라고 전하지요."

여자가 간드러지게 미소를 지으며 몸을 비비 꼬았다.

"사람 찾는 게 잘못은 아니잖아요?"

뒤에서 발소리가 들리자 여자는 고개를 돌렸다.

"안녕, 슬림?"

슬림의 목소리가 문을 통해 들려왔다.

"안녕, 예쁜이."

"컬리를 찾고 있어요."

"뭐, 별로 열심히 찾는 것 같지는 않은데? 컬리가 댁네 집으로 들어가는 걸 봤어."

여자는 갑자기 불안해했다.

"다들 안녕!"

합숙소 안에 대고 외치더니 여자는 급히 자리를 떴다.

조지는 고개를 돌려 레니를 쳐다보았다.

"맙소사, 헤프기도 하지! 저게 컬리가 마누라라고 고른 여자로군."

레니가 변호하듯 말했다.

"예쁘잖아."

"그래, 뭐가 있기는 있는 여자네. 컬리가 앞으로 고생이 많겠어. 저 여자는 이십 달러면 깨끗하게 끝나겠어."

레니는 여전히 여자가 서 있던 문간을 물끄러미 보고 있었다.

"와, 정말 예뻐."

레니가 감탄하며 히죽거렸다. 조지는 재빨리 레니를 굽어보더니 귀를 잡고 흔들며 사나운 목소리로 말했다.

"잘 들어, 이 미친놈아! 저년한테 눈길도 주지 마. 저년이 무슨 말을 하든 무슨 짓을 하든 난 상관 안 해. 전에도 저런 독이나 다름없는 년들을 보았지만 저렇게 감방 미끼로 딱 맞는 여자는 처음이야. 너, 저 여자한테서 신경 꺼."

레니는 귀를 빼내려고 버둥거렸다.

"난 아무 짓도 안 했어, 조지."

"그래, 안 했지. 하지만 저년이 문간에 서서 다리를 드러낼 때 넌 딴 데를 보지도 않았잖아."

"해칠 생각은 아니었어, 조지. 정말이야, 절대 아니었어."

조지가 역겹다는 듯이 말했다.

"어쨌든 가까이 갈 생각 마. 저런 쥐덫 같은 년은 처음이라고. 감방에는 컬리나 가라고 해. 곧 그렇게 될 놈이니까. 장갑에 바셀린이나 잔뜩 넣고 다니고 말이야. 분명히 날달걀도 먹고 정력에 좋다는 약도 주문해 먹고 있을 거야."

레니가 갑자기 소리를 질렀다.

"난 여기가 싫어, 조지! 여긴 좋은 데가 아냐! 여기서 나가고 싶어."

"돈을 벌 때까지는 버텨야 돼. 어쩔 수가 없어, 레니. 최대한 빨리 떠날 거야. 나도 여기가 싫어."

조지는 탁자로 돌아가더니 다시 솔리테르를 시작했다.

"정말 마음에 안 들어. 몇 푼만 있어도 당장 여기를 뜰 텐데……. 지갑에 몇 달러만 생기면 여길 떠나 아메리칸 강으로 가서 사금이나 캐자. 거기라면 하루에 이 달러는 벌 거야. 그러다 끝내주는 금맥을 발견할 수도 있고."

레니가 기대감에 젖어 조지 쪽으로 몸을 기울였다.

"가자, 조지. 여기서 나가자. 여긴 싫어."

조지가 무뚝뚝하게 말했다.

"일단은 그냥 있어야 해, 이제 입 다물어. 곧 사람들이 들어올 거야."

근처 세면장에서 물이 흐르고 대야가 덜그럭거리는 소리가 들렸다. 조지는 카드를 살폈다.

"우리도 씻어야 하는 건지 모르겠다. 더러워질 일은 하지 않았지만."

키가 큰 사내가 문간에 와서 섰다. 사내는 찌그러진 카우보이모자를 겨드랑이에 끼고서 물기가 덜 마른 검고 긴 머리를 뒤로 빗어 넘기고 있었다. 그도 다른 사람들과 마찬가지로 청바지에 청재킷 차림이었다. 남자는 머리를 다 빗고 나서 방 안으로 들어왔다. 그 걸음걸이에는 오직 왕족이나 거장만이

지닐 법한 위엄이 있었다. 그는 솜씨 좋은 마부로, 노새를 열 마리, 열여섯 마리, 심지어 스무 마리까지 한 줄로 세워 몰 수 있는 능력을 갖춘 농장의 군주였다. 그는 채찍질 한 번으로 노새는 건드리지도 않고 노새 엉덩이에 앉은 파리를 때려잡을 수 있었다. 그의 태도에는 무게가 있었고, 또 아주 차분해 보였기 때문에 그가 입을 열면 모두 하던 말을 멈추었다. 정치 문제부터 사랑 문제에 이르기까지 그가 하는 말은 모두 그대로 받아들여질 만큼 그의 권위는 대단했다. 이 사내가 바로 솜씨 좋은 마부 슬림이었다. 도끼처럼 여위고 모난 얼굴은 나이를 가늠할 수 없었다. 서른다섯으로도 보이고 쉰으로도 보였다. 그의 귀는 그에게 하는 말 이상을 들었고 느린 말투에서는 단순한 생각을 넘어선 통찰이 담긴 듯한 분위기가 풍겼다. 큼지막하고 늘씬한 손은 신전에서 춤추는 무희의 손처럼 움직임이 섬세했다.

슬림은 찌그러진 모자를 펴더니 가운데에 주름을 잡고 머리에 얹었다. 합숙소 안에 있는 두 사람을 친근한 눈빛으로 바라보며 부드럽게 말했다.

"밖이 더럽게 밝아서 안에 들어오니 제대로 보이지가 않는군. 자네들이 새로 온 친구들인가?"

"방금 왔습니다."

조지가 대답했다.

"보리를 나르는 일을 할 건가?"

"주인이 그렇게 말하더군요."

슬림이 테이블을 끼고 조지 건너편 상자에 앉았다. 자기 앞에 거꾸로 놓인 솔리테르 패를 살폈다.

"내 밑으로 들어오면 좋겠군. 우리 조에 보릿자루하고 똥자루도 분간 못하는 풋내기가 둘 있거든. 자네들은 보리를 날라본 적이 있겠지?"

슬림의 목소리는 아주 부드러웠다.

"아, 그럼요. 저야 딱히 자랑할 게 없지만 저기 저 덩치 큰 놈은 웬만한 사람 둘이 들 무게를 혼자서도 듭니다."

두 사람을 번갈아 쳐다보며 대화를 좇던 레니가 조지의 칭찬에 흡족한 미소를 지었다. 슬림은 친구를 칭찬해 주는 조지를 괜찮은 녀석이라고 여기며 쳐다보았다. 그는 탁자로 몸을 숙이더니 삐져나온 카드의 귀퉁이를 손가락으로 튕겼다.

"자네들은 함께 다니는 건가?"

호의가 담긴 말투였다. 솔직하게 말하라고 다그치는 것이 아니라 은근하게 권유하는 듯했다.

"그럼요. 서로 돌봐주는 셈입니다."

조지가 엄지손가락으로 레니를 가리켰다.

"저 친구는 좀 똑똑치 못하거든요. 하지만 끝내주는 일꾼입니다. 끝내주게 좋은 녀석이고요. 하지만 똑똑하진 않아요. 저 녀석하고는 오랫동안 알고 지낸 사이입니다."

슬림의 눈은 조지를 꿰뚫어 그 너머를 보았다.

"함께 돌아다니는 사람은 많지 않지."

그는 생각에 잠긴 표정으로 말을 이어 나갔다.

"나도 이유는 모르겠어. 어쩌면 이 빌어먹을 세상에 사는 사람들 모두가 서로를 무서워하기 때문인지도 모르지."

조지가 말했다.

"친한 친구와 함께 돌아다니는 편이 훨씬 좋습니다."

그때 배가 불룩 나오고 힘세 보이는 사내가 합숙소로 들어왔다. 물에 담갔다가 북북 문질러 빗은 그의 머리카락에서는 아직도 물이 뚝뚝 떨어지고 있었다.

"어이, 슬림."

그는 말하다 말고 발을 멈추더니 조지와 레니를 뚫어져라 바라보았다.

"방금 온 친구들이네."

슬림이 소개 비슷하게 말하자 배불뚝이가 인사를 건넸다.

"만나서 반갑네, 칼슨이라고 하네."

"조지 밀튼입니다. 여기는 레니 스몰이고요."

"만나서 반가워. 저 친구 스몰이라면서 작지는 않은데 그래? 전혀 작지 않아."

칼슨은 자신의 농담에 껄껄 웃음을 터뜨리고는 한 번 더 되풀이했다.

"그런데 슬림, 물어볼 게 있었네. 자네 암캐는 어떻게 됐어? 오늘 아침엔 마차 밑에 안 보이던데……"

"어제 몸을 풀었거든. 아홉 마리나 낳았어. 네 마리는 바로 물에 던져 버렸네. 어미가 그렇게 많이 먹일 수는 없잖나."

"그럼 다섯 마리가 남은 거네."

"그래, 다섯. 큰 놈들로만 남겼지."

"어떤 종자가 될 것 같은가?"

"모르겠어. 셰퍼드 쪽일 것 같은데……. 암캐가 발정이 났을 때 이 근처를 어슬렁거리던 놈들이 대부분 셰퍼드였거든."

칼슨이 말을 이었다.

"다섯 마리라……. 다 키울 건가?"

"모르겠어. 룰루가 젖을 주는 동안은 일단 데리고 있어야지."

칼슨이 생각에 잠긴 표정으로 말했다.

"이보게, 슬림. 쭉 생각했던 건데, 캔디의 그 개 말이야, 염병할, 너무 늙어서 제대로 걷지도 못해. 냄새도 고약하고 말이야. 합숙소에 한번 들어오면 이삼 일 동안 냄새가 빠지지 않아. 캔디에게 늙은 개는 쏴 죽이라 그러고 자네 강아지 한 마리를 주지 그래? 그 개는 멀리 떨어져 있어도 냄새가 난다니까. 눈도 멀고 이빨도 빠져서 제대로 먹지도 못해. 캔디가 우유를 먹이니까 살지. 다른 건 먹지도 못하거든."

조지는 뚫어져라 슬림을 보고 있었다. 그때 갑자기 밖에서 트라이앵글을 치는 소리가 들렸다. 처음에는 천천히 치다가 점점 속도가 빨라지더니 마침내는 간격도 없이 쩌렁쩌렁 울리는 하나의 종소리처럼 울려 퍼졌다. 트라이앵글 소리는 시작될 때와 마찬가지로 갑자기 멈추었다.

칼슨이 말했다.

"종이 울렸군."

밖에서 와글대는 소리와 함께 한 무리의 사내가 지나갔다.

슬림이 위엄 있게 천천히 일어섰다.

"자네들도 먹을 게 남아 있을 때 오는 게 좋을 거야. 금방 없어지거든."

슬림이 먼저 갈 수 있도록 칼슨이 한 걸음 뒤로 물러섰다. 곧 두 사람은 문 밖으로 나갔다. 레니는 흥분한 표정으로 조지를 지켜보고 있었다. 조지는 카드를 뒤섞어 아무렇게나 모았다.

"그래. 나도 들었어, 레니. 부탁해 볼게."

레니가 흥분해서 소리쳤다.

"갈색하고 흰색 반점이 있는 놈으로!"

"가자. 좀 먹어야지. 그런 얼룩강아지가 있으려나 모르겠다."

레니는 침대에서 꼼짝도 하지 않았다.

"지금 당장 물어봐, 조지. 슬림이 더 안 죽이게."

"알았어. 어서 가자니까. 일어서!"

레니는 침대에서 굴러 내려와 벌떡 일어섰다. 두 사람은 문으로 향했다. 막 문에 이르렀을 때 컬리가 급히 들어왔다.

그가 사납게 다그쳤다.

"이 근처에서 여자 못 봤어?"

"한 삼십 분 전에 봤어."

조지는 성질을 부리는 작은 남자를 가만히 서서 지켜보다가 비아냥거리며 말했다.

"그래? 대체 뭘 하고 있었지?"

조지가 냉랭하게 대꾸했다.

"당신을 찾는다고 하던데?"

컬리는 조지를 처음 봤다는 표정이었다. 컬리의 눈이 번쩍이더니 조지의 키와, 자기 팔이 어디까지 닿을지를 가늠해 보고는 조지의 군살 없는 몸통을 매섭게 훑었다. 마침내 그가 물었다.

"그래, 어느 쪽으로 갔어?"

"몰라, 가는 걸 보고 있진 않았으니까."

컬리는 조지를 쏘아보더니 몸을 돌려 얼른 문 밖으로 나갔다.

조지가 말했다.

"야, 레니, 이러다 내가 저놈하고 직접 붙는 건 아닌가 걱정이다. 저 건방진 태도가 맘에 안 들어. 젠장! 가자. 염병, 먹을 게 하나도 안 남겠다."

그들은 밖으로 나갔다. 햇빛은 창문 밑으로 가는 선이 되어 비쳐 들었다. 멀리서 그릇이 달그락거리는 소리가 들렸다.

잠시 후 늙은 개가 절뚝거리며 열린 문으로 들어왔다. 흐릿하면서도 온화해 보이는 눈으로 주위를 두리번거렸다. 코를 킁킁거리더니 엎드려서 머리를 앞발 사이에 내려놓았다. 컬리가 다시 문간에 나타나 그곳에 서서 방 안을 둘러보았다. 개가 머리를 들었다. 하지만 컬리가 불쑥 나가버리자 그 회색 머리를 다시 바닥으로 떨어뜨렸다.

3

창으로 저녁볕이 들이비쳤지만 합숙소 안은 어둑어둑했다. 열린 문으로, 편자 던지기 놀이를 하는 쿵 소리와 이따금씩 쨍그랑거리는 소리가 들렸다. 그때마다 칭찬이나 조롱이 왁자하게 일었다.

어두워져 가는 합숙소로 슬림과 조지가 함께 들어왔다. 슬림이 카드 탁자 위로 손을 뻗더니 양철 갓을 씌운 전등불을 켰다. 곧 탁자 위는 환해졌지만 고깔 모양의 갓은 빛을 아래쪽으로만 쏟아 부어 구석은 여전히 어둠에 잠겨 있었다. 슬림이 상자에 앉자 조지가 맞은편에 자리를 잡았다.

슬림이 말했다.

"뭐, 별거 아니야. 어차피 대부분 물에 빠뜨려 죽여야 했을 테니까. 나한테 그렇게까지 고마워할 필요 없어."

"당신한테야 별일 아닐지 모르지만 그 친구한테는 정말 대단한 일입니다. 맙소사, 그 친구를 어떻게 여기에 와서 자게 할지 모르겠네요. 강아지들하고 마구간에서 자고 싶어 할 거예요. 아예 강아지들하고 상자 안에 들어가 자려는 걸 막으려면 고생 꽤나 해야 할 겁니다."

"뭐, 별거 아니야."

슬림이 거듭 말했다.

"참, 그 친구 말이야. 정말 자네 말이 맞더군. 똑똑하지는 않을지 몰라도 그런 일꾼은 처음 보네. 옆에서 같이 보리 일을 하던 사람을 죽일 뻔했잖은 가. 아무도 그 속도를 따라갈 수 없을 거야. 정말이지 그렇게 힘 좋은 친구는 처음 봤네."

조지가 자랑스럽게 말했다.

"레니한테 뭐든 시켜만 보세요. 머리 쓰는 일만 아니면 뭐든 해낼 겁니다. 스스로 머리를 굴리지는 못하지만 시키는 건 다 할 수 있습니다."

밖에서 편자가 쇠말뚝에 쨍그랑 부딪히는 소리가 나더니 환호성이 낮게 울려 퍼졌다.

슬림은 빛이 얼굴에 비치지 않도록 약간 뒤로 물러나 앉았다.

"자네하고 그 친구가 함께 다니다니 이상한 일이야."

그것은 속에 있는 이야기를 해 보지 않겠냐는 슬림의 은근한 권유나 다름 없었다.

조지는 방어하듯 따져 물었다.

"그게 뭐가 이상하단 겁니까?"

"글쎄, 모르겠어. 일단 함께 붙어 다니는 사람들은 거의 없지 않나. 두 사람이 함께 돌아다니는 건 본 적이 없네. 자네도 일꾼들이 어떤지 알잖아. 그냥 찾아와서 침대를 차지하고는 한 달 일하다가 그만두고 혼자 훌쩍 떠나 버리잖아. 아무한테도 신경을 쓰지 않지. 그런데 그런 정신 나간 친구랑 자네처럼 영리하고 작은 친구가 함께 돌아다닌다니 재미있지 뭔가."

"그 친구는 정신 나간 놈이 아닙니다. 우라지게 둔한 것뿐이지, 미치지는 않았다고요. 또 사실 저도 별로 똑똑한 놈은 아니지요. 똑똑한 놈이라면 고작 숙식 제공에 오십 달러만 받고 보리 나르는 일을 하겠습니까? 제가 똑똑하거나 조금이라도 약삭빠른 놈이라면 쪼그만 밭떼기를 사서 내 밭을 일구겠지요. 이렇게 일은 일대로 다 하면서 땅에서 나는 건 한 톨도 얻지 못하는 게 아니고요."

조지는 입을 다물었다. 하지만 더 이야기하고 싶었다. 슬림은 더 하라고도, 그만하라고도 하지 않았다. 그냥 조용히 앉아서 듣기만 할 뿐이었다.

"그 친구와 제가 함께 다니는 건 그리 이상한 일이 아닙니다."

조지가 마침내 입을 열었다.

"레니하고 저는 둘 다 어번 출신입니다. 전 그 친구의 숙모 클라라와 아는 사이였죠. 그분은 저 친구를 아기 때부터 데려다 길렀어요. 클라라 숙모가 돌아가시자 레니는 저를 따라다니며 일을 하게 되었죠. 그렇게 좀 지내다 보니 서로 정이 들었고요."

"흠......"

조지는 신처럼 차분한 슬림의 눈길이 자신에게 고정되어 있는 것을 보았다.

"이상하지요. 그 친구를 정말 많이 갖고 놀았는데...... 너무 둔해서 자기 앞가림도 못하니까 짓궂게 장난도 많이 쳤습니다. 하지만 그 친구는 너무 멍청해서 자기를 갖고 노는 건지도 몰랐지요. 나야 재미있었습니다. 그 친구 옆에 있으면 내가 똑똑해 보였으니까요. 그 친구는 내가 하라는 대로 뭐든 다 했습니다. 절벽에서 뛰어내리라고 했어도 아마 그대로 했을 걸요? 하지만 좀 있으니까 그게 염병, 별로 재미가 없더란 말입니다. 게다가 그 친구는 아무리 놀림을 받아도 화를 내지도 않았고요. 열나게 두들겨 팬 적도 있었어요. 하지만 그 친구는 맨손으로 제 몸의 뼈를 다 부스러뜨릴 수 있으면서도 저한테는 손가락 하나 댄 적 없지요."

조지의 목소리가 고백조를 띠기 시작했다.

"왜 내가 그 짓을 그만두게 됐는지 아세요? 어느 날 우리 일행 몇 명이 새크라멘토 강변에 모여 있을 때였습니다. 저는 제가 아주 잘났다고 생각했죠. 그래서 레니에게 말했습니다. '뛰어들어.' 레니는 뛰어들었습니다. 수영을 전혀 할 줄 모르면서 말이에요. 우리는 염병할, 레니가 물에 빠져 죽기 일보직전에 간신히 구해냈습니다. 그런데도 레니는 건져줘서 고맙다고 하더란 말입니다. 내가 뛰어들라고 한 건 다 잊고서요. 뭐, 그래서 그때 이후로는 절대 그런 짓을 하지 않습니다."

슬림이 말했다.

"그 친구, 좋은 사람이로군. 꼭 똑똑해야 좋은 사람이 되는 건 아니지. 가끔은 그 반대라는 생각도 들어. 정말 똑똑한 사람이 좋은 사람인 경우는 정말 드물지."

조지는 흩어진 카드들을 모으더니 솔리테르 패를 늘어놓기 시작했다. 밖에서 편자가 땅바닥에 떨어지는 소리가 났다. 저녁 빛이 네모난 창을 여전히 밝게 비추고 있었다.

조지가 말했다.

"저는 가족이 없습니다. 혼자 이 농장 저 농장 떠도는 사람들을 많이 보지만 그건 좋지 않아요. 아무 재미없이 지내더라고요. 그렇게 오랜 시간이 지나면 성격이 비뚤어지게 돼요. 걸핏하면 싸우고 싶어 하고요."

슬림도 맞장구를 쳤다.

"그래, 성격이 비뚤어지지. 아무하고도 이야기를 안 하려고 하게 되지."

"물론 레니가 귀찮을 때도 많아요. 하지만 같이 다니다보니 익숙해져서 이젠 떼어 놓을 수가 없습니다."

"그 친구는 비뚤어지지 않았어. 레니는 전혀 비뚤어진 사람이 아니라는 건 보면 아네."

"물론 그렇죠. 하지만 염병, 너무 멍청해서 늘 문제를 일으킵니다. 위드에서도 그랬고요…….

조지는 말을 끊었다. 카드를 뒤집다 말고 동작을 멈추고 깜짝 놀라 슬림의 눈치를 살폈다.

"아무한테도 말하지 않을 거죠?"

슬림이 차분한 목소리로 물었다.

"레니가 위드에서 무슨 짓을 했나?"

"말하지 않을 거죠? 물론 당신은 그럴 사람이 아니지만."

슬림이 다시 물었다.

"레니가 위드에서 무슨 짓을 했는데?"

"그러니까…… 빨간 드레스를 입은 아가씨가 레니의 눈에 꼭 띄었답니다. 레니는 멍청한 놈이라서 마음에 들면 뭐든지 만지고 싶어 해요. 쓰다듬고 싶어하는 거죠. 그래서 그 빨간 드레스를 만지려고 손을 뻗었더니 아가씨가 꽥 비명을 지른 겁니다. 그 바람에 레니는 머릿속이 완전 뒤죽박죽이 되었죠. 레니는 어쩔 줄 모르고 마냥 옷을 붙들고 있었어요. 그 아가씨는 계속 꽥꽥 비명을 질러댔고요. 나는 조금 떨어진 곳에 있다가 비명 소리를 듣고 달려갔죠. 그때까지도 레니는 너무 겁에 질려서 그 옷을 붙들고 있자는 생각밖에 못했던 거예요. 나는 손을 놓으라고 담장 말뚝으로 레니 머리를 갈겼지요. 하지만 레니는 너무 겁에 질린 나머지 드레스를 쥔 손을 놓지 못하는 거예요. 게다가 그 자식, 힘은 지랄 맞게 세잖아요."

슬림은 눈을 깜빡이지도 않고 흔들림 없이 조지를 바라보았다. 그리고 천천히 고개를 끄덕였다.

"그래서 어떻게 되었나?"

조지는 신중하게 솔리테르 패를 일렬로 죽 늘어놓았다.

"글쎄 그 여자가 토끼처럼 집으로 뛰어 들어가더니, 강간을 당했다고 경찰에 신고해 버렸답니다. 그러자 위드의 남자들이 떼로 몰려와 레니를 손보겠다고 나섰죠. 그래서 우리는 해가 저물 때까지 용수로에 들어가 있었어요. 머리만 물 밖에 내놓고 있었는데, 그나마 도랑가에 자라난 풀 속에 처박고 있어야 했지요. 그러다가 밤에 겨우 도망쳐 나온 겁니다."

슬림은 잠시 묵묵히 앉아 있었다. 마침내 그가 입을 열었다.

"그러니까 그 아가씨를 해치지는 않았다는 거지?"

"그럼요. 그 아가씬 그냥 겁먹은 것뿐입니다. 레니가 나를 붙들면 나라도 겁먹을 겁니다. 하지만 절대 해치지는 않았습니다. 레니는 그냥 빨간 드레스를 만져보고 싶었던 것뿐이에요. 하루 종일 강아지를 쓰다듬고 싶어 하는 것처럼요."

"레니는 비뚤어진 사람이 아니야. 비뚤어진 녀석들은 멀리서도 알아볼 수 있네."

"물론 비뚤어지지 않았죠. 시키는 거라면 뭐든……."

레니가 문으로 들어왔다. 그는 어깨에 청재킷을 망토처럼 걸치고 웅크린 자세로 걸어왔다.

조지가 말했다.

"여, 레니, 강아지는 마음에 들어?"

레니가 숨죽여 대답했다.

"내가 원하던 대로 갈색과 흰색이 섞인 얼룩 강아지야."

그는 곧장 자기 침대로 가서 눕더니 벽을 보고 두 무릎을 끌어당겼다.

조지는 천천히 카드를 내려놓고는 날카롭게 외쳤다.

"레니!"

레니는 고개만 돌려 어깨 너머로 조지를 쳐다보았다.

"응? 왜 그래, 조지?"

"강아지를 여기에 데려오면 안 된다고 했잖아."

"무슨 강아지? 나 강아지 없어."

조지는 얼른 레니에게 다가가 어깨를 움켜쥐고 돌아눕게 했다. 그리고 손을 뻗어, 레니가 배에 바싹 붙여 감추고 있던 조그만 강아지를 집어 들었다.

레니가 벌떡 일어나 앉았다.

"이리 줘, 조지."

조지가 말했다.

"당장 일어나서 이 강아지를 개집에 갖다 두고 와. 애는 자기 엄마하고 자야 해. 애를 죽이고 싶어? 어젯밤에 갓 태어난 새끼를 빼내 오다니……. 당장 두고 와. 아니면 슬림한테 이 강아지 너한테 주지 말라고 할 거야."

레니는 애원하듯이 두 손을 내밀었다.

"이리 줘, 조지. 갖다 놓을게. 해치려던 게 아냐. 정말 아냐. 그냥 좀 쓰다듬고 싶어서……."

조지는 강아지를 레니에게 건네주었다.

"좋아. 얼른 갖다 놓고 와. 그리고 다시는 데려오지 마. 그러다 죽인다고. 네가 제일 잘하는 짓이잖아."

레니는 황급히 방에서 나갔다.

슬림은 꼼짝도 하지 않았다. 문밖으로 나가는 레니를 차분한 눈으로 좇을 뿐이었다.

슬림이 말했다.

"맙소사! 꼭 아이 같군, 안 그런가?"

"그래요, 꼭 아이 같죠. 악의라곤 없습니다. 아이처럼요. 힘이 아주 세다는 것 말고는. 틀림없이 오늘 밤엔 여기서 자지 않을 겁니다. 마구간의 강아지 상자 옆에서 잘 겁니다. 뭐, 그러라고 하지요. 거기 있다고 누구한테 피해 주는 건 아니니까요."

이제 날이 거의 저물었다. 잡역부 캔디가 들어오더니 자기 침대로 갔다. 늙은 개가 안간힘을 쓰며 뒤따라 들어왔다.

"여, 슬림, 조지, 둘 다 편자 던지기를 안 했나 봐?"

"매일 밤 하고 싶지는 않소."

슬림이 말하자 캔디가 다시 물었다.

"둘 중에 위스키 좀 가진 사람 없나? 배가 아파서 말이야."

슬림이 말했다.

"없는데, 있으면 내가 마시지. 게다가 난 배도 안 아파."

"배가 심하게 아프구먼. 그 빌어먹을 순무 때문인가 봐. 먹기 전부터 그럴 것 같더니만."

덩치 큰 칼슨이 어둠이 내려앉은 마당에서 안으로 들어왔다. 그는 맞은편으로 가더니 갓을 씌운 두 번째 등을 켜며 투덜거렸다.

"지옥도 여기보단 밝겠다. 제기랄, 그 검둥이 편자 하나는 잘 던지대."

슬림이 말했다.

"아주 잘 던지지."

"정말 그래. 다른 사람한테 이길 기회를 주지 않아……."

칼슨이 말을 멈추더니 허공에 대고 코를 킁킁거렸다. 그는 계속 코를 킁킁거리더니 마침내 늙은 개를 내려다보았다.

"맙소사, 저놈의 개, 냄새 정말 더럽네. 좀 데리고 나가쇼, 캔디! 늙은 개처럼 냄새가 심한 것도 없다고. 여기서 썩 데리고 나가쇼."

캔디는 몸을 굴려 침대 가장자리로 갔다. 팔을 뻗어 늙은 개를 토닥거리더니 변명하듯 말했다.

"하도 오래 같이 있어서 그런지 난 아무 냄새도 못 맡겠는걸."

"어쨌든 나는 저놈이 여기 있는 걸 견딜 수가 없어. 개가 나가고 난 뒤에도 냄새가 사라지지 않는다니까."

칼슨은 굵은 다리를 움직여 성큼성큼 걸어가더니 개를 굽어보았다.

"이빨도 없군. 게다가 류머티즘 때문에 몸도 뻣뻣해. 이 개는 영감한테 좋을 게 아무것도 없소. 살아 봐야 개한테도 좋을 게 없고. 왜 쏴서 보내 버리지 않는 거요, 캔디?"

노인은 불편한 듯 몸을 꿈틀댔다. 그가 당당하게 말했다.

"웃기는 소리 마! 난 얘를 아주 오래도록 데리고 있었어. 새끼 때부터 데리고 있었다고. 얘와 함께 양을 몰았어."

그리고 자랑스럽게 덧붙였다. "지금 이 개를 보면 상상도 못하겠지만 얘는 내가 본 최고의 양치기 개였다고."

조지가 말을 돌리려 했다.

"위드에서 어떤 사람이 양을 칠 줄 아는 에어데일을 데리고 있는 걸 봤는데, 그 개는 다른 개들한테서 양 치는 걸 배웠다더군요."

칼슨은 넘어가지 않았다.

"이봐요, 캔디. 이 늙은 개는 살아 봤자 그저 괴로울 뿐이라니까. 밖으로 데리고 나가서 뒤통수를 제대로 쏘면……."

칼슨은 몸을 기울이며 손가락으로 가리켰다.

"바로 저기 말이야. 그럼 개는 뭐에 맞은지도 모를 거요."

캔디는 서글픈 표정으로 주위를 두리번거리고는 작은 소리로 말했다.

"안 돼, 그럴 수 없어. 너무 오래 함께 있었어."

칼슨은 끄덕였다.

"이 개는 사는 즐거움도 없다고요. 죽어라 냄새만 풍기고. 이렇게 하자고. 내가 대신 쏴 드리지. 그럼 당신 손으로 안 해도 되잖소."

캔디는 두 다리를 침대 밖으로 축 늘어뜨리고는 듬성듬성한 흰 구레나룻을 초조하게 벅벅 긁어 댔다. 그러고는 조그만 목소리로 말했다.

"나는 애한테 너무 길들여졌어. 새끼 때부터 데리고 있었거든."

"거 참, 살려 두는 게 개한테 잘해 주는 게 아니라니까 그러네. 보쇼, 슬림의 암캐가 막 새끼를 낳았잖아요. 슬림이 틀림없이 강아지를 한 마리 기르게 해 줄 거요. 안 그래, 슬림?"

온화한 눈으로 늙은 개를 살피고 있던 슬림이 입을 열었다.

"그럼, 원한다면 한 마리 가져도 좋소."

용기를 내어 말한 듯이 보였다.

"칼슨의 말이 옳아요, 캔디. 개한테도 좋을 게 없어. 나라도 늙어서 절뚝거리고 다니면 누가 날 쏴 주길 바랄걸."

캔디는 무력한 표정으로 슬림을 보았다. 슬림의 의견은 곧 법이었기 때문이다. 그가 슬쩍 말했다.

"총에 맞으면 분명히 아플 거야. 애를 돌보는 건 나한테는 문제가 안 돼."

칼슨이 대꾸했다.

"내가 쏘면 개는 아무것도 못 느낄 거라니까. 총을 바로 저기에 갖다 댈거요. 바로 뒤통수에. 그럼 개가 미동도 없이 갈 거요."

칼슨은 발가락으로 개 뒤통수를 가리켰다.

캔디는 도와 달라는 듯 사람들을 차례차례 둘러보았다. 밖은 이제 깜깜했다. 젊은 일꾼 하나가 들어왔다. 보이지 않는 곡물 자루라도 운반하듯 구부정한 어깨를 앞으로 숙인 채 뒤꿈치를 디디며 무겁게 걸었다. 젊은이는 침대로 가더니 모자를 벗어 선반에 얹었다. 그런 다음 선반에서 싸구려 잡지를 집어 들고 탁자 위의 전등불에 비추며 물었다.

"이걸 보여 줬던가요, 슬림?"

"뭘 보여 줘?"

젊은이는 잡지 뒷면을 펼치더니 탁자에 내려놓고 손가락으로 가리켰다.

"바로 이거요, 한번 읽어 보세요."

슬림이 허리를 굽혔다. 젊은이가 재촉했다.

"어서요, 큰소리로 읽어 보세요."

슬림은 느릿느릿 읽기 시작했다.

"'편집자에게. 나는 이 잡지를 육 년 동안 구독했는데, 이 잡지가 시장에 나온 것들 가운데 최고라고 생각합니다. 피터 랜드의 작품이 가장 마음에 듭니다. 아주 멋지다고 생각합니다. 〈암흑의 기사〉 같은 이야기를 더 실어 주십시오. 나는 편지를 자주 쓰는 사람은 아닙니다. 그냥 이 잡지가 내가 돈을 주고 산 잡지 가운데 최고라는 말을 하고 싶었습니다.'"

슬림이 의아한 표정으로 고개를 들었다.

"대체 이걸 왜 읽으라는 거지?"

휘트가 다그쳤다.

"그 밑에 이름을 읽어 보세요, 어서요."

슬림이 마저 읽었다.

"'무궁한 발전을 빌며, 윌리엄 테너.'"

슬림은 다시 휘트를 흘끔 쳐다보았다.

"도대체 이걸 왜 읽으라는 거야?"

휘트는 근엄한 동작으로 잡지를 덮었다.

"빌 테너 기억 안 나요? 석 달 전쯤 여기서 일했는데."

슬림은 기억을 더듬었다.

"조그만 친구? 경운기를 몰던?"

휘트가 소리쳤다.

"맞아요! 바로 그 친구예요!"

"그러니까 그 친구가 이 편지를 썼다는 건가?"

"분명해요. 언젠가 빌하고 내가 여기 숙소에 있을 때였는데, 빌은 막 배달된 이 잡지를 갖고 있었죠. 잡지를 펼쳐 보더니 그러는 거예요. '편지를 한 통 보냈는데, 실어 줬는지 모르겠네!' 하지만 안 실렸죠. 빌은 이러더군요. '혹시 나중에 실어 줄지도 모르지.' 그런데 진짜로 그렇게 됐어요! 여기 이렇게 실렸잖아요."

슬림이 말했다.

"자네 말이 맞는 것 같군. 제대로 실렸어."

조지가 잡지 쪽으로 손을 뻗었다.

"좀 봅시다."

휘트는 다시 그 페이지를 펼쳤지만 잡지를 건네주지는 않았다. 집게손가락으로 편지를 가리켜 보일 따름이었다. 그런 다음 자기 선반으로 가서 잡지를 조심스럽게 집어넣었다.

"빌이 봤는지 모르겠군. 빌하고 나는 저쪽 완두콩밭에서 일했는데 둘 다 경운기를 몰았죠. 빌은 아주 괜찮은 녀석이었어요."

칼슨은 대화에 끼려 하지 않았다. 계속 늙은 개만 빤히 내려다보고 있었다. 캔디는 불안한 얼굴로 칼슨을 지켜보았다.

마침내 칼슨이 말했다.

"그러라고만 하면 이 늙은 녀석이 당장 괴로움에서 벗어날 수 있도록 해주겠소. 이 녀석한테는 즐거움이랄 게 아무것도 없어. 먹지도 못하고 보지도 못하고 심지어 아파서 제대로 걷지도 못하잖아."

캔디가 희망을 품고 말했다.

"자네한테는 총이 없잖아."

"없기는 왜 없어? 루거가 한 자루 있다고. 그걸로 쏘면 전혀 아프지 않을 거야."

캔디가 말했다.

"내일 한번 보세나. 내일까지 기다리자고."

"그래야 할 이유가 있나."

칼슨은 자기 침대로 가서 그 밑에서 가방을 끄집어내더니 루거를 빼 들었다.

"끝내 버립시다. 저 녀석이 이 안에서 악취를 풍기니 잘 수가 없잖아."

칼슨은 권총을 바지 뒷주머니에 쑤셔 넣었다.

캔디는 슬림이 반대해주지나 않을까 싶어 줄곧 슬림의 표정을 살폈다. 그러나 슬림은 아무 말도 없었다. 마침내 캔디는 낙심해서 작은 목소리로 말했다.

"알았네. 데려가."

그는 개 쪽을 쳐다보려고도 하지 않았다. 침대에 벌렁 누워 양팔로 팔베개를 하고 천장만 물끄러미 올려다볼 뿐이었다.

칼슨이 호주머니에서 가는 가죽 끈을 꺼냈다. 그는 허리를 숙이고 끈을 개의 목에 묶었다. 캔디 말고는 모두가 칼슨의 행동을 주시했다.

"가자, 애야. 착하지."

칼슨이 다정하게 말했다. 그러고는 캔디에게 변명하듯 말했다.

"아무것도 못 느낄 거요."

캔디는 대답도 없이 꿈쩍 않고 있었다.

칼슨이 끈을 잡아당겼다.

"자, 가자."

늙은 개는 천천히 힘겹게 일어서더니 칼슨이 살며시 잡아끄는 대로 따라갔다.

"칼슨."

슬림이 불렀다.

"응?"

"어떻게 하는지 알지?"

"무슨 소리야?"

"삽을 가져가."

슬림이 무뚝뚝하게 말했다.

"아, 그렇군! 알았어."

칼슨은 개를 끌고 바깥 어둠 속으로 사라졌다.

조지는 문까지 따라가서 문을 닫고 빗장을 살며시 걸었다. 캔디는 뻣뻣하게 누워 천장만 보고 있었다.

슬림이 큰 소리로 말했다.

"선두를 맡은 노새가 발굽을 다쳤어. 가서 타르를 발라줘야겠어."

그 목소리가 서서히 잦아들었다. 밖은 조용했다. 칼슨의 발소리가 희미해졌다. 숙소 안이 고요해졌다. 한동안 정적이 흘렀다.

조지가 낄낄 웃으며 말했다.

"레니는 밖에 마구간에서 강아지와 함께 있겠네요. 강아지가 생겼으니 이리로 들어오고 싶지 않을 거예요."

슬림이 말했다.

"캔디, 강아지들 가운데 아무거나 원하는 놈으로 가져도 되네."

캔디는 대답하지 않았다. 숙소는 다시 정적에 휩싸였다. 밤의 어둠에서 새어 나온 정적이 방 안에 스며들었다. 조지가 입을 뗐다.

"유커 할 사람 있습니까?"

휘트가 나섰다.

"나랑 몇 판 합시다."

그들은 전등불 아래 탁자에 마주 앉았다. 그러나 조지는 카드를 섞을 생각은 않고, 손에 쥔 카드 뭉치의 가장자리를 초조하게 훑어댔다. 차르르 하는 작은 소리에 방 안의 시선이 모두 쏠리자 조지는 손을 멈추었다. 다시 방에 정적이 깔렸다. 일 분이 지나고, 다시 일 분이 지났다. 캔디는 가만히 누워 천장만 보고 있었다. 슬림은 그쪽을 흘끗 봤다가 시선을 떨어뜨려 자기 두 손을 내려다보았다. 한 손을 다른 손 밑에 포개고 잠자코 있었다. 마루 아래에서 나무를 갉는 소리가 조그맣게 들렸다. 모두 고마워하는 표정으로 소리나는 쪽을 돌아보았다. 캔디만 계속 천장을 보고 있었다.

조지가 말했다.

"이 밑에 쥐가 있는 것 같은데? 덫을 놔야겠어."

휘트가 고함치듯 불쑥 내뱉었다.

"도대체 칼슨은 왜 이렇게 오래 걸리는 거야? 패나 돌리지 그래요? 이러다가는 한 판도 못하겠네."

조지는 카드를 단단히 모아 쥐고 뒷면을 살폈다. 다시 방 안에 정적이 깔렸다.

멀리서 한 차례 총소리가 들렸다. 사람들은 얼른 노인을 보았다. 머리들이 모두 노인 쪽으로 돌아갔다.

한동안 노인은 천장만 계속 바라보았다. 이윽고 천천히 벽을 보고 돌아누웠다. 입은 계속 다문 채였다.

조지가 시끄럽게 카드를 섞더니 패를 돌렸다. 휘트가 점수판을 자기 쪽으로 끌어당기더니 계산을 시작하려고 산가지들을 출발점으로 옮겼다.

휘트가 말했다.

"형씨들은 여기에 정말로 일을 하러 온 모양이군."

조지가 물었다.

"무슨 소리요?"

휘트가 웃음을 터뜨렸다.

"그러니까 형씨들은 금요일에 여길 왔다 이겁니다. 일요일까지 일할 날이 이틀이나 되잖아요."

"무슨 말을 하는지 모르겠군."

조지의 말에 휘트가 다시 웃음을 터뜨렸다.

"이런 큰 농장을 자주 돌아다녀 보면 알 수 있죠. 그저 농장을 구경만 하러 오는 사람들은 토요일 오후에 오거든요. 그리고 토요일에 저녁을 먹고 일요일에 세 끼를 다 먹은 다음, 거기다가 월요일 아침까지 얻어먹고 손 하나 까딱 않고 가 버리는 거지. 하지만 형씨들은 금요일 낮에 일을 하러 왔잖아요. 무슨 생각으로 왔는지 몰라도 어쨌든 하루 반은 일을 해야 한다는 거지."

조지는 차분한 눈빛으로 휘트를 보았다.

"우린 한동안 여기 있을 거요. 나하고 레니는 돈을 좀 모을 생각이오."

문이 살며시 열리더니 마구간지기가 머리를 들이밀었다. 흑인의 갸름한 얼굴이 보였다. 고생을 많이 했는지 얼굴에 주름이 팼고 눈빛에서는 인내심이 드러났다.

"슬림 씨."

슬림이 캔디 노인에게서 눈을 돌렸다.

"응? 아! 크룩스로군. 무슨 일인가?"

"노새 발굽에 바를 타르를 덥혀 놓으라고 하셨잖아요. 덥혀 놨습니다."

"아, 그래. 바로 나가서 바르지."

"제가 해도 됩니다."

슬림이 일어섰다.

"아니야. 내가 직접 하겠네."

크룩스가 다시 말했다.

"슬림 씨."

"응?"

"새로 온 덩치 큰 사람이 마구간에서 슬림 씨 강아지들을 만지작거리는데요."

"뭐, 해치지는 않을 걸세. 그 친구한테 한 마리를 줬네."

"그냥 말씀드려야 할 것 같아서요. 강아지들을 개집에서 꺼내서 만지고 있어요. 그럼 강아지들한테 좋지 않거든요."

"해치지는 않겠지. 지금 나가겠네. 같이 가세."

조지가 고개를 들었다.

"그 미친놈이 죽어도 떨어지지 않으려고 하면 그냥 쫓아버리십쇼, 슬림."

슬림은 마구간지기를 따라 방에서 나갔다.

조지는 패를 나누었다. 휘트가 자신의 패를 살피며 이렇게 물었다.

"새로 온 애 봤어요?"

"무슨 애?"

조지가 되물었다.

"거, 컬리의 새 마누라 말이에요."

"응, 봤지."

"정말 죽이지 않아요?"

"자세히 못 봤는데."

휘트는 근사한 동작으로 패를 내려놓았다.

"그럼 주변을 얼쩡거리면서 두 눈을 크게 뜨고 잘 지켜봐요. 내 말이 무슨 말인지 알게 될 테니. 그 여자는 뭘 감추는 법이 없거든. 그런 여자는 처음 봤어. 걸핏하면 아무한테나 추파를 던지지. 마구간지기한테도 그럴걸. 도대체 무슨 수작인지 모르겠어."

조지가 심드렁하게 물었다.

"여자가 여기 온 뒤로 무슨 문제라도 있었소?"

휘트는 카드에 흥미를 잃은 것이 분명했다. 휘트가 자기 패를 내려놓자 조지는 그것을 거두어들여 자기 패와 합친 다음 천천히 솔리테르 패를 늘어놓기 시작했다. 일곱 장, 그 다음엔 여섯 장, 그 다음엔 다섯 장.

휘트가 말했다.

"무슨 뜻으로 하는 말인지 알겠어요. 하지만 문제는 없었어요, 아직은요. 컬리가 팬티에 말벌이 들어간 것처럼 안달이지만 지금까지는 그게 다예요. 어쨌든 그 여자는 남자들이 있는 곳마다 나타나요. 컬리를 찾거나 아니면 뭘 두고 갔는데 찾으러 왔대, 남자들한테서 떨어져 있지를 못하나 봐. 그러니 컬리가 바지 속에 개미들이 기어다니는 것처럼 안절부절못하지. 하지만 아직 아무 일도 없었어요."

조지가 말했다.

"그 여자 때문에 지저분한 일이 생길 거야. 조만간 아주 지저분한 일이 생기고 말 거라고. 그 여자는 감방 미끼야. 물었다 하면 바로 감방행이지. 그 컬리란 작자도 괴롭게 생겼어. 사실 사내들이 우글거리는 농장은 젊은 여자한테 적당한 곳이 아니지. 특히 그런 여자한테는……."

휘트가 말했다.

"혹시 생각이 있으면 내일 밤에 우리하고 같이 읍내에 나가죠."

"왜? 뭐 하러?"

"뭐 뻔한 거죠. 우린 늘 수지네 가게로 가요. 아주 괜찮은 집이죠. 수지는 아주 웃겨요. 늘 농담을 하죠. 지난 토요일 밤에는 우리가 현관으로 다가가니까 문을 활짝 열고 뒤를 돌아보며 이렇게 소리를 지르더라고요. '옷 입어라, 애들아! 보안관 나리들이 오셨다.' 수지는 절대 지저분한 소리는 안 하죠. 거기엔 여자가 다섯 명 있어요."

"돈은 얼마나 들지?"

"이 달러 오십 센트요. 한잔하는 데는 이십오 센트고. 의자도 아주 좋아요. 여자랑 자고 싶지 않으면 그냥 의자에 앉아 두세 잔 마시며 하루 종일 있다 와도 돼요. 그래도 수지는 아무 소리 안 하죠. 자고 가지 않는다고 닦아그치거나 내쫓지 않아요."

"한번 가 봐야겠군."

"그래요, 따라와요. 아주 재미있으니까. 수지는 농담을 잘해요. 한번은 이런 말도 했어요. '난 바닥에 넝마 같은 깔개를 깔아 놓고 축음기에 큐피 인형⁽²⁰세기 초에 제작되던 발가⁾ 등잔을 올려놓은 다음 고급 클럽 주인 행세를 하는 사람을 알죠.' 클라라를 두고 하는 말이에요. 또 이런 말도 했어요. '나는 남자들이 원하는 걸 알고 있어요. 우리 집 애들은 병도 없고 위스키에 물을 타지도 않아요. 혹시 여러분 중에 큐피 인형 등잔을 보다가 불에 데고 싶은 사람이 있다면 어디로 가야 하는지는 다들 알죠? 이 근처에 큐피 인형 등잔 좋아하다 다리 벌리고 엉거주춤 걷는 사람들이 좀 보이더라고요.'"

"그러니까 클라라라는 여자는 다른 가게를 하는 사람인가보군?"

조지가 물었다.

"그렇죠. 우리는 거긴 절대 안 가요. 거기는 한 번 하는 데 삼 달러고 한잔하는 데 삼십오 센트나 해요. 게다가 클라라는 농담도 할 줄 몰라요. 하지만 수지네 가게는 병을 옮게 될 염려도 없지 의자도 좋지, 게다가 멕시코 인들은 받지도 않아요."

"나하고 레니는 돈을 좀 모을 생각이오. 한번 가서 한잔할 생각은 있지만

이 달러 오십 센트를 낼 생각은 없어."

"거, 남자란 가끔 재미도 봐야잖아요."

문이 열리더니 레니와 칼슨이 함께 들어왔다. 레니는 주의를 끌지 않도록 자기 침대로 살금살금 다가가 앉았다. 칼슨은 침대 밑으로 손을 넣어 가방을 꺼냈다. 캔디가 있는 쪽은 쳐다보지 않았다. 캔디는 여전히 벽을 보고 있었다. 칼슨은 가방에서 작은 총구 쑤시개와 기름 깡통을 꺼냈다. 그것들을 침대 위에 늘어놓고 권총을 꺼내더니 탄창을 빼고 약실에 장전된 총알들을 탁탁 튕기며 꺼냈다. 곧이어 쑤시개로 총신을 청소하기 시작했다. 탁탁 총알 꺼내는 소리가 들리자 캔디는 몸을 돌려 잠깐 총을 건너다보더니 다시 벽을 향해 돌아누웠다.

칼슨이 태평하게 물었다.

"컬리는 아직 안 나타났나?"

휘트가 대답했다.

"아뇨, 대체 컬리가 왜 그렇게 조바심을 내는 거죠?"

칼슨은 눈을 가늘게 뜨고 총신을 내려다보았다.

"자기 마누라를 찾는 거지. 밖에서 빙빙 돌고 있던데?"

휘트가 비아냥대며 말했다.

"하루 중 반은 컬리가 여자를 찾고 나머지 반은 여자가 컬리를 찾는군."

그때 컬리가 흥분해서 방으로 뛰어 들어와서 다그치듯 물었다.

"혹시 내 마누라 본 사람 있어?"

휘트가 대꾸했다.

"여긴 안 왔는데."

컬리는 위협적으로 방을 휙 둘러보았다.

"슬림은 어디 간 거야?"

조지가 대답했다.

"마구간에 갔는데…… 말발굽이 갈라져서 타르를 바른다고."

컬리가 어깨를 웅크리며 잔뜩 힘을 넣었다.

"간 지 얼마나 됐어?"

"오 분이나 십 분?"

컬리는 밖으로 뛰쳐나가면서 문을 쾅 닫았다.

휘트가 일어섰다.

"이건 놓치면 안 되겠는걸. 컬리 놈이 열 받았어. 아니면 저렇게 슬림을 쫓아가지 않을 거야. 그리고 컬리는 솜씨가 좋죠. 꽤 실력파라고요. 골든 글러브스 경기 (미국에서 매년 열리는) 때는 결승까지 올라갔어요. 신문을 오려둔 걸 보여주더라고요."

그리고 잠시 생각한 뒤 말했다.

"그래도 슬림은 가만 놔두는 게 좋을 텐데……. 슬림 실력은 아무도 모르니까."

"슬림이 자기 마누라랑 있다고 생각하는 것 같은데, 안 그렇소?"

조지가 묻자 휘트가 대답했다.

"그런 것 같아요. 물론 슬림이 그럴 리야 없죠. 난 그럴 리 없다고 봐요. 하지만 소동이 벌어지면 그 장면을 놓치고 싶진 않네요. 어서 가 봅시다."

조지가 대답했다.

"나는 그냥 여기 있겠소. 아무 데도 엮이고 싶지 않아요. 레니하고 나는 돈을 벌어야 하니까."

칼슨은 총을 다 닦자 가방에 도로 집어넣더니 그것을 침대 밑으로 밀어 넣었다.

"나도 나가서 그 여자를 좀 봐야겠는걸."

캔디 노인은 가만히 누워 있었다. 레니는 침대 위에서 조지를 조심스럽게 살폈다.

휘트와 칼슨이 나가고 문이 닫히자 조지가 레니를 돌아보았다.

"무슨 생각을 하는 거야?"

"난 아무 짓도 안 했어, 조지. 슬림이 나더러 당분간 강아지를 너무 많이 쓰다듬지 않는 게 좋대. 너무 그러면 강아지한테 안 좋댔어. 그래서 바로 들어왔어. 나 나쁜 짓 안 했어. 조지."

조지가 말했다.

"그런 것 같군."

"하나도 아프게 안 했어. 그냥 안고 쓰다듬었어."

조지가 물었다.

"마구간에서 슬림 봤어?"

"그럼 봤지. 슬림이 강아지를 그만 쓰다듬는 게 좋겠다고 했어."

"그 여자도 봤어?"

"컬리 여자 말야?"

"그래. 마구간에 들어왔어?"

"아니. 컬리 여잔 못 봤는데."

"슬림이 그 여자하고 얘기하는 거 못 봤어?"

"못 봤어. 컬리 여잔 마구간에 없었어."

"알았어. 저 친구들 싸움 구경하긴 글렀군. 혹시 싸움이 벌어지더라도 너는 무조건 빠져야 해, 레니."

"난 싸우기 싫어."

레니는 침대에서 일어나 탁자로 오더니 조지 맞은편 자리에 앉았다. 조지는 거의 무의식적으로 카드를 섞어 솔리테르 패를 늘어놓기 시작했다. 생각에 잠긴 표정으로 신중하게 느릿느릿 카드를 늘어놓았다.

레니는 뒤집어 놓은 카드를 한 장 집어 들고 곰곰이 들여다보더니 거꾸로 돌려서 다시 들여다보았다.

"양쪽 끝 모양이 똑같네. 조지, 왜 카드는 양쪽 끝이 똑같아?"

"몰라. 그냥 그렇게 만든 거지 뭐. 그런데 마구간에서 슬림을 만났을 때 그는 뭘 하고 있었지?"

"슬림?"

"응. 마구간에서 봤다며? 슬림이 너한테 강아지를 너무 많이 쓰다듬지 말라고 했고."

"아, 그래. 타르 깡통하고 붓을 들고 있었어. 뭘 하려는 건진 모르겠지만."

"그 여자가 아까 여기 들어왔던 것처럼 마구간으로 들어오지 않았다는 거지?"

"응. 안 들어왔어."

조지는 한숨을 내쉬었다.

"좋은 갈보집이 최고지. 그런 데 가면 술을 마시고 몸 안에 쌓인 걸 홀가분하게 털어버려도 뒤끝이 없어. 게다가 돈이 얼마가 드는지도 똑똑히 알 수 있지. 하지만 그런 감방 미끼 같은 여자들은 잘못 건드렸다 하면 바로 빵으로 가는 거야.”

레니는 감탄한 표정으로 열심히 조지의 말을 들으며, 따라하려고 입술을 씰룩거렸다.

조지가 말을 이었다.

“앤디 커시면 기억나지, 레니? 초등학교 다니던 녀석?”

“걔네 엄마가 늘 애들한테 핫케이크를 만들어 줬지?”

“그래. 걔 말이야. 먹는 것만 끼면 뭐든 기억하는구먼.”

조지는 신중하게 솔리테르 패를 살폈다. 점수 칸에 에이스를 한 장 올려놓고 그 위에 다이아몬드 2, 3, 4를 차례로 쌓았다.

“앤디는 지금 어떤 헤픈 년 때문에 샌 퀜틴 교도소에 가 있잖아.”

레니가 손가락으로 탁자를 두드렸다.

“조지?”

“응?”

“조지, 작은 땅을 구해서 우리 힘으로 먹고살고……, 토끼도 기르려면 얼마나 걸릴까?”

조지가 대답했다.

“모르겠어. 우리는 함께 큰돈을 모아야 돼. 싸게 살 수 있는 땅은 알고 있어. 하지만 공짜는 아니야.”

캔디 노인이 천천히 돌아누웠다. 눈을 크게 뜨고 있었다. 노인은 조심스러운 표정으로 조지를 지켜보았다.

레니가 말했다.

“거기 얘기 해 줘, 조지.”

“어젯밤에 했잖아.”

“어서……, 또 해 줘, 조지.”

조지는 이야기를 시작했다.

“음, 크기는 만 평 남짓 돼. 작은 풍차가 하나 있지. 작은 오두막이 한 채 있고 닭장하고 주방도 있어. 과수원에는 버찌, 사과, 복숭아, 살구, 호두나무도 있고 딸기나무도 몇 그루 있어. 알팔파(주로 사료로 쓰이는 콩과 식물)가 자라는 성성한 목초지도 있지. 돼지우리도 있고…….”

“토끼도, 조지.”

"지금은 토끼우리는 없어. 하지만 토끼우리 몇 개쯤은 내가 금방 지을 수 있어. 그럼 넌 토끼한테 알팔파를 먹일 수 있지."

레니가 말했다.

"물론, 먹일 수 있지. 내가 먹일 수 있어."

카드를 만지던 조지의 손이 멈추었다. 목소리가 점점 열기를 띠기 시작했다.

"돼지도 몇 마리 기를 수 있어. 할아버지 댁에 있던 훈제소 같은 것도 지을 수 있어. 돼지를 잡으면 베이컨이랑 햄을 훈제할 수 있지. 소시지 같은 것도 만들 수 있고. 연어가 강을 거슬러 올라오면 수백 마리쯤 잡았다가 소금에 절이거나 훈제를 하지. 그걸 아침 식사로 먹는 거야. 세상에 훈제 연어처럼 맛있는 게 없지. 과일을 따서 과일 통조림도 만들고. 토마토도 통조림으로 만들기 쉽지. 일요일엔 닭이나 토끼를 잡을 거야. 어쩌면 암소나 염소를 잡을지도 모르지. 젖을 짜면 크림이 끝내주게 두툼해서 칼로 자른 다음에 숟가락으로 떠내야 해."

레니는 눈을 크게 뜨고 조지를 바라다보았다. 캔디 노인도 지켜보고 있었다. 레니가 작게 중얼거렸다.

"우린 우리 땅에서 우리 힘으로 먹고 살 수 있어."

"물론이지. 밭에는 온갖 채소들이 자라고 있을 거야. 위스키를 좀 마시고 싶을 땐 달걀 같은 걸 내다팔면 돼. 우유를 팔아도 되고. 우린 그냥 거기 눌러 살 거야. 우린 그 동네 사람이 되는 거야. 떠돌아다니면서 쪽발이 주방장이 해 주는 걸 먹지 않아도 돼. 그렇고말고. 우리 집과 우리 땅이 있으니 합숙소 같은 데서는 자지 않지."

레니가 간절한 표정으로 졸랐다.

"집 얘기 해 줘, 조지."

"좋아, 우린 작은 집에 우리만의 방도 갖게 될 거야. 거기엔 작고 둥근 놋쇠 난로도 하나 있어. 겨울이면 거기 불을 피워 놓는 거야. 땅이 별로 넓지 않으니까 죽어라 일할 필요는 없어. 하루에 예닐곱 시간쯤일까? 하루에 열한 시간씩 보리를 나를 필요는 없어. 우리가 씨를 뿌린 작물은 우리가 직접 거두어들여. 우리가 심은 것에서 얼마나 나오는지 알게 될 거야."

레니가 열띤 목소리로 말했다.

"그리고 토끼도! 내가 직접 토끼를 돌볼 거야. 토끼 키우는 얘기를 해

줘, 조지."

"물론이지, 너는 자루를 하나 들고 알팔파밭에 나가 자루를 가득 채워 와서 토끼우리에 넣어 주지."

"그럼 토끼들이 갉아먹고 또 갉아먹어. 토끼들은 그러잖아. 내가 본 적이 있어."

조지가 말을 이었다.

"토끼는 육주에 한 번씩 새끼를 낳지. 한 번에 몇 마리씩 낳으니까 먹고 내다 팔 수 있을 만큼 금세 토끼가 많아질 거야. 그리고 비둘기도 몇 마리 기를 거야. 어렸을 때 보았던 것처럼 풍차 주위에서 날아다니게."

조지는 황홀한 눈빛으로 레니 머리 너머 벽을 바라보았다.

"그리고 우리 땅이니까 아무도 우리를 자를 수 없어. 꼴 보기 싫은 녀석이 있으면 '여기서 꺼져'라고 말하는 거야. 그럼 그 자식은 반드시 나가야 해. 친구가 놀러 오면, 남는 침대가 있으니까 이렇게 말할 거야. '하룻밤 자고 가지 그래?' 그럼 그 친구는 분명 자고 가겠지. 사냥개도 한 마리 기르고 줄무늬 고양이도 두어 마리 키울 거야. 하지만 네가 잘 지켜봐야 돼. 고양이가 새끼 토끼를 물어가지 않도록 말이야."

레니가 씩씩거렸다.

"고양이 녀석, 토끼를 가져가기만 해 봐. 염병할 모가지를 확 부러뜨릴 테니까. 모, 몽둥이로 두들겨 패 버릴 거야."

레니는 흥분을 가라앉히고, 미래의 토끼들을 감히 못살게 구는 미래의 고양이들을 위협하며 혼잣말로 으르렁거렸다.

조지는 자신의 상상에 흠뻑 빠져 있었다.

"그런 곳이 어디 있는지 아나?"

캔디의 갑작스런 말에 두 사람은 마치 나쁜 짓을 하다 들킨 것처럼 화들짝 놀랐다.

조지가 즉시 경계심을 내비쳤다.

"알면, 그게 당신이랑 무슨 상관입니까?"

"그게 어딘지 나한테 얘기할 필요는 없네. 어딘지는 상관없으니까."

"그럼요. 맞는 말이지요. 당신은 백 년 가도 찾아내지 못할 겁니다."

캔디는 흥분해서 말을 이었다.

"얼마를 달라던가?"

조지가 미심쩍다는 듯이 캔디를 쳐다보았다.

"글쎄……, 육백 달러면 살 수 있겠죠. 주인 노인네들이 완전히 파산한 데다 할머니는 수술을 받아야 하거든요. 그런데 그게 영감님이랑 무슨 상관 입니까? 우리하고 아무 상관도 없는 사람이……."

"나야 손이 하나뿐이니까 별 쓸모는 없지. 바로 이 농장에서 한 손을 잃었 네. 그래서 농장에서 잡역부 일을 준 거고. 또 손을 잃었다고 배상금 명목으 로 이백오십 달러를 줬지. 그리고 은행에 저금해둔 돈이 오십 달러고. 그럼 삼백이야. 그리고 이달 말이면 오십 달러가 더 들어와. 그러니까 말이지……."

캔디가 진지한 표정으로 몸을 내밀면서 말했다.

"내가 자네들하고 손을 잡는다고 해 보세. 그러니까 삼백오십 달러를 투 자하겠다는 거야. 별 도움은 안 되겠지만, 난 요리도 할 줄 알고 닭도 기를 줄 알고 밭일도 조금은 할 수 있어. 어떤가?"

조지는 눈을 가늘게 떴다.

"생각을 좀 해 봐야겠는데요. 원래 우리끼리만 하려고 생각하던 일이거든 요."

캔디가 말을 끊었다.

"내가 죽으면 내 돈을 자네들한테 남긴다는 유언장을 만들어 놓겠네. 나 한텐 가족이나 친척이 하나도 없거든. 자네들 돈은 얼마나 있나? 어쩌면 당 장이라도 일을 벌일 수 있겠군."

조지는 짜증난다는 듯이 바닥에 침을 탁 뱉었다.

"둘이 합쳐 십 달러밖엔 없습니다."

그러곤 잠시 생각에 잠기더니 말했다.

"잠깐, 나하고 레니가 여기서 한 달을 일하고 한 푼도 안 쓰면 백 달러가 생깁니다. 그럼 사백오십 달러가 되지요. 일단 그 돈이면 분명 땅을 손에 넣 을 수 있을 겁니다. 그럼 영감님하고 레니는 먼저 가서 일을 시작하고 나는 일자리를 얻어 나머지를 채워 넣으면 되지요. 영감님하고 레니가 달걀 같은 걸 팔아도 되고……."

서로 아무 말 없이 놀란 표정으로 얼굴만 바라보았다. 실제로 일어날 거라고는 전혀 믿지 않았던 일이 현실로 다가오고 있었다.

조지가 경건한 목소리로 말했다.

"이럴 수가! 틀림없이 손에 넣을 수 있어."

그 눈은 놀라움으로 가득했다.

"틀림없이 손에 넣을 수 있어."

조지가 낮게 되뇌었다.

캔디는 침대 가장자리로 내려와 앉았다. 뭉툭하게 잘린 손목을 신경질적으로 긁어 댔다.

"사 년 전에 다친 거야. 여기서는 이제 곧 나를 자를 거야. 내가 합숙소에서 잡역부 일을 못하게 되면 그 즉시 나를 시골 구빈원으로 보낼 걸세. 내가 자네들한테 내 돈을 주면 자네들은 내가 아무 도움이 안 되더라도 밭에서 괭이질은 하게 해 주겠지. 설거지나 닭 치는 일 같은 허드렛일 정도는 할 수 있을 거야. 아무튼 내 땅에 살면서 내 땅에서 일할 수 있을 거야."

노인은 슬픈 듯이 말을 이었다.

"오늘 밤에 내 개한테 한 짓 봤지? 녀석은 남아 있어 봤자 아무한테도 쓸모가 없다질 않나. 내가 여기서 잘리면 누가 나를 좀 쏴 줬으면 좋겠어. 하지만 누구도 그런 짓은 하지 않겠지……. 나는 갈 데가 없네. 더는 일자리도 얻을 수 없을 테고. 자네들이 여길 그만둘 때가 되면 나한테는 삼십 달러가 더 들어올 거야."

조지가 일어섰다.

"그 땅을 우리 걸로 만들고 말 테야. 작은 땅을 구해서 거기서 사는 거야."

그는 다시 앉았다. 모두 가만히 앉아 있었다. 저마다 아름다운 계획에 도취해 있었다. 이 멋진 꿈이 실현될 미래를 생각하며 모두 마음이 부풀어 올랐다.

조지가 황홀해 하며 말했다.

"읍내에 축제가 열리거나 서커스단이 오거나 야구 경기가 열린다고 생각해 봐……."

캔디 노인이 그 장면을 음미하듯이 고개를 끄덕였다.

조지가 말을 이어 갔다.

"우린 그냥 가면 돼. 가도 되냐고 아무한테도 물어볼 필요 없어. 그냥 '구경이나 가지' 하고 가면 돼. 소 젖 좀 짜고 닭한테 모이 좀 던져주고 읍내로 구경을 가는 거야."

레니가 끼어들었다.

"토끼한테 풀도 좀 주고. 나는 토끼 먹이 주는 걸 절대로 까먹지 않을 거야. 우리, 언제 하는 거야, 조지?"

"한 달 뒤에. 딱 한 달 뒤야. 내가 뭘 할 거냐고? 거기 주인 노인네들한테 우리가 그 땅을 사겠다고 편지를 쓸 거야. 그런 뒤에 캔디가 계약금으로 백 달러를 보내는 거지."

캔디가 말했다.

"그러고말고. 거기 좋은 난로도 있겠지?"

"물론이지요, 멋진 난로에요. 석탄도 때고 장작도 땔 수 있죠."

레니가 말했다.

"강아지를 데리고 가자. 분명히 강아지도 거기를 좋아할 거야."

밖에서 사람들 목소리가 가까이 들려오기 시작했다. 조지가 얼른 말했다.

"아무한테도 이야기하면 안 돼. 우리 셋 말고는 누구에게도 비밀이야. 누가 알면 우리가 돈을 모으지 못하게 내보낼 거야. 우리는 그냥 평생 보리 나르는 일이나 할 사람들처럼 일해야 돼. 그러다 어느 날 갑자기 돈을 챙겨서 여기를 뜨는 거야."

레니와 캔디가 고개를 끄덕거렸다. 둘 다 기분이 좋아 싱글거리고 있었다.

레니가 다짐하듯 혼잣말을 했다.

"아무한테도 말하지 마."

캔디가 불렀다.

"조지."

"네?"

"내가 개를 직접 쐈어야 했네, 조지. 다른 사람한테 내 개를 쏘게 하는 게 아니었어."

문이 열렸다. 슬림이 들어오고 이어 컬리와 칼슨과 휘트가 따라 들어왔다. 두 손에 타르가 시커멓게 묻어 있는 슬림은 얼굴을 잔뜩 찌푸리고 있었다. 컬리가 슬림의 팔꿈치에 바짝 붙어 있었다.

컬리가 말했다.

"뭐 다른 뜻이 있었던 건 아닙니다, 슬림. 그냥 물어본 거예요."

슬림이 말했다.

"그래도 너무 자주 물어보는군. 젠장, 이제 슬슬 짜증이 난단 말일세. 자네 스스로 마누라 간수를 잘못하면서 나보고 어쩌라는 건가? 나 좀 가만 내버려 둬."

"다른 뜻은 없었다니까요. 그냥 당신이 집사람을 봤을지도 모른다고 생각한 거라고요."

칼슨이 말했다.

"염병할, 자네 마누라한테나 집구석에 처박혀 있으라고 하지 그래? 그렇게 합숙소 주위를 얼쩡거리게 했다간 곧 뭔 일이 나고 말 거야. 그땐 자네도 어쩔 도리가 없을 걸세."

컬리는 몸을 빙 돌려 칼슨을 마주보았다.

"밖으로 나가 한 판 붙고 싶지 않으면 끼어들지 마쇼."

칼슨이 코웃음을 쳤다.

"이런 염병할 애송이 같으니라고. 너, 슬림에게 겁주려다가 맘대로 안 됐지? 오히려 슬림한테 겁을 집어먹은 것 같군. 개구리 배때기처럼 간이 콩알만 하다니까. 네가 이 나라에서 제일가는 웰터급 선수라 해도 난 상관 안해. 한번 덤벼 봐. 이 발로 네 염병할 머리통을 날려 버릴 테니."

캔디가 즐거워하며 공격에 합류했다.

"장갑에 바셀린이나 잔뜩 넣고 다니면서."

캔디가 역겹다는 듯이 말하자 컬리가 그를 노려보았다. 그의 눈길이 캔디를 지나 레니에게 가서 멎었다. 레니는 농장 생각을 하느라 여전히 얼굴에 즐거운 미소를 머금고 있었다.

컬리가 테리어 개처럼 종종거리며 레니에게 다가갔다.

"넌 대체 뭘 비웃는 거야?"

레니가 멍한 표정으로 컬리를 쳐다보았다.

"응?"

그러자 컬리의 분노가 폭발했다.

"덤벼 봐, 이 덩치만 커다란 놈아! 일어나! 난 덩치 큰 개자식이 날 비웃는 건 용서 못해! 진짜 겁쟁이가 누군지 보여 주지."

레니는 당혹스런 표정으로 조지를 쳐다보며 일어서서 뒤로 물러서려 했다. 컬리는 몸에 균형을 잡으며 싸울 태세를 취했다. 레니에게 왼쪽 주먹을 채찍처럼 휘두르더니 오른쪽 주먹으로 코를 후려쳤다. 레니는 겁에 질려 비명을 질렀다. 코에서 피가 뿜어져 나왔다.

"조지!"

레니가 소리쳤다.

"말려 줘, 조지!"

레니가 벽에 등이 닿을 만큼 뒤로 물러서자 컬리가 따라오며 얼굴을 힘껏 때렸다. 레니는 두 손을 양옆에 내리고 있었다. 너무 겁에 질린 나머지 방어도 하지 못했다.

조지가 고함을 지르며 벌떡 일어섰다.

"그놈을 잡아, 레니! 때리지 못하게 해!"

레니는 거대한 짐승의 앞발 같은 두 손으로 얼굴을 가리고 겁에 질려 훌쩍이며 외쳤다.

"말려 줘, 조지!"

그 순간 컬리가 배를 공격하는 바람에 레니는 숨이 턱 막혔다.

슬림이 벌떡 일어서서 소리쳤다.

"더러운 쥐새끼 같으니라고! 내가 직접 상대해 주지!"

조지가 손을 뻗어 슬림을 말렸다.

"잠깐만요."

그러고는 양손을 나팔처럼 입에 갖다 대고 고함을 질렀다.

"그놈을 붙들어, 레니!"

레니가 두 손을 얼굴에서 떼고 조지를 찾아 두리번거렸다. 컬리가 눈을 향해 주먹을 날렸다. 레니의 커다란 얼굴이 피로 뒤덮였다. 조지가 다시 고함을 쳤다.

"붙들라고 했잖아!"

컬리의 주먹이 원을 그리며 날아오자 레니가 그쪽으로 손을 뻗었다. 다음 순간 컬리는 낚싯줄에 걸린 물고기처럼 퍼덕거렸다. 컬리의 주먹은 레니의 커다란 손 안으로 사라졌다. 조지가 레니를 향해 방을 가로질러 달려갔다.

"놔줘, 레니! 이제 놔주라고!"

그러나 레니는 자신의 손아귀에서 퍼덕거리는 작은 남자를 겁먹은 눈으로 바라보고만 있었다. 레니의 얼굴에서는 피가 줄줄 흘러내리고 한쪽 눈은 찢어져서 제대로 뜨지도 못하고 있었다. 조지가 계속해서 레니의 따귀를 때렸지만 레니는 컬리의 주먹을 잡고 놓아주지 않았다. 컬리는 이제 새파랗게 질린 채 잔뜩 움츠러들어 있었다. 버둥거림도 약해졌다. 야수 같은 레니 손에 주먹을 붙들린 채 가만히 서서 비명만 지르고 있었다.

조지는 계속 소리쳤다.

"손을 놔줘, 레니! 놔주란 말야! 슬림, 어서 도와줘요! 저러다 저 자식 손이 남아나지 않겠어요!"

레니가 갑자기 손을 풀었다. 그는 쭈그리고 앉더니 벽에 기댄 채 몸을 움츠렸다.

레니가 애처로운 목소리로 말했다.

"네가 붙잡으라고 했잖아, 조지."

컬리는 바닥에 주저앉아 놀란 눈으로 자신의 으스러진 손을 바라보고 있었다. 슬림과 칼슨이 몸을 숙여 컬리의 다친 곳을 살폈다. 이윽고 슬림이 허리를 펴더니 공포에 사로잡힌 눈으로 레니를 물끄러미 바라보았다.

"의사한테 데려가야겠어. 손뼈가 다 으스러진 것 같은데?"

레니가 소리쳤다.

"그럴 마음은 아니었어! 다치게 할 셈이 아니었어!"

슬림이 말했다.

"칼슨, 마차에 말을 매 주게. 솔대드로 데려가 치료를 받게 해야겠어."

칼슨이 얼른 밖으로 나갔다. 슬림은 훌쩍거리는 레니를 돌아보았다.

"자네 잘못이 아니야. 이 녀석이 스스로 자초한 일이지. 하지만 정말 놀랍군! 손이라고 부를 만한 게 남아 있질 않아."

슬림은 얼른 밖으로 나가더니 곧 물이 든 양철 컵을 들고 돌아왔다. 그것을 컬리의 입에 가져다 댔다.

조지가 말했다.

"슬림, 우린 이제 잘리겠죠? 우린 돈이 필요한데……. 컬리 아버지가 우릴 쫓아내겠죠?"

슬림은 비뚜름한 웃음을 짓고는 컬리 옆에 무릎을 꿇고 앉았다.

"정신 드나? 내 말 들려?"

슬림이 묻자 컬리가 고개를 끄덕였다.

"그럼 잘 들어. 난 자네가 기계에 손이 낀 거라고 생각하겠네. 자네가 아무한테도 이 일을 말하지 않으면 우리도 말하지 않을 거야. 하지만 자네가 저 친구를 자르려고 나불대고 다니면 우리도 다 불어버릴 거야. 그럼 자네는 웃음거리가 되겠지."

컬리가 대답했다.

"말하지 않겠습니다."

그는 레니 쪽을 돌아보지 않으려 애썼다. 밖에서 마차 바퀴가 멈추는 소리가 들렸다. 슬림이 컬리를 부축해 일으켰다.

"자, 가세. 칼슨이 자네를 의사한테 데려다 줄 거야."

슬림은 컬리를 부축해서 문밖으로 나갔다. 바퀴 소리가 서서히 멀어졌다. 곧 슬림이 합숙소로 돌아와 여전히 두려움에 사로잡혀 벽에 기댄 채 웅크리고 있는 레니를 쳐다보았다.

"어디 손 좀 보세."

슬림이 말하자 레니가 두 손을 내밀었다.

"맙소사, 나도 자네 성질을 돋우면 안 되겠군."

조지가 끼어들었다.

"레니는 그저 겁을 먹은 것뿐입니다. 어쩔 줄 몰랐던 거죠. 그래서 내가 레니하고는 절대로 싸우면 안 된다고 말했잖아요. 아니……, 캔디한테 말했나 보네요."

캔디가 심각한 표정으로 고개를 끄덕였다.

"나한테 말했지. 오늘 아침에 컬리가 처음 자네 친구한테 시비를 걸었을 때 말이야. '저 녀석이 자기 몸을 위할 줄 안다면 레니를 갖고 놀지 않는 게 좋을 겁니다'라고."

조지가 레니를 돌아보았다.

"네 잘못이 아니야. 이제 무서워하지 않아도 돼. 너는 내가 시키는 대로 했을 뿐이야. 세면장에 가서 얼굴을 씻는 게 좋겠다. 얼굴 꼴이 엉망이야."

레니가 터진 입술로 웃음을 지었다.

"나는 말썽 생기는 거 싫어."

그렇게 말하고 문 쪽으로 걸어가다가 문에 이르기 직전에 뒤로 돌아보았다.

"조지?"

"왜 그래?"

"난 토끼 기를 수 있는 거지, 조지?"

"그럼. 넌 잘못한 거 없어."

"난 다치게 하려던 거 아니었어, 조지."

"응, 어서 나가서 얼굴이나 씻어."

4

검둥이 마구간지기 크룩스는 마구를 보관하는 방에서 따로 잤다. 마구간 벽에 기대 지은 작은 헛간이었다. 한쪽 벽에는 네모난 격자창이 있었고 맞은 편 벽에는 마구간으로 통하는 좁은 판자문이 있었다. 긴 상자에 짚을 채워 넣은 침대 위에는 담요가 몇 장 깔려 있었다. 창가 벽에 나란히 박아 놓은 못에는 수리 중인 마구와 새로 만든 가죽띠들이 걸려 있었다. 창문 바로 밑 에 자리한 작은 작업대 위에는 구부러진 칼, 바늘, 실패에 감은 면실 뭉치, 대갈못을 박는 작은 휴대용 기계 등 무두질에 쓰는 연장이 놓여 있었다. 못 에는 여러 가지 마구들도 걸려 있었다. 찢어져 속에 넣은 말총이 삐져나온 말 목걸이, 망가진 멍에, 가죽 덮개가 갈라진 쇠고리 등이었다. 크룩스의 침 대 위에도 사과 상자가 붙어 있었는데 그 안에는 자신과 말을 위한 여러 가 지 약병들이 놓여 있었다. 안장 닦는 비누가 든 깡통과 타르가 뚝뚝 흐르는 깡통도 있었다. 타르 깡통 속에 기대 놓은 붓이 삐죽이 머리를 내밀고 있었 다. 바닥에도 많은 소지품이 널려 있었다. 크룩스는 방을 혼자 썼기 때문에 자기 물건들을 늘어놓을 수 있었다. 게다가 마구간지기이고 지체장애인이다 보니 다른 사람들에 비하면 이 농장에 오래 붙어 있는 편이어서 등에 다 질 수 없을 만큼 짐이 많았다.

그중에는 구두 몇 켤레, 고무장화 한 켤레, 커다란 자명종, 총신 하나짜리 엽총도 있었다. 책도 있었다. 너덜너덜한 사전과 흠집투성이인 1905년판 캘 리포니아 주 민법 책도 있었다. 침대 머리맡에 특별히 만든 선반에는 낡아 빠진 잡지와 지저분한 책이 몇 권 꽂혀 있었다. 침대 머리맡 벽에 박은 못에는 커다란 금테 안경이 걸려 있었다.

방은 비질을 하여 깨끗하고 단정하게 정돈돼 있었다. 크룩스는 자존심이 강하고 자기만의 틀에 갇혀 있는 사람이었다. 그는 사람들과 거리를 뒀으며 다른 사람들도 그 거리를 유지해 주기를 바랐다. 굽은 등뼈 때문에 몸은 왼쪽으로 휘었고 움푹 꺼진 두 눈은 더 강렬하게 반짝거리는 듯한 느낌을 주었다. 홀쭉한 얼굴에는 검고 깊은 주름이 많이 패어 있었다. 고통으로 팽팽해진 얇은 입술은 얼굴색보다 옅은 빛깔이었다.

토요일 밤이었다. 마구간으로 통하는 문이 열려 있어 말들이 움직이는 소리가 들렸다. 발 움직이는 소리, 건초 씹는 소리, 고삐 사슬 덜그럭거리는 소리…… 작은 전구 하나가 방에 희미한 노란빛을 던졌다.

크룩스는 침대에 앉아 있었다. 셔츠 뒷자락은 청바지 밖으로 삐져나와 있었다. 그는 바르는 약이 담긴 병을 한 손에 들고 다른 손으로 등뼈를 문질렀다. 분홍빛 도는 손바닥에 이따금씩 약 몇 방울을 던 다음, 셔츠 밑으로 손을 집어넣어 다시 문질렀다. 굽은 등의 근육을 풀어 주려고 움직거리다 몸을 부르르 떨었다.

레니가 열린 문간에 소리 없이 나타나서는 선 채로 안을 들여다보았다. 커다란 어깨가 입구를 거의 꽉 채웠다. 크룩스는 처음에는 그를 보지 못했지만 곧 눈을 들어 레니를 발견하고는 몸을 경직시키며 얼굴을 찌푸렸다. 그는 셔츠에서 손을 뺐다.

레니가 실없이 웃음을 지었다. 친구로 사귀고 싶다는 뜻이었다.

크룩스가 날을 세웠다.

"무슨 권리로 내 방에 들어오는 거야? 여기는 내 방이야. 나 말고는 누구도 이 방에 들어올 권리가 없다고."

레니는 침을 꿀꺽 삼켰다. 아첨하는 듯한 웃음이 더 진해졌다. 레니가 변명했다.

"난 아무 짓도 안 해. 그냥 내 강아지 보러 왔어. 그러다 여기 불을 봤어."

"그래, 나한테는 불을 켤 권리가 있어. 어서 내 방에서 나가. 나는 합숙소에 못 들어가니까, 너희들도 이 방에는 못 들어와."

레니가 물었다.

"왜 합숙소에 못 들어와?"

"난 흑인이니까. 다른 사람들은 거기서 카드놀이를 하지만 나는 흑인이기 때문에 못해. 나한테서 냄새가 난다나? 흥, 분명히 말하는데 내 코에는 너희들이 더 냄새 나."

레니는 무력하게 커다란 두 손을 퍼덕거렸다.

"모두 읍내에 갔어. 슬림도 조지도 다……. 조지가 나더러 여기 가만히 있으면서 말썽 일으키지 말라 그랬어. 그러다 여기에 불 켜진 걸 봤어."

"그래, 그래서 어쩌라는 거야?"

"아무것도 아냐. 그냥 불을 봤다고. 그냥 들어와서 앉아 있다 갈까 한 것뿐이야."

크룩스는 레니를 노려보았다. 그러다가 등 뒤로 손을 뻗어 안경을 집어 들고 분홍색 귀에 걸더니 레니를 다시 노려보았다.

"대체 마구간에서 뭘 하는지 모르겠군. 너는 마부도 아니잖아. 애초에 곡물 나르는 사람들은 마구간에 들어올 일도 없어. 마부가 아니니까 말하고는 아무 관계가 없다고."

레니는 아까 한 말을 반복했다.

"강아지, 내 강아지 보러 왔어."

"그럼 가서 네 강아지나 봐. 초대받지도 않은 곳에 들어올 생각 말고."

레니의 얼굴에서 웃음기가 사라졌다. 그는 방 안으로 한 걸음 들어서다가 크룩스의 말을 떠올리고는 다시 문가로 물러섰다.

"강아지는 이미 잠깐 봤어. 슬림이 많이 쓰다듬진 말라고 했거든."

크룩스가 말했다.

"넌 걸핏하면 강아지를 개집에서 꺼내잖아. 어미 개가 새끼들을 다른 데로 옮기지 않는 게 이상해."

"응, 어미 개는 상관 안 해. 내가 강아지들을 쓰다듬게 놔두는걸."

레니가 다시 방 안으로 들어왔다.

크룩스는 얼굴을 찌푸렸으나 상대방을 무장 해제시키는 레니의 웃음에 두 손 들고 말았다.

크룩스가 말했다.

"들어와서 좀 앉지 그래? 나 혼자 있게 나가 줄 게 아니라면 차라리 들어와 앉으라고."

크룩스의 말투가 약간 다정해졌다.

"다른 녀석들은 다 읍내에 갔나?"

"캔디 영감만 빼고 다. 캔디는 그냥 합숙소에 앉아서 연필을 깎고 있어. 연필을 깎다 계산을 하다 해."

크룩스는 안경을 고쳐 썼다.

"계산을 해? 캔디가 뭘 계산하는데?"

레니가 소리를 지르다시피 대답했다.

"토끼 계산!"

"제정신이 아니로군. 너, 머리가 좀 돈 거 아니야? 도대체 토끼는 무슨 토끼?"

"우리가 키울 토끼. 내가 돌볼 거야. 풀을 베다 주고 물도 줄 거야."

"미쳤군, 너하고 함께 다니는 친구가 너를 사람들 눈에 안 띄게 하려는 것도 다 이유가 있어."

레니가 조용히 말했다.

"난 거짓말 안 해. 우린 정말로 그렇게 할 거야. 작은 땅을 구해서 우리 땅에서 우리 힘으로 먹고살 거야."

크룩스는 침대에 더 편안하게 자리를 잡은 뒤 말했다.

"그 못 통 위에 앉아."

레니는 작은 나무통 위에 쭈그리고 앉았다.

"거짓말 같아? 거짓말 아냐. 다 사실이야. 조지한테 물어봐."

크룩스는 검은 턱을 분홍색 손바닥에 괴었다.

"너는 언제나 조지하고 함께 다니지, 그렇지?"

"그럼. 나하고 조지는 어디나 함께 다녀."

"가끔 조지가 이야기할 때 넌 그 친구가 무슨 이야기를 하는지 못 알아듣는 경우도 있지, 안 그래?"

크룩스는 몸을 앞으로 기울이더니 움푹한 눈으로 레니를 뚫어져라 바라보았다.

"안 그래?"

"그래…… 가끔."

"그 친구는 주절주절 이야기하는데 너는 대체 그게 다 무슨 소리인지 잘 모르고 말야."

"그래…… 가끔. 하지만…… 늘 그런 건 아냐."

크룩스는 침대 난간 너머로 몸을 기울였다.

"나는 남부 출신 검둥이가 아니야. 여기 캘리포니아에서 태어났다고. 우리 아버지는 닭 농장을 하셨지. 한 사십 평쯤 됐어. 백인 아이들이 우리 농장에 놀러 왔고 나도 가끔 그 아이들과 함께 놀았지. 몇 명은 나한테 아주 잘 대해줬어. 하지만 아버지는 그걸 탐탁지 않아 하셨지. 세월이 한참 지나도록 아버지가 왜 그러셨는지 난 이해하지 못했어. 하지만 지금은 알겠어……."

크룩스는 말을 계속할지 잠시 주저하다가 목소리를 낮추고 다시 말을 이었다.

"동네에 우리집 말고는 흑인 가족이 없었어. 지금 이 농장에도 흑인이 없고. 솔대드에 딱 한 가족이 살지."

그러더니 갑자기 웃음을 터뜨리고 말했다.

"내가 무슨 말을 해도, 뭐, 검둥이가 하는 말일 뿐이지."

"얼마나 지나야 저 강아지들이 커져서 쓰다듬을 수 있게 될까?"

레니가 묻자 크룩스는 다시 웃음을 터뜨렸다.

"너한테는 무슨 말을 해도 나가서 떠벌릴 거란 걱정은 안 해도 되겠구나. 강아지들은 두어 주만 지나면 쓰다듬어도 될 거야. 조지는 어차피 네가 아무것도 이해 못하니까 안심하고 이 얘기 저 얘기를 주절거리는 것뿐이구나."

크룩스는 흥분해서 몸을 앞으로 기울였다.

"이것도 그저 검둥이가 하는 헛소리일 뿐이야. 그것도 등이 망가진 검둥이가……. 그러니까 아무 의미도 없어, 알았지? 어차피 너는 기억도 못하겠지. 나는 그런 일을 보고 또 봤어. 어떤 사람이 다른 사람에게 말하지. 제대로 듣거나 이해하지 않아도 개의치 않고 말이야. 중요한 건 두 사람이 대화를 나누고 있다는 거야. 아니, 상대방은 이야기를 안 하고 그냥 앉아만 있어도 돼. 어쨌거나 다를 게 없지. 똑같은 일이야!"

크룩스는 점점 더 흥분하여 손으로 무릎을 두드리기까지 했다.

"조지는 너한테 정신 나간 소리를 해 대지! 무슨 소리를 하든 아무 상관

없어. 그냥 주절거리고 싶은 것뿐이야. 누군가와 함께 있고 싶은 것뿐이라고. 그게 다지."

크룩스는 말을 끊었다.

곧 그의 목소리가 부드러워지며 설득력을 발휘하기 시작했다.

"조지가 다시 돌아오지 않는다고 생각해 봐. 아예 종적을 감추고 다시 돌아오지 않는다고 생각해 봐. 그럼 너는 어쩔 거야?"

레니는 크룩스가 하는 말에 조금씩 관심을 보이기 시작했다.

"뭐라고?"

"조지는 오늘 밤에 읍내에 갔잖아. 그런데 다시는 그 친구 소식을 못 듣게 되면 어쩌겠냐고."

크룩스는 내심 승리감을 느끼며 계속 밀어붙였다.

"한번 생각해 보란 말이야."

레니가 열심히 말했다.

"안 그래, 조지는 절대로 그런 짓 안 해. 난 조지하고 오랫동안 함께 다녔어. 조지는 오늘 밤에 돌아올 거야……."

그러나 레니는 커져 가는 의심을 감당하기 힘들었다.

"정말 안 올 거 같아?"

크룩스는 고문하는 즐거움으로 얼굴빛이 환해졌다.

"누가 무슨 짓을 할지는 아무도 모르지."

크룩스가 냉정하게 말을 이었다.

"돌아오고 싶은데 못 온다고 해 보자고. 죽거나 다쳐서 못 온다고 생각해 봐."

레니는 그 말을 이해해 보려고 애썼다.

"조지는 절대로 안 그래. 조지는 조심성이 많아. 안 다쳐. 조심성이 많아서 절대로 안 다친단 말야."

"뭐, 생각이나 해 보란 거야. 안 돌아온다고 생각만 해 보자는 거야. 그럼 넌 어쩔 거야?"

불안해진 레니의 얼굴에 주름이 잔뜩 잡혔다.

"모르겠어……. 근데 뭐 하자는 거야? 그건 사실이 아냐! 조지는 안 다쳤어!"

레니가 울먹이며 소리쳤다.

크룩스는 계속 파고들었다.

"그럼 어떻게 되는지 이야기해 줄까? 사람들이 너를 보호시설로 데려갈 거야. 개처럼 너를 목줄로 묶어 놓을 거라고."

갑자기 레니의 두 눈이 초점을 잃고 허공을 바라보더니 성난 기색을 띠기 시작했다. 그는 일어서서 크룩스에게 위협적으로 다가갔다.

레니가 다그쳤다.

"누가 조지를 다치게 했어?"

크룩스는 위험을 느끼고 침대 위에서 주춤주춤 뒤로 물러나 앉았다.

"그냥 생각해 보자는 것뿐이야. 조지는 다치지 않았어. 괜찮아. 무사히 돌아올 거야."

레니는 크룩스를 막고 섰다.

"뭣 때문에 그런 생각을 하는 건데? 아무리 생각만이라도 조지가 다쳤다는 말을 하도록 놔두지 않겠어."

크룩스는 안경을 벗고 손가락으로 눈을 닦았다.

"좀 앉아, 조지는 다치지 않았어."

레니는 으르렁거리며 못 통으로 돌아가 앉아 중얼거렸다.

"어느 누구도 조지가 다쳤단 말을 해선 안 돼."

크룩스가 차분하게 말했다.

"이제 너도 알겠지? 너한테는 조지가 있어. 너는 그 친구가 돌아온다는 걸 알고 있어. 만약에 너한테 아무도 없다고 생각해 봐. 흑인이라서 합숙소에서 카드놀이도 할 수 없다고 생각해 보라고. 어떨 것 같아? 여기 틀어박혀서 책이나 읽어야 한다고 생각해 봐. 물론 깜깜해질 때까지 편자 던지기는 할 수 있지. 하지만 그런 다음에는 책을 읽어야 해. 책은 따분해. 사람은 친구가 필요해. 옆에 있어줄 친구가……."

크룩스는 흐느끼기 시작했다.

"옆에 아무도 없으면 사람은 미쳐. 누구든 상관없어. 같이 있어 주기만 한다면 말이야. 정말이지……. 정말이지 사람은 너무 외로우면 병이 나는 거야!"

크룩스가 울부짖었다.

레니는 겁에 질린 목소리로 스스로를 다독였다.

"조지는 돌아와. 어쩌면 벌써 돌아왔는지도 몰라. 가 보는 게 좋지 않을까?"

크룩스가 다시 입을 열었다.

"널 겁주려던 건 아니야. 조지는 돌아올 거야. 나는 그냥 내 이야기를 한 것뿐이야. 밤에 여기 혼자 앉아 책을 읽기도 하고 생각에 잠기기도 하는 사내의 이야기를 말이야. 가끔 이런저런 생각을 해 보지만 뭐가 옳고 뭐가 그른지 말해 줄 사람이 없어. 그러니 뭘 봐도 진짜로 있는 걸 본 건지조차 알 수가 없어. 네 눈에도 저게 보이냐고 다른 사람한테 물어볼 수도 없어. 그러니 알 수가 없지. 판단 기준이 없으니까. 난 여기 앉아서 이런저런 걸 봐. 술에 취하지는 않았어. 그런데 정말로 본 건지 꿈에서 본 건지 알 수가 없어. 누가 곁에 있으면 내가 잠이 들었던 거라고 말해 줄 수 있겠지. 그럼 확실히 알 수 있을 텐데……. 하지만 혼자 있으면 알 수가 없단 말이야."

이제 크룩스는 방을 가로질러 창문 쪽을 보고 있었다.

레니가 처량한 목소리로 말했다.

"조지는 날 두고 떠나지 않아. 난 알아, 조지는 안 그래."

마구간지기는 꿈꾸는 듯한 목소리로 말을 이어 갔다.

"내가 어렸을 때 아버지의 닭 농장에서 있었던 일이 기억나는군. 나는 형제가 둘 있었지. 둘 다 늘 내 옆에 붙어 지냈어. 늘 함께였지. 한 방, 한 침대에서 자곤 했으니까. 셋이서 함께 말이야. 우리집엔 작은 딸기밭도 있었지. 알팔파밭도 있었고……. 화창한 아침이면 난 알팔파밭에다 닭을 풀어놓곤 했어. 둘은 울타리에 앉아 닭을 지켜보았지. 하얀 닭들이었어."

레니는 크룩스가 하는 말에 점차 관심을 보이기 시작했다.

"조지는 토끼에게 먹일 알팔파를 심을 거라고 했어."

"무슨 토끼?"

"우린 토끼를 기르고 딸기밭도 만들 거야."

"미쳤군."

"정말이라니까. 조지한테 물어봐."

"웃기는 소리."

크룩스가 코웃음을 쳤다.

"등에는 담요를 지고 머리에는 그 담요만큼이나 썩어 빠진 생각을 집어넣고 여러 농장을 떠도는 놈들을 나는 수백 명도 더 봤어. 수백 명 말이야. 일하러 왔다가는 그만두고 또 다른 데로 가. 그러면서 염병, 다들 머릿속에는 조그만 땅덩이를 하나씩 넣고 다니지. 하지만 그 땅을 진짜로 손에 넣는 사람은 한 명도 없지. 그건 천당이나 다름없지. 다들 조그만 땅덩이를 원한다고! 나는 여기서 책을 많이 읽었어. 아무도 천당에 가지 못하듯이 아무도 그 땅을 얻지 못해. 그냥 머릿속에만 있는 거야. 늘 얘기는 하지만 그건 그저 머릿속에만 있을 뿐이라고⋯⋯."

크룩스가 말을 끊더니 열린 문 쪽을 보았다. 말들이 불안하게 움직이며 고삐의 사슬을 철렁거렸기 때문이다.

"누가 저기 있는 것 같군. 슬림인지도 몰라. 가끔 밤에 두세 번 들어오니까. 슬림은 진짜 마부야. 자기 말들은 항상 챙기거든."

크룩스는 힘겹게 몸을 일으키더니 문 쪽으로 가서 소리쳤다.

"슬림인가요?"

캔디의 목소리가 들려왔다.

"슬림은 읍내에 갔네. 이봐, 자네 레니 봤나?"

"덩치 큰 친구 말인가요?"

"그래. 혹시 그 친구 봤어?"

"여기 있는데요."

크룩스는 무뚝뚝하게 대꾸하고 다시 침대로 돌아가 드러누웠다.

캔디가 문간에 서서 뭉툭한 손목을 덕덕 긁었다. 그는 불 밝힌 방 안을 눈부신 듯 들여다만 볼 뿐 들어가려고 하지는 않았다.

"이봐, 레니. 토끼 계산을 해 보았네만."

크룩스가 짜증을 내며 말했다.

"들어오고 싶으면 들어오쇼."

캔디는 당황한 표정이었다.

"글쎄⋯⋯. 물론 자네가 들어오란다면."

"들어오라니까요. 아무나 다 들어오는데 영감님도 당연히 들어올 수 있지요."

크룩스는 애서 성난 척했지만 내심 기쁨을 감추지 못했다.

캔디는 방에 들어오고도 여전히 어리둥절한 표정이었다.

"여긴 아주 멋지고 아늑하구먼. 이렇게 방을 혼자 쓰니 좋겠어."

"그럼요. 창문 밑에는 거름 더미도 있고요. 암, 좋고말고요."

레니가 끼어들었다.

"토끼 이야기를 했잖아."

캔디는 잘린 손목을 긁으며, 망가진 말 목걸이가 걸린 벽에 몸을 기댔다.

"나는 이곳에 오래 있었어. 크룩스도 오래 있었지. 하지만 이 방에 들어와 보기는 처음이야."

그러자 크룩스가 음울한 목소리로 말했다.

"모두 흑인 방에는 잘 안 들어오잖아요, 슬림 말고는 아무도 여기에 들어온 적 없어요. 슬림하고 주인 말고는."

캔디는 얼른 화제를 바꿨다.

"슬림은 내가 본 최고의 마부야."

레니가 늙은 잡역부 쪽으로 몸을 기울이고는 다시 한 번 고집스럽게 물었다.

"토끼는?"

캔디가 빙그레 웃었다.

"계산했다니까. 제대로만 하면 토끼로 돈을 좀 벌겠어."

레니가 끼어들었다.

"하지만 기르는 건 내가 할 거야. 조지가 나한테 기르라고 했어, 조지가 약속했어."

크룩스가 거칠게 말을 잘랐다.

"지금 농담하는 거겠죠? 말이야 지겹게들 많이 하지만 땅은 못 얻는다니까. 사람들이 관에 넣어 여기서 내가는 날까지 영감님은 잡역부 일을 계속할 겁니다. 젠장, 그런 사람들은 질리도록 많이 봤다니까! 여기 레니도 이삼주면 여길 그만두고 길을 나설 겁니다. 죄다 머릿속에 땅덩이 생각만 든 것 같아."

캔디가 성난 표정으로 뺨을 문질렀다.

"염병할, 우린 정말로 그렇게 하고 말 거야. 조지도 그렇게 말했어. 돈도 있단 말이야."

"그래요? 그런데 조지는 지금 어디 있죠? 읍내 갈보집에 있지 않나요?

영감님 돈이 그리로 새고 있는 거란 말입니다. 맙소사, 나는 그런 일을 물리도록 자주 봤습니다. 머릿속에 땅을 넣고 다니는 사람들을 너무 많이 봤다고요. 하지만 진짜로 땅을 손에 넣는 사람은 아무도 없더란 말입니다."

캔디가 소리쳤다.

"물론 그들은 모두 원하지! 다들 조그만 땅덩어리를 원해. 큰 건 바라지도 않아. 내 거라고 할 수 있는 땅 말이야. 그럭저럭 먹고 살 수 있고 아무도 날 쫓아내지 못하는 곳 말이야. 난 그런 걸 가져본 적이 없어. 염병, 나는 이 주를 구석구석 돌아다니며 남을 위해 씨를 뿌렸지만 곡식은 내 것이 아니었어. 추수할 때는 내 것이 아니었단 말일세. 하지만 이제는 내 것이 될 거야. 틀림없이 그렇게 될 거야. 조지는 그 돈을 들고 읍내에 가지 않았어. 그 돈은 은행에 있네. 나하고 레니하고 조지, 우리 셋이서 할 거야. 각자 방도 따로 갖고 개 한 마리에 토끼랑 닭도 기를 거야. 옥수수도 심고 암소하고 염소도 기를 거야."

캔디는 자신이 떠올리는 그림에 압도되어 말을 멈추었다.

크룩스가 물었다.

"그러니까 그럴 돈이 있단 말인가요?"

"염병, 그렇다니까. 거의 다 모았어. 조금만 더 모으면 돼. 한 달만 있으면 다 모을 거야. 조지는 벌써 땅도 골라 놨네."

크룩스는 손을 뒤로 돌려 등뼈를 더듬었다.

"정말로 그렇게 하는 사람은 보지 못했어요. 땅을 갖고 싶어 거의 미쳐 버릴 지경인 사람들은 봤지만, 다들 돈을 갈보집이나 카드 도박에 다 갖다 바치더라고요."

그러고는 머뭇거리며 말했다.

"혹시…… 공짜로 일해 줄 일꾼이 하나 필요하면…… 그냥 먹여주기만 하면 되니까, 그 땐 내가 가서 손을 빌려 드리죠. 몸이 완전히 망가진 건 아니라서 마음만 먹으면 일은 누구 못지않게 잘할 수 있으니까요."

"혹시 컬리 봤나요?"

모두 문 쪽으로 고개를 돌렸다. 컬리의 아내가 들여다보고 있었다. 짙게 화장한 얼굴이었다. 입술은 약간 벌어져 있었다. 여자는 달려오기라도 한 듯 가쁘게 숨을 몰아쉬었다.

캔디가 불쾌한 표정으로 대꾸했다.

"컬리는 여기 안 왔수."

여자는 문간에 선 채로 그들을 향해 살짝 웃음을 지으며 엄지와 검지로 다른 손의 손톱들을 만지작거렸다. 여자의 눈길이 사내들의 얼굴을 하나하나 더듬었다.

마침내 여자가 말했다.

"약한 사람들만 여기 다 남겨 놨네. 다들 어디 갔는지 내가 모를 줄 알고? 컬리까지 다. 다들 어디 갔는지 나도 안다고."

레니가 매혹된 표정으로 여자를 쳐다보았다. 캔디와 크룩스는 여자의 눈을 피해 시선을 내리깔고 얼굴을 잔뜩 찌푸렸다.

캔디가 말했다.

"그렇게 잘 알면서, 컬리가 어디 갔는지 우리한테 물어보는 건 또 뭐요?"

여자가 즐겁다는 듯이 사내들을 바라보았다.

"재밌는 일이야. 어떤 남자든 단둘이 만나면 얘기가 잘 되거든. 그런데 남자가 한 명만 더 끼면 입도 안 열려고 한단 말이야. 정말 어떻게 된 일인지 몰라."

여자는 손가락 만지작거리기를 그만두고 양손을 옆구리에 가져다 댔다.

"다들 서로를 무서워하는 거야. 바로 그거야. 모두들 다른 사람들이 자기를 어떻게 할까봐 벌벌 떠는 거야."

잠시 뒤 크룩스가 말했다.

"이제 그만 집으로 돌아가는 게 좋겠어요. 우린 골치 아픈 일이 벌어지는 거 싫습니다."

"난 골치 아픈 일 같은 건 일으키지 않아요. 가끔은 누군가하고 이야기하고 싶어지는 법이잖아요? 나라고 종일 집에만 처박혀 있고 싶겠어요?"

캔디는 손 없는 손목을 무릎에 내려놓더니 다른 손으로 살살 문지르며 비난하듯이 말했다.

"댁은 남편이 있잖소. 그러니 다른 남자들하고 실없이 어울리면서 문제를 일으키면 안 되는 거요."

여자가 발끈했다.

"그래요, 난 남편이 있어요! 당신들도 다 알잖아요. 멋진 남자예요, 안 그래요? 그 사람은 자기 맘에 안 드는 사람한테 무슨 해코지를 할 것인지 종일 그 얘기만 해요. 하지만 주위엔 온통 맘에 안 드는 사람들뿐이죠. 내가 그 좁아터진 집구석에 틀어박혀, 왼손으로 두 번 리드 펀치를 찌른 다음 오른손으로 멋지게 크로스를 먹일 거라는 이야기나 듣고 있어야 한다는 건가요? '원투, 내 멋진 원투 한 번이면 그놈은 다운이야.' 그게 컬리가 만날 하는 말이에요."

여자는 잠시 말을 멈추었다. 얼굴에서 분노가 가시고 대신 호기심이 드러났다.

"근데 컬리 손은 어떻게 된 거예요?"

어색한 정적이 흘렀다. 캔디가 레니를 흘끗 쳐다본 뒤 헛기침을 하고 말했다.

"어, 컬리…… 그 친구는 기계에 손이 끼었소. 그래서 손이 으스러졌지요."

여자는 한동안 캔디를 빤히 쳐다보다가 웃음을 터뜨렸다.

"말도 안 돼! 그런 말로 절 속일 수 있다고 생각해요? 컬리는 누군가를 손보려다가 되레 당한 거예요. 기계에 끼었다고? 말도 안 돼! 참, 이제 손이 으스러졌으니 그렇게 좋아하는 원투도 아무한테나 못 먹이겠네, 아니, 대체 누가 으스러뜨린 거예요?"

캔디가 뚱하게 되풀이했다.

"기계에 끼었다니까……."

여자가 경멸하듯이 말했다.

"알았어요, 알았어. 원한다면 실컷 감싸주세요. 누가 상관이나 한대? 당신네 담요나 둘러메고 다니는 부랑자들은 다들 제가 잘난 줄 알아. 도대체 날 뭐로 보는 거야? 내가 어린애야? 말해두겠는데, 나는 극단에도 나갈 뻔했다고! 그뿐만이 아니야. 어떤 사람은 나를 영화에 내보내준다고도 했어!"

여자는 약이 올라 숨도 제대로 쉬지 못했다.

"토요일 밤이네. 다들 그 짓을 하러 나갔어, 다들! 그런데 나는 뭘 하는 거야? 여기 서서 담요 패거리랑 잡담이나 하고 있다니! 검둥이하고 얼간이하고 지저분한 늙은이를 상대로 말이야. 달리 아무도 없으니 이걸로 만족하란 건가?"

레니는 입을 반쯤 벌린 채 그 여자를 정신없이 바라보고 있었다. 크룩스는 흑인 특유의 몸 사리는 태도를 유지한 채, 자존심으로 똘똘 뭉친 딱딱한 껍질에 틀어 박혀 저만치 물러나 있었다. 그런데 캔디 노인의 태도가 돌변했다. 갑자기 자리에서 벌떡 일어나는 바람에 못 통이 뒤로 넘어갔다. 캔디가 노여운 목소리로 말했다.

"참을 만큼 참았어! 여기에 부인이 있기를 바라는 사람은 아무도 없다고 이미 말하지 않았소? 그리고 말이오, 부인은 우리에 대해 돼먹지 않은 생각을 갖고 있소! 그 닭대가리로는 우리가 그렇고 그런 담요 패거리가 아니라는 걸 제대로 알아볼 수 없겠지. 부인이 우리를 자른다고 해 봅시다. 아, 그런다고 해 보자고! 부인은 그럼 우리가 길을 떠나 또다시 이런 싸구려 일자리를 찾을 거라고 생각하겠지. 하지만, 부인은 모르겠지만, 우리에겐 갈 곳이 있소. 우리 농장과 우리 집이 있단 말이오. 이런 곳에 있을 필요가 없다니까. 우리한테는 집도 있고 닭도 있고 과일나무도 있소. 여기보다 백배는 멋진 곳이지! 그리고 우리한테는 친구들이 있소. 암, 있고말고! 물론 잘리는 걸 겁내던 시절도 있었지. 하지만 이젠 그렇지 않소. 우리 땅이 생겼거든. 내키는 때 갈 수 있는 우리 땅이 말이오!"

컬리의 아내가 웃음을 터뜨렸다.

"말도 안 돼. 당신 같은 사람을 수도 없이 봤어. 당신들은 손에 이십오 센트만 생기면 그걸로 싸구려 위스키 두 잔을 입에 털어넣고 잔바닥까지 핥지. 난 당신 같은 족속을 알아."

캔디의 얼굴이 점점 붉어졌다. 그러나 감정에 휘둘리지 않고, 여자가 말을 마치기 전에 스스로를 다잡았다.

캔디가 부드럽게 말했다.

"어련하시겠소? 자, 이제 가서 굴렁쇠나 굴리고 노는 게 좋겠소. 우리는 부인한테 할 이야기가 전혀 없으니까. 우리는 우리가 가진 게 뭔지 알고 있고 부인이 그걸 알든 모르든 상관없소. 그러니 이제 어서 가 보는 게 좋겠소. 컬리는 자기 마누라가 마구간에서 우리 같은 '담요 패거리'하고 어울리는 걸 좋아하지 않을 테니까 말이오."

여자는 남자들의 얼굴을 차례차례 쳐다보았지만 모두 무시했다. 여자는 레니를 가장 오랫동안 바라보았다. 레니는 당황한 나머지 눈을 내리깔았다.

갑자기 여자가 물었다.

"얼굴에 그 멍은 어쩌다 생긴 거예요?"

레니는 나쁜 짓을 하다 들킨 사람처럼 눈을 들었다.

"누구, 나?"

"그래, 당신."

레니는 도와 달라는 표정으로 캔디를 바라봤다가 다시 무릎을 내려다보며 말했다.

"컬리는 기계에 손이 끼었어."

컬리의 부인이 웃음을 터뜨렸다.

"그래, 기계 씨. 나중에 이야기하자고. 나, 기계 좋아하거든."

캔디가 끼어들었다.

"이 친구는 놔두시오! 이 친구를 갖고 놀 생각 말라고. 부인이 뭐라고 했는지 조지한테 다 말하겠소. 조지는 부인이 레니를 갖고 놀게 놔두지 않을 거요."

여자가 물었다.

"조지가 누구지? 당신하고 함께 온 키 작은 사람?"

레니가 행복한 표정으로 웃음을 지었다.

"맞아. 그 사람이야. 조지가 나한테 토끼를 기르게 해 줄 거야."

"글쎄, 당신이 그렇게 원한다면 나도 토끼를 두어 마리는 기르게 해줄 수 있는데."

크룩스가 침대에서 일어나더니 여자를 똑바로 바라보며 차갑게 말했다.

"그만하세요. 부인은 흑인 방에 들어올 권리가 없습니다. 여기 들어와서 추파를 던질 권리가 없단 말입니다. 자, 나가세요. 얼른 나가세요. 안 나가면 주인한테 부인이 다시는 마구간에 들어오지 못하게 해 달라고 말하겠습니다."

여자는 얼굴에 비웃음을 가득 담고 크룩스를 똑바로 보며 말했다.

"잘 들어, 검둥이. 너 닥치지 않으면 나한테 어떻게 되는지 알지?"

크룩스는 절망적인 표정으로 여자를 노려보더니 이윽고 침대에 주저앉아 몸을 웅크렸다.

여자는 크룩스에게 바짝 다가갔다.

"나한테 어떻게 되는지 알지?"

크룩스는 몸을 더욱 웅크리고 벽에 바짝 달라붙었다.

"네, 부인."

"그래, 그럼 네 분수를 지켜, 검둥이. 네 모가지를 나무에 매다는 건 너무 쉬워서 재미도 없어."

크룩스는 사그라질 것처럼 잔뜩 쪼그라들었다. 그에겐 인격도 자아도 없었다. 좋다 싫다 표현할 감정도 없었다. 그는 억양 없는 단조로운 목소리로 말했다.

"네, 부인."

여자는 잠시 크룩스를 굽어보며 서 있었다. 손가락 하나라도 까딱하면 다시 채찍을 휘둘러주겠다는 듯한 기세였다. 크룩스는 눈길을 피한 채 꼼짝 않고 앉아 있었다. 조금이라도 상처 입을 위험이 있는 것은 모두 안으로 거두어들인 듯했다. 여자는 마침내 나머지 두 사람 쪽을 보았다.

망연하게 여자를 바라보고 있던 캔디가 차분하게 말했다.

"그런 짓을 하면 우리가 말할 거요. 부인이 크룩스에게 있지도 않은 죄를 뒤집어씌웠다고."

여자가 소리쳤다.

"염병할, 말하든지 말든지! 아무도 당신 말에 귀 기울이지 않을 테니까. 영감도 알잖아. 아무도 영감이 하는 말은 귀담아듣지 않아."

캔디는 기가 꺾여 동의했다.

"그건 그래요……. 아무도 듣지 않죠."

레니가 울먹이며 말했다.

"조지가 있으면 좋겠어, 조지가 여기 있으면 좋겠어."

캔디가 레니에게 다가갔다.

"걱정할 것 하나 없네. 방금 사람들이 돌아오는 소리가 들렸어. 조지는 이미 합숙소에 있을 거야."

그리고 여자를 돌아보며 조용히 말했다.

"이제 집에 가는 게 좋겠소. 지금 가면 컬리한테는 부인이 여기 왔었단 얘기는 안하겠소."

여자가 재는 눈으로 캔디를 차갑게 쏘아 보았다.

"아무 소리도 안 난 것 같은데?"

"괜한 모험은 하지 않는 게 좋을 거요. 확실치 않으면 안전한 길을 택하는 게 낫소."

여자가 레니를 돌아보았다.

"컬리를 약간 뭉개 줘서 고마워. 그가 자초한 일이야. 가끔 나도 뭉개 버리고 싶었으니까."

여자는 문을 빠져나가 어두운 마구간으로 사라졌다. 여자가 마구간 안을 지나가자 말굴레의 사슬이 덜거덕거렸다. 말 몇 마리가 콧김을 뿜었고 몇 마리는 발을 굴렀다.

크룩스는 스스로 뒤집어썼던 여러 겹의 보호막에서 서서히 빠져나오는 듯했다.

크룩스가 물었다.

"사람들이 돌아왔다고 했는데 그게 참말입니까?"

"그럼. 내가 들었는데?"

"흠, 나는 아무 소리도 못 들었는데."

"대문에서 쾅 소리가 났네."

캔디가 말을 이었다.

"맙소사, 컬리 마누라는 소리도 없이 움직이는군. 어지간히 연습을 많이 한 모양이야."

크룩스는 이제 어떤 이야기도 하지 않으려 했다.

"이제 당신들도 가보는 게 좋겠습니다. 여기서 나가 줬으면 좋겠어요. 당신네에게는 달갑지 않겠지만 흑인한테도 몇 가지 권리는 있어야 하니까."

캔디가 말했다.

"저년이 자네한테 해서는 안 될 말을 했어."

크룩스가 힘없이 말했다.

"됐습니다. 두 사람이 들어와서 앉아 있는 바람에 내가 깜빡한 거지요. 그 여자가 한 말은 사실입니다."

마구간에서 말들이 콧김을 뿜었다. 사슬이 쩔렁거리더니 목소리가 들렸다.

"레니! 야, 레니! 마구간에 있는 거야?"

레니가 소리쳤다.

"조지구나! 여기야, 조지! 여기 있어!"

곧 조지가 문간에 와서 섰다. 그는 못마땅하다는 표정으로 두리번거렸다.

"크룩스 방에서 뭘 하는 거야? 여기는 오지 말라고 했잖아."

크룩스가 고개를 끄덕였다.

"나도 그렇게 말했소. 그런데도 들어온 거요."

"그럼 걷어차서 쫓아내지 그랬소?"

"뭐, 괜찮았소. 레니는 좋은 녀석이니까."

"아, 조지! 내가 계속 계산해 봤네. 그 토끼들로 돈을 좀 버는 방법까지 알아냈어."

캔디가 흥분한 표정으로 말하자 조지가 얼굴을 찌푸렸다.

"아무한테도 이야기하지 말라고 한 것 같은데요."

캔디가 고개를 푹 숙였다.

"크룩스 말고는 아무한테도 이야기 안 했네."

조지가 말했다.

"어쨌든 여기서 나가요. 맙소사, 잠시도 자리를 비울 수가 없어."

캔디와 레니는 일어서서 문으로 향했다.

크룩스가 불렀다.

"캔디!"

"응?"

"괭이질이랑 허드렛일 얘기한 거 기억하지요?"

"그래. 기억하네."

"그냥 잊어버리세요. 그냥 해 본 소리였어요. 농담이었다고요. 나는 그런 데 가고 싶지 않아요."

"뭐, 알았네. 자네 마음이 정 그렇다면……. 잘 자게."

세 남자는 문 밖으로 나갔다. 그들이 마구간 안을 지나가자 말들이 콧김을 뿜어 대며 고삐의 사슬을 철렁거렸다.

크룩스는 침대에 앉아 잠시 문을 쳐다보다가 이윽고 바르는 약이 든 병에 손을 뻗었다. 셔츠 뒤쪽을 잡아 빼더니 분홍빛 손바닥에 약을 조금 덜어 뒤로 손을 돌리고 천천히 등을 문지르기 시작했다.

5

커다란 마구간 한쪽 끝에는 햇건초가 높이 쌓여 있고, 도르래에 걸린 갈퀴 네 개짜리 쇠스랑이 건초 위로 드리워져 있었다. 수북이 쌓인 건초는 산비탈처럼 경사를 그리며 마구간 반대편까지 이어져 있었는데 그 끝은 아직 건초가 덜 채워져 평평했다. 통로 양옆으로 여물통이 있었고, 여물통의 얇은 널 사이로 말 대가리들이 보였다.

일요일 오후였다. 말들도 일을 쉬고, 먹다 남은 건초 다발을 우물거리며 발을 구르고 여물통의 나무를 씹으며 고삐 사슬을 쩔렁거렸다. 오후 햇살이 마구간 벽 틈새로 새어 들어 와 건초 더미 위에 환한 줄무늬를 그렸다. 파리들이 허공을 붕붕거리며 날아다녔다. 한가한 오후의 콧노래 같았다.

편자 던지기 경기를 할 때 쇠말뚝에 편자 부딪히는 소리, 또 경기를 하는 남자들이 큰소리로 격려하거나 야유하는 소리가 밖에서 들려왔다. 그러나 마구간 안은 고요했다. 오직 파리 소리만 들릴뿐, 한가롭고 따뜻했다.

마구간 안에는 레니뿐이었다. 아직 건초가 덜 채워진 마구간 한구석에 레니는 여물통 밑에 놓인 짐 상자 옆에 건초를 깔고 앉아 있었다. 자기 앞에 놓인 자그마한 강아지를 보고 있었다. 강아지는 죽어 있었다. 레니는 한참을 바라보더니 거대한 손을 내밀어 강아지를 쓰다듬었다. 머리에서 꼬리까지 빈틈없이 쓰다듬어 주었다.

레니가 강아지에게 작은 소리로 말했다.

"왜 죽어 버린 거야? 생쥐처럼 작지도 않으면서……. 심하게 혼낸 것도 아닌데."

레니는 강아지 머리를 들어 그 얼굴을 들여다보며 말했다.

"이제 조지는 내가 토끼를 키우지 못하게 할지도 몰라. 네가 죽어 버린 걸 알면……."

레니는 건초 더미 한 곳을 우묵하게 파더니 거기에 강아지를 묻고 보이지 않게 건초로 덮었다. 그러고는 자신이 만든 둔덕을 물끄러미 바라보았다.

"이건 숲으로 가서 숨어야 할 만큼 나쁜 짓이 아냐. 그렇고말고! 그럴 정도로 나쁜 짓은 아니야. 조지한테는 가서 보니까 죽어 있더라고 말해야지."

레니는 강아지를 다시 파내 살펴보다가 귀에서 꼬리까지 쓰다듬었다. 그는 구슬픈 목소리로 말을 이어 갔다.

"하지만 조지는 알아차릴 거야. 조지는 언제나 잘 알아차리거든. '네가 그랬지? 속이려 들지 마, 이제 넌 토끼를 기를 수 없어!' 그러겠지."

갑자기 레니는 화가 치밀어서 소리쳤다.

"이런 염병할 놈! 왜 죽어 버린 거야? 넌 생쥐처럼 작지도 않잖아!"

레니는 강아지를 냅다 집어 던져 버렸다. 그러고는 아예 돌아앉았다. 레니는 무릎을 그러안고 중얼거렸다.

"난 토끼를 기를 수 없을 거야. 이제 조지가 못 기르게 할 거야."

레니는 괴로워하며 몸을 앞뒤로 흔들었다.

밖에서 쇠말뚝에 편자 부딪치는 소리가 들리더니 작은 함성이 이어졌다. 레니는 일어서서 강아지를 도로 집어와 건초 위에 놓고 그 앞에 앉았다. 레니는 다시 강아지를 쓰다듬었다.

"넌 아직 덜 자랐어. 쓰다듬을 만큼 크지 않았다고 다들 나한테 그렇게 말하고 또 말했는데……. 그래도 네가 그렇게 쉽게 죽어 버릴 줄은 몰랐어."

레니는 강아지의 축 처진 귀를 손가락으로 만지작거렸다.

"어쩌면 조지는 괜찮다고 할지도 몰라. 염병할, 이런 작은 개새끼는 조지한테는 아무것도 아냐."

컬리의 아내가 마구간의 맨 끄트머리 칸을 돌아 나타났다. 그녀는 워낙 소리 없이 다가온 탓에 레니는 그녀를 보지 못했다. 화사한 면 드레스에 빨간 타조 깃털로 장식된 슬리퍼를 신고 있었다. 얼굴에는 곱게 화장을 하고 머리칼은 소시지 모양으로 돌돌 말아 가지런히 늘어뜨리고 있었다. 레니는 여자가 아주 가까이 다가왔을 때에야 비로소 고개를 들어 그녀를 보았다.

레니는 몹시 당황한 나머지 허둥지둥 손으로 건초를 퍼내 강아지 위에 덮었다. 그는 언짢은 표정으로 여자를 올려다보았다.

여자가 물었다.

"그게 뭐야, 귀여운 아가?"

레니가 여자를 노려보았다.

"조지가 너하고 절대로 어울리지 말랬어. 말도 하지 말고 아무것도 하지 말랬어."

여자가 웃음을 터뜨렸다.

"조지가 모든 일에 명령을 내리나보지?"

레니는 건초 위로 시선을 떨어뜨렸다.

"너하고 말하면 토끼를 기르지 못하게 한댔어."

여자가 조용하게 말했다.

"컬리가 화를 낼까봐 무서워서 그러는 거야. 이제 컬리는 팔을 붕대에 매달고 다니는데 뭐. 또 컬리가 시비를 걸면 네가 나머지 손도 부숴뜨리면 되잖아. 이제 기계에 끼었니 어쩌니 하는 소리로 나를 속일 생각 마."

그러나 레니는 말려들지 않았다.

"안 돼. 난 너하고 아무 말도 안 하고 아무 짓도 안 할 거야."

여자가 레니 옆에 있는 건초 위에 무릎을 꿇었다.

"잘 들어 봐. 다들 편자 던지기 경기를 하고 있어. 이제 겨우 네 시밖에 안 됐고, 아무도 경기에서 빠져나오지 않을 거야. 나랑 얘기 좀 하는 게 뭐가 어때서? 난 이야기 상대가 아무도 없어. 외로워 죽겠어."

레니가 말했다.

"안 돼. 난 너하고 아무 말도 해선 안 되고 아무것도 해선 안 돼."

"외로워, 너는 사람들하고 이야기할 수 있지. 하지만 난 컬리 말고는 아무하고도 얘기를 못해. 컬리가 화를 내거든. 아무하고도 이야기를 못한다면 넌 기분이 어떨 것 같아?"

"난 얘기하면 안 돼. 조지는 내가 말썽을 피울까봐 걱정해."

여자는 화제를 바꾸었다.

"거기 건초로 뭘 덮어 놓은 거야?"

그 질문에 레니는 걱정이 다시 몰려왔다.

레니가 서글픈 목소리로 말했다.

"내 강아지야. 내 귀여운 강아지야."

그러면서 레니는 강아지를 덮었던 건초를 쓸어 냈다.

"이런, 죽었잖아!"

여자가 비명을 질렀다.

"너무 작았어. 그냥 데리고 놀았는데…… 무는 척하잖아……. 그래서 나도 때려 주는 척했어……. 그러다…… 그러다 진짜로 때렸어. 그랬더니 죽었어!"

여자가 레니를 위로했다.

"걱정 마. 그깟 개 한 마리 갖고 뭘. 얼마든지 또 구할 수 있어. 어디 가나 개 천지니까."

"그런 게 아냐."

레니는 불쌍한 표정으로 설명했다.

"조지는 이제 나한테 토끼를 기르지 못하게 할 거야."

"왜?"

"그러니까 조지는 내가 또 나쁜 짓을 하면 토끼를 기르지 못하게 할 거랬어."

여자가 레니에게 더 다가가 달래듯이 말했다.

"나하고 얘기하는 건 걱정 안 해도 돼. 밖에서 사람들이 소리치는 걸 들어봐. 저 경기에 사 달러가 걸려 있다고. 경기가 끝날 때까지 아무도 자리를 뜨지 않을 거야."

레니가 조심스럽게 입을 열었다.

"너하고 얘기하는 걸 들켰다간 난 조지한테 혼날 거야. 그럴 거라고 했어."

여자가 성난 얼굴로 바뀌어서는 소리쳤다.

"도대체 내가 뭘 어쨌다고? 나는 사람들하고 말할 권리도 없어? 도대체 내가 뭐라고 생각하는 거야? 너는 좋은 사람이잖아. 왜 내가 너하고 이야기하면 안 되는지 모르겠어. 난 너한테 아무런 해도 끼치지 않아."

"그러니까…… 조지는 네가 우리를 흙탕물에 빠뜨릴 거래."

"무슨 말도 안 되는 소리야! 도대체 내가 너희한테 무슨 해를 끼친다는 거야? 내가 얼마나 비참하고 따분하게 사는지 아무도 모르는 모양이네. 정말이지 난 이렇게 살 사람이 아니라고. 난 더 유명해질 수도 있었어."

여자가 음울하게 말했다.

"어쩌면 아직도 될 수 있을지 몰라."

그러더니 레니를 누가 데려가기 전에 서둘러 이야기하려는 듯 봇물 터진 듯이 말을 쏟아 냈다.

"나는 바로 저기 샐리너스에서 살았어. 어릴 때 그리로 이사 갔지. 어느 날 유랑 극단이 마을을 지나갔는데, 그때 배우를 한 사람 만났지. 나더러 극단하고 같이 떠나자고 했어. 하지만 우리 엄마가 허락하지 않았지. 내가 열

다섯 살밖에 안 됐으니 허락할 수 없다면서. 하지만 그 남자는 괜찮다고 했거든. 내가 그때 따라갔으면 정말이지 나는 이렇게 살고 있지 않을 거야."

레니가 강아지를 머리에서 꼬리 쪽으로, 또 꼬리에서 머리 쪽으로 쓰다듬으며 설명하기 시작했다.

"우리는 작은 땅을 갖게 될 거야. 그리고 토끼도……."

여자는 레니가 말을 끊을세라 얼른 자기 이야기를 이어 나갔다.

"나중에 또 다른 남자를 만났어. 그 사람은 영화 일을 했지. 그 사람하고 리버사이드 댄스 펠리스에 갔지. 그 사람이 나를 영화에 출연시켜 주겠다고 했어. 나더러 타고난 배우라는 거야. 할리우드로 돌아가면 곧 편지를 보내겠다고 했어."

여자는 자신의 이야기에 레니가 어떤 반응을 보이는지 확인하려고 찬찬히 살폈다.

"그런데 편지를 받지 못했어. 아마 엄마가 가로챘을 거야. 어쨌든 난 세상에 내 재능을 펼쳐 보일 수 없고 더구나 내 편지마저 가로채이는 곳에서는 더는 살고 싶지 않았어. 엄마한테 편지를 가로챘냐고 물었더니 아니라는 거야. 그래서 난 컬리하고 결혼했어. 리버사이드 댄스 펠리스에서 만난 바로 그날 밤에 말이야. 듣고 있어?"

여자가 다그쳤다.

"나? 그럼."

"난 이 이야기는 누구에게도 한 적 없어. 어쩌면 하지 말아야 하는지도 몰라. 난 컬리를 좋아하지 않아. 컬리는 좋은 사람이 아니야."

여자는 마음속을 털어놓더니 레니에게 더 바짝 다가가 나란히 앉았다.

"영화에 출연해서 멋진 옷을 입을 수도 있었는데……. 영화배우들이 입는 멋진 옷 말이야. 영화에 나오는 커다란 호텔에 앉아 있으면 사람들은 내 사진을 찍어 댔겠지. 시사회에도 가고 라디오 프로에 나가서 이야기도 했을 텐데. 어딜 가든 돈 한 푼 안 들었을 거야. 나는 영화에 나오는 사람이니까. 그리고 영화에 나오는 사람들이 입는 멋진 옷들을 다 입는 거야. 그 사람 말이, 나는 타고난 배우랬어."

여자는 레니를 바라보며, 자신이 연기할 수 있다는 것을 보여주려고 팔과 손으로 작고 멋진 동작을 선보였다. 손목의 움직임에 따라 다섯 손가락이 나

굿나긋하게 움직였다. 특히 새끼손가락은 우아하게 삐죽 나와 있었다.

레니가 깊은 한숨을 쉬었다. 밖에서 편자가 쇠말뚝에 부딪히는 소리가 났다. 이어 환성이 터졌다.

여자가 말했다.

"누가 성공했나 보네."

해가 기울자 벽을 타고 올라간 햇빛이 여물통과 말대가리 위로 줄무늬를 드리웠다.

레니가 말했다.

"이 강아지를 밖에 갖다 버리면 조지는 알아채지 못하겠지? 그럼 아무 말썽 없이 토끼를 기를 수 있어."

컬리의 아내가 성난 목소리로 말했다.

"넌 토끼 생각밖에 안 해?"

레니가 끈기 있게 설명했다.

"우린 작은 땅을 가질 거야. 집하고 밭하고 알팔파가 자라는 풀밭도 있어. 알팔파는 토끼한테 먹일 거야. 나는 자루에 알팔파를 잔뜩 담아서 토끼한테 갖다줄 거야."

여자가 물었다.

"왜 그렇게 토끼, 토끼 하는 건데?"

레니는 신중하게 생각한 끝에 결론을 내렸다. 그는 조심스럽게 여자 쪽으로 다가갔다. 몸과 몸이 맞붙었다.

"난 예쁜 걸 쓰다듬는 걸 좋아해. 한번은 시장에서 털이 긴 토끼를 봤어. 정말 예뻤어. 어쩔 때는 생쥐도 쓰다듬어. 물론 생쥐보다 예쁜 게 없을 때만."

컬리의 아내는 레니에게서 약간 떨어졌다.

"너 단단히 미쳤구나."

"아냐, 안 미쳤어."

레니는 진지하게 설명했다.

"조지가 그러는데 나 미친 거 아니래. 난 손으로 예쁜 걸 쓰다듬는 걸 좋아해. 부드러운 걸 말야."

여자는 약간 안심하는 듯했다.

"하긴, 안 그런 사람이 어딨겠어? 나도 실크하고 벨벳을 만지는 걸 좋아해. 너도 벨벳 만지는 거 좋아해?"

레니는 좋아서 낄낄거리며 행복한 표정으로 소리쳤다.

"그럼, 그럼! 엄청 좋아하지! 나도 벨벳이 좀 있었어. 어떤 부인이 준 건데…… 맞아! 클라라 숙모가 나한테 준 거야. 이만큼 큰 거였어. 지금도 있으면 좋을 텐데……. 잃어버렸어. 못 본 지 오래됐어."

레니는 얼굴을 찌푸렸다.

컬리의 아내가 비웃었다.

"단단히 미쳤어. 그래도 넌 착해 보이는구나. 몸집만 커다랗지 아기 같아. 그래도 네가 무슨 말을 하려는지는 알 것 같아. 가끔 나도 머리 손질을 할 때 앉아서 쓰다듬어 보곤 해. 아주 부드럽거든."

여자는 어떻게 하는지 보여주려고 자기 정수리 부분을 손가락으로 훑었다.

여자가 흡족한 표정으로 말했다.

"어떤 사람들은 머리칼이 뻣뻣하지. 컬리가 그래. 컬리의 머리칼은 철사 같아. 하지만 내 머리카락은 가늘고 부드럽지. 자주 빗어 주거든. 그러면 가늘어지지. 봐, 여기 좀 만져 봐."

여자는 레니의 손을 자기 머리에 올려놓았다.

"거길 만져 봐. 얼마나 부드러운지."

레니의 커다란 손이 여자의 머리카락을 쓰다듬기 시작했다.

여자가 말했다.

"헝클어뜨리지는 말고."

"아, 좋아!"

레니는 소리치고서 더 힘 주어 쓰다듬었다.

"아, 기분 좋아!"

여자가 말했다.

"조심해! 헝클어지잖아."

그러더니 여자는 화가 나서 고함쳤다.

"그만해! 다 헝클어지겠어!"

여자가 머리를 옆으로 뺐다. 그러나 레니의 손이 여자의 머리카락을 움켜쥐고 놓아주지 않았다.

여자가 소리쳤다.

"놔! 놓으라니까!"

레니는 몹시 당황했다. 그의 얼굴이 일그러졌다. 그러자 여자가 비명을 질러 대기 시작했다. 레니는 다른 한 손으로 여자의 입과 코를 막았다.

레니가 애원했다.

"제발 그러지 마. 아, 제발 소리 지르지 말라니까. 조지가 화낼 거야."

여자는 레니의 손아귀에서 격렬하게 몸부림쳤다. 건초 더미 위에서 다리로 버둥거리며 빠져나오려고 몸을 비틀어댔다. 레니의 손 밑에서 짓눌린 비명이 새어나왔다. 레니는 겁이 나서 목청을 높이기 시작했다.

"아, 제발 비명만은 지르지 마. 조지는 내가 나쁜 짓을 했다고 할 거야. 토끼를 기르지 못하게 할 거야."

레니가 여자의 입을 누르던 손을 약간 떼자 이내 목쉰 비명이 새어 나왔다. 그러자 레니는 화가 치밀었다.

"그러지 말라니까! 소리 좀 그만 지르라고! 조지가 말한 대로 너 때문에 말썽이 생길 거야. 그러니까 소리 지르지 말란 말이야!"

여자는 겁에 질려 눈을 부릅뜬 채 계속 몸부림쳤다. 레니가 여자의 몸을 잡고 흔들며 화를 냈다.

"소리 지르지 말라니까!"

여자의 몸이 물고기처럼 팔딱거리다 이내 잠잠해졌다. 레니가 여자의 목을 부러뜨린 것이다.

레니는 여자를 내려다보고 조심스럽게 여자의 입에서 손을 뗐다. 여자는 가만히 누워 있었다.

"다치게 하려는 게 아냐. 하지만 소리를 지르면 조지가 화낼 거야."

여자가 아무 대꾸도 하지 않고 움직이지도 않자 레니는 몸을 숙이고 여자를 살펴보았다. 여자의 팔을 들었다가 놓자 팔이 밑으로 툭 떨어졌다. 순간 레니는 어찌할 바를 몰랐다. 이윽고 겁먹은 소리로 소곤거렸다.

"난 나쁜 짓을 했어. 또 나쁜 짓을 했어……."

레니는 양손으로 허둥지둥 건초를 긁어모아 여자의 몸을 얼마간 가렸다.

마구간 밖에서 사내들이 외치는 소리와 편자가 쇠말뚝에 부딪히는 소리가 두 번 들렸다. 처음으로 레니는 바깥 상황을 의식했다. 그는 건초 속에 웅크리고 앉아 귀를 기울였다.

"난 진짜 나쁜 짓을 했어. 이럼 안 되는 거였는데, 조지가 화내겠지……. 조지는 그랬어……. 자기가 올 때까지 숲 속에 숨어 있으라고. 조지는 화낼 거야. '내가 데리러 올 때까지 숲 속에 숨어 있어.' 조지는 분명히 그랬어."

레니는 돌아가서 죽은 여자를 바라보았다. 강아지가 그 곁에 누워 있었다. 레니는 강아지를 집어 들었다.

"이 놈은 갖다 버려야지. 이대로 두면 상황이 더 나빠질 거야."

레니는 강아지를 웃옷 속에 집어넣더니 벽 쪽으로 살금살금 기어가 갈라진 틈새로 밖을 살폈다. 편자 던지기 경기를 하는 모습이 보였다. 레니는 엉금엉금 기어서 마구간 끄트머리 칸을 돌아 사라졌다.

이제 해는 벽 높은 곳에 줄무늬를 그렸다. 마구간 안은 한결 어슴푸레해졌다. 컬리의 아내는 건초로 반쯤 덮인 채 반듯이 누워 있었다.

마구간은 아주 고요했다. 농장 전체에 오후의 고요가 감돌았다. 던져진 편자가 쇠말뚝에 부딪히는 소리와 경기를 하는 사내들의 목소리조차 한결 조용해진 것 같았다. 밖은 아직 밝았지만 마구간 안은 바깥보다 먼저 어둑어둑해졌다. 건초를 말리려고 열어 놓은 문으로 비둘기 한 마리가 들어왔다가 한 바퀴 휙 돌고는 도로 나갔다. 길고 여윈 몸에 묵직한 젖통이 축 늘어진 양치기 개 한 마리가 맨 끝 칸을 돌아 들어왔다. 강아지들이 있는 짐 상자를 향해 다가가던 암캐가 컬리 아내의 주검 냄새를 맡고 등뼈를 따라 털을 쭈뼛곤두세웠다. 암캐는 킁킁 냄새를 맡으며 몸을 움츠리고 짐 상자로 가더니 강아지들 사이로 뛰어들었다.

컬리의 아내는 누런 건초에 반쯤 덮인 채 누워 있었다. 비열함도, 계략도, 불만도, 관심을 끌려는 갈망도 모두 사라진 여자의 얼굴은 아주 예쁘고 소박했다. 착하고 어려 보이는 얼굴이었다. 발그레한 뺨과 붉은 입술 때문에 그저 깊은 잠에 빠진 것처럼 보였다. 작은 소시지처럼 말린 곱슬머리가 건초더미 위에 흩어져 있었다. 입술은 벌어져 있었다.

가끔 일어나는 일이지만, 순간이 머뭇머뭇 움직임을 멈추더니 평소보다 훨씬 오래 머물렀다. 순간보다 긴, 훨씬 긴 시간 동안 소리가 멎고 움직임이 멈추었다.

이윽고 시간이 점차 다시 깨어나 굼뜨게 움직이기 시작했다. 여물통 너머에서 말들이 발을 구르고 고삐 사슬을 쩔렁거렸다. 밖에서는 사내들의 목소리가 더 크고 선명해졌다.

맨 끄트머리 칸 모퉁이 언저리에서 캔디 노인의 목소리가 들려왔다.

"레니. 어이, 레니! 여기 있는 거야? 내가 계산을 다시 해 봤어. 우리는 이렇게 할 수도 있어, 레니!"

캔디 노인이 마지막 칸을 돌아 나왔다.

"어이, 레니!"

캔디는 다시 레니를 부르다가 등골이 오싹해져서 걸음을 멈추고 뭉툭한 손목으로 듬성듬성 난 구레나룻을 문질렀다.

캔디가 컬리의 아내에게 말했다.

"여기 있는 줄 몰랐소."

여자가 대답이 없자 캔디는 더 가까이 다가갔다.

"이런 데 나와 자면 안 되지."

캔디는 못마땅한 목소리로 말하며 여자 바로 옆까지 와서 외마디 비명을 질렀다.

"이런, 맙소사!"

캔디는 어쩔 줄 몰라 주위를 둘러보고는 턱수염을 문질렀다. 그러고는 헐레벌떡 마구간 밖으로 뛰쳐나갔다.

이제 마구간은 활기를 띠기 시작했다. 말들이 발을 구르며 콧김을 뿜었다. 깔짚을 씹고 고삐 사슬을 철렁거렸다. 곧 캔디가 다시 돌아왔다. 그 뒤를 조지가 따라 들어오며 말했다.

"나더러 뭘 보란 겁니까?"

캔디가 컬리의 아내를 가리켰다. 조지가 물끄러미 보며 물었다.

"이 여자가 왜?"

그는 더 다가가다가 캔디가 그랬던 것과 똑같이 소리쳤다.

"이런, 맙소사!"

조지는 여자 옆에 무릎을 꿇고는 여자의 심장 위에 손을 얹었다. 마침내 뻣뻣해진 몸을 천천히 일으켰을 때 조지의 얼굴은 나무토막처럼 굳어 있었으나 눈빛만은 단호했다.

"어떻게 된 걸까?"

캔디가 묻자 조지는 싸늘한 눈빛으로 캔디를 바라보았다.

"정말 모르겠어요?"

캔디는 아무 대꾸도 하지 않았다.

조지가 절망적으로 말했다.

"이럴 줄 알았어야 했는데……. 어쩌면 머릿속 한구석에서는 알고 있었을 지도 몰라."

캔디가 물었다.

"이제 어쩌지, 조지? 이를 어째."

조지는 한참 후에 대답했다.

"뭐…… 사람들한테 이야기해야죠. 그리고 그 녀석을 잡아 가둬야겠죠. 달아나게 놔둘 수는 없어요. 그 가엾은 놈은 굶어 죽을 거예요."

그리고 스스로를 안심시키려는 듯 덧붙였다.

"어쩌면 가둬 놓고 잘해 줄지도 모르잖아요."

하지만 캔디는 흥분해서 말했다.

"안 돼! 그 친구를 달아나게 해야 해. 자네는 컬리를 몰라, 컬리는 자기 가 직접 벌을 주려 할 거야. 그 친구를 죽일 거라고!"

조지는 캔디의 입술을 잠자코 바라보다가 마침내 말했다.

"그래요. 맞아요, 컬리라면 그러겠죠. 다른 사람들도 그럴 거고요."

조지는 다시 컬리의 아내를 돌아보았다.

그때 캔디가, 가장 걱정하던 일을 입에 담았다.

"자네하고 나, 둘이서 그 작은 땅을 얻을 수 있을 거야. 안 그런가, 조 지? 자네하고 나는 거기 가서 잘 살 수 있는 거지, 그렇지? 응?"

조지가 대답을 하기도 전에 캔디는 고개를 풀 꺾고 건초 더미 위로 시선을 떨어뜨렸다. 대답은 이미 뻔했다.

조지가 조용히 말했다.

"나는 처음부터 알고 있었는지 몰라요. 절대 그 땅을 가질 수 없다는 걸 말이에요. 녀석이 그 이야기를 듣는 걸 워낙 좋아하다 보니 나도 어쩌면 그 렇게 할 수 있을 거라고 믿게 되었나 봅니다."

캔디가 침울한 표정으로 물었다.

"그럼, 이제 다 끝난 거야?"

조지는 그 질문에는 대답하지 않았다.

"나도 이제 한 달간 일해서 오십 달러를 챙기면 어디 지저분한 갈보집에 가서 밤을 새겠죠. 아니면 당구장에 가서 문을 닫을 때까지 죽치고 앉아 있던지. 그리고 돌아와 다시 한 달을 일하고 또 오십 달러를 손에 쥐겠죠."

캔디가 말했다.

"그 친구 아주 좋은 사람인데. 그가 이런 짓을 할 줄 몰랐어."

조지는 여전히 컬리의 아내를 물끄러미 바라보고 있었다.

"레니가 나쁜 마음으로 이런 짓을 한 건 아닙니다. 그 녀석은 쭉 말썽만 일으켰지만 한 번도 나쁜 마음으로 그런 적은 없어요."

조지는 허리를 펴더니 캔디를 돌아보았다.

"잘 들어요. 사람들한테 이야기해야 합니다. 그럼 아마 그 녀석을 잡아오겠죠. 빠져나갈 방도는 없어요. 어쩌면 사람들이 녀석을 해치지 않을지도 모르죠."

조지의 목소리에 힘이 들어갔다.

"레니를 해치게 놔두지 않을 겁니다. 그러니까 잘 들으세요. 사람들은 이 일에 나도 관련됐다고 생각할지 몰라요. 일단 나는 합숙소에 가 있을게요. 그러면 영감님은 바로 밖으로 나가서 사람들한테 이 여자 이야기를 하세요. 그럼 나도 함께 몰려와 처음 본 척할 테니까요. 그렇게 해 주실래요? 그래야 사람들은 내가 관련됐다고 생각하지 않을 겁니다."

캔디가 말했다.

"물론이지, 조지. 틀림없이 그렇게 할게."

"좋아요. 그럼 한 이삼 분만 여기서 기다리세요. 그런 다음에 달려나와서 막 여자를 발견한 것처럼 말하는 겁니다. 난 이만 가볼게요."

조지는 몸을 돌리더니 얼른 마구간에서 빠져나갔다.

캔디 노인은 조지가 가는 것을 지켜보았다. 그리고 난처한 표정으로 컬리의 아내를 돌아보았다. 점차 슬픔과 분노가 치밀어 오르더니 말이 되어 튀어나왔다.

그가 심술궂게 말했다.

"이런 염병할 갈보년! 결국 해냈구먼, 안 그래? 이제 기분 좋아? 네가 일을 망칠 거라는 건 다들 알고 있었어. 너는 쓸모없는 인간이었어. 지금도 아무 짝에도 쓸모없지. 지저분한 갈보년 같으니.”

그리고 코를 훌쩍거리며 떨리는 목소리로 말했다.

“나는 저 친구들을 도와 괭이질도 하고 설거지도 할 수 있었어.”

캔디는 잠시 말을 끊었다가 단조롭게 읊조리듯 말을 이어 갔다. 그는 귀에 익은 구절을 되풀이했다.

“서커스나 야구 경기가 열리면…… 우린 다 함께 보러 갈 수 있었어. ‘젠장, 일은 무슨 일!’ 하고 그냥 보러 가면 되지. 누구한테 물어볼 필요도 없었어. 돼지도 키우고 닭도 키우고…… 겨울에는…… 작고 통통한 난로에 불을 때고…… 비가 오면…… 우린 그냥 집에 들어앉아 있었겠지.”

눈물 때문에 앞이 보이지 않았다. 뭉툭한 손목으로 뻣뻣한 구레나룻을 문지르며 힘없이 마구간에서 걸어 나갔다.

밖에서 경기 소리가 멈추었다. 저마다 언성 높여 질문하는 소리와 우당탕 발소리가 들리더니 사람들이 마구간으로 뛰어들었다. 슬림과 칼슨, 어린 휘트와 컬리가 들어왔다. 크룩스는 사람들 눈에 띄지 않게 뒤처져 들어왔다. 캔디가 그들을 뒤따라왔다. 마지막으로 조지가 들어왔다. 조지는 청재킷을 입고 단추까지 채운 모습이었다. 검은 모자는 눈 위까지 푹 눌러쓰고 있었다. 사내들은 맨 끝 칸을 돌아 달려왔다. 어둠 속에서 컬리의 아내를 발견하고는 걸음을 멈추고 가만히 서서 쳐다만 보았다.

이윽고 슬림이 여자 위로 가만히 몸을 굽히더니 손목을 짚어 보았다. 가느다란 손가락으로 뺨을 만져본 다음 약간 비틀린 목 밑으로 손을 넣어 목을 더듬었다. 슬림이 일어서자 사람들이 가까이 모여들었다. 침묵이 깨졌다.

갑자기 컬리가 무서운 기세로 소리쳤다.

“누가 그랬는지 알겠어! 그 커다란 개자식이 그런 거야. 분명히 그놈 짓이야. 봐, 다른 사람들은 다 밖에서 편자 던지기를 하고 있었잖아!”

컬리는 점점 격앙돼 갔다.

“내가 그놈을 잡을 거야. 엽총을 가져오겠어. 그 커다란 개자식을 직접 죽여 버릴 거야! 배때기에 구멍을 만들어 버리겠어! 어서 갑시다!”

그는 격분하여 마구간에서 뛰쳐나갔다.

“내 권총을 가져와야겠군.”

칼슨도 그렇게 말하고는 달려 나갔다.

슬림은 침착하게 조지를 돌아보았다.

"내가 봐도 레니 짓인 것 같군. 목뼈가 바스러져 버렸어. 레니라면 그럴 수 있지."

조지는 아무 대답도 하지 않고 천천히 고개만 끄덕였다. 모자를 이마까지 푹 눌러쓴 까닭에 눈은 가려서 보이지 않았다.

슬림이 말을 이어 나갔다.

"아마 자네가 말했던 위드 일과 비슷한지도 모르겠네."

조지가 다시 고개를 끄덕였다.

슬림이 한숨을 쉬었다.

"흠, 그 친구를 잡아 올 수밖에 없을 것 같군. 어디로 갔을 것 같나?"

잠시 시간이 흐르고 나서야 조지가 말문을 열었다.

"녀석은…… 남쪽으로 갔을 겁니다. 우리가 북쪽에서 왔으니 남쪽으로 갔겠지요."

"그 친구를 잡아 올 수밖에 없을 것 같아."

슬림은 같은 말을 되풀이했다.

조지가 슬림에게 바싹 다가섰다.

"녀석이 붙잡히면 그냥 철창에 가두어 둘 수는 없을까요? 그 녀석은 모자란 녀석이에요, 슬림. 나쁜 마음으로 이런 짓을 한 게 아니라고요."

슬림은 고개를 끄덕였다.

"그럴 수도 있지. 컬리만 막으면 그럴 수도 있어. 하지만 컬리는 쏴 버리고 싶어 할걸. 지금도 자기 손 때문에 화가 나 있거든. 그리고 그 친구를 잡아서 가죽 끈으로 묶어 철창 안에 가둬둔다고 해 보세. 그것도 좋은 방법은 아닐 걸세, 조지."

조지가 말했다.

"압니다, 알아요."

칼슨이 달려 들어와 소리쳤다.

"그 새끼가 내 권총을 훔쳐 갔어! 가방에 없어!"

컬리가 칼슨을 따라 들어왔다. 성한 손에 엽총을 들고 있었다. 이제 침착해져 있었다.

컬리가 말했다.

"걱정할 것 없소. 검둥이한테 엽총이 있소. 그걸 쓰쇼, 칼슨. 그놈을 보면 도망갈 틈을 주지 말고. 배때기를 쏘라고. 그럼 고꾸라질 거요."

휘트가 흥분해서 말했다.

"난 총이 없는데요!"

컬리가 말했다.

"너는 솔대드에 가서 경찰을 한 명 데려와. 앨 윌츠가 좋겠군. 그 사람이 보안관 대리니까. 자, 갑시다."

그는 수상쩍어 하는 눈빛으로 조지를 돌아보았다.

"당신도 함께 갈 건가?"

"그럼, 가야지. 하지만 잘 들어, 컬리. 그 가엾은 놈은 머리가 모자라. 그 놈을 쏘지는 마. 자기가 뭔 짓을 했는지도 모르는 놈이야."

조지의 말에 컬리가 소리를 질렀다.

"쏘지 말라고? 그놈은 칼슨의 권총을 갖고 있어. 당연히 쏴야지!"

조지가 힘없이 말했다.

"칼슨이 잃어버린 걸 수도 있잖아."

칼슨이 대꾸했다.

"오늘 아침에도 봤다고. 누가 가져간 게 분명해."

컬리의 아내를 굽어보고 서 있던 슬림이 말했다.

"컬리, 자네는 여기서 부인 곁을 지키는 게 좋을 것 같은데."

컬리의 얼굴이 새빨개졌다.

"난 갈 거요. 그 덩치만 커다란 놈을 내가 직접 쏴서 배때기에 구멍을 뚫어버리겠어. 내 비록 손은 하나뿐이지만 말이야. 가서 그놈을 끝장내버릴 거요!"

슬림이 캔디를 돌아보았다.

"영감이 여기 남아 이 여자 곁을 지켜주시오. 자, 다른 사람은 이제 가도록 하지."

그들은 모두 떠났다. 조지는 캔디 옆에 잠깐 멈춰 서서 죽은 여자를 함께 굽어보았다.

컬리가 조지를 불렀다.

"어이, 조지! 우리한테 붙어 있는 게 좋을 걸. 이 일과 관련이 있다는 의심을 받지 않으려면 말이야."

조지는 무겁게 발을 끌며 천천히 사람들을 따라 나섰다.

사람들이 사라지자 캔디는 건초 속에 쭈그리고 앉아 컬리 아내의 얼굴을 살펴보았다.

캔디가 작은 소리로 중얼거렸다.

"가엾은 여자."

사람들의 목소리가 희미해졌다. 마구간은 차츰 어두워졌다. 말들이 마구간 자기 칸에서 발을 구르며 고삐 사슬을 절렁거렸다. 캔디 노인은 건초에 누워 팔로 눈을 가렸다.

6

늦은 오후, 샐리너스 강의 깊은 녹색 웅덩이는 고요했다. 해는 이미 평지를 떠나 개빌런 산맥의 비탈을 기어오르고 있었다. 노을에 비친 산꼭대기는 불타는 붉은색이었다. 그러나 알록달록한 줄기를 가진 플라타너스가 죽 늘어선 물가에는 쾌적한 그늘이 드리워져 있었다.

물뱀 한 마리가 잠망경 같은 대가리를 좌우로 흔들며 미끄러지듯 부드럽게 웅덩이를 거슬러 올랐다. 물뱀은 웅덩이를 가로질러, 여울에 꼼짝 않고 서 있던 왜가리 다리 밑에 이르렀다. 왜가리가 대가리와 부리를 소리 없이 움직여 뱀 대가리를 창처럼 내리쪽었다. 미친 듯이 요동치는 작은 뱀을 그 부리가 꿀꺽 집어삼켰다.

멀리서 거센 바람 소리가 들리더니 돌풍이 파도처럼 나뭇가지들을 훑고 지나갔다. 플라타너스 잎들은 뒤집혀 은빛 배를 드러냈고 바닥을 뒤덮은 갈색 낙엽들은 파라락 날려 흩어졌다. 바람이 일으킨 잔물결이 웅덩이의 녹색 수면 위로 겹겹이 퍼져 나갔다.

바람은 순식간에 왔다가 순식간에 멎었다. 빈터는 다시 고요해졌다. 왜가리는 여울에 서서 꼼짝하지 않고 기다렸다. 작은 물뱀이 또 한 마리 잠망경 같은 대가리를 좌우로 흔들며 웅덩이를 거슬러 올라갔다.

갑자기 숲에서 레니가 나타났다. 살금살금 다가오는 곰처럼 아무런 소리도 내지 않았다. 왜가리가 날개로 허공을 치더니 무겁게 날아올라 아래 쪽으로 날아갔다. 작은 뱀은 물가의 갈대숲 사이로 미끄러져 들어갔다.

레니는 조용히 물가로 다가갔다. 무릎을 꿇더니 수면에 입술을 살짝 갖다 대고 물을 마셨다. 뒤쪽에서 작은 새 한 마리가 마른 잎들 위를 스치며 날아가자 레니는 머리를 휙 들어 소리가 난 쪽으로 눈과 귀를 긴장시켰다. 이윽고 새가 눈에 띄자 다시 머리를 숙이고 물을 마셨다.

레니는 물을 다 마시자 웅덩이 옆 모랫둑에 앉았다. 빈터로 들어오는 좁은 길을 감시하려는 것이었다. 레니는 무릎을 끌어안고 그 위에 턱을 괴었다.

햇살이 비탈을 타고 점점 높이 올라갔다. 점점 더 밝아지는 빛 때문에 산꼭대기에 불이 붙은 것 같았다.

레니가 조용히 혼잣말을 했다.

"이거 봐, 안 까먹었어. 숲에 숨어서 조지를 기다리는 거야."

레니는 모자를 눈 위로 푹 눌러 썼다.

"조지가 야단칠 거야. 조지는 내가 귀찮게 굴지 않는 데서 혼자 살기를 바랄 거야."

레니는 고개를 돌려 밝은 산꼭대기를 보았다.

"난 저 위로 올라가 동굴을 찾을 수도 있어."

그리고 서글픈 목소리로 말을 이어 갔다.

"그럼 케첩을 못 먹게 되겠지. 하지만 상관없어. 조지가 나 같은 놈은 필요없다고 하면…… 난 가 버릴 거야. 떠나 버릴 거야."

그 순간 레니의 머리에서 작고 뚱뚱한 늙은 부인이 튀어나왔다. 두꺼운 돋보기 안경을 쓰고, 호주머니가 달린 커다란 줄무늬 앞치마를 두른 모습이 단정하고 깔끔했다. 부인은 두 손을 허리에 얹고 레니 앞에 서서 못마땅한 표정으로 얼굴을 찌푸렸다.

부인은 레니 목소리로 말했다.

"내가 누누이 말했잖아. 조지는 아주 좋은 사람이고 너한테 잘해 주니까 조지 말을 들으라고. 하지만 넌 들은 척도 안 하고 나쁜 짓만 했어."

레니가 대답했다.

"나도 노력했어, 클라라 숙모. 노력하고 또 노력했어. 하지만 어쩔 수가 없었어."

부인이 레니 목소리로 말을 이어 갔다.

"너는 조지 생각은 조금도 안 했지. 조지는 늘 너에게 잘해 줬는데. 파이

가 한 쪽 생기면 늘 너한테 반이나 그 이상을 줬잖아. 케첩이 생기면 너한테
다 줬고…….”

레니가 처량하게 대답했다.

“알아. 나도 노력했어, 클라라 숙모. 노력하고 또 노력했어.”

부인이 말을 잘랐다.

“너만 아니었으면 조지는 늘 편하게 살았을 거야. 봉급을 받아서 갈보집
에서 미친 듯이 놀았을 거야. 당구장에 가서 스누커(흰 공 하나로 21개의 공을 포켓에 떨어뜨리는 당구 게임)를 쳤을
거야. 하지만 조지는 그러는 대신 네 뒤치다꺼리를 해야 했어.”

레니는 비통해하며 신음을 토했다.

“나도 알아, 클라라 숙모. 나 산 속에 들어가서 동굴을 찾아내 거기서 살
거야. 그럼 조지가 힘들지 않을 거야.”

부인이 날카롭게 말했다.

“또 그러네. 말이야 늘 그렇게 하지. 하지만 실제로는 절대로 그럴 생각이
없다는 걸 스스로도 잘 알잖아. 넌 앞으로도 조지에게 들러붙어서 조지 속을
썩일 거잖아.”

레니가 말했다.

“정말로 그냥 떠나는 게 나을 거 같아. 조지는 이제 토끼를 기르게 해 주
지 않을 거야…….”

클라라 숙모는 사라졌다. 이번에는 레니의 머리에서 거대한 토끼가 튀어
나왔다. 토끼는 레니 앞에 웅크리고 앉아 귀를 까딱거리며 콧등에 주름을 잡
았다. 토끼도 레니 목소리로 말했다.

“토끼를 길러?”

토끼가 경멸하듯이 말했다.

“이런 미친놈! 너는 토끼 발을 핥을 자격도 없는 놈이야. 넌 토끼가 있다
는 사실도 까먹고 굶어 죽게 할 거야. 네가 하는 일이 늘 그렇지. 그럼 조지
가 어떻게 생각할까?”

레니가 큰 소리로 말했다.

“까먹지 않을 거야!”

토끼가 쏘아붙였다.

“안 까먹긴 뭘 안 까먹어! 너는 불지옥에서 네놈을 구울 때 꽂을 기름 바

른 꼬챙이만도 못한 놈이야. 조지가 너를 하수구에서 끌어내리려고 얼마나 용을 썼는지 하느님만은 아시지. 그래 봐야 아무 소용없는 짓이었어. 일을 이 지경으로 만들고도 조지가 토끼를 기르게 해 줄 거라고 생각한다면 너는 진짜 미친 거야. 조지는 토끼를 기르게 해 주지 않을 거야. 조지는 널 몽둥이로 두드려 팰 거야. 조지는 그렇게 할 거라고."

레니가 사납게 되받았다.

"조지는 안 그래! 조지는 그런 짓 안 해! 나는 옛날부터, 언제부턴지는 까먹었지만…… 옛날부터 조지를 알았어. 조지는 한 번도 몽둥이로 날 때린 적 없어. 늘 나한테 잘해 줬어. 나한테 나쁜 짓 안 해."

"이제 조지는 너한테 질렸어. 조지는 너를 두들겨 팬 다음 널 두고 떠나 버릴 거야."

"안 그래!"

레니는 필사적으로 외쳤다.

"조지는 그러지 않을 거야! 난 조지를 알아. 나하고 조지는 함께 다녀."

그러나 토끼는 작은 소리로 계속 같은 말을 되풀이했다.

"조지는 널 떠날 거야, 이 미친놈아. 조지는 널 혼자 내버려 두고 떠날 거야. 조지는 널 떠날 거야, 이 미친놈아."

레니는 두 손으로 귀를 막았다.

"안 떠나! 안 떠난다니까!"

레니가 외쳤다.

"아, 조지! 조오지! 조오오지!"

조지가 덤불숲에서 살며시 걸어 나왔다. 토끼는 허둥지둥 레니의 머릿속으로 돌아갔다.

조지가 조용히 말했다.

"도대체 뭐 때문에 소리를 지르는 거야?"

레니가 일어나 무릎을 꿇고 앉으며 말했다.

"날 떠나지 않을 거지, 조지? 그렇지? 안 떠날 줄 알았어."

조지가 뻣뻣하게 다가오더니 레니 옆에 앉았다.

"안 떠나."

레니가 소리쳤다.

"그럴 줄 알았어! 넌 그런 사람이 아냐!"

조지는 입을 다물었다.

"조지."

"응?"

"나 또 나쁜 짓 했어."

"별로 달라질 것도 없어."

조지는 다시 입을 다물었다.

이제 꼭대기의 산마루들만 해를 받고 있었다. 평지의 그늘은 부드러운 파란색이었다. 멀리서 사내들이 서로에게 외치는 소리가 들렸다. 조지는 고개를 돌려 소리에 귀를 기울였다.

"조지."

"응?"

"나 야단 안 쳐?"

"야단?"

"응. 전에 그랬던 것처럼 말야. '너만 없으면 오십 달러를 챙겨서…….' 그렇게."

"맙소사, 레니! 너는 무슨 일이 벌어졌는지는 하나도 기억 못하면서 내가 한 말은 다 기억하는구나."

"어, 그 말 안 해?"

조지는 고개를 젓고는 뻣뻣하게 말했다.

"나 혼자면 아주 편하게 살 수 있지."

단조롭고 힘없는 목소리였다.

"난 일자리를 얻을 거고 귀찮은 일도 없을 거야."

조지가 갑자기 말을 멈추었다. 레니가 재촉했다.

"계속해. 그래서 월말이 오면……."

"그래서 월말이 오면 난 오십 달러를 챙겨서…… 갈보집에 갈 수 있지……."

조지는 다시 입을 다물었다.

레니가 진지한 눈으로 조지를 바라보았다.

"계속해, 조지. 이제 더 야단 안 쳐?"

"안 쳐."

"저기, 조지. 내가 떠나도 돼. 네가 날 원하지 않으면 산에 들어가 동굴을 찾을게."

조지가 다시 고개를 저었다.

"아냐. 나는 네가 여기 있었으면 좋겠어."

레니는 빈틈을 주지 않고 말했다.

"전에 했던 얘기를 해 줘."

"무슨 얘기?"

"다른 사람들하고 우리하고……."

조지가 말하기 시작했다.

"우리 같은 사람들은 가족이 없지. 그래서 돈이 좀 모이면 그냥 날려 버려. 세상천지에 관심을 가져 주는 사람이 한 명도 없거든……."

레니가 행복한 표정으로 소리쳤다.

"하지만 우리는 달라! 이제 우리 얘기를 해 줘!"

조지는 잠시 입을 다물었다.

"하지만 우리는 달라."

"왜?"

"왜냐면 나한테는 네가 있고……."

이어서 레니가 의기양양하게 소리쳤다.

"그리고 나한텐 네가 있기 때문이야! 우리에겐 서로가 있으니까. 그래서야! 우린 서로 관심을 가져 주는 친구 사이야."

빈터로 저녁의 산들바람이 불어오자 잎들이 바스락거렸다. 녹색 웅덩이에 잔물결이 일었다. 다시 사람들의 외침이 들렸다. 이번에는 아까보다 훨씬 가까워졌다.

조지가 모자를 벗고 떨리는 목소리로 말했다.

"모자 벗어, 레니. 바람이 좋은데?"

레니는 순순히 모자를 벗어 앞에 내려놓았다. 평지에 깔린 그늘이 푸른빛을 더했다. 저녁이 빠르게 찾아왔다. 사람들이 덤불을 헤치는 소리가 바람결에 들려왔다.

레니가 말했다.

"그래서 어떻게 되는지 말해 줘."

멀리서 들리는 소리에 귀를 기울이고 있던 조지가 순간 딱딱한 투로 말했다.

"저기 강 건너를 봐, 레니. 그럼 내가 눈앞에 보이는 것처럼 생생하게 이야기해 줄게."

레니는 고개를 돌려 웅덩이 건너 개빌런 산맥의 어두워지는 산비탈을 바라보았다.

조지가 이야기하기 시작했다.

"우리는 작은 땅을 얻을 거야."

조지는 옆구리 호주머니에 손을 넣어 칼슨의 권총을 꺼냈다. 안전장치를 풀고는 총을 쥔 손을 레니 등 뒤에 내려놓았다. 그러고는 레니의 뒤통수를 보았다. 척추와 두개골이 만나는 곳이었다.

강 상류 쪽에서 한 사내가 부르는 소리가 들렸다. 다른 사내가 거기에 대답했다.

레니가 졸랐다.

"계속 해."

조지는 총을 들어 올렸지만 손이 떨려서 다시 땅에 내려놓았다.

"어서 얘기해. 그 다음엔 어떻게 할 건지. 우린 작은 땅을 얻을 거야. 그리고……?"

조지가 입을 열었다.

"우린 암소 한 마리를 기를 거야. 어쩌면 돼지 한 마리와 닭도 몇 마리 기를지 몰라. 그리고 아래쪽 평평한 땅을 골라 알팔파도 좀 심는 거야……."

레니가 소리쳤다.

"토끼한테 주려고!"

조지가 되풀이했다.

"토끼한테 주려고."

"토끼는 내가 기를 거야."

"토끼는 네가 기르지."

레니가 좋아서 낄낄거렸다.

"그렇게 우리 땅에서 우리 힘으로 먹고 살 거야."

"그래."

레니가 조지 쪽으로 고개를 돌렸다.

"아냐, 레니. 강 건너 저쪽을 봐. 그래야 눈앞에 그 땅이 보이지."

레니는 조지의 말대로 했다. 조지는 총을 내려다보았다.

숲 속에서 발소리가 요란하게 들렸다. 조지는 그쪽을 돌아보았다.

"어서 계속해, 조지. 우리는 언제 그 땅을 갖게 되는 거야?"

"곧 갖게 될 거야."

"나하고 너하고."

"너하고…… 나하고. 거기선 모두 너한테 잘해 줄 거야. 아무런 말썽도 없을 거야. 아무도 누구를 해치지 않고 물건을 훔치지도 않을 거야."

"난 네가 나한테 화난 줄 알았어, 조지."

"아냐, 레니. 화나지 않았어. 난 너한테 화난 적 없어. 지금도 화나지 않았고……. 그걸 네가 알아줬으면 좋겠어."

이제 사람들 목소리가 가까워졌다. 조지는 총을 들어 올린 채 그 소리에 귀를 기울였다.

"지금 하자. 지금 당장 그 땅을 얻자."

레니가 재촉했다.

"그래, 지금 당장. 난 그래야 돼. 우린 그래야 돼……."

조지는 총을 들어 올려 꽉 쥐고 총구를 레니 뒤통수에 바짝 갖다 댔다. 손이 심하게 떨렸으나 조지는 결연한 표정으로 떨림을 진정시켰다. 방아쇠를 당겼다. 총성이 산을 타고 우르르 올라갔다가 다시 내려왔다. 레니의 몸이 크게 한 번 흔들리더니 천천히 모래밭으로 쓰러졌다. 레니는 몸을 떨지도 않고 엎드려 있었다.

조지는 몸서리를 치며 총을 쳐다보다가 모래 언덕 뒤, 오래된 잿더미 근처로 총을 내던졌다.

숲 속은 사람들의 외침과 발소리로 가득했다. 슬림의 목소리가 울려 퍼졌다.

"조지! 어디야?"

조지는 모래 언덕에 뻣뻣하게 앉아, 총을 내던진 자신의 오른손만 바라보고 있었다. 사내들이 빈터로 쏟아져 들어왔다. 컬리가 선두에 있었다. 모래밭에 엎드려 있는 레니를 보고 그가 말했다.

"좋아, 해치웠군."

컬리가 다가가 레니를 내려다보고는 조지를 돌아보며 낮은 목소리로 말했다.

"뒤통수를 정통으로 맞혔군."

슬림이 곧바로 조지에게 달려가 옆에 바짝 다가 앉았다.

"신경 쓸 것 없어. 가끔은 싫어도 해야 할 일이란 게 있는 법이야."

칼슨이 조지를 굽어보며 섰다.

"어떻게 했나?"

"그냥 했소."

조지가 지친 목소리로 대답했다.

"저 녀석이 내 총을 갖고 있었나?"

"그래요. 총을 갖고 있더군요."

"그러니까 총을 저 녀석한테서 빼앗아서 그걸로 저 녀석을 죽인 건가?"

"그래요. 그런 거요."

조지의 목소리는 들릴락 말락했다. 그는 총을 들었던 오른손을 계속해서 뚫어져라 바라보았다.

슬림이 조지의 팔꿈치를 잡고 일으켜 세웠다.

"가세, 조지. 가서 나하고 한잔하세."

조지는 슬림이 이끄는 대로 몸을 내맡겼다.

"네, 한잔하죠."

슬림이 말했다.

"이럴 땐 한잔 마셔야지, 조지. 마시지 않고 어떻게 견디겠나. 나하고 함께 가세."

슬림은 조지를 이끌고 오솔길을 지나 큰길로 올라갔다.

컬리와 칼슨은 그들의 뒷모습을 지켜보았다. 칼슨이 말했다.

"대체 저 두 사람은 왜 저렇게 죽을상이야?"

스타인벡의 생애와 작품에 대하여

스타인벡의 생애와 작품에 대하여

이주민의 후손

20세기 미국 현대문학의 거대한 산맥이자 원시(原始)에 대한 개척시대의 향수를 대변하고 기계 문명에 대해 반동적(反動的)이었던 작가 존 스타인벡은 1902년 2월 27일 캘리포니아 주 몬터레이 시 설리너스에서 태어났다.

그는 평생의 창작을 통해 빈민, 경제권을 빼앗긴 소수 민족들, 학대받는 계급을 그리는 데 직접적이고 적극적으로 참여했고, 자신도 갖가지 노동을 체험하여 문학 현장의 생동감을 독자에게 주었던, 너무나 '자연주의적'이고 '사회적'인 작가였다.

선조는 독일과 아일랜드 출신으로 19세기 후반 독일에서 미국으로 건너왔다. 1874년, 스타인벡 집안은 태평양 연안의 캘리포니아로 이주, 설리너스에 정착하여 제분소를 세웠다. 독일 북부 라인 지방 출신인 스타인벡의 아버지는 독일인답게 올곧은 사나이로 그다지 '창의적인' 사람은 아니었다고 한다. 아버지는 몇 년간 제분업자로 일하다 몬터레이 군청에서 근무하게 되었다. 반면 북아일랜드의 핏줄을 물려받은 스타인벡의 어머니는 정열적이고 상상력이 풍부한 여인으로 초등학교 교사로 근무했다.

가계(家系)와 가정에서의 체험은 제일 먼저 출판된 스타인벡의 소설 《황금의 잔 Cup of Gold》(1929)에도 그려져 있고, 이후 그의 작품들도 가족의 체험이나 자기 자신의 경험을 소재로 한 것이 많다. 또한 가족의 역사는 《미지(未知)의 신에게 To a God Unknown》(1933)와 《에덴의 동쪽 East of Eden》(1952)에서 중요한 역할을 하고 있다.

서쪽으로 연결되는 산으로 태평양과 차단되고 동쪽 역시 높은 산봉우리로 인해 캘리포니아의 중앙 분지와 격리된 설리너스 지방에서 보낸 소년 시절은 스타인벡의 인간적·사회적 자질에 커다란 영향을 끼쳤다. 이는 가령 《긴 골짜기 The Long Valley》(1938)에서 볼 수 있는 짙은 향토성으로 나타나고

▲《분노의 포도》의 무대인 캘리포니아의 포도밭

◀생가 설리너스에 위치한 빅토리아 시대 양식으로 지어진 집.

▼왼쪽 : 레스토랑 한쪽에 걸려 있는 것은 R. L. 스티븐슨의 초상화.
오른쪽 : 2층 방인 이 방은 남향으로 세 자매(에스터, 베스, 메리)가 사용했다.

있다. 설리너스의 들판과 언덕에서 놀던 유년 시절의 추억은 태평양 연안의 해안이나 곶과 함께 스타인벡에게 자연 현상에 대한 깊은 감수성과 무엇보다도 흙에 대한 깊은 사랑을 낳게 한 원천이 되었다.

문학에의 심취

1919년 스타인벡은 설리너스 고등학교를 졸업하고 스탠퍼드 대학 영문과에 진학했다. 그는 어려서부터 독서에 대한 흥미를 보여 부모가 갖추어 놓은 장서를 틈틈이 탐독했다. 영국 작가에 심취했으며, 특히 두 권의 책에 깊은 감명을 받았다. 토머스 맬러리(Thomas Malory)의 《아서 왕의 죽음 Le Morte d'Arthur》(1470)과 《흠정역 성서(欽定譯聖書)》(1604)가 그것인데, 이들은 향후 그의 작품에서 형식뿐 아니라 정신면에 이르기까지 깊은 영향을 미치게 된다.

하지만 스타인벡은 집에 틀어박혀 책만 읽는 젊은이는 아니었다. 어렸을 때부터 가족들과 함께 외할아버지의 농장을 비롯하여 설리너스 분지 및 몬터레이 반도 각지를 수없이 여행했다. 또한 스포츠를 좋아하여 농구 팀에 들어가거나 육상·점프·포환 던지기 등을 했다.

1920년 스탠퍼드 대학 영문과에 입학한 스타인벡은 끝내 졸업장을 받지 못하고 1925년 중퇴했다. 중산층 가정의 외아들로서 경제적으로 부족함 없이 자라났지만 수업에 충실하지 않았으며, 장기결석으로 농장에서 일하거나 오클랜드로 가서 가게에서 하숙을 하며 점원일을 하고, 빅서 근교까지 내려가 도로공사 인부로 일하기도 했다. 이는 모험을 좋아하고 꿈꾸기 좋아하는 그의 기질에서 비롯된 것이었다. 이처럼 대학생활에 충실하지 못한 스타인벡이었지만, 흥미 있는 과목에는 큰 열의를 보였다. 특히 그리스·라틴 문학이나 영국 문학, 그리고 기초동물학 등이 그의 흥미를 끌었다.

대학생으로 지낸 몇 년 동안 스타인벡은 미국과 유럽의 책을 탐독했다. 특히 즐겨 읽은 것은 19세기 영국 소설가들과 시인들의 작품이었다. 틈틈이 동시대 작가들의 작품도 읽었는데, 그 중에서도 제임스 브랜치 캐벌(James Branch Cabell)·D.H. 로렌스(David Herbert Lawrence)·로빈슨 제퍼스(John Robinson Jeffers)·셔우드 앤더슨(Sherwood Anderson) 등을 좋아했다. 또한 스타인벡은 소설이나 시를 써서 대학 신문에 발표하기도 했다.

데뷔와 초기작품

1910~1920년대의 젊은 작가들이 그러했듯이, 스타인벡도 뉴욕을 상당히 동경했다. 그 무렵 뉴욕은 오늘날과 마찬가지로 미국 출판계의 중심지여서, 지방의 젊은 작가들에게는 매력적인 항구도시였다.

1925년과 이듬해에 걸친 몇 개월 동안 스타인벡은 뉴욕으로 나가 시간당 1달러짜리 건설 노무자로, 또 〈뉴욕 아메리칸〉지의 기자로 일했으며 단편을 쓰기도 했지만 일이 뜻대로 되지 않아 실망만 안은 채 다시 캘리포니아로 되돌아왔다.

젊어서 다양한 노동자, 농민들과 함께 생활하며 그들의 삶을 체험한 것은 스타인벡의 작품 세계에 두터운 진실성을 부여하는 데 크게 기여했다. 공상적이고 관념적인 추상으로 흐르기 쉬웠던 스타인벡의 기질을 현실로 되돌리고, 그의 작품에 깊고 풍부한 현장감을 부여할 수 있었던 것은 대지와 그 대지에서 사는 소박한 사람들의 있는 그대로의 모습을 따뜻한 애정과 진심어린 공감으로 바라볼 수 있었던 당시의 생활체험 덕분일 것이다.

스타인벡은 이후로도 몇 년 동안 캘리포니아의 여러 곳을 옮겨 다니며 살면서 세라 고지(高地)에서는 산장지기 노릇을 하기도 했고, 바닷가 양어장에서 일하기도 했다. 《황금의 잔》을 포함한 몇 편의 소설을 쓴 것은 바로 이 시기였다. 1929년에 이 작품을 발표함으로써 본격적인 작가 생활이 시작된 셈이다.

《황금의 잔》은 1929년 월 가(街)의 주가폭락이 있던 해에 나왔다. 주가폭락은 1920년대의 경제·사회적 위기를 크게 예시하는 일대 사건이었다. 스타인벡은 이 소설에서, 득세하는 물질주의와 경제에 대한 장밋빛 전망의 허황됨을 풍자적인 우화로 나타내려는 명백한 의도를 품고 있었다. 그러나 등장인물이나 사건·장소·상황 설정에서는 과거로 거슬러 올라갔고, 중심인물로는 17세기의 젊은 웨일스인을 등장시켰다.

주인공 헨리 모건은 돈과 사랑을 얻으려는 꿈을 안고 해적이 되어 용감한 행위를 자행하는데, 결국 그 물질적인 성공은 가치가 없는 것이고, 성공했다고 생각하고 있던 것도 환상에 지나지 않았다는 것을 깨닫고 비극적인 죽음을 맞이한다.

스타인벡의 첫 작품은 문학적으로는 결코 걸작이라 할 수 없었다. 창조적

상상력과 재능은 풍부했으나 아직 줄거리를 끌고 나가는 힘과 인물의 행동에 통일성이 결여된 습작 수준에 지나지 않았다. 데뷔 작품만 놓고 보자면, 스타인벡은 우의(寓意)에 의존하여 도덕주의의 요소를 신화의 형태로 전개시키고자 한 상징시(象徵詩)의 아마추어라 할 수 있었다. 이후 그의 작품에 나타나는 여러 상징적인 이미지와 인물은 이처럼 청년기의 작품에서 이미 그 모습을 드러내고 있었다.

존 스타인벡(1902~1968)
퓰리처 수상(1940). 노벨문학상 수상(1962).

생물학자 리케츠

《황금의 잔》이 출판된 이듬해인 1930년 스타인벡은 캐럴 해닝과 결혼하여 설리너스의 서쪽, 태평양 연안의 퍼시픽 그로브에 살림을 차렸다. 스타인벡 부부는 1936년까지 이곳에서 살았다. 1936년에는 캘리포니아의 로스가토스에 작은 집을 마련했다. 스타인벡이 《토르티야 대지 *Tortilla Flat*》(1935)와 《통조림 공장 골목 *Cannery Row*》(1945)에 등장하는 여러 인물들을 알게 된 곳이 바로 이곳 퍼시픽 그로브와 몬터레이였다.

이 시기에 알게 된 또 다른 인물은 태평양생물연구소 소장이던 생물학자 에드워드 리케츠였다. 리케츠는 여러 학술자료와 실험설비가 구비된 개인 생물연구소를 소유하고 있었다. 스타인벡은 리케츠 사후에 간행한 《코르테즈 해 항해일지 *The log from the Sea of Cortez*》(1951)에서 그에 대한 애정 어린 경의를 피력하고 있다.

리케츠는 음악과 여자와 알코올과 모험 속에서 살았으며, 동시에 자연과 인간, 우주에 관한 몽상에 빠져 사는 인물이었다.

스타인벡은 소설 《뱀 *The Snake*》《승부 없는 싸움 *In Dubious Battle*》(1936)《통조림 공장 골목》《달콤한 목요일 *Sweet Thursday*》(1954) 등에서

도 그를 등장시키고 있다.

뒷날(1940년 3월) 스타인벡은 친구 리케츠와 함께 캘리포니아 만을 항해했다. 이 여행에서 얻은 과학적·철학적 성찰의 성과가 바로 1941년 발표된 《코르테즈 해 *Sea of Cortez*》였다.

《코르테즈 해》는 10년간의 작가 생활을 통해 정립된 스타인벡의 사상을 있는 그대로 나타낸 것이었다. 비목적론적 태도를 바탕으로 우주적 전체성과 통일성을 개진한 이 작품을 통해 스타인벡은 처음으로 자신의 뚜렷한 작가관을 드러내기 시작했다.

문학사상의 경향

스타인벡의 신비적인 시 경향이 가장 성공적으로 구현된 작품은 《미지의 신에게》이다. 《하늘의 목장 *The Pastures of Heaven*》(1932)보다 먼저 쓰기 시작한 이 작품은 성서 또는 유럽 신화의 비전을 빌려와 서부개척이라는 미국적 모험과 물질적 번영의 꿈을 그려냈다.

이 작품의 중심인물들은 흙에 대한 열정적인 애정을 갖고 있다. 그 애정은 관능적이며 동시에 신비주의적이다. 이 작품이 가진 신비주의적 경향은 주인공 조셉이 자기 혈관을 끊어 피와 몸을 바침으로써 말라붙은 샘물을 되살려 가뭄에 신음하는 대지를 구하려는 마지막 장면에서도 확인할 수 있다.

이런 경향은 《하늘의 목장》에서 보다 깊이 있는 현실 묘사로 발전하였다. 이방인의 눈에는 평화로운 이상향으로 보이는 '하늘의 목장'도 그곳에서 살아가는 이들에게는 순수하고 진실한 마음이 오해받거나 배신당하는 사회생활의 장이다.

최초의 성공

1933년 《빨간 망아지 *The Red Pony*》가 〈노스 아메리칸 리뷰〉에 발표된 것을 시작으로 몇 편의 단편소설이 상업지에 팔렸고, 이듬해에는 《살인 *The Murder*》이 'O. 헨리'상을 수상하면서 존 스타인벡은 비로소 단편작가로서의 빛을 보게 되었다.

그러나 스타인벡의 이름을 일약 세상에 알린 것은 1935년 출판한 《토르티야 대지》였다. 몬터레이 언덕에 있는 가공의 땅 토르티야를 배경으로, 그곳

《분노의 포도》 초판본 표지 그림
작열하는 모하비사막을 밤새도록 가로질러 온 조드 가족이, 동틀 무렵 마침내 아침 햇살 아래
드러난 캘리포니아 평야에 도착해서 그 아름다운 풍경을 보고 경탄하는 장면. 이 작품에서 가
장 인상적인 장면 중 하나이다.

에 사는 혼혈종족 '파이사노'들의 반 부랑인 같은 꾸밈없는 삶을 유머러스하
면서도 어딘가 애조를 띤 가벼운 필체로 단숨에 써 내려갔다는 느낌을 주는
작품으로, 이것이 의외로 호평을 얻어 베스트셀러가 되었고, 캘리포니아 커
먼웰스 클럽의 금메달을 수상했는가 하면 1942년에는 영화화되기도 했다.

파이사노는 결코 단순한 부랑인이 아니다. 소설 첫머리에서 작가가 말했
듯이 그들은 상업주의와 복잡한 미국의 산업으로부터 자유로운 존재들이다.
파이사노들의 중심인물인 대니가 집을 갖게 되면서 '소유에 따르는 책임'의
무게를 점점 견디지 못하고 자기 집에 모여든 사람들을 돌보는 데도 지쳐 마
침내 집을 뛰쳐나가 미친 사람처럼 '세계에 도전하다' 죽어가는 모습 속에
서, 뒷날 《분노의 포도 *The Grapes of Wrath*》(1939)에서 정점을 이루는 미
국사회 현실에 대한 작가의 날카로운 비판의식을 똑똑히 읽을 수 있다. 《하
늘의 목장》의 경우, 사람들에게 불운을 가져오는 것은 '먼로 농지에 전해 내
려오는 저주'라는 비현실적인 요소였다. 반면 《토르티야 대지》에서 그것은
'사유재산으로서의 집'이라는 명확한 현실대상으로 바뀌었다. 이 작품이 갖

는 두드러진 사회의식, 그리고 그러한 주제가 독자의 호응을 얻게 된 배경에는 1929년의 경제 대공황과, 당시 팽배했던 미국사회 및 경제체제에 대한 대중의 불만과 비판의식이 가로놓여 있다.

1937년 출판된 《생쥐와 인간 *Of Mice and Men*》(1937)을 통해 스타인벡은 일약 문단에서 주목받는 작가가 되었다. 이 책은 월례도서추천 클럽에 의해 베스트셀러로 선정되었고, 그해 연말까지 15만 권이나 팔림으로써 스타인벡에게 경제적 안정을 가져다 주었다. 《생쥐와 인간》은 희곡적 성격이 강한 작품으로서, 각 장 첫머리는 희곡에서의 배경설명의 역할을 한다. 또한 대화가 주를 이루고 설명적 진술은 가급적 배제되어 있다. 스타인벡은 애초에 이 작품의 극화를 염두에 두고 있었는데, 이러한 바람은 실제로 이루어져 브로드웨이에서 상연되어 상당한 호평을 이끌어 냈다.

《분노의 포도》를 완성하기까지

1929년 발생한 전세계적인 경제공황은 엄청난 실업 사태와 극심한 인플레이션을 몰고 왔다. 대중은 출구가 보이지 않는 절망과 비참의 터널 속에서 하루하루 살아남기 위해 고투를 벌여야 했다. 경제부흥과 사회보장을 제1의 모토로 내건 루스벨트 대통령의 뉴딜정책은 이 역경을 극복하려는 과감한 시도였지만 계속되는 실업 사태와 현실의 참상은 미국식 자본주의, 나아가 미국의 정치·사회 체제 전반에 대한 대중의 불신을 갈수록 키워갔다.

1933년 11월 사우스다코타 주에서 발생한 '검은 눈보라'라고 불리는 모래폭풍은 1934~1936년에 걸쳐 캔자스 주와 오클라호마 주 일대에서 맹위를 떨쳐 방대한 면적의 경작지를 거대한 모래 벌판으로 바꿔 놓았다. 대지주와 토지회사는 트랙터를 도입하여 농지를 정리하기 시작했고, 토지를 빼앗긴 소작인들은 난민이 되어 마지막 한 가닥 희망을 품고 캘리포니아로 이주하기 시작했다. 1936년에 이르면, 이들 이주노동자의 수는 무려 20만 명을 웃돌았고 이에 따라 캘리포니아 지방은 노동력 과잉으로 큰 고통을 겪어야 했다.

오로지 연명할 빵을 얻고자 일자리를 찾아다니는 이들 이주농업 노동자들로 인해 임금은 곤두박질쳤고, 농업 노동자들의 생활은 더욱 비참해져만 갔다. 노동자들의 동맹 파업이 잇달았고, 고용주 측은 이에 대항하여 자경단(自警團)을 조직하고, 반(反) 피켓 시위 법령제정을 추진했다. 바야흐로 내

란을 방불케 하는 침울하
고 불온한 공기가 미국 전
역을 휩쓸고 있었다.

스타인벡은 1937년 펜
실베이니아에서 《생쥐와
인간》의 희곡 각색 작업을
끝내고 서부로 돌아올 때,
오클라호마 주를 경유하여
서부로 가고 있던 '오키'
들, 즉 이주농업 노동자들
과 합류했다. 캘리포니아
에 도착해서는 이들과 함
께 노동을 했다.

스타인벡은 이 무렵부터
《분노의 포도》를 쓰기 시
작했다. 1938년에 원고를
완성, 《레터스버그 사건》
이라고 제목을 붙였으나

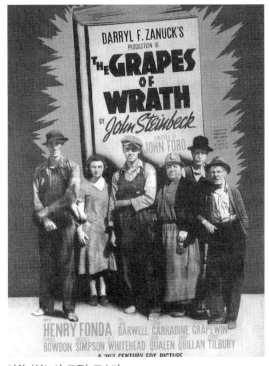

영화 〈분노의 포도〉 포스터
감독 존 포드, 주연 헨리 폰다. 미국 영화(1940).

만족스럽지 않아 출판사의 출판 요청에도 응하지 않은 채 개작에 착수했다.
그 해 여름과 가을을 온통 이 작업에 바쳐 연말에 완성한 것이 바로 지금 우
리가 알고 있는 《분노의 포도》이다.

《레터스버그 사건》과 《분노의 포도》가 어떻게 다른지 객관적으로 비교할
수는 없으나 출판사의 《레터스버그 사건》 출판 요청에 대한 그의 거절 서한
내용을 통해 어느 정도는 추측해볼 수 있다.

"이 작품은 좋은 작품이 아니어서 인쇄할 수 없습니다. 좋은 작품이 아니
라고 한 것은 이 작품이 정직하지 않기 때문입니다."

"이것을 쓰면서 나는 일이 순조롭게 진행되고 있을 때 느끼는, 그 불가사
의한 따뜻하고 흐뭇한 기쁨을 단 한 번도 마음속으로 느껴본 적이 없었습니
다."

"이 작품을 쓰게 된 것은 사람들이 서로를 이해하도록 하는 데 보탬이 되

고 싶다는 강박적 충동에 가까운 열망에서였는데, 정작 완성된 작품은 편향적인 이해로 말미암아 이해가 아닌 증오를 불러일으키려는 의도를 가진 것처럼 되고 말았습니다."

이런 언급들을 종합해 보면 작가는 《레터스버그 사건》이 예술작품으로서의 객관성을 잃었다고 생각한 듯싶다. 난민들이 처한 끔찍한 현실에 분노한 그가 일방적으로 난민의 처지에서 썼기 때문에 《레터스버그 사건》은 이해가 아닌 증오의 목소리가 되고 말았다고 판단했을 것이다.

《분노의 포도》가 일으킨 사회적 파장

1939년 출판된 《분노의 포도》는 사회적으로 엄청난 파장을 몰고 왔다.

우선 이 작품이 그리고 있는 소작인·지주·이주농업 노동자·자본가·행정당국의 모습이 진실인가 여부를 둘러싸고 큰 소란이 야기되었다. 특히 작품의 무대가 된 오클라호마 주와 캘리포니아 주에서는 이 작품에 대한 환호보다 노성이 압도적으로 컸다. 오클라호마 주의 모든 신문이 이구동성으로 비난을 퍼부었고, 지역 도서관 대부분은 이 책을 금서로 정했다. 오클라호마에서 선출된 국회의원 라일 보렌은 의회에서 이 소설을 가리켜 "뒤틀리고 비뚤어진 마음이 낳은 검은 악마의 이야기"라고 비난하였고, 캘리포니아에서는 출판된 지 두 달도 지나지 않아 《기쁨의 포도》라는 제목의 반론소설이 등장하기도 했다. 본문 100쪽짜리 소책자인 이 소설은 '허구의 이야기'가 아닌 '권위 있는 지방사'의 한 장면이라는 명목을 내걸고, 오클라호마에서 온 가난한 호아그 일가가 캘리포니아에 도착해 농장주로부터도 은행으로부터도 따뜻하게 환영을 받고 땅을 얻어 정착해 살아가는 모습을 그린 것인데, 내용도 조잡하고 《《분노의 포도》 분석》이라는 '논문'이 부록으로 붙는 등 적의를 노골적으로 드러낸 것이었다. 그 밖에 가톨릭의 스펠먼 대교주가 쓴 비난글이 전국의 허스트계 신문에 게재되었고, 좌익이다 선정적이다 하며 버팔로, 캔자스시티 각지와 이스트세인트루이스 도서관에서도 금서로 지정되었다.

한편 작품을 옹호하는 목소리도 커서 사회학 교수, 목사, 정부 관리 등이 작품의 진실성을 증언했고, 대통령 부인인 엘리나 루즈벨트는 인생의 미추 양면을 있는 그대로 그린 "잊을 수 없는 책"이라고 칭찬했다.

아무튼 이런 소동으로 인해 캘리포니아의 이주농업 노동자들의 처지에 대

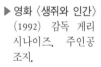

▲ 영화 〈분노의 포도〉
(1940) 왼쪽부터
코니·샤론·톰·어머
니·아버지(뒷줄)·
존 숙부·앨·짐 케
이시

▶ 영화 〈생쥐와 인간〉
(1992) 감독 게리
시나이즈. 주인공
조지.

한 대중의 관심이 커지고, 의회에서도 노동자 문제가 다루어졌다. 또한 스타인벡에게 엄청난 작가적 명성을 가져다 준 것도 사실이다. 《분노의 포도》는 발표되자마자 베스트셀러에 올라, 연간 43만 부가 팔려 나갔다. 초판은 인쇄에 인쇄를 거듭하여 50만 부를 넘겼다. 또한 곧바로 영화화에 착수, 1940년 1월에 개봉하여 호평받았다.

고향과의 이별과 추락

1940년대에 접어들면서 스타인벡의 삶에서 일어난 가장 큰 변화는 풍요로운 자연의 캘리포니아를 떠나 뉴욕에 정착하게 된 것이었다. 1940년 여름에 영화 〈잊힌 마을〉을 제작, 1942년에는 육군항공대의 요청으로 폭격기 탑승자 훈련소를 방문하여 르포를 쓰는 등(1941년 12월 일본군의 진주만 공습으로 태평양 전쟁이 시작되었다) 활발한 외부 활동을 하였고, 이로 인한 불화로 아내 캐럴과 이혼, 1943년 봄 뉴올리언스에서 그윈돌린 콩거와 재혼하면서 뉴욕으로 거처를 옮겼다.

이 무렵부터 스타인벡의 작품세계에 추락의 조짐이 보이기 시작한다. 3년 만에 발표한 소설 《달은 지다 The Moon Is Down》(1942)는 나치 점령군에 대항한 노르웨이의 저항을 그린 중편으로서, 《분노의 포도》와는 달리 현실감이나 긴박감이 떨어지는 작품이었다. 파시즘의 위협으로부터 민주주의를 보호하고자 하는 이념성이 두드러져 예술적 완성도를 떨어뜨린 탓이었다. 폭격기 부대 훈련을 그린 르포르타주 《폭탄투하 Bombs Away》(1942)나 종군기자로 활동하며 썼던 작품들(1943년. 1958년 《언젠가 전쟁이 있었다》라는 제목으로 출판)도 날카로운 문제의식이 부족하고 그저 표면적인 현상 기술로 그치고 말았다. 《진주 The Pearl》(1945년 〈세계의 진주〉라는 제목으로 잡지에 발표된 것을 1947년 이 제목으로 바꾸어 출판)나 《벌겋게 타오르다 Burning Bright》(1950)에 이르면 관념성이 더욱 현저해져 이 작품들은 거의 우화에 가까웠다. 그나마 《진주》는 멕시코의 소박하고 가난한 어촌마을을 무대로 토속적인 소재를 다루어 독특한 색채를 유지했다. 어쨌든 자신이 진정으로 애정을 갖고 그려낼 수 있는 캘리포니아의 현실을 떠난 것이 스타인벡에게는 돌이킬 수 없는 실수가 되었다.

1944년 초, 스타인벡은 그동안의 종군생활로부터 느낀 피로를 씻어 내고자 오랜만에 몬터레이를 무대로, 생물학자(리케츠가 모델)와 부랑자 집단의 인간미 넘치는 교류를 따뜻하고 경쾌한 필치로 그려낸 《통조림 공장 골목 Cannery Row》를 불과 6주 만에 완성하였다. 많은 부분 《토르티야 대지》를 연상시키는 이 작품에는 상업주의에 물들지 않은 원시적이고 자유분방한 삶에 대한 찬양이 전면에 깔려 있다. 단 그것이 작품 속에서 자연스럽게 융화된 목소리라기보다는 하나의 '이념'으로서 설명될 뿐이라는 인상이 강하여, 작품 전체에서 느껴지는 현실감은 역시 빈약하다. 1947년에 발표된 《탈선버스 The Wayward Bus》에서는 버스라는 갇힌 세계 안에서 충돌하는 성(性)의 심리나 충동을 풍속소설 식으로 그려 새로운 경지를 시도했으나, 완성도

면에서는 높은 점수를 주기 어려웠다. 예술작품으로서의 현실감의 결여는 1947년 여름 소련여행을 기록한 《소련 기행 *A Russian Journal*》(1948)에서도 명확히 드러난다.

2차 세계대전 뒤의 작품

종전 이후 스타인벡은 작가로서나 사상가로서 확고한 영향력을 떨치는 저명인사가 되었다. 1950년 12월 29일에 일레인 스콧과 재혼(그윈돌린과는 1948년 이혼, 그 뒤 1~2년은 할리우드에서 시나리오를 썼다), 맨해튼 72번가에 신혼살림을 차리고, 새로 출발하는 마음으로 본격적으로 신작 집필에 돌입했다.

《에덴의 동쪽》은 1947년에 《설리너스 분지》라는 제목으로 계획되어 긴 구상기간 끝에 1952년에 완성, 같은 해 출판되었다. 남북전쟁에서 제1차 세계대전에 이르는 시대를 배경으로, 트라스크 가문(허구), 해밀턴 가문(스타인벡의 외가)이라는 두 가문의 계보를 더듬으며 구약성서의 아담과 이브, 카인과 아벨 이야기를 바탕으로 선악문제, 원죄의식으로부터의 구원 등의 주제를 그린 대작으로서, 트라스크 가문 이야기가 중심이다. 선량하기 그지없는 아담 트라스크를 뱀처럼 사악한 '정신적 기형아' 캐시와 결혼시킨 다음 작자는 두 사람 사이에서 태어난 쌍둥이 칼과 아론의 관계로 점차 시선을 옮겨간다. 아버지를 닮아 순진하고 아름다운 딸 에브라를 비롯해 누구에게나 사랑받는 아론을 질투한 칼은 점점 성격이 비뚤어지다가 마침내는 증오에 휩싸여 그때까지 아론이 몰랐던 어머니의 정체를 폭로한다. 실망한 아론은 군대에 자원입대했다가 전사한다. 이 소식을 듣고 충격으로 쓰러진 아버지에게 칼은 자기의 죄를 고백하고 구원을 얻는다.

인간의 마음속 깊은 곳엔 선량함과, 사랑받고자 하는 소망이 있다. 악행을 저지르는 이유의 대부분은 사랑을 얻기 위해서이다. 선과 악이 공존하는 이 세상에서 인간은 자신의 행동을 선택할 수 있으며, 죄를 저지른 사람도 자신의 자유의지를 통해 속죄와 구원에 이를 수 있다고 작가는 주장하는 것처럼 보인다. 그러나 이러한 메시지가 작중 인물의 행동이나 전개 과정에 충분히 녹아들고 구체화되지 않아 겉돌고 있다는 인상을 지울 수 없다. 그래서 그것이 절실한 체험이나 현실에 대한 깊은 통찰에서 비롯된 것이라고 보기에는 어려움이 있다. 《분노의 포도》 이후 오랜만에 전력을 기울여 쓰고, 작가가 "이 안에 내가 배운 모든 것이 담겨 있다"고까지 말한 이 작품이 작가의 그런 자신감과는 반대로 독자에게 그다지 감명을 주지 못하고 세간의 평가를 받지 못한 것은 설리너스 분지에 대한 묘사나 어머니의 일화 등과 같은 부분적 예외는 있으되 전체적으로는 빈약한 현실감으로 인해 주제 접근에 실패했기 때문이다.

현실과 유리된 이런 경향은 《달콤한 목요일》이나 《피핀 4세의 짧은 통치 The Short Reign of Pippin Ⅳ》(1957) 등 이후 작품에서도 현저하게 나타난다.

1961년에 발표된 장편 《우리들의 불만의 겨울 The Winter of Our Discontent》은 현대 미국의 도덕적 퇴폐라는 문제와 진지하게 정면대결하려는 시도였다. 동부 지방도시에 사는 일개 소시민이 야심을 이루기 위해, 자기를 믿어 주는 친구와 주인을 배신하고 은행 강도까지 계획했으나 결국 자기의 도덕적 좌절을 깨닫는다는 줄거리로서, 나름대로 새로운 방향을 추구하려 했던 의욕이 느껴진다. 또한 스타인벡이 전후에 쓴 작품들 가운데 가장 깊이 있고 날카로운 통찰력이 담긴 작품이라는 평가를 받기도 한다. 그러나 이 작품은 셰익스피어의 《리처드 3세》에서 힌트를 얻은 것으로, 여전히 현실을 직시하기보다는 관념이 앞선 작품이라고 할 수 있다.

영광 속의 그늘

스타인벡은 1962년 예순 나이에 노벨문학상을 받았고, 어니스트 헤밍웨이, 윌리엄 포크너와 같은 대가와 어깨를 나란히 하게 되었다. 이미 미국을 비롯한 세계 여러 나라에서 대단한 인기를 얻고 있던 스타인벡의 명예는 노벨상 수상 이후 더욱더 높아갔다.

1963년 3월 워싱턴 국회 도서관의 '명예 고문'으로 임명된 스타인벡은 그 해 가을 끝 무렵 유럽으로 9주간의 여행을 떠났다. 이 여행에서 핀란드·소련·폴란드·오스트리아·헝가리·체코슬로바키아·독일 등을 방문했다.

1964년에는 25인의 미국인 중 한 사람으로, 국가의 명예를 빛낸 이에게 주어지는 '자유의 메달' 상을 수상했다.

이러한 문학 외적의 영광 외에도 스타인벡은 1945년에서 1961년에 이르는 기간 동안 왕성한 창작 활동을 하여 앞에서 언급한 《에덴의 동쪽》, 《우리들의 불만의 겨울》을 비롯한 여덟 편의 소설을 발표했다. 이들 대부분이 높은 대중적인 인기를 누렸으며 영화화된 작품도 있었지만 세계대전 이전의 작품에 비해 그 문학적 평가는 높지 않았다.

영화 〈에덴의 동쪽〉
작가의 고향 설리너스를 무대로 이야기가 펼쳐진다. 감독 엘리아 카잔, 주인공 제임스 딘, 미국 영화(1955).

이를테면 1947년에 발표된 《진주》에 대해 평론가들은 기존 작품에 대한 답습에 불과하다고 혹평했다. 《에덴의 동쪽》 역시 표피적인 주지주의와 도덕적 혼란이 나타난다고 비난받았다. 《통조림 공장 골목》《달콤한 목요일》은 《토르티야 대지》의 지루한 반복에 불과하며 본래의 장점인 풍자성도 찾아보기 어렵다고 평가절하당했다. 평론가들의 이런 혹평에도 불구하고 스타인벡은 미국에서 퓰리처상을 비롯한 여러 문학상을 수상했다. 이런 사실은 당시 그가 미국문학에서 차지했던 위상을 가늠케 한다.

스타인벡의 대표작 《분노의 포도》

스타인벡은 1950년에 발표한 《에덴의 동쪽》을 자신의 대표작으로 꼽은 바 있으나, 비평가들은 《분노의 포도》를 스타인벡의 가장 중요한 작품으로 평가하고 있다.

전편 30장으로 구성된 이 작품은 짝수 장에서는 중심 이야기가 전개되고, 홀수 장에서는 일종의 보조적인 역할을 담당하는 에피소드가 등장하는 독특한 소설적 구성을 보여 준다.

이런 이야기 전개 양식에 따라서 이 작품은, 경제 대공황 시기에 오클라호마 주의 가뭄과 노동의 기계화에 의해 일터를 뺏기고 쫓겨나 캘리포니아의 낙원 건설을 꿈꾸며 서부로 이주한 조드 집안의 고난과 분노를 묘사한다.

확실히 이 소설은 생존을 위협받는 이주노동자들의 비참한 실상을 대중에게 알리고 이러한 비극을 야기한 미국 사회를 고발하는 항의서로 볼 수 있을 것이다. 또한 그와는 반대로 짐 케이시를 그리스도의 상징으로 보고 구약성서 〈출애굽기〉의 여정에 대응하는 종교 우화적 작품으로 볼 수도 있다. 그러나 단순히 작품을 성서와 연결짓는 것만으로 이 작품의 종교적 우의성이 드러나는 것은 아니며, 그렇다고 단순한 사회비판 소설로 치부하기에도 무리가 있다.

이 작품의 '철학'을 가장 논리적인 형태로 보여 주는 인물은 사상가이자 종교문제를 깊게 고민했던 전도사 짐 케이시일 것이다. 그는 전도사로서의 삶에 회의를 느끼고, 자기가 사랑하는 것은 민중이며 자기가 사람들에게 설교하는 것도 사람들이 행복했으면 좋겠다고 느끼기 때문이라는 것을 깨닫는다. 그리고 모든 인간에게는 '하나의 커다란 영혼'이 있고 한 사람 한 사람은 그 일부를 이루며, 인간은 한데 뭉쳤을 때 신성하지만, 한 사람이 그 통일을 깨뜨린다면 그 성스러움이 파괴되고 만다는 생각에 이른다. 이러한 사상을 품고서 케이시는 조드 일가와 행동을 같이 하며, 일가를 구하기 위해 톰 대신 경찰에 잡혔다가 마침내는 농민 파업 지도자로서 죽음을 맞는다.

케이시의 사상을 피부로 이해하는 인물은 '어머니'이다. 그녀는 타고난 기질로 무의식중에 케이시와 같은 방향으로 사고하고 행동하며 가족이라는 집단을 통솔하여 가족이 살아가는 데 버팀목이 된다. 가족을 지키기 위해 보여 주는 그녀의 생명력과 행동력은 실로 대지 그 자체처럼 끈질기고 억세다.

부정과 압력에 시종 굴하지 않는 노동자이자 행동가인 톰은 권력과 싸우는 가운데 서서히 케이시의 사상을 이해해 나가게 되고 마침내 케이시처럼 영원히 민중과 더불어, 민중을 위해서 살아가고자 결심하게 된다.

이 세 인물의 삶의 방식은 모두 민중 전체와의 관계를 기초로 하며 애정에 넘치고 생명에 신뢰를 쏟는 데 반해, 트럭 운전수, 66번 도로변 캠프장 주인, 인부 모집자, 자경단원, 부보안관 등 대지주나 은행 측에 붙은 인물들은 자기밖에 모르고 기계처럼 차가운 무생물 같은 존재로 등장한다는 점은 주목할 만하다. 이러한 생명 파괴자의 압박을 받으면서도 전체로서의 민중은 계속 살아가야 한다고 주장하는 것이다. 이 주장은 한편으로는 '어머니'를 중심으로 한 가족의 단결, 66번 도로 위에서 윌슨 가족과 서로 돕는 장면, 국영 캠프에서의 자치생활 등을 통해 현실적으로 그려지는 동시에, 한편으로는 분별없이 목숨만 연장할 뿐인 땅거북의 이미지나 '샤론의 장미'가 굶어 죽기 일보 직전의 사내에게 젖가슴을 물리고 신비로운 미소를 짓는 마지막 장면을 통해 암시되기도 한다. 또한 작품 속에는 에머슨의 대령(大靈, Oversoul) 사상, 제퍼슨의 민주주의 이념, 농본주의 등이 면면히 흐르고 있다. 조드 일가를 좇는 긴 장(章)과 거의 교대로, 조드 일가가 살아가는 미국 사회 전체의 움직임이나 사회고찰 등을 중간중간에 끼워 넣어 산문시풍으로 격조 높게 엮은 것도 조드 일가의 여행을 넓은 시각에서 바라보고 더 깊게 탐구하는 데 기여하는 탁월한 기법이라 할 수 있다.

이처럼 당시 미국 사회가 직면한 문제를 정면에서 바라보고, 현실을 묵묵히 헤쳐 나가며 그 속에서 살아가는 사람들의 억척스러운 생명력을 그려낸 이 장편소설은 주제나 내용은 물론이요 구성이나 문제의식에서도 스타인벡의 최고 걸작일 뿐 아니라 1930년대 미국문학의 대표작이라 평하기에 충분하다.

출세작 《생쥐와 인간》

스타인벡을 일약 주목받는 작가로 만들어준 중편 《생쥐와 인간》은 희곡적 소설이라 불릴 만큼 희곡적인 특성이 두드러졌는데 실제로 이후 3막극으로 각색·상연되어 크게 호평을 받았다. 여기서 작가는 이야기의 시간을 목요일 저녁부터 일요일 저녁까지 4일간으로 한정하고, 또 장소를 설리너스 강가와 농장으로 한정한 채 설명적 진술을 배제하고 정경 묘사와 인물들의 대화를 통해 외면 묘사로만 일관하고 있다. 하지만 일견 단순 담백해 보이는 그 행간에서 육체적으로나 지적으로나 상반되는 조지와 레니라는 두 이주(移住) 노동자의 우정과 애환, 낙원에 대한 희망과 좌절 같은 인간적인 감정이 저절로 배어나와 어느새 독자의 마음을 움직인다. 특히 조지가 린치를 당할 위기에 처한 레니를 구하려고 총을 쏘아 죽이는 결말 부분에 이르면, 사소하고 평범한 동작과 대사에서 조지의 서글픈 심정이 절절하게 배어나오는 것을 느낄 수 있다.

스타인벡 연보

1902년   2월 27일 캘리포니아 주 몬터레이 시 설리너스에서 1남 3녀 중 셋째로 태어남. 아버지 쪽의 선조는 독일 출신으로, 할아버지 대에 미국으로 이주, 뉴저지·플로리다 주에서 살았으며, 남북전쟁 무렵에는 남군에 종군했음. 그 뒤 매사추세츠 주로 옮겨갔다가 1894년에 캘리포니아 주 홀리스터에서 제분소를 경영하며 정착했음. 아버지가 가업을 이었으나 곧 그만두고 설리너스로 옮겨 군청 소속 회계담당관으로 11년간 근무했음. 외가인 해밀턴 집안은 아일랜드 출신의 이주민으로 1851년 할아버지 대에 캘리포니아로 이주해 와 남북전쟁이 끝날 무렵부터 킹시티 동쪽 근교에서 농장을 경영했음. 어머니는 초등학교 교사로 근무했음.

1911년(9세)   토머스 맬러리가 쓴 《아서 왕의 죽음》을 선물받음. 이 책은 그에게 '자신의 책'이라는 인식을 처음 느끼게 한 것으로서 《흠정역 성서》와 함께 그의 작품 형식면에서나 정신면에 가장 영향을 많이 미침.

1919년(17세)   설리너스 고등학교를 졸업함. 고등학교 재학 중 교내 신문에 기고하는 한편 농구·육상 선수로도 활약함. 졸업 후 한동안 설리너스 근교에 있는 제당공장에서 일함.

1920년(18세)   스탠퍼드 대학에 입학하여 영문학과에 적을 두나 출석률은 좋지 않았던 것으로 알려짐. 그리스·라틴 고전, 생물학 등에 흥미를 느낌.

1921년(19세)   오랫동안 학교를 결석함. 그 동안 목장·도로공사장·제당공장 등에서 여러 가지 경험을 쌓게 되어 사회의 밑바닥과 그곳에서 일하는 서민들의 생활을 자신의 것으로 함.

1922년(20세) 복학하여 학업을 계속함.

1924년(22세) 교내 잡지 〈스탠퍼드 스펙테이터〉 2월호와 6월호에 그 무렵의 대학생활을 풍자한 우화적 단편을 발표함.

1925년(23세) 학위를 받지 않은 채 중퇴함. 11월 작가가 될 야심을 품고 200달러를 만들어 뉴욕으로 감. 여기서 사촌형의 소개로 매디슨 스퀘어 가든 건설공사장에서 시멘트 운반일을 하다가 삼촌의 소개로 〈뉴욕 아메리칸〉지의 기자가 되나 무능한 기자라고 하여 곧 해고당함.

1926년(24세) 단편소설을 써서 출판하려 했으나 출판사로부터 인정받지 못하자, 뉴욕 생활에 몹시 실망함. 실의에 빠져 화물선의 선원이 됨. 그 뒤로도 한 곳에 정착하지 못하고 샌프란시스코·몬터레이·설리너스 등 여러 곳을 전전하다가 타호 호반에서 산장지기가 되어 두 해 겨울을 남. 그러나 거목이 쓰러져 산장을 덮치는 바람에 그곳에서도 해고되어 부근의 물고기 부화장에서 근무하며 소설 집필에 전념함.

1929년(27세) 첫 장편소설 《황금의 잔》을 로버트 M. 맥브라이트사에서 출판했으나 평이 별로 좋지 않아 겨우 1천 5백부 정도 팔림.

1930년(28세) 새너제이 출신의 캐럴 해닝과 결혼함. 아버지로부터 퍼시픽 그로브에 집 한 채와 월 생활비 25달러를 받아 결혼 생활을 시작함. 몬터레이 태평양생물연구소 소장 에드워드 리케츠를 알게 되어 평생 친교를 맺음.

1931년(29세) 봄 무렵에 연작 단편소설 형식으로 《하늘의 목장 *The Pastures of Heaven*》을 쓰기 시작함. 그 가운데 넣기로 예정했던 《불협화 교향곡》이 마음에 안 들어 집필을 중단함.

1932년(30세) 10월 《하늘의 목장》을 출판하여 인세 400달러를 받음. 여름엔 로스앤젤레스로 이사하여 그곳에서 읽을거리를 써서 신문에 투고하려 했으나, 뜻을 이루지 못하고 멕시코 여행 계획 역시 좌절됨.

1933년(31세) 9월 《미지의 신에게 *To a God Unknown*》 출판함. 〈노스 아메리칸 리뷰〉지 11월호에 단편 《선물》, 12월호에 《높은 산맥》

을 각각 발표함. 《선물》은 상업 잡지에 발표된 최초의 작품
으로서 고료 90달러를 받음.

1934년(32세) 2월 어머니 죽음. 〈노스 아메리칸 리뷰〉 2월호에 단편 《살
인》, 10월호에 《습격》을 발표함. 《살인》이 O. 헨리 문학상을
받아 단편 작가로서 인정받게 됨.

1935년(35세) 〈몬터레이 비컨〉지 1월호에 앰니지어 글래스콕이라는 필명으
로 풍자시 8편을 기고함. 〈노스 아메리칸 리뷰〉 3월호에 《흰
메추라기》를, 〈몬터레이 비컨〉 6월 22일호에는 《뱀》을 발표
함. 5월 《토르티야 대지》를 출판하여 대호평을 받음. 《토르
티야 대지》는 캘리포니아 커먼웰스 클럽에서 주는 금메달을
받았으며, 패러마운트사에 의해 원작료 4천 달러로 영화화됨
(실제로 영화가 나온 것은 1942년 MGM사에 의해서임). 9
월에 중고차를 사서 아내 캐럴과 함께 멕시코 여행을 떠나
12월까지 머무름.

1936년(34세) 1월 《승부 없는 싸움 In Dubious Battle》 출판. 이 작품은
1935년에 탈고된 작품으로, 노동쟁의 문제를 다룸으로써 좌
우 양측으로부터 맹렬한 비난을 받았으나 캘리포니아 커먼웰
스 클럽의 금메달을 다시 수상함으로써 베스트셀러가 됨. 단
편 《그렇게 터무니없는 일은 없다》《성처녀 케이티》를 팸플
릿 형식으로 한정 출판함. 5월 아버지 죽음. 9월 《생쥐와 인
간》을 탈고하고 곧이어 설리너스·베이커스필드 부근의 부랑
노동자들에 관한 조사를 해서 그 르포르타주를 《캘리포니아
의 승부 없는 싸움》이라는 제목으로 〈네이션〉지 9월 13일호
에, 《수확기의 집시》라는 제목으로 〈샌프란시스코 뉴스〉지에
연재함.

1938년(35세) 2월 《생쥐와 인간 Of Mice and Men》 출판. 7만 5천부가 팔
려 일약 베스트셀러가 됨. 5월 뉴욕에서 토마스 만의 저녁
만찬 자리에 초대받음. 같은 달에 스웨덴 선박을 타고 어머
니의 고향인 아일랜드와 스웨덴·소련 등을 방문하고 8월 초
순에 돌아옴. 펜실베이니아의 극작가 조지 코프먼의 농장에

머무르며 그의 조언을 받아 《생쥐와 인간》을 3막의 희곡으로 각색하여 9월에 출판함. 11월 23일 뉴욕 복스 극장에서 코프먼의 연출로 초연되어 대호평을 받고 흥행에 크게 성공함. 미국 비평가협회상을 받음. 희곡을 쓴 뒤 차를 구입하여 오클라호마 주 이주자들 속에 끼어 서부로 향함. 이 경험이 《분노의 포도》 집필 동기가 됨. 단편 《약속》을 〈하퍼스 매거진〉 8월호에 발표함. 9월 《선물》《높은 산맥》《약속》을 묶어 《빨간 망아지》라는 이름으로 한정 출판함.

1938년(36세) 단편집 《긴 골짜기 *The Long Valley*》 출판. 4월 《수확기의 집시》에 에필로그를 덧붙여 《그들의 피는 강하다》를 출판함. 《레터스버그 사건》이라는 가제를 붙인 작품을 완성했으나 마음에 들지 않아 원고 고쳐쓰기에 몰두함. 6월 단편 《감옥》을 〈애틀랜틱 먼슬리〉 6월호에 발표. 이해 연말 원고 고쳐쓰기를 끝내고 제목을 《분노의 포도》로 바꿈. 과도한 집필과 신경 혹사로 자리에 누움.

1939년(37세) 4월 《분노의 포도》 출판. 현실성이 강한 테마가 큰 화제를 불러일으켜 오클라호마 주에서는 일대 논란의 대상이 되었고 그 밖의 여러 주에서는 금서, 분서 소동을 벌임. 그러나 선풍적으로 팔려 이해에만 48만 부나 팔리는 대 베스트셀러가 됨. 연말 에드워드 리케츠와 캘리포니아 만 북쪽 연안 지방으로 해양생물 채집을 떠남.

1940년(38세) 《분노의 포도》가 퓰리처상과 전미 서점협회상을 받음. 《생쥐와 인간》《분노의 포도》가 영화화되어 호평을 받고, 〈분노의 포도〉 영화 원작료로 7만 5천 달러를 받음. 3월 11일 리케츠와 함께 다시 캘리포니아 만으로 해양생물 채집을 떠났다가 4월 20일 몬터레이로 돌아옴. 영화 〈잊힌 마을〉 촬영을 위해 멕시코시티 부근 농촌에 감.

1941년(39세) 영화 시나리오·사진집 《잊힌 마을 *The Forgotten Village*》을 5월에, 해양생물 채집기 《코르테즈 해》를 에드워드 리케츠와의 공저로 12월에 각각 출판함.

1942년(40세) 3월 레지스탕스 중편 《달은 지다》를 발표함. 미국육군항공대
의 요청에 따라 폭격기 부대 훈련 르포르타주 《폭탄투하》을
5월에 출판하고, 그 인세와 영화 원작권 25만 달러를 공군자
선협회 신탁기금으로 희사함. 4월 〈달은 지다〉가 할리우드에
서 상영되나 평은 그다지 좋지 않았음. 집을 너무 자주 비운
것이 원인이 되어 부인 캐럴 해닝에게 이혼소송을 당함.

1943년(41세) 뮤지컬 여배우 그윈돌린 콩거와 뉴올리언스에서 재혼함. 재
혼 후 뉴욕으로 이사하여 정주함. 7월 〈뉴욕 헤럴드 트리뷴〉
지의 종군 특파원으로 유럽으로 건너가 북아프리카·영국·이
탈리아를 돌며 전시 통신을 기고하다가 10월에 귀국함. 희곡
《달은 지다》, 작품집 《포터블 스타인벡》 출판.

1944년(42세) 2월 《달은 지다》가 프랑스어 번역판 《어두운 밤》이라는 제목
으로 출판되어 파리의 저항운동자들에게 열렬히 읽힘. 12월
《통조림 공장 골목》 출판. 알프레드 히치콕의 영화 《구조 보
트》의 시나리오를 씀. 맏아들 토머스가 태어남.

1945년(43세) 3월 삽화판 《빨간 망아지》 출판(이 판에는 '지도자'를 추가시
킴). 단편 《세계의 진주》를 부인 잡지 〈우먼즈 홈 컴퍼니언〉
12월호에 발표함. 잭 와그너와 합작으로 영화 스토리 〈베니
를 위한 메달〉을 씀. 〈베니를 위한 메달〉이 1945년 우수 시
나리오로 선정되어 시나리오 선집에 수록됨.

1946년(44세) 둘째 아들 존 태어남.

1947년(45세) 2월에 《탈선 버스 *The Wayward Bus*》를, 12월에 《세계의 진
주》를 《진주》로 제목을 바꿔서 출판. 7월 〈뉴욕 헤럴드 트리
뷴〉지와의 특약으로 사진기자 로버트 카파와 함께 소련에
감.

1948년(46세) 4월 《소련 기행 *A Russian Journal*》 출판. 5월 오랜 친구였
던 에드워드 리케츠가 자동차 사고로 죽음. 미국문예아카데
미 회원으로 선출됨. 두 번째 아내 그윈과 이혼함.

1949년(47세) 2월 자신이 시나리오를 고쳐 쓴 〈빨간 망아지〉가 상영됨. 영
화 〈혁명아 사파타〉의 시나리오를 씀. 단편 〈그의 아버지〉를

〈리더스 다이제스트〉 9월호에 발표함.

1950년(48세) 11월 희곡 소설 《벌겋게 타오르다》 출판. 출판에 앞서 10월
브로드웨이에서 공연되었으나 혹평을 받음. 12월 29일 영화
배우의 아내였던 일레인 스콧과 세 번째 결혼을 함.

1951년(49세) 희곡 〈벌겋게 타오르다〉 출판. 리케츠와 함께 지은, 《코르테
즈 해》에서 자작 부분을 추리고 '리케츠 회상기'를 덧붙인
《코르테즈 해 항해일지》 출판.

1952년(50세) 4월 아내 일레인과 함께 이탈리아·아일랜드 등을 여행하고 9
월에 귀국함. 9월 장편 《에덴의 동쪽》을 출판했으나 세평이
별로 좋지 않음. O. 헨리 원작의 영화 〈오 헨리 단편집〉에
해설자로 출연함.

1953년(51세) 자서전적인 글 《뉴욕 사람 만들기》를 〈뉴욕 타임스 매거진〉
2월 1일호에 발표함. 9월 《스타인벡 중편 소설집》 발간.

1954년(52세) 장편 《달콤한 목요일》 출판.

1955년(53세) 제임스 딘이 주연한 영화 〈에덴의 동쪽〉이 개봉되어 굉장한
화제를 불러일으킴. 《달콤한 목요일》이 뮤지컬로 각색되어
〈백일몽〉이란 이름으로 브로드웨이에서 상연됨. 〈새터디 리
뷰〉지의 논설을 담당하며 많은 잡문을 씀.

1956년(54세) 단편 《호건 씨가 어떻게 은행을 털었나》를 〈애틀랜틱 먼슬
리〉 3월호에 발표함.

1957년(55세) 4월 공상 희곡 〈피핀 4세의 짧은 통치 *The Short Reign of
Pippin Ⅳ* 〉 출판. 9월 도쿄에서 열린 제29회 국제 펜대회에
참석함. 《탈선 버스》가 영화화되어 개봉됨.

1956년(59세) 9월 전시 르포 문집 《언젠가 전쟁이 있었다》 출판. 현대판
《아서 왕의 죽음》 집필에 골몰함.

1960년(58세) 9월 손수 캠핑카를 운전, 대륙을 순회하고 연말에 돌아옴.

1961년(59세) 4월 여행 전에 집필해 둔 《우리들의 불만의 겨울 *The Winter
of Our Discontent*》 출판. 10개월간 유럽 여행에 오름. 여행
중 최초의 심장병 발작 증세를 겪음.

1962년(60세) 7월 미국 대륙 여행기 《찰리와의 여행 *Travels with Charley*》

출판. 10월 노벨문학상 수상자로 결정됨. 12월 스톡홀름에서 노벨문학상 수상 기념 강연을 함.

1963년(61세) 10월 극작가 에드워드 올비, 아내 일레인과 함께 문화 교류의 일환으로 소련을 방문함.

1965년(63세) 12월 〈뉴스데이〉지 특파원 자격으로 유럽과 중동 지방을 여행하며 《앨리샤에게 보내는 편지》라는 제목으로 통신 기사를 실음. 여행은 이듬해 4월까지 계속됨.

1966년(64세) 7월 소련 시인 예프투셍코가 미국의 북베트남 폭격을 비난하는 내용의 시를 7월 7일자 문학신문에 발표, 북베트남 폭격에 대해 침묵을 지키고 있는 노벨상 수상 작가 스타인벡의 책임을 추궁함. 이에 스타인벡은 〈뉴스데이〉 7월 11일자 지상에 공개 반론을 발표하여, 베트남 분쟁은 중공의 도발에 의한 것으로서 북베트남 폭격은 군사기지의 파괴를 목적한다는 것을 강조함. 따라서 베트남 전쟁뿐만 아니라 모든 전쟁의 종식을 위해서 협력할 것을 제의함. 10월 《미국과 미국인 America and Americans》 출판. 12월 〈뉴스데이〉지의 특파원 자격으로 헬리콥터를 타고 베트남 전선에 가서, 종군하고 있는 둘째 아들 존을 만남.

1967년(65세) 1월 베트남 전쟁에 대한 소련 청년공산당 기관지 〈프라우다〉지의 기사를 맹렬하게 비난하는 반론을 씀. 5월에 베트남에서 귀국함. 가을에 자리에 누움.

1968년(68세) 12월 20일 심부전 악화로 뉴욕 시 자택에서 영면함.

옮긴이 노희엽 (盧熙燁)

고려대 영문과 졸업. 미국 노스웨스턴대·캘리포니아대 로스앤젤레스교 수학. 고려대 영문과
교수·영미문학연구소장·문과대학장·명예교수 등 역임. 관훈클럽 창립회원. 보국훈장 목련
장, 관훈클럽 창립회원공로상 수상. 지은책 《현대중급영작문》《ACE TOEFL》《Master
TOEFL》《스크린영어》등과, 옮긴책 멜빌《백경》,《헤밍웨이단편선》, 스타인벡《분노의 포도》
《생쥐와 인간》《빨강 망아지》, 아우즈비《미국소설입문》, 디킨슨《문학연구입문》등이 있다.

World Book
166

John Ernst Steinbeck
THE GRAPES OF WRATH
OF MICE AND MEN

분노의 포도/생쥐와 인간

스타인벡/노희엽 옮김

1판 1쇄 발행/1987. 7. 1
2판 1쇄 발행/2011. 11. 11
2판 2쇄 발행/2016. 2. 1
발행인 고정일
발행처 동서문화사
창업 1956. 12. 12. 등록 16-3799
서울 중구 다산로 12길 6(신당동, 4층)
☎ 546-0331~6 (FAX) 545-0331
www.dongsuhbook.com

*

*

사업자등록번호 211-87-75330
ISBN 978-89-497-0725-9 04080
ISBN 978-89-497-0382-4 (세트)